민사소송과 기판력

사례와 판례로 본 기판력의 이해

[부록] 기판력 사례연습

오창수 著

내려지는 판결이 아무런 힘도 갖지 못하고

개인에 의해 무효화되고 철폐될 때,

국가가 참으로 파괴되지 않고 유지할 수 있으리라 생각하는가?

- Sokrates(Platon의 對話 "Criton")

Prologue

민사소송과 기판력 – 사례와 판례로 본 기판력의 이해

민사소송법 공부를 함에 있어서 '기판력(旣判力)'은 난공불락(難攻不落)의 거대담론이다. 그러나 민사소송법을 체계적으로 이해하기 위하여는 기판력은 숙명적으로 반드시 극복하고 넘어가야 할 산이자 화두(話頭)이다. 기판력론은 민사소송법학의 종착역으로 비견된다.

기판력 이론은 소송물이론을 포함하여 청구원인과 항변, 공격방어방법 등 민사소송법 이론과 실체법상의 권리관계를 둘러싼 민법 등 민사실체법 이론이 씨줄과 날줄로 엮여 있어 기판력은 민사법 전반을 유기적으로 아우르는 핵심 키워드이다. 철저한 이해와 학습으로 기판력이라는 산을 넘지 못하면 민사소송법 공부는 미궁(迷宮)에 빠질 수 있다. 민사소송법에는 소송물과 변론주의, 기판력 등 소송절차의 기본개념에 관한 정의규정이 없고 이들을 당연한 전제로 소송절차를 규율하고 있다.

옛날에 법과대학 들어가 형법총론을 공부할 때 '금지착오'와 '공범과 신분' 부분은 책을 몇 번 읽어도 무슨 말인지 이해하기 어려워 혼이 났던 추억이 있다. 그런데 20여년 변호사 업무에 종사하는 동안 형사사건을 많이 다루지는 않았으나 금지착오나 공범과 신분이 관련된 형사사건은 거의 접해보지 못했다. 형법총론의 난해한 학설들을 몰라도 형사실무를 하는 데는 아무런 장애가 되지 않았다.

민사소송법의 기판력도 마찬가지다. 기판력에 관한 판례를 읽을 때마마 미로(迷路) 속에서 헤매는 것만 같았고, 시험공부를 할 때는 기판력이 중요하다고 난리를 치지만 막상 민사소송실무를 하면서 기판력 때문에 속을 썩이는 일은 그리 많지 않다고 해도 과언이 아니다. 그러나 민사소송제도가 존재하는 한 기판력이라는 민사소송법상의 거대 담론을 피해갈 수는 없다. 실체법과 절차법의 얼개를 씨줄 날줄로 엮어낼 수 있어야 기판력과 기판력의 작용 및 범위를 제대로 이해할 수 있다.

이 책에서 로스쿨에서 민사소송법을 공부하는 학생들을 위하여 기판력에 관한 초보적인 이해에 도움이 되도록 두서없이 기판력에 관한 이야기를 가능한 한 쉽게 사례와 판례 중심으로 풀어 보았다. 기판력이라는 렌즈로 전체 민사소송절차를 조감해보는 것도 민사소송법에 친하게 다가가기 위한 초석이 될 수 있으리라 믿는다.

이 책은 저자가 20여 년간의 변호사생활을 중단하고 로스쿨에서에서 시작한 인생 2모작을 마치는 즈음에 펴내는 책이다. 2007년 학교로 들어와 로스쿨 개원준비를 하고 2009년 제1기 로스쿨생을 시작으로 2021년 제12기 로스쿨생들을 상대로 민사소송법과 요건사실론, 민사집행법 등 민사절차법을 가르쳤고, 변호사시험은 2012년 제1회부터 2021년 제10회까지 시행되었다. 사실상 대한민국 로스쿨의 초창기를 경험한 입장에서 감회가 없을 수 없다.

學而不思則罔 思而不學則殆(論語 爲政篇). 생각 없이 배우기만 하는 사람은 어리석게 되고, 생각만 하고 배우지 않는 사람은 위험에 처하게 된다. 남의 지식을 배우더라도 비판적 사고를 통하여 자신의 지식으로 내면화하는 과정이 있어야 하고, 배움이 없이 자신의 사고만으로 지식을 체계화하는 사람은 객관성을 잃고 독선과 아집에 빠지기 쉽다.

> Papillon asked what crime it was.
> He replied, "The crime of a wasted life."
> Papillon wept, "Guilty, guilty."
> The judge pronounced the sentence of death.

영화 '빠삐용에서 주인공은 "너는 인생을 낭비한 죄"라는 소리를 듣고 힘없이 고개를 떨군다. 로스쿨생들이 훗날 '인생을 낭비한 죄'로 기소되는 일이 없기를 바란다. 인생을 낭비하지 말고 로스쿨 3년이 모든 로스쿨생들에게 일생에 있어 가장 중요한 轉機(turning point)가 되기를 바란다.

코로나-19 사태의 장기화로 로스쿨에서의 학습도 대면, 비대면 강의가 체계 없이 이루어지면서 혼란을 겪고 있다. 이럴 때일수록 변호사로서의 기초적인 실무역량을 다질 수 있도록 배전의 노력이 필요한 시점이다. 모두들 소기의 목적을 달성하고 우리사회의 법치주의의 구현자로서 훌륭한 법조인이 될 수 있기를 바라마지 않는다.

어려운 출판환경 속에서 저자의 다른 책들과 더불어 이 책을 발간하여 주신 이인규 박사님과 편집부 여러분들의 노고에 깊은 감사를 드린다.

2021. 7.
제주바다와 한라산 사이에서
오 창 수

목 차

민사소송과 기판력 – 사례와 판례로 본 기판력의 이해

Prologue / iii

제1편 기판력과 기판력의 작용

01. 기판력의 근거와 본질 – 모순금지인가, 반복금지인가? – 3
02. 소송물과 기판력의 관계 – 소송물과 기판력은 일치하는가? – 24
03. 기판력의 범위와 작용 – 기판력을 '가지는' 것과 기판력이 '미치는' 것 – 31
04. 소유권이전등기말소청구와 진정명의회복을 원인으로 한 소유권이전등기청구
    – 동일하지는 않지만 '실질적으로 동일한' 것 – 45
05. 오리무중 기판력 – 기판력과 선결관계효 – 57
06. 일부청구와 기판력 67
07. 상계항변과 기판력 75
08. 소송판결과 기판력 90
09. 기판력의 존재와 시효중단을 위한 재소 96
10. 기판력과 절차적 정의 1 – 부당이득과 불법행위와 관련하여 – 109
11. 기판력과 절차적 정의 2 – 사위판결(詐僞判決)과 불법행위 – 122
12. 확정판결의 편취와 청구이의
   – 사위판결의 집행과 구제 : 확정판결의 편취와 부정이용 – 127
13. 부당판결의 확정과 구제방법 136

제2편 기판력의 범위

14. 기판력의 객관적 범위와 주관적 범위의 관계 ··· 149
15. 변론종결 뒤의 승계인과 기판력의 확장 ·· 159
16. 기판력의 주관적 범위와 집행적격의 관계 ··· 169
17. 기판력의 시적 한계와 선결적 법률관계 ·· 172
18. 기판력과 실권효 ·· 176
19. 기판력과 표준시 이후의 형성권 행사 ·· 182
20. 정기금판결의 기판력과 사정변경 ··· 187

제3편 기판력의 특수문제

21. 화해·조정과 기판력 ·· 195
22. 소송계속 중 사망한 자를 당사자로 표시한 판결의 승계인에 대한 기판력 ········· 217
23. 반사회적 이중양도와 기판력 ·· 237
24. 채권자대위소송과 기판력 ·· 252
25. 사해행위취소소송과 기판력 ·· 273
26. 배당의의소송 확정판결의 기판력과 부당이득 ·································· 287
27. 손해배상청구소송 확정판결의 기판력과 사정변경
    - 기대여명 단축 및 확장과 관련하여 - ·· 300
28. 취득시효와 기판력 ··· 304
29. 한정승인, 상속포기와 기판력 ·· 312
30. 기판력과 재심 ··· 321
31. 기판력과 확정판결의 증명효 ·· 326

제4편 특수소송과 기판력

32. 채권집행과 기판력 ··· 333
33. 보전처분과 기판력 ··· 348
34. 민사소송의 기판력과 형사소송의 기판력 ··································· 353
35. 가사재판과 기판력 ··· 357

〈부록〉 기판력 사례연습 / 365

<참고 1> 기판력[1] 관련 규정

☞ **민사소송법 제216조(기판력의 객관적 범위)**
① 확정판결은 주문에 포함된 것에 한하여 기판력을 가진다.[2]
② 상계를 주장한 청구가 성립되는지 아닌지의 판단은 상계하자고 대항한 액수에 한하여 기판력을 가진다.[3]

☞ **민사소송법 제218조(기판력의 주관적 범위)**
① 확정판결은 당사자,[4] 변론을 종결한 뒤의 승계인(변론 없이 한 판결의 경우에는 판결을 선고한 뒤의 승계인) 또는 그를 위하여 청구의 목적물을 소지한 사람에 대하여 효력이 미친다.[5]
② 제1항의 경우에 당사자가 변론을 종결할 때(변론 없이 한 판결의 경우에는 판결을 선고할 때)까지 승계사실을 진술하지 아니한 때에는 변론을 종결한 뒤(변론 없이 한 판결의 경우에는 판결을 선고한 뒤)에 승계한 것으로 추정한다.[6]
③ 다른 사람을 위하여 원고나 피고가 된 사람에 대한 확정판결은 그 다른 사람에 대하여도 효력이 미친다.[7]
④ 가집행의 선고에는 제1항 내지 제3항의 규정을 준용한다.

☞ **민사집행법 제44조(청구에 관한 이의의 소)**
① 채무자가 판결에 따라 확정된 청구에 관하여 이의하려면 제1심 판결법원에 청구에 관한 이의의 소를 제기하여야 한다.
② 제1항의 이의는 그 이유가 변론이 종결된 뒤(변론 없이 한 판결의 경우에는 판결이 선고된 뒤)에 생긴 것이어야 한다.[8]
③ 이의이유가 여러 가지인 때에는 동시에 주장하여야 한다.

---

1) 기판력은 ① 소송물에 관해 행한 일정시점의 판단으로서(when, 시적 범위) → '언제까지' 생긴 사유에 그 효력이 생기는가? ② 일정한 사항에 대하여(what, 객관적 범위) → 법원이 한 '어느 판단'에 기판력이 생기는가? ③ 일정한 사람(whom, 주관적 범위)을 구속한다. → '누구에게' 그 효력이 미치는가?
2) <기판력의 객관적 범위 : 주문 기판력의 원칙> 주문 기판력의 근거는 소송에서의 쟁점을 명확히 하고 그 쟁점에 심리를 집중하도록 함에 있다. 판결이유에까지 기판력이 생긴다면 법원의 심판범위의 확대로 소송의 목적이 흐려진다.
3) 주문 기판력의 원칙의 유일한 <예외>로 상계로 주장한 청구(자동채권)의 성립의 판단에 기판력이 생긴다.
4) <기판력의 주관적 범위 : 기판력의 상대성의 원칙> 기판력은 당사자 사이에서만 생기고, 제3자에게는 미치지 않는 것이 원칙이다. 스스로 소송을 수행한 당사자만이 그 결과인 판결의 기판력을 받는 것이 원칙이고 그 소송에 관여할 기회가 없었던 제3자에게 그 결과를 미치게 하는 것은 그에게 보장된 재판을 받을 권리를 침해하는 것이 되어 부당하다.
5) <상대성 원칙의 예외> 변론종결 뒤의 승계인, 청구의 목적물의 소지자 등 당사자와 같이 볼 제3자에게도 기판력이 미친다.
6) 상대성의 원칙의 예외로 <추정승계인>에게도 기판력이 미친다.
7) 상대성의 원칙의 예외로 <제3자의 소송담당의 경우 권리귀속주체>에게도 기판력이 미친다.
8) <기판력의 시적 범위 : 기판력의 표준시>는 사실심의 변론종결시. 표준시 전에 존재한 사유는 실권·차단된다(실권효·차단효). 표준시 후에 발생한 새로운 사유(사정변경)는 실권효의 제재를 받지 않는다. 기판력은 표준시 현재의 권리관계의 존부의 판단에만 생기므로 표준시 이전의 과거의 권리관계는 물론 표준시 이후의 장래의 권리관계를 확정하는 것이 아니다.

〈참고 2〉 기판력이 있는 재판

(1) 확정된 종국판결 : 본안판결이면 청구인용판결, 기각판결 불문. 소송판결의 경우 그 판결에서 확정한 소송요건(상소요건)의 흠결에 관하여 기판력이 미친다.[9]
   이행판결, 확인판결, 형성판결 모두 기판력이 있다.
   사망자를 상대로 한 판결과 같이 당연무효인 판결에는 기판력이 생길 여지가 없다.
   상고심의 파기환송판결은 종국판결이나 중간판결의 성격을 가지므로 기판력도 없고 재심의 대상도 아니다.[10]

(2) 결정·명령 : 확정된 화해권고결정·조정을 갈음하는 결정, 소송비용액확정결정, 간접강제를 위한 배상금의 지급결정 등 실체법적 권리관계를 종국적으로 판단하는 내용의 결정·명령에는 기판력이 생긴다.[11]
   단, 확정된 이행권고결정, 지급명령, 집행증서, 가압류·가처분명령[12]에는 기판력이 없다.

(3) 확정판결과 같은 효력이 있는 것 : 청구의 포기·인낙조서, 중재판정,[13] 재판상(제소전·소송상) 화해조서와 민사·가사조정조서 등 각종 조정조서 등.
   단, 확정된 파산채권자표의 기재, (개인)회생채권자표의 기재, 회생담보권자표의 기재 등은 확정판결과 동일한 효력이 있으나, 기판력이 없다.[14]

(4) 외국법원의 확정재판 등 : 승인요건을 갖추면 기판력이 생기고(민소법 제217조),[15] 강제집행을 하기 위하여는 집행판결을 받아야 한다(민사집행법 제26조, 제27조).[16]

---

9) 소송판결의 기판력은 그 판결에서 확정한 소송요건의 흠결에 관하여 미치는 것이지만, 당사자가 그러한 소송요건의 흠결을 보완하여 다시 소를 제기한 경우에는 그 기판력의 제한을 받지 않는다(대법원 2003. 4. 8. 선고 2002다70181 판결).
10) 대법원 1995. 2. 14. 선고 93재다27,34 전원합의체 판결.
11) 소송지휘에 관한 결정·명령이나 비송사건에 관한 결정, 등기신청에 대한 등기관의 각하결정이나 이에 대한 이의신청 기각결정 등에는 기판력이 생기지 않는다.
12) 보전처분의 피보전권리를 종국적으로 확정하는 것이 아니므로 그 판단에 기판력이 생길 여지가 없으나, 뒤에 같은 사실, 같은 요건 하에 제기되는 신청에 대하여 다시 인용할 수 없다는 의미의 기판력은 인정된다.
13) 중재판정은 법원의 **집행결정**에 따라 집행한다(중재법 제37조의2). 외국판결에 대하여는 집행판결제도만 두고 있을 뿐 승인판결제도가 없으나, 중재판정에 대하여는 집행결정제도와 함께 승인결정제도를 두고 있다(2016. 5. 9. 개정 중재법 제37조).
14) 채무자 회생 및 파산에 관한 법률 제603조 제3항은 확정된 개인회생채권을 개인회생채권자표에 기재한 경우 그 기재는 개인회생채권자 전원에 대하여 확정판결과 동일한 효력을 가진다고 규정하고 있다. 여기에서 '확정판결과 동일한 효력'은 기판력이 아닌 확인적 효력을 가지고 개인회생절차 내부에 있어 불가쟁의 효력이 있다는 의미에 지나지 않는다. 따라서 애당초 존재하지 않는 채권이 확정되어 개인회생채권자표에 기재되어 있더라도 이로 인하여 채권이 있는 것으로 확정되는 것이 아니므로 채무자로서는 별개의 소송절차에서 그 채권의 존재를 다툴 수 있다(대법원 2017. 6. 19. 선고 2017다204131 판결).
15) 대법원은 일제 강제징용 사건에서 일본 재판소의 판결이유는 일제강점기의 강제동원 자체를 불법이라고 보고 있는 대한민국 헌법의 핵심적 가치와 정면으로 충돌하는 것이므로, 이러한 판결이유가 담긴 일본판결을 그대로 승인하는 결과는 그 자체로 대한민국의 선량한 풍속이나 그 밖의 사회질서에 위반되는 것임이 분명하고, 따라서 우리나라에서 일본판결을 승인하여 그 효력을 인정할 수는 없다고 판시하였다(대법원 2012. 5. 24. 선고 2009다22549 판결; 대법원 2018. 10. 30 선고 2013다61381 전원합의체 판결).
16) 민사집행법 제26조, 제27조에서 규정하는 집행판결은 외국판결의 옳고 그름을 조사하지 않은 채 민사소송법에서 정하는 승인·집행의 요건을 갖추고 있는지 여부만을 심사하여 집행력을 부여하는 것으로서, 그 소송물은 외국판결을 근거로 우리나라에서 집행력의 부여를 구하는 청구권이고, 외국판결의 기초가 되는 실체적 청구권이 아니다(대법원 2020. 7. 23. 선고 2017다224906 판결).

민사소송과 기판력 - 사례와 판례로 본 기판력의 이해

제 **1** 편

기판력과 기판력의 작용

01. 기판력의 근거와 본질 - 모순금지인가, 반복금지인가? -
02. 소송물과 기판력의 관계 - 소송물과 기판력은 일치하는가? -
03. 기판력의 범위와 작용 - 기판력을 '가지는' 것과 기판력이 '미치는' 것 -
04. 소유권이전등기말소청구와 진정명의회복을 원인으로 한 소유권이전등기청구 - 동일하지는 않지만 '실질적으로 동일한' 것 -
05. 오리무중 기판력 - 기판력과 선결관계효 -
06. 일부청구와 기판력
07. 상계항변과 기판력
08. 소송판결과 기판력
09. 기판력의 존재와 시효중단을 위한 재소
10. 기판력과 절차적 정의 1 - 부당이득과 불법행위와 관련하여 -
11. 기판력과 절차적 정의 2 - 사위판결(詐僞判決)과 불법행위 -
12. 확정판결의 편취와 청구이의 - 사위판결의 집행과 구제 : 확정판결의 편취와 부정이용 -
13. 부당판결의 확정과 구제방법

기판력의 근거와 본질
— 모순금지인가, 반복금지인가? —

1. 기판력이란 무엇인가?

민사소송에서 자주 접하게 되는 '기판력(既判力)'이라는 것이 도대체 무엇인가? 로마법상의 'res judicata(이미 판단된 사항)', 'me bis in idem'(일사부재리), 영어로 claim preclusion, 한자로 '**기판력(既判力)**'이라는 말의 의미는 법원이 '**이미 판단한 힘**'이라는 뜻인데, '**이미 판단된 사건(기판사건)이 가지는 효력**'이라는 뜻이다. 즉 이미 판단된 사항으로서 법원이나 당사자가 그 판단에 구속된다는 의미이다. 국가가 분쟁해결수단으로 민사소송제도를 마련한 이상 소송제도가 의미를 갖기 위해서는 확정된 종국판결은 당사자 사이에서는 물론 법원도 규율하는 확정적 기준이 되지 않으면 안 된다. 기판력은 바로 분쟁의 종국적, 강행적 해결을 위해 확정판결에 주어진 힘(후소에서의 규준성)을 말한다. 이 기판력과 구속력(拘束力), 기속력(羈束力)은 같은 말인가 다른 말인가? 판례와 학설은 이 개념들을 두루뭉수리 섞어서 쓰고 있어 더 헷갈린다.

판례는 기판력을 다음과 같이 정의하고 있다.
"확정판결의 **기판력**이라 함은 확정판결의 주문에 포함된 법률적 판단의 내용은 이후 그 소송당사자의 관계를 규율하는 새로운 기준이 되는 것이므로 동일한 사항이 소송상 문제가 되었을 때 당사자는 이에 저촉되는 주장을 할 수 없고 법원도 이에 저촉되는 판단을 할 수 없는 **기속력**을 의미하는 것이고 이 경우 적극당사자(원고)가 되어 주장하는 경우는 물론이고 소극당사자(피고)로서 항변하는 경우에도 그 기판력에 저촉되는 주장은 할 수 없다."[1]

한편, 표준적인 민사소송법 교과서에서는 기판력에 관하여 다음과 같은 표준적인 설명을 하고 있다.
"확정된 종국판결에 있어서 청구에 대한 판결내용은, 당사자와 법원을 규율하는 새로운 규준(規準)으로서 **구속력**을 가지며, 뒤에 동일사항이 문제되면 **당사자**는 그에 반하여 되풀이하여 다투는 소송이 허용되지 아니하며(不可爭), 어느 **법원**도 다시 재심사하여 그와 모순·저촉되는 판단을 해서는 안 된다(不可反). 이러한 확정판결의 판단에 부여되는 **구속력**을 기판력 또는 **실체(질)적 확정력**(matetielle Rechtskraft, res judicata)이라 한다."[2]

그러나 후소 제기를 전제로 하는 '기판력'은 새로운 소제기와 관계없이 그 자체로서 일정한 범

---
[1] 대법원 1987. 6. 9. 선고 86다카2756 판결.
[2] 이시윤, 신민사소송법[제13판], 박영사, 2019, p.627.

위에서 구속력을 미치는 '실체적 확정력'보다 좁은 개념이다. '기속력'은 주로 판결법원에 대한 자기구속력의 의미로 쓰인다. 판결이 일단 선고되어 성립하면 판결을 한 법원도 이에 구속되어 스스로 판결을 철회하거나 변경하는 것이 허용되지 않는다. 이러한 기속력을 배제하는 것이 **판결경정**이다.

그런데 판결법원이 아닌 다른 법원에 대한 구속력을 뜻하는 **'기속'**이라는 말이 법령 곳곳에서 보인다(민사소송법 제432조, 제436조 제2항, 헌법재판소법 제47조 제1항 등).[3] 예컨대 대법원의 환송판결은 종국판결이지만 중간판결의 성격을 갖고 있어 그 자체로 확정되지 아니하고 원심에서 다시 심리해야 하므로 기판력이 문제되지 아니하고 기속력만 문제될 뿐이다. 이러한 기속력은 재판의 형식적 확정 이전 단계의 것이고, 분쟁 당사자를 제외한 재판절차 내에서 일정한 관련이 있는 법원만 구속하는 점에서 기판력과 구별된다.

민사소송법 개정안 마련과정에서 일부 국어학자가 '기판력'을 '구속력'으로 바꾸자는 의견을 제시하였으나, 기판력은 구속력으로 대치될 수 없는 소송법 특유의 의미를 가지고 있다는 법학계의 반론에 부딪쳐 채택되지 않았다.

2. 기판력의 근거

기판력제도가 인정되는 이유는 당사자 간의 분쟁에 대한 국가 재판기관의 공권적 판단에 대하여 법적 안정성을 부여함으로써 사회질서를 유지하고 동일 분쟁의 반복을 금지함으로써 소송경제를 달성하려고 하는 요청과 함께 당사자처분권주의와 변론주의에 따라[4] 소송당사자로서 절차상 이미 소송물인 권리관계의 존부에 관하여 변론을 하고 소송을 수행할 권능과 기회를 부여받았던 자가 그에 기한 판단의 결과를 다시 다투는 것은 공평의 관념 내지 신의칙에 반한다고 보기 때문이다.

따라서 공정증서(집행증서)와 같이 법원을 통하지 않거나, 확정된 지급명령, 이행권고결정, 가압류·가처분명령 등과 같이 법원을 통하였더라도 당사자의 변론과 충분한 심리를 거친 판단이 없는 경우에는 집행력을 인정하더라도 기판력을 부여하지 않는다.[5][6] 이러한 집행권원에는 기판력이 인정되지 않으므로 집행권원 성립 이후의 사유는 물론 그 이전에 존재하는 채무의 불발생, 행사존속의 저지사유를 들어 **청구이의의 소**를 제기하여 그 집행력을 소멸시킬 수 있다.

---

[3] 구 민사소송법 제34조 제1항은 "이송결정은 이송을 받은 법원을 기속한다."고 규정하였으나, 2002년 개정 민사소송법 제38조 제1항은 "소송을 이송받은 법원은 이송결정에 따라야 한다."고 규정하여 '기속'이라는 말을 버렸다.

[4] 민사소송의 당사자주의로서 처분권주의와 변론주의는 민사소송의 대원칙이다. 처분권주의는 "청구하지 않으면 심판하지 못한다."는 소송물에 관한 원칙이고, 변론주의는 "주장하지 않으면 판단하지 못한다."는 소송물 내에서의 요건사실 내지 주요사실의 주장책임에 관한 원칙이다.

[5] **부동산인도명령**은 부동산경매절차에서 대금을 납부한 매수인의 신청에 의하여 채무자·소유자 또는 부동산 점유자에 대하여 부동산을 매수인에게 인도할 것을 명하는 재판으로서 간이·신속한 절차에 의하여 매수인으로 하여금 부동산을 인도받을 수 있도록 기판력이 없는 집행권원을 부여하는 것이다(민사집행법 제136조 제1항, 제5항, 제56조 제1호)(대법원 2015. 4. 10. 자 2015마19 결정).

[6] 확정된 배상명령의 경우 확정판결과 같은 집행권원으로서 기판력은 없고 집행력만 있으나, 피해자는 확정된 배상명령에 인용된 금액의 범위에서 다른 절차에 따른 손해배상을 청구할 수 없도록 하고 있으므로(소송촉진 등에 관한 특례법 제34조 참조) 확정된 배상명령에서 인용된 금액의 범위에서는 별도로 소를 제기할 이익이 인정되지 아니한다.

확정된 종국판결이라고 하더라도 구체적 사건의 어느 청구에 대하여 법원이 전혀 판단을 하지 않았다면 그 부분에 한하여서는 기판력이 생길 수 없다.7) 전소 법원의 실질적 판단사항에 대하여만 기판력이 생긴다.

그러나 소송상 화해조서나 제소전 화해조서, 조정조서, 확정된 조정을 갈음하는 결정에는 확정판결과 동일한 기판력이 부여된다. 예컨대, 조정은 재판상 화해와 같이 확정판결과 동일한 효력이 있어 당사자 사이에 기판력이 생기는 것이므로, 조정에 확정판결의 당연무효 사유와 같은 사유가 없는 한 **준재심**의 소에 의하여만 그 효력을 다툴 수 있을 뿐, 조정 성립과정상의 의사표시의 하자, 철회를 이유로 곧바로 조정의 효력을 부인할 수는 없다.

주지하는 바와 같이 종국판결이 확정되면 형식적 확정력, 실체적 확정력(기판력)이 있고 그 밖에 판결의 구체적 내용에 따라 집행력, 형성력 등이 생기기도 한다. 기판력은 당해 절차 안에서의 불복을 차단하는 형식적 확정력을 전제로 확정판결이 후소 법원에 대하여 가지는 구속력을 말한다. 기판력은 항상 형식적 확정력을 전제로 한다. 당사자들이 한번 소송을 하여 그 소송이 법원에 의하여 형식적으로 확정된 판결로 종료되었는데도 다시 소송을 해서 법원이 새로이 재판을 하게 되면 소송이 끊임없이 반복되고 이는 법적 평화와 법적 안정성을 저해하는 일이 되고, 모순되는 판결이 생길 우려도 있으므로 이러한 폐단을 방지하려는 것이 바로 기판력이다.

형사와 달리 민사에서는 새로운 증거자료를 찾았다는 등의 이유로 새로 소를 제기하고 계속해서 소송을 이어간다면 소송절차를 마련한 제도적 취지가 몰각되므로 이 경우 후소 법원은 새로 제출된 자료를 참작하지 않고 즉 본안심리를 더 이상 하지 않고 곧바로 소를 배척하는 판결을 할 수 있어야 한다.8)

---

7) 대법원 2002. 9. 4. 선고 98다17145 판결. 소송의 목적물이 특정되어 있지 아니하다는 이유로 원고의 청구를 기각한 판결과 같이 그 판결이유에서 소송물인 권리관계의 존부에 관하여 실질적으로 판단하지 아니한 경우에는 그 권리관계의 존부에 관하여 기판력이 생기지 아니한다(대법원 1983. 2. 22. 선고 82다15 판결). 전소에서 원고의 피고에 대한 청구기각의 원인은 이건 토지에 대한 신탁이 종료되지 아니하였으니 피고로서는 소유권을 회복하여 이를 원고에게 이전할 수 없다는 전제아래 원고와 피고 간에 이건 토지에 대한 매매사실의 유무를 판단함이 없이 청구를 기각하였던 것이므로 결국 매매를 원인으로 한 소유권이전등기청구권의 존부에 관하여 실질적인 판단이 없었음이 분명하므로 전소의 확정판결의 기판력은 후소인 매매를 원인으로 한 소유권이전등기청구에 미치지 않는다(대법원 1975. 2. 10. 선고 74다1689 판결).
8) 형사판결과 민사판결의 기판력의 차이에 관하여는 다음과 같은 대법원 전원합의체 결정의 별개의견이 시사하는 바가 있다. 형사소송법 제420조 제5호는 "유죄의 선고를 받은 자에 대하여 무죄 또는 면소를, 형의 선고를 받은 자에 대하여 형의 면제 또는 원판결이 인정한 죄보다 경한 죄를 인정할 명백한 증거가 새로 발견된 때"를 재심사유로 규정하고 있다. 위와 같은 재심사유는 형사소송에만 고유한 것이다. 확정판결의 기판력이 인정되는 민사소송 등의 경우에는 사실심의 변론종결 시점 이전에 발생한 사유에 관하여는 그때까지 제출된 증거자료를 토대로 사실관계 및 권리관계를 확정하게 되므로(이른바 '기판력의 시적 범위'), 당사자가 그 전에 존재하였으나 제출하지 않은 증거자료를 그 후에 제출하여 사실관계 및 권리관계를 다투는 것은 원칙적으로 허용되지 않는다(이른바 '실권효' 또는 '차단효'). 그러나 이 사건 조항에서 정한 재심사유는 종전 소송에 대한 판결이 확정된 후에도 그 소송에서 제출되지 않은 새로운 증거가 있으면 그것이 그 판결확정 전에 존재하였는지 여부를 불문하고 이를 새로 제출하여 이미 확정된 사실인정을 탄핵할 수 있도록 한 것이다. 즉, 당사자주의에 입각하여 당사자에게 사실심 단계까지 사실인정에 필요한 모든 증거자료를 제출할 책임을 지도록 하고 그 후로는 새로 증거를 제출할 수 있는 권리를 인정하지 않는 민사소송 등의 경우와 달리, 형사재판에 있어서는 판결확정 후에도 일정한 요건 아래 증거제출의 실권효를 부정함으로써 확정판결의 기판력이 미치는 시적 범위에 제한을 두지 않겠다는 것이 이 사건 조항의 규정취지임은 어렵지 않게 알 수 있다.
형사소송에서도 판결 확정에 따른 실체적 확정력을 인정함으로써 법적 안정성을 도모하여야 할 필요성은 부정할 수 없다. 그렇지만 인간의 생명을 박탈하거나 신체를 제약하는 등의 형벌을 부과하는 형사소송에 있어서는 피고인에게 유죄를 인

기판력의 정당성의 근거에 관하여 학설로는 법적 안정설(제도적 보장설), 절차보장설(제출책임설), 이원설 등이 있으나,[9] 판례는 법적 안정성과 소송과정에서 절차보장을 받은 당사자의 자기책임에 있는 것으로 본다.[10] 그렇다고 절차보장만 받았다면 판결 내용의 타당 여부는 무관하다는 것을 의미하는 것은 아니다. 판례는 확정판결의 기판력은, 법원이 당사자 간의 법적 분쟁에 관하여 판단하여 소송이 종료된 이상, 법적 안정성을 위해 당사자와 법원 모두 분쟁해결의 기준으로서 확정판결의 판단을 존중하여야 한다는 요청에 따라 인정된 것임을 선언하고 있다.[11] 기판력은 기본적으로 확정판결의 법적 안정성을 위한 제도라는 것이다.

당사자는 사실심의 변론종결 당시까지 소송자료를 제출할 수 있고 종국판결은 그 때까지 제출한 자료를 기초로 판단한 것이므로 그 시점에서 권리관계의 존부 확정을 지은 것이 바로 기판력이다. 따라서 사실심의 변론종결시가 기판력의 표준시이다. 예컨대 甲이 乙을 상대로 대여금청구의 소를 제기하여 2021. 6. 1. 변론이 종결되고 2021. 6. 15. "피고는 원고에게 1억 원을 지급하라"는 판결이 선고되고 이 판결이 확정되었다면, 법원은 변론종결일인 2021. 6. 1. 시점에 乙이 甲에게 1억 원의 지급의무가 있음을 확인하고 그 이행을 명한 것이다. 甲과 乙 사이에 2021. 6. 1. 이전에 이러한 채권채무가 있었는지, 2021. 6. 1. 이후에도 甲과 乙 사이에 채권채무관계가 존재하는지 여부는 이 판결에 담겨 있지 않다.

하급심 민사판결문에서 변론을 종결한 날짜, 즉 변론종결일을 기재하는 것은 기판력의 표준시를 명백히 하기 위함이다. 대법원 판결이나 형사판결문에는 변론종결일이라는 것이 없다. 동일한 소송물에 대한 후소에서 전소 변론종결 이전에 존재하고 있던 공격방어방법을 주장하여 전소 확

정한 재판에서 명백히 사실을 오인한 잘못이 있는 것으로 밝혀진 경우에도 판결의 확정에 따른 실체적 확정력만을 이유로 이를 시정할 기회가 봉쇄된다면 피고인에 대하여 돌이킬 수 없는 인권침해의 결과를 초래할 것이다. 형사소송의 궁극적 목표는 기본적으로 피고인의 인권을 최대한 옹호하고 실체적 진실을 발견하는 데 두어야 하므로, 만에 하나라도 무고하게 처벌받은 사람을 구제하여야 할 필요성은 민사소송 등의 경우와는 전혀 다른 관점에서 요구받을 수밖에 없고, 그 범위 안에서는 법적 안정성의 요청도 어느 정도 양보하지 않으면 아니 된다(대법원 2009. 7. 16. 자 2005모472 전원합의체 결정의 별개의견 참조).

[9] 절차보장설은 기판력의 존재의의를 완전히 말살시키는 것으로서 도저히 받아들일 수 없고 구체적인 절차보장을 따지지 않는 법적 안정설이 타당하다는 견해로는 정동윤·유병현·김경욱, 민사소송법[제8판], 법문사(2020), p.782가 있다.

[10] 판결이 확정되면 그 판결에 표시된 청구에 관한 판단은 이후 당사자 사이의 법률관계를 규율하는 규준이 되므로 동일 사건이 재차 문제될 때 당사자는 전소 판결의 판단 내용에 반하는 주장을 함으로써 그 판단을 다툴 수 없고 법원도 그 판단에 모순·저촉되는 판단을 할 수 없으며, 확정판결의 판단에 주어진 이러한 통용성 내지 구속력을 기판력이라고 하는바, 이와 같은 기판력제도가 인정되는 이유는 당사자 간의 분쟁에 대한 국가 재판기관의 공권적 판단에 대하여 법적 안정성을 부여함으로써 사회질서를 유지하고 동일 분쟁의 반복을 금지함으로써 소송경제를 달성하려고 하는 요청과 함께 소송당사자로서 절차상 이미 소송물인 권리관계의 존부에 관하여 변론을 하고 소송을 수행할 권능과 기회를 부여받았던 자가 그에 기한 판단의 결과를 다시 다투는 것은 공평의 관념 내지 신의칙에 반한다고 보기 때문이다(대법원 1995. 4. 25. 선고 94다17956 전원합의체 판결의 별개의견).

[11] 대법원 2018. 3. 27. 선고 2015다70822 판결. 민사소송법은 확정판결을 그대로 유지할 수 없는 정도로 중대한 흠이 있는 예외적인 경우에만 확정판결을 취소하고 이미 종결된 사건을 다시 심판할 수 있도록 특별한 불복신청의 방법으로서 재심 제도를 두고 있다. 재심은 민사소송법이 열거하고 있는 사유가 있는 경우에 한하여(민소법 제451조, 제452조), 일정한 기간 내에(민소법 제456조, 다만 제457조의 예외가 있다) 별도로 소를 제기하는 방식으로만 허용된다. 따라서 확정판결에 따른 강제집행이 권리남용에 해당한다고 쉽게 인정하여서는 안 되고, 이를 인정하기 위해서는 확정판결의 내용이 실체적 권리관계에 배치되는 경우로서 그에 기초한 집행이 현저히 부당하고 상대방으로 하여금 그 집행을 받아들이도록 하는 것이 정의에 반함이 명백하여 사회생활상 용인할 수 없다고 인정되는 것과 같은 특별한 사정이 있어야 한다.

정판결에서 판단된 법률관계의 존부와 모순되는 판단을 구하는 것은 전소 확정판결의 기판력에 반하는 것이고, 전소에서 당사자가 그 공격방어방법을 알지 못하여 주장하지 못하였는지 나아가 그와 같이 알지 못한 데 과실이 있는지는 묻지 아니한다.12)

3. 기판력의 본질

기판력이 생기면 후소 법원은 전 소송 재판이 있었다는 이유 때문에 판단에 제약을 받을 수밖에 없다. 기판력의 본질 즉, 기판력이 가지는 구속력이 어떠한 성질을 가지는가에 관하여 주지하는 바와 같이 크게 실체법설과 소송법설로 나누어지고 소송법설은 모순금지설과 반복금지설로 나누어진다.13)

가. 실체법설과 소송법설

(1) **실체법설** : 판결이 형식적으로 확정되면 실체법적인 효력을 갖게 되어 판결의 내용대로 실체법상의 법률관계가 형성되고, 기판력이 후소 법원을 구속하는 것은 바로 확정판결의 내용대로 실체법상의 법률관계가 형성되었기 때문이라는 견해이다. 즉 기판력을 당사자 사이의 화해계약과 같이 실체법상의 법률요건의 하나로 보고 기판력은 <u>실체법상의 권리관계를 변경하는 확정판결의 힘</u>이라는 것이다. 그러나 이 견해는 모든 판결은 형성판결이 되어야 하고 그 효력도 제3자에게 생겨야 할 것이나, 기판력이 당사자에게만 생기고 당사자에게만 미친다는 점을 간과한 것으로 더 이상 논의의 여지가 없다(실체법상의 권리의 존부에 관하여 판단을 하지 않는 소송판결의 기판력도 설명하지 못한다). 실체법상의 권리의 발생·소멸은 입법자가 정할 일이지 법관이 할 일도 아니다. 현재 실체법설을 지지하는 견해는 찾아볼 수 없다.

(2) **소송법설** : 기판력은 실체법적인 효력과는 관계가 없이(실체법적 상황에 아무런 영향을 미치지 않고), 주어진 법률상태를 확정할 뿐이고, 판결이 확정되더라도 실체법상의 권리가 창설되는 것도 아니고 실체상의 권리관계에는 아무런 영양이 없다. 기판력은 단지 <u>판결이 확정되면 뒤에 전소 확정판결이 후소 법관을 구속하는 효력이 있을 뿐이라고 본다</u>.14) 즉 기판력은 후소를 재판하는 법관을 구속하는 힘이라고 보는데, 그 구속이 무엇인가에 관하여 모순금지설과 반복금지설이 대립하고 있다.

나. 모순금지설과 반복금지설

(1) **모순금지설**(구소송법설) : 구속력의 내용을 후소법원이 전에 판단한 것과 모순되는 판단의 금

---

12) 대법원 2014. 3. 27. 선고 2011다49981 판결.
13) 소권론과 관련하여 실체법설은 소의 제기는 사법상의 권리행사의 방법으로 이해하는 사법적 소권론의 반영으로 로마법상의 Actio론의 영향으로 형성된 이론이나, 실체법과 소송법의 준별을 전제로 하는 현대 민사소송 법리와 조화되기 어렵다. 소송법설은 공법적 소권론에 대응하는 이론으로 모순금지설은 권리보호청구권설에, 반복금지설은 본안판결청구권설에 대응하는 이론이다.
14) 비근한 예로 채무가 존재함에도 불구하고 부존재한다고 잘못된 판결(부당판결)이 확정된 경우 실체법설에 의하면 채무는 실체법적으로 부존재하므로 채무자의 변제는 비채변제가 되나, 소송법설에 의하면 채무는 실체법적으로 존재하지만 채권자가 다시 채무의 존재를 주장할 수 없을 뿐이므로 채무자의 변제는 비채변제가 아니라 채무의 본지에 따른 정당한 변제가 된다.

지(전소 확정판결의 판단과 모순되는 판단을 할 수 없다)로 본다.15)
- **(2) 반복금지설**(신소송법설) : 분쟁해결의 1회성을 근거로 기판력을 일사부재리의 원칙을 실현하는 것으로 보아 소송의 반복 자체를 금하는 것으로 본다.16).
- **(3) 학설** : 학설로는 모순금지설과 반복금지설이 팽팽하게 대립하고 있으나, 판례는 뒤에서 보는 바와 같이 모순금지설을 따르고 있다.

반복금지설에 의하면 전소 확정판결의 내용과 동일한 소를 다시 제기하는 후소는 언제나 금지되어야 한다. 전소와 동일한 후소는 전소판결이 승소판결이든 패소판결이든 확정판결의 결론이 무엇이든 관계없이 부적법하게 되어 신소를 제기하면 언제나 소각하판결을 하여야 한다. 따라서 이 설에서는 기판력의 존재가 독자적인 **소극적 소송요건**이 된다. 반복금지설에 대하여는 전소와 후소가 소송물이 다른 경우에도 기판력이 후소에 일정한 작용을 하는데(모순관계나 선결관계의 경우) 이런 경우는 분명히 절차의 반복이 아님에도 기판력이 작용하고, 시효중단의 필요 등으로 후소가 적법한 경우 이는 분명 절차의 반복이기 때문에 반복금지설로는 설명이 되지 않는다는 비판 앞에 이 설의 논거가 무력화된다.

그런데 여기서 학자에 따라 모순금지설을 바라보는 시각이 일치하지 않는다. **전통적인 모순금지설**을 따르는 호문혁 교수에 의하면 전소와 후소의 소송물이 같으면 법원은 어차피 전소 확정판결과 같은 판결을 할 수밖에 없는데 그럼에도 불구하고 다시 소송을 하는 것은 소의 이익이 없고, 따라서 후소는 소송요건 불비가 되어 부적법 각하를 면치 못한다고 한다. 이 견해는 일단 다시 소송하는 것을 허용함을 전제로 하되, 어차피 같은 판결을 받을 수밖에 없으므로 소의 이익이 없다고 설명하므로 기판력의 존재를 독자적인 소송요건으로 파악하지 않고 **권리보호요건**에 의지하여 설명한다.17)

김홍엽 교수는 모순금지설을 전소에서 승소확정판결을 받은 원고가 다시 동일한 소를 제기하면 이미 권리보호를 받았음에도 다시 구하는 것이므로 소의 이익이 없다고 하여 소각하판결을 하여야 하지만, 전소에서 패소확정판결을 받은 원고가 다시 동일한 소를 제기하면 전소와 모순된 판단의 금지의 구속력 때문에 청구기각판결을 하여야 하는 것으로 이해한다(판례의 입장과 같다). 이 견해는 전소에서 승소확정판결을 받았음에도 불구하고 동일한 소를 제기하는 경우 구태여 본안판단을 할 필요가 없으므로 소의 이익이 없다고 하여 소를 각하하는데, 이를 들어 모순금지설이 전소 승소자와 패소자를 달리 취급하는 등 논리의 일관성이 없다고 보는 것은 무리라고 주장한다.18)

---

15) 호문혁, 민사소송법[제14판], 법문사(2020), p.740 이하; 김홍엽, 민사소송법[제9판], 박영사(2020), p.841등.
16) 이시윤, 앞의 책, p.629; 정동윤·유병현·김경욱, 앞의 책, p.780 등
17) 호문혁 교수의 설명을 부연한다. 소송요건은 소제기로 성립된 소송이 적법해져서 본안재판을 받을 수 있기 위한 요건 즉 본안재판요건이다. 원고가 이미 동일한 청구에 대하여 소송을 하여 확정판결을 받은 경우에 다시 제소하면 기판력에 저촉된다. 소를 제기하더라도 기판력 때문에 법원은 전소 확정판결과 모순되는 내용의 판결을 할 수 없으므로 원고는 결국 같은 재판을 받을 수밖에 없다. 그렇다면 다시 제기한 소는 아무 의미가 없는 쓸데없는 것이 되어서 권리보호의 자격이 부정된다. 판례는 전소에서 승소한 원고가 재소한 경우에만 소송요건의 문제로 본다. 그러므로 판례에 의하면 이 요건은 "원고가 동일 청구에 대하여 승소판결을 받아 확정된 경우가 아닐 것"으로 될 것이다. 반복금지설을 취하면 기판력 있는 판결의 존재는 권리보호의 자격과 관계가 없는 독자적인 소송요건이라고 보게 된다.

호문혁 교수는 이와 같은 전소송에서의 승패로 경우를 나누어 각하와 기각으로 달리 취급하는 것은 본래의 모순금지설과 관계가 없고 출처 불명의 독자적인 견해라고 비판한다.[19] 외국에서 우리 판례와 같이 전소 확정판결의 승패를 가려 결론을 달리해야 한다는 견해는 없다고 한다.

전소 확정판결의 결론에 따라 기판력의 체계적 지위가 달라진다는 것이 이상하고, 어느 경우이건 소의 이익이 없다고 보아 소를 각하하는 것이 이론적 간명함이 있는 것이 사실이다.

학설 중에는 모순금지설과 반복금지설 어느 하나만으로는 기판력의 작용을 완전히 설명할 수 없고 양자는 상호 보완관계에 있다고 보아 후소법원은 전소와 후소의 소송물이 동일한 경우에는 반복금지로, 기판력 있는 사항이 별개의 소송물을 대상으로 하는 후소에서 선결적으로 작용하는 경우에는 모순금지로 파악하는 견해도 있다. 이 견해에 대하여는 하나의 기판력 제도를 그 작용하는 상황에 따라서 달리 설명하는 것은 기판력의 본질에 관한 논의라기보다는 그 작용의 측면을 본 것이고, 전소와 후소의 소송물이 모순된 반대관계인 경우를 설명하기 어렵다는 약점이 있다는 비판이 있다. 어쨌든 기판력은 전소 확정판결에서 이미 판단한 내용과 모순·저촉되는 판단을 해서는 안 된다는 사고를 바탕에 깔고 있다.

4. 판례의 입장

기판력의 본질에 관한 우리 판례의 입장을 본다. 판례는 "제1심판결이 당사자 및 소송물이 동일한 전소송의 판결의 기판력에 저촉된다는 이유로 원고의 청구를 부당하다고 하여 기각하였다면 제1심판결의 취지는 전소송에서 한 <u>원고 청구기각판결의 기판력에 의하여 그 내용과 모순되는 판단을 하여서는 안 되는 구속력 때문에 전소판결의 판단을 채용하여 원고청구기각의 판결을 한다</u>는 것으로서 이는 <u>소송물의 존부에 대한 실체적 판단을 한 본안판결이다.</u>"라고 판시하여[20] 기판력의 본질에 관하여 모순금지설을 따른 것으로 본다.

판례는 전통적인 모순금지설과 달리 전소판결 결과를 살펴 전소에서 <u>청구인용판결(원고승소판결)</u>이 확정되었다면 그 사건에 의해 기판력이 미치는 후소는 부적법 각하여야 하고, <u>청구기각판결(본안패소판결)</u>이 확정되었다면 기판력이 미치는 후소는 그와 모순되는 판단을 할 수 없기 때문에 청구기각판결을 하여야 한다는 입장이다.[21]

판례의 모순금지설에 따르면 청구인용 확정판결이 있는데 법원이 또다시 청구인용판결을 하는

---

18) 김홍엽, 앞의 책, p.841 참조.
19) 호문혁, 앞의 책. p.740 참조.
20) 대법원 1989. 6. 27. 선고 87다카2478 판결.
21) 판례의 태도를 설명하면서 '전 소송에서 승소한 사람이 다시 소를 제기하면 소를 각하'하고, '전 소송에서 패소한 사람이 다시 소를 제기하면 기각'한다고 설명하는 경우가 많은데, 뒷부분은 정확한 표현이 아니라는 지적이 있다. 이것은 전 소송에서 소각하 판결을 받은 원고가 다시 소를 제기한 경우를 설명할 수 없다(이 경우까지 청구를 기각할 것은 아니다). '전 소송에서 기각된 부분에 다시 소가 제기되면 기각한다'고 표현한 것도 부정확하다. 기판력은 전·후소의 소송물이 완전히 같을 때뿐만 아니라 모순된 반대관계에서도 작용하는데, 전 소송에서 청구기각된 부분에 대하여 피고가 다시 소를 제기하면 기각한다고 할 수 없기 때문이다. 예컨대, 매매대금 1,000만원의 지급을 구하는 청구의 기각판결이 확정된 경우 피고가 이 매매대금채무의 부존재확인을 구하는 소를 제기하였을 때 피고가 전 소송에서 승소한 사람이니 그가 다시 제기한 소를 각하한다고 하든, 채무부존재확인의 소가 확인의 이익이 없어 각하한다고 하든, 피고의 소를 각하하는 것이므로 판례의 입장은 전 소송에서 '본안패소판결을 받은 사람이 다시 소를 제기하면 기각'한다고 하는 것이 정확하다. 오정후, "확정판결의 기판력이 후소에 미치는 영향", 민사소송 제18권 제2호, p.224 참조.

것은 기판력에 반하지 않고 오히려 모순금지를 내용으로 하는 기판력에 따르는 것이다. 다만 이미 승소확정판결이 있다면 굳이 동일한 승소판결을 구할 소의 이익이 없기 때문에 본안 전 소송단계에서 소를 각하하는 것이라고 한다. 그런데 예외적으로 소의 이익이 인정된다면 다시 모순금지설의 원래 취지로 돌아가 본안에서 청구인용판결을 내리게 된다.

판례의 모순금지설에 따르면 전소 확정판결이 원고청구 인용판결의 경우 기판력은 소송요건, 청구기각판결의 경우 기판력은 본안요건이 된다는 결론이다. 판례가 정립한 이 이론의 연원과 근거는 명확하지 않다.

대법원이 이와 같은 판단을 하게 된 최초의 판결이 다음 사례에 관한 판결이다. 그런데 이 판결이나 그 이후의 대법원판결에서 전소의 판결결과에 따라 기판력이 미치는 후소의 결론이 달라져야 하는지 설득력 있는 논거 제시는 없이 무비판적으로 선례를 반복적으로 답습하고 있는 것으로 보인다.

<사례 1-1> 甲은 乙을 상대로 이 사건 청구원인과 동일한 사실을 청구원인으로 하여 100만 원의 지급을 구하는 소를 제기하여 법원에서 2020. 10. 8. 청구기각판결이 선고되고(2020. 10. 1. 변론종결) 이 판결이 확정되었다. 이 사건 청구 역시 甲이 乙에게 같은 원인에 기해 100만 원의 지급을 구하면서 이 사건 청구에는 전 소송에는 없던 100만 원에 대한 2020. 5. 2.부터 완제일까지 연 5%의 비율에 의한 지연손해금의 지급을 구하는 청구가 추가되었다.

<대법원 1976. 12. 14. 선고 76다1488 판결>

"확정판결의 기판력은 사실심의 최종변론종결당시의 권리관계를 확정하는 것이므로 그 중 위 확정판결의 사실심의 변론종결시 후의 부분은 그 선결문제로서 위 금 100만 원에 대한 피고의 지급의무의 존재를 주장하게 되어 논리상 위 확정판결의 기판력의 효과를 받게 되는 것이라고 할 것이나, 그 외의 부분(변론종결당시까지의 분)의 청구는 위 확정판결의 기판력의 효과를 받을 리가 없게 된다고 할 것이므로 막연히 위 지연손해금청구 전부를 위 확정판결의 기판력에 저촉된다고 논단할 수 없는 것이라고 할 것이다.

그뿐만 아니라 위 확정판결은 앞서 본바와 같이 원고가 피고를 상대로 위 금 100만 원의 지급을 구하였다가 이유 없다고 하여 청구기각의 원고패소의 판결임이 명백하므로 원고의 이건 청구 중 동 확정판결의 기판력에 저촉되는 부분에 대하여도 위 확정판결과 모순 없는 판단을 함으로써 동 청구를 배척(기각)하는 것은 몰라도 그것이 단지 권리보호의 필요가 없어서 부적법하다고 하고 (소권의 남용이라고 인정되는 경우는 별문제이다) 소를 각하할 것은 아니라고 할 것이다."

위 대법원판결 이후 전소에서 청구인용판결을 받은 원고가 피고의 승계인에 대하여 후소로 같은 청구를 하는 것은 확정판결의 효력에 의하여 권리보호요건을 갖추지 못하여 부적법하므로 각하하여야 한다는 판결[22]과 전 소송에서 원고의 청구가 일부 인용되었는데 원고가 같은 소를 다시 제기한 사례에서 전 소송에서 원고가 승소한 부분은 소각하, 본안패소부분은 청구를 기각하여야

한다는 판결[23])이 선고되었다.[24]

위와 같은 판례의 입장이 현재까지 유지되고 있다.

"확정된 승소판결에는 기판력이 있으므로 **승소** 확정판결을 받은 당사자가 전소의 상대방을 상대로 다시 승소 확정판결의 전소와 동일한 청구의 소를 제기하는 경우, 특별한 사정이 없는 한 후소는 권리보호의 이익이 없어 부적법하다."[25]

"민사소송에서 판결이 확정되면 그 대상이 된 청구권의 존재 혹은 부존재를 더 이상 다툴 수 없게 되는 기판력이 발생하고, 전소에서 패소한 당사자가 전소의 당사자를 상대로 전소의 기판력에 저촉되는 청구를 하는 경우 법원은 전소의 기판력에 의하여 그 내용과 모순되는 판단을 하여서는 아니 되는 구속력을 받는다."[26]

"확정된 승소판결에는 기판력이 있으므로, 승소 확정판결을 받은 채권자가 채무자를 상대로 다시 전소와 동일한 청구의 소를 제기하는 경우 후소는 권리보호의 이익이 없어 부적법하다. 다만 예외적으로 확정판결에 의한 채권의 소멸시효기간인 10년의 경과가 임박한 경우에는 시효중단을 위한 후소는 소의 이익이 있다."[27]

"원심이 확정한 사실에 비추어 보면, 피고가 원고들을 상대로 제기한 서울민사지방법원 90가합6977 구상금청구 사건에서 원고들은 피고에게 연대하여 이 사건 구상금의 지연손해금 49,165,084원을 지급할 의무가 있다는 내용의 피고 승소판결이 선고되었고 그 판결이 그대로 확정되었으므로, 원고들이 위 확정판결의 사실심 변론종결일(1990. 10. 17.) 이전인 1981. 1. 23.에 위 지연손해금이 모두 변제되었다고 주장하면서 그 부존재의 확인을 구하는 이 사건 소송에서는, 위 확정판결의 기판력에 의하여 위 확정판결의 사실심 변론종결 당시를 기준으로 하여 위 지연손해금의 채무가 존재한다고 인정하지 않을 수 없으며, 따라서 원고들의 이 사건 청구는 기각할 수밖에 없는 것이다. 이와 다른 견해에서 선 논지는 독자적인 것으로서 받아들일 수 없다. 다만 원심으로서는 위 확정판결의 기판력을 이유로 하여 원고들의 이 사건 청구를 기각하여야 할 것인데도, 그 판시와 같은 이유로 원고들의 이 사건 소는 부적법하다고 각하되어야 한다고 잘못 판단한 위법이 있지만 원고들만이 상고한 이 사건에서 불이익변경금지의 원칙상 원고들에게 더 불리한 청구기각의 판결을 선고할 수는 없으므로, 원고들의 이 사건 상고를 모두 기각할 수밖에 없다."[28]

---

22) 대법원 1979. 2. 13. 선고 78다2290 판결.
23) 대법원 1979. 9. 11. 선고 79다1275 판결.
24) 오정후, 앞의 논문, p.228 참조.
25) 대법원 2017. 11. 14. 선고 2017다23066 판결. 〈사례〉 甲 보험회사가 乙과 체결한 소액대출보증보험계약에 따라 보험금을 지급한 후 乙을 상대로 구상금의 지급을 구하는 소를 제기하였고, 항소심에서 丙 회사가 甲 회사로부터 채권을 양수하였다고 주장하며 **승계참가신청**을 하여 丙 회사의 청구를 전부 인용하는 판결이 선고·확정되었는데, 丙 회사가 위 판결이 선고되기 전 乙을 상대로 甲 회사로부터 양수받은 채권의 지급을 구하는 소를 제기한 사안에서, 丙 회사의 청구는 결과적으로 아직 미확정된 선행사건이 법원에 계속되어 있는 중임에도 다시 당사자와 소송물이 동일한 소를 제기한 셈이 되며, 원심 변론종결일에 선행사건이 아직 법원에 계속 중이었으므로 **중복소송**에 해당하고, 선행사건의 항소심판결이 확정되었으므로 **권리보호의 이익도 없어 부적법**하다고 한 사례.
26) 대법원 2012. 6. 14. 선고 2010다26035 판결.
27) 대법원 2018. 10. 18. 선고 2015다232316 전원합의체 판결.

<사례 1-2> 甲은 "자신이 2017. 5. 1. 乙에게 1억 원을 변제기 2018. 4. 30.로 정하여 대여하였다"라고 주장하면서, 2018. 7. 1. 乙을 상대로 위 대여금 1억 원의 지급을 구하는 소(전소)를 제기하였는데, 대여사실을 인정할 증거가 없다는 이유로 2018. 11. 1. 청구기각 판결(사실심 변론종결일은 2018. 9. 30.)을 선고받고 그 판결이 확정되었다. 그 후 甲이 자신의 위 주장에 부합하는 내용의 차용증을 발견하자, 乙을 상대로 위 대여금 1억 원의 지급을 구하는 소(후소)를 제기하였고, 乙은 변론기일에서 甲이 증거로 제출한 위 차용증(갑제1호증)의 진정성립을 인정하였는데, 그 후 법원은 후소가 전소의 기판력에 저촉된다는 이유로 소각하 판결을 선고하였다.
위 판결에 甲만이 항소하였고, 항소심에서 甲은 2018. 5. 1.부터 완제일까지 연 5%의 지연손해금의 지급을 구하는 청구를 추가하였는데, 乙이 전소 판결문 및 그 확정증명원을 증거로 제출하였다. 항소심 법원은 어떤 판결을 선고하여야 할 것인가?29)

[문제 해결의 방향]

(1) 문제의 소재

전소 확정판결의 기판력은 "전소 사실심 변론종결 당시에, 甲은 乙에 대하여 2017. 5. 1.자 대여원금 1억 원의 반환청구권을 가지고 있지 않았다."는 점에 미친다. 그러면 후소 항소심 법원은 어떠한 판결을 할 것인지 살펴본다. 대여원금과 지연손해금은 소송물이 다르므로 소송물별로 살펴본다(소송물이 대여원금은 소비대차계약에 기한 대여금반환청구권이고, 지연손해금은 이행지체로 인한 손해배상청구권이다).

(2) 대여원금 반환청구

우선 대여원금의 반환청구에 관하여 보면 전소와 후소의 대여원금반환 청구 부분은 당사자와 소송물이 동일하므로, 전소 판결의 기판력이 후소에 미치는 관계에 있는데(작용 국면), 후소에서 차용증을 발견한 것은 전소 사실심 변론종결 후의 사정변경으로 볼 수 없다. 따라서 후소 법원은 직권으로 기판력 저촉에 관한 사실을 심리하여, 청구원인에 대한 별도의 심리 없이 기판력을 근거로 해당 부분의 청구를 기각하여야 할 것이다(모순금지설을 따르는 판례의 입장). 반복금지설에 의하면 소를 각하 하게 된다. 그런데, 제1심 법원의 소각하 판결을 청구기각 판결로 변경하는 것은 불이익한 변경에 해당하므로, 항소심 법원으로서는 불이익변경금지의 원칙상 甲의 항소를 기각하는 판결을 선고하여야 한다(항소기각설, 청구기각설, 환송설, 절충설이 있으나 판례는 항소기각설의 입장이다).
제1심이 본안판결을 해야 함에도 소각하 판결을 한 것이 위법한 경우, 제1심에 환송하는 판결을 선고함이 원칙이나, 사례에서는 기판력 저촉에 관하여 직권으로 조사하여 별도의 본안심리 없이 기판력 저촉을 이유로 판단하여야 하므로 항소심 법원은 제1심 법원에 환송하지 않고 직접 항

---

28) 대법원 1994. 9. 9. 선고 94다8037 판결.
29) 2019년 제2회 변호사시험 모의고사 문제 援用. <유제> 甲은 乙을 상대로 대여원금 1억 원의 반환을 구하는 소(이하 'A소'라고 함)를 제기하였다. A소의 제1심 법원은 2015. 7. 10. 변론을 종결한 후 청구기각 판결을 선고하였고, 甲과 乙이 항소를 하지 않아 위 판결이 2015. 8. 10. 확정되었다. 甲은 2017. 5. 20. 乙을 상대로 위 대여금 1억 원에 대한 2015. 5. 10.부터 2017. 5. 10.까지 연 5%의 비율에 의한 지연손해금의 지급을 구하는 소(이하 'B소'라고 함)를 제기하였고, 소송절차에서 '乙이 2014. 5. 9. 甲으로부터 1억 원을 반환기일 2015. 5. 9.로 정하여 차용한 후 2017. 5. 11. 반환하였다'는 사실을 주장·증명하였다. B소 법원은 어떠한 판결을 선고하여야 하는가?(2017년 제1회 모의고사)

소기각 판결을 선고하게 된다.

(3) 지연손해금 청구

다음으로 지연손해금 청구에 관하여 보면 청구의 기초에 변경이 없고, 동종절차에 의할 것이므로, 변론종결 전에 신청되고 소송절차를 현저히 지연시킨다고 볼 특별한 사정이 없다면 항소심에서의 청구의 변경은 적법하고(민소법 제262조 제1항), 이 경우 항소심 법원은 추가된 청구에 대하여 제1심으로 재판하여야 한다. 그런데 전소와 후소는 당사자가 동일하나 소송물은 상이한바, 기판력의 작용국면과 시적 범위(차단효)가 문제된다.

전소 사실심 **변론종결 전**에 발생한 지연손해금 청구 부분은 전소에서 확정된 법률관계가 후소 청구와 모순관계에 있거나 후소에서 선결관계로 되지 않으므로 전소판결의 기판력이 미치지 않는다. 그러나 전소 사실심 **변론종결 이후**에 발생한 지연손해금 청구 부분은 전소에서 확정된 법률관계가 후소에서 선결관계에 해당하므로, 전소 판결의 기판력이 후소에 미치는 관계에 있다(작용국면).

따라서 항소심 법원은 전소 사실심 **변론종결 전**에 발생한 지연손해금 청구 부분에 관하여 전소 판결에서 대여사실이 인정되지 않는다고 판시한 판결이유 부분은 유력한 증명력을 가지지만, 한편으로는 차용증(갑제1호증)이 처분문서에 해당하는데 상대방이 그 진정성립을 인정하였으므로(서증의 진정성립에 대한 자백은 재판상 자백에 준하는 구속력이 인정됨) 항소심 법원은 특별한 사정이 없는 한 차용사실을 인정하여야 할 것이고, 따라서 전소 사실심 변론종결 전(변론종결일 당일의 지연손해금을 청구할 수 있는 지에 대하여는 견해 대립이 있음)에 발생한 지연손해금 청구는 인용할 수 있다.

그러나 전소 사실심 **변론종결 이후**에 발생한 이자 및 지연손해금 청구 부분은 직권으로 기판력에 관한 사실을 심리하여, 기판력을 근거로 들어 원금청구권이 인정되지 않는다는 점을 이유로(대여원금채권이 존재하지 않았음을 전제로 하여) 甲의 해당 부분 청구(전소 변론종결 후의 지연손해금청구)를 기각하는 판결을 선고하게 된다. 이 경우는 기판력의 본질에 관한 모순금지설과 반복금지설 중 어느 것을 따르더라도 선결관계가 성립하는 경우 이를 이유로 소각하판결을 하여서는 안 되고, 전소의 기판력 있는 판단에 구속되어 이를 전제로 심판하여야 한다.

(4) 결어(사안의 적용)

결국 대여원금 1억 원의 반환청구에 대하여는 청구기각 판결을, 지연손해금 청구 중 전소 사실심 변론종결일인 2018. 9. 30. 전에 발생한 지연손해금 청구 부분은 인용하고 전소 사실심 변론종결일 이후인 2018. 10. 1. 이후 발생한 지연손해금 청구 부분은 청구기각판결을 선고하게 된다.

☞ **주문** : 피고는 원고에게 2,083,333원(1억 원 × 5개월(2018. 5. 1. ~ 2018. 9. 30.) × 0.5%/12)을 지급하라. 원고의 나머지 청구를 기각한다.

<사례 1-3> 甲은 2008. 4. 1. 乙에게 1억 원을 변제기 2009. 3. 31.로 정하여 대여하였다. 甲은 2012. 4. 1. 乙을 상대로 위 대여금 1억 원의 지급을 구하는 소(전소)를 제기하였으나, 법원은 2012. 6. 30. 변론을 종결하고 2012. 7. 14. 대여사실에 대한 증명이 부족하다는 이유로 원고 청구기각 판결을 선고하였으며, 위 판결은 2012. 8. 20. 확정되었다.
甲은 2012. 12. 1. 乙을 상대로 위 대여금에 대하여 2012. 7. 1.부터 다 갚는 날까지 연 5%의 비율로 계산한 지연손해금의 지급을 구하는 소(후소)를 제기하였다. 후소에서의 증거조사결과 위 대여사실이 증명되었다면 후소 법원은 어떠한 판결을 하여야 하는가?(소 각하/청구기각/청구인용)30)

[문제 해결의 방향]

(1) 전소판결의 기판력 : 전소 변론종결일인 2012. 6. 30. 현재 甲이 乙에 대하여 2008. 4. 1.자 대여원금 반환채권을 가지고 있지 않다는 점
(2) 선결관계 : 전소 대여원금청구는 후소 지연손해금청구의 선결 관계
(3) 기판력의 시적 범위 : 변론종결일 이전 부분은 대여원금채권 부존재의 기판력이 미치지 않으나, 변론종결일 이후인 2012. 7. 1. 이후 부분은 전소 확정판결의 기판력이 미침
(4) 대여사실 증명과 증명효 : 후소에서 대여사실이 증명된 경우에도 기판력이 미침.
(5) 결어 : 甲의 청구 기각.

5. 판례의 모순금지설에 대한 회의

결국 판례에 의하면 모순금지설에서 기판력의 본질을 찾을 수밖에 없는데, 전소에서 승소확정판결을 받았든 패소확정판결을 받았든 확정판결이 있었다는 점에서는 차이가 없고, 어차피 본안을 심리하지 않는 점에서는 차이가 없는데도 소송법상 이들을 분리해서 고찰할 필요가 있는지 의문이다.

본래의 모순금지설에 따라 전소 확정판결과 모순되는 주장을 할 수 없기 때문에 전소가 원고 승소판결이든 원고 패소판결이든 그에 저촉되는 후소는 각하되어야 한다고 하면 간명한 것이 아닐까?31) 전소에서 패소확정판결을 받은 원고가 다시 소를 제기한 경우 청구를 기각해야 한다는 것은 후소가 적법하고, 후소가 소의 이익이 있다는 것을 전제로 하는 것인데, 어차피 전소와 다른 판단을 할 수 없는 것이라면 소의 이익을 부정하여 소각하판결을 하는 것이 간명한 것이 아닐까?32)

---

30) 2020년 제9회 변호사시험 사례형 문제.
31) 반복금지설은 왜 반복을 금지해야 하는지에 관해 보다 구체적인 근거를 제시하지 못하고 있고, 모순금지설에 따라 전소 확정판결의 효력이 미치는 후소는 기판력의 효력에 의해 전소의 결과가 원고 승소였든 원고 패소였든 그 결과를 가리지 않고 각하되어야 하고 판례 태도의 변경이 필요하다는 견해로 함석천, "기판력의 효력과 소(所) 각하", 사법 43호, 사법발전재단(2018. 3.), p.540~541 참조. 오정후 교수는 전소판결의 내용이 어떠하든 후소가 확정판결의 기판력에 저촉되는 점에서는 같고 소송이 필요 없다는 점도 같으니, '같은 것은 같게, 다른 것은 다르게' 취급하라는 평등의 원칙의 면에서도 어느 경우에나 후소를 각하하는 것이 옳다고 주장한다. 오정후, 앞의 논문, p.242~243 참조.
32) 청구기각은 본안심리를 전제로 하는 개념인데 본안심리 없이 청구기각을 한다는 것도 이상하고, 또 청구기각은 후소의 적법을 전제로 하는데, 전소판결이 청구인용이든 청구기각이든 후소의 부적법을 이유로 소각하를 하는 것이 간명하다. 일부 대법원판결에서 "…청구는 …기판력에 저촉되어 본안에 대하여 나아가 판단할 필요 없이 기각" 운운의 판시를 볼 수 있는데(대법원 2014. 4. 10. 선고 2012다29557 판결 등) 이는 우리들의 상식적인 어감(語感)에도 맞지 않는다. 본안

이런 저런 소박한 의문들에 대하여 선례의 결론만을 반복적으로 답습하는 판례의 모순금지설은 속 시원한 답을 내놓지 못하고 있다.33)

<사례 1-4> 甲 회사는 乙 회사로부터 건물신축공사 중 토공사와 흙막이 가시설공사(이하 '이 사건 공사')를 하도급받아 공사를 하면서 공사현장에 흙막이 가시설물을 설치하였다. 乙 회사가 회생절차개시결정을 받자, 甲은 乙의 회생절차개시를 이유로 乙에게 이 사건 하도급계약을 해지한다고 통보하고 이 사건 공사를 중단하였다. 乙은 법원으로부터 공사재개허가를 받아 공사를 진행하면서 수차례 甲에게 甲이 설치한 가시설물을 해체해달라고 요청하였으나, 甲은 이를 거부하고 이 사건 시설물을 수거하지 않았다. 한편 甲의 신청에 따라 법원은 이 사건 가시설물에 대한 유체동산 점유이전 및 처분금지 가처분 결정을 하였다.
甲 회사의 대표이사 A는 나머지 공사대금을 달라고 주장하며 이 사건 공사현장 입구에 이 사건 기중기를 설치하여 차량이 진입하거나 출입할 수 없도록 하였다(A는 乙의 건물신축공사 업무를 방해하였다는 범죄사실로 벌금을 선고받았고, 위 판결은 확정되었다). 乙은 B와 이 사건 시설물과 기중기를 매월 330만원에 서울 송파구의 보관장소에 보관하기로 하는 약정을 맺고, 집행관의 허가를 받아 이 사건 시설물과 기중기를 이 사건 보관장소로 옮겨 보관하였다.
甲은 乙에게 이 사건 시설물과 기중기의 인도를 요구하였으나 乙은 가처분신청 철회와 보관료 지급 등의 문제로 원고의 요구를 거절하였다.
甲은 乙을 상대로 이 사건 <u>시설물과 기중기의 인도를 구하는 소</u>(이하 '선행소송"이라 함)를 제기하여 승소판결을 받았고, 위 판결이 그대로 확정되었다. 이후 甲은 乙을 상대로, 乙이 甲의 요청과 이 사건 인도판결에도 불구하고 이 사건 시설물과 기중기의 인도를 거부함을 이유로 이 사건 시설물과 기중기의 <u>불법점유로 인한 손해배상 또는 부당이득반환을 구하는</u> 이 사건 소를 제기하였다. 甲은 이 사건 소의 제1심 계속 중 이 사건 시설물과 기중기를 수거하였다(乙 회사는 상고심 계속 중 乙 회사에 대한 회생절차종결결정이 공고됨에 따라 이 사건 소송을 수계함).
법원은 이 사건 소에 대하여 어떻게 판단할 것인가?

<원심>은 乙이 이 사건 <u>인도판결 확정 전</u>에는 이 사건 시설물을 불법으로 점유하고 있다고 볼 수 없어 손해배상 책임이 없지만 이 사건 <u>인도판결이 확정된</u> 이후에는 이 사건 시설물을 불법으로 점유한 것이므로 그로 인한 원고의 손해를 배상할 책임이 있다고 판단하였으나, 한편 乙의 이 사건 기중기에 대한 점유나 보관이 위법하다고 볼 수 없어 손해배상책임이 없다고 판단하였다.

그러나 <대법원>은 다음과 같이 인도판결이 확정되었다는 사정만으로 곧바로 피고의 시설물에 대한 점유가 위법하게 된다고 볼 수 없고, 판결확정 후 피고가 시설물에 대한 인도를 적극적으로 이행하지 않았다고 해서 불법행위로 단정할 수도 없으며, 인도판결의 효력은 시설물에 대한 인도청구권의 존부에만 미칠 뿐 불법점유로 인한 손해배상청구 소송에 미치지 않으므로, 원심 판단에 이행판결의 효력, 불법점유로 인한 손해배상책임 등에 관한 법리를 오해하여 필요한 심리를 다하지 않은 잘못이 있다고 보아 원심을 파기환송(일부)하였다.

에 대하여 판단하지 않고 하는 재판은 소송요건흠결을 이유로 하는 소각하판결이지 청구기각판결이 아니다.
33) 변호사시험을 준비하는 로스쿨생들은 그저 판례의 결론에 따라 전소 승소 확정판결을 받은 원고가 다시 소를 제기한 경우에는 '소 각하', 패소 확정판결을 받은 원고가 다시 소를 제기한 경우에는 '청구기각"으로 도식적으로 암기하고 있을 뿐 기판력의 근거와 본질에 대한 깊이 있는 성찰을 하지 못하고 있다.

> **〈참고〉 사안의 해결[34]**
> ○ 종전 소송에서 피고가 **유치권 항변**을 하지 않아 **단순이행(인도)판결**이 선고된 것임.
> ○ 물건에 관하여 발생한 비용이 있었기 때문에 피고는 그 비용을 받을 때까지 물건을 유치할 권리가 있음. → **피고에게 점유권원이 있음=유치권(담보물권)**
> ○ 원래 피고가 유치권 항변을 하고 상환이행판결을 했어야 하는데, 피고가 유치권항변을 하지 않는 바람에 원고 승소판결이 선고된 것임.
> ○ 혹시 피고가 '보관료' 주장을 했다면 유치권 항변을 한 것으로 볼 수 없었을까?
>   → **동시이행판결을 하려면 상환이행금액을 확정해 주어야 판결이 가능함.**
>   "피고는 원고로부터 얼마를 지급받음과 동시에 인도하라."
>   → **피고가 보관료를 못 받았다고 주장하기만 할 뿐 받을 액수를 특정하여 주장하지 않으니 원고승소판결이 나간 것임**
> ○ 그렇다고 하더라도 피고에게 인도의무가 생긴다거나 피고의 점유가 불법점유가 되는 것은 아님
> ○ 피고의 점유는 유치권에 기한 점유이므로 불법점유가 아님 → **불법행위 ×**
> ○ 실질적인 이득도 없으므로 → **부당이득 ×**
> ○ 종전 인도소송에서 유치권 주장은 항변, 이번 손해배상청구소송에서 유치권 주장은 부인 → **결국 불법행위 요건사실 중 위법성 입증 부족**
>   → 요건사실이 인정되지 않아 청구기각

〈대법원 2019. 10. 17. 선고 2014다46778 판결〉

"물건 점유자를 상대로 한 물건의 인도판결이 확정되면 점유자는 인도판결 상대방에 대하여 소송에서 더 이상 물건에 대한 인도청구권의 존부를 다툴 수 없고 인도소송의 사실심 변론종결 시까지 주장할 수 있었던 정당한 점유권원을 내세워 물건의 인도를 거절할 수 없다. 그러나 의무 이행을 명하는 판결의 효력이 실체적 법률관계에 영향을 미치는 것은 아니므로, 점유자가 그 인도판결의 효력으로 판결 상대방에게 물건을 인도해야 할 실체적 의무가 생긴다거나 정당한 점유권원이 소멸하여 그때부터 그 물건에 대한 점유가 위법하게 되는 것은 아니다. 나아가 물건을 점유하는 자를 상대로 하여 물건의 인도를 명하는 판결이 확정되더라도 그 판결의 효력은 이들 물건에 대한 인도청구권의 존부에만 미치고, 인도판결의 기판력이 이들 물건에 대한 불법점유를 원인으로 한 손해배상청구 소송에 미치지 않는다.

이 사건 시설물과 관련하여 위에서 본 사실관계를 위 법리에 비추어 다음과 같은 결론을 도출할 수 있다.

이 사건 인도판결로 인하여 이 사건 시설물에 관한 실체적 법률관계에 어떠한 변동이 생긴 것은 아니므로, 이 사건 인도판결이 확정되었다는 사정만으로 곧바로 인도판결 확정 다음 날부터 이 사건 시설물에 대한 피고의 점유가 위법하게 되어 원고에게 손해가 발생하였다고 볼 수 없다. 피고가 이 사건 인도판결이 확정된 다음 이 사건 시설물에 대한 인도를 적극적으로 이행하지 않았다고 해서 이를 곧바로 불법행위로 단정할 수 없고, 그로 인해서 원고가 이 사건 시설물을 사용·수익하지 못한 손해를 입었다고 볼 수도 없다. 원고가 피고를 상대로 이 사건 시설물의 인도를 명하는 이 사건 인도판결을 받아 판결이 확정되었더라도 판결의 효력은 이 사건 시설물에 대한 인도청구

---

[34] 서울고등법원 판례공부스터디, 민사판례 해설, 2020, p.149~150 참조.

권의 존부에만 미칠 뿐 이 사건 시설물의 불법점유로 인한 손해배상청구 소송에 미치지 않는다.

따라서 원심으로서는 위 기간 동안의 이 사건 시설물의 점유에 관한 피고의 고의 또는 과실 등 불법행위의 성립요건에 관하여 심리한 다음 피고의 손해배상책임 성립 여부에 관하여 판단하였어야 한다. 그런데도 원심은 불법행위의 성립요건에 관하여 별다른 심리를 하지 않은 채 이 사건 인도판결이 확정된 사정만을 들어 이 사건 인도판결 확정 다음 날부터 피고의 이 사건 시설물에 대한 점유가 위법하다고 보아 원고에 대한 점유반환 시까지 기간에 대한 손해배상책임을 인정하였다. 이러한 원심 판단에는 이행판결의 효력, 불법점유로 인한 손해배상책임 등에 관한 법리를 오해하여 필요한 심리를 다하지 않은 잘못이 있다.

이 사건 기중기와 관련하여 원심은 원고가 이 사건 기중기의 보관비용 등을 부담해야 하는데 비용을 지급하지 않아 이 사건 기중기를 회수하지 못한 것으로서 이 사건 인도판결 확정 다음 날부터도 피고의 이 사건 기중기에 대한 점유나 보관행위가 위법하지 않고, 이 사건 인도판결의 기판력에 따라 이 사건 기중기에 대한 피고의 점유가 불법점유가 된다고 볼 수도 없다고 하였다. 이러한 원심 판단은 위 법리에 따른 것으로 정당하다."

위 판결은 기판력의 본질에 관하여 소송법설을 채택하고 있음을 극명하게 보여주고 있다. 실체법설은 판결에 의하여 권리가 공권적으로 확인된 것이므로 실체법적 효력을 부인할 수 없다는 입장(판결에 의해 권리가 생긴다는 것은 아님)이나 소송법설은 확정판결이 있다고 하더라도 실체법상의 권리관계에는 아무런 영향이 없다는 입장이다. 확정판결이 판결을 받은 당사자의 실체적 권리관계에 아무런 영향을 미치지 않는다는 것이 이상하게 느껴질 수도 있으나 기판력에 실체법적 효력이 없다는 것에서 기판력이 출발하고 있음을 인식하여야 한다. 원심이 선행소송에서 인도판결이 확정되었음에도 인도하지 않고 버티면 불법행위라고 판시한 것도 기판력의 본질에 관한 소송법설을 간과한 것이다. 소송법설에 의하면 인도판결이 확정되었다고 하더라도 그로 인해 인도의무가 발생하는 것도 아니고, 인도의무가 공권적으로 확인된 것도 아니다. 인도의무가 있는지는 증거에 의해 새로 심리하고, 불법행위의 성립요건에 관하여 심리하여 피고의 손해배상책임 여부에 관하여 판단해야 한다.

선행소송에서 乙이 물건에 관하여 발생한 비용이 있었기 때문에 그 비용을 반환받을 때까지 물건을 유치할 권리가 있다고 주장하면서 적법한 점유권원으로서 유치권 항변을 했다면 상환(동시)이행판결이 내려졌을 것인데 乙이 그러한 항변을 하지 않아 단순이행판결이 내려진 것이다. 乙이 보관료를 받지 못했다고 주장하기만 할 뿐 받을 액수를 특정하여 주장하지 아니하여 甲 승소의 단순이행판결이 내려진 것이다.

그렇다고 하더라도 乙에게 인도의무가 생기거나 乙의 점유가 불법점유가 되는 것은 아니고 대법원은 이 점을 지적하여 원심을 파기한 것이다. 乙의 점유는 유치권에 기한 점유이므로 불법점유가 아니고, 불법행위가 성립될 수 없다. 乙에게는 유치권의 존재로 인도를 거절할 수 있는 정당한 이유가 있고, 乙이 인도하지 않고 있다 하더라도 위법행위라고 보기 어렵다. 그리고 乙의 실질적 이득도 없었으므로 부당이득도 성립하지 않으니 결국 甲의 청구를 기각되어야 하는 것이다.[35]

---

35) 서울고등법원 판례공부스터디, 민사판례 해설, 2020, p.149~150 참조.

<사례 1-5> 의료사고로 식물인간이 된 피해자 甲이 의료사고가 발생한 乙 병원에 계속 입원 중인 상태에서 乙 병원을 상대로 3번에 걸쳐 치료비와 일실수익 등을 청구하는 소송을 하였는데, 2차 소송에서 2013년 이후에 발생할 것으로 예상되는 치료비 등을 청구하지 않아 甲이 이를 별도의 소송에서 청구하는 것이 2차 소송 확정판결의 기판력에 저촉되어 소송법상 허용되지 않는다는 취지의 3차 의료소송 판결이 확정되었다.
乙 병원이 피해자 甲을 상대로 2013년 이후에 발생한 진료비의 지급을 청구하는 소를 제기하였다. 乙의 청구는 인용될 수 있는가?

〈대법원 2018. 4. 30. 선고 2017다288115 판결〉

"의사가 선량한 관리자의 주의의무를 다하지 아니한 탓으로 오히려 환자의 신체기능이 회복불가능하게 손상되었고, 또 손상 이후에는 그 후유증세의 치유 또는 더 이상의 악화를 방지하는 정도의 치료만이 계속되어 온 것뿐이라면 의사의 치료행위는 진료채무의 본지에 따른 것이 되지 못하거나 손해전보의 일환으로 행하여진 것에 불과하여 병원 측으로서는 환자에 대하여 그 수술비와 치료비의 지급을 청구할 수 없다. 이러한 법리는 환자가 특정 시점 이후에 지출될 것으로 예상되는 향후치료비를 종전 소송에서 충분히 청구할 수 있었고 실제로 이를 청구하였더라면 그 청구가 적극적 손해의 일부로서 당연히 받아들여졌을 것임에도 환자가 종전 소송에서 해당 향후치료비 청구를 누락한 결과, 환자가 이를 별도의 소송에서 청구하는 것이 종전 소송 확정판결의 기판력에 저촉되어 소송법상 허용되지 않는 경우에도 환자가 종전 소송에서 해당 청구를 누락한 것이 그 청구권을 포기한 것이라고 평가할 수 있는 등의 특별한 사정이 없는 한 마찬가지로 적용된다."

대법원은 사례에서 피해자 甲이 乙 병원을 상대로 2013년 이후 발생한 진료비를 청구하는 것이 소송법상 허용되지 않는다고 하더라도 해당 청구권이 실체법상 소멸하는 것은 아니므로, 의료과실 있는 乙 병원에서 피해자를 치료하는 것은 여전히 병원 소속 의료진의 과실로 피해자에게 발생한 손해를 전보하는 것에 불과하므로, 의료과실 있는 병원이 배상하여야 할 손해는 2차 의료소송에서 모두 전보되었다고 보아 의료과실 있는 병원의 진료비 청구를 배척하였다.[36]

<사례 1-6> 甲이 乙을 상대로 매매를 원인으로 소유권이전등기절차이행청구의 소를 제기하여 승소확정판결을 받았으나, 소장의 피고의 주소란에 피고의 등기기록상의 주소를 기재하지 아니하여 판결문상의 피고의 주소가 등기기록상의 주소와 달라 甲 앞으로 소유권이전등기를 마치지 못하고 있다. 甲이 피고의 주소에 등기기록상의 주소를 표기한 판결을 얻기 위하여 乙을 상대로 다시 동일한 내용의 소를 제기한 경우 이 소는 어떻게 처리되는가?

---

36) 병원의 의료과실로 식물인간이 되어 병원을 상대로 한 소송에서 이미 손해배상의 승소판결을 받은 환자 측이 환자가 예측된 여명기간을 넘어 생존하여 추가로 발생한 치료비를 청구한 사건에서 후소청구가 전소송 확정판결의 기판력에 저촉되어 소송법상 허용되지 않더라도 해당 청구권이 실체법상 소멸하는 것은 아니라고 하면서, 병원의 계속된 진료행위는 환자 측의 손해의 전보에 불과하므로 병원의 앞선 판결 이후의 진료비 청구를 인정하는 것은 잘못이라고 판시한 것은 기판력의 본질에 관하여 실체법설이 아닌 소송법설의 입장에 입각하고 있음을 보여준다.

⟨대법원 2017. 12. 22. 선고 2015다73753 판결⟩
　부동산등기규칙 제46조 제1항은 부동산등기를 신청하는 경우에 그 신청정보와 함께 '첨부정보'를 등기소에 제공하여야 한다고 정하면서 '등기원인을 증명하는 정보' 등 필요한 첨부정보를 각호에서 열거하고 있다. 등기에 필요한 첨부정보를 제공하지 않은 경우 등기관은 부동산등기법 제29조 제9호에 따라 등기신청을 각하하여야 한다.
　소유권이전등기를 신청하는 경우에는 <u>등기의무자의 주소 또는 사무소 소재지를 증명하는 정보를 첨부정보로 제공하여야 한다</u>(부동산등기규칙 제46조 제1항 제6호). 등기권리자가 판결에 의하여 단독으로 소유권이전등기를 신청하는 때에 판결에 기재된 피고의 주소가 등기기록에 기록된 등기의무자의 주소와 다르고 주민등록등·초본에 의하여 피고와 등기의무자가 동일인임을 증명할 수 없는 경우, 등기신청인은 피고와 등기의무자가 동일인임을 증명할 수 있는 자료의 하나로 그 동일인임을 확인하는 데 상당하다고 인정되는 자의 보증서면과 그 인감증명, 기타 보증인의 자격을 인정할 만한 서면(예컨대 공무원재직증명서, 변호사등록증서사본, 법무사자격증사본 등)을 제출할 수 있다(등기선례요지집 제7권 제75항, 제77항). 다만 구체적인 사안에서 판결에 기재된 피고와 등기기록에 있는 등기의무자가 동일인임이 인정된다고 보아 그 등기신청을 수리할 것인지 여부는 등기신청을 심사하는 등기관이 판단할 사항이다.
　이와 같이 판결에 기재된 피고가 등기의무자와 동일인이라면 등기권리자는 등기절차에서 등기의무자의 주소에 관한 자료를 첨부정보로 제공하여 등기신청을 할 수 있고, 등기관이 등기신청을 각하하면 등기관의 처분에 대한 이의신청의 방법으로 불복할 수 있다. 등기신청에 대한 각하결정이나 이의신청에 대한 기각결정에는 기판력이 발생하지 않으므로 각하결정 등을 받더라도 추가 자료를 확보하여 다시 등기신청을 할 수 있다.
　그리고 확정된 승소판결에는 기판력이 있으므로, 승소 확정판결을 받은 당사자가 위와 같은 절차를 거치는 대신 피고의 주소가 등기기록상 주소로 기재된 판결을 받기 위하여 전소의 상대방이나 그 포괄승계인을 상대로 동일한 소유권이전등기청구의 소를 다시 제기하는 경우 그 소는 <u>권리보호의 이익이 없어 부적법</u>하다.[37]

6. 기판력의 작용과 범위

　실제 민사소송에서 실천적으로 중요한 것은 기판력의 본질론보다 기판력의 작용과 범위에 관한 것이다. 기판력은 개별 당사자의 이익을 위하여서가 아니고 분쟁해결에 의한 법적 평화 및 법적 안정의 확보, 국민의 법률생활의 안정을 위한 공익상의 제도이므로 법원은 확정판결의 존부에 관하여 당사자의 주장이 없더라도 이를 직권으로 조사하여 이를 판단하여야 한다.
　위와 같이 기판력 저촉 문제를 따지는 것은 소송물이 동일한 경우이다. 전소와 후소가 소송물이 달라 후소의 제기가 기판력에 저촉되지 않는 경우에도 동일한 쟁점에 대한 소송의 되풀이를 막기 위하여 신의칙을 동원할 수 있다.

　기판력이란 기판력 있는 전소 판결의 소송물과 동일한 후소를 허용하지 않음과 동시에, 후소의

---
[37] 피고의 주소지와 등기기록상의 주소지가 다를 경우에는 소장의 피고 주소지 표시란에 별도로 등기기록상의 주소를 표시함으로써 등기절차상의 혼란을 줄일 수 있다.

소송물이 전소의 소송물과 동일하지는 않다고 하더라도 전소의 소송물에 관한 판단이 후소의 선결문제가 되거나 모순관계에 있을 때에는 후소에서 전소 판결의 판단과 다른 주장을 하는 것을 허용하지 않는 작용을 하는 것이다. 다만 이러한 확정판결의 기판력은 <u>소송물로 주장된 법률관계의 존부에 관한 판단의 결론에만 미치고 그 전제가 되는 법률관계의 존부에까지 미치는 것은 아니므로, 예를 들어 매매계약의 무효 또는 해제를 원인으로 한 매매대금반환청구에 대한 판결의 기판력은 그 매매대금반환청구권의 존부에 관하여만 발생할 뿐, 그 전제가 되는 선결적 법률관계인 매매계약의 무효 또는 해제에까지 발생하는 것은 아니다.</u>[38]

그러나 매매계약의 무효 또는 해제를 주장하면서 그 매매대금의 반환을 구하는 소를 제기하고 <u>그 소송 계속 중에 이중의 이득을 얻으려는 목적으로</u> 매매계약이 유효함을 주장하여 그 이행을 구하는 별도의 소를 제기한 경우라든지, 원고와 피고 사이에 매매계약을 무효 또는 해제로 하기로 하는 합의가 있었거나, 원고가 피고에게 매매계약에 기한 소유권이전등기청구를 하지 않는다는 신뢰를 부여하는 행위를 하였고 피고가 이를 신뢰할 정당한 이유가 있음에도 이를 위반하여 매매계약의 이행을 구하는 소를 제기한 경우 등, 특별한 사정이 있는 때에는, 그러한 원고의 소 제기는 신의칙에 위반되는 것으로 허용될 수 없을 것이다.[39] 원고가 매매계약의 무효 또는 해제를 주장하면서 그 매매대금의 반환을 구하는 소를 제기하여 승소확정판결을 받았음에도 이중의 이득을 얻으려는 목적으로 매매계약의 유효를 주장하여 그 이행을 구하는 후소를 제기한 경우에 신의칙의 철퇴로 그 후소를 허용해서는 안 될 것이다.

신의칙을 끌어내지 않고 확정판결의 증명효를 이용하여 문제를 해결할 수도 있다. 전소 확정판결의 판단에 후소에 대하여 갖는 사실상 증명적 효과를 '증명효'라고 한다. 민사재판에서 다른 민사사건 등의 판결에서 인정된 사실에 구속받는 것은 아니라 할지라도 이미 확정된 관련 민사사건에서 인정된 사실은 특별한 사정이 없는 한 유력한 증거가 되고, 특히 <u>전후 두 개의 민사소송이 당사자가 같고 분쟁의 기초가 된 사실도 같으나 다만 소송물이 달라 기판력에 저촉되지 않는 결과 새로운 청구를 할 수 있는 경우에는</u> 더욱 그러하다. 그러나 그러한 경우에도 당해 민사소송에서 제출된 다른 증거 내용에 비추어 확정된 관련 민사사건 판결의 사실인정을 그대로 채용하기 어려운 경우에는 합리적인 이유를 설시하여 이를 배척할 수 있다.[40]

확정판결의 집행력의 범위도 기판력의 범위에 준한다. 확정판결의 기판력은 변론을 종결한 뒤의 승계인(변론 없이 한 판결의 경우에는 판결을 선고한 뒤의 승계인) 또는 그를 위하여 청구의 목적물을 소지한 사람 등 법률에 따로 규정되어 있는 경우 외에는 특별한 사정이 없는 한 당해 판결에 표시된 당사자 사이에만 미치고(민사소송법 제218조 참조), 집행력의 범위도 원칙적으로 기판력의 범위에 준한다. 따라서 지부·분회·지회 등 어떤 법인의 하부조직을 상대로 일정한 의무의 이행을 구하는 소를 제기하여 승소 확정판결을 받은 경우 판결의 집행력이 해당 지부·분회·지회 등

---

[38] 대법원 2013. 11. 28. 선고 2013다19083 판결.
[39] 대법원 2005. 12. 23. 선고 2004다55698 판결.
[40] 대법원 2018. 8. 30. 선고 2016다46338, 46345 판결.

을 넘어서 소송의 당사자도 아닌 법인에까지 미친다고 볼 수는 없으므로 그 판결을 집행권원으로 하여 법인의 재산에 대해 강제집행을 할 수는 없고, 법인의 재산에 대한 강제집행을 위해서는 법인 자체에 대한 별도의 집행권원이 필요하다.[41]

판례는 채권자대위소송의 확정판결의 기판력이 채무자에게 미치는 경우가 있으나 집행력은 원·피고 사이에만 생길 뿐 원고와 채무자 사이에는 생기지 않는 것으로 보고 있다.[42]

7. 무변론판결과 기판력

⟨사례 1-7⟩ 원고는 피고와, 2013. 3. 6. 피고 소유의 건물 1층에 관하여 보증금 1억 원, 차임 월 200만 원, 임차기간 2년으로 정하여 임대차계약을 체결하고 그 무렵 피고에게 위 보증금을 지급하였다.
피고는 원고의 차임 연체를 이유로 위 임대차계약을 해지하고, 원고를 상대로 위 건물의 인도 및 2015. 5. 1.부터 위 각 건물 부분의 인도완료일까지 매월 합계 200만 원의 비율로 계산한 연체차임의 지급을 구하는 소를 제기하였다.
법원은 민사소송법 제257조 제1항에 따라 무변론으로 피고 승소판결을 선고하고, 위 판결은 그 무렵 그대로 확정되었다(이하 '선행판결'이라 한다).
원고는 이후 피고를 상대로 손해배상청구의 소를 제기하였고, 피고는 원고에 대한 2015. 5. 1.부터 2016. 8. 12.까지의 매월 합계 200만 원의 비율로 계산한 연체차임채권에 기하여 공제 또는 상계 주장을 하였다. 후소 법원은 어떻게 판단할 것인가?

⟨**원심**⟩은 피고의 위와 같은 공제 또는 상계 주장에 관하여 민사소송법 제216조 제2항을 인용한 후 이미 확정판결을 받은 연체차임채권으로 상계 또는 공제 주장을 하는 것은 선행확정판결의 기판력에 반하여 허용되지 않는다고 판단하였다. 그러나 ⟨**대법원**⟩은 다음과 같은 이유로 원심을 파기환송하였다.[43]

"확정판결의 기판력이라 함은 확정판결의 주문에 포함된 법률적 판단의 내용은 이후 소송당사자의 관계를 규율하는 새로운 기준이 되는 것이므로, 동일한 사항이 소송상 문제가 되었을 때 당사자는 이에 저촉되는 주장을 할 수 없고 법원도 이에 저촉되는 판단을 할 수 없는 기속력을 의미한다.

민사소송법 제216조는 제1항에서 확정판결은 주문에 포함된 것에 한하여 기판력을 가진다고 규정함으로써 판결이유 중의 판단에는 원칙적으로 기판력이 미치지 않는다고 하는 한편, 그 유일한 예외로서 제2항에서 상계를 주장한 청구가 성립되는지 아닌지의 판단은 상계하고자 대항한 액수에 한하여 기판력을 가진다고 규정하고 있다. 위와 같이 판결이유 중의 판단임에도 불구하고 상계 주장에 관한 법원의 판단에 기판력을 인정한 취지는, 만일 이에 대하여 기판력을 인정하지 않는다면, 원고의 청구권의 존부에 대한 분쟁이 나중에 다른 소송으로 제기되는 반대채권(또는 자동채권, 이하 '반대채권'이라고만 한다)의 존부에 대한 분쟁으로 변형됨으로써 상계 주장의 상대방은 상

---

[41] 대법원 2018. 9. 13. 선고 2018다231031 판결.
[42] 대법원 1979. 8. 10. 자 79마232 결정. 따라서 채무자로서는 승계집행문을 발부받아 채권자대위소송의 확정판결의 피고인 제3채무자에게 집행할 수 없다. 김홍엽, 민사소송법(제9판), p.921 참조.
[43] 대법원 2020. 10. 29. 선고 2018다212245 판결.

계를 주장한 자가 그 반대채권을 이중으로 행사하는 것에 의하여 불이익을 입을 수 있게 될 뿐만 아니라, 상계 주장에 대한 판단을 전제로 이루어진 원고의 청구권의 존부에 대한 전소의 판결이 결과적으로 무의미하게 될 우려가 있게 되므로 이를 막기 위함이다. 따라서 상계 주장에 관한 판단에 기판력이 인정되는 경우는, 상계 주장의 대상이 된 수동채권이 소송물로서 심판되는 소구채권이거나 그와 실질적으로 동일하다고 보이는 경우(가령 원고가 상계를 주장하면서 청구이의의 소를 제기하는 경우 등)로서 상계를 주장한 반대채권과 그 수동채권을 기판력의 관점에서 동일하게 취급하여야 할 필요성이 인정되는 경우를 말한다.

원고는 선행소송에서 상계항변을 한 바 없고 <u>선행판결은 민사소송법 제257조 제1항에 따라 무변론으로 피고 승소판결이 선고된 것이므로, 선행판결의 기판력은 주문에 포함된 법률적 판단에 관하여 발생할 뿐이고, 판결이유 중 상계 주장에 관한 판단의 기판력에 대한 민사소송법 제216조 제2항이 적용될 수 없다.</u>

선행판결의 기판력에 따라, 이 사건 소송에서 원고와 피고는 선행판결의 주문에 포함된 '피고의 원고에 대한 2015. 5. 1.부터 위 각 건물 부분의 인도완료일까지의 연체차임채권'에 관한 법률적 판단과 저촉되는 주장을 할 수 없고, 법원도 이에 저촉되는 판단을 할 수 없다. 그런데 피고의 원고에 대한 2015. 5. 1.부터 위 각 건물 부분의 인도완료일인 2016. 8. 12.까지의 연체차임채권에 기한 피고의 공제 또는 상계 주장은 위와 같은 선행판결의 주문에 포함된 법률적 판단에 저촉되지 않는다."

8. 소송요건과 기판력

모순금지설을 취하는 판례는 전소 승소확정판결의 존재는 소송요건(소의 이익)으로 보고 패소확정판결의 존재는 소송요건으로 보지 않는다. 반복금지설에서는 전소 확정판결의 부존재를 소극적 소송요건으로 본다.

전소 확정판결이 소송요건인 경우든 아니든 전소확정판결은 직권조사사항이다. 후소가 전소판결의 기판력을 받는지 여부는 <u>직권조사사항</u>으로서 이에 관한 당사자의 주장은 직권발동을 촉구하는 의미밖에 없으므로 법원이 이에 관하여 판단하지 않았다고 하여 판단유탈의 상고이유로 삼을 수 없다.[44] 전소 확정판결의 존부는 당사자의 주장이 없더라도 법원이 이를 직권으로 조사를 개시하여 판단한다.[45]

확정판결의 기판력에 저촉되는 판결이라고 하여 당연무효의 판결이 되는 것은 아니다. 기판력 있는 전소판결과 저촉되는 후소판결이 그대로 확정된 경우에도 전소판결의 기판력이 실효되는 것이 아니고 재심의 소에 의하여 후소판결이 취소될 때까지 전소판결과 후소판결은 저촉되는 상태 그대로 기판력을 갖는 것이고 또한 후소판결의 기판력이 전소판결의 기판력을 복멸시킬 수 있는

---

44) 대법원 1997. 1. 24. 선고 96다32706 판결.
45) 민사소송에 있어서 기판력의 저촉여부와 같은 권리보호요건의 존부는 법원의 직권조사사항이나 이는 소위 직권탐지사항과 달라서 그 요건 유무의 근거가 되는 구체적인 사실에 관하여는 사실심의 변론종결 당시까지 당사자의 주장이 없는 한 법원은 이를 고려할 수 없고, 또 다툼이 있는 사실에 관하여는 당사자의 입증을 기다려서 판단함이 원칙이다(대법원 1981. 6. 23. 선고 81다124 판결).

것도 아니어서, 기판력 있는 전소판결의 변론종결 후에 이와 저촉되는 후소판결이 확정되었다는 사정은 변론종결 후에 발생한 새로운 사유에 해당되지 않으므로, 그와 같은 사유를 들어 전소판결의 기판력이 미치는 자 사이에서 전소판결의 기판력이 미치지 않게 되었다고 할 수 없다.46)

기판력은 당사자의 합의에 의해 확정하거나 부여, 소멸시킬 수 없다.47) 당사자 사이에 기판력 자체를 배제하는 취지의 합의가 있더라도 무효이고, 따라서 이러한 합의가 있다고 하여 기판력을 면할 수 없다. 그러나 기판력이 확정하고 있는 실체법상의 권리관계가 제3자에게 미치는 경우가 아니라면 합의에 의해 변동시킬 수 있음은 물론이다. "피고는 원고에게 1,000만 원을 지급하라."는 확정판결이 있다고 하더라도 원고가 피고로부터 500만 원으로 감액하고 지급받고 분쟁을 끝낼 수도 있다.

기판력의 범위를 넓히면 부당하게 패소한 당사자가 권리구제를 받을 수 있는 가능성을 박탈하게 되므로 기판력의 범위는 가능한 한 좁게 잡는 것이 바람직하고, 그런 면에서 판례가 이른바 소송물이론에 관한 구이론에 따라 기판력의 범위를 설정하는 것을 이해할 수 있다.

---

46) 대법원 1997. 1. 24. 선고 96다32706 판결.
47) 조정이나 재판상 화해의 대상인 권리관계는 사적 이익에 관한 것으로서, 당사자가 자유롭게 처분할 수 있는 것이어야 하므로, 성질상 당사자가 임의로 처분할 수 없는 사항을 대상으로 한 조정이나 재판상 화해는 허용될 수 없고, 설령 그에 관하여 조정이나 재판상 화해가 성립하였더라도 효력이 없어 당연무효이다(대법원 2012. 9. 13. 선고 2010다97846 판결).

02 소송물과 기판력의 관계
― 소송물과 기판력은 일치하는가? ―

1.

"확정판결은 주문에 포함된 것에 한하여 기판력을 가진다."(민소법 제216조 제1항). 판결의 기판력은 주문에서 판단한 것에만 생긴다는 말이다. 그렇다면 "기판력의 객관적 범위 = 판결주문 = 소송물"이라는 등식이 언제나 타당한가?

매매를 원인으로 한 소유권이전등기청구의 소를 제기할 때 청구취지는 "피고는 원고에게 별지목록 기재 부동산에 관하여 2021. 4. 1. 매매를 원인으로 한 소유권이전등기절차를 이행하라."가 된다. 원고의 청구가 전부 인용될 때 판결주문 역시 위 청구취지와 같다. 판례에 의하면 이 소송의 소송물은 '2021. 4. 1. 매매를 원인으로 한 소유권이전등기청구권'이다.

그렇다면 소송물인 '2021. 4. 1. 매매를 원인으로 한 소유권이전등기청구권'에 기판력이 미치는가? 예컨대, 원고가 위 소송에서 매매계약체결 사실을 증명하지 못하여 청구기각판결을 받고 이 판결이 확정된 후, 후소에서 다시 매매계약 체결사실을 주장하여 소유권확인의 소를 제기할 수 있는가, 나아가 피고의 소유권이전의무를 전제로 그 이행불능을 원인으로 한 손해배상청구를 할 수 있는가?

〈사례 2-1〉 甲은 乙과 2021. 4. 1. 乙 소유의 별지목록 기재 부동산에 관하여 매매대금 1억 원으로 하는 부동산매매계약을 체결하고 매매대금을 지급하였으나 乙이 소유권이전등기를 넘겨주지 않고 있다. 甲이 乙로부터 소유권이전등기를 넘겨오려면 어떻게 해야 하는가?

☞ 甲이 아무리 매매대금을 乙에게 전액 지급하였다 하더라도 甲이 일방적으로 자기 앞으로 소유권을 이전할 수는 없다. 부동산등기법 제23조 제1항은 "등기는 법률에 다른 규정이 없는 경우에는 등기권리자와 등기의무자가 공동으로 신청한다."고 규정하여 이른바 **공동신청주의** 하에서는 등기신청은 등기권리자와 등기의무자의 공동신청으로 등기소에 직접 출석하든지, 전자신청의 방법으로 할 수 있다(부동산등기법 제24조 및 부동산등기규칙 제43조, 제46조 참조). **등기청구권**은 특정인이 상대방에게 등기절차에 협력하도록 청구할 수 있는 실체법상의 권리(등기절차협력청구권)이다. 등기권리자와 등기의무자는 등기절차법상의 개념이고, 등기청구권자는 실체법상의 개념이다. 사례에서 甲이 등기권리자이고 乙이 등기의무자이다.

대부분의 거래에서는 변호사나 법무사를 등기신청대리인으로 선임하여 등기절차를 마친다. 등기신청을 하는 경우 신청정보와 첨부정보를 등기소에 제공하여야 하는데 중요한 것이 등기원인으로서의 검인계약서(실거래가격도 기재됨)와 등기필정보(종전의 등기권리증 또는 등기필증)이다.

한편 부동산등기법 제23조 제4항은 "판결에 의한 등기는 승소한 등기권리자 또는 등기의무자가 단독으로 신청한다."고 규정하고 있다. 위 사례에서 乙이 소유권이전등기절차에 협력하지 않는 경우 甲은 乙을 상대로 등기신청의사를 갈음할 의사의 진술을 명하는 판결을 얻어야 하고,[1] 이러한 판결을 얻는 소송이 바로 소유권이전등기절차 이행청구소송, 약해서 '소유권이전등기소송'이다. 등기신청 등 의사표시를 할 것을 채무자에게 명한 판결이 확정되거나 그와 같은 효력이 있는 화해·인낙 또는 조정조서가 성립된 때에는 그 재판이 확정된 때 또는 그 조서가 성립된 때에 의사표시를 한 것으로 본다. 의사표시를 명하는 판결에서는 가집행을 붙일 수 없다. 판결이 확정되면 그것으로 집행이 끝난다.

소유권이전등기를 명하는 판결에 기하여 등기관이 등기부에 기재하는 것을 광의의 집행이라고 할 수 있으나, 본래의 집행은 아니다. 소유권이전등기를 명한 판결이 확정되면 판결확정시에 등기신청의 의사표시가 있는 것으로 간주하기 때문에 집행문의 부여도 필요 없고(다만 의사표시의무가 조건 등에 걸린 경우 '조건성취집행문'을 부여받았을 때 의사표시 간주효과가 발생한다). 집행기관이 관여할 여지도 없다. 따라서 이에 대한 집행정지나 청구이의의 소, 제3자이의의 소는 더 이상 허용될 수 없는 이치이다.

위 사례에서 매수인 甲의 <u>소유권이전등기청구권(창설적 등기청구권)은 채권적 청구권</u>이고, 등기서류를 위조하여 소유권이전등기를 넘겨간 경우와 같이 不實등기를 현재의 물권관계에 부합하도록 정정하거나 원상회복으로 행해지는 말소등기나 회복등기는 <u>물권적 청구권(방해배제청구권)으로서의 등기정정청구권</u>이다.

위 사례에서 甲이 乙을 상대로 "소유권이전등기절차를 이행하라"는 내용의 확정판결을 받으면 이로써 乙의 소유권이전등기신청이 행해진 것으로 보게 되므로 공동신청주의 하에서도 甲은 이 판결을 가지고 더 이상 乙의 협력을 요하지 않고 단독으로 등기신청을 할 수 있게 된다. 이 경우 확정판결은 乙의 등기신청의사의 진술 즉 등기관에 대한 등기신청행위를 갈음하는 동시에 등기원인을 증명하는 신청정보의 기능을 한다.[2]

그렇다고 하더라도 위와 같은 판결은 형성판결이 아니라 **이행판결**이기 때문에 판결확정시에 민

---

[1] 민법은 "채무가 법률행위를 목적으로 한 때"라고 정하고 있으나(제389조 제2항) 넓게 해석하여 원래의 의사표시를 할 채무 외에도 등기(또는 등록)신청행위와 같은 관청에 대한 공법상의 의사표시도 포함되는 것으로 본다.
[2] 등기절차의 이행을 명하는 판결에 의하여 등기를 신청하는 경우에는 그 판결주문에 명시된 등기원인과 그 연월일을 등기신청서에 기재하고, 등기절차의 이행을 명하는 판결주문에 등기원인과 그 연월일이 명시되어 있지 아니한 경우 등기신청서에는 등기원인은 "확정판결"로, 그 연월일은 "판결선고일"을 기재한다. 형성판결인 경우 등기신청서에는 등기원인은 "판결에서 행한 형성처분"을 기재하고, 그 연월일은 "판결확정일"을 기재한다. 판결 등 집행권원에 의한 등기의 신청에 관한 업무처리지침(개정 2020. 7. 21. [등기예규 제1692호, 시행 2020. 8. 5.]) 참조.

법 제187조에 따라 부동산물권을 취득하는 것은 아니고, 민법 제186조에 따라 등기이전 시점이 소유권이전 시점이 된다.3) 따라서 소유권이전등기를 명하는 승소판결이 확정된 경우에도 제3자에게 소유권이 이전되면 그 제3자가 유효하게 소유권을 취득하며 그 판결은 **집행불능**이 된다.4)

2.

〈사례 2-2〉 甲은 청구원인에서 2021. 4. 1. 乙로부터 그 소유인 X 토지를 1억 원에 매수하고 그 대금도 전액 지급하였다고 주장하면서 乙을 상대로 소유권이전등기절차이행청구의 소(이하 '전소')를 제기하였다.
☞ 청구취지 : 피고는 원고에게 X 토지에 관하여 2021. 4. 1. 매매를 원인으로 한 소유권이전등기절차를 이행하라.
甲이 제1심에서는 승소하였으나, 항소심에서 위 토지의 매매는 甲의 부(父)인 A와 乙의 차남인 B 사이에 이루어진 것으로 甲이 乙로부터 매수하였다는 점에 관하여 증명을 하지 못하였다는 이유로 패소(청구기각)하였다. 이에 甲이 상고를 제기하였으나 대법원은 甲의 상고를 기각하여 원심판결이 확정되었다.
한편 乙은 전소가 계속 중에 X 토지를 丙에게 매도하여 丙 앞으로 소유권이전등기를 마쳐주었다. 甲은 전소 패소판결이 확정된 후 다시 乙을 상대로 "乙이 이 사건 토지를 丙에게 매도하고 그 명의로 소유권이전등기를 마쳐줌으로써 甲과 乙 간의 위 토지에 관한 매매계약은 乙의 이중양도로 인해 이행불능이 되었다는 이유로 이행불능 당시의 위 토지의 시가 상당액을 손해배상으로 청구하는 소(이하 '후소')를 제기하였다.5)

위 사례에서 〈원심〉은 피고가 그 소유인 X 토지를 원고에게 매도한 사실 및 매매대금 전액을 지급받은 사실을 인정하고 원고의 손해배상청구를 인용하였다.

그러나 〈대법원〉은 전소에서 매매사실을 인정할 수 없음을 이유로 소유권이전등기청구가 기각된 뒤, 원고가 다시 매매사실이 있고 이전등기의무가 있음을 이유로 그 의무의 이행불능으로 인한 손해배상청구를 하는 신소는 전소의 기판력을 받는다고 하면서 원심을 파기환송하였다[제1판결].6)

그런데 〈파기환송 후 원심〉은 전소판결의 기판력은 원고에게 등기청구권이 없다고 한 판단에만 미치는 것이고 그 등기청구권의 발생원인으로서 주장한 매매사실의 유무의 판단에까지 미치는 것은 아니라는 이유로 매매사실을 인정하고 원고의 청구를 인용하였다.

피고가 상고를 제기하였으나, 〈재상고심〉은 이전등기청구를 기각한 확정판결의 기판력은 그 등기청구권이 없다고 한 주문의 판단에만 미치는 것이고 그 원인사실에는 미치지 않는 것이라 함이 당원의 판례(대법원 1968. 6. 11. 선고 68다591 판결)이므로 원판결은 확정판결의 기판력에 저촉되는 판단을 한 위법이 없다고 판시하고 피고의 상고를 기각하였다[제2판결].7)

원고와 피고 사이에 매매계약 체결사실의 존부를 둘러싸고 대법원을 두 번씩이나 들락거리면서

---

3) 매매 등 법률행위를 원인으로 한 소유권이전등기절차 이행의 소에서의 원고 승소판결은 부동산물권취득이라는 형성적 효력이 없어 민법 제187조 소정의 판결에 해당하지 않으므로 승소판결에 따른 소유권이전등기 경료시까지는 부동산의 소유권을 취득한다고 볼 수 없다(대법원 1982. 10. 12. 선고 82다129 판결).
4) 이를 방지하기 위하여 소유권이전등기소송 제기 전에 당해 부동산에 대하여 **처분금지가처분**을 해놓아야 한다.
5) 실제로는 1950년대 사건이나 현재의 사건으로 각색하였다. 이현재, "매매를 원인으로 한 소유권이전등기 판결의 소송물과 기판력의 관계", 「법학논총(제35집 제1호)」, p.190 이하 참조.
6) 대법원 1967. 8. 29. 선고 67다1179 판결.
7) 대법원 1969. 5. 13. 선고 68다2437 판결.

공방을 벌였고, 법원의 판단도 오락가락했다. 대법원이 동일한 사안을 두고 후소는 전소의 기판력을 받는다고 한 [제1판결]과 기판력에 저촉되지 않는다고 한 [제2판결]의 결론이 달라진 이유가 무엇인가? '소송물 = 기판력의 객관적 범위'라면 이 사건 소송의 소송물인 '2021. 4. 1. 매매를 원인으로 한 소유권이전등기청구권'에 기판력이 미쳐 甲은 더 이상 매매사실을 들어 다른 소송을 제기할 수 없는 것이 아닌가?

그러나 [제2판결]에 의하면 <u>소송물에는 권리발생원인인 매매사실까지 포함시키면서 기판력에서는 매매를 제외하고 그 효과인 소유권이전등기청구권만으로 범위를 한정하고 있다</u>. 소유권이전등기청구사건에서 등기원인을 달리하는 경우에는 그것이 단순히 공격방어방법의 차이에 불과한 것이 아니고 <u>등기원인별로 별개의 소송물이 된다</u>.[8]

그런데 기판력은 소송물로 주장된 법률관계의 존부에 관한 판단의 결론에만 미치므로 이 사건 소송에서 <u>원고가 패소확정판결을 받은 경우 기판력은 '소유권이전등기청구권의 존부'에만 미치고 '매매'라는 법률요건에는 미치지 아니한다</u>. 소송물은 기판력의 범위를 정하는 데 그 표준일 될 뿐 기판력 자체가 아니다. 그렇다면 '소송물 = 기판력의 객관적 범위'라는 도그마는 문제가 있는 것이 아닐까.

3.

확정판결은 <u>주문에 포함된 것</u>에 한하여 기판력을 가진다. 주문에 포함된 것과 주문에 기재된 것이 일치하는 것이 아니다. <u>주문에 기재된 것이라도 기판력을 갖지 못하는 것</u>이 있다. 예컨대 동시이행판결의 경우 동시이행의 조건이 붙어 있다는 점에 대하여만 기판력이 생기고 동시이행관계에 있는 반대채권의 존재 및 액수에 대하여는 기판력이 생길 여지가 없다. 그 이유는 소송물의 특정은 원고의 주장에 따르는 것이고 동시이행의 항변은 피고의 주장일 뿐이기 때문이다. 이 경우 피고가 반대채권에 관하여 기판력을 얻기 위하여는 반소를 제기하여야 한다.

"전소와 후소의 소송물이 동일하지 아니하여도 전소의 기판력 있는 법률관계가 후소의 선결적 법률관계가 되는 때에는 전소의 판결의 기판력이 후소에 미쳐 후소의 법원은 전에 한 판단과 모순되는 판단을 할 수 없고, 확정판결의 기판력은 그 판결의 주문에 포함된 것, 즉 소송물로 주장된 법률관계의 존부에 관한 판단의 결론 그 자체에만 미치는 것이고 판결이유에서 설시된 그 전제가 되는 법률관계의 존부에까지 미치는 것은 아니다."[9]

결국 위 판례와 같이 전소 확정판결의 기판력은 법률효과의 존부만에 한하여 가질(발생할) 뿐 법률효과를 이유 있게 하는 권리발생요건인 권리귀속에는 기판력을 가지지 못한다. 기판력을 갖지 못하면 기판력이 후소에 미칠 일도 없다.

소유권이전등기청구의 경우 청구취지나 판결주문에서 "2021. 4. 1. 매매를 원인으로 한"을 기재하는 것은 의사의 진술을 명하는 판결에 의한 등기절차 때문이다. 부동산등기를 신청하는 경우 등

---

8) 대법원 1996. 8. 23. 선고 94다49922 판결.
9) 대법원 2000. 2. 25. 선고 99다55472 판결.

기원인과 그 연월일 등을 신청정보의 내용으로 등기소에 제공하여야 하므로 이전등기청구소송의 청구취지나 판결주문에는 등기의 종류와 내용 이외에 '등기원인(신청하는 등기를 정당하게 하는 법률상의 원인)'과 그 '연원일'까지 명시하여야 한다. 법원은 당사자가 주장한 등기원인에 구속되고 법원이 등기원인을 달리 인정할 수 없다. 다만 말소등기청구소송의 경우에는 등기원인의 기재가 불필요하며 이러한 판결에 기한 등기를 하는 경우에는 그 판결 자체가 등기원인으로 표시된다.

4.

민사소송법이 확정판결은 주문에 포함된 것에 한하여 기판력을 가진다고 하여(제216조 제1항) '주문 기판력의 원칙'을 천명한 것은 소송에서의 쟁점을 명확히 하고 그 쟁점에 심리를 집중하기 위함이다. 판결주문이 아닌 판결이유에까지 기판력이 미친다면 예상 가능한 세세한 모든 쟁점에 관하여 주장하고 심리하여야 하는 당사자나 법원의 부담이 크고, 지엽적인 쟁점까지 심리하다 보면 소송 본래의 목적이 흐려질 수 있다. 그렇게 되면 신속한 재판은 공염불(空念佛)이 되고 한정된 사법자원을 효율적으로 사용할 수도 없다.

〈사례 2-3〉 甲은 乙이 자기 소유의 X 토지를 점유하고 있다고 주장하면서 乙을 상대로 토지인도청구의 소를 제기하였다.
☞ 청구취지 : 피고는 원고에게 별지목록 기재 토지를 인도하라.
이에 대하여 乙은 X 토지가 乙의 선대로부터 물려받은 땅이라고 주장하면서 청구기각을 신청하였다. 법원은 甲이 X 토지의 소유자가 아니므로 토지인도청구권이 없다고 판시하고 원고 청구기각 판결을 선고하였고, 이 판결은 확정되었다.

〈1〉 뒤에 다시 甲이 같은 원인을 근거로 乙을 상대로 토지인도청구의 소를 제기하였다. 후소 법원은 甲의 청구를 인용할 수 있는가?
〈2〉 甲은 다시 乙을 상대로 X 토지가 자기 소유라고 주장하여 X 토지의 소유권확인의 소를 제기하였다. 후소 법원은 甲의 청구를 인용할 수 있는가?

[문제 해결의 방향]

소장의 청구취지와 청구원인에 대응하여 법원의 판결은 주문과 이유로 구성된다. 전소 법원은 판결 **이유**에서 X 토지는 甲의 소유가 아니므로 따라서 소유물반환청구권(민법 제213조)인 토지인도청구권이 없다고 판단하고, **주문**에서 "원고(甲)의 청구를 기각한다."고 판결하였다. 이 판결주문은 甲의 토지인도청구가 이유 없다, 즉 甲에게는 토지인도청구권이 없다는 것을 나타낸 것이다.

甲이 이 소송에서 구하는 것은 X 토지를 인도받겠다는 것이고 다른 주장들은 당사자들의 주장을 이유 있게 하기 위한 주장에 불과하다. 당사자의 공격방어와 법원 심리의 타깃(목표)은 본래의 청구인 토지인도 청구에 집중하여 이에 대한 결론을 끌어내는 것이다.

이에 대한 법원의 판단인 판결의 주문과 이유 중 기판력이 생기는 것은 주문의 판단 즉, 甲에게 토지인도청구권이 없다는 판단이고, 이유 중의 판단 즉 甲이 소유자가 아니라는 판단에는 기판력이 생기지 않는다는 뜻이다. 판결이유에 구속력을 인정하면 오판시정의 기회가 적어진다. 현행 민사소송법은 주문 체계로 구성돼 있다는 점도 주문기판력 원칙의 근거이다.

따라서 〈1〉 甲이 뒤에 다시 X 토지가 자기의 소유임을 들어 乙을 상대로 X 토지 인도청구의 소를 제기하는 것은 전소송의 소송물과 같은 청구를 하는 것이어서 기판력에 저촉된다. 甲의 후소 청구는 기각된다.

그러나 〈2〉 甲이 X 토지의 소유자가 아니라는 이유 중의 판단에는 기판력이 생기지 않으므로 甲이 乙을 상대로 제기한 소유권확인의 소는 적법하고 후소 법원의 심리결과에 따라서는 甲이 X 토지의 소유자라고 인정하여 甲의 청구를 인용할 수도 있다.

판결주문에서 판단하지 않은 청구에 대하여는 아예 재판이 없으므로 기판력이 생길 여지가 없다. 예컨대, 청구병합과 관련하여 살펴보면 매매대금청구와 대여금청구의 **단순병합**의 경우 병합된 청구 중 일부에 대하여 재판하지 않으면 **일부판결**이 되고 재판하지 않은 청구에 대하여는 **추가판결**을 해야 하므로 누락된 청구에 대하여는 기판력이 생길 여지가 없음은 당연하고 상소의 대상도 아니다.

그러나 채무불이행과 불법행위의 **선택적 병합**의 경우 선택적 청구 중 하나만을 기각하고 다른 선택적 청구에 대하여 아무런 판단을 하지 아니하는 일부판결은 선택적 병합의 성질에 반하는 것으로서 법률상 허용되지 않는다. 제1심 법원이 원고의 선택적 청구 중 하나만을 판단하여 기각하고 나머지 청구에 대하여는 아무런 판단을 하지 아니한 조치는 위법한 것이고, 원고가 이와 같이 위법한 제1심 판결에 대하여 항소한 이상 원고의 선택적 청구 전부가 항소심으로 이심되었다고 할 것이므로, 선택적 청구 중 판단되지 않은 청구 부분이 **재판의 탈루**로서 제1심 법원에 그대로 계속되어 있다고 볼 것은 아니다.[10]

한편, 甲이 乙을 상대로 **주위적 청구**로 매매계약이 유효임을 전제로 매매대금의 지급을 구하고, **예비적 청구**로 매매계약이 무효인 때를 대비하여 이미 인도해간 매매목적물의 반환을 구하는 **예비적 병합**의 경우, 주위적 청구를 기각하고 예비적 청구에 대하여 아무런 판단을 하지 않는 **일부판결**은 예비적 병합의 성질에 반하는 것으로서 법률상 허용되지 아니하며, 그럼에도 불구하고 주위적 청구를 배척하면서 예비적 청구에 대하여 판단하지 아니하는 판결을 한 경우에는 그 판결에 대한 상소가 제기되면 **판단이 누락된 예비적 청구 부분도 상소심으로 이심이 되고 그 부분이 재판의 탈루(누락)**에 해당하여 원심에 계속 중이라고 볼 것은 아니다.[11]

그렇다면 선택적 병합이나 예비적 병합에서 일부판결이 확정된 경우 재판하지 않은 청구 부분을 별소로 다시 청구할 수 있는가? 이를 부정한다면 재판하지도 않은 청구에 기판력을 인정하는 것이어서 부당하다.[12]

---

10) 대법원 2017. 10. 26. 선고 2015다42599 판결.
11) 대법원 2000. 11. 16. 선고 98다22253 전원합의체 판결; 대법원 2017. 3. 30. 선고 2016다253297 판결.
12) 호문혁 교수는 이 경우에는 병합된 청구들 사이의 관련성을 근거로 실체법적 판단을 하면 될 것이라고 한다. 민사소송법 [제13판], p.702 참조.

참고로 **주관적·예비적 공동소송**은 동일한 법률관계에 관하여 모든 공동소송인이 서로 간의 다툼을 하나의 소송절차로 한꺼번에 모순 없이 해결하는 소송형태로서 모든 공동소송인에 대한 청구에 관하여 판결을 하여야 하고(민소법 제70조 제2항), 그 중 일부 공동소송인에 대해서만 판결을 하거나 남겨진 당사자를 위하여 **추가판결**을 하는 것은 허용되지 않는다. 그리고 주관적·예비적 공동소송에서 주위적 공동소송인과 예비적 공동소송인 중 어느 한 사람이 상소를 제기하면 다른 공동소송인에 관한 청구 부분도 확정이 차단되고 상소심에 이심되어 심판대상이 된다.13)

5.

기판력의 객관적 범위의 요체는 확정판결의 기판력은 그 판결의 주문에 포함된 것, 즉 소송물로 주장된 법률관계의 존부에 관한 판단의 결론 그 자체에만 생기는 것이고, 판결이유에 설시된 그 전제가 되는 법률관계의 존부에까지 미치는 것은 아니다. 건물철거 및 토지인도청구권을 소송물로 하는 소송은 소유권 자체의 확정이 아니라 **건물철거청구권 및 토지인도청구권의 존부**만을 목적으로 할 따름이므로 그 소송에서 부동산의 권리귀속에 관한 판단이 있었다 하더라도 그 기판력은 판결주문에 표시된 **건물철거청구권 및 토지인도청구권**에 국한되고 판결이유 중의 부동산 권리귀속에 관한 판단 부분에까지 미치지는 아니한다.14)

소송판결의 기판력은 그 판결에서 확정한 **소송요건의 흠결**에 관하여 미치며, 확정된 종국판결의 사실심 변론종결 **이전**에 발생하고 제출할 수 있었던 사유에 기인한 주장이나 항변은 확정판결의 기판력에 의하여 차단되므로 당사자가 그와 같은 사유를 원인으로 확정판결의 내용에 반하는 주장을 새로이 하는 것은 허용되지 아니한다.15)

전에 제기된 소와 후에 제기된 소의 <u>소송물이 동일하지 않다고 하더라도</u>, 후에 제기된 소의 소송물이 전에 제기된 소에서 확정된 법률관계와 **모순되는 정반대의 사항**을 소송물로 삼았다면 이러한 경우에는 전번 판결의 기판력이 후에 제기된 소에 미치는 것이지만, 확정판결의 기판력은 소송물로 주장된 법률관계의 존부에 관한 판단의 결론에만 미치고 그 전제가 되는 법률관계의 존부에까지 미치는 것이 아니므로, 전의 소송에서 확정된 법률관계란 확정판결의 기판력이 미치는 법률관계를 의미하는 것이지 그 전제가 되는 법률관계까지 의미하는 것은 아니다.16)

---

13) 대법원 2018. 2. 13. 선고 2015다242429 판결.
14) 대법원 2010. 12. 23. 선고 2010다58889 판결.
15) 대법원 2015. 10. 29. 선고 2015두44288 판결.
16) 대법원 2005. 12. 23. 선고 2004다55698 판결. 〈사례〉 매매계약의 무효 또는 해제를 원인으로 한 매매대금반환청구에 대한 인낙조서의 기판력은 그 <u>매매대금반환청구권의 존부</u>에 관하여만 발생할 뿐, 그 전제가 되는 선결적 법률관계인 <u>매매계약의 무효 또는 해제</u>에까지 발생하는 것은 아니므로 소유권이전등기청구권의 존부를 소송물로 하는 후소는 전소에서 확정된 법률관계와 정반대의 모순되는 사항을 소송물로 하는 것이라 할 수 없으며, 기판력이 발생하지 않는 전소와 후소의 소송물의 각 전제가 되는 법률관계가 매매계약의 유효 또는 무효로 서로 모순된다고 하여 전소에서의 인낙조서의 기판력이 후소에 미친다고 할 수 없다고 한 사례.

기판력의 범위와 작용
- 기판력을 '가지는' 것과 기판력이 '미치는' 것 -

1. 기판력을 가지는 것과 기판력이 미치는 것

민사소송법 제216조 제1항은 "확정판결은 주문에 포함된 것에 한하여 기판력을 가진다."고 규정하고, 제218조 제1항은 "확정판결은 당사자, 변론을 종결한 뒤의 승계인(변론 없이 한 판결의 경우에는 판결을 선고한 뒤의 승계인) 또는 그를 위하여 청구의 목적물을 소지한 사람에 대하여 효력이 미친다."고 규정하고 있다. 민사소송법이 기판력의 객관적 범위에 관하여는 '기판력을 **가진다**'고 규정하고, 기판력의 주관적 범위에 관하여는 '효력이 **미친다**'고 용어를 달리하여 규정한 이유는 무엇일까?[1]

여기저기서 기판력이 '있다', 기판력을 '가진다', 기판력이 '생긴다', 기판력이 '미친다'를 두루뭉술하게 섞어서 쓰는 예가 많다. 그러나 기판력의 객관적 범위를 규정한 민사소송법 제216조 제1항에서 '법원이 판결로써 한 판단의 어느 부분에 기판력을 가지는가(기판력이 생기는가)'의 문제와 '법원의 판단에 생긴 기판력이 후소에서 어떤 범위의 사항에 미치는가'라는 문제를 나누어 생각하는 것이 기판력의 객관적 범위의 이해에 도움이 된다.[2] 전자가 <u>기판력이 생기는 범위</u>의 문제이고, 후자가 <u>기판력의 작용</u>의 문제이다. 교과서에서는 기판력을 설명하면서 기판력의 작용을 먼저 설명하고 기판력의 객관적 범위에서 소송물의 동일, 모순된 반대관계와 선결관계를 설명하고 있으나, 기판력이 미치기 전에 먼저 기판력이 생기는 범위를 명확히 하는 것은 당연한 논리적 전제가 된다. 기판력이 동일한 소송물, 선결관계, 모순된 반대관계의 경우에 작용하는 것은 기판력이 판결주문인 소송물의 존부판단에 한하여 생긴다는 것을 전제로 하는 것이다. 기판력의 작용은 기판력의 객관적 범위와 밀접 불가분의 관계에 있다.

기판력은 당사자 사이에서만 생기고 제3자에게는 미치지 않는 것을 **기판력의 상대성의 원칙**이라고 한다. 스스로 그 소송을 수행한 당사자만이 소송의 결과인 판결의 기판력을 받는 것이 타당하고, 그 소송에 관여할 기회가 없었던 제3자에게 그 결과를 미치게 하는 것은 그에게 보장된 재판을 받을 권리를 침해하여 부당하기 때문이다. 민사소송법 제218조 제1항은 기판력의 상대성의 원칙을 전제로 예외적으로 '변론을 종결한 뒤의 승계인' 등 당사자와 같이 볼 수 있는 제3자에게

---

[1] 2002년 개정 전 구 민사소송법 제202조 제1항은 "확정판결은 주문에 포함한 것에 한하여 **기판력이 있다**."고 규정하고, 제204조 제1항은 "확정판결은 당사자, 변론종결후의 승계인 또는 그를 위하여 청구의 목적물을 소지한 자에 대하여 그 **효력이 있다**."고 규정하고 있었다.
[2] 호문혁, 민사소송법(제14판), p.740~741 참조

도 그 판결의 효력을 주장할 수 있도록 규정하고 있다. 이와 같은 제3자에게도 판결의 기판력이 미치고 확정된 종국판결의 집행력이 미치는 범위는 기판력의 주관적 범위와 일치하는 것이 원칙이다.

기판력은 홀로 존재하는 개념이 아니라 후소의 존재를 전제로 하는 개념이고, '기판력을 가진다' 또는 '기판력이 생긴다'고 하는 것은 전소판결의 고유한 영역에 관한 문제이고, '기판력이 미친다'고 하는 것은 후소에 대한 전소판결의 영역의 확장의 문제이다.3) 즉, 기판력의 객관적 범위는 기판력이 발생하는 주문의 결론 또는 소송물인 법률관계의 존부의 범위를 말하고, 기판력의 작용이란 이렇게 발생한 기판력이 어떻게 후소에 미쳐 작용하는가의 문제이다.

〈사례 3-1〉 甲은 乙에게 1,000만 원을 대여하였으나, 乙이 이를 갚지 아니하여 乙을 상대로 대여금청구의 소를 제기하였다. 법원은 甲 승소판결을 선고하였고, 이 판결은 확정되었다. 아래의 경우 법원은 어떠한 판결을 선고할 것인가?

〈1〉 위 판결확정 후 甲은 乙에 대한 위 1,000만 원의 대여금반환채권을 丙에게 양도하고, 채권양도사실을 乙에게 내용증명으로 통지하였다. 丙이 乙을 상대로 위 대여금반환의 양수금청구의 소를 제기하였다.
〈2〉 위 판결확정 후 丁은 乙로부터 甲에 대한 위 1,000만 원의 대여금반환채무를 면책적으로 인수하였다. 그 후 甲은 丁을 상대로 위 1,000만 원의 지급을 구하는 소를 제기하였다.

(1) 확정된 승소판결에는 기판력이 있으므로, 승소 확정판결을 받은 당사자가 전소의 상대방을 상대로 다시 승소 확정판결의 전소와 동일한 청구의 소를 제기하는 경우 후소는 권리보호의 이익이 없어 부적법하다(판례의 모순금지설). 변론종결 후의 채권양수인4)이나 채무자의 채무를 소멸시켜 당사자인 채무자의 지위를 승계하는 이른바 면책적 채무인수인은 변론종결 후의 승계인으로서 전소 확정판결의 기판력이 미치게 되므로 위 사례에서 특별한 사정이 없는 한 丙이 乙을 상대로 양수금청구의 소를 제기하거나 甲이 丁을 상대로 다시 대여금청구의 소를 제기하는 것은 권리보호의 이익이 없어 각하된다.5)

---

3) 이현재, "매매를 원인으로 한 소유권이전등기 판결의 소송물과 기판력의 관계", 법학논총(제35권 제1호), P.197 참조.
4) 확정판결은 변론을 종결한 뒤의 승계인에 대하여 효력이 미치므로(민소법 제218조 제1항), 변론종결 후에 승소 확정판결을 받은 당사자로부터 판결로 확정된 채권을 양수한 승계인 역시 특별한 사정이 없는 한 다시 소를 제기할 이익이 없다. 채권양도는 구 채권자인 양도인과 신 채권자인 양수인 사이에 채권을 그 동일성을 유지하면서 전자로부터 후자에게로 이전시킬 것을 목적으로 하는 계약을 말하고, 채권양도에 의하여 채권은 그 동일성을 잃지 아니하고 양도인으로부터 양수인에게 이전되며, 이러한 법리는 채권양도의 대항요건을 갖추지 못하였다고 하더라도 마찬가지이고, 대항요건을 갖추지 못한 양수인이 채무자를 상대로 제기한 소 제기가 무효는 아니며, 대항요건을 갖추지 못한 양수인 한 재판상의 청구도 소멸시효 중단 사유에 해당한다. 채권을 양수하기는 하였으나 아직 양도인에 의한 통지 또는 채무자의 승낙이라는 대항요건을 갖추지 못하였다면 채권양수인은 채무자와 사이에 아무런 법률관계가 없어 채무자에 대하여 아무런 권리주장을 할 수 없고, 양도인이 채무자에게 채권양도통지를 하거나 채무자가 이를 승낙하여야 채무자에게 채권양수를 주장할 수 있다. 이에 따라 채권양수인이 소송계속 중의 승계인이라고 주장하며 참가신청을 한 경우에, 채권자로서의 지위의 승계가 소송계속 중에 이루어진 것인지 여부는 채권양도의 합의가 이루어진 때가 아니라 대항요건이 갖추어진 때를 기준으로 판단하는 것과 마찬가지로, 채권양수인이 민사소송법 제218조 제1항에 따라 확정판결의 효력이 미치는 변론종결 후의 승계인에 해당하는지 여부 역시 채권양도의 합의가 이루어진 때가 아니라 대항요건이 갖추어진 때를 기준으로 판단하여야 한다(대법원 2020. 9. 3. 선고 2020다210747 판결).

(2) 주지하는 바와 같이 변론종결 후의 승계인은 소송물 승계와 계쟁물 승계 두 가지로 나뉘고, 소송물 승계는 모두 변론종결 후의 승계가 되나, 계쟁물 승계는 소송물이 물권적 청구권이면 변론종결 후의 승계인이 되고, 채권적 청구권이면 변론종결 후의 승계인이 되지 않는다. 채무인수와 관련하여 소송물 승계에서는 면책적 채무인수만 변론종결 후의 승계인이 되고, 당사자의 채무가 그대로 존속하며 이와 별개의 채무를 부담하는 중첩적 채무인수는 변론종결 후의 승계인이 될 수 없다. 사례에서 甲이 丁을 면책적 채무인수인이라고 주장하면 더 이상 심리할 필요 없이 소를 각하하고, 중첩적 채무인수라고 주장하면 본안판단에 나아간다.

(3) ⟨1⟩사례에서 丙과 ⟨1⟩사례에서 丁은 변론종결 후의 승계인에 해당하여 甲과 乙 사이의 위 확정판결의 기판력과 집행력이 丙과 丁에게도 미치므로, 丙이나 甲은 위 확정판결에 따라 부여받은 승계집행문으로 집행을 하면 되는 것이지 丙이 乙을 상대로 다시 같은 소송을 제기하거나 甲이 丁을 상대로 다시 같은 소송을 구할 소의 이익이 없으므로, 결국 丙이 乙을 상대로 제기한 소와 甲이 丁을 상대로 제기한 소는 모두 부적법하여 각하된다.[6] 법원이 丙의 소와 丁을 상대로 한 소를 각하하는 것은 바로 甲과 乙의 전소판결의 기판력이 丙과 丁에게 미쳐 전소판결의 기판력이 작용하였기 때문이다.

(4) 포괄승계든 특정승계든 집행권원에 표시된 당사자에 관하여 실체법적 승계로 집행권원이 생긴 뒤에 집행당사자 이외의 사람에게 집행당사자의 지위가 변동되면 그 자를 위하여 또는 그 자에 대하여 **승계집행문**을 부여받아 집행하면 된다(민사집행법 제31조).

⟨사례 3-2⟩ 甲 소유인 X 토지에 관하여 근저당권자를 乙로 한 근저당권이 설정되어 있었고, 이후 2007. 12. 20. 甲과 乙 사이에 이 사건 매매계약이 체결되었다. 甲과 乙은 이 사건 매매계약의 이행을 확보하기 위한 방편으로 이 사건 근저당권의 피담보채무가 확정되기 이전인 2007. 12. 20.경 그 피담보채권을 이 사건 매매계약이 해제될 경우 발생하게 될 매매대금반환채권으로 변경하기로 합의하였다. 그 후 乙은 2008년 11월경까지 甲에게 이 사건 매매계약에 따른 매매대금 1억 7,000만 원을 모두 지급하였다.
그 후 1순위 근저당권자의 신청에 따라 개시된 X 토지에 관한 이 사건 경매절차에서 乙은 2009. 11. 10. 이 사건 근저당권자의 지위에서 1억 2,000만 원을 배당받았다.
乙이 甲을 상대로 매매대금반환청구의 소를 제기하여 '이 사건 매매계약에 따른 甲의 소유권이전등기의무는 이행불능이 되었으므로 甲은 乙에게 매매대금을 반환할 의무가 있다'는 취지로 주장하였으나, 그 주장을 증명할 증거가 없다는 이유로 패소판결을 선고받았고 위 판결이 2011. 11. 30. 그대로 확정되었다.
甲은 乙을 상대로 부당이득반환청구의 소를 제기하면서 "종전 소송 확정판결의 기판력이 '이 사건 근저당권의 피담보채무는 부존재하므로 乙은 甲에게 위 1억 2,000만 원을 부당이득으로 반환하여야 한다.'는 것을 청구원인으로 하는 甲의 이 사건 청구에도 미친다."는 취지의 주장을 하였다.

---

5) 확정된 승소판결에는 기판력이 있으므로, 승소 확정판결을 받은 당사자가 전소의 상대방을 상대로 다시 승소 확정판결의 전소와 동일한 청구의 소를 제기하는 경우 후소는 권리보호의 이익이 없어 부적법하다고 할 것인데, 전소 변론종결 또는 판결선고 후에 채무자의 채무를 소멸시켜 당사자인 채무자의 지위를 승계하는 이른바 면책적 채무인수를 한 자는 변론종결 후의 승계인으로서 전소 확정판결의 기판력이 미치게 되므로 원고는 특별한 사정이 없는 한 다시 본소를 제기할 이익이 없다(대법원 2016. 9. 28. 선고 2016다13482 판결).
6) 승계집행문을 부여받아 즉시 집행할 수 있음에도 채권자가 변론종결 후의 승계인을 상대로 신소를 제기하는 것은 권리보호의 이익이 없다(대법원 1972. 7. 25. 선고 72다935 판결; 대법원 1979. 2. 13. 선고 78다2290 판결).

〈원심〉은 乙은 종전 소송에서 자신이 원고로부터 지급받을 총 채권액에서 위 1억 2,000만원을 공제한 잔액의 지급을 청구하였으므로 종전 소송 확정판결의 기판력은 위 잔액 부분의 존부에만 미치고 피고가 스스로 공제한 부분에는 미치지 않고, 이 사건 매매계약은 2009. 6. 21.경 적법하게 해제되었다고 판단하여 甲의 위 주장을 배척하였다.

〈대법원〉은 아래와 같이 기판력에 관하여 설시하면서 이 사건 소의 소송물은 위 1억 2,000만원에 대한 甲의 乙에 대한 부당이득반환청구권의 존부라고 할 것이므로, 종전 소송과 이 사건 소의 소송물이 서로 다르고, 또한 종전 소송 확정판결의 기판력이 미치는 법률관계는 '乙이 甲에게 위와 같이 1억 2,000만원을 공제한 잔액의 매매대금반환청구권을 갖지 않는다'는 것뿐이고, 그 전제가 되는 선결적 법률관계인 이 사건 매매계약의 해제 여부에 대한 판단에 대해서까지 기판력이 발생하는 것은 아니라고 할 것이므로 원심이 종전 소송의 확정판결과 달리 이 사건 매매계약이 해제되었다고 판단하였다고 하여 기판력에 저촉되는 판단을 한 것이라고 볼 수는 없다고 판시하여 甲의 상고를 기각하였다.[7]

"기판력이란 기판력 있는 전소 판결의 **소송물과 동일**한 후소를 허용하지 않음과 동시에, 후소의 소송물이 전소의 소송물과 동일하지는 않다고 하더라도 전소의 소송물에 관한 판단이 <u>후소의 선결문제</u>가 되거나 **모순관계**에 있을 때에는 <u>후소에서 전소 판결의 판단과 다른 주장을 하는 것을 허용하지 않는 작용을 하는 것이다</u>. 다만 이러한 <u>확정판결의 기판력은 소송물로 주장된 법률관계의 존부에 관한 판단의 결론에만 미치고 그 전제가 되는 법률관계의 존부에까지 미치는 것은 아니므</u>로, 예를 들어 매매계약의 무효 또는 해제를 원인으로 한 매매대금반환청구에 대한 판결의 기판력은 그 매매대금반환청구권의 존부에 관하여만 발생할 뿐, 그 전제가 되는 선결적 법률관계인 매매계약의 무효 또는 해제에까지 발생하는 것은 아니다."

위 판결문은 기판력이 생기는(발생하는) 객관적 범위와 기판력이 미치는 작용이 앞뒤가 바뀌었지만 전문 부분은 기판력의 작용에 관하여, 후문 부분은 기판력이 미치는 객관적 범위에 관하여 설시하여 양자의 관계를 밝히면서 기판력과 소송물이 반드시 일치하지 않음을 보여주고 있다.

---

[7] 대법원 2013. 11. 28. 선고 2013다19083 판결. 〈참고〉 전소는 乙이 甲을 상대로 매각절차에서 배당받은 나머지 돈을 소유권이전등기의무 이행불능으로 반환(매매대금반환)하여 달라는 소송이고 이 소송에서 乙이 패소확정판결을 받았다는 것임. 乙은 이미 甲에게 매매대금으로 1억 7천만 원을 지급한 상태였으나, X 토지가 선순위저당권자의 경매신청으로 매각됨으로써 자신의 근저당권이 말소되고 2번 근저당권자로서 1억 2천만 원만 배당받았으니 甲으로부터 나머지 돈을 받기 위하여 이 소송을 제기한 것으로 볼 수 있음. 후소는 甲이 乙을 상대로 乙이 매각절차에서 배당받은 돈(1억 2천만 원)을 부당이득으로 돌려달라는 소송임. 후소의 소송물은 위 1억 2,천만 원에 관한 甲의 乙에 대한 부당이득반환청구권의 존부이므로, 전소와 후소의 소송물이 서로 다르고, 또한 전소 확정판결의 기판력이 미치는 법률관계는 '乙이 甲에게 위와 같이 1억 2,천만 원을 공제한 잔액의 매매대금반환청구권을 갖지 않는다'는 것뿐임. 따라서 이 경우 전소 확정판결의 기판력은 위 잔액 부분의 존부에만 미치고 乙이 스스로 공제한 부분에는 미치지 않는다고 보는 것임. 결국 후소 법원은 전소판결의 기판력에 구애받지 않고 甲과 乙 사이의 매매계약이 해제되었는지 여부를 판단할 수 있음. 甲과 乙은 乙의 근저당권의 피담보채권을 이 사건 매매계약이 해제될 경우 발생하게 될 매매대금채권으로 변경하기로 합의하였던 상황이므로 후소 법원이 甲과 乙의 매매계약의 해제 여부 판단에 따라 甲의 청구의 당부를 판단하게 됨. 사례에서 원심이나 대법원은 甲과 乙의 이 사건 매매계약은 적법하게 해제되었다고 판단함에 따라 甲의 청구는 기각되었음.

2. 기판력이 생기는 범위

확정판결의 기판력은 주문에 포함된 것에 한하여 가진다(생긴다). 다음 사례를 통하여 기판력이 생기는 범위를 알아보기로 한다.

<사례 3-3> 甲이 乙을 상대로 대여금청구의 소를 제기하자, 법원은 "피고는 원고에게 1억 원을 지급하라"는 판결을 선고하고 이 판결이 확정되었다. 甲이 乙을 상대로 소유권이전등기청구의 소를 제기하자, 법원은 "피고는 원고로부터 1억 원을 지급받음과 동시에 원고에게 별지목록 기재 부동산에 관하여 2020. 9. 1. 매매를 원인으로 한 소유권이전등기절차를 이행하라"는 판결을 선고하고 이 판결이 확정되었다.
甲이 乙을 상대로 물품대금청구의 소를 제기하자, 법원은 "원고의 소를 각하한다."는 판결을 선고하고 이 판결이 확정되었다.

(1) "피고는 원고에게 1억 원을 지급하라"는 확정판결은 주문에 포함된 원고는 피고에게 1억 원의 금전지급청구권이 있다는 점에 관하여만 기판력이 생기고, 금전지급청구권의 종류나 그 법적 성질 또는 발생원인은 판결이유에만 기재되고 주문에 기재되어 있지 아니하므로 확정판결은 그 부분에 기판력을 갖지 못한다(주문기판력의 원칙). 판결이유에서 판단되는 사실의 존재나, 선결적 권리 또는 법률관계, 항변 등에 관한 판단이나 법률판단 등에 대하여는 기판력이 미치지 않는다.[8] 사례에서 乙의 변제항변이 인정되어 원고 청구기각판결이 확정된 경우 변제로 인하여 채무가 소멸되었다는 점에 관하여는 기판력이 생기지 않는다.[9]

(2) 동시이행판결의 경우 동시이행의 조건이 붙어있다는 점에 관하여만 기판력이 생기고, 동시이행관계에 있는 반대채권의 존재 및 액수 등에 대하여는 기판력이 생기지 않는다.[10] 반대채권의 존재 및 액수 등에 기판력 있는 판단을 받기 위하여는 동시이행항변에 그치지 말고 반소를 제기하여야 한다. 물건인도청구소송에서 피고가 유치권항변을 하여 상환이행판결이 선고되고 확정된 경우에도 유치권의 피담보채권에는 기판력이 미치지 않는다.

(3) 소송판결이나 본안판결 중 청구기각판결의 경우 판결주문에 무슨 소송요건의 흠이 있는지 또 어떤 소송물에 관한 판단인지 나타나 있지 아니하므로 판결이유나 청구취지를 참작하여야 한다. 소송판결의 기판력은 그 판결에서 확정한 소송요건의 흠결에 관하여 미치는 것이지만, 당사자

---

8) 판결이유 중의 판단에 기판력이 인정되지 아니하므로 인하여 전후 판결이 사실상 서로 모순·저촉될 수 있으나, 이는 중간확인의 소로 예방할 수 있다.
9) 따라서 乙이 후소로 전소에서 인정한 대여금채권이 불성립한 것이므로 乙이 변제한 돈은 부당이득이라고 주장하면서 부당이득반환청구의 소를 제기하더라도 전소판결의 기판력에 저촉되지 않는다.
10) 다만 판례는 "甲은 乙로부터 A부동산에 관하여 매매를 원인으로 하는 소유권이전등기절차를 이행받음과 동시에 丙에게 본건 B부동산에 관하여 같은 날 매매를 원인으로 하는 소유권이전등기절차를 이행하라는 확정판결에 있어서 乙이 반대의무의 이행을 하지 않더라도 甲은 丙에게 본건 B부동산에 대한 소유권이전등기를 이행할 의무가 있는 것이라고 하는 주장은 위 확정판결의 기판력에 저촉되는 것이라고 한다(대법원 1975. 5. 27. 선고 74다2074 판결). 동시이행관계에 있는 반대채권의 존재 및 액수 등에 대하여서는 기판력이 생길 여지가 없으나, 본건 소유권이전등기청구에 위 동시이행의 조건이 붙어 있다는 점에 관하여는 기판력이 미친다는 것이다.

가 그러한 소송요건의 흠결을 보완하여 다시 소를 제기한 경우에는 그 기판력의 제한을 받지 않는다.[11]

확정판결의 기판력은 그 판결의 주문에 포함된 것, 즉 소송물로 주장된 법률관계의 존부에 관한 판단의 결론 그 자체에만 미치는 것이고 판결이유에서 설시된 그 전제가 되는 법률관계의 존부에까지 미치는 것은 아니다. 예컨대, 소유권이전등기 청구사건의 소송물이 계쟁 부동산에 대한 특정 일자 명의신탁 해지를 원인으로 한 소유권이전등기청구권인 경우, 그 소송에서의 판결의 기판력이 미치는 객관적 범위는 판결의 주문에 포함된 소유권이전등기청구권의 존부에만 미치고 그 목적 부동산의 명의신탁 사실 또는 소유권 자체의 존부에는 미치지 아니한다.[12] 토지 소유권에 기한 물권적 청구권을 원인으로 하는 가등기말소청구소송의 소송물은 가등기말소청구권이므로 그 소송에서 청구기각된 확정판결의 기판력은 가등기말소청구권의 부존재 그 자체에만 미치고, 소송물이 되지 않은 토지 소유권의 존부에 관하여는 미치지 않는다.[13]

3. 기판력의 작용

기판력의 작용은 전소에서 확정된 권리관계가 후소에서 다시 문제되는 경우 후소에서 전소의 판단과 다른 주장을 하는 것을 허용하지 않는 것을 말한다. 기판력의 작용은 소송물의 동일, 후소의 선결관계, 모순관계의 모습으로 나타난다. 즉, "기판력이라 함은 기판력 있는 전소 판결의 소송물과 동일한 후소를 허용하지 않음과 동시에, 후소의 소송물이 전소의 소송물과 동일하지는 않다고 하더라도 전소의 소송물에 관한 판단이 후소의 선결문제가 되거나 모순관계에 있을 때에는 후소에서 전소 판결의 판단과 다른 주장을 하는 것을 허용하지 않는 **작용**을 하는 것이다."[14] "이와 같이 소송물이 동일하거나 선결문제 또는 모순관계에 의하여 기판력이 미치는 객관적 범위에 해당하지 아니하는 경우에는 전소 판결의 변론종결 후에 당사자로부터 계쟁물 등을 승계한 자가 후소를 제기하더라도 그 후소에 전소 판결의 기판력이 미치지 아니한다."[15]

가. 동일한 소송물

전소에서 기판력이 생긴 부분(전소의 소송물)이 기판력이 작용할 후소의 소송물과 동일한 경우에 기판력이 후소에 미친다. 즉 전소판결의 기판력이 전소의 소송물과 동일한 후소에도 작용한다. 결국 소송물의 범위에 관한 소송물이론이 기판력의 작용하는 한계를 결정한다. 판례는 구이론에 따라 실체법상의 권리 또는 법률관계를 소송물로 파악하므로 기판력이 작용하는 범위가 좁게 자리매김한다. 구이론에 따라 실체법상의 권리마마 소송물이 달라지고 어느 하나의 권리에 의해 만족

---

[11] 대법원 2020. 5. 21. 선고 2018다879 전원합의체 판결.
[12] 대법원 1999. 10. 12. 선고 98다32441 판결.
[13] 대법원 2020. 5. 14. 선고 2019다261381 판결. 나아가 위 청구기각된 확정판결로 인하여 토지 소유자가 갖는 토지 소유권의 내용이나 토지 소유권에 기초한 물권적 청구권의 실체적인 내용이 변경, 소멸되는 것은 아니다.
[14] 대법원 2002. 12. 27. 선고 2000다47361 판결. 이와 같이 소송물이 동일하거나 선결문제 또는 모순관계에 의하여 기판력이 미치는 객관적 범위에 해당하지 않는 경우에는 그 후소에 전소 판결의 기판력이 미치지 않는다(대법원 2020. 7. 23. 선고 2017다224906 판결).
[15] 대법원 2014. 10. 30. 선고 2013다53939 판결.

을 얻지 못한 경우 나머지 다른 권리에 기한 이행판결을 얻기 위하여 그에 관한 이행의 소를 제기할 수 있다.16)

소송계속 중 청구취지와 청구원인을 변경하면 청구의 변경이 되고(민소법 제262조), 전소 확정판결 후 새로운 청구취지와 청구원인으로 소를 제기하면 전소판결의 기판력에 저촉되지 않는다.17)

<사례 3-4>
⟨1⟩ 甲이 X 건물을 乙에게 임대하여 乙이 이 건물에서 음식점 영업을 하던 중 원인불명이 화재가 발생하여 X 건물이 소실되는 사고가 발생하였다. 甲이 乙을 상대로 불법행위를 원인으로 한 손해배상청구의 소를 제기하였으나 乙의 고의·과실을 증명하지 못하여 청구기각판결을 받고 이 판결이 확정되었다. 甲이 다시 乙을 상대로 채무불이행을 원인으로 한 손해배상청구의 소를 제기한 경우 전소판결의 기판력에 저촉되는가?
⟨2⟩ 甲이 乙을 상대로 2021. 5. 1. 매매계약에 기한 매매대금반환청구의 소를 제기하였다가 청구기각의 확정판결을 받고, 甲이 乙을 상대로 동일 매매계약에 기한 소유권이전등기절차이행청구의 소를 제기한 경우 전소판결의 기판력에 저촉되는가?
⟨3⟩ 甲이 乙을 상대로 사기에 의한 의사표시의 취소를 원인으로 근저당권설정등기의 말소를 구하였다가 패소확정판결을 받고, 甲이 乙을 상대로 피담보채무의 변제를 원인으로 근저당권설정등기의 말소를 구한 경우 전소판결의 기판력에 저촉되는가?
⟨4⟩ 甲의 피상속인이 자신이 진정한 상속인이고 후행 보존등기로부터 상속을 원인으로 이루어진 소유권이전등기나 후속등기는 무효라는 이유로 乙을 상대로 소유권말소등기의 소를 제기하였다가 상속회복청구의 소에 해당한다는 이유로 패소판결을 선고받고 이 판결이 확정되었다. 甲이 다시 乙을 상대로 후행 보존등기가 중복등기에 해당하여 무효라는 이유로 말소등기를 구하는 소를 제기한 경우 전소판결의 기판력에 저촉되는가?
⟨5⟩ 甲이 乙을 상대로 X 토지에 관하여 乙 명의로 마쳐진 소유권이전등기의 말소등기청구의 소를 제기하면서 사기에 의한 매매계약의 취소를 주장하였다가 패소확정판결을 받고, 甲이 乙을 상대로 매매계약의 부존재 또는 불성립을 원인으로 하여 소유권이전등기말소청구의 소를 제기한 경우 법원은 어떠한 판결을 선고하는가?

⟨1⟩ 불법행위(민법 제750조)를 원인으로 한 손해배상청구와 채무불이행(민법 제390조)을 원인으로

---

16) 부당이득반환청구권과 불법행위로 인한 손해배상청구권은 서로 실체법상 별개의 청구권으로 존재하고 그 각 청구권에 기초하여 이행을 구하는 소는 소송법적으로도 소송물을 달리하므로, 채권자로서는 어느 하나의 청구권에 관한 소를 제기하여 승소 확정판결을 받았다고 하더라도 아직 채권의 만족을 얻지 못한 경우에는 다른 나머지 청구권에 관한 이행판결을 얻기 위하여 그에 관한 이행의 소를 제기할 수 있다. 그리고 채권자가 먼저 부당이득반환청구의 소를 제기하였을 경우 특별한 사정이 없는 한 손해 전부에 대하여 승소판결을 얻을 수 있었을 것임에도 우연히 손해배상청구의 소를 먼저 제기하는 바람에 과실상계 또는 공평의 원칙에 기한 책임제한 등의 법리에 따라 그 승소액이 제한되었다고 하여 그로써 제한된 금액에 대한 부당이득반환청구권의 행사가 허용되지 않는 것도 아니다(대법원 2013. 9. 13. 선고 2013다45457 판결).
17) 甲이 乙로부터 1필의 토지의 일부를 특정하여 매수하였다고 주장하면서 乙을 상대로 그 부분에 대한 소유권이전등기청구소송을 제기하였으나, 목적물이 甲의 주장과 같은 부분으로 특정되었다고 볼 증거가 없다는 이유로 청구가 기각되고, 이에 대한 甲의 항소·상고가 모두 기각됨으로써 판결이 확정되자, 다시 乙을 상대로 그 전체 토지 중 일정 지분을 매수하였다고 주장하면서 그 지분에 대한 소유권이전등기를 구하는 소를 제기한 경우, 전소와 후소는 그 각 청구취지를 달리하여 소송물이 동일하다고 볼 수 없으므로, 전소의 기판력은 후소에 미칠 수 없다(대법원 1995. 4. 25. 선고 94다17956 전원합의체 판결).

손해배상청구는 그 소송물이 다르기 때문에 서로 기판력이 미치지 않는다. 甲이 乙을 상대로 제기한 손해배상청구소송에서 甲이 乙의 고의·과실을 증명하지 못하여 패소 확정된 경우에도 구 소송물이론에 따르면 불법행위로 인한 손해배상청구권과 채무불이행으로 인한 손해배상청구권은 소송물이 다르므로 전소 확정판결의 기판력은 채무불이행에는 미치지 않고 甲은 乙을 상대로 임대차계약상의 선관주의의무위반을 들어 다시 손해배상청구를 할 수 있다(판례). 채무불이행책임을 묻는 경우에는 **실화책임법**도 적용되지 않는다. 임차건물 화재의 경우 대체로 임대인은 통상 임차인에게 불법행위책임을 묻지 않고 임차물반환채무의 이행불능책임(채무불이행책임)을 묻게 된다.

〈2〉 동일한 매매계약에 기한 것이라도 매매대금반환청구와 소유권이전등기청구와는 소송물이 다르기 때문에 서로 기판력이 미치지 않는다.

〈3〉 사기에 의한 근저당권말소등기청구와 피담보채무의 변제에 의한 근저당권설정등기말소청구는 그 청구원인을 달리하는 별개의 소송물로 보기 때문에 서로 기판력이 미치지 않는다. 근저당권설정등기말소청구는 소유권이전등기말소청구와 달리 말소원인마다 소송물이 다른 것으로 파악한다. 소유자(근저당권설정자)가 소유권에 기한 방해배제청구로서 근저당권설정등기의 말소를 구하는 소의 소송물은 물권적 말소등기청구권(민법 제214조)이나, 피담보채무의 변제 등 후발적 실효사유에 기한 근저당권설정등기말소청구의 소의 소송물은 근저당권설정계약에 근거를 두는 채권적 청구권이다.18) 따라서 소유권에 기한 근저당권설정등기말소청구와 근저당권설정계약에 기한 근저당권설정등기말소청구는 별개의 소송물로 서로 기판력이 미치지 아니한다.

〈4〉 원고의 피상속인이 후행 보존등기가 중복등기에 해당하여 무효임을 주장하지 않고, 자신이 진정한 상속인이고 후행 보존등기로부터 상속을 원인으로 이루어진 소유권이전등기의 명의인은 진정한 상속인이 아니므로 그 소유권이전등기는 무효이고 그에 이어 이루어진 소유권이전등기도 무효라고 주장하여 소유권말소등기의 소를 제기하였다가 그 소가 상속회복청구의 소에 해당하고 제척기간이 경과하였다는 이유로 패소 판결이 확정되었다고 하더라도, 후행 보존등기가 중복등기에 해당하여 무효라는 이유로 말소등기를 구하는 원고의 후소는 패소 판결이 확정된 전소와 청구원인을 달리하는 것이어서 전소의 기판력에 저촉되지 않는다.19)

〈5〉 소유권이전등기말소청구소송의 소송물의 실체법상의 근거는 소유권에 기한 방해배제청구권(민법 제214조)이고 등기원인의 무효를 뒷받침하는 개개의 사유는 독립된 공격방어방법에 불과하여 별개의 소송물을 구성한다고 볼 수 없으므로 서로 기판력이 미친다. 그러나 말소등기청구권의 발생원인인 등기원인의 무효를 들어 말소등기청구를 하는 것이 아니라 다른 원인 즉 피담보채무의 변제로 인한 말소등기청구 또는 계약해제에 따른 계약상의 권리(채권적 청구권)에 기하여 원상회복으로 말소등기청구를 하는 것은 별개의 소송물이다. 후소의 소송물이 전소 확정판결의 소송물과

---

18) 원래 근저당권설정계약에는 피담보채무가 확정되어 소멸되면 근저당권설정등기를 말소하여 주기로 하는 내용의 합의가 포함되어 있다.
19) 대법원 2011. 7. 14. 선고 2010다107064 판결.

동일한 경우 후소 법원이 어떠한 판결을 선고할 것인지에 관하여 모순금지설을 따르는 판례는 전소판결이 승소판결이면 소의 이익 흠결을 이유로 소각하판결을 하고, 전소판결이 패소판결이면 청구기각판결을 한다고 하는 점에 관하여는 이미 자세히 살펴본 바 있다.

나. 선결관계

전소와 후소의 소송물이 동일하지 않더라도 기판력은 전소 소송물이 후소 소송물에 대하여 선결관계가 있는 경우에도 작용한다. 대표적으로 대여원금채권의 부존재가 확정된 후에 변론종결 후의 이자청구를 하는 경우가 이에 해당한다. 이 경우 후소법원은 선결문제의 한도에서 전소의 기판력 있는 판단에 구속되어 판단하여야 할 뿐 소각하판결을 하는 것은 아니다.

전소의 기판력 있는 법률관계가 후소의 선결문제로서 기판력이 작용하는 경우를 들어본다.[20]

〈사례 3-5〉
⟨1⟩ 甲이 乙을 상대로 X 토지의 소유권확인의 소를 제기하여 승소확정판결을 받았다. 甲이 그 후 X 토지의 소유권에 기하여 乙을 상대로 X 토지인도청구의 소를 제기한 경우 乙은 X 토지에 관한 甲의 소유권을 다툴 수 있는가?
⟨2⟩ 甲이 乙을 상대로 하여 X 토지에 관하여 마쳐진 소유권이전등기의 말소를 구하는 소를 제기하였으나, 패소확정판결을 받았다. 그 후 甲이 乙을 상대로 X 토지의 소유권확인의 소를 제기하여 승소확정판결을 받았다. 소유권확인판결을 받은 甲이 다시 乙을 상대로 X 토지의 소유권에 기하여 소유권이전등기말소청구의 소를 제기한 경우에도 전소 소유권확인판결의 선결관계효가 작용하는가?
⟨3⟩ 甲이 X 토지에 관하여 乙을 상대로 제기한 소유권이전등기말소청구소송 계속 중 甲으로부터 X 토지를 매수한 乙이 이 소송에서 이를 주장하지 아니하여 패소확정판결을 받고, 乙이 甲을 상대로 다시 매매를 원인으로 한 소유권이전등기절차이행청구의 소를 제기한 경우 전소판결의 기판력이 미치는가?

⟨1⟩ 확정된 전소의 기판력 있는 법률관계가 후소의 소송물 자체가 되지 아니하여도 후소의 선결문제가 되는 때에는 전소의 확정판결의 판단은 후소의 선결문제로서 기판력이 작용한다고 할 것이므로, 소유권확인청구에 대한 판결이 확정된 후 다시 동일 피고를 상대로 소유권에 기한 물권적 청구권을 청구원인으로 토지인도청구의 소를 제기한 경우에는 전소의 확정판결에서의 소유권의 존부에 관한 판단에 구속되어 당사자로서는 이와 다른 주장을 할 수 없을 뿐만 아니라 법원으로서도 이와 다른 판단은 할 수 없다.[21]

---

[20] 채권자가 제기한 배당이의의 소의 본안판결이 확정된 때에는 이의가 있었던 배당액에 관한 실체적 배당수령권의 존부의 판단에 기판력이 생긴다고 할 것이고, 위 배당이의의 소에서 패소의 본안판결을 받은 당사자가 그 판결이 확정된 후 상대방에 대하여 위 본안판결에 의하여 확정된 배당액이 부당이득이라는 이유로 그 반환을 구하는 소송을 제기한 경우에는, 전소인 배당이의의 소의 본안판결에서 판단된 배당수령권의 존부가 부당이득반환청구권의 성립 여부를 판단하는 데에 있어서 선결문제가 된다고 할 것이므로, 당사자는 그 배당수령권의 존부에 관하여 위 배당이의의 소의 본안판결의 판단과 다른 주장을 할 수 없고, 법원도 이와 다른 판단을 할 수 없다(대법원 2000. 1. 21. 선고 99다3501 판결).
[21] 대법원 2000. 6. 9. 선고 98다18155 판결; 대법원 1994. 12. 27. 선고 94다4684 판결.

⟨2⟩ 소유권이전등기말소청구의 소에서 패소확정판결은 받은 경우에도 소송물이 아닌 소유권의 귀속에까지 기판력이 미치는 것은 아니므로 전소에서 소유권의 증명(등기원인의 무효 증명)에 실패한 원고가 후소에는 성공하여 전소와는 달리 소유권확인의 소에서 승소판결을 받을 수도 있다. 그러나 이 경우 소유권확인판결을 받은 사람이 다시 소유권이전등기말소등기청구의 소를 제기하면 소유권확인판결의 선결관계로서 기판력이 작용하는 관계가 아니다. 이 경우는 이미 소유권이전등기말소청구의 소에서 패소확정판결과 동일한 소송으로 기판력이 작용하는 것이다. 중간의 소유권확인판결은 소유권이전등기말소청구소송의 사실심 변론종결 후에 새로 발생한 사유가 아니다. 전소 사실심 변론종결 후에 전소 변론종결 전의 사실에 대한 새로운 법률적 평가는 새로이 발생한 사실이 아니다. 따라서 소유권이전등기말소청구에 대한 패소확정판결의 기판력은 중간의 소유권확인소송의 승소확정판결과 관계없이 후소인 소유권이전등기말소청구소송에 그대로 작용하여 청구기각판결을 면할 수 없다.22)

⟨3⟩ 전소의 소송물인 소유권이전등기말소청구권과 후소의 소송물인 매매를 원인으로 한 소유권이전등기청구권은 동일한 소송물도 아니고 선결관계도 모순관계도 아니므로 전소판결의 기판력이 후소에 작용하지 않는다. 乙이 전소에서 실체관계부합 항변을 하지 않았다고 하여 바로 그 소송물에 관한 사유도 아닌 전혀 별개의 사실관계에 근거한 매매를 원인으로 한 소유권이전등기청구권이 실권되는 것이 아니므로(기판력의 실권효는 기판력이 작용하는 국면에서만 문제된다), 전소의 소송물과 후소의 소송물은 모순관계에 있다거나 전소의 소송물이 후소의 선결문제에 해당하는 것도 아니라고 할 것이어서 전소 판결의 기판력이 후소에 미친다고 볼 수 없다.23)

다. 모순된 반대관계

전소와 후소의 소송물이 동일하지 않더라도 기판력은 전소에서 확정된 소송물과 모순되는 반대관계에 있는 소송물에 대하여 소를 제기하는 경우에도 작용한다. 모순된 반대관계란 전소 피고가 전소에서 인용된 것과 정반대의 것을 대상으로 후소를 제기한 경우 후소판결이 전소 확정판결의 기판력을 침해하는 경우를 말한다. 모순된 반대관계에도 기판력이 작용하는 것은 어떠한 법률효과의 존재가 확정되면 그 속에는 그와 모순되는 법률효과가 부존재한다는 것의 확정이 포함되기 때문이다.24)

전소와 후소의 판결주문(소송물)이 아닌 판결이유 중의 판단이 모순된다는 것만으로는 모순된 반대관계로서 기판력이 작용하는 것은 아니다. 원고가 금전채무의 이행을 명하는 확정판결에 기하여

---

22) 판례도 원고가 피고 A를 상대로 소유권에 기하여 건물철거 및 대지인도청구소송을 제기한 결과, 원고가 대지의 실질적인 소유자가 아니라는 이유로 청구기각 판결이 선고되어 확정되었고 위 패소확정된 사건의 변론종결 이후에 피고 B가 피고 A로부터 위 건물을 매수하였다면 피고 B는 그의 지위를 승계한 변론종결후의 승계인에 해당하므로, 원고가 다시 피고 B를 상대로 소유권에 기하여 위 건물의 철거와 그 대지의 인도를 청구하는 이 사건 소는 비록 그 사이에 원고가 피고 A를 상대로 위 대지에 관한 소유권확인소송을 제기하여 승소판결을 받아 확정되었고, 위 패소확정된 사건의 판결이 선고된 때로부터 10여년이 지났다고 하여 그 판결의 기판력을 배제하여야 할 만한 사정변경이 있다고 볼 수도 없으므로 위 패소확정판결의 기판력에 저촉되어 기각되어야 할 것이라고 한다(대법원 1991. 3. 27. 선고 91다650,667 판결).
23) 대법원 1995. 12. 8. 선고 94다39628 판결.
24) 유병현, "기판력의 객관적 범위와 모순된 반대관계", 민사소송(제10권 제1호), 한국사법행정학회(2006), p.129 참조.

강제집행을 하였는데, 피고가 이에 대하여 부당이득반환청구를 하는 경우 학설은 대체로 모순된 반대관계로 설명한다.25)

〈사례 3-6〉
〈1〉 甲이 乙을 상대로 대여금청구의 소를 제기하여 승소확정판결을 받고 이 판결에 따라 乙로부터 금원을 지급받았다. 그 후에 乙이 甲을 상대로 위 지급금이 부당이득이라고 주장하면서 그 반환을 구하는 소를 제기한 경우 전소판결의 기판력이 미치는가?
〈2〉 甲이 乙을 상대로 X 토지에 관한 소유권이전등기청구의 소를 제기하여 승소판결을 받고 이 판결에 기하여 甲 명의로 소유권이전등기를 마쳤다. 전소에서 패소확정판결을 받은 乙이 甲을 상대로 위 판결에 기하여 마쳐진 甲 명의의 소유권이전등기말소청구의 소를 제기한 경우 전소판결의 기판력이 미치는가?
〈3〉 甲이 乙을 상대로 가등기에 기한 소유권이전등기청구소송에서 패소확정판결을 받고 가등기의 말소를 구하는 소를 제기한 경우 전소판결의 기판력이 미치는가?
〈4〉 甲이 乙을 상대로 매매계약의 무효 또는 해제에 기한 매매대금반환청구의 소('전소')를 제기하였다가 소를 취하하였으나 乙의 부동의로 위 소송계속 중 甲이 다시 乙을 상대로 같은 매매계약에 기한 소유권이전등기청구의 소('후소')를 제기하여 승소판결을 받았고, 乙이 이에 대하여 불복, 항소하여 항소심 계속 중 乙은 전소에서 청구인낙을 하였다. 전소에서 乙이 甲의 청구를 인낙하는 내용의 인낙조서가 작성됨에 따라 이 사건 매매계약의 무효를 전제로 한 매매대금반환청구권이 확정되었고, 따라서 甲이 후소로 이 사건 매매계약의 유효를 전제로 소유권이전등기청구를 하는 것은 전소에서 확정된 법률관계와 모순되는 법률관계의 확정을 구하는 것으로서 전소판결의 기판력에 저촉되는가?

〈1〉 전소의 패소 피고가 전소 원고에 대하여 이전의 청구와 정반대의 주장을 청구내용을 하는 소는 모순된 반대관계에 해당하여 전소판결의 기판력에 저촉된다.

〈2〉 판결이 형식적으로 확정되면 그 내용에 따른 기판력이 생기므로, 소유권이전등기절차를 명하는 확정판결에 의하여 소유권이전등기가 마쳐진 경우에, 다시 원인무효임을 내세워 그 말소등기절차의 이행을 청구함은 확정된 이전등기청구권을 부인하는 것이어서 기판력에 저촉된다.26) 전소에서 甲에게 귀속된다고 한 소유권이전등기청구권이 乙이 후소에서 甲에게 소유권이전등기청구권이 귀속되지 아니한다고 정반대의 모순관계를 주장하기 때문이다. 모순된 반대관계의 경우 소송물이 다른 것으로 보는 판례의 입장에서 법원은 후소 청구를 기각하게 될 것이다.27)

〈3〉 판례는 가등기만의 말소를 구하는 경우 모순된 반대관계가 아니고, 전소에서 판단의 전제가 되었을 뿐인 법률관계를 다투는 것에 불과하여 전소판결의 기판력에 저촉되지 않음을 밝히고 있다. "전소의 소송물은 매매예약완결을 원인으로 한 소유권이전등기청구권의 존부이고, 이 사건

---
25) 유병현, 앞의 논문, p.133 참조
26) 대법원 1987. 3. 24. 선고 86다카1958 판결; 대법원 1996. 2. 9. 선고 94다61649 판결. 공유자 중 1인의 지분에 관하여 확정판결에 따라 타인 앞으로 소유권이전등기를 마친 경우, 그 공유자는 확정판결의 기판력에 의하여 더 이상 말소청구를 할 수 없게 된 자신의 공유지분에 관한 한, 보존행위로서도 그 소유권이전등기의 말소를 구할 수 없다.
27) 반복금지설의 입장에서는 후소는 부적법 각하된다. 정동윤·유병현·김경욱, 민사소송법(제8판), p.787 참조.

소의 소송물은 가등기말소청구권의 존부로서 그 청구취지와 청구원인을 달리하고 있으므로 양소는 그 소송물이 다르다고 할 수밖에 없는바, 이와 같이 전, 후 양소의 소송물이 동일하지 않다고 하더라도, 만일 후소의 소송물이 전소에서 확정된 법률관계와 모순되는 정반대의 사항을 소송물로 삼았다면 이러한 경우에는 전소 판결의 기판력이 후소에 미친다고 보아야 할 것이나, 한편 확정판결의 기판력은 소송물로 주장된 법률관계의 존부에 관한 판단의 결론 자체에만 미치고 그 전제가 되는 법률관계의 존부에까지 미치는 것은 아니어서, 이 사건의 경우 가등기에 기한 소유권이전등기절차의 이행을 명한 전소 판결의 기판력은 소송물인 소유권이전등기청구권의 존부에만 미치고 그 등기청구권의 원인이 되는 채권계약의 존부나 판결이유 중에 설시되었을 뿐인 가등기의 효력 유무에 관한 판단에는 미치지 아니한다고 할 것이고, 따라서 이 사건에서 만일 원고가 후소로써 위 가등기에 기한 소유권이전등기의 말소를 청구한다면 이는 1물 1권주의의 원칙에 비추어 볼 때 전소에서 확정된 원고의 소유권이전등기청구권을 부인하고 그와 모순되는 정반대의 사항을 소송물로 삼은 경우에 해당하여 전소 판결의 기판력에 저촉된다고 할 것이지만, 이와 달리 위 가등기만의 말소를 청구하는 것은, 전소에서 판단의 전제가 되었을 뿐이고 그로써 아직 확정되지는 아니한 법률관계를 다투는 것에 불과하여 전소 판결의 기판력에 저촉된다고 볼 수 없는 것이다."28)

〈4〉 기판력이 작용하는 것은 판결이유에서 단순한 모순관계가 있는 경우가 아니라 소송물이 모순된 반대관계에 있는 경우이다. 대법원은 "매매계약의 무효 또는 해제를 원인으로 한 매매대금반환청구에 대한 인낙조서의 기판력은 그 매매대금반환청구권의 존부에 관하여만 발생할 뿐, 그 전제가 되는 선결적 법률관계인 매매계약의 무효 또는 해제에까지 발생하는 것은 아닌바, 전소의 인낙조서의 기판력이 미치는 법률관계는 원고가 피고에 대하여 매매대금반환청구권을 가진다는 것뿐이고 반면 이 사건 소의 소송물은 소유권이전등기청구권의 존부이므로 이 사건 소가 전소에서 확정된 법률관계와 정반대의 모순되는 사항을 소송물로 하는 것이라 할 수 없으며, 기판력이 발생하지 아니하는 전소와 이 사건 소의 소송물의 각 전제되는 법률관계가 매매계약의 유효 또는 무효로 서로 모순된다고 하여 전소에서의 인낙조서의 기판력이 이 사건 소에 미친다고 할 수 없다."고 판시하였다.29)

위 사례에서 만일 청구인낙조서에 의하여 강제집행이 있은 후 피고가 부당이득반환청구의 소를 제기하였다면 모순된 반대관계로서 기판력에 저촉되었을 것이나, 사례는 매매대금반환에 관한 청구인낙조서와 매매계약에 기한 소유권이전등기청구 사이의 관계에 불과하다.30)

---

28) 대법원 1995. 3. 24. 선고 93다52488 판결.
29) 대법원 2005. 12. 23. 선고 2004다55698 판결은 전소에서의 인낙조서의 기판력이 이 사건 소에 미친다고 판단한 원심은 기판력의 법리를 오해하여 판결에 영향을 미친 위법이 있다고 판시하였다. 한편, 원고가, 매매계약의 무효 또는 해제를 주장하면서 그 매매대금의 반환을 구하는 소를 제기하고 그 소송 계속중에 이중의 이득을 얻으려는 목적으로 매매계약이 유효함을 주장하여 그 이행을 구하는 별도의 소를 제기한 경우라든지, 원고와 피고 사이에 매매계약을 무효 또는 해제로 하기로 하는 합의가 있었거나, 원고가 피고에게 매매계약에 기한 소유권이전등기청구를 하지 않는다는 신뢰를 부여하는 행위를 하였고 피고가 이를 신뢰할 정당한 이유가 있음에도 이를 위반하여 매매계약의 이행을 구하는 소를 제기한 경우 등, 특별한 사정이 있는 때에는, 그러한 원고의 소 제기는 신의칙에 위반되는 것으로 허용될 수 없을 것이지만, 이 사건과 같이 원고가 매매계약의 무효 또는 해제를 이유로 전소를 제기한 상태에서 매매계약에 따른 소유권이전등기의 이행을 구하는 이 사건 소를 제기하였다는 것만으로 원고에게 이중의 이득을 얻으려고 하는 목적이 있었다고 볼 수 없고, 또 피고에게 원고가 향후 이 사건 소를 제기하지 않는다는 신뢰를 부여하였다고 보기 어렵다고 판시하였다.
30) 유병현, 앞의 논문, p.134.

<사례 3-7> 甲은 2021. 4. 1. 乙과 乙 소유의 X 부동산에 관하여 매매대금을 1억 원으로 한 부동산매매계약을 체결하고 매매대금의 일부를 지급하고 위 부동산을 인도받았다. 甲이 乙을 상대로 제기한 소유권이전등기절차 이행청구소송(이하 '전소')에서 승소 확정판결을 받아 이를 집행권원으로 하여 甲 앞으로 소유권이전등기를 마쳤다.
乙이 甲을 상대로 주위적으로는 "2021. 4. 1.자 매매계약이 사회질서에 위반된 법률행위(민법 제103조)에 해당하므로 甲의 소유권이전등기는 원인무효이다"라고 주장하면서 소유권이전등기말소를 구하고, 예비적으로는 위 매매계약이 유효인 경우 매매잔대금 5,000만 원의 지급을 구하는 후소를 제기하였다.
이에 대하여 甲이 "乙의 청구는 모두 확정판결 기판력에 저촉된다."고 주장하였다.
법원은 위와 같은 甲의 주장에 관하여 어떻게 판단하여야 할 것인가?

[문제 해결의 방향]

가. 서설

전소판결의 기판력은 "甲은 乙에 대하여 전소의 사실심 변론종결일 당시에 X 토지에 관하여 2021. 4. 1. 매매를 원인으로 하는 소유권이전등기청구권을 가지고 있었다."는 점에 미친다. 후소 청구가 기판력에 저촉되는지 여부를 주위적 청구와 예비적 청구로 나누어 본다.

나. 주위적 청구(소유권이전등기말소청구)의 경우

전소와 후소는 원·피고가 바뀌었을 뿐 당사자가 동일하고, 후소는 전소에서 확정된 법률관계와 모순되는 법률관계를 소송물로 하고 있으며, 후소의 청구원인은 전소의 사실심 변론종결일 이전에 존재했고 행사할 수 있었던 방어방법이다. 따라서 후소 청구는 전소의 기판력에 저촉된다.

다. 예비적 청구(잔금청구)의 경우

(1) 전소와 후소는 원·피고가 바뀌었을 뿐 당사자가 동일하고, 후소의 소송물은 전소의 소송물과 다르고, 전소에서 확정된 법률관계가 후소의 소송물인 법률관계와 모순되거나 후소의 선결문제로 되는 경우도 아니다. 그리고 잔금채권이 전소의 사실심 변론종결일 이전에 존재하고 행사할 수 있었다 하더라도 기판력에 의하여 차단되는 권리가 아니다.

(2) 乙이 전소에서 잔금채권에 기하여 동시이행의 항변을 하였다 하더라도 그에 대한 법원의 판단은 판결이유에서 판단되는 사항에 불과하므로 기판력이 발생하지 않고, 동시이행의 항변을 하지 않았다 하더라도 잔금채권은 실체법상 독립한 권리로서 차단효의 적용대상이 아니다. 따라서 후소의 예비적 청구는 전소의 기판력에 저촉되지 않는다.

(3) 기판력 저촉은 위법사유(재심사유)이므로 법원은 甲의 주장 여부에 불구하고 직권으로 심리하여 기판력 저촉 여부를 판단하여야 한다. 기판력 저촉의 효과에 관하여는 판례의 모순금지설에 의하면 법원은 전소에서 패소판결을 선고받은 자가 기판력에 저촉되는 소를 제기한 경우 후소청구를 기각하여야 한다고 본다.

라. 결어(사안의 적용)

　결국 법원은 乙의 주위적 청구에 대해서는 기판력에 저촉됨을 이유로 청구기각 판결을 선고하고, 예비적 청구는 기판력에 저촉되지 않으므로 통상의 심리절차에 따라 잔금채권이 존재하는지 여부를 심리, 판단하면 된다. 후자의 경우 전소에서 잔금채권에 기한 동시이행의 항변이 받아들여졌다 하더라도 후소에서 乙의 청구를 인용함에 지장이 없고, 전소 판결이유에서 설시된 사유는 후소에서 유력한 증거자료가 된다.

04 소유권이전등기말소청구와 진정명의회복을 원인으로 한 소유권이전등기청구
― 동일하지는 않지만 '실질적으로 동일한' 것 ―

1.

　진정한 소유자가 부동산의 소유명의를 회복하기 위한 방법으로 소유권이전등기말소청구와 진정명의회복을 원인으로 한 소유권이전등기청구가 있다. '진정명의회복을 원인으로 한 소유권이전등기청구'가 정확한 용어일 터이나, 약간 줄여서 '진정명의회복을 위한 소유권이전등기청구'라는 용어를 사용하기도 한다. 요새 학생들은 '소유권이전등기청구'도 길다고 '소이등'으로 줄여 쓰기도 하는데 이는 관용화된 용어가 아니므로 그 사용을 자제해야 한다.

　소유권이전등기말소등기 청구사건의 소송물은 당해 등기의 말소등기청구권이고, 그 동일성 식별의 표준이 되는 청구원인, 즉 말소등기청구권의 발생원인은 당해 '등기원인의 무효'라 할 것이며, 등기원인의 무효를 뒷받침하는 개개의 사유는 독립된 공격방어방법에 불과하여 별개의 청구원인을 구성한다고 볼 수 없다.[1] 따라서 전소의 변론종결 전까지 주장할 수 있었던 무효사유는 그것이 무권대리행위, 불공정한 불법행위이거나 또는 통모허위 표시에 의한 매매 무효를 이유로 하거나 간에 다 같이 청구원인인 등기원인이 무효임을 뒷받침하는 이른바 독립된 공격방어방법에 불과하여 서로 별개의 청구원인을 구성하는 것이 아니므로 기판력의 표준시인 전소의 변론종결 전에 발생한 사유로서 전소에서 주장하지 아니하여 패소한 경우라도 그 사유는 전소의 확정판결의 기판력에 의하여 후소에서 주장하여 확정판결의 내용을 다툴 수 없다.[2]

---

1) 대법원 1999. 9. 17. 선고 97다54024 판결.
2) 대법원 1982. 12. 14. 선고 82다카148,82다카149 판결. 전소에서는 피고가 원고에 대하여 건물에 대한 소유권에 기하여 원고 명의의 소유권이전등기가 원인무효인 A 명의의 가등기 및 본등기를 기초로 한 무효등기임을 이유로 **직접** 말소등기를 청구하였음에 대하여, 후소에서는 A 명의의 소유권이전등기는 피고가 채권담보의 목적으로 적법히 경료한 등기이나 원고 명의의 등기는 A와 원고 사이의 가장매매를 원인으로 한 무효의 등기이고, 피고는 전소의 변론종결 후에 A에게 피담보채무의 원리금을 모두 변제공탁하여 채무소멸하였음을 이유로 A를 **대위하여** 그 등기의 말소를 구하는 것이어서 위 양소는 청구원인을 달리하는 별개의 소송이라고 할 것이므로 전소의 판결의 기판력은 후소에 미치지 않는다.

<사례 4-1>
⟨1⟩ 甲이 乙을 상대로 등기원인의 무효를 이유로 소유권이전등기말소청구를 하였다가 패소확정판결을 받고, 후소에서 등기원인의 무효 또는 기망을 이유로 한 취소를 원인으로 소유권이전등기말소청구의 소를 제기하였다.
⟨2⟩ 甲이 乙을 상대로 사기를 이유로 한 매매계약의 취소를 원인으로 소유권이전등기말소청구를 하였다가 청구기각판결을 선고받고 확정된 후 후소에서 甲이 乙을 상대로 매매계약의 부존재 또는 불성립을 이유로 소유권이전등기말소청구의 소를 제기하였다.
⟨3⟩ 甲이 乙을 상대로 원인계약이 착오, 사기, 강박에 의해 취소되었다는 이유로 근저당권설정등기말소청구의 소를 제기하였으나, 착오, 사기, 강박이 인정되지 않는다는 이유로 청구기각판결을 선고받고 확정되었다. 甲이 후소로 원인계약상 채무불이행을 이유로 계약이 해제되었음을 이유로 근저당권설정등기말소청구의 소를 제기하였다.
⟨4⟩ 甲이 제1심에서 사기에 의한 의사표시 취소를 원인으로 한 근저당권설정등기의 말소청구와 함께 피담보채무의 부존재를 원인으로 한 근저당권설정등기의 말소청구를 하였다가 청구기각의 본안판결을 받은 후 항소심에서 위 기망을 원인으로 한 말소청구부분만을 유지하고 피담보채무의 부존재를 원인으로 한 말소청구는 철회하여 적법히 취하한 후 다시 같은 청구를 추가하였다.
⟨5⟩ 甲이 이미 乙을 상대로 X 토지에 관한 乙 명의의 소유권보존등기의 말소등기 절차의 이행 및 소유권확인을 구하는 소송을 제기하여 승소의 확정판결을 받고 이에 기하여 그 토지에 관한 乙 명의의 소유권보존등기를 말소한 다음 새로이 甲 앞으로 소유권보존등기를 마쳤는데, 乙이 그 후 그 확정판결 전에 그 토지의 일부에 대한 취득시효 기간이 완성되었음을 이유로 甲에게 그 토지 부분에 대한 소유권이전등기 절차의 이행을 구하였다.

⟨1⟩ 전소에서 원고가 주장한 사유나 후소에서 주장하는 사유들은 모두 등기의 원인무효를 뒷받침하는 공격방법에 불과할 것일 뿐 그 주장들이 자체로서 별개의 청구원인을 구성한다고 볼 수 없고 모두 전소의 변론종결 전에 발생한 사유라면 전소와 후소는 그 소송물이 동일하여 후소에서의 주장사유들은 전소의 확정판결의 기판력에 저촉되어 허용될 수 없다.3)

⟨2⟩ 전소에서 한 사기에 의한 매매의 취소 주장과 후소에서 한 매매의 부존재 또는 불성립의 주장은 다같이 청구원인인 등기원인의 무효를 뒷받침하는 독립된 공격방어방법에 불과하고, 후소에서의 주장사실은 전소의 변론종결 이전에 발생한 사유이므로 전소와 후소의 소송물은 동일하다.4)

⟨3⟩ 소유권에 기한 방해배제청구권의 행사로서 말소등기청구를 한 전소의 확정판결의 기판력이 계약해제에 따른 원상회복으로 말소등기청구를 하는 후소에 미치지 않는다.5)

⟨4⟩ 사기에 의한 의사표시취소를 원인으로 한 원고의 이 사건 근저당권설정등기의 말소청구는

---

3) 대법원 1993. 6. 29. 선고 93다11050 판결.
4) 대법원 1981. 12. 22. 선고 80다1548 판결.
5) 대법원 1993. 9. 14. 선고 92다1353 판결. 원심은 전후 소송물이 동일한 것으로 보고, 전소 변론종결 후에 해제의 의사표시를 하였다 하더라도 전소의 변론종결 전에 주장할 수 있었던 공격방어방법이었다는 이유로 기판력이 미친다고 판시하였으나, 대법원은 전소와 후소가 그 청구원인이 다르므로 소송물이 다르고, 따라서 전소 확정판결의 기판력이 후소에 미치는 것으로 볼 수 없으므로 원심을 파기하였다.

이 사건 근저당권설정계약이 기망에 의하여 체결되었음을 이유로 이를 취소하고 이에 터잡아 경료된 이 사건 근저당권설정등기의 말소를 구한다는 취지이고, <u>피담보채무의 부존재를 원인으로 한 원고의 이 사건 근저당권설정등기의 말소청구</u>는 피담보채무가 없으니 근저당권설정계약을 해지하고, 이에 터잡아 원상회복으로서 근저당권설정등기의 말소를 구한다는 취지임이 명백한 바, 위 청구들은 각 그 청구원인을 달리하는 별개의 독립된 소송물로서 선택적 병합관계에 있다고 볼 것이고, 동일한 소송물로서 그 공격방법을 달리하는 것에 지나지 않는 것으로 볼 것이 아니며, 또한 원고가 주장하는 피담보채무의 부존재를 원인으로 한 이 사건 근저당권설정등기의 말소청구는 종국판결인 이 사건 제1심 판결의 선고 후 취하되었다가 다시 제기된 청구임이 명백하므로 피담보채무의 부존재를 원인으로 한 원고의 이 사건 말소청구는 재소금지의 원칙에 어긋나는 부적법한 소라고 할 것이다(소각하).6)

〈5〉 전 소송의 소송물은 그 토지에 대한 소유권 자체의 존부 확인과 乙 명의로 잘못 경료되어 있었던 소유권보존등기의 말소등기청구권의 존부였던 것임에 반하여, 후소 청구는 비록 동일 부동산에 관한 것이기는 하지만 취득시효 완성을 원인으로 하는 소유권이전등기청구권의 존부여서 그 전후의 양 소는 그 청구취지와 청구원인이 각기 상이하여 서로 모순, 저촉된다고 할 수 없으므로, 전소판결의 기판력이 후소에 미친다고 할 수 없고, 비록 乙이 전소에서 자신 명의의 원인무효등기가 실체권리관계에 부합하여 유효하다는 항변을 함으로써 甲의 청구를 배척할 수 있었다 하더라도, 乙에게 기존의 등기원인 자체가 정당한 것이라는 점이 아닌 전혀 별개의 등기청구권 취득원인을 항변으로 내세워야 할 의무가 있었던 것도 아닐 뿐더러 오로지 기존의 무효등기만을 이용하여 시효취득의 이익을 향유하여야 하는 것도 아니고 더욱이 기존의 무효등기가 말소되었다 하여 취득시효 완성을 원인으로 하는 소유권이전등기청구권이 소멸되는 것도 아닌 이상, 乙이 후소로써 취득시효 기간 완성을 원인으로 소유권이전등기 청구를 하는 것이 차단된다고도 할 수 없다.7)

2.

1990년 대법원 전원합의체 판결로 허용된 진정명의회복을 원인으로 한 소유권이전등기청구는 특히 원인무효의 등기 이후에 순차로 여러 명의인 앞으로 순차로 소유권이전등기가 마쳐졌을 때 최후의 명의인만을 피고로 삼아 소를 제기할 수 있기 때문에 유용하다. 등기사적 의미가 있는 1990년 전원합의체 판결을 잠시 살펴본다.

〈사례 4-2〉 甲의 소유로 있던 X 부동산이 6·25전란으로 관계공부가 소실된 것을 틈타서 아무런 원인 없이 乙 앞으로 소유권보존등기가 이루어지고 그 후 丙, 丁을 거쳐 戊 앞으로 소유권이전등기가 마쳐졌다. 甲이 戊를 상대로 소유권이전등기말소청구의 소를 제기하였다가 패소확정판결을 받고 X 부동산의 소유권확인 및 소유권이전등기절차이행청구의 소를 제기하였다.

---

6) 대법원 1986. 9. 23. 선고 85다353 판결.
7) 대법원 1995. 12. 8. 선고 94다35039, 35046 판결.

〈원심〉은 원고의 청구 중 이 사건 부동산이 원고의 소유임을 확인하는 부분은 그대로 인용하고 원고에게 직접 소유권이전등기절차의 이행을 구하는 부분에 대하여는, 위와 같이 피고 명의의 등기가 원인 없이 이루어진 것이라면 피고에게 대하여 그 등기의 말소를 구하는 것은 몰라도 직접 소유권이전등기절차의 이행을 구할 수는 없다는 이유를 들어 이를 받아들이지 아니하였다. 그러나 **〈대법원 전원합의체 판결〉**은 다음과 같은 이유로 이와 어긋나는 종래의 판례를 폐기하고 원심을 파기환송하였다.[8]

"이미 자기 앞으로 소유권을 표상하는 등기가 되어 있었거나 법률에 의하여 소유권을 취득한 자가 진정한 등기명의를 회복하기 위한 방법으로는 현재의 등기명의인을 상대로 그 등기의 말소를 구하는 외에 "진정한 등기명의의 회복"을 원인으로 한 소유권이전등기절차의 이행을 직접 구하는 것도 허용되어야 할 것이다. 왜냐하면 부동산등기제도가 물권변동의 과정을 그대로 표상하려고 하는 취지도 궁극적으로는 사실에 맞지 않는 등기를 배제하여 현재의 권리상태를 정당한 것으로 공시함으로써 부동산거래의 안전을 도모하려는데 있는 것이고 한편 현재의 부진정한 등기명의인은 진정한 소유자의 공시에 협력할 의무를 진다할 것인데 진정한 등기명의의 회복에 협력하기 위하여는 자기의 등기를 말소하는 방법에 의하거나 등기부상의 진정한 권리자에게 직접 이전등기를 이행하는 방법에 의하거나 간에 그 본질적인 면에서 아무런 차이가 없을 뿐만 아니라 그 어느 방법에 의하더라도 자기의 등기를 잃는 점에 있어서는 그 이해를 달리하지 않기 때문이다.

더욱이 이 사건에 있어서와 같이 원고의 소유이던 이 사건 부동산에 관하여 원인 없이 여러 사람을 거쳐 피고 앞으로 그 등기가 마쳐진 경우에, 원고가 진정한 등기명의의 회복을 위하여는 중간 등기명의인 들까지를 상대로 하여 차례로 그 등기의 말소를 구하는 것보다는 최종 등기명의인인 피고를 상대로 하여 직접 이전등기를 구하는 것이 소송절차나 소송경제상으로 보아 훨씬 도움이 될 뿐만 아니라 원고는 이미 피고를 상대로 제기한 말소등기청구소송에서 패소확정된 바 있어서 다시는 같은 소송을 제기할 수 없게 된 관계로 이 사건 소송으로서 피고를 상대로 그 부동산에 대한 소유권확인과 함께 직접 이전등기절차의 이행을 구하는 것인데도 소유권확인 부분만 인용되고 이전등기청구 부분이 받아들여지지 아니하게 된다면 원고로서는 등기를 갖춘 진정한 소유권을 갖기 어려운 반면에 피고로서는 원인 없는 무효의 등기만을 갖게 되어 그 등기를 믿고 거래한 제3자에게 뜻하지 않은 불이익을 주게 될 뿐이므로 이와 같은 경우에 원고에게 진정한 등기명의의 회복을 위한 이전등기청구를 허용하는 것은 더욱 절실하다고 하지 않을 수 없다."

3.

소유권이전등기말소청구는 부적법한 등기를 전부 말소하여 자기 명의의 등기를 회복하는 것이고, 진정명의회복을 원인으로 한 소유권이전등기청구는 부적법한 등기를 그대로 두고 새로이 적법한 등기를 회복하는 것인 점에서 차이가 있다. 진정한 등기명의의 회복을 위한 소유권이전등기청구의 소는 <u>이미 자기 앞으로 소유권을 표상하는 등기가 되어 있었거나 법률에 따라 소유권을 취</u>

---

[8] 대법원 1990. 11. 27. 선고 89다카12398 전원합의체판결. 이 판결은 2001년 대법원 전원합의체 판결로 변경되었으나, 부동산소유명의를 회복하기 위한 방법으로 진정명의회복을 원인으로 한 소유권이전등기청구가 허용된다는 한도에서는 여전히 선례적으로 유효한 판례이다.

득한 자가 진정한 등기명의를 회복하기 위한 방법으로서, 현재의 등기명의인을 상대로 하여야 하고 현재의 등기명의인이 아닌 자는 피고적격이 없다.9)

1990년 전원합의체 판결에서 진정명의회복을 원인으로 한 소유권이전등기청구가 허용된 것은 소유권이전등기말소청구의 소에서 패소확정판결을 받음으로써 등기명의를 회복하지 못하는 원소유자에게 그 기판력을 회피하기 위하여 청구취지를 달리한 소유권이전등기청구의 소를 제기할 수 있도록 하기 위함이었다.

그러나 확정판결의 효력을 다투기 위하여는 법적 안정성의 요청에서 인정되는 기판력 이론상 원칙적으로 재심사유가 있는 경우 재심의 소로만 가능한 것이고, 소유권이전등기청구의 소에 한하여 실질적으로 동일한 소송을 반복하여 허용하는 것은 문제가 있다는 판단을 하기에 이르렀다. 이에 따라 위 전원합의체 판결이 있은 후 10여년 만인 2001년 대법원 전원합의체 판결로 소유권이전등기말소청구의 소에서 패소확정판결의 기판력은 진정명의회복을 원인으로 한 소유권이전등기청구소송에도 미친다고 하게 되었다.

> 〈사례 4-3〉 甲 소유의 X 부동산에 관하여 乙 앞으로 증여로 인한 소유권이전등기가 마쳐지고, 이에 터잡아 丙 앞으로 소유권이전등기가 마쳐졌다가 다시 乙 앞으로 소유권이전등기가 마쳐졌다. 甲이 乙과의 증여계약이 불법감금과 구타 등으로 인한 극심한 강박상태에서 이루어진 것이어서 무효이거나 또는 증여의 의사표시는 강박에 의한 것으로서 취소사유가 있다고 주장하면서 乙, 丙을 상대로 위 각 소유권이전등기는 원인무효라는 이유로 위 각 소유권이전등기말소청구의 소를 제기하였으나 패소확정판결을 받았다. 甲이 다시 최종 등기명의인 乙을 상대로 원인무효를 이유로 진정명의회복을 원인으로 한 소유권이전등기청구의 소를 제기하였다.

〈원심〉은 확정판결의 기판력은 소송물로 주장된 법률관계의 존부에 관한 판단의 결론 그 자체에만 미치는 것이고, 그 전제가 되는 법률관계의 존부에까지 미치는 것이 아니어서, 부동산에 관한 소유권이전등기가 원인무효라는 이유로 그 등기의 말소를 구하는 소송의 기판력은 그 소송물인 소유권이전등기말소등기청구권에만 미치고 그 전제가 되는 소유권의 존부에까지 미치는 것은 아니므로, 소유권이전등기말소등기청구소송에서 패소한 당사자도 그 후 다시 소유권 확인을 구하거나 진정한 소유자 명의의 회복을 위한 소유권이전등기를 구하는 소송을 제기할 수 있다고 할 것이어서, 원고가 이미 피고를 상대로 제기한 전소에서 패소확정판결을 받았다고 하더라도 그 확정판결의 기판력은 전소에서 주장된 소유권이전등기말소청구권의 존부에만 미칠 뿐 이 사건 부동산에 관한 원고의 소유권의 존부에는 미치지 아니하고, 따라서 원고가 이 사건 부동산에 관한 피고 명의의 소유권이전등기가 원인무효임을 이유로 하여 진정명의회복을 원인으로 한 소유권이전등기

---

9) 대법원 2017. 12. 5. 선고 2015다240645 판결. 진정한 등기명의의 회복을 위한 소유권이전등기청구는 이미 자기 앞으로 소유권을 표상하는 등기가 되어 있었거나 법률에 의하여 소유권을 취득한 자가 진정한 등기명의를 회복하기 위한 방법으로 현재의 등기명의인을 상대로 그 등기의 말소를 구하는 것에 갈음하여 허용되는 것이므로, 자기 앞으로 소유권을 표상하는 등기가 되어 있지 않았고 법률에 의하여 소유권을 취득하지도 않은 자가 소유자를 **대위하여** 현재의 등기명의인을 상대로 그 등기의 말소를 청구할 수 있을 뿐인 경우에는 현재의 등기명의인을 상대로 진정한 등기명의의 회복을 위한 소유권이전등기청구를 할 수 없다(대법원 2003. 1. 10. 선고 2002다41435 판결).

절차의 이행을 구하는 이 사건 소에는 그 기판력이 미칠 수 없다는 이유로 피고의 기판력 항변을 배척하였다.

그러나 〈대법원 전원합의체〉는 다음과 같은 이유로 이와 어긋나는 종래의 판례를 폐기하고 원심을 파기환송하였다.10)

"진정한 등기명의의 회복을 위한 소유권이전등기청구는 이미 자기 앞으로 소유권을 표상하는 등기가 되어 있었거나 법률에 의하여 소유권을 취득한 자가 진정한 등기명의를 회복하기 위한 방법으로 현재의 등기명의인을 상대로 그 등기의 말소를 구하는 것에 갈음하여 허용되는 것인데(대법원 1990. 11. 27. 선고 89다카12398 전원합의체 판결 등 참조), 말소등기에 갈음하여 허용되는 진정명의회복을 원인으로 한 소유권이전등기청구권과 무효등기의 말소청구권은 어느 것이나 진정한 소유자의 등기명의를 회복하기 위한 것으로서 실질적으로 그 목적이 동일하고, 두 청구권 모두 소유권에 기한 방해배제청구권으로서 그 법적 근거와 성질이 동일하므로, 비록 전자는 이전등기, 후자는 말소등기의 형식을 취하고 있다고 하더라도 그 소송물은 실질상 동일한 것으로 보아야 하고, 따라서 소유권이전등기말소청구소송에서 패소확정판결을 받았다면 그 기판력은 그 후 제기된 진정명의회복을 원인으로 한 소유권이전등기청구소송에도 미친다고 보아야 할 것이다.

이 사건의 경우, 원고는 전소에서 피고 명의의 소유권이전등기가 원인무효라는 이유로 그 말소를 구하는 소송을 제기하였다가 원고 패소판결을 받고 확정되었다는 것이므로, 그 판결의 기판력은 피고 명의의 소유권이전등기가 원인무효임을 전제로 하여 그 말소등기에 갈음하여 진정명의회복을 원인으로 한 소유권이전등기를 구하는 이 사건 소에도 미친다고 할 것이다."

위와 같은 대법원 전원합의체 판결의 결론은 수긍할 수 있다. 동일한 원고의 소유권이전등기말소청구와 진정명의회복을 원인으로 한 소유권이전등기청구는 형식상 소송물이 다르지만 이들 모두 진정한 소유명의를 회복하기 위한 것으로 민법 제214조의 소유권에 기한 방해배제청구권에 기초한 것으로 법적 근거가 같다. 다만 전자는 등기의 말소, 후자는 그 등기를 전제로 하여 새로이 이전등기를 구하는 것으로 소유명의 회복방법이 다를 뿐이다.

따라서 양자 사이에 기판력이 미치지 않는다고 하면 전소판결의 기판력이 정면으로 침해된다. 소유권이전등기말소청구소송에서 기각판결을 받은 원고에게 다시 진정명의회복을 원인으로 한 소유권이전등기청구를 허용하게 되면 후소 청구는 전소판결에 대하여 모순된 반대관계에 해당하므로 정면으로 기판력에 저촉된다. 즉 후소 청구는 전소 청구에 대하여 모순된 반대관계에 있다.11)

진정명의회복을 원인으로 한 소유권이전등기청구의 소에서 패소확정판결을 받은 원고가 다시 소유권이전등기말소청구의 소를 제기하거나, 진정명의회복을 원인으로 한 소유권이전등기청구의 소에서 패소확정판결을 받은 피고가 다시 소유권이전등기말소청구의 소를 제기하는 것 역시 양립

---

10) 대법원 2001. 9. 20. 선고 99다37894 전원합의체 판결.
11) 전소에서 패소한 원고가 다시 소를 제기하는 경우이므로 모순된 반대관계의 일반적인 모습, 즉 전소에서 패소한 피고가 소를 제기하는 경우와 다르나, 소유권이전등기말소청구권의 부존재와 진정명의회복을 원인으로 한 소유권이전등기청구권의 존재는 양립불가능하다. 유병현, "기판력의 객관적 범위와 모순된 반대관계", 민사소송(제10권 제1호), 한국사법행정학회(2006), p.139 참조.

불가능한 모순된 반대관계에 해당하는 것으로 전소판결의 기판력에 저촉된다.

4.

　대법원은 소유권이전등기말소청구소송의 확정판결의 기판력이 진정명의회복을 원인으로 한 소유권이전등기청구소송에도 미친다는 논리구성을 위해 양자는 소송물이 '실질적으로 동일한 것'으로 보고 있다. 소유권이전등기말소청구와 소유권이전등기청구는 형식상 소송물이 다르지만 기판력이 미친다는 점에서 '실질적으로' 동일한 소송물이라는 뜻이다.12)

　판례가 소유권이전등기말소청구와 소유권이전등기청구가 실질적으로 동일한 소송물이라고 하는 것은 기판력과의 관계에서만 그렇다는 것이지 그 외의 경우는 소송물이 다르다는 것을 간과해서는 안 된다. 소유권이전등기말소청구와 소유권이전등기청구가 별개의 소송물이기 때문에 청구의 병합도 허용되며, 전자에서 후자 또는 그 역으로 청구를 변경하는 것은 청구의 변경이 된다. 따라서 진정명의회복을 원인으로 한 소유권이전등기청구가 허용되지 아니하는 경우인데도 이를 간과하여 소유권이전등기말소청구를 진정명의회복을 원인으로 한 소유권이전등기청구로 청구변경신청을 한 경우 법원은 적극적으로 석명권을 행사하여 당사자에게 의견진술의 기회를 주어야 하고 만일 이를 게을리 한 경우에는 석명 또는 지적의무를 다하지 아니한 것으로서 위법하다.13)

〈사례 4-4〉
〈1〉 명의신탁해지에 기한 소유권이전등기를 내용으로 하는 제소전 화해조서에 의하여 甲으로부터 乙에게 소유권이전등기가 마쳐졌다. 그 뒤 甲은 乙을 상대로 소를 제기하면서 乙 명의의 소유권이전등기의 말소 또는 선택적으로 진정명의회복을 원인으로 한 소유권이전등기청구를 병합하여 청구하였다. 甲의 후소는 제소전 화해조서의 기판력에 저촉되는가?
〈2〉 乙로부터 丙에게 소유권이전등기가 마쳐진 X 토지에 관하여 甲이 乙을 상대로는 명의신탁해지에 기한 소유권이전등기청구를, 丙을 상대로는 乙을 대위하여 소유권이전등기말소청구의 소('전소')를 제기하여 승소확정판결을 받았다. 甲은 위 확정판결에 따라 丙의 등기를 말소하고 乙로부터 甲으로 소유권이전등기를 마쳤다. 그 후 X 토지는 甲에서 丁으로 이전등기가 마쳐졌고, 戊를 근저당권자로 하는 근저당권설정등기가 마쳐져 있다. 丙이 丁, 戊를 상대로 소유권확인청구와 함께 진정명의회복을 원인으로 한 소유권이전등기청구 및 근저당권설정등기말소청구의 소('후소')를 제기하였다. 후소는 전소판결의 기판력에 저촉되는가?
〈3〉 甲이 乙을 상대로 소유권이전등기말소청구의 소를 제기하여 승소확정판결을 받았으나, X 토지에 설정된 선의의 丙 명의의 근저당권설정등기 때문에 위 확정판결에 의한 등기말소집행이 불가능한 상황이 되었다. 甲이 다시 乙을 상대로 진정명의회복을 원인으로 한 소유권이전등기청구의 소를 제기하였다. 甲의 후소는 전소판결의 기판력에 저촉되는가?

---

12) 아무리 동일한 청구라 하더라도 엄연히 청구취지가 다르므로 소송물이 동일하다고 볼 수 없기 때문에 소송물이 동일하므로 기판력에 저촉된다고 보는 것은 무리가 있고, 이는 말소등기청구권을 부정한 확정판결의 증명력을 이유로 특단의 사정이 없는 한 원고가 진정명의인이 아니라고 보아 청구를 기각하는 것이 타당하다는 견해로 호문혁, 민사소송법(제14판), p.755. 참조.
13) 대법원 2003. 1. 10. 선고 2002다41435 판결.

〈4〉 甲이 乙을 상대로 소유권이전등기말소청구의 소('전소')를 제기하였다가 패소확정판결을 받았다. 그 후 甲이 乙을 상대로 소유권확인의 소를 제기하여 승소확정판결을 받고 다시 乙을 상대로 진정명의회복을 원인으로 한 소유권이전등기청구의 소('후소')를 제기한 경우 이 소는 어떻게 처리되는가?

〈1〉 甲의 후소는 제소전 화해조서의 기판력에 저촉되어 甲의 후소 청구는 기각된다. 전·후 양 소의 소송물이 동일하지 않다고 하더라도, 후소의 소송물이 전소에서 확정된 법률관계와 모순되는 정반대의 사항을 소송물로 삼았다면 이러한 경우에는 전소 판결의 기판력이 후소에 미치는 것이고,14) 제소전 화해조서는 확정판결과 같은 효력이 있어 당사자 사이에 기판력이 생기는 것이므로, 원고가 피고에게 이 사건 각 토지에 관하여 신탁해지를 원인으로 한 소유권이전등기절차를 이행하기로 한 이 사건 제소전 화해가 준재심에 의하여 취소되지 않은 이상, 그 제소전 화해에 기하여 마쳐진 소유권이전등기가 원인무효라고 주장하며 말소등기절차의 이행을 청구하는 것은 제소전 화해에 의하여 확정된 소유권이전등기청구권을 부인하는 것이어서 그 기판력에 저촉된다. 그리고 말소등기에 갈음하여 허용되는 진정명의회복을 원인으로 한 소유권이전등기청구권과 무효등기의 말소등기청구권은 어느 것이나 진정한 소유자의 등기명의를 회복하기 위한 것으로서 실질적으로 그 목적이 동일하고, 두 청구권 모두 소유권에 기한 방해배제청구권으로서 그 법적 근거와 성질이 동일하므로, 비록 전자는 이전등기, 후자는 말소등기의 형식을 취하고 있다고 하더라도 그 <u>소송물은 실질상 동일한 것</u>으로 보아야 하는 것인바15), 이 사건에서 원고가 내세우는 진정명의회복을 위한 소유권이전등기청구는 이 사건 제소전 화해에 기하여 경료된 소유권이전등기의 말소등기청구에 갈음하여 청구하는 것으로서 실질적으로는 말소등기청구와 소송물이 동일하다 할 것이므로, 이 사건 제소전 화해의 기판력은 진정명의회복을 원인으로 한 소유권이전등기청구에도 역시 미친다고 보아야 한다.16)

〈2〉 소유권이전등기말소소송의 승소 확정판결에 기하여 소유권이전등기가 말소된 후 순차 제3자 명의로 소유권이전등기 및 근저당권설정등기 등이 마쳐졌는데 위 말소된 등기의 명의자가 현재의 등기명의인을 상대로 진정한 등기명의의 회복을 위한 소유권이전등기청구와 근저당권자 등을 상대로 그 근저당권설정등기 등의 말소등기청구 등을 하는 경우 현재의 등기명의인 및 근저당권자 등은 모두 위 확정된 전 소송의 사실심 변론종결 후의 승계인으로서 위 확정판결의 기판력은 그와 실질적으로 동일한 소송물인 진정한 등기명의의 회복을 위한 소유권이전등기청구 및 위 확정된 전소의 말소등기청구권의 존재여부를 선결문제로 하는 근저당권설정등기 등의 말소등기청구에 모두 미친다.17) 丙의 후소 청구는 모두 기각된다.

전소는 甲의 방해제청구권에 기한 청구이고, 후소는 전소 피고 丙의 방해배제청구구권에 기한 것이므로 권리주체가 다르고 소송물이 다르다. 그리고 丙은 자신의 명의가 말소된 등기는 그대로 둔 채 다시 이전등기를 구하고 있다. 결국 전소 피고의 진정명의회복을 원인으로 한 소유권이전등기청구는 전소의 소유권이전등기말소청구와 모순된 반대관계로서 기판력을 받는다.18)

---

14) 대법원 1995. 3. 24. 선고 93다52488 판결 참조.
15) 대법원 2001. 9. 20. 선고 99다37894 전원합의체 판결 참조.
16) 대법원 2002. 12. 6. 선고 2002다44014 판결.
17) 대법원 2003. 3. 28. 선고 2000다24856 판결.

소유권확인청구 부분에 관하여는 기판력에 저촉되지는 않지만 전소 확정판결의 증명효에 따라 丙 앞으로의 이전등기가 원인무효라는 사실이 후소에서 유력한 증거자료가 될 것이다.

〈3〉 통정허위표시로 소유권이전등기가 마쳐졌는데 이를 알지 못하는 선의의 제3자 앞으로 저당권설정등기가 마쳐진 경우 소유권이전등기말소판결을 받아도 저당권자의 승낙이 없으면 이전등기를 말소할 수 없다. 이 경우 저당권을 그대로 두고 진정명의회복을 원인으로 한 소유권이전등기청구의 소를 이용하여 등기명의를 회복할 수 있다.

사례에서 甲의 전소 청구와 후소 청구는 양립가능한 경우이다. 따라서 甲이 전소에서 승소판결을 받았다고 하더라도 선의의 제3자로 인하여 등기를 말소할 수 없는 경우라면 다시 진정명의회복을 원인으로 한 소유권이전등기를 구할 필요가 있고, 이 경우 전소와 후소의 소송물이 다르므로 전소판결의 기판력은 후소에 미치지 않는다.19)

〈4〉 이 경우 중간의 소유권확인판결은 전소 변론종결 후의 사유가 아니다. 甲의 후소는 소유권이전등기말소청구의 소를 제기한 것과 다르지 않다. 또한 소유권확인 및 진정명의회복을 원인으로 한 소유권이전등기청구의 소를 동시에 제기한 경우와도 다르지 않다. 甲의 후소는 전소판결에 대한 모순된 반대관계로서 기판력에 저촉되어 甲의 후소 청구는 기각된다.

〈사례 4-5〉 甲은 2020. 2. 1. 乙로부터 X 토지를 대금 3억 원에 매수하면서 계약금 3,000만 원은 계약 당일 지급하고 중도금 7,000만 원은 같은 해 2. 28. 잔금 2억 원은 같은 해 3. 31. 소유권이전등기소요서류의 상환과 동시에 지급하기로 약정하였다. 그런데 乙은 2020. 4. 1. 丙에게 X 토지를 대금 5억 원에 매도하고 같은 날 丙 명의로 소유권이전등기를 마쳐주었다. 甲은 丙이 乙의 배임행위에 적극 가담하여 이중매매를 함으로써 乙과 丙 사이의 매매계약이 무효라는 이유로 2020. 6. 1. 乙과 丙을 상대로 다음 청구취지와 같은 소('전소')를 제기하였다.

☞ **청구취지**
X 토지에 관하여
1. 피고 乙은 원고에게 2020. 2. 1. 매매를 원인으로 한 소유권이전등기절차를 이행하라.
2. 피고 丙은 피고 乙에게 제주지방법원 2020. 4. 1. 접수 제1234호로 마쳐진 소유권이전등기의 말소등기절차를 이행하라.

법원은 甲의 주장사실을 전부 인정하고 원고 전부 승소판결을 선고하였고 이 판결은 확정되었다. 甲은 이 확정판결에 기하여 X 토지에 관한 丙 명의의 소유권이전등기를 말소하고 甲 명의로 소유권이전등기를 다음, 2021. 11. 1. 丁에게 X 토지를 매도하고 丁 명의로 소유권이전등기를 마쳐주었다. 이어서 丁은 2021. 12. 1. N은행으로부터 1억 원을 대출받으면서 X 토지를 담보로 제공하여 N은행에게 저당권설정등기를 마쳐주었다.

그 뒤 丙은 2021. 12. 14. X 토지는 자신의 소유라고 주장하면서 丁과 N은행을 상대로 X 토지에 대한 소유권확인청구와 丁에 대하여 진정명의회복을 원인으로 한 소유권이전등기청구 및 N은행에 대하여 근저

---

18) 유병현, 앞의 논문, p.140.
19) 유병현, 앞의 논문, p.141 참조.

> 당권설정등기의 말소청구의 소('후소')를 제기 하였다.
> 법원은 심리결과 乙이 甲에게 X 토지를 이중으로 매도한 후 제1매수인인 丙으로부터 매매대금을 전액 지급받지 않았음에도 丙에게 소유권이전등기를 미리 마쳐주었을 뿐, 통모하여 허위로 소유권이전등기를 마친 것은 아니라는 심증을 갖게 되었다.
> 법원은 丙의 각 청구에 대하여 어떻게 판단할 것인가?

위 문제를 변호사시험의 사례형 답안 구성방식에 따라 설시하면 다음과 같이 될 것이다.

가. 문제의 소재

(1) 소송물 : 전소의 소송물은 甲의 乙에 대한 소유권이전등기청구권과 乙의 丙에 대한 소유권이전등기말소청구권이고, 후소는 丙의 丁과 N은행에 대한 소유권확인청구와 丁에 대한 진정명의회복을 원인으로 한 소유권이전등기청구 및 N은행에 대한 근저당권설정등기말소청구이다.
(2) 전소판결의 기판력이 丙의 각 청구에 미치는가?
(3) 丁과 N은행이 전소판결의 기판력을 받는 변론종결 뒤의 승계인인가?

나. 기판력의 범위와 작용

(1) 확정판결의 기판력은 그 판결의 주문에 포함된 것, 즉 <u>소송물로 주장된 법률관계의 존부에 관한 판단의 결론 그 자체에만 미치는 것</u>이고 판결이유에서 설시된 그 전제가 되는 법률관계의 존부에까지 미치는 것은 아니다.

(2) 기판력의 작용은 전소에서 확정된 권리관계가 후소에서 다시 문제되는 경우 후소에서 전소의 판단과 다른 주장을 하는 것을 허용하지 않는 것을 말한다. 기판력의 작용은 소송물의 동일, 후소의 선결관계, 모순관계의 모습으로 나타난다. 즉, <u>기판력이라 함은 기판력 있는 전소 판결의 소송물과 동일한 후소를 허용하지 않음과 동시에, 후소의 소송물이 전소의 소송물과 동일하지는 않다고 하더라도 전소의 소송물에 관한 판단이 후소의 선결문제가 되거나 모순관계에 있을 때에는 후소에서 전소 판결의 판단과 다른 주장을 하는 것을 허용하지 않는 작용을 하는 것이다.</u>20) 이와 같이 소송물이 동일하거나 선결문제 또는 모순관계에 의하여 기판력이 미치는 객관적 범위에 해당하지 아니하는 경우에는 전소 판결의 변론종결 뒤에 당사자로부터 계쟁물 등을 승계한 자가 후소를 제기하더라도 그 후소에 전소 판결의 기판력이 미치지 아니한다.21)

다. 변론종결 뒤의 승계인

(1) 기판력은 당해 소송의 당사자 및 변론종결 후의 승계인 등 당사자와 같이 볼 수 있는 제3자에게 미친다(민소법 제218조, 기판력의 상대성의 원칙).
(2) 여기서 변론종결 뒤의 승계인이라 함은 소송물인 실체법상의 권리의무의 승계인(소송물승계인)뿐만 아니라 계쟁물의 승계인도 포함되고, 후자의 경우 소송물이 물권적 청구권인 경우에는 승

---

20) 대법원 2002. 12. 27. 선고 2000다47361 판결.
21) 대법원 2014. 10. 30. 선고 2013다53939 판결.

계인에 해당하나, 소송물이 채권적 청구권인 경우에는 승계인으로 보지 않는다(판례).

라. 채권자대위소송판결의 기판력이 채무자에게 미치는지 여부

(1) 어떠한 사유로 인하였든 적어도 채권자대위권에 의한 소송이 제기된 사실을 채무자가 알았을 때에는 그 판결의 효력이 채무자에게 미친다.[22]

(2) 이때 채무자에게도 기판력이 미친다는 의미는 채권자대위소송의 소송물인 피대위채권의 존부에 관하여 채무자에게도 기판력이 인정된다는 것이고, 채권자대위소송의 소송요건인 피보전채권의 존부에 관하여 당해 소송의 당사자가 아닌 채무자에게 기판력이 인정된다는 것은 아니다.[23]

마. 진정명의회복을 원인으로 한 소유권이전등기청구의 성질

(1) 진정한 등기명의의 회복을 위한 소유권이전등기청구는 이미 자기 앞으로 소유권을 표상하는 등기가 되어 있었거나 법률에 의하여 소유권을 취득한 자가 진정한 등기명의를 회복하기 위한 방법으로 현재의 등기명의인을 상대로 그 등기의 말소를 구하는 것에 갈음하여 허용되는 것인데, 말소등기에 갈음하여 허용되는 진정명의회복을 원인으로 한 소유권이전등기청구권과 무효등기의 말소청구권은 어느 것이나 진정한 소유자의 등기명의를 회복하기 위한 것으로서 실질적으로 그 목적이 동일하고 두 청구권 모두 소유권에 기한 방해배제청구권으로서 그 법적근거와 성질이 동일하므로 그 소송물은 실질상 동일한 것으로 보아야 한다.[24]

(2) 소유권이전등기말소소송의 승소 확정판결에 기하여 소유권이전등기가 말소된 후 순차 제3자 명의로 소유권이전등기 및 근저당권설정등기 등이 마쳐졌는데 위 말소된 등기의 명의자가 현재의 등기명의인을 상대로 진정한 등기명의의 회복을 위한 소유권이전등기청구와 근저당권자 등을 상대로 그 근저당권설정등기 등의 말소등기청구 등을 하는 경우 현재의 등기명의인 및 근저당권자 등은 모두 위 확정된 전 소송의 사실심 변론종결 후의 승계인으로서 위 확정판결의 기판력은 그와 실질적으로 동일한 소송물인 진정한 등기명의의 회복을 위한 소유권이전등기청구 및 위 확정된 전소의 말소등기청구권의 존재 여부를 선결문제로 하는 근저당권설정등기 등의 말소등기청구에 모두 미친다.[25]

바. 사안의 구체적 적용

(1) 전소 대위소송판결이 채무자 乙에게 미치는지 여부 : 전소 대위소송의 소송물은 乙의 丙에 대한 소유권이전등기말소청구권으로 乙은 전소의 공동피고 중의 1인으로서 채권자대위소송이 제기된 사실을 알았다고 볼 것인바, 전소 판결의 기판력이 乙에게도 미친다. 따라서 법원의 심리결과 乙이 甲에게 X 토지를 이중으로 매도한 후 제1매수인인 丙으로부터 매매대금을 전액 지급받지 않았음에도 丙에게 소유권이전등기를 미리 마쳐주었을 뿐, 통모하여 허위로 소유권이전등기를 마친

---

22) 대법원 1975. 5. 13. 선고 74다1664 전원합의체 판결 참조.
23) 대법원 2014. 1. 23. 선고 2011다108095 판결.
24) 대법원 2001. 9. 20. 선고 99다37894 전원합의체 판결 참조).
25) 대법원 2003. 3. 28. 선고 2000다24856 판결.

것은 아니라는 심증을 갖게 되었다고 하도라도 전소판결의 기판력과 저촉되는 판단을 할 수 없다.

(2) 丁과 N은행에 대한 소유권확인청구 : 전소 판결의 기판력은 그 소송물인 乙의 丙에 대한 소유권이전등기말소청구권에 미치고 그 전제가 되는 乙의 소유권 존부에는 미치지 않는다. 丙의 丁과 N은행에 대한 X 토지에 관한 소유권확인청구는 전소와 소송물을 달리하고, 전소 판결이 후소 판단의 선결관계에 있거나 모순관계에 있지 않으므로 전소 판결의 기판력이 미치지 않는다.

(3) 丁에 대한 진정명의회복을 원인으로 한 소유권이전등기청구 : 丁과 N은행은 전소 판결의 변론종결 후에 甲을 통하여 乙로부터 계쟁물인 X 토지를 승계함으로써 전소 판결의 기판력을 받는다. 丙의 丁에 대한 진정명의회복을 원인으로 한 소유권이전등기청구권의 행사는 乙의 丙에 대한 소유권이전등기말소청구권과 모순관계에 있으므로 전소 판결의 기판력에 저촉된다.

(4) N은행에 대한 근저당권설정등기말소청구 : 乙의 丙에 대한 소유권이전등기말소청구권과 모순관계에 있는 丙의 丁에 대한 진정명의회복을 원인으로 한 소유권이전등기청구권을 전제로 하는 것으로 전소 판결의 기판력에 저촉된다.

사. 결론

(1) 丙의 丁과 N은행에 대한 소유권확인청구는 전소 판결의 기판력이 미치지 않으므로 법원의 심리결과에 따라 丙이 乙로부터 X 토지에 관하여 소유권이전등기를 마침으로써 소유권을 취득한 소유자라는 판결을 할 수도 있다.

(2) 丙의 丁에 대한 진정명의회복을 원인으로 한 소유권이전등기청구와 N은행에 대한 근저당권설정등기말소청구에 대하여는 기판력 저촉을 이유로 실체 판단 없이 청구기각판결을 선고하여야 한다.

05 오리무중 기판력
– 기판력과 선결관계효 –

1.

민사소송법을 처음 공부할 때 이해하기 어려운 부분 중 하나가 '기판력'에 관한 것이다. 일단 판결이 선고되어 성립되면 판결을 한 법원도 이에 구속되어 함부로 판결을 철회하거나 변경하지 못하고(판결의 羈束力), 판결이 더 이상 상소법원에 의하여 취소할 수 없게 된 상태에 이르면(형식적 확정) 소송은 끝나고 이제는 판결 내용에 따른 실질적 확정력인 기판력이 생기고, 집행력, 형성력 등이 발생하는 것으로 설명되고 있다.

기판력은 한번 소송을 해서 법원이 확정판결을 내렸음에도 다시 소송을 해서 법원이 새로이 재판을 하게 되면 무익한 절차를 반복하게 되고 법적 평화와 법적 안정성을 해치는 일이므로 이를 방지하기 위하여 더 이상 다툴 수 없게 만드는 기능을 한다. 패소한 당사자가 그 판결을 뒤집기 위하여 새로운 증거자료를 찾았다거나 다른 이유를 들어 다시 소송을 하는 것을 허용하면 소송의 소용돌이는 계속 돌아가고 우리의 법적 생활은 한없이 불안할 것이다.

우선 다음과 같은 사례를 보자.

〈사례 5-1〉 甲이 8년 전에 친구인 乙에게 1,000만 원을 변제기 1년으로 정하여 빌려주었다고 주장하면서 乙을 상대로 대여원금 및 변제기 이후의 지연손해금청구의 소를 제기하였다.〈각 사례는 서로 별개임〉

〈추가된 사실관계 1〉 위 소송에서 乙은 금전 차용사실을 부인하였다. 甲은 금전대여 사실을 증명할 차용증을 찾지 못하여 결국 甲의 청구를 기각하는 판결이 선고되었다. 甲은 어차피 차용증이 없으면 항소해도 소용없다고 생각하고 항소를 하지 않아 이 판결이 확정되었다.

〈1〉 그 뒤 甲은 우연히 책상 서랍 구석에서 차용증을 발견하여 乙을 상대로 다시 같은 내용의 대여금청구의 소를 제기하였다. 乙은 甲이 패소한 전소 확정판결을 을제1호증으로 법원에 제출하였다. 이때 법원은 어떠한 재판을 하여야 하는가?

〈2〉 그 뒤 甲은 乙을 상대로 乙에게 준 돈이 대여금이 아니라 매매대금이라고 주장하면서 매매대금 1,000만 원의 지급을 구하는 소를 제기하였다. 이 소는 적법한가?

☞ 기판력제도는 법적 평화와 법적 안정성을 위한 제도이고, 일단 판결이 형식적으로 확정되면 어느 당사자도 그 판결의 정당성에 대하여 다툴 수 없다.

〈1〉의 사례에서 후소 법원은 甲이 새로 찾아낸 차용증을 고려하지 않고 본안심리 없이 소송요건불비를 이유로 소각하판결을 하는 것이 전통적인 모순금지설과 반복금지설의 입장이다. 우리 판례의 모순금지설에 의하면 전소 판단과 모순되는 판단을 하여서는 아니 되는 구속력에 따라 청구기각판결을 하게 된다는 것이다.

〈2〉의 사례에서 전소의 소송물은 소비대차계약에 기한 대여금반환청구권 및 이행지체로 인한 손해배상청구권이고, 후소의 소송물은 매매대금반환청구권으로 전후 양소의 소송물이 다르다. 전소와 후소가 별개의 소송물인 경우에는 기판력이 미치지 않는다. 후소는 적법하다.

> **〈추가된 사실관계 2〉** 위 소송에서 甲이 갑제1호증으로 乙이 작성한 차용증을 제출하자 乙은 甲으로부터 돈을 빌린 사실은 있으나 변제기가 지나 바로 변제하거나 정산하였다고 답변하였다. 그러나 乙은 돈을 갚거나 정산할 때 목격한 증인도 없고 돈을 갚으면서 甲으로부터 영수증을 받은 것 같은데 오래 되어 이 영수증을 찾지 못하여 결국 甲 승소판결이 선고되고 이 판결이 확정되었다. 그 뒤 乙은 우연히 부인 몰래 숨겨놓은 통장 사이에서 甲의 아들이 작성한 영수증을 발견하였다.
>
> 〈1〉 乙은 甲을 상대로 위 판결에 기한 대여원리금채무의 부존재확인을 구하는 소를 제기할 수 있는가?
> 〈2〉 甲이 위 확정판결을 집행권원으로 하여 乙의 재산에 강제집행을 개시한 경우 乙은 위 영수증을 근거로 甲을 상대로 강제집행의 배제를 구하는 청구이의의 소를 제기할 수 있는가?
> 〈3〉 甲이 전소 승소확정판결에도 불구하고 乙이 다투고 있으므로 아예 다시 乙을 상대로 동일한 내용의 대여금청구의 소를 제기하였다. 법원은 어떠한 재판을 하여야 하는가?
> 〈4〉 乙은 甲 승소판결에 따라 甲에게 판결원리금을 지급하였다. 그럼에도 불구하고 甲이 위 확정판결을 집행권원으로 하여 집행문을 부여 받아 乙의 재산에 강제집행을 개시하였다. 乙의 구제방법은?

〈1〉의 사례에서 甲의 권리가 있다고 인정하여 원고승소판결이 확정되었다면 패소한 乙은 뒤에 영수증을 발견하였다고 하여 채무부존재확인의 후소로 변론종결 전에 발생한 변제사유를 들어 다시 다툴 수 없는 것이 원칙이다. 다만 확정판결에 의한 권리라 하더라도 그것이 신의에 좇아 성실히 행사되어야 하고 권리남용이 되는 경우에는 이는 허용되지 않고 청구이의의 소가 예외적으로 허용될 수 있는 경우가 있다.

〈2〉의 사례에서 乙이 청구이의의 소를 제기하여 다툴 수 없음도 물론이다.

〈3〉의 사례에서 승소원고가 다시 소를 제기한 겨우 판례의 모순금지설에서는 권리보호이익 흠결을 이유로 소를 각하한다.

〈4〉의 사례에서 乙이 변론종결 후의 사정(변제)을 들어 청구이의의 소를 제기하고 강제집행정지의 잠정처분을 받아 甲의 강제집행을 정지시킬 수 있다.

<사례 5-2> 甲은 그의 처 乙의 폭력과 냉대에 시달리다가 乙과 자식들을 버려두고 집을 나와 골프장에서 만난 丙녀와 동거하면서 즐거운 나날을 보내고 있다.

〈1〉 乙이 甲을 상대로 이혼청구의 소를 제기하여 乙 승소판결이 선고되고 이 판결이 확정되었다. 그러나 뒤에 甲은 자기가 丙과 동거하게 된 것은 乙의 폭력 때문이었고 乙의 일방적 주장에 의해 이혼당하게 되었다고 주장하면서 乙을 상대로 불법행위를 원인으로 한 재산적, 정신적 손해의 배상을 구하는 소를 제기하였다. 이 소는 적법한가?
〈2〉 丙은 甲과 동거하면서 甲과의 사실혼이 법적으로 보호받을 수 있는 것인지 의문이 들고 자신의 법적 지위에 관하여 항상 불안하게 생각하고 있었다. 丙은 이 문제에 관하여 근본적으로 해결하기로 하고 甲과 乙을 상대로 甲과 乙이 이혼할 것을 구하는 소를 제기하였다. 법원에서 丙의 소가 당사자적격이 없다는 이유로 소각하판결을 받고 이 판결이 확정되었다. 丙이 뒤에 같은 내용의 소를 제기한 경우 이 소는 적법한가?
〈3〉 乙은 丙을 상대로 불법행위로 인한 손해배상청구의 소를 제기하였다. 그런데 乙은 성년후견심판을 받은 상태였다. 법원이 소송능력의 흠을 보정하라고 명하였으나, 乙의 성년후견인이 전혀 소송에 관여하지 않고 있어서 乙의 소를 각하하는 판결이 선고되었고, 이 판결이 확정되었다. 그 뒤에 乙이 다시 丙을 상대로 같은 내용의 손해배상청구의 소를 제기하였다. 이때 법원은 어떠한 조치를 취할 것인가?

☞ 이혼판결과 같은 형성판결이 확정된 경우 그에 따른 법률관계 변동의 효과가 발생하고 기판력이 생긴다.
〈1〉의 사례에서 전소 확정판결의 주문은 후소의 선결문제가 되어 후소는 전소 확정판결의 기판력에 저촉된다.
〈2〉의 사례에서 당사자적격 불비라는 판단에 기판력이 생기고 후소는 전소 확정판결의 기판력에 저촉된다.
〈3〉의 사례에서 전소판결 표준시에 소송요건 불비라는 판단에 기판력이 생긴다. 그러나 후소에서 乙이 여전히 피성년후견인인 것은 후소의 사정이지 전소에서 확정해 둔 것이 아니다. 전소 확정판결의 기판력이 후소에 미칠 수 없고 법원은 乙에게 성년후견인이 대리하도록 보정명령을 내리게 된다.

2.

이시윤 교수님의 『민사소송법 입문』에는 이시윤 교수와 고 안이준(安二濬) 교수님의 일화가 실려 있다. 우리나라 민법학의 여명기에 일익을 담당하신 안이준 교수님은 나의 대학시절의 은사님이시기도 했는데 교수보다 변호사로서 더 유명한 분이셨다. 안이준 변호사님이 제자뻘인 이시윤 교수가 서울고등법원 판사로 근무할 때 찾아가 자문을 구했다고 한다. 안이준 변호사님이 원고 소송대리인이 되어 어떤 토지에 대하여 소유권이전등기말소소송을 제기하여 맹렬히 다투었으나 그 소송에서의 선결적 법률관계인 원고의 소유권에 관한 증거를 제대로 제시하지 못하였고, 등기명의자인 피고의 등기추정력 때문에 패소하고 말았다는 것이다.

이 소송이 끝난 후 토지조사부를 찾아내 거기에 자신이 대리한 원고의 선대가 소유자로 사정(査定)되어 있는 것을 발견함으로써 결정적인 증거를 찾아냈다는 것이다. 형사와 달리 민사는 새로운 문서가 나타났다고 하여 재심사유가 되는 것도 아니고 어떻게 하면 좋겠는가를 제자에게 자문을 구하는 것이다. 전소의 소송물은 소유권이전등기말소청구권이고 판결이유에서 판단된 소유권의 귀속 그 자체는 전소의 선결적 법률관계에 그쳐 기판력이 미치지 않으므로 후소로 소유권확인의 소를 제기해도 기판력저촉의 문제는 생기지 않는다는 것은 민사소송법 교과서에 다 나와 있는 사실인데 민법학의 대가가 제자뻘인 민사소송법 전문가에게 확인을 구하는 것이다. 아무리 대가라도 의심스러우면 재차 확인하고 제자에게라도 물어서 자문을 구하는 자세에서 법률가의 성실한 태도를 배우게 된다.

판례가 이와 같은 입장임은 주지하는 바와 같다.

"확정판결의 기판력은 소송물로 주장된 법률관계의 존부에 관한 판단의 결론에만 미치고 그 전제가 되는 법률관계의 존부에까지 미치는 것은 아니므로, 이 사건 부동산에 관한 피고 명의의 소유권이전등기가 원인무효라는 이유로 원고가 피고를 상대로 그 등기의 말소를 구하는 소송을 제기하였다가 청구기각의 판결을 선고받아 확정되었다고 하더라도, 그 확정판결의 기판력은 <u>소송물로 주장된 말소등기청구권이나 이전등기청구권의 존부에만 미치는 것이지 그 기본이 된 소유권 자체의 존부에는 미치지 아니하고</u>, 따라서 원고가 비록 위 확정판결의 기판력으로 인하여 이 사건 부동산에 관한 등기부상의 소유 명의를 회복할 방법은 없게 되었다고 하더라도 그 소유권이 원고에게 없음이 확정된 것은 아닐 뿐만 아니라, 등기부상 소유자로 등기되어 있지 않다고 하여 소유권을 행사하는 것이 전혀 불가능한 것도 아닌 이상, <u>원고로서는 그의 소유권을 부인하는 피고에 대하여 이 사건 부동산이 원고의 소유라는 확인을 구할 법률상 이익이 있으며</u>, 이러한 법률상의 이익이 있는 이상에는 특별한 사정이 없는 한 소유권확인 청구의 소제기 자체가 신의칙에 반하는 것이라고 단정할 수 없는 것이다."[1]

안 변호사님은 결국 소유권확인소송에서 승소했다. 전소에서 소유권이전등기말소청구권이 없다면 원고의 소유가 아니라는 유력한 자료로서의 **증명효**가 있겠지만 이는 사실적 효력에 그치고 소유권의 원시취득의 효력을 갖는 토지조사부의 사정 앞에 무력한 것이 되고 만다. 그러면 피고 명의의 이전등기의 말소를 구하는 것은 그야말로 전소판결의 기판력에 저촉되는 것인데 소유권확인을 받은 원고가 등기명의를 어떻게 회복할 것인가? 甲이 등기명의를 회복할 방법은 없으나 소유권확인판결을 받은 그 소유권에 기하여 乙을 상대로 토지의 인도 등 물권적 청구권을 행사하게 되면 이제는 乙로서는 당해 토지가 甲의 소유가 아니라는 주장을 할 수 없는 **선결관계효**에 구속되게 된다.

---

[1] 대법원 2002. 9. 24. 선고 2002다11847 판결.

<사례 5-3> 甲이 X 토지의 소유권에 기하여 자기가 소유자라고 다투는 乙을 상대로 토지인도청구의 소(제1차 소송)을 제기하여 승소확정판결을 받았다. 乙이 甲을 상대로 X 토지에 대한 소유권확인의 소(제2차 소송)을 제기하여 청구인용판결을 받고 이 판결이 확정되었다. 乙이 다시 X 토지의 소유권에 기하여 甲을 상대로 X 토지의 인도를 구하는 소(제3차 소송)을 제기하였다.
즉, 제1차 소송에서 판결이 확정된 뒤에 그 판결에서 전제로 하였던 선결적 법률관계 자체를 소송상 청구로 삼은 제2차 소송에서 반대되는 판단을 한 판결이 확정된 경우에 제3차 소송에서 이 판결을 전제로 하여 제1차 소송의 결과를 뒤집으려고 제3차 소송을 시작한 경우에는 어떻게 되는가?[2] 乙이 甲을 상대로 제기한 토지인도청구의 소는 적법한가?

[문제 해결의 방향]

가. 문제의 소재

이 사건의 쟁점은 제1차 소송에서 X 토지의 소유자가 甲임을 인정하여 乙에게 건물의 인도를 명하는 판결이 확정된 뒤에 제2차 소송에서 X 토지의 소유자가 甲이 아닌 乙이라고 인정하여 甲을 상대로 소유권확인을 구하는 乙의 청구를 인용하는 판결이 확정되고, 이때 다시 乙이 제3차 소송으로 甲을 상대로 제기한 X 토지의 소유권에 기한 토지인도청구의 소의 적법 여부와 판결이유의 구속력을 어디까지 인정할 것인가의 문제이다.

나. 확정판결의 기판력이 생기는 판단

(1) 판결의 기판력은 주문에서 판단한 것에만 생기고(민소법 제218조 제1항), 이유 중의 판단에는 생기지 않는 것이 원칙이다.

(2) 사안에서 제1차 소송의 법원은 판결이유에서 甲이 소유자이며 따라서 건물인도청구권이 있다는 판단을 하였고, 그에 기하여 판결주문에서 甲의 청구를 인용하는 판결을 하였다. 이 판결주문은 甲의 건물인도청구가 이유 있다, 즉 甲에게는 건물인도청구권이 있다는 것을 나타낸 것이다. 그러나 이유 중의 판단 즉 甲이 소유자라는 판단에는 기판력이 생기지 않으므로 乙이 甲을 상대로 제기한 제2차 소송의 소유권확인의 후소는 적법하다. 그러므로 법원의 심리결과에 따라서는 乙이 소유자라고 인정하여 乙의 청구를 인용할 수도 있다. 그래서 제2차 소송의 법원은 X 토지의 소유자가 乙이라고 인정하여 乙의 청구를 인용하는 판결을 선고하고 그 판결이 확정된 것이다.

다. 판결이유의 구속력

(1) 판결이유에는 기판력이 생기지 않으므로 전후 모순되는 판결이 나올 수 있다. 특히 당사자

---

[2] 乙의 제3차 소송상 청구는 甲의 제1차 소송상 청구와 모순된 반대관계여서 기판력에 저촉된다고 볼 수 있으나, 제2차 소송상 청구가 제3차 소송상 청구의 선결적 법률관계여서 제2차 소송의 확정판결의 기판력에 구속된다고 볼 수도 있다. 즉 제3차 소송의 법원은 제1차 소송의 확정판결의 기판력 저촉을 이유로 소를 각하할 것인지 제2차 소송의 확정판결의 내용에 구속되어 乙의 인도청구를 인용할 것인지 문제된다. 이 경우에는 단순히 다른 소송에서 법적 판단이 달라진 경우가 아니라 소송상 청구의 직접적인 선결적 법률관계의 존부가 달라진 것이기 때문에 변론종결 후의 새로운 사정이라고 보아 제1차 소송의 확정판결의 기판력에는 저촉되지 않고 제2차 소송의 확정판결의 기판력을 받는다고 봄이 타당하다. 호문혁, 민사소송법(제14판), p.768.

들이 주요 쟁점으로 다투었고 법원도 심리를 집중한 사항인데도 불구하고 단지 그 부분이 판결주문이 아닌 이유에서 판단되었다고 하여 기판력이 인정되지 않고 후소에서 반대되는 결과가 된다면 그 역시 실질적으로 전소송이 유명무실하게 된다.

(2) 사안의 제2차 소송의 법원이 乙의 청구를 인용하여 그 판결이 확정되면 甲은 X 토지를 인도받기만 하고 소유권은 없는 것이 되고, 乙이 다시 제2차 소송 판결의 소유권에 기해 甲을 상대로 토지인도청구를 하는 것은 기판력의 시적 범위 밖이어서 제1차 소송 확정판결의 기판력에도 저촉되지 않는다. 제3차 소송에서 법원은 선결관계효에 따라 제2차 소송 판결에서 乙이 소유자라고 한 판단에 구속되어 다른 특별한 사정이 없는 한 乙의 토지인도청구를 인용할 수밖에 없다.

(3) 그렇게 되면 甲이 제1차 소송에서 받은 판결은 완전히 유명무실하게 된다. 이러한 문제점을 해소하기 위하여 판결이유 중의 판단에 어떤 형태로든 구속력을 인정하기 위하여 독일에서 **의미관련이론**(전소송 확정판결의 판결이유 중의 판단이라도 후소송 소송물과 의미관련이 성립하면 기판력을 인정하는 견해), **경제적 가치동일설**(전소송 확정판결의 이유에서 판단한 것과 후소송 소송물이 동일한 경제적 가치를 가지는 것이면 전소송 판결이유 중의 판단에 기판력을 인정하는 이론) 등이, 일본에서 **쟁점효설**(판결이유 중의 판단이라도 그것이 소송상 중요한 쟁점으로 되어 당사자가 다투고 법원도 이에 대해 실질적으로 심리하였으면 그 쟁점에 대하여 내린 판단에 쟁점효라는 구속력을 인정하는 견해) 등이 주장되었고, 우리나라에서는 **신의칙설**(전소송에서 당사자의 주장을 토대로 판결이 확정되었는데 후소에서 자신이 전소에서 한 주장과 모순되는 주장을 하면 '선행행위에 거동되는 거동'으로 허용되지 않는다)이 주장되고 있으나, 판례는 **증명력설**을 취하고 있다.

(4) 증명력설은 확정판결의 판결서는 강력한 증명력을 가진다고 보아 결과적으로 전소 확정판결의 이유 중의 판단에 사실상의 구속력을 인정한다. 판례는 민사재판에 있어서는 다른 민사사건 등의 판결에서 인정된 사실에 구속을 받는 것은 아니라 할지라도 이미 확정된 관련 민사사건에서 인정된 사실은 특별한 사정이 없는 한 유력한 증거가 된다 할 것이므로 합리적 이유설시 없이 이를 배척할 수 없다고 하여[3] 이 점을 분명히 하고 있다.

(5) 후소 법원이 전소 확정판결의 이유 중의 판단과 다른 판단을 하려면 당사자들의 주장이 달라졌다든가 새로운 증거방법이 제출되었다든가 아니면 확정판결의 기준시 이후에 토지의 원시취득의 효력을 갖는 토지조사부 등의 발견 등 새로운 증거방법이 제출되었다든가 아니면 확정판결의 기준시 이후에 새로운 사정이 생겼다는 점을 인정하여야 하고 이것이 판결이유에 명확히 설시되어야 한다.[4] 아무리 확정판결의 이유에서 주요한 쟁점으로 판단한 사항이라 하더라도 후소에서 상황이 변하면 달리 판단할 수 있다. 따라서 사안에서 특별한 다른 사정이 없으면 제3차 소송에서 법원은 여전히 甲이 소유자라고 인정해야 하는 것이다.

라. 결어(사안의 해결)

乙이 마지막으로 甲을 상대로 제기한 토지인도청구의 소는 제2차 소송(乙의 소유권확인) 판결에 기한 것으로 적법하다. 그리고 제1차 소송의 판결의 기판력에도 저촉되지 않는다. 그러나 제1차 소송의 판결이 유명무실화되는 것을 해소하기 위하여 증명력설에 따라 타당성 있는 결론을 낼 수

---

[3] 대법원 1991. 1. 15. 선고 88다카19002,19019 판결.
[4] 호문혁, 민사소송법(제14판), p.762 참조.

도 있다. 소송물의 선결문제에 관하여 기판력 있는 판단을 받기 위한 중간확인의 소도 적극 활용할 필요가 있다.

3.

선결적 법률관계와 관련하여 구별해야 할 것은 <u>후소의 소송물이 전소의 선결적 법률관계인 경우에는 전소의 기판력이 직접 후소에 미칠 수는 없으나, 전소의 소송물이 후소의 선결적 법률관계인 경우에는 전소의 기판력이 후소에 미친다</u>는 점이다.

위 안이준 교수의 사례에서와 같이 甲이 乙을 상대로 한 소유권이전등기말소청구소송에서 원고 甲에게 소유권이 없다는 이유로 청구기각판결이 선고되고 그 판결이 확정된 후에도 甲은 다시 乙을 상대로 소유권확인의 소를 제기할 수 있다. 여기서 乙로서는 甲의 소유권이라는 선결적 법률관계에 관하여 기판력 있는 판결을 받으려면 **중간확인의 소**를 제기하여야 한다. 甲에게 소유권이 없다는 중간확인판결을 받아놓으면 甲이 다시 소유권확인의 소를 제기하는 것을 봉쇄할 수 있다.

예컨대, 甲이 乙을 상대로 소유권에 기한 방해배제청구권의 행사로 X 토지에 관한 乙 명의의 소유권이전등기의 말소를 구하는 소를 제기한 경우에 X 토지의 소유권의 존부에 대한 기판력 있는 판단이 필요하다면 <u>甲은 소유권존재확인청구를 당해 소송에서 추가적으로 병합할 수 있으며, 乙은 반소로서 소유권부존재확인청구를 당해 소송에 병합할 수 있다</u>. 원고가 제기하는 중간확인의 소는 소의 후발적·추가적 병합에 해당하고, 피고가 제기하는 경우에는 반소에 해당한다.5) 선결적 법률관계에 국한되므로 쟁점이 되는 사실관계에 대해서는 중간확인의 소를 제기할 수 없다.

법원은 본소청구 기각사유가 중간확인청구에서 확인을 구하는 것과 무관하다면 중간확인의 소를 확인의 이익 흠결로 이를 부적법 각하하여야 하나, 관련이 있다면 중간확인청구에 대하여도 별도의 판단을 하여야 한다. 위 사례에서 甲이 소유권확인의 중간확인청구를 하였으나 소유권이 인정되지 않아 청구가 기각되는 경우에는 甲의 중간확인청구에 대하여도 기각판결을 하고, 乙의 소유권부존재확인의 반소청구에 대하여는 인용판결을 함으로써 기판력 있는 판단을 하여야 할 것이다.

어쨌든 전소의 소송물이 후소의 선결적 법률관계가 되는 때에는 전소판결의 기판력이 후소에 미쳐 후소 법원은 전에 한 판단과 모순되는 판단을 할 수 없다. 예컨대, 甲이 乙을 상대로 소유권확인의 소를 제기하여 승소확정판결을 받은 후 甲이 소유권에 기하여 乙을 상대로 토지의 인도청구소송을 제기한 경우 전소에서의 소유권의 존부에 관한 판단에 구속되어 乙은 甲이 그 소유자가 아니라고 주장할 수 없고 법원도 이와 다른 판단을 할 수 없다. 후소의 항변사유가 되는 때도 같다. 그러나 이 경우 후소에서 선결문제의 한도 내에서 전소의 기판력 있는 판단에 구속되어 이를 전제로 심판을 하여야 할 뿐, 소 자체가 각하판결을 하여야 할 경우가 아니다.

법률가들에게는 당연한 듯 하면서도 문외한들에게는 오리무중의 기판력과 **선결관계효**에 관한 이야기이다. 위와 같은 판례의 입장은 대법원에 의해서 계속 반복하여 선언되고 있다.6)

---

5) 한충수, 민사소송법(제2판), 박영사, 2018, p.677 참조.

<사례 5-4> X 토지는 甲의 부친인 乙이 査定을 받아 1970. 2. 1. 乙 명의로 소유권보존등기를 마쳤는데, 丙이 2000. 2. 1. 그 명의로 소유권이전등기를 마친 뒤 X 토지 위에 가건물을 지어 음식점 영업을 해오고 있다. X 토지에는 2010. 2. 1. A은행 명의로 채권최고액 1억 원의 근저당권설정등기가 마쳐져 있다.
乙의 유일한 상속인 甲은 2015. 2. 1. 丙을 상대로 丙 명의의 소유권이전등기가 아무런 원인 없이 마쳐진 것으로서 무효라고 주장하면서 X 토지에 관한 소유권확인의 소(①소송)를 제기하였다. 이에 대해 丙은 2000. 1. 1. 乙로부터 대금 1억 원에 매수하고 그에 기하여 소유권이전등기를 마쳤다고 주장하면서 1978. 1. 1.자 매매계약서를 서증으로 제출하였다.
甲은 위 ①소송에서 패소확정판결을 받았음에도 불구하고 丙이 매매계약서를 위조하여 X 토지에 관하여 소유권이전등기를 마쳤으니 자신이 여전히 X 토지의 소유자라고 주장해 왔다.
한편, 丁은 2020. 2. 1. 丁이 2018. 1. 1. 甲에게 1억 원을 대여하였다고 주장하면서 위 대여금채권을 보전하기 위하여 자력이 없는 甲을 대위하여 丙을 상대로 소유권이전등기말소청구의 소(②소송)를 제기하였다. 이에 丙은 甲이 丁으로부터 위 금원을 차용한 사실이 없으므로 丁의 소는 채권자대위소송의 요건을 갖추지 못한 것으로 부적법하고, 설령 그렇지 않다 하더라도 X 토지는 丙의 소유라고 다투면서 甲이 제기하였다가 패소판결을 받은 판결문을 서증으로 제출하였다.
법원은 ②소송에서 2020. 7. 1. 丁의 甲에 대한 대여금채권이 인정되지 않는다는 이유로 丁의 소를 각하하였고, 이 판결은 그 무렵 확정되었다.
그 후 丁은 2020. 10. 1. 甲을 상대로 1억 원의 대여금청구의 소(③소송)를 제기하였다. 법원은 ③소송에서 2021. 4. 1. 丁이 2018. 1. 1. 甲에게 1억 원을 대여한 사실을 인정하여 원고승소판결을 선고하였고, 이 판결은 확정되었다.
丁은 2021. 5. 1. 위 대여금채권을 보전하기 위하여 자력이 없는 甲을 대위하여 다시 丙을 상대로 X 토지에 관한 소유권이전등기말소청구 및 A은행을 상대로 근저당권설정등기말소청구의 소('이 사건 소송')를 제기하였다.
이에 대하여 丙과 A은행은 丁의 소는 전소와 동일하거나 전소에서 판단된 사항을 선결관계로 하고 있어서 그 판결의 기판력이 미치므로 부적법하다고 다투었다.
법원은 이 사건 소송에서 丁의 각 청구에 대하여 어떤 판단을 하여야 하는가?(청구전부 인용, 청구일부 인용, 청구기각, 소각하)[7]

가. 결론 : 丁의 丙에 대한 소각하, 丁의 A은행에 대한 청구기각

나. 근거

(1) 丁의 丙에 대한 청구

---

[6] 대법원 2017. 12. 22. 선고 2015다205086 판결 : 조정조서는 재판상의 화해조서와 같이 확정판결과 동일한 효력이 있고, 조정의 내용에 따라 권리의 취득과 소멸이라는 창설적 효력이 인정된다(민사조정법 제29조, 민사소송법 제220조, 민법 제732조). 당사자 사이에 조정이 성립하면 종전의 다툼 있는 법률관계를 바탕으로 한 권리·의무관계는 소멸하고 조정의 내용에 따른 새로운 권리·의무관계가 성립한다. 그러나 조정조서에 인정되는 확정판결과 동일한 효력은 소송물인 법률관계에만 미치고 그 전제가 되는 법률관계에까지 미치지는 않는다. 부동산 소유권이전등기에 관한 조정조서의 기판력은 소송물이었던 이전등기청구권의 존부에만 미치고 부동산의 소유권 자체에까지 미치지는 않는다. 따라서 부동산 소유자가 부동산 소유권이전등기에 관한 조정의 당사자로서 조정조서의 기판력으로 말미암아 부동산등기부에 소유명의를 회복할 방법이 없어졌다고 하더라도 소유권이 그에게 없음이 확정된 것은 아니고, 부동산등기부에 소유자로 등기되어 있지 않다고 하여 소유권을 행사하는 것이 전혀 불가능한 것도 아니다. 그러한 소유자는 소유권을 부인하는 조정의 상대방을 비롯하여 제3자에 대하여 다툼의 대상이 된 부동산이 자기의 소유라는 확인을 구할 법률상 이익이 있다.
[7] 문영화, 개정판 민사소송법 사례연습 2, 성균관대학교 출판부, 2020, p.155~158의 각 사례를 종합하여 구성한 문제임.

1) **문제의 소재** : 丁은 전소 대위소송(②소송)에서 피보전채권의 부존재를 이유로 소각하 판결을 받은 후 후소에서 피보전채권에 관한 승소판결을 받고 다시 전소와 동일한 이 사건 채권자대위소송을 제기하였는데, ②소송 판결의 기판력이 이 사건 소송에도 미치는가?

2) **소송판결의 기판력과 실권효** : 소송판결의 기판력은 그 판결에서 확정한 소송요건의 흠결에 관하여 미치며, 확정된 종국판결의 사실심 변론종결 이전에 발생하고 제출할 수 있었던 사유에 기인한 주장이나 항변은 확정판결의 기판력에 의하여 차단되므로 당사자가 그와 같은 사유를 원인으로 확정판결의 내용에 반하는 주장을 새로이 하는 것은 허용되지 아니한다.8) 다만 변론종결 후에 새로 발생한 사유가 있어 전소 판결과 모순되는 사정변경이 있는 경우에는 기판력의 효력이 차단된다. 변론종결 후에 발생한 새로운 사유란 새로운 사실관계를 말하는 것일 뿐 기존의 사실관계에 대한 새로운 증거자료가 있다거나 새로운 법적 평가 또는 그와 같은 법적 평가가 담긴 다른 판결이 존재한다는 등의 사정은 포함되지 않는다.

3) **사안의 경우** : 丁은 ②소송 제기 당시 이미 피보전채권이 존재했음에도 증명을 다하지 못하여 소각하 판결을 받았는바, 그 이후 그 피보전채권의 존재를 인정하는 ③소송 본안판결이 선고되었다고 하더라도 전소 변론종결 후에 새로운 사유가 발생한 것이 아니므로 ②소송 판결의 기판력은 이 사건 소송에도 미친다. 따라서 법원은 丁의 이 사건 소송에서 전소와 모순되는 판결을 할 수 없으므로 소각하 판결을 하여야 한다.

(2) 丁의 A은행에 대한 청구

1) **문제의 소재** : 甲이 乙을 상대로 제기한 소유권확인소송(①소송), 丁이 丙을 상대로 제기한 전소 대위소송(②소송), 丁이 甲을 상대로 제기한 후소 대여금청구소송(③소송)의 확정판결이 丁의 A은행에 대한 이 사건 소송에 어떠한 영향을 미치는가?

2) **변론종결 뒤의 승계인** : 기판력은 소송물인 실체법상의 권리의무의 승계인(소송물승계인)뿐만 아니라 계쟁물의 승계인에게도 미치고, 후자의 경우 전소 소송물이 물권적 청구권인 경우에는 그 계쟁물의 승계인에게도 기판력이 미친다(판례).

3) **채권자대위소송에서 피보전채권에 대한 승소확정판결과 제3채무자의 항변** : 채권자가 채무자를 상대로 그 보전되는 청구권에 기한 이행청구의 소를 제기하여 승소판결이 확정되고 채권자가 그 확정판결에 기한 청구권을 피보전채권으로 하여 제3채무자를 상대로 채권자대위소송을 제기한 경우, 제3채무자는 채권자와 채무자 사이에 확정된 그 청구권의 존재를 다툴 수 없다.9)

4) **판결의 증명효** : 민사재판에 있어서는 다른 민사사건 등의 판결에서 인정된 사실에 구속받는 것이 아니라 할지라도 이미 확정된 관련 민사사건에서 인정된 사실은 특별한 사정이 없는 한 유력한 증거가 되므로, 합리적인 이유설시 없이 이를 배척할 수 없고, 특히 전후 두 개의 민사소송이 당사자가 같고 분쟁의 기초가 된 사실도 같으나 다만 소송물이 달라 기판력에 저촉되지 아니한 결과 새로운 청구를 할 수 있는 경우에 있어서는 더욱 그러하다.10)

5) **사안의 경우** : A은행은 甲이 제기한 소유권확인소송 및 丁이 제기한 채권자대위소송의 변론종결 뒤의 승계인이 아니므로 그 판결이 기판력이 미치지 않는다. 그런데 丁의 A은행에 대한 이

---

8) 대법원 2015. 10. 29. 선고 2015두44288 판결.
9) 대법원 2010. 11. 11. 선고 2010다43597 판결.
10) 대법원 2007. 11. 30. 선고 2007다30393 판결.

사건 소송은 丁의 甲에 대한 채권을 보전하기 위한 것이고 이에 대하여는 ②소송에서 丁의 승소판결이 확정되었으므로 A은행으로서는 丁의 피보전채권의 존재를 다툴 수 없고, 사안에서 소송요건의 흠결을 발견할 수 없으므로 채권자대위소송의 요건은 갖추어진 것으로 판단된다. 한편, 丁의 A은행에 대한 이 사건 소송은 甲의 소유권에 기초한 물권적 청구권을 대위행사하는 것이므로 甲의 소유권이 그 선결문제가 된다. 따라서 甲이 丙을 상대로 소유권확인청구를 하여 기각된 사건의 ①소송 판결에서 인정된 사실은 丁의 A은행에 대한 이 사건 소송에서도 유력한 증거자료가 되고 법원은 합리적 이유설시 없이 이를 배척할 수 없으므로 특별한 사정이 없는 한 丁의 A은행에 대한 청구는 기각될 것이다.

06 일부청구와 기판력

1.

일부청구는 금전 그 밖의 대체물과 같이 수량적으로 분할급부가 가능한 급여를 목적으로 하는 특정의 채권을 소송상 분할하여 청구하는 것을 말한다. 특히 손해배상청구소송에서 손해의 예측이 곤란하여 일부청구의 형태로 소가 제기되는 경우가 많다. 일부청구는 <u>동일한</u> 채권을 분할하여 청구하는 것이고, <u>서로 다른 여러 채권들 중의 일부를 청구하는 것은 일부청구가 아니다.</u>

원고가 하나의 채권으로 평가할 수 있는 권리 중에서 일부금액만을 우선 시험소송으로 청구하는 예도 있고,[1] 청구취지를 확장할 예정으로 일부청구를 하였는데 피고의 불출석으로 자백간주로 원고 승소판결이 선고되는 경우도 있다.

예컨대, 1억 원의 채권 중 5,000만 원을 청구한 경우 5,000만원이 소송물이 된다는 **일부청구긍정설**, 1억 원 전부를 소송물로 보아야 한다는 **일부청구부정**설이 있으나, 통설·판례는 원고의 분할청구의 이익과 분쟁의 일회적 해결 및 당사자의 절차권 보장 등을 종합적으로 고려하여 일부청구임을 명시한 경우에는 5,000만원이 독립한 소송물로 되지만, 그렇지 않은 경우에는 1억 원 전부를 소송물로 보는 **명시적 일부청구 긍정설**을 취하고 있다.[2]

판례는 이른바 '**명시설**'에 따라 가분채권의 일부에 대한 이행청구의 소를 제기하면서 그 일부를 유보하고 나머지만을 청구한다는 취지를 명시한 경우(명시적 일부청구)에 소송물은 일부청구 부분에 한정되고, 그 확정판결의 기판력도 청구하고 남은 잔부청구에는 미치지 않으며, 나머지 부분을 별도로 청구할 수 있으나, 일부청구라는 취지를 명시하지 않은 경우(묵시적 일부청구)에는 기판력은 청구하고 남은 잔부청구에까지 미치고, 잔부청구의 재소를 할 수 없다고 한다.[3]

---

[1] 다만 소액사건심판법은 금전 기타 대체물이나 유가증권의 일정한 수량의 지급을 목적으로 하는 청구에 있어서 채권자는 소액사건심판법의 적용을 받을 목적으로 청구를 분할하여 그 일부만을 청구할 수 없고, 이 규정에 위반한 소는 판결로 이를 각하하도록 하고 있다(소액사건심판법 제5조).

[2] 대법원 2008. 12. 24. 선고 2008다51649 판결; 대법원 2000. 2. 11. 선고 99다10424 판결 등.

[3] 가분채권의 일부에 대한 이행청구의 소를 제기하면서 나머지를 유보하고 일부만을 청구한다는 취지를 명시하지 아니한 이상 그 확정판결의 기판력은 청구하고 남은 잔부청구에까지 미치는 것이므로, 그 나머지 부분을 별도로 다시 청구할 수는 없다(대법원 1993. 6. 25. 선고 92다33008 판결 등 참조).
그러나 일부청구임을 명시한 경우에는 그 일부청구에 대한 확정판결의 기판력은 잔부청구에 미치지 아니하는 것이고, 이 경우 일부청구임을 명시하는 방법으로는 반드시 전체 채권액을 특정하여 그중 일부만을 청구하고 나머지에 대한 청구를 유보하는 취지임을 밝혀야 할 필요는 없으며, 일부청구하는 채권의 범위를 잔부청구와 구별하여 그 심리의 범위를 특정할 수 있는 정도의 표시를 하여 전체 채권의 일부로서 우선 청구하고 있는 것임을 밝히는 것으로 충분하다. 그리고 일부청구임을 명시하였는지를 판단함에 있어서는 소장, 준비서면 등의 기재뿐만 아니라 소송의 경과 등도 함께 살펴보아

■ 명시적 일부청구와 묵시적 일부청구[4]

	명시적 일부청구	묵시적 일부청구
소송물	일부(소송물의 분리)	전체 권리
시효중단 (소제기시)	일부 단 확장을 예정하고 실제 확장한 경우 → 전부 확장을 예정하였으나, 확장을 하지 않은 경우 → 최고의 효력(6개월)	○
중복제소	×	○
기판력	×	○

(1) 명시적 일부청구 : 원고가 특정한 부분이 1개의 소송물이 됨(소송물의 분리)

① 기판력이 명시한 일부청구에만 미치므로 원고는 나머지 부분을 후소로 구할 수 있음.
② 원고가 다른 법원에 나머지 금액을 후소로 청구하더라도 중복제소가 아님.
 → 소멸시효 중단의 효력이 미치는 범위
③ 소제기 시점을 기준으로 청구취지 확장을 예정하지 않은 경우
 → 특정한 권리의 일부
 청구취지 확장을 예정한 경우 → 실제 확장한 경우 : 권리 전체
 확장하지 않은 경우 → 나머지 부분에 대하여 최고의 효력(6개월)[5]

(2) 묵시적 일부청구

① **기판력이 권리 전부에 미치므로 원고는 승소 확정판결을 받은 이후에는 나머지 부분에 대하여 후소를 제기하면 기판력의 저촉**(모순금지설)**에 따라 기각판결을 받거나 권리보호의 이익이 없어 각하됨.**

② 원고가 별소를 제기할 경우 전소에서 구한 금액이 실제 피해금액보다 적은 경우에도 후소는 중복제소가 됨.

야 한다(대법원 2016. 7. 27. 선고 2013다96165 판결).
4) 민사판례해설(19.7.1.자 ~ 20.10.15.자 서울고법 판례공보스터디, p.265 이하 참조.
5) 대법원 2020. 2. 6. 선고 2019다223723 판결 : 하나의 채권 중 일부에 관하여만 판결을 구한다는 취지를 명백히 하여 소송을 제기한 경우에는 소제기에 의한 소멸시효중단의 효력이 그 일부에 관하여만 발생하고, 나머지 부분에는 발생하지 아니하나, 소장에서 청구의 대상으로 삼은 채권 중 일부만을 청구하면서 소송의 진행경과에 따라 장차 청구금액을 확장할 뜻을 표시하고 당해 소송이 종료될 때까지 실제로 청구금액을 확장한 경우에는 소제기 당시부터 채권 전부에 관하여 판결을 구한 것으로 해석되므로, 이러한 경우에는 소제기 당시부터 채권 전부에 관하여 재판상 청구로 인한 시효중단의 효력이 발생한다(대법원 1992. 4. 10. 선고 91다43695 판결 등 참조).
소장에서 청구의 대상으로 삼은 채권 중 일부만을 청구하면서 소송의 진행경과에 따라 장차 청구금액을 확장할 뜻을 표시하였으나 당해 소송이 종료될 때까지 실제로 청구금액을 확장하지 않은 경우에는 소송의 경과에 비추어 볼 때 채권 전부에 관하여 판결을 구한 것으로 볼 수 없으므로, 나머지 부분에 대하여는 재판상 청구로 인한 시효중단의 효력이 발생하지 아니한다. 그러나 이와 같은 경우에도 소를 제기하면서 장차 청구금액을 확장할 뜻을 표시한 채권자로서는 장래에 나머지 부분을 청구할 의사를 가지고 있는 것이 일반적이라고 할 것이므로, 다른 특별한 사정이 없는 한 당해 소송이 계속 중인 동안에는 나머지 부분에 대하여 권리를 행사하겠다는 의사가 표명되어 최고에 의해 권리를 행사하고 있는 상태가 지속되고 있는 것으로 보아야 하고, 채권자는 당해 소송이 종료된 때부터 6월 내에 민법 제174조에서 정한 조치를 취함으로써 나머지 부분에 대한 소멸시효를 중단시킬 수 있다.

③ 시효중단의 효력도 권리 전체에 미침. 나중에 청구를 확장하더라도 소 제기시에 권리 전체의 소멸시효가 중단됨.

2.

가분채권의 일부청구에 대하여 판결한 경우에 잔부청구에 대하여 기판력이 미치는가? 실무상 일부청구가 주로 문제되는 것은 불법행위로 인한 손해배상청구소송에서 손해액을 확정하기 어려운 경우에 감정결과 등에 따라 손해액을 확정하기 위해 일부청구가 많이 활용되고 있다.[6] 이 경우 대부분 명시적 일부청구이기 때문에 청구취지를 확장하지 아니하고 일부청구부분에 대하여만 판단하더라도 일부청구에 대한 판결의 기판력은 청구의 인용 여부에 관계없이 청구의 범위에 한하여 미치는 것이고, 잔액 부분 청구에는 미치지 아니한다.[7]

판례의 기본태도는 채권자가 일부청구임을 명시하여 그 채권의 일부만을 청구하는 경우에 그 일부청구에 대한 판결의 기판력은 나머지 부분의 청구에 미치지 아니한다. 이 경우 일부청구임을 명시하는 방법으로는 반드시 전체 금액을 특정하여 그중 일부만을 청구하고 나머지 금액에 대한 청구를 유보하는 취지임을 밝혀야 할 필요는 없고, 일부청구하는 금액의 범위를 나머지 부분의 청구와 구별하여 그 심리의 범위를 특정할 수 있는 정도의 표시를 하여 전체 금액의 일부로서 우선 청구하고 있는 것임을 밝히는 것으로 충분하다는 입장이다.[8]

판례는 가분채권에 대한 이행청구의 소를 제기하면서 그것이 나머지 부분을 유보하고 일부만 청구하는 것이라는 취지를 명시하지 아니한 경우에는 그 확정판결의 기판력은 나머지 부분에까지 미치는 것이어서 별소로써 나머지 부분에 관하여 다시 청구할 수는 없으므로, 일부 청구에 관하여 전부 승소한 채권자는 나머지 부분에 관하여 청구를 확장하기 위한 항소가 허용되지 아니한다면 나머지 부분을 소구할 기회를 상실하는 불이익을 입게 되고, 따라서 이러한 경우에는 **예외**적으로 전부 승소한 판결에 대해서도 나머지 부분에 관하여 청구를 확장하기 위한 항소의 이익을 인정함이 상당하다고 한다.[9]

이와 같은 판례의 입장에 대하여는 명시설을 취하여 생긴 문제점을 해결하기 위해 항소의 이익에 관한 형식적 불복개념을 수정하는 무리를 범하고 있고, 기판력과 관계없는 목적을 위해 기판력을 남용하는 것으로 타당하지 않다는 비판이 있다.[10]

---

[6] 대법원 1989. 6. 27. 선고 87다카2478 판결 : 불법행위의 피해자가 일부청구임을 명시하여 손해의 일부만을 청구하는 경우 그 명시방법으로는 반드시 전체 손해액을 특정하여 그 중 일부만을 청구하고 나머지 손해액에 대한 청구를 유보하는 취지임을 밝혀야 할 필요는 없고 일부청구하는 손해의 범위를 잔부청구와 구별하여 그 심리의 범위를 특정할 수 있는 정도의 표시를 하여 전체 손해의 일부로서 우선 청구하고 있는 것임을 밝히는 것으로 족하다.
[7] 판례는 확정된 화해권고결정의 '청구의 표시'란에 원고의 채권 중 일부를 유보하는 취지를 명시하지 않았으면 나중에 별소로 나머지를 청구하는 것은 기판력에 저촉된다고 한다. 대법원 2014. 4. 10. 선고 2012다29557 판결 참조.
[8] 대법원 2016. 6. 10. 선고 2016다203025 판결.
[9] 대법원 1997. 10. 24. 선고 96다12276 판결.
[10] 호문혁, 민사소송법[제13판], p.710 참조.

<사례 6-1> 甲은 2016. 2. 1. 乙에게 1억 원을 변제기 1년으로 정하여 대여하였다. 乙이 변제기가 지나도 위 대여금을 변제하지 아니하여 甲은 우선 급전 3,000만 원이 필요하여 乙에게 변제를 독촉하였으나 乙이 변제하지 아니하였다.
甲은 2020. 6. 1. 乙을 피고로 하여 3,000만 원의 지급을 구하는 소를 제기하면서 원래 대여금이 1억 원이라고 밝혔다. 이에 대하여 乙은 채무가 없다고 다투었다.
법원은 乙에게 3,000만 원의 지급을 명하는 판결을 선고하였고, 이 판결이 확정되었다. 뒤에 甲은 청구하지 않았던 7,000만 원의 지급을 구하는 소를 제기하였다.
이 소는 적법한가?

☞ 일부청구 긍정설에 의하면 甲의 후소는 기판력에 저촉되지 않아 적법하나, 일부청구 부정설에 의하면 후소 잔부청구는 전소 일부청구에 대한 확정판결의 기판력에 저촉되어 부적법하다. 명시적 일부청구설에 의하면 甲이 전소에서 일부청구임을 명시하였으므로 후소 청구에는 기판력이 미치지 아니하여 적법하다. 만일 명시하지 않았다면 후소 청구는 전소 판결의 기판력에 저촉되어 부적법해진다.

<사례 6-2> 甲이 A의료원을 설치·운영하는 乙 학교법인을 상대로 의료사고에 따른 손해배상을 구하는 조정신청을 하면서 적극적 손해 중 기왕치료비 금액을 특정하여 청구하고, 비뇨기과 향후치료비 등의 금액을 특정하여 청구하면서 '향후치료비는 향후 소송 시 신체감정 결과에 따라 확정하여 청구한다.'는 취지를 밝히고, 위자료 금액을 특정하여 청구하였다. 그러나 조정이 성립되지 않아 소송으로 이행되어 甲에 대한 신체감정 등이 이루어지지 않은 상태에서 자백간주에 의한 甲 전부승소판결이 선고되어 확정되었다. 그 후 甲이 선행 소송과 마찬가지로 乙 법인을 상대로 의료사고에 따른 손해배상청구의 소를 제기하였다. 전소 승소확정판결의 기판력이 미치는 범위는 어떻게 되는가?

☞ 가분채권의 일부에 대한 이행청구의 소를 제기하면서 나머지를 유보하고 일부만을 청구한다는 취지를 명시하지 아니한 이상 확정판결의 기판력은 청구하고 남은 잔부청구에까지 미치는 것이므로, 나머지 부분을 별도로 다시 청구할 수는 없다.
그러나 일부청구임을 명시한 경우에는 일부청구에 대한 확정판결의 기판력은 잔부청구에 미치지 아니하고, 이 경우 일부청구임을 명시하는 방법으로는 반드시 전체 채권액을 특정하여 그중 일부만을 청구하고 나머지에 대한 청구를 유보하는 취지임을 밝혀야 할 필요는 없으며, 일부청구하는 채권의 범위를 잔부청구와 구별하여 심리의 범위를 특정할 수 있는 정도의 표시를 하여 전체 채권의 일부로서 우선 청구하고 있는 것임을 밝히는 것으로 충분하다. 그리고 일부청구임을 명시하였는지 판단할 때에는 소장, 준비서면 등의 기재뿐만 아니라 소송의 경과 등도 함께 살펴보아야 한다.11)
위 사례에서 위자료 청구 부분에 대하여는 甲이 선행 소송에서 일부청구임을 명시하였다고 볼 수 없으므로 선행 소송 확정판결의 기판력이 위자료 채권 전부에 미치나, 甲이 선행 소송에서 적극적 손해의 개별 항목과 금액을 특정하면서 적극적 손해 중 다른 손해에 대하여는 신체감정 결과

---

11) 대법원 2016. 7. 27. 선고 2013다96165 판결.

에 따라 청구할 것임을 밝힌 점 등을 종합하면, 선행 소송 중 적극적 손해에 대한 배상청구 부분은 일부청구하는 채권의 범위를 잔부청구와 구별하여 심리의 범위를 특정할 수 있는 정도로 표시하고 전체 채권의 일부로서 우선 청구하고 있는 것임을 밝힌 경우로서 명시적 일부청구에 해당하므로 선행 소송 확정판결의 기판력이 이 부분 청구에는 미치지 않는다.

〈사례 6-3〉 甲이 乙을 상대로 '대여금 1억 원 및 이에 대한 소장부본 송달일부터 다 갚는 날까지 연 12%의 비율로 계산한 지연손해금'을 구하는 소송을 제기하여 '乙은 甲에게 대여금 및 이에 대하여 甲이 구하는 소장부본 송달일부터 판결 선고일까지는 연 5%, 그 다음 날부터 다 갚는 날까지는 연 12%의 각 비율로 계산한 지연손해금을 지급하라'는 취지의 판결이 선고되고 이 판결이 확정되었다.
그 후 甲이 乙을 상대로 대여금에 대한 선행 소송에서 청구하지 않은 나머지 지연손해금으로 '이행지체일부터 선행 소송의 소장부본 송달일 전날까지 연 5%의 비율로 계산한 돈과 이에 대한 지연손해금'의 지급을 구하는 소를 제기하였다.

☞ 甲이 지급을 구하는 지연손해금 채권은 선행 소송의 지연손해금 채권과 마찬가지로 대여금 채무의 이행지체로 인하여 발생하는 손해배상채권으로, 수량적으로 가분인 금전의 급부를 목적으로 하는 채권인데, 甲이 선행 소송에서 대여금 채무에 대한 지연손해금 중 이행지체일부터 선행 소송의 소장부본 송달일 전날까지의 지연손해금 부분을 유보하고 일부만을 청구한다는 사실이 선행 소송의 소장이나 청구취지 변경신청서, 준비서면 등에 명시되어 있지 않고, 변론기일에 그와 같은 주장을 하였다거나 그 밖에 소송의 경과 등을 살펴보아도 그와 같은 의사를 표시한 자료를 찾을 수 없다면, 甲이 선행 소송에서 대여금 채무에 대한 지연손해금 채권을 '소장 부본 송달일부터 다 갚는 날까지 연 12%의 비율로 계산한 지연손해금'으로 기간을 특정하여 청구하였다고 하더라도, 그러한 사정만으로 일부청구하는 채권의 범위를 잔부청구와 구별하여 심리의 범위를 특정할 수 있는 정도의 표시를 하여 전체 지연손해금 채권의 일부로서 우선 청구하고 있는 것임을 밝혔다고 보기는 부족하므로, 선행 확정판결의 기판력은 선행 소송에서 청구하고 남은 지연손해금 부분에 관하여도 미치고, 甲의 청구는 선행 확정판결의 기판력에 저촉되는 것이어서 부적법하다는 하급심판결이 있다.[12]

〈사례 6-4〉 甲보험회사는 乙에게 1,000만 원의 보험금지급채무를 넘어서는 채무는 존재하지 아니함의 확인을 구하는 채무부존재확인소송을 제기하였다. 甲의 청구를 인용하거나 기각하는 판결의 기판력은 어디까지 미치는가?

(1) 채무부존재 확인의 청구를 기각한 확정판결의 경우 기판력에 의하여 당사자는 보험금지급채무의 존재 그 자체에 대하여는 이에 저촉되는 주장을 할 수 없고, 법원도 이에 저촉되는 판단을 할 수 없다.[13]

---

12) 대구고등법원 2019. 1. 10. 선고 2018나23590 판결.

(2) 권리 또는 법률관계의 존부확인은 다툼 있는 범위에 대해서만 청구하면 되는 것이므로 채무자가 채권자 주장의 채무 중 일부의 채무가 있음을 인정하고 이를 초과하는 채무는 없다고 다투는 경우 채무자가 인정하는 채무부분에 대하여는 그 존재에 대하여 다툼이 없으므로 확인의 이익이 없고 이를 초과하는 부분에 대해서만 채무자로서 채무부존재확인의 이익이 있다. 채무자의 채무부존재 확인청구가 채무자가 자인하는 금액을 제외하는 나머지 채무의 부존재확인을 구하는 것이라면, 이 같은 소극적 확인소송에 있어서 그 부존재확인을 구하는 목적인 법률관계가 가분하고 또 분량적으로 그 일부만이 존재하는 경우에는 그 청구전부를 기각할 것이 아니고 그 존재하는 법률관계의 부분에 대하여 일부 패소의 판결을 하여야 한다.14)

  (3) 일정액을 초과하는 채무의 부존재확인소송에서도 소송물은 당해 채무전액으로부터 원고가 자인한 금액을 공제한 잔액채무가 될 것이고, 기판력도 원고가 자인하는 채무의 존부에는 미치지 않는다.

  (4) 위 사례에서 甲의 청구가 전부 인용된 확정판결의 기판력은 보험금채무 중 1,000만원을 넘어서는 존재하지 아니한다는 부분에만 미치고, 1,000만원의 존부에는 미치지 않으며, 甲의 청구가 전부 기각된 확정판결의 기판력도 위 보험금채무 중 1,000만원을 초과하여 존재한다는 점에 대하여만 미치고, 1,000만원의 존부에는 미치지 않는다.

〈사례 6-5〉
(1) 甲과 乙은 乙이 건축하고자 하는 빌딩에 대하여 관할 관청의 허가를 받음과 동시에 공사도급계약을 체결하기로 약정하면서 甲은 乙에게 빌딩 건축에 수반한 관리운영비로 7억 원을 대여하였고, 본 계약이 이루어지지 않을 경우 乙이 甲에게 위 대여금을 즉시 반환하기로 하였음. 그런데 乙과 甲 사이에 위 빌딩에 대한 공사도급계약을 체결하지 못한 상태에서 甲이 도급계약의 체결을 일방적으로 지체하여 그 불성립에 이르게 하는 바람에 위 건축허가가 취소됨에 따라 乙과 甲 사이에는 위 빌딩에 대한 공사도급계약이 이루어지지 않을 것이 확정되었으므로 乙은 甲에게 위 대여금 7억 원을 반환할 의무가 발생함.
(2) 乙은 甲과 사이에 위 빌딩에 대한 공사도급계약이 체결될 것으로 믿고 지출한 비용이거나 부담하게 된 채무 또는 얻을 수 있을 수입을 상실한 손해로서 765,868,260원의 손해가 발생함.
(3) 乙은 甲을 상대로 이 사건 약정의 불이행으로 인하여(계약해제 또는 계약체결상의 과실을 원인으로 하여) 875,791,261원의 손해를 입었다고 주장하며 위 손해배상채권과 甲의 乙에 대한 대여금채권 7억 원을 대등액에서 상계하고 그 나머지 175,791,261원의 지급을 구하는 소를 제기함.
(4) 제1심 법원은 乙의 손해배상채권액은 365,296,356원이라고 확정한 다음 乙의 손해배상채권과 甲의 乙에 대한 대여금채권은 乙의 상계의사표시(소장)에 의하여 상계적상시에 그 대등액인 365,296,356원의 범위에서 소멸하고, 원고의 대여금채권은 334,703,644원이 남는다는 이유로 위 손해배상청구를 기각함.
(5) 乙은 위 판결에 대하여 항소를 제기하였다가 이 사건 원심판결의 변론종결 이전에 항소를 취하여 위 판결이 확정됨.
(6) 甲은 전소가 계속 중인 시점에서 乙을 상대로 7억 원의 대여금청구의 소를 제기함.

---

13) 대법원 2008. 6. 26. 선고 2008다24791, 24807 판결 참조.
14) 대법원 1983. 6. 14. 선고 83다카37 판결.

〈재판의 경과〉
(1) **제1심** : 甲의 대여금채권은 乙의 甲에 대한 손해배상채권 365,296,356원과 대등액에서 상계되어 소멸되고 334,703,644원이 남았다고 판단(원고 일부승소).
(2) **원심** : 乙의 손해배상채권액을 765,868,260원으로 확정한 다음, 甲의 대여금채권은 위 손해배상채권과 그 대등액에서 상계되어 전액 소멸되었다고 판단(제1심 판결 중 乙 패소부분 취소하고 甲의 청구 모두 기각).
(3) **상고이유** : 甲은 상고심에 이르러 처음으로 乙의 상계주장이 전소의 기판력에 저촉된다는 주장을 함. 이 사건 원심판결의 변론종결 이전에 乙이 甲을 상대로 제기한 손해배상청구의 소에 대한 판결이 乙의 항소취하로 확정되어 그 손해배상채권이 365,296,356원이 되고 이를 초과하는 손해배상채권은 부존재로 확정되었으므로 위 손해액을 초과하는 부분에 대한 乙의 상계주장은 기판력에 저촉되어 허용될 수 없다.

〈대법원 2000. 2. 11. 선고 99다10424 판결〉

불법행위의 피해자가 일부청구임을 명시하여 그 손해의 일부만을 청구한 경우 그 일부청구에 대한 판결의 기판력은 청구의 인용 여부에 관계없이 청구의 범위에 한하여 미치는 것이고, 잔액 부분 청구에는 미치지 아니하는 것이다(대법원 1989. 6. 27. 선고 87다카2478 판결 참조).

기록에 의하면 피고는 이 사건 이전의 소송에서 손해배상청구를 함에 있어 원고의 피고에 대한 대여금 채권과 상계하고 남은 잔액만을 청구하였고, 그 후 제기된 이 사건 소송에서 위 대여금 채권이 위와 같이 상계되어 소멸되었다고 주장하였음을 알 수 있는바, 사실관계가 이러하다면, 전 소송의 소송물은 위 손해배상채권의 전액에서 피고가 스스로 공제한 부분을 제외한 잔액 부분으로서 그 판결의 기판력은 위 잔액 부분의 존부에만 미치고, 위와 같이 공제한 부분에 대하여는 미치지 아니하므로 피고의 위 상계 주장이 전 소송 판결의 기판력에 저촉된다고 할 수 없다. 따라서 피고의 위 상계 주장을 받아들인 원심판결에 확정판결의 기판력에 관한 법리오해 등의 위법은 없다.

〈평가〉

(1) 대법원은 피고가 채권의 일부가 상계로 소멸되었음을 자인하면서 이를 공제한 나머지 채권액만의 이행을 구하는 소를 제기한 경우에도 명시적 일부청구에 해당하고, 따라서 소송물은 이행을 구하는 잔부부분에 한정되고, 기판력도 잔액부분의 존부에만 미치며, 피고가 공제를 자인하는 부분에는 미치지 않는다는 점을 명백히 하였다.

(2) 피고는 전소송에서 손해배상청구를 함에 있어서 원고의 피고에 대한 대여금채권과 상계하고 남은 잔액만을 청구하였으므로 전소송의 소송물은 위 손해배상채권의 전액에서 피고가 스스로 공제한 부분을 제외한 부분을 제외한 잔액부분에 한정되고, 종전 판결의 기판력은 그 소송물인 상계 후의 잔부채권 175,791,261원이 존재하지 아니한다는 판단에만 미치고, 그 청구에서 상계로 소멸하였다고 자인하면서 유보한 7억 원의 손해배상채권에 대하여는 전소판결의 이유에서 그 존부를 판단하고 아울러 인정된 손해배상채권이 대여금채권과 대등액에서 상계되어 소멸되었다고 판단하였지만, 이는 소송물에 대한 판단(주문)이 아니라 판결이유에서의 판단에 불과하므로 그 판단에 기판력이 인정되지 않는다.

(3) 이 사건 소송에서 피고의 상계항변은 종전 소송에서 유보한 부분, 즉 대여금채권에 상응한 7억 원의 손해배상채권에 대하여는 종전 확정판결의 기판력이 미치지 아니하므로 이 부분 손해배상채권에 대하여는 종전 확정판결의 기판력이 미치지 아니하고, 피고의 상계항변이 위 기판력에 저촉된다고 할 수 없다.

(4) 위 판례의 결론은 원고의 채권 일부가 상계 이외에 일부를 변제받았거나 면제하였다고 자인하면서 이를 공제한 나머지만을 구하는 소송에서도 같은 논리가 적용된다.

07 상계항변과 기판력

1.

　민사소송법 제216조는 제1항에서 '주문 기판력의 원칙'을 천명하여 확정판결은 주문에 포함된 것에 한하여 기판력을 가진다고 규정함으로써 판결이유 중의 판단 예컨대 사실인정, 법규의 해석·적용, 항변, 선결적 법률관계 등에 대한 판단에는 원칙적으로 기판력이 미치지 않는다고 하는 한편 그 유일한 **예외**로서 제2항에서 상계를 주장한 청구가 성립되는지 아닌지의 판단은 상계하고자 대항한 액수에 한하여 기판력을 가진다고 규정하고 있다.

　위와 같이 판결 이유 중의 판단임에도 불구하고 상계 주장에 관한 법원의 판단에 기판력을 인정한 취지는, 만일 이에 대하여 기판력을 인정하지 않는다면, 원고의 청구권의 존부에 대한 분쟁이 나중에 다른 소송으로 제기되는 반대채권의 존부에 대한 분쟁으로 변형됨으로써 상계 주장의 상대방은 상계를 주장한 자가 그 반대채권을 이중으로 행사하는 것에 의하여 불이익을 입을 수 있게 될 뿐만 아니라 상계 주장에 대한 판단을 전제로 이루어진 원고의 청구권의 존부에 대한 전소의 판결이 결과적으로 무의미하게 될 우려가 있게 되므로, 이를 막기 위함이다.

〈사례 7-1〉
⟨1⟩ 甲은 乙을 상대로 5,000만 원의 대여금청구의 소를 제기하였다(이하 '전소'). 乙은 甲에 대한 물품대금채권 4,000만 원으로 상계항변을 하였다. 법원은 甲과 乙의 주장을 모두 인정하여 乙은 甲에게 1,000만 원을 지급하라는 판결을 선고하고 이 판결이 확정되었다. 후에 乙이 甲을 상대로 전소에서 주장한 4,000만 원의 물품대금청구의 소를 제기하였다. 법원은 어떠한 판결을 할 것인가?
⟨2⟩ 전소 판결 확정 후 甲이 乙의 상계항변은 잘못된 것이라고 주장하여 乙을 상대로 4,000만원의 부당이득반환청구의 소를 제기하였다. 법원은 어떠한 판결을 할 것인가?
⟨3⟩ 전소에서 법원은 甲의 청구는 일부만이 이유 있고 乙의 甲에 대한 채권은 인정되지 않는다는 이유로 乙은 甲에게 3,000만 원을 지급하라는 판결을 선고하고 이 판결이 확정되었다. 후에 乙이 甲을 상대로 전소에서 주장하였던 4,000만 원의 물품대금청구의 소를 제기하였다. 법원은 어떠한 판결을 할 것인가?
⟨4⟩ 전소에서 법원이 乙의 상계항변을 배척하고 乙이 甲에게 5,000만 원의 지급을 명한 판결을 선고하고 이 판결이 확정되었다고 가정하면 乙은 별소로 甲을 상대로 4,000만 원의 물품대금청구를 할 수 있는가?
⟨5⟩ 전소에서 법원이 乙의 자동채권의 존재는 인정하지만 甲의 청구를 이유 없다고 판단한 경우 법원은 어떠한 판결을 할 것인가?

⟨6⟩ 전소에서 甲이 청구한 대여금채권이 3,000만 원이었는데, 乙이 4,000만 원의 물품대금채권으로 상계하였으나, 그것이 배척되어 법원은 乙은 甲에게 3,000만 원을 지급하라는 판결을 선고하고 이 판결이 확정되었다. 乙이 4,000만 원의 지급을 구하는 후소에 대하여 법원은 어떠한 판결을 할 것인가?

⟨1⟩ 판결은 주문과 이유로 구성되는데, 전소 판결 주문에는 乙의 상계항변이 이유 있다고 한 판단도 없고, 甲이 乙에게 4,000만 원의 지급을 명하지도 않았다. 다만 판결이유에서 乙의 상계항변이 이유 있다고 판단하여 이를 근거로 甲의 청구액 5,000만 원에서 4,000만 원을 공제한 1,000만 원을 지급할 의무가 있다고 판단하였을 뿐이다. 이 경우에 乙의 상계항변에 기판력이 인정되지 않는다면 乙이 별소로 자동채권을 주장하여도 기판력에 저촉되지 않아 乙이 이중만족을 얻게 된다.
따라서 민사소송법은 상계항변의 경우에는 이유 중의 판단에 기판력이 생기지 않는다는 원칙의 예외를 정하고 있다. 상계항변에 기판력이 생기는 결과 이미 확정판결에서 이 판단을 하였으면 나중에 다른 소송에서 그 자동채권을 주장하여 청구하는 것은 기판력에 저촉된다. 판례는 모순금지설에 따라 상계항변이 받아들여졌을 경우 다른 소송에서 자동채권 청구는 소의 이익이 없어 부적법 각하할 것이라고 한다. 판례는 상계항변이 배척되었으면 별도의 자동채권 청구는 기각할 것이라는 입장이다.

⟨2⟩ 상계항변에 관한 판단에 기판력이 없다고 하면 甲의 소는 적법하고 심리결과에 따라 후소 법원이 甲의 청구를 인용할 수도 있고 이렇게 되면 전소 판결이 무의미해질 우려가 있다. 따라서 이 경우에는 판결이유 중의 판단에도 상계로 주장한 청구(자동채권)의 성립의 판단에 기판력이 생기도록 하였다. ⟨청구기각⟩

⟨3⟩ 乙이 甲에게 지급하여야 하는 3,000만 원은 乙의 甲에 대한 채권을 상계한 결과가 아니므로 乙의 4,000만원 채권이 존재하지 않는다고 판단한 것이 주문에 나타나 있지 않다. 그렇다고 하여 그 판단에 기판력이 생기지 않는다면 乙이 다시 제소하는 것이 가능하고 결국 전소 판단이 무의미하게 되고 분쟁이 반복될 우려가 있다. 따라서 상계를 주장한 청구의 '불성립'의 판단에도 기판력이 생기도록 한 것이다.⟨청구기각⟩

⟨4⟩ 乙이 甲에게 지급하여야 하는 5,000만 원은 乙의 甲에 대한 채권을 상계한 결과가 아니므로 乙의 4,000만원 채권이 존재하지 않는다고 판단한 것이 주문에 나타나 있지 않다고 하더라도 상계를 주장한 청구의 '불성립'의 판단에도 기판력이 생긴다. ⟨청구기각⟩

⟨5⟩ 이 경우 법원이 乙의 반소가 없는 한 甲이 乙에게 4,000만 원을 지급하라고 판결하는 것은 불가능하다. 乙의 상계항변은 소송물이 아니고 甲의 수동채권이 인정되지 않아 양 당사자의 채권이 상계적상에 있지도 않기 때문이다. 이 경우 법원은 乙의 상계항변에 대하여는 판단하지 않고 甲의 청구를 기각하게 된다. 따라서 乙의 항변에 대한 이러한 판단에는 기판력이 생기지 않는다.

⟨6⟩ 乙의 채권액은 4,000만 원이지만 상계로써 대항한 금액은 3,000만 원이므로 법원도 그 범위에서만 배척한 것이다. 따라서 기판력도 3,000만 원의 액수로 상계한 판단에만 생긴다. 따라서 3,000만 원은 기판력에 저촉되나, 나머지 1,000만 원에 대하여는 후소 법원이 심판할 수 있다.

2.

판결이유에서 판단되는 피고의 항변에 대하여는 그것이 설령 판결의 기초가 되었다고 하더라도

기판력이 생기지 않는다. 항변에 소송계속이 생기지 않는 것과 같다

예컨대, 원고의 물건인도청구에서 피고가 1,000만 원의 반대채권이 있음을 이유로 동시이행항변을 하여 판결주문에서 동시이행판결이 선고된 경우 그 반대채권의 존재 및 액수에 대하여는 기판력이 생기지 않는다. 따라서 피고가 판결이유 중의 '항변'에 대한 판단에 기판력이 생기기를 바란다면 반소를 제기하여 판결주문에서 이에 대한 판단을 받아야 한다.

판례는 상계 주장의 대상이 된 수동채권(소구채권)이 동시이행항변에 행사된 채권일 경우에는 그러한 상계 주장에 대한 판단에는 기판력이 발생하지 않는다고 한다.

〈사례 7-2〉 **사건의 구도**

(1) 종전 소송
○ 乙 → 甲 : 1994. 7. 15. 이 사건 건물 및 토지 매도
○ 乙 → 甲 : 1999. 10. 14. 매매계약해제
○ 乙 → 甲 : 매매계약해제에 따라 이 사건 건물 등의 인도청구
○ 甲 → 乙 : **동시이행의 항변**(이미 지급한 계약금 및 중도금의 반환을 받을 때까지 인도청구에 응할 수 없다)
○ 乙 → 甲 : **상계의 재항변**(이 사건 매매계약상의 약정에 따라 甲이 지급하여야 할 이 사건 건물 등의 점유, 사용에 의한 점유사용료가 이미 위 금원을 넘으므로 이를 상계)
○ 법원은 乙의 상계 재항변을 받아들여 결국 乙의 인도청구를 인용하였고, 그 판결이 확정되었다.

(2) 이 사건 소송
○ 甲 → 乙 : 매매계약의 해제에 따른 원상회복으로 기왕 지급한 중도금 2억 5,700만원 중 적정 점유사용료를 뺀 194,685,480원의 지급을 청구
○ 乙 → 甲 : 종전 소송에서의 **상계의 재항변**에 대한 판단에 기판력이 있다. 그렇지 않다고 하더라도 점유사용료를 공제한 것은 정당하므로 甲의 청구는 이유 없다.
○ 원심 : 종전 소송에서의 상계재항변에 대한 판단에 기판력이 있다.
○ 대법원 : 원심이 전소의 확정판결 중 甲이 동시이행항변으로 행사한 위 중도금 반환채권이 乙의 점유사용료 채권과 대등액에서 상계되어 소멸되었다고 판단한 부분에 기판력이 발생하였다고 판단한 것은 기판력의 객관적 범위에 관한 법리를 오해.

〈대법원 2005. 7. 22. 선고 2004다17207 판결〉

상계 주장에 관한 판단에 기판력이 인정되는 경우는, 상계 주장의 대상이 된 수동채권이 소송물로서 심판되는 소구채권이거나 그와 실질적으로 동일하다고 보이는 경우(가령 원고가 상계를 주장하면서 청구이의의 소송을 제기하는 경우 등)로서 상계를 주장한 반대채권과 그 수동채권을 기판력의 관점에서 동일하게 취급하여야 할 필요성이 인정되는 경우를 말한다고 봄이 상당하므로 만일 상계 주장의 대상이 된 수동채권이 동시이행항변에 행사된 채권일 경우에는 그러한 상계 주장에 대한 판단에는 기판력이 발생하지 않는다고 보아야 할 것이다. 위와 같이 해석하지 않을 경우 동시이행항변이 상대방의 상계의 재항변에 의하여 배척된 경우에 그 동시이행항변에 행사된 채권을 나중에 소송상 행사할 수 없게 되어 민사소송법 제216조가 예정하고 있는 것과 달리 동시이행항변에 행사된 채권의 존부나 범위에 관한 판결 이유 중의 판단에 기판력이 미치는 결과에 이르기 때문이다.

위 사례에서 전소의 확정판결 중 甲이 동시이행항변으로 행사한 위 중도금 반환채권이 乙의 점

유사용료 채권과 대등액에서 상계되어 소멸되었다고 판단한 부분에는 기판력이 미치지 않는다. 결국 甲은 위 확정판결에도 불구하고 乙을 상대로 중도금 일부의 반환을 구하는 소를 제기할 수 있다.1)

> ⟨사례 7-3⟩ 甲은 乙로부터 X 건물을 1억 원에 매수하였다. 甲은 乙을 상대로 위 매매를 원인으로 한 소유권이전등기 청구의 소를 제기하였다. 乙은 甲으로부터 매매대금을 지급받기 전에는 위 이전등기청구에 응할 수 없다고 동시이행의 항변을 하였다. 甲은 乙에 대한 1억 원의 대여금채권으로 乙의 대매대금채권과 상계하겠다고 주장하였다.
> 법원은 대여사실에 대한 증명이 부족하다는 이유로 甲의 상계주장을 배척하여 "乙은 甲으로부터 1억 원을 지급받음과 동시에 甲에게 X 건물에 관한 위 매매를 원인으로 한 소유권이전등기절차를 이행하라."는 취지의 청구 일부인용 판결을 선고하였고 그 판결이 확정되었다.
> 그 후 甲이 乙을 상대로 위 대여금 1억 원의 지급을 구하는 소를 제기하여 대여 및 변제기 도래사실을 증명하였다면 법원은 어떠한 판결을 하여야 하는가?(소 각하/청구기각/청구 인용)2)

[문제 해결의 방향]

　(1) 주문기판력의 원칙과 예외 : 민사소송법 제216조 제1항과 제2항
　(2) 상계항변의 기판력 : 상계항변에 관한 판단에 기판력이 인정되는 경우는 수동채권이 소송물로서 심판되는 소구채권이거나 그와 실질적으로 동일하다고 보이는 경우이어야 하고 자동채권의 존부에 관한 실질적 판단이 된 경우이어야 함.
　(3) 상계항변의 수동채권이 동시이행항변에 행사된 채권의 경우 : 전소 확정판결에서 배척된 甲의 상계재항변의 수동채권은 乙의 동시이행항변에 행사된 채권에 불과하여 甲의 상계재항변에는 기판력이 발생하지 않음.
　(4) 확정판결의 증명효 : 판결이유 중의 판단에 유력한 증명효가 있으나, 전소 판결이유 중의 판단도 합리적 이유 설시로 배척 가능.
　(5) 결어(사안의 해결) : 甲이 후소에서 甲의 대여 및 변제기 도래사실을 증명하였으므로 법원은 합리적 이유를 설시하여 甲의 청구를 인용할 수 있음.

3.

　'주문 기판력의 원칙'의 예외로 피고가 상계항변을 제출하여 판결이유 중에서 상계를 주장한 청구의 성립 또는 불성립에 관하여 판단한 경우에는 상계로 대항한 액수에 대하여는 기판력이 생긴다.3) <u>상계항변을 배척한 경우에는 반대채권의 불성립이 확정된다.</u>

---

1) 위 대법원 판결은 원심이 전소인 위 항소심 재판에서 乙이 甲에 대하여 위 점유사용료 약정에 따른 채권을 자동채권으로 하여 甲의 위 중도금 반환채권과 대등액에 관하여 상계함으로써 甲의 위 중도금 반환채권이 소멸하였다는 이유로 甲의 청구를 받아들이지 않는다고 판단한 것은 기판력의 객관적 범위에 관한 위 법리를 오해한 위법이 있으나, 원심이 甲의 청구원인에 관한 실체적 판단을 통하여 그 주장을 배척한 것이 정당한 이상, 그 판결 결과에는 영향을 미쳤다고 볼 수 없다고 판시하였다.
2) 2020년 제9회 변호사시험 사례형 문제임.

상계항변의 기판력은 청구의 당부를 판단하면서 '자동채권의 존부를 실질적으로 판단'할 필요가 있는 경우에만 생긴다. 자동채권의 존부에 관계없이 소구채권의 존재가 부정되거나, 상계항변이 실기한 공격방어방법으로 각하된 경우 또는 성질상 상계가 허용되지 않거나 상계부적상으로 배척된 경우는 기판력이 생기지 않는다.[4] 자동채권이 수동채권을 초과하는 경우에 자동채권 전액이 아니라 그중 일부, 즉 상계적상일까지의 수동채권 원리금을 한도로 해서 기판력이 발생한다.

소구채권 자체가 인정되지 않는데도 상계항변을 받아들인 경우 피고는 상소의 이익이 있고, 그 경우 원심판결에는 파기사유가 있게 된다.

<사례 7-4> 원고가 피고를 상대로 1,000만원의 대여금청구의 소를 제기하자 피고가 1,500만원의 물품대금채권을 자동채권으로 하여 상계항변을 한 경우, 법원이 청구원인 단계에서 1,000만원 중 600만원만 인정하고 400만원은 대여사실을 인정할 증거가 없음을 이유로 배척하였다면, 법원은 피고의 상계항변에 대하여 어떻게 판단할 것인가?

(1) 법원은 피고가 주장하는 자동채권 1,500만 원 전액의 존재가 인정되더라도 상계항변으로 나아가 판단할 수 있는 부분은 그중 600만 원에 그친다. 원고의 나머지 청구(400만 원 부분) 기각 주문에 대응하는 판결이유는 '상계'가 아니라 '대여사실을 인정할 증거가 없음'이다. ⇒ 이 경우 법원이 피고가 주장하는 자동채권 전액 1,500만 원을 인정할 증거가 없다고 판단한 경우에도 상계의 기판력에 의한 차단효가 생기는 부분은 그중 법원이 상계항변에 나아가 판단할 수 있었던(= 자동채권 인정 시 '자동채권과 수동채권 양자를 ' 대등액에서 소멸시킬 수 있었던) 600만 원에 그친다.

(2) 여러 개의 자동채권이 있고 수동채권의 원리금이 자동채권의 원리금 합계에 미치지 못하는 경우에는 우선 자동채권의 채권자가 상계의 대상이 되는 자동채권을 지정할 수 있고, 다음으로 자동채권의 채무자가 이를 지정할 수 있으며, 양 당사자가 모두 지정하지 아니한 때에는 법정변제충당의 방법으로 상계충당이 이루어지게 된다. 따라서 여러 개의 자동채권이 있는 경우에 법원으로서는 그 중 어느 자동채권에 대하여 어느 범위에서 상계의 기판력이 미치는지 판결이유 자체로 당사자가 분명하게 알 수 있을 정도까지는 밝혀 주어야 한다.[5]

---

[3] 판례의 표현 중 "상계를 주장하면 그것이 받아들여지든 아니하든 상계하자고 대항한 액수에 대하여 기판력이 생기므로"(대법원 2013. 11. 14. 선고 2013다46023 판결)가 이에 해당한다.
[4] 항변권이 부착되어 있는 채권을 자동채권으로 하여 타의 채무와의 상계는 일방의 의사표시에 의하여 상대방의 항변권 행사의 기회를 상실케 하는 결과가 되므로 성질상 허용할 수 없는 것이나 상계항변에서 들고 나온 자동채권을 부정하여 그 항변을 배척하는 것과 자동채권의 성립은 인정되나 성질상 상계를 허용할 수 없다 하여 상계항변을 배척하는 것과는 그 형식면에서는 같을지라도 전자의 경우엔 기판력이 있다 할 것이므로 양자는 판결의 효력이 다른 것이다(대법원 1975. 10. 21. 선고 판결).
[5] 대법원 2011. 8. 25. 선고 2011다24814 판결.

〈사례 7-5〉 甲은 乙에게 甲 소유의 X 토지를 대금 1억 원에 매도하면서 잔금지급 시까지 X 토지상에 건립되어 있던 A 소유의 건물을 철거해주기로 약정하고, 乙로부터 계약금 1,000만원 및 중도금 4,000만원을 지급받았고 잔금지급기일에 잔금의 이행제공을 받았으나, 甲은 잔금 지급시까지 위 철거약정을 이행하지 아니하였다.

〈추가된 사실관계 1〉 乙은 甲을 상대로 위 건물철거 약정불이행을 이유로 위 매매계약을 해제한다고 주장하면서 해제에 의한 원상회복으로 위 계약금 및 중도금의 반환을 구하는 소를 제기하였다. 乙이 위 계약금 및 중도금 반환청구를 하였을 당시 甲은 다른 법원에 乙을 상대로 대여금 3,000만원의 반환을 구하는 소송을 제기하고 있었다. 乙은 위 계약금 및 중도금의 반환청구소송을 계속 유지하는 한편, 甲의 위 대여금반환청구소송에서는 위 계약금 및 중도금 반환채권을 자동채권으로 삼아 위 대여금채권과의 상계를 주장하여, 다음 각 경우와 같이 대여금청구소송의 판결이 확정되었다면 乙의 계약금 및 중도금 반환청구소송에 어떠한 영향을 미치는가?

〈1〉 법원은 乙의 상계항변을 받아들여 甲의 대여금반환청구를 기각하였고, 그 판결은 확정되었다.
〈2〉 법원은 乙이 주장하는 매매계약 해제사실이 인정되지 않는다는 이유로 상계항변을 배척하며 甲의 대여금청구를 전부 인용하였고, 그 판결은 확정되었다.
〈3〉 법원은 乙이 주장하는 매매계약 해제사실은 인정되나 乙의 자동채권은 乙이 매매계약에 따라 인도받았던 X 토지의 인도(반환)의무와 동시이행관계에 있어 상계가 허용되지 않는다는 이유로 상계항변을 배척하며 甲의 대여금청구를 전부 인용하였고, 그 판결은 확정되었다.

〈1〉 乙의 위 소송에서는 乙이 甲의 소송에서 상계항변으로 대항한 3,000만원을 제외한 나머지 2,000만원의 한도 내에서만 乙의 위 계약금 및 중도금 반환채권의 존부를 심리, 판단할 수 있고, 위 3,000만원 부분에 대하여는 청구기각판결을 선고하여야 한다.
〈2〉 상계항변이 배척되더라도 상계로써 대항한 액수 한도 내에서 자동채권의 부존재에 관하여 기판력이 생긴다.
〈3〉 자동채권의 성립은 인정되나 성질상 상계를 허용할 수 없다고 하여 상계항변을 배척하는 것은 상계항변에서 들고 나온 자동채권을 부정하여 그 항변을 배척하는 것과 형식면에서는 같지만, 후자의 경우 기판력이 있는 것과는 달리 전자의 경우에는 자동채권의 존부에 관하여 기판력이 없다.

〈추가된 사실관계 2〉 甲이 乙을 상대로 위 매매계약이 해제되었음을 이유로 乙에게 인도하였던 X 토지의 인도를 구하는 소송을 제기하였다. 이 소송에서 乙은 계약금 및 중도금 합계 5,000만원의 지급과의 동시이행항변을 하였고, 이에 대하여 甲은 乙에게 대여한 3,000만원의 대여금채권을 자동채권으로 하여 乙의 위 계약금 및 중도금 지급채권과의 상계를 주장하였다.
법원은 乙과 甲의 주장을 모두 받아들여 위 계약금 및 중도금 지급채권 중 상계하고 남은 2,000만원의 지급과 동시이행으로 X 토지의 인도를 명하는 판결을 선고하였고, 그 판결은 그대로 확정되었다.

〈4〉 그 후 甲이 乙을 상대로 위 대여금 3,000만원의 지급을 구하는 소를 제기한 경우 위 소송은 위 확정판결의 기판력에 저촉되는가?

〈4〉 상계 주장의 대상이 된 수동채권이 동시이행항변에 행사된 채권일 경우에는 그러한 상계 주장에 대한 판단에는 기판력이 발생하지 않는다.

<사례 7-6> 甲은 乙을 상대로 분배금 2,000만 원과 이에 대한 지연손해금의 지급을 구하는 소를 제기하였고(이하 '전소'), 그 사건에서 乙은 '甲의 동업계약상의 주의의무 위반 또는 불법행위를 원인으로 한 5억 원의 손해배상채권' 등을 반대채권으로 하여 상계항변을 하였다.
법원은 청구원인 단계에서 甲의 乙에 대한 위 분배금채권이 존재한다고 판단한 후, 乙의 상계항변에 대한 판단으로 나아가 다음과 같이 판단하였다.
① 甲에 대한 소송비용액 확정금 채권을 반대채권으로 하는 상계항변을 받아들여, 乙이 甲을 상대로 2,805,627원의 소송비용액 확정금 채권을 가지고 있고, 그 변제기인 2014. 3. 19. 그 채권과 甲의 분배금 채권이 상계적상에 있었으므로, 甲의 분배금 채권이 이행지체에 빠진 소장 부본 송달 다음날인 2012. 8. 4.부터 위 상계적상일까지의 지연손해금 채권 및 원금의 순서로 위 2,805,627원과 대등액에서 상계되어 소멸하였다고 판단하였다. ② 그러나 乙이 주장한 나머지 반대채권들은 모두 부존재한다고 판단하였다. 특히 甲이 동업계약상의 주의의무를 위반하였거나, 기망으로 인한 불법행위가 성립한다고 볼 수 없다는 이유로, 5억 원의 손해배상채권을 반대채권으로 하는 乙의 상계항변을 배척하였다. ③ 이에 따라 甲의 청구 중 위와 같이 상계로 소멸한 후의 분배금 원금 잔액 18,819,030원과 이에 대하여 위 상계적상일의 다음날인 2014. 3. 20.부터의 지연손해금 청구 부분을 인용하는 판결을 선고하였고 위 판결이 확정되었다. 甲이 후소로써 구하는 대여금 또는 분배금 등 청구에 대하여 乙은 본소에 관한 항변으로 '甲의 동업계약상의 주의의무 위반 또는 불법행위를 원인으로 한 5억 원의 손해배상채권' 및 2007. 5. 16.자 대여금과 2007. 9. 19.자 대여금을 반대채권으로 하여 甲의 위 소구채권(수동채권)과 상계를 주장함과 아울러, 위 반대채권의 합계액에 일정 금액을 공제한 나머지 금액을 반소로써 구하고 있다.
후소 법원은 전소 확정판결의 이유 중에서 乙이 상계항변의 반대채권으로 주장한 위 손해배상채권을 포함한 나머지 반대채권들이 부존재한다는 판단의 기판력이 발생하는 범위와 관련하여 어떠한 판단을 할 것인가?

<대법원 2018. 8. 30. 선고 2016다46338, 2016다46345 판결>

민소법 제216조는, 제1항에서 확정판결은 주문에 포함된 것에 한하여 기판력을 가진다고 규정함으로써 판결이유 중의 판단에는 **원칙**적으로 기판력이 미치지 않는다고 하는 한편, 그 유일한 **예외**로서 제2항에서 상계를 주장한 청구가 성립되는지 아닌지의 판단은 상계하고자 대항한 액수에 한하여 기판력을 가진다고 규정하고 있다. 위와 같이 판결이유 중의 판단임에도 불구하고 상계 주장에 관한 법원의 판단에 기판력을 인정한 취지는, 만일 이에 대하여 기판력을 인정하지 않는다면, 원고의 청구권의 존부에 대한 분쟁이 나중에 다른 소송으로 제기되는 반대채권(또는 자동채권, 이하 '반대채권'이라고만 한다)의 존부에 대한 분쟁으로 변형됨으로써 상계 주장의 상대방은 상계를 주장한 자가 그 반대채권을 이중으로 행사하는 것에 의하여 불이익을 입을 수 있게 될 뿐만 아니라, 상계 주장에 대한 판단을 전제로 이루어진 원고의 청구권의 존부에 대한 전소의 판결이 결과적으로 무의미하게 될 우려가 있게 되므로, 이를 막기 위함이다.[6]

상계 주장에 관한 판단에 기판력이 인정되는 경우는, 상계 주장의 대상이 된 수동채권이 소송물로서 심판되는 소구(訴求)채권이거나 그와 실질적으로 동일하다고 보이는 경우(가령 원고가 상계를 주장하면서 청구이의의 소를 제기하는 경우 등)로서 상계를 주장한 반대채권과 그 수동채권을 기판력의 관점에서 동일하게 취급하여야 할 필요성이 인정되는 경우를 말한다.

한편, 소송상 방어방법으로서의 상계항변은 통상 그 수동채권의 존재가 확정되는 것을 전제로

---
6) 대법원 2005. 7. 22. 선고 2004다17207 판결.

하여 행하여지는 일종의 **예비적 항변**으로서, 소송상 상계의 의사표시에 의해 확정적으로 그 효과가 발생하는 것이 아니라 당해 소송에서 수동채권의 존재 등 상계에 관한 법원의 실질적 판단이 이루어지는 경우에 비로소 실체법상 상계의 효과가 발생한다.[7] 따라서 원고의 소구채권 자체가 인정되지 않는 경우 더 나아가 피고의 상계항변의 당부를 따져볼 필요도 없이 원고 청구가 배척될 것이므로, '원고의 소구채권 그 자체를 부정하여 원고의 청구를 기각한 판결'과 '소구채권의 존재를 인정하면서도 상계항변을 받아들인 결과 원고의 청구를 기각한 판결'은 민소법 제216조에 따라 기판력의 범위를 서로 달리하고, 후자의 판결에 대하여 피고는 상소의 이익이 있다.[8]

위에서 본 법리에다가, 상계의 경우에도 민법 제499조에 의하여 변제충당에 관한 민법의 규정이 준용됨에 비추어 보면, 확정된 판결의 이유 부분의 논리구조상 법원이 당해 소송의 소송물인 수동채권의 전부 또는 일부의 존재를 인정하는 판단을 한 다음 피고의 상계항변에 대한 판단으로 나아가 피고가 주장한 반대채권의 존재를 인정하지 않고 상계항변을 배척하는 판단을 한 경우에, 그와 같이 반대채권이 부존재한다는 판결이유 중의 판단의 기판력은 특별한 사정이 없는 한 '법원이 반대채권의 존재를 인정하였더라면 상계에 관한 실질적 판단으로 나아가 수동채권의 상계적상일까지의 원리금과 대등액에서 소멸하는 것으로 판단할 수 있었던 자동채권의 원리금 액수'의 범위에서 발생한다고 보아야 한다.[9] 그리고 이러한 법리는 피고가 상계항변으로 주장하는 반대채권의 액수가 소송물로서 심판되는 소구채권의 액수보다 더 큰 경우에도 마찬가지로 적용된다.

피고가 상계항변으로 2개 이상의 반대채권을 주장하였는데 법원이 그중 어느 하나의 반대채권의 존재를 인정하여 수동채권의 일부와 대등액에서 상계하는 판단을 하고, 나머지 반대채권들은 모두 부존재한다고 판단하여 그 부분 상계항변은 배척한 경우에, 수동채권 중 위와 같이 상계로 소멸하는 것으로 판단된 부분은 피고가 주장하는 반대채권들 중 그 존재가 인정되지 않은 채권들에 관한 분쟁이나 그에 관한 법원의 판단과는 관련이 없어 기판력의 관점에서 동일하게 취급할 수 없으므로, 그와 같이 반대채권들이 부존재한다는 판단에 대하여 기판력이 발생하는 전체 범위는 위와 같이 상계를 마친 후의 수동채권의 잔액을 초과할 수 없다고 보아야 한다.

그리고 이러한 법리는 피고가 주장하는 2개 이상의 반대채권의 원리금 액수의 합계가 법원이 인정하는 수동채권의 원리금 액수를 초과하는 경우에도 마찬가지로 적용된다. 이때 '부존재한다고 판단된 반대채권'에 관하여 법원이 그 존재를 인정하여 수동채권 중 일부와 상계하는 것으로 판단하였을 경우를 가정하더라도, 그러한 상계에 의한 수동채권과 당해 반대채권의 차액 계산 또는 상계충당은 수동채권과 당해 반대채권의 상계적상의 시점을 기준으로 하였을 것이고, 그 이후에 발생하는 이자, 지연손해금 채권은 어차피 그 상계의 대상이 되지 않았을 것이므로, 위와 같은 가정적인 상계적상 시점이 '실제 법원이 상계항변을 받아들인 반대채권'에 관한 상계적상 시점보다 더 뒤라는 등의 특별한 사정이 없는 한, 앞에서 본 기판력의 범위의 상한이 되는 '상계를 마친 후의 수동채권의 잔액'은 수동채권의 '원금'의 잔액만을 의미한다고 보아야 한다.

결국 이 사건 전소에서 법원이 원고의 분배금 채권 중 위와 같이 소송비용액 확정금 채권과 대등액에서 상계로 소멸하는 것으로 판단한 부분은 그 소송에서 피고가 주장한 위 손해배상채권을

---

7) 대법원 2014. 6. 12. 선고 2013다95964 판결, 대법원 2015. 3. 20. 선고 2012다107662 판결.
8) 대법원 2013. 11. 14. 선고 2013다46023 판결 참조.
9) 대법원 2004. 3. 26. 선고 2002다6043 판결 참조.

포함한 나머지 반대채권들과 기판력의 관점에서 동일하게 취급할 수 없다. 나아가 이 사건 전소에서 법원이 피고가 주장한 위 손해배상채권을 포함한 나머지 반대채권들이 발생하였다고 보아 원고의 분배금 채권 중 일부와 상계하는 것으로 판단하였을 경우를 가정할 때, 그러한 가정적인 상계적상 시점들의 전부 또는 일부가 위와 같이 실제 상계 판단이 이루어진 소송비용액 확정금 채권에 관한 상계적상 시점인 2014. 3. 19.보다 더 뒤라는 사정도 보이지 않는다. 따라서 이 사건 전소 확정판결의 이유 중에서 피고가 상계항변의 반대채권으로 주장한 위 손해배상채권을 포함한 나머지 반대채권들이 부존재한다는 판단의 기판력이 발생하는 전체 범위는 위와 같이 상계로 소멸한 후의 분배금 원금 잔액 18,819,030원을 초과할 수 없다고 보아야 한다.10)

〈참고〉 상계항변이 배척된 경우에 반대채권(자동채권)이 부존재한다는 판결이유 중의 판단에 기판력이 발생하는 범위11)

가. 전소에서 피고가 주장한 자동채권이 1개인 경우
(1) 쟁점 : 피고가 상계항변으로 주장하는 자동채권(1개)의 액수가 원고 주장의 소구채권(=수동채권)의 액수보다 클 때 '피고의 자동채권이 부존재한다'는 판결이유 중의 판단의 기판력의 범위
(2) 학설 : 소구채권액 한도설(통설)과 자동채권 전액설
(3) 판례 : 전소 법원이 인정한 수동채권액 한도설
(4) 검토 :
  ① 제216조 제2항의 법문 : "상계하고자 대항한 액수"
  ② 상계항변에 대한 판단에 기판력을 인정한 취지 : 소구채권액을
    넘는 자동채권 부분은 당해 소송의 소송물과 무관하다. 전소에서 피고가 반소를 제기하지 않은 이상 전소의 소송물은 원고의 소구채권일 뿐이다.
  ③ 소구채권액을 초과하는 자동채권 부분에 대해서는 '이에 대응하여 기판력이 발생하는 수동채권'이라는 것이 없다. 소송물과 직접적인 대항이 이루어지지도 않는 부분에 대해서까지 기판력으로 차단시키는 것은 피고에게 부당하게 불리한 해석이다.
  ④ 상계항변이 있는 경우 법원의 판단순서 및 상계의 개념에 어긋남 : 상계항변의 예비적 항변으로서의 성격, 상계항변의 최후수단적 성격
  ∴ 법원이 상계항변에 대해서까지 나아가 판단할 수 있는 부분(→ 자동채권의 존재가 인정되었더라면 자동채권과 수동채권의 동시 소멸, 즉 상계의 결과를 가져올 수 있었던 부분)에 한하여 기판력이 발생한다. 이를 초과하는 부분은 상계와는 무관하므로 다른 기회(후소로써) 다시 행사할 수 있도록 하는 것이 상계항변에 기판력을 인정하는 취지에 부합한다.

---

10) 〈사례〉 원고가 피고를 상대로 제기한 전소에서 피고가 상계항변을 하면서 5개의 자동채권(그 합계는 원고 주장의 소구채권의 액수를 초과함)을 주장하였고, 전소 법원은 그 중 A채권이 존재한다고 보아 원고의 수동채권과 대등액에서 상계하는 판단을 하고 나머지 4개의 자동채권들은 모두 부존재한다고 판단하였는데, 원고가 제기한 후소에서 피고가 위 4개의 자동채권들 중 B채권으로 다시 상계항변을 한 사안에서, 피고가 주장하는 위 <u>B채권 중 전소 확정판결의 기판력에 의해 차단되는 범위는 전소의 소구채권(수동채권) 중 위와 같이 실제 상계를 한 후의 원금 잔액을 초과할 수 없다</u>고 판시한 사례.
11) 양진수, 「대법원판례해설 제117호(2018 하)」, 법원도서관(2019), p. 246 이하 참조.

나. 기판력의 구체적 범위 → 전소 법원이 인정한 수동채권 한도설을 취하는 경우 기판력의 한도가 되는 '법원이 인정한 수동채권액'의 의미

(1) 법원이 인정한 수동채권의 '원금'이 이에 포함됨은 당연

(2) 특별한 사정이 없는 한 '법원이 반대채권의 존재를 인정하였더라면 상계에 관한 실질적 판단으로 나아가 수동채권의 상계적상일(가정적 상계적상일)까지의 원리금과 대등액에서 소멸하는 것으로 단단할 수 있었던 반대채권의 원리금 액수'의 범위에서 전소 확정판결의 기판력이 발생한다.

→ 특별한 사정 : 피고가 반대채권이 발생했다고 주장만 할 뿐 그 채권의 발생일이나 이자, 지연손해금의 계산 기간을 특정할 수 없을 정도로 막연히 주장하여, 그 만대채권이 존재하는 경우를 가정하더라도 '가정적 상계적상일'이 언제인지 특정하기 어려운 경우

다. 전소에서 피고가 상계항변으로 주장한 자동채권이 복수인 경우

(1) 법원이 피고가 주장한 복수의 자동채권들의 '존재를 모두 인정'하되 '그중 일부의 채권'으로 수동채권과 상계하는 판단을 한 경우 : 대법원 2011. 8. 25. 선고 2011다24814 판결

(2) 전소에서 상계항변이 일부만 인용된 경우 (복수의 자동채권들 중 '존재'와 '부존재' 판단의 혼재) : 학설·판례 없음

☞ 전소 법원이 청구원인 단계에서 소수채권 전액(1,500만 원)을 인정한 다음, 피고가 주장한 복수의 자동채권 A(5,000만 원), B(1,000만 원) 중 "B(1,000만 원)의 존재'만을 인정하여 수동채권과 대등액에서 상계하고 A는 부존재한다고 판단하였는데, 피고가 후소로써 그중 A를 청구하는 경우('A+B'는 6,000만 원으로 전소 법원이 인정한 소구채권액인 1,500만 원을 초과한다)

→ 판결이유 중에 B가 존재했다가 상계로 소멸하였다고 판단됨으로써 'B(1,000만 원)의 존재'에 기판력이 생기는 이상, 그러한 **B와 상계되어 소멸한** '전소의 소구채권 중 1,000만 원 부분' 관한 기판력은, 피고가 전소에서 주장한 복수의 자동채권 중 **오직 B의 기판력에만 상응**한다. 따라서 전소에서 피고가 주장한 복수의 자동채권 중 법원이 '일부의 존재'를 인정하여 수동채권과 상계하는 판단을 한 경우에는, **'그 상계로 인하여 대등액에서 소멸한 후의 수동채권 잔액'**을 한도로 **'나머지 자동채권'**에 관한 기판력이 발생한다. → 위 사례에서 전소판결의 'A의 부존재'에 대한 판단의 기판력은 500만 원(=전소 법원이 청구원인 단계에서 인정한 1,500만 원 - 오직 B에 상응해서만 기판력이 발생하는 1,000만 원)을 한도로 발생한다.

→ 이자·지연손해금 등 부대채권이 있고 당사자들이 이를 주장하는 경우 : '상계로 인한 소멸 후의 수동채권 잔액'에 그러한 부대채권을 포함할지 여부는 '전소에서 **부존재 판단을 받은 당해 자동채권**'이 '존재'하는 것으로 판단되었을 경우를 가정할 때 상계할 수 있었던 날, 즉 수동채권과 당해 자동채권 모두 변제기가 도달한 날(**'가정적 상계적상일'**)을 기준으로 한다. 그러한 상계에 의한 수동채권과 당해 반대채권의 차액 계산 또는 상계충당은 '수동채권과 당해 반대채권의 상계적상 시점'을 기준으로 하였을 것이고, 그 이후에 발생하는 이자, 지연손해금채권은 어차피 상계의 대상이 되지 않았을 것이기 때문이다. 따라서 만약 가정적 상계적상일이 실제 상계판단이 이루어진 기준이 되는 상계적상일보다 이

전이라면, '그 상계로 인하여 대등액에서 소멸한 후의 수동채권 **원금 전액**'을 한도로 기판력이 발생한다. 반면 가정적 상계적상일이 실제 상계판단이 이루어진 기준이 되는 상계적상일보다 이후라면 위와 같은 원금 잔액에 '**가정적 상계적상일까지의 부대채권**'을 합산한 **금액을 한도로** 기판력이 발생한다.
- (3) '법원이 그 존재를 인정하여 실제 상계로 소멸한다고 판단한 자동채권'은 1개, '법원이 부존재한다고 판단한 자동채권'은 복수인 경우 '부존재한다고 판단된 복수의 자동채권들 사이'의 기판력의 범위
  - ☞ 피고가 자동채권으로 A, B, C를 주장했는데, 법원이 그중 A의 존재만 인정하여 수동채권과 상계하고 B, C는 부존재한다고 판단하여 상계항변을 배척했을 때, 'B와 C의 합계'가 'A와의 상계 후의 수동채권의 잔액'을 초과하는 경우의 B와 C 각각의 기판력의 범위? → 'B, C가 모두 존재하는 것으로 판단된 경우'에 상계'충당'을 해야 하는 것과 마찬가지로 '**B, C가 모두 부존하는** 것으로 판단된 경우'에도 '**B, C가 모두 존재하였을 경우를 가정한** 상계충당'의 범위에서 B, C **각각의** 기판력이 발생한다고 볼 것인가에 관하여는 판례가 없다.

<사례 7-7> 장난감 제조업에 종사하는 甲은 2012. 6. 1. 乙에 대하여 물품대금 채권 2,500만원이 있는데 乙이 甲에게 지급하여야 할 물품대금을 제대로 확인하지 않은 채 甲의 은행계좌로 5,000만 원을 송금하였다. 乙이 甲을 상대로 2,500만 원의 부당이득반환청구의 소(이하 '전소')를 제기하자 甲은 乙이 2013. 10. 30. 甲 소유의 자동차를 손괴하였고, 이로 인하여 甲은 위 자동차 수리비 1,000만 원 상당의 손해를 입었다고 주장하면서 甲의 乙에 대한 손해배상채권 1,000만 원 및 이에 대한 지연손해금채권으로 위 부당이득반환채권과 상계한다고 항변하고, 또 甲은 乙에 대한 또 다른 물품대금채권 7,000만 원 및 이에 대한 지연손해금채권으로 위 부당이득반환채권과 상계한다고 항변함과 아울러 반소로서 나머지 물품대금 4,640만 원과 이에 대한 지연손해금의 지급을 구하였다.
전소 법원은 2014. 3. 17. 甲의 항변 중 乙이 甲 소유의 자동차를 손괴한 사실을 인정할 증거가 없다는 이유로 이 부분 상계항변을 배척하고, 물품대금채권 상계항변 및 반소청구에 관하여 甲이 乙과 체결한 납품계약에 따라 2013. 6. 30.까지 乙에게 물품을 납품하고 乙은 위 계약에 따라 2013. 7. 31.까지 甲에게 7,000만 원을 지급하기로 약정한 사실을 인정한 후, 다음과 같이 乙의 甲에 대한 본소 청구를 기각하고 甲의 乙에 대한 반소를 인용하는 판결을 선고하고 이 판결은 확정되었다.

"甲은 乙에 대하여 물품대금 7,000만 원 및 이행기 다음날인 2013. 8. 1.부터 다 갚는 날까지 상법에 따른 연 6%의 비율로 계산한 지연손해금채권이 있음을 인정할 수 있고, 위 부당이득금채권의 변제기가 2013. 11. 30.(부당이득반환청구 소장 송달 다음날)이 도래함으로써 위 양 채권은 모두 변제기에 도달하여 같은 날 상계적상에 있었다 할 것이며, 甲이 2014. 1. 18. 이 사건 제3차 변론기일에서 乙에 대하여 위 양 채권을 대등액에서 상계한다는 의사를 표시한 사실은 기록상 분명하다.
이로써 乙의 위 부당이득반환채권 2,500만 원은 위 상계적상일인 2013. 11. 30.에 소급하여 甲의 물품대금채권의 위 상계적상일까지 지연손해금 1,400,000원(=물품대금채권 7,000만 원에 대한 2013. 8. 1.부터 2013. 11. 30.까지 연6%의 지연손해금) 및 물품대금채권 원금 23,600,000원과 대등액의 범위에서 소멸하였다.
따라서 乙은 甲에게 나머지 물품대금 46,400,000원(=70,000,000원 - 23,600,000원)과 이에 대하여 상계적상일 다음날인 2013. 12. 1.부터 이 판결선고일인 2014. 3. 17.까지는 상법에서 정한 연6%, 그 다음날부터

다 갚는 날까지는 소송촉진 등에 관한 특례법에서 정한 연 20%의 각 비율로 계산한 지연손해금을 지급할 의무가 있다."

甲은 2020. 7. 2. 乙을 상대로 乙이 2013. 10. 30. 甲 소유의 자동차를 손괴하였고 甲은 이로 인하여 위 자동차 수리비 1,000만 원 상당의 손해를 입었다는 이유로 乙은 甲에게 불법행위를 원인으로 한 손해배상금 1,000만 원 및 이에 대한 지연손해금의 지급을 구하는 소(이하 '후소')를 제기하였다.
乙은 甲이 구하는 손해배상채권이 이미 전소 판결에서 상계항변으로 주장되었다가 배척된 바 있으므로 甲의 손해배상청구는 전소 판결의 기판력에 저촉되고, 법원은 이미 전소 판결에서 인정된 사실과 모순된 판단을 할 수 없다고 주장하였다.
후소 법원은 어떻게 판단할 것인가? 판결주문도 설시하시오.12)

[문제 해결의 방향]

가. 문제의 소재

  (1) 상계항변과 기판력 : 주문 기판력의 원칙과 상계항변
  (2) 여러 개의 자동채권이 있고 수동채권의 원리금이 자동채권의 원리금 합계에 미치지 못하는 경우와 기판력
  (3) 확정판결의 증명효
  (4) 불법행위로 인한 손해배상청구권의 단기소멸시효 기산점

나. 상계항변과 기판력

  (1) 주문 기판력의 원칙 : 확정판결은 주문에 포함된 것에 한하여 기판력을 가진다(민사소송법 제216조 제1항). 판결 이유 중의 판단 예컨대 사실인정, 법규의 해석·적용, 항변, 선결적 법률관계 등에 대한 판단에는 원칙적으로 기판력이 미치지 않는다.
  (2) 상계항변 : '주문 기판력의 원칙'의 예외로 피고가 상계항변을 제출하여 판결이유 중에서 상계를 주장한 청구의 성립 또는 불성립에 관하여 판단한 경우에는 상계로 대항한 액수에 대하여는 기판력이 생긴다(민사소송법 제216조 제2항). 상계항변을 배척한 경우에는 반대채권의 불성립이 확정된다. 상계항변의 기판력은 청구의 당부를 판단하면서 '자동채권의 존부를 실질적으로 판단'할 필요가 있는 경우에만 생긴다. 자동채권의 존부에 관계없이 소구채권의 존재가 부정되거나, 상계항변이 실기한 공격방어방법으로 각하된 경우 또는 성질상 상계가 허용되지 않거나 상계부적상으로 배척된 경우는 기판력이 생기지 않는다. 자동채권이 수동채권을 초과하는 경우에 자동채권 전액이 아니라 그중 일부, 즉 상계적상일까지의 수동채권 원리금을 한도로 해서 기판력이 발생한다.

다. 여러 개의 자동채권이 있고 수동채권의 원리금이 자동채권의 원리금 합계에 미치지 못하는 경우와 기판력

  (1) 피고가 상계항변으로 2개 이상의 반대채권을 주장하였는데 법원이 그중 어느 하나의 반대채

---

12) 2020년 제1차 변호사시험 모의시험-논술형(기록형) 문제를 사례형으로 전환한 문제임.

권의 존재를 인정하여 수동채권의 일부와 대등액에서 상계하는 판단을 하고, 나머지 반대채권들은 모두 부존재한다고 판단하여 그 부분 상계항변은 배척한 경우에, 수동채권 중 위와 같이 상계로 소멸하는 것으로 판단된 부분은 피고가 주장하는 반대채권들 중 그 존재가 인정되지 않은 채권들에 관한 분쟁이나 그에 관한 법원의 판단과는 관련이 없어 기판력의 관점에서 동일하게 취급할 수 없으므로, 그와 같이 반대채권들이 부존재한다는 판단에 대하여 기판력이 발생하는 전체 범위는 위와 같이 상계를 마친 후의 수동채권의 잔액을 초과할 수 없다.13)

(2) 따라서 전소 판결의 기판력은 전소 판결의 본소에서 인정된 부당이득반환채권 2,500만 원의 범위 내에서만 인정되고, 전소 중 자동채권의 존재가 인정된 물품대금채권 7,000만 원이 위 인정된 수동채권의 범위를 초과하여 수동채권의 잔액이 없으므로 전소에서 상계항변이 배척된 甲의 위 손해배상채권에는 기판력이 미치지 않는다.

라. 확정판결의 증명효

(1) 민사재판에 있어서 이와 관련된 다른 민·형사사건 등의 확정판결에서 인정된 사실은 특별한 사정이 없는 한 유력한 증거자료가 되는 것이나, 다른 한편 당해 민사재판에서 제출된 다른 증거내용에 비추어 관련 민·형사사건의 확정판결에서의 사실 판단을 그대로 채용하기 어렵다고 인정될 경우에는 이를 배척할 수 있다.14)

(2) 甲이 전소에서 제출할 수 없었던 乙에 대한 유죄의 형사판결 확정증명원 등 새로운 증거를 제출하는 등 전소 확정판결에서의 사실 판단을 그대로 채용하기 어려운 경우에는 乙의 불법행위를 인정할 수 있다.

(3) 乙의 불법행위의 시점이 2013. 10. 30.이고, 甲의 이 사건 소제기일이 2020. 7. 2.인 점에 비추어 불법행위로 인한 손해배상청구권의 단기소멸시효인 3년이 도과하였으므로 乙의 시효항변에 대비하여 甲은 乙에 대한 손괴죄의 유죄판결이 확정된 시점이 시효기간이 도과하지 않은 시점이거나 기타 甲이 손해의 발생, 위법한 가해행위의 존재, 가해행위와 손해의 발생과의 사이에 상당인과관계가 있다는 사실 등 불법행위의 요건사실에 대하여 현실적이고 구체적으로 인식하여 민법 제766조 제1항 소정의 '손해 및 가해자를 안 날'로부터 3년이 도과하지 않는 사실을 주장·증명하여야 한다.

마. 결론(사안의 적용)

(1) 전소에서 상계항변이 배척된 甲의 손해배상채권에는 기판력이 미치지 않는다.

(2) 전소 확정판결에서의 사실 판단을 그대로 채용하기 어려운 사정이 있고, 甲이 손해 및 가해자를 안 날로부터 3년이 도과하지 않았다면 법원은 甲의 청구를 인용하여야 한다.

(3) 그렇다면 乙은 甲에게 불법행위를 원인으로 한 손해배상금 1,000만 원 및 이에 대하여 불법행위일인 2013. 10. 30.부터 이 사건 소장부본송달일까지는 민법에서 정한 연 5%, 그 다음날부터 다 갚는 날까지는 소송촉진 등에 관한 특례법이 정한 연 12%의 각 비율로 계산한 지연손해금을

---

13) 대법원 2018. 8. 30. 선고 2016다46338, 2016다46345 판결.
14) 대법원 2005. 1. 13. 선고 2004다19647 판결.

지급할 의무가 있다.

이 경우의 판결주문은 "乙은 甲에게 1,000만 원 및 이에 대하여 2013. 10. 30.부터 이 사건 소장부본송달일까지는 연 5%, 그 다음날부터 다 갚는 날까지는 연 12%의 각 비율로 계산한 돈을 지급하라."

4.

불법행위의 피해자가 일부청구임을 명시하여 그 손해의 일부만을 청구한 경우 그 일부청구에 대한 판결의 기판력은 청구의 인용 여부에 관계없이 청구의 범위에 한하여 미치는 것이고, 잔액부분 청구에는 미치지 아니한다.

판례는 원고가 채권의 일부가 상계로 소멸되었음을 자인하면서 이를 공제한 나머지 채권액만의 이행을 구하는 소를 제기한 경우에도 명시적 일부청구에 해당하는 것으로 본다. 따라서 이 경우 소송물은 이행을 구하는 잔액부분에 한정되고, 기판력도 잔액부분의 존부에만 미치며, 원고가 공제를 자인하는 부분에는 미치지 아니한다는 점을 명백히 하고 있다.

판례는 외측설에 따라 원고가 피고에게 합계금 5,151,900원의 금전채권 중 그 일부인 금 3,500,000원을 소송상 청구하는 경우에 이를 피고의 반대채권으로써 상계함에 있어서는 위 금전채권 전액에서 상계를 하고 그 잔액이 청구액을 초과하지 아니할 경우에는 그 잔액을 인용할 것이고 그 잔액이 청구액을 초과할 경우에는 청구의 전액을 인용하는 것으로 해석하는 것이 일부 청구를 하는 당사자의 통상적인 의사이고 원고의 청구액을 기초로 하여 피고의 반대채권으로 상계하여 그 잔액만을 인용한 원심판결은 상계에 관한 법리를 오해한 위법이 있다고 판시한 바 있다.[15]

〈사례 7-8〉 甲은 乙에게 1억 원의 대여금채권이 있다. 그런데 乙은 甲에서 2억 원의 손해배상채권이 있다고 주장하면서 위 손해배상채권과 甲의 乙에 대한 대여금채권 1억 원을 대등액에서 상계하고 남은 1억 원의 지급을 구하는 소(전소)를 제기하였다.
제1심 법원은 乙의 손해배상채권은 7,000만원이라고 확정한 다음 乙의 위 손해배상채권과 甲의 乙에 대한 대여금채권은 乙의 상계의사표시(소장)에 의하여 상계적상시에 그 대등액인 7,000만원의 범위에서 소멸하고 甲의 대여금채권은 3,000만원이 남는다는 이유로 乙의 위 손해배상청구를 기각하였다.
乙의 항소로 위 사건이 항소심계속 중 甲은 乙을 상대로 1억 원의 대여금청구의 소(후소)를 제기하였다. 전소는 乙의 항소취하로 확정되었다. 후소 법원은 乙의 과실이 인정되지 않는다는 이유로 乙의 손해배상채권액을 2억 원으로 확정한 다음 甲의 대여금채권은 위 손해배상채권과 대등액에서 상계되어 전액 소멸되었다고 판단하여 甲의 청구를 기각하였다.

(1) 甲은 후소판결에 대하여 상고를 제기하면서 확정된 전소판결에서 乙의 손해배상채권이 7,000만원이 되고 이를 초과하는 손해배상채권은 부존재로 확정되었으므로 위 손해액을 초과하는 부분에 대한 乙의 상계주장은 기판력에 저촉되어 허용될 수 없다고 주장할 수 있는가?
(2) 乙이 전소에서 채권의 일부가 상계로 소멸되었음을 이유로 이를 공제한 나머지 채권액만의 지급을 구

---

15) 대법원 1984. 3. 27. 선고 83다323 판결.

> 하지 아니하고 乙 주장의 전체 손해배상채권 2억 원의 구한 경우, 전소의 계속 중 甲이 후소로 1억 원의 대여금청구소송을 제기하였다면 乙은 후소에서 전소에서 소구하고 있는 위 손해배상채권을 자동채권으로 하여 상계항변을 할 수 있는가?

(1) 乙은 이 사건 이전의 소송에서 손해배상청구를 함에 있어 甲의 乙에 대한 대여금 채권과 상계하고 남은 잔액만을 청구하였고, 그 후 제기된 이 사건 소송에서 위 대여금 채권이 위와 같이 상계되어 소멸되었다고 주장하였음을 알 수 있는바, 사실관계가 이러하다면, 전 소송의 소송물은 위 손해배상채권의 전액에서 乙이 스스로 공제한 부분을 제외한 잔액 부분으로서 그 판결의 기판력은 위 잔액 부분의 존부에만 미치고, 위와 같이 공제한 부분에 대하여는 미치지 아니하므로 피고의 위 상계 주장이 전 소송 판결의 기판력에 저촉된다고 할 수 없다.16) 원고의 채권의 일부가 상계로 소멸되었음을 이유로 이를 공제한 나머지 채권액만의 이행을 구하는 경우에 관한 판례의 입장은 상계 이외에 일부를 변제받았거나 면제하였다고 자인하면서 이를 공제한 나머지만을 구하는 소송에서도 같은 논리가 적용될 것이다.

(2) 상계의 항변을 제출할 당시 이미 자동채권과 동일한 채권에 기한 소송을 별도로 제기하여 계속 중인 경우, 사실심의 담당재판부로서는 전소와 후소를 같은 기회에 심리·판단하기 위하여 이부, 이송 또는 변론병합 등을 시도함으로써 기판력의 저촉·모순을 방지함과 아울러 소송경제를 도모함이 바람직하였다고 할 것이나, 그렇다고 하여 특별한 사정이 없는 한 별소로 계속 중인 채권을 자동채권으로 하는 소송상 상계의 주장이 허용되지 않는다고 볼 수는 없다.17)

---

16) 대법원 2000. 2. 11. 선고 99다10424 판결.
17) 대법원 2001. 4. 27. 선고 2000다4050 판결.

08 소송판결과 기판력

1.

 종국판결에는 소에 의한 청구가 실체상 이유 있는지 여부를 재판하는 종국판결과 소나 상소를 부적법 각하하는 소송판결이 있다. **본안판결**에는 이행판결, 확인판결, 형성판결이 있고, 기판력은 이들 본안판결에서 주로 문제된다. 청구기각판결은 확인판결이다. **소송판결**은 본안판단에 나가지 않고 소의 적법요건 결여를 이유로 부적법 각하하는 판결로 이른바 소송이 되지 않는다고 문전박대(門前薄待)를 당한 판결이다. 법률전문가인 변호사가 소를 제기하여 본안판단을 받지 못하고 소각하 판결을 받는다는 것은 부끄러워해야 할 일이다. 소송판결이 확정되어 소송요건의 부존재에 관하여 기판력이 발생한 경우 그 흠을 보완하면 재소가 가능하다고 하지만 당사자에게는 이중제소라는 부담을 안기게 됨은 피할 수 없다.

 소송판결에 기판력을 인정할 것인가에 관하여 기판력의 본질에 관한 실체법설에 의하면 본안에 관한 판단이 아닌 소송판결에 대하여는 기판력 자체가 인정될 수 없을 것이나, 실체법설은 이미 극복되었다. 기판력은 실체법상의 권리관계를 변동시키는 것이 아니라 후소 법원을 구속하는 소송법상의 효과만을 가진다는 소송법설이 통설·판례이므로 소송판결이 본안판단이 아니라는 이유로 기판력을 부인할 수는 없다.

 본안판결 중 청구인용판결의 경우 주문에 기재된 내용에 기판력이 인정되어 기판력의 객관적 범위를 정하는 데 큰 어려움이 없으나, 청구기각판결은 주문에 "원고의 청구를 기각한다."고만 되어 있어 판결이유를 참작하여 어떤 소송물에 관한 판단인지를 고려하여 기판력이 발생하는 대상과 범위를 정하게 된다. 청구기각판결의 경우에도 소송의 목적물이 특정되어 있지 아니하다는 이유로 원고의 청구를 기각한 판결과 같이 그 판결이유에서 소송물인 권리관계의 존부에 관하여 실질적으로 판단하지 아니한 경우에는 그 권리관계의 존부에 관하여 기판력이 생기지 아니한다.[1]

 소송판결의 경우에는 판결주문에 "원고의 소를 각하한다.", "이 사건 소 중 소유권확인청구 부분을 각하한다."고만 되어있고, 판결이유에서 소송요건의 흠결이 있는 이유를 기재하고 있다고는

---

[1] 대법원 1983. 2. 22. 선고 82다15 판결. 1필지 토지 전부에 대한 소유권이전등기청구소송에서 토지 일부의 매수사실은 인정되나 특정할 수 없다는 이유로 전부패소판결을 받아 확정된 후 매수부분을 특정하여 소유권이전등기를 구하는 경우 전소에서는 그 부분을 매수하였는지 여부, 즉 권리관계의 존부에 대하여 실질적으로 판단이 되었다고 할 수 없으므로 전소는 매수부분에 관한 한 기판력이 생기지 아니한다(대법원 1992. 11. 24. 선고 91다28283 판결).

하지만 이러한 소송판결의 기판력의 구체적인 내용을 정하는 것이 쉽지 않다.[2]

2.

소송판결에서 기판력의 대상은 소의 적법성에 관한 문제이며, 기판력이 발생하는 것은 '특정 소송요건이 흠결되어 소가 부적법하다'는 점이다. 소송판결의 기판력은 그 판결에서 확정한 소송요건의 흠결에 관하여 미치는 것이지만, 당사자가 그러한 소송요건의 흠결을 보완하여 다시 소를 제기한 경우에는 그 기판력의 제한을 받지 않는다.[3] 흠결된 소송요건에 관하여 아무런 변화가 없는데도 후소에서 법원이 소송요건이 구비되었다고 판단할 수는 없고, 그 흠결된 소송요건을 보완하지 않는 채 다시 소를 제기하면 소송요건 흠결로 각하된다.[4]

> 〈사례 8-1〉 甲 종중은 A가 종중재산인 이 사건 부동산을 임의로 매도하였다고 주장하면서 乙을 상대로 소유권이전등기말소청구의 소('전소')를 제기하였다가 甲 종중 대표자로서 소를 제기한 B가 적법한 대표자가 아니라는 이유로 소각하 판결을 선고받고 이 판결이 확정되었다. 그 후 甲 종중은 일부 종원에게 총회소집통지를 결여한 채 개최된 종중총회에서 B를 甲 종중의 대표자인 회장으로 다시 선출하고 B가 甲 종중의 적법한 대표자라고 주장하면서 乙을 상대로 다시 소유권이전등기말소청구의 소('후소')를 제기하였다. 후소법원은 어떠한 판단을 할 것인가?

종중총회의 소집통지는 종중의 규약이나 관례가 없는 한 통지 가능한 모든 종원에게 소집통지를 함으로써 각자가 회의의 토의와 의결에 참여할 수 있는 기회를 주어야 하고 일부 종원에게 이러한 소집통지를 결여한 채 개최된 종중총회의 결의는 그 효력이 없고, 이는 그 결의가 통지 가능한 종원 중 과반수의 찬성을 얻은 것이라 하여 달리 볼 수 없다. 위 종중총회는 종원 일부에 대한 소집통지를 하지 않은 절차상의 하자가 있고, 따라서 위 종중총회에서 대표자로 선출된 B에 의하여 제기된 후소는 대표권 없는 자에 의하여 제기된 것으로서 부적법하다.

〈**원심**〉은 이 사건 후소가 대표권 없는 자에 의하여 제기되어 부적법하다고 하면서도, 이 사건 소는 확정된 종전의 소각하판결에서 판시된 대표권흠결의 하자를 그대로 둔 채 거듭 제기된 것이기 때문에 종전의 확정판결의 기판력에 저촉되어 기각을 면치 못한다고 판시하였다. 그러나 〈**대법원**〉은 소송판결도 그 판결에서 확정한 소송요건의 흠결에 관하여 기판력이 발생함은 물론이나, 이 사건에서 종전 소송의 원고 종중 대표자로서 소를 제기한 자는 자신이 <u>종전 소송판결의 확정 후에 소집된 종중총회에서 새로이 대표자로 선임되었음</u>을 들어 대표권을 주장하는 것이어서 종전 확정

---

[2] 정선주, "소송판결의 기판력", 민사소송 제22권 제1호, 한국민사소송법학회(2018), p.14.
[3] 대법원 2003. 4. 8. 선고 2002다70181 판결. 종전 소송에서 당사자능력의 흠결을 이유로 소각하 판결을 받은 자연부락이 그 후 비법인사단으로서 당사자능력을 갖춘 것으로 볼 여지가 있다는 이유로 종전 소송판결의 기판력과의 저촉을 인정하지 않은 사례.
[4] 甲의 애인 丙이 甲과 乙을 상대로 甲과 乙이 이혼할 것을 구하는 소를 제기하였다가 당사자적격이 없다는 이유로 소각하 판결을 선고받고 이 판결이 확정된 뒤에 丙이 다시 같은 내용의 소를 제기한 경우 전소에서 당사자적격 불비라는 판단에 생긴 기판력에 저촉되어 각하된다. 호문혁, 민사소송법(제14판), p.728 참조.

판결의 기판력이 미칠 여지가 없고, 뿐만 아니라 위 확정판결의 기판력은 소송요건에 대한 것이므로 위 확정판결의 기판력이 미치는 경우라도 청구기각판결이 아니라 소각하 판결을 선고함이 옳다고 판시하였다.5)

3.

주지하는 바와 같이 판례는 채권자대위소송의 요건사실인 ① 피보전채권의 존재 ② 피보전채권의 변제기 도래 ③ 피보전채권을 보전할 필요성 ④ 피대위채권의 존재 ⑤ 피대위채권에 대한 채무자의 권리불행사 중 채권자대위소송의 소송물은 피대위채권의 존재이고, 나머지는·당사자적격에 관계되는 소송요건으로 파악하고 있다. 피보전채권이나 보전의 필요성이 없는 경우 당사자적격 흠결로 소를 각하한다. 여기서 채권자대위소송에서 피보전채권의 부존재를 이유로 한 소각하 판결이 확정된 후 피보전채권의 이행을 구하는 후소를 제기한 경우 확정된 소각하 판결의 기판력에 저촉되는 것인지에 관하여 논란이 있다.

〈사례 8-2〉
(1) 甲이 乙을 대위하여 丙을 상대로 취득시효완성을 원인으로 한 소유권이전등기청구의 소를 제기하였다. 법원은 甲이 乙을 대위한 피보전채권이 부존재한다는 이유로 소각하 판결을 선고하였고, 이 판결은 확정되었다. 그 후 丙이 甲을 상대로 제기한 건물철거 및 토지인도소송에서 甲은 다시 위와 같은 권리가 있음(피보전채권의 존재)을 항변사유로서 주장할 수 있는가?
(2) 甲이 乙을 대위하여 丙을 상대로 제기한 소유권이전등기말소 청구사건에서 법원은 피보전채권인 甲의 乙에 대한 이 사건 공사대금 및 대여금채권이 인정되지 않는다는 이유로 소각하 판결을 선고하고 이 판결이 확정되었다. 그 후 甲이 乙을 상대로 공사대금 및 대여금채권의 지급을 구하는 소를 제기하였다. 甲의 후소는 전소판결의 기판력에 저촉되는가?

---

(1) 사례에서 〈원심〉은 후소인 이 사건 소송은 전소의 소송물과 다른 건물철거 및 토지인도 소송이기는 하지만 이 사건 소송에서 甲이 항변사유로서 甲이 乙을 대위하여 丙에게 취득시효완성을 원인으로 한 소유권이전등기절차의 이행을 구할 권리가 있다고 주장하는 것은 전소판결의 기판력에 저촉된다는 이유로 甲의 주장을 배척하였고, 〈대법원〉도 다음과 같이 판시하고 甲의 상고를 기각하였다.6)

"기판력이라 함은 기판력 있는 전소판결의 소송물과 동일한 후소를 허용하지 않는 것임은 물론, 후소의 소송물이 전소의 소송물과 동일하지 않다고 하더라도 전소의 소송물에 관한 판단이 후소의 선결문제가 되거나 모순관계에 있을 때에는 후소에서 전소판결의 판단과 다른 주장을 하는 것을 허용하지 않는 작용을 하는 것인데, 전소판결은 소송판결로서 그 기판력은 소송요건의 존부에 관하여만 미친다 할 것이나, 그 소송요건에 관련하여 甲의 乙에 대한 피보전채권이 없음이 확정된 이상 이 사건에서 甲이 乙에 대하여 피보전채권이 있음을 전제로 다시 위와 같은 주장을 하는 것

---

5) 대법원 1994. 6. 14. 선고 93다45015 판결.
6) 대법원 2001. 1. 16. 선고 2000다41349 판결.

은 전소의 사실심 변론종결 전에 주장하였던 사유임이 명백할 뿐만 아니라, 甲의 이러한 주장을 허용한다면 丙에게 乙에 대한 피보전채권의 존재를 인정하는 것이 되어 전소판결의 판단과 서로 모순관계에 있다고 하지 않을 수 없으므로 이 사건에서 甲이 이러한 주장을 하는 것은 전소판결의 기판력에 저촉되어 허용될 수 없다."7)

(2) 사례에서 대법원은 원고가 채권자대위권을 행사하는 방법으로 제3채무자를 상대로 소유권이전등기말소를 청구하였다가 채무자인 피고를 대위할 피보전채권이 인정되지 않는다는 이유로 소각하 등 판결을 받아 확정되었더라도 그 판결의 기판력이 원고가 피고를 상대로 공사대금 및 대여금채권의 지급을 구하는 이 사건 청구에까지 미치는 것은 아니라고 판시하였다.8)

"민사소송법 제218조 제3항은 '다른 사람을 위하여 원고나 피고가 된 사람에 대한 확정판결은 그 다른 사람에 대하여도 효력이 미친다.'고 규정하고 있으므로, 채권자가 채권자대위권을 행사하는 방법으로 제3채무자를 상대로 소송을 제기하고 판결을 받은 경우 채권자가 채무자에 대하여 민법 제405조 제1항에 의한 보존행위 이외의 권리행사의 통지, 또는 민사소송법 제84조에 의한 소송고지 혹은 비송사건절차법 제49조 제1항에 의한 법원에 의한 재판상 대위의 허가를 고지하는 방법 등 어떠한 사유로 인하였던 적어도 채권자대위권에 의한 소송이 제기된 사실을 채무자가 알았을 때에는 그 판결의 효력이 채무자에게 미친다고 보아야 한다(대법원 1975. 5. 13. 선고 74다1664 전원합의체 판결 참조). 이때 <u>채무자에게도 기판력이 미친다는 의미는 채권자대위소송의 소송물인 피대위채권의 존부에 관하여 채무자에게도 기판력이 인정된다는 것이고, 채권자대위소송의 소송요건인 피보전채권의 존부에 관하여 당해 소송의 당사자가 아닌 채무자에게 기판력이 인정된다는 것은 아니다.</u> 따라서 채권자가 채권자대위권을 행사하는 방법으로 제3채무자를 상대로 소송을 제기하였다가 채무자를 대위할 피보전채권이 인정되지 않는다는 이유로 소각하 판결을 받아 확정된 경우 그 판결의 기판력이 채권자가 채무자를 상대로 피보전채권의 이행을 구하는 소송에 미치는 것은 아니다."9)

(3) 채권자대위소송에서 확정된 소송판결의 기판력이 피보전채권의 존부에 발생하는지 여부에

---

7) 이 판결에 대하여는 다음과 같은 비판이 있다. 이 사건에서 전소는 취득시효완성을 원인으로 한 소유권이전등기청구이고, 후소는 건물철거 및 토지인도청구로서 소송물은 서로 다르나 전소 소송물이 후소의 소송물과 선결관계나 모순관계에 있으면 전소 법원의 기판력 있는 판단에 후소법원이 구속될 것이다. 그런데 후소 법원이 구속되는 '전소의 기판력 있는 판단'이라는 것은 기판력의 객관적 범위, 즉 판결주문에 포함된 소송물인 법률관계의 존부에 관한 판단의 결론을 의미하는 것이지 판결이유 중의 판단까지 포함하는 것은 아니다. 그럼에도 불구하고 이 판결에서 대법원은 전소의 소각하판결 중 판결이유에서 판단한 피보전채권의 존부에 관하여서까지 기판력을 인정하고 있다. 이는 확정판결의 기판력에 관하여 '소송물로 주장된 법률관계의 존부에 관한 판단의 결론'에만 미치고 그 전제가 되는 법률관계의 존부까지 미치는 것은 아니라고 보는 대법원의 일반적인 입장과도 차이가 난다. 정선주, 앞의 논문, p.18 참조.
8) 대법원 2014. 1. 23. 선고 2011다108095 판결. 채권자대위소송을 소송담당이 아니라고 보는 견해는 전소송에서는 피보전채권의 존재가 대위권의 법률요건이므로 청구기각판결을 했어야 했고, 이는 원고에게 대위권이 없다는 판단을 한 것이고, 그 법률요건 중 하나인 피보전채권이 인정되지 않는다는 판단은 판결이유 중의 판단이므로 그 판단에는 기판력이 생기지 않는다고 본다. 호문혁, 앞의 책, p.729 참조.
9) 이창민, "채권자대위소송에서 소각하 판결이 있었던 경우 그 판결의 기판력이 채무자에게 미치는지 여부", 민사판례연구(37), p.911 이하는 소송담당자로서의 자격과 관련된 당사자적격의 흠결로 소각하 판결이 있었던 경우에는 그 판결은 소송담당자에 대한 확정판결이라고 볼 수 없어 권리(이익)귀속주체에게 기판력이 미칠 수 없으므로 대상판결의 결론은 타당하다고 한다.

관하여 대법원의 입장이 일관되어 있지 않은 것이라는 비판이 있으나,10) 전소판결이 피보전채권의 부존재를 이유로 소각하 판결을 받은 것은 동일하지만 (1) 사례는 피고 丙이 원고 甲을 상대로 후소를 제기한 경우이고, (2) 사례는 원고 甲이 전소 소송의 당사자가 아닌 채무자 乙을 상대로 후소를 제기한 경우로 당사자가 처해있는 이익상황이 다르다. 소송판결의 기판력은 특정 소송요건의 불비라는 점에 대하여 인정되는 것이고, 소송요건 불비의 구체적 내용(피보전채권의 존부)에 대하여까지 인정되는 것은 아니라는 점이다.

그러나 확정판결의 증명효에 따라 전소 확정판결에서 피보전채권의 존부에 관하여 판단한 내용은 특별한 사정이 없는 한 유력한 증거자료가 될 것이고, 전소 채권자대위소송판결의 기판력이 채권자가 채무자를 상대로 피보전채권의 이행을 구하는 소송에 미치지 않는다고 하더라도 후소 본안에서 채권자의 청구는 기각되는 경우가 많을 것이다.11)

4.

판례는 소송판결의 기판력은 그 판결에서 확정한 소송요건의 흠결에 관하여 미치는 것이지만, 당사자가 그러한 소송요건의 흠결을 보완하여 다시 소를 제기한 경우에는 그 기판력의 제한을 받지 않는다고 하는데,12) 소송요건의 흠결을 보완하지 않고 동일한 소를 제기하면 기판력에 의해 각하된다는 것이 기판력의 객관적 범위를 의미하는지 아니면 시적 범위를 의미하는지 분명하지 않지만 기판력의 시적 범위를 의미하는 것으로 볼 것이다.

<사례 8-3> 미성년자인 16세의 甲이 乙을 상대로 대여금청구의 소('전소')를 제기하였다. 법원은 甲이 소송능력의 흠결을 보정하지 아니하자 甲이 미성년자라는 이유로 소각하 판결을 선고하고 이 판결이 확정되었다. 甲이 17세로 미성년인 상태에서 다시 동일한 소를 제기한 경우 기판력에 저촉되는 근거는 무엇인가?

☞ 원고는 소송판결의 기판력 때문에 원고가 미성년인 상태에서 동일한 소를 제기할 수 없다. 이러한 결과는 확정된 소송판결의 기판력이 원고가 미성년이라는 사실에 발생하기 때문이 아니라 전소 표준시 이후 사정변경이 없음에도 불구하고 동일한 사유를 주장하는 것은 전소 확정판결의 시적 범위 때문에 차단되기 때문이다. 법원은 사실심 변론종결시를 기준으로 소송요건의 존부에 관하여 직권으로 판단하여야 하고, 만일 법원이 예컨대, 원고의 당사자능력을 부인하여 소각하 판결을 내렸다면 이는 사실심 변론종결시의 사실관계를 토대로 내린 결론이다. 따라서 당사자는 동일한 사실관계에 기초하여 다시 소를 제기할 수는 없으나, 사실심 변론종결 후 새로운 사실관계가 생긴 경우에는 다시 소를 제기할 수 있다.13)

---

10) 정선주, 앞의 논문, p.11
11) 호문혁 교수도 같은 채권의 존재를 부정한 전소송 확정판결의 증명력으로 후소송에서 기각판결을 할 가능성이 크다고 할 것이라고 한다. 호문혁, 앞의 책, p.729 참조.
12) 대법원 2003. 4. 8. 선고 2002다70181 판결.
13) 후소 법원은 전소 각하판결의 기초가 되었던 소송상의 상황이 바뀌어 새롭게 소가 제기된 경우 전소 법원이 검토하지 않았던 다른 소송요건들에 관하여 그 구비여부를 검토하여야 한다. 정선주, 앞의 논문, p.28~29 참조.

위 사례에서 전소판결의 기준시점에 소송요건이 흠결되었다는 판단에 기판력이 생기는 것이므로 그 기준시점 이후에 상황이 변하는 경우에는 기판력의 문제가 아니다.[14]

법원은 소송요건의 구비여부에 관하여 원칙적으로 사실심 변론종결시를 기준으로 직권으로 조사·판단하여야 한다. 당사자는 사실심 변론종결시까지 소송요건에 관하여 주장하지 않았더라도 상고심에서 새로이 주장할 수 있고, 이 경우 직권조사사항에 해당하는 내용은 상고심의 범위에 포함된다.[15]

소송요건의 구비여부와 기판력의 표준시를 반드시 일치시킬 필요가 있는지에 관하여 소송요건은 본안판단의 전제요건이므로 소송요건을 구비해야 하는 것은 사실심 변론종결시라고 할 수 있으나, 기판력은 후소 법원과 당사자를 구속하는 효력을 의미하므로 전소판결이 확정될 때까지의 모든 사정을 고려하여 실권효를 인정하는 것이 타당할 것이라는 견해가 있다.[16] 이 견해는 확정된 소송판결의 기판력의 표준시는 본안판결의 표준시와 달리 사실심의 변론종결시가 아니라 상고심의 판결선고시라고 보는 것이 타당하다고 한다.

---

14) 위 사례에서 후소가 기판력에 저촉된다면 법원은 바로 소각하판결을 할 것이나, 후소에서 여전히 뛰이 미성년자임은 후소에서의 사정이지 전소에서 확정해 둔 것이 아니므로 이때에는 법원이 보정을 명해야 할 것이다. 호문혁, 앞의 책, p.728~729 참조.
15) 사실심에서 변론종결 시까지 당사자가 주장하지 아니한 직권조사사항에 해당하는 사항을 상고심에서 비로소 주장하는 경우에 그 직권조사사항에 해당하는 사항은 상고심의 심판범위에 포함되므로, 소송대리권 수여에 흠이 있는 경우에는 민사소송법 제424조 제1항 제4호의 절대적 상고이유에 해당한다(대법원 2015. 12. 10. 선고 2012다16063 판결).
16) 정선주, 앞의 논문, p.31 이하.

기판력의 존재와 시효중단을 위한 재소

1.

　모든 소는 소송요건을 갖추어야 본안심리를 받을 수 있고 본안판결을 받을 수 있다. 소송요건은 소 전체가 적법한 취급을 받기 위해 갖추어야 할 본안판결요건인 동시에 본안심리요건(적법요건)이다. 소송요건 중 소송물에 관한 소송요건으로 '소의 이익'이 있다("이익이 없으면 소권도 없다."는 법언이 있다). 소의 이익이란 청구의 내용이 '권리보호의 자격'(청구적격)을 갖추어야 하고 그 '권리보호의 이익 내지 필요성'이 있어야 한다. 권리보호의 자격이란 본안판결을 받을 자격을 말하고, 권리보호의 이익 내지 필요성이란 본안판결에 의하여 보호받을 이익 내지 필요성을 말한다. 소의 이익을 권리보호요건으로 부르는 까닭이다.

　소의 이익(권리보호요건) 중에는 각종의 소에 공통으로 요구되는 소의 이익인 권리보호자격은 교과서에 나와 있는 대로 ① 청구가 소구할 수 있는 구체적인 권리 또는 법률관계일 것, ② 법률상 또는 계약상 제소금지사유가 없을 것(중복된 소제기의 금지 등), ③ 제소장애사유가 없을 것, ④ 동일한 청구에 대하여 승소확정판결이 존재하지 않을 것, ⑤ 신의칙 위반의 제소가 아닐 것 다섯 가지다. 여기서 문제되는 것이 전소 승소확정판결의 존재이다. 원고가 동일한 청구에 대하여 승소확정판결을 받은 경우 그 인용범위 내에서는 다시 소를 제기할 수 있는 소의 이익이 없다는 것이다.

　하나의 판결이 확정되면 기판력이 생긴다. 그런데 **기판력의 존속기간**이라는 것이 정해져 있지 않다. 기판력은 시효에 의해 소멸하지도 않는 영구히 존속하는 것이다. 예컨대 甲이 乙을 상대로 매매를 원인으로 한 소유권이전등기절차의 이행을 구하는 소를 제기하여 승소확정판결을 받은 경우 甲은 이 판결을 가지고 언제까지 소유권이전등기를 마쳐야 하는지 정해진 기간이라는 것이 없다. 당사자의 권리관계에 변동이 없는 한 甲은 10년 아니 20년이 지나서도 이 판결을 가지고 甲 앞으로 이전등기를 마칠 수 있다.[1]

---

[1] 부동산등기특별조치법 제2조에 의하면 부동산의 소유권이전을 내용으로 하는 계약을 체결한 자는 계약의 당사자가 서로 대가적인 채무를 부담하는 경우에는 반대급부의 이행이 완료된 날 또는 계약당사자의 일방만이 채무를 부담하는 경우에는 그 계약의 효력이 발생한 날부터 60일 이내에 소유권이전등기를 신청하여야 하고(다만, 그 계약이 취소·해제되거나 무효인 경우에는 그러하지 아니하다), 이에 위반한 경우 과태료의 재재가 있고(동법 제11조), 부동산실명법 제10조가 장기미등기자에 특례규정을 두어 계약당사자가 서로 대가적인 채무를 부담하는 경우에는 반대급부의 이행이 사실상 완료된 날 또는 계약당사자의 어느 한쪽만이 채무를 부담하는 경우에는 그 계약의 효력이 발생한 날부터 **3년** 이내에 소유권이전등기를 신청하지 아니한 등기권리자에게 이행강제금의 재재를 두고 있으나, 계약이 아닌 확정판결을 받은 경우 언제까지 등기를 신청하여야 한다는 특별규정이 없다. 등기예규는 등기절차의 이행을 명하는 확정판결을 받았다면 그 확정시기에 관계없이 확정 후 10년이 경과하였다 하더라도 그 판결에 의한 등기신청을 할 수 있다고 규정하고 있다(등기예규 제1607호).

그렇다고 하여 확정판결에 포함된 채권자의 실체법상의 권리가 소멸시효의 대상이 될 수 없다는 것은 아니다. 확정판결에 의한 채권도 10년의 시효기간의 경과로 소멸한다. 그렇다고 하여 이 확정판결의 기판력도 함께 소멸하는 것은 아니다. 기판력과 실체법상의 권리는 별개의 것이다. 채권자가 확정판결을 가지고 10년의 경과한 뒤에 채무자의 재산을 압류할 수 있는가? 집행권원이 되는 이행판결에는 기판력과 집행력이 있고, 이 기판력과 집행력의 존속기간이라는 것이 없으므로 채권자는 10년이 지난 뒤에도 이 판결을 가지고 채무자의 재산을 압류할 수 있다. 이 경우 채무자는 이 확정판결에 의한 실체법상의 채권이 시효소멸 하였음을 들어 청구이의의 소를 제기할 수 있다(민사집행법 제44조). 채무자가 집행권원에 표시된 사법상의 청구권에 관하여 생긴 실체상의 사유를 들어 그 집행권원이 가지는 집행력의 배제를 구하는 소가 바로 청구이의의 소이다. 그 청구이의 사유는 어디까지나 채권의 시효소멸이지 그 판결의 기판력이나 집행력에 대한 것은 아니다. 채무자가 이러한 청구이의를 제기하지 않는 이상 채권자는 압류나 그에 이은 강제경매절차를 취할 수 있다.

2.

기판력의 본질에 관하여 판례의 모순금지설에 의하면 전소에서 승소 확정판결을 받은 원고가 동일한 소를 제기하는 것은 이미 권리보호를 받았음에도 불구하고 다시 이를 구하는 것이므로 권리보호이익 흠결을 이유로 소각하를 하게 된다(패소 확정판결을 받은 경우에는 청구기각). 그렇다면 기판력 있는 확정판결의 존재에도 불구하고 채권자의 시효중단을 위한 소의 제기는 소의 이익이 있는 것일까? 기판력 있는 확정판결이 존재하지 않을 것이 소송요건의 하나인데 기판력이 존재하는 데도 무슨 근거로 이 경우에만 소송요건을 결하지 않는 것으로 말할 수 있는 것일까?

주지하는 바와 같이 판례는 확정판결을 받은 채권자의 시효중단을 위한 재소를 허용해왔다. 대법원은 다음과 같은 사례에서 최근 전원합의체 판결을 통하여 이 문제에 관하여 다시 천착할 수 있는 기회를 가졌다.

<사례 9-1> 보험회사인 원고는 A와 사이에 피보험자를 자동차판매회사인 B회사로 하는 할부판매보증보험계약을 체결하였다. 피고는 위 보증보험계약에 따라 A가 원고에게 부담하는 모든 채무에 관하여 연대보증을 하였다. 이후 A가 B회사에 할부금을 납부하지 아니하여 원고는 1996. 7. 23. 약 760만 원을 보험금으로 B회사에게 지급하였다.
원고는 주채무자인 A와 연대보증인인 피고를 상대로 구상금청구의 소를 제기하였고, 이 소송에서 원고는 1997. 4. 8. 승소판결을 받았고, 그대로 확정되었다.
이후 원고는 시효연장을 위하여 2007년에 다시 피고를 상대로 같은 내용의 구상금청구의 소를 제기하여 이행권고결정을 받았고, 그 결정은 2007. 2. 23. 그대로 확정되었다. 그로부터 10년이 다 되어가던 2016. 8. 19. 원고는 또다시 시효연장을 위하여 같은 내용의 구상금청구의 소를 제기하였다.
법원은 어떻게 판단할 것인가?

〈제1심법원〉과 〈원심법원〉은 모두 확정판결에 의한 채권의 소멸시효기간인 10년의 경과가 임박한 경우 그 시효중단을 위한 재소는 소의 이익이 인정된다는 기존 판례에 따라 원고의 청구를 인용하였다. 〈대법원〉은 '확정된 승소판결의 기판력에도 불구하고 예외적으로 확정판결에 의한 채권의 소멸시효기간인 10년의 경과가 임박한 경우에는 그 시효중단을 위한 소는 소의 이익이 있다'는 입장을 취해 왔다.2)

대법원 2018. 7. 19. 선고 2018다22008 전원합의체 판결은 기존 판례를 유지하는 다수의견과 이를 변경하자는 입장인 대법관 4인의 반대의견으로 나뉘었다.

〈대법관 9인의 **다수의견의 요지**〉는 다음과 같다. 확정된 승소판결에는 기판력이 있으므로, 승소 확정판결을 받은 당사자가 그 상대방을 상대로 다시 승소 확정판결의 전소와 동일한 청구의 소를 제기하는 경우 그 후소는 권리보호의 이익이 없어 부적법하다. 하지만 <u>예외적으로 확정판결에 의한 채권의 소멸시효기간인 10년의 경과가 임박한 경우에는 그 시효중단을 위한 소는 소의 이익이 있다</u>. 나아가 이러한 경우에 후소의 판결이 전소의 승소 확정판결의 내용에 저촉되어서는 아니 되므로, 후소 법원으로서는 그 확정된 권리를 주장할 수 있는 모든 요건이 구비되어 있는지 여부에 관하여 다시 심리할 수 없다. 대법원은 종래 확정판결에 의한 채권의 소멸시효기간인 10년의 경과가 임박한 경우에는 그 시효중단을 위한 재소는 소의 이익이 있다는 법리를 유지하여 왔다. 이러한 법리는 현재에도 여전히 타당하다. 다른 시효중단사유인 압류·가압류나 승인 등의 경우 이를 1회로 제한하고 있지 않음에도 유독 재판상 청구의 경우만 1회로 제한되어야 한다고 보아야 할 합리적인 근거가 없다. 또한 확정판결에 의한 채무라 하더라도 채무자가 파산이나 회생제도를 통해 이로부터 전부 또는 일부 벗어날 수 있는 이상, 채권자에게는 시효중단을 위한 재소를 허용하는 것이 균형에 맞다.

〈대법관 4인의 **반대의견의 요지**〉는 다음과 같다. 다수의견은 판결로 확정된 채권이 변제 등으로 만족되지 않는 한 시효로 소멸되는 것은 막아야 한다는 것을 당연한 전제로 하고 있는데, 이는 채권의 소멸과 소멸시효제도를 두고 있는 민법의 기본 원칙과 확정판결의 기판력을 인정하는 민사소송의 원칙에 반하므로 동의할 수 없고, 다수의견이 따르고 있는 종전 대법원판례는 변경되어야 한다.

① 소멸시효가 완성하면 채권은 소멸한다. 채권은 '소멸'을 전제로 하는 한시성을 기본적 성질로 하고 있고, 민법은 만족되지 않은 채권의 소멸도 인정하고 있으므로, 소멸시효제도를 해석하고 적용함에 있어 만족되지 않은 채권이 소멸되는 것은 막아야 하고 이를 위해 채권이 만족될 때까지 존속기간을 연장해야 한다는 당위성이 인정되는 것은 아니다. 오히려 채권이 만족될 때까지 시효 소멸을 방지해야 한다는 다수의견은 <u>채권의 본질과 민법 규정</u>에 어긋난다.

② 민법이 소멸시효와 시효중단 제도를 두고 있는 취지에 비추어 보면, 판결이 확정된 채권의

---

2) 판례는 **소멸시효완성이 임박할 것**을 요구하는데, 대법원 2018. 7. 19. 선고 2018다22008 전원합의체 판결은 소멸시효완성을 **6개월** 앞둔 시점에서 재소를 한 사안이고, 대법원 2018. 10. 18. 선고 2015다232316 전원합의체 판결은 소멸시효완성을 **1개월여**를 남겨둔 시점에서 재소를 한 사안이다. 한편, 대법원 2006. 4. 14. 선고 2005다74764 판결은 원고가 소송물인 채권의 소멸시효완성이 임박하였다는 이유로 소의 이익을 주장하였으나, 시효완성까지 **약 7년** 정도가 남아 있다는 이유로 소의 이익을 부정하였다.

시효기간을 10년으로 정하고 있는 제165조 제1항과 '청구'를 시효중단사유로 규정하고 있는 제168조 제1호의 두 규정을 무한히 반복, 순환하면서 영원히 소멸하지 않는 채권을 상정하고 있다고 볼 수 없다. 그러나 다수의견에 따르면 1년의 단기소멸시효에 해당하는 채권도 10년마다 주기적으로 소송을 제기하여 판결을 받으면 영구적으로 존속하는 채권이 될 수 있다. 이러한 결론은 소멸시효제도를 두고 있는 우리 민법이 의도한 결과라고 할 수 없다.

③ 민사소송법상 이미 이행판결을 선고받아 유효한 집행권원을 가지고 있는 원고에게 다시 동일한 소송을 제기할 법적 이익은 인정되지 않는다. 민법이 제170조를 둠으로써 이러한 민사소송법의 원칙을 전제로 하여 적법한 재판상 청구만 시효중단사유로 삼은 이상, 승소의 확정판결이 이미 존재한다면 그 기판력 때문에 재판상 청구는 다시 주장할 수 없는 시효중단사유라고 보는 것이 논리적으로도 일관성이 있다.

④ 시효중단사유 중 승인은 채무자가 자신의 채무를 이행하겠다는 의사이므로 이를 제한할 이유는 없다. 이와 달리 이미 유효한 압류, 가압류, 가처분이 있다면 이와 동일한 신청을 중복하여 제기하는 것은 부적법하므로 허용되지 않는다. 또한 민법은 제174조에서 최고를 아무리 여러 번 하더라도 시효중단의 효력을 반복적으로 인정하지 않겠다고 단호히 선언하고 있다. 이러한 점에서 시효중단을 위한 재소를 허용하지 않는 것이 민법 제168조에서 정한 다른 시효중단사유와 재판상 청구를 달리 취급하는 것이 아니다.

⑤ 시효중단을 위한 재소를 허용하여 영구적으로 소멸하지 않는 채권의 존재를 인정하게 되면, 각종 채권추심기관의 난립과 횡행을 부추겨 충분한 변제능력이 없는 경제적 약자가 견뎌야 할 채무의 무게가 더욱 무거워지는 사회적 문제도 따른다.3)

위와 같은 다수의견에 찬동하는 것이 학설의 다수이고, 다수의견을 따르는데 실무상의 별다른 문제는 없었다. 위 대법원 전원합의체 판결은 민법의 영역에서 '채권'과 '소멸시효', 민사소송법의 영역에서 '기판력'과 '소의 이익'의 본질을 각각 다루고 있다. 채권은 소멸을 전제로 하는 한시성을 가진 권리인지, 10년 마다 되풀이되는 재판상 청구가 채무자의 법적 평화를 깨뜨리는 것인지, 재판상 청구에 수반될 수 있는 불법 채권추심행위를 우리의 법 감정에 비추어 온당한 것인지 등의 문제는 각자의 법률관에 따라 다를 수 있다. 여기서는 기판력과 소의 이익에 관한 민사소송법의 쟁점만을 간단히 생각해보기로 한다.

앞서 본 바와 같이 기판력의 본질에 관하여는 실체법설과 소송법설이 있고, 학설로는 소송법설만 주장되고 있다. 소송법설은 모순금지설과 반복금지설로 나뉘는데, 우리 판례는 소위 모순금지설을 따르고 있고 위 전원합의체 판결의 다수의견이나 반대의견 모두 모순금지설에 기초하여 논리를 전개하고 있다. 모순금지설에 따르면 대상판결에서 중요한 민사소송법상의 쟁점은 기판력이 아니라 일반적인 소의 이익의 관점에서 접근하게 될 것이다.

판례는 판결원본이 멸실된 경우,4) 판결내용(주문)이 구체적으로 특정되지 않아 집행할 수 없는

---

3) 위 전원합의체 판결에는 다수의견에 대한 보충의견이 2개, 반대의견에 대한 보충의견도 있다.
4) 판례가 한때 판결원본이 멸실되어 집행문을 부여받을 수 없는 경우에는 신소 제기가 허용되는 것으로 보았으나(대법원

경우5)뿐만 아니라 확정판결에 의한 소멸시효기간인 10년의 경과가 임박한 상황에서 시효중단을 위하여 후소를 제기하는 경우에는 확정판결의 존재에도 불구하고 예외적으로 소의 이익을 인정하여 왔다. 예외적으로 채권자의 신소 제기가 허용되는 경우에도 신소의 판결은 원칙적으로 전소 확정판결의 내용에 저촉되어서는 아니 되고, 후소 법원으로서는 그 확정된 권리를 주장할 수 있는 모든 요건이 구비되어 있는지 여부에 관하여 다시 심리할 수는 없다.6) 한편, 피고(채무자)가 후소에서 전소의 확정된 권리관계를 다투기 위하여는 먼저 전소의 승소 확정판결에 대하여 적법한 **추완항소**를 제기함으로써 그 기판력을 소멸시켜야 할 것인데, 이는 전소의 소장부본과 판결정본 등이 공시송달의 방법에 의하여 송달되어 피고가 그 책임질 수 없는 사유로 전소에 응소할 수 없었던 경우라고 하여 달리 볼 것이 아니다.7)

반대의견은 "소멸시효 중단을 위한 재소는 이미 승소한 확정판결이 있는 경우이므로 권리보호의 이익이 없어 부적법하고 더 이상 시효중단은 불가능하다고 보아야 한다."고 하거나, "민사소송법상 이미 이행판결을 선고받아 유효한 집행권원을 가지고 있는 원고에게 다시 동일한 소송을 제기할 법적 이익은 인정되지 않는다."고 지적하고 있다. 그러나 확정판결을 통해 채무의 존재와 범위가 확정되었는데도 채무자가 임의이행을 하지 않고 버티면 채권자는 부득불 자신의 권리를 유지하기 위하여 시효중단조치를 취할 수밖에 없다. 이때 채무자에게 책임재산이 없다면 채무자 스스로 자신의 채무를 승인하지 않는 이상 채권자로서는 재판상 청구를 통해 시효중단조치를 취할 수밖에 없고, 이처럼 시효중단조치를 취하여 권리를 존속시킬 이익은 법적으로 보호받아야 할 이익이다.8)

대법원은 최근에도 이와 같은 다수의견의 입장을 이어가고 있다. 전소판결이 확정된 수 10년이 지나 소가 제기된 경우 법원은 이를 이유로 곧바로 소의 이익이 없다고 소를 각하할 수 있는지 문제된다. **대법원 2019. 1. 17. 선고2018다24349 판결**은 전소 판결이 확정된 후 10년이 경과하여

1981. 3. 24. 선고 80다1888,1889 판결), 재판예규가 개정되어 집행문을 부여할 법원에 판결원본이 없는 경우에는 판결정본에 기하여 집행문을 부여할 수 있도록 허용하고 있고(2002. 6. 27. 개정 재판예규 제871-46호 '판결정본에 기하여 집행문을 부여하는 경우 요령'), 2002. 7. 1. 제정 민사집행규칙 제21조 제1항에서 집행문을 내어 주는 때에는 집행권원의 원본 또는 정본에 이를 적도록 하고 있으므로 판결원본이 멸실된 경우 신소 제기가 허용된다는 견해는 적절치 아니하다는 지적으로는 김홍엽, 민사소송법(제9판), 박영사, (2020), p.279 참조

5) 대법원 1998. 5. 15. 선고 97다57658 판결.
6) 예컨대, ① 丙이 甲으로부터 채권을 양도받은 다음 채무자인 乙을 상대로 양수금 청구소송을 제기하여 승소판결을 받고 그 무렵 판결이 확정되었는데, 그 후 채권을 전전 양도받은 丁이 소멸시효 완성을 차단하기 위해 乙을 상대로 양수금 청구소송을 제기한 사안에서, 전소에서 丙의 乙에 대한 채권이 확정된 이상 확정된 채권의 소멸시효 중단을 위하여 제기된 후소에서는 甲이 乙에 대하여 丙에의 채권양도사실을 통지하였는지 등 채권양도 대항요건의 구비 여부에 관하여 다시 심리할 수 없다(대법원 2018. 4. 24. 선고 2017다293858 판결). ② 전소인 구상금 청구소송에서 甲의 乙에 대한 구상금 채권이 확정된 이상 그 확정된 채권의 소멸시효의 중단을 위하여 제기된 신소에서 보증보험계약서의 진정성립 여부 등을 다시 심리할 수는 없다(대법원 2010. 10. 28. 선고 2010다61557 판결). ③ 전소인 약속어음금 청구소송에서 원고의 피고에 대한 약속어음채권이 확정된 이상 그 확정된 채권의 소멸시효의 중단을 위하여 제기한 소송에서 원고의 약속어음의 소지 여부를 다시 심리할 수는 없다(대법원 1998. 6. 12. 선고 98다1645 판결).
7) 대법원 2013. 4. 11. 선고 2012다111340 판결.
8) 반대의견은 이러한 경우 소의 이익이 부정되어야 한다고 하지만 승소확정판결이 있으므로 권리보호이익이 없다는 논리만 전개할 뿐 왜 그런지 실천적 근거에 대해서는 자세히 설명하지 않고 있다. 반대의견은 확정판결 후 일정한 기간 동안에는 재소의 권리보호의 이익이 없다가 시효기간이 임박해서 권리보호이익이 생기는 것이 이상하다고 하지만 권리보호이익은 시간이 흐름에 따라 변동할 수 있고 바로 그 이유 때문에 권리보호이익의 판단시점이 논의되는 것이다. 권영준, 민법판례연구 Ⅰ, 박영사, 2019. p.44~45 참조.

후소가 제기된 경우 법원으로서는 시효완성을 이유로 곧바로 소의 이익이 없다고 하여 소를 각하할 것이 아니라 채무자인 피고의 항변에 따라 원고의 채권이 소멸시효 완성으로 소멸하였는지에 관한 본안판단을 하여야 한다고 한다.[9] 변론주의에 따라 시효완성의 이익을 받을 채무자인 피고의 항변에 따라 원고의 채권이 소멸시효완성으로 소멸하였는지에 관하여 심리를 하여 10년이 지나 소가 제기된 사실이 인정되는 경우에는 법원은 원고의 청구를 기각하여야 한다는 것이다.[10]

3.

대법원은 위 대법원 2018다22998 전원합의체 판결의 후속 전원합의체 판결인 **대법원 2018. 10. 18. 선고 2015다232316 전원합의체 판결**에서 확정판결 후에도 시효중단을 위해 이행소송을 제기할 수 있다는 종전 판례의 법리를 재확인하면서 이행소송 외에도 재판상 청구가 있었다는 점에 대한 확인을 구하는 새로운 방식의 확인소송을 허용하는 판결을 선고하였다.

〈사례 9-2〉 원고는 피고를 상대로, 원고가 피고에게 1997. 2.말경 6,000만 원을, 1997. 4.초경 1억 원을 각 대여하였다고 주장하며 대여금 1억 6,000만 원 및 이에 대한 지연손해금 청구를 하여, 2004. 11. 11. 원고 전부승소 판결을 선고받고 2004. 12. 7. 그 판결이 확정되었다.
원고는 2014. 11. 4. 위 대여금 채권의 시효연장, 즉 시효중단을 위하여 후소로서 피고에 대하여 1억 6,000만 원 및 그 지연손해금의 지급을 구하는 이 사건 이행의 소를 제기하였다. 피고는 이 소송에서 '파산절차에서 면책결정이 확정되었으므로 이 사건 판결금 채권에 대하여도 면책되었다'는 취지로 항변하였다. 원심은, 이 사건 판결금 채권은 채무자 회생 및 파산에 관한 법률 제566조 제7호에서 정한 '채무자가 악의로 채권자목록에 기재하지 아니한 청구권'에 해당하므로, 피고에 대한 면책허가결정에 불구하고 피고는 원고에 대한 이 사건 판결금 채무에 관하여 책임이 면제되지 않는다고 판단하였고, 원고의 청구를 전부 인용한 제1심판결의 결론을 유지하였다.
피고는 이에 불복하여 상고를 제기하였다. 대법원은 어떻게 판단할 것인가?

---

[9] 확정된 승소판결에는 기판력이 있으므로 승소 확정판결을 받은 당사자가 전소의 상대방을 상대로 다시 승소 확정판결의 전소와 동일한 청구의 소를 제기하는 경우, 특별한 사정이 없는 한 후소는 권리보호의 이익이 없어 부적법하다. 하지만 예외적으로 확정판결에 의한 채권의 소멸시효기간인 10년의 경과가 임박한 경우에는 그 시효중단을 위한 소는 소의 이익이 있다. 이는 승소판결이 확정된 후 그 채권의 소멸시효기간인 10년의 경과가 임박하지 않은 상태에서 굳이 다시 동일한 소를 제기하는 것은 확정판결의 기판력에 비추어 권리보호의 이익을 인정할 수 없으나, 그 기간의 경과가 임박한 경우에는 시효중단을 위한 필요성이 있으므로 후소를 제기할 소의 이익을 인정하는 것이다. 한편 시효중단을 위한 후소의 판결은 전소의 승소 확정판결의 내용에 저촉되어서는 아니 되므로, 후소 법원으로서는 그 확정된 권리를 주장할 수 있는 모든 요건이 구비되어 있는지에 관하여 다시 심리할 수 없으나, 위 후소 판결의 기판력은 후소의 변론종결시를 기준으로 발생하므로, **전소의 변론종결 후**에 발생한 변제, 상계, 면제 등과 같은 **채권소멸사유**는 후소의 심리대상이 된다. 따라서 채무자인 피고는 후소 절차에서 위와 같은 사유를 들어 **항변**할 수 있고 심리결과 그 주장이 인정되면 법원은 **원고의 청구를 기각**하여야 한다. 이는 채권의 소멸사유 중 하나인 소멸시효 완성의 경우에도 마찬가지이다. 이처럼 판결이 확정된 채권의 소멸시효기간의 경과가 임박하였는지 여부에 따라 시효중단을 위한 후소의 권리보호이익을 달리 보는 취지와 채권의 소멸시효 완성이 갖는 효과 등을 고려해 보면, 시효중단을 위한 후소를 심리하는 법원으로서는 전소 판결이 확정된 후 소멸시효가 중단된 적이 있어 그 중단사유가 종료한 때로부터 새로이 진행된 소멸시효기간의 경과가 임박하지 않아 시효중단을 위한 재소의 이익을 인정할 수 없다는 등의 특별한 사정이 없는 한, 후소가 전소 판결이 확정된 후 10년이 지나 제기되었다 하더라도 곧바로 소의 이익이 없다고 하여 소를 각하해서는 아니 되고, 채무자인 피고의 항변에 따라 원고의 채권이 소멸시효 완성으로 소멸하였는지에 관한 본안판단을 하여야 한다.
[10] 따라서 판례에 의하면 채무자는 전소 승소확정판결을 받은 채권자가 시효중단을 위하여 후소를 제기한 경우 별도로 청구이의의 소를 제기하지 않고 변론종결 후의 채무소멸사유를 들어 원고의 청구를 기각시킬 수 있다.

대법원 전원합의체는 원심의 판단은 타당하고 피고의 상고는 받아들일 수 없다는 이 사건의 결론(상고기각)과 그 이유에 대해서는 의견이 일치하였다. 다만 대법원은 직권으로, 소멸시효 중단을 위한 후소의 형태를 심리하였는데, 종전에 허용되던 '이행소송' 외에 이른바 '새로운 방식의 확인소송'도 허용할 것인지 여부를 쟁점으로 삼아 판단하였다.

대법원은 종래 시효중단을 위한 후소가 전소와 동일한 '이행소송'이라 하더라도 소의 이익이 있다는 입장을 유지하여 왔고, 이러한 법리는 위 2018다22008 전원합의체 판결을 통해서도 재확인되었다. 이 사건에서는 시효중단을 위한 후소로서 위와 같은 '이행소송' 외에 이른바 '새로운 방식의 확인소송'을 허용할 것인지 여부를 검토하였다.

〈대법관 7인의 **다수의견**〉은 새로운 방식의 확인소송을 허용하고 있다. 종전의 '이행소송'에 따른 판례와 실무의 모습은 아래와 같다.

① 후소의 소송물은 원칙적으로 전소의 소송물과 같다. 본래 이러한 후소는 권리보호의 이익이 없어 부적법하지만, 예외적으로 소멸시효기간인 10년의 경과가 임박한 경우에는 소의 이익이 인정된다.

② 후소 판결은 이미 확정된 전소 판결의 내용에 저촉되어서는 아니 되므로, 후소 법원으로서는 그 확정된 권리를 주장할 수 있는 모든 요건이 구비되어 있는지에 관하여 다시 심리할 수는 없다.

③ 후소 판결의 기판력은 후소의 변론종결시를 기준으로 발생하므로, 채무자는 전소 판결의 변론종결 이후에 발생한 사유를 후소에서 주장할 수 있고 후소 법원은 이에 관하여 심리 및 판단을 하여야 한다.

후소로서 '이행소송'이 제기되는 경우 아래와 같은 문제점이 있다.

① 후소 변론종결시를 기준으로 청구권의 존부와 범위를 새로 심사하여 판단하는 결과, 불필요한 심리가 이루어지게 된다. 즉 채권자는 시효중단만을 원할 뿐인데 청구권의 실체적 존부와 범위까지 다시 심리하게 되고, 채무자가 자신의 필요에 따라 청구이의의 소를 제기하여 주장하면 될 사항을 굳이 시효 중단을 위한 후소에서 심리하여야 하므로 이로 인하여 사법자원이 낭비된다.

② 후소에서 집행권원이 추가로 발생하여 이중집행의 위험이 높아진다.

③ 후소의 적법 여부가 불분명한 기준에 의하여 좌우된다. '소멸시효기간인 10년의 경과가 임박한 시점'이라는 기준이 모호하다.

④ 채무자의 채권관리·보전비용에 해당하는 후소의 소송비용을 채무자가 부담하여야 하는 불합리한 결과가 발생한다.

위와 같은 '이행소송'의 문제점을 해결하기 위하여 '새로운 방식의 확인소송'을 허용할 필요가 있다. 이는 전소판결로 확정된 채권의 시효를 중단시키기 위한 조치, 즉 '<u>재판상의 청구</u>'가 있다는 점에 대하여만 확인을 구하는 형태이다. 채권자는 두 가지 형태의 소송 중 자신의 상황과 필요에 보다 적합한 것을 선택하여 제기할 수 있다.

☞ '새로운 방식의 확인소송'의 구체적 내용은 아래와 같다.

① 전소와 달리, 후소의 소송물은 '실체법상 구체적 청구권의 존부'가 아니다. 후소 판결은 '시

효를 중단시키기 위한 재판상 청구가 있었다'는 점에 대해서만 효력이 있다.

② 소멸시효 완성 등을 포함한 청구권의 존부 및 범위와 같은 실체적 법률관계에 관한 심리를 할 필요가 없다. 채권자는 청구원인으로 전소판결이 확정되었다는 점과 그 청구권의 시효중단을 위해 후소가 제기되었다는 점만 주장하고 전소판결의 사본과 확정증명서 등으로 이를 증명하면 되며 법원도 이 점만 심리하면 된다. 채무자는 전소판결의 변론종결 후에 발생한 청구이의사유가 있더라도 이를 주장할 필요가 없고, 법원은 채무자가 이를 주장하더라도 심리할 필요가 없다.

③ 채권자는 전소 판결이 확정되고 적당한 시점에 이와 같은 후소를 제기할 수 있고, 그 시기에 관하여 판결이 확정된 청구권의 소멸시효기간인 10년의 경과가 임박할 것을 요하지 않는다.

다수의견은 '새로운 방식의 확인소송'에 의할 경우 '이행소송'의 문제점이 모두 해결된다고 한다.

〈대법관 5인의 **반대의견**〉은 '새로운 방식의 확인소송'은 허용할 수 없다는 의견이다. 이행소송을 허용하는 현재의 실무에 문제가 많다고 보이지 않고, '새로운 방식의 확인소송'에는 법리적으로 많은 문제점이 있고, 굳이 이를 인정할 실익도 크지 않다. 구체적인 권리의무에 관한 분쟁이 아니라 '시효중단을 위한 재판상 청구가 있었다'는 사실 자체를 대상으로 하는 것이어서 '소송'이라고 보기 어렵고, 확인소송으로서의 '확인의 이익'이 있다고 보기도 어려우며, 또한 시효중단 사유인 '재판상 청구'라고 보는 것도 무리이다. 다수의견은 당사자의 편리보다는 혼란만 가중될 우려가 있음을 지적하고 있다.

다른 형태의 소송을 허용한다면 '새로운 방식의 확인소송'보다는 '청구권 확인소송'이 타당하다는 김재형 대법관의 **반대의견**이 있다. 새로운 방식의 확인소송은 입법을 통해서만 받아들일 수 있고, 이행소송 외에 현행법의 해석으로 다른 형태의 소송을 허용한다면, 전소 판결로 확정된 채권 그 자체를 확인의 대상으로 삼는 '청구권 확인소송'만이 가능하다는 견해이다.

위 대법원 전원합의체 판결의 다수의견에 대하여는 많은 비판이 제기되고 있다.[11] 특히 호문혁 교수는 다음과 같이 대법원판결을 '셀카봉' 판결에 빗대어 신랄(辛辣)하게 비판하고 있다.[12]

① 다수의견의 내용은 명백한 위헌적 발상에 터잡았다. 법원은 재판하는 곳이지 새로운 제도를 창안해 내는 곳이 아니다. 현행법상 인정될 수 없는 새로운 형태의 소송을 제시하고 이를 이용하도록 하는 것은 재판기관인 법원이 할 일이 아니다.

② 다수의견은 민사소송법의 기본원리를 무시하였다. 본래 재판이란 구체적인 사건이 있어서 그 사건에 관한 법적 판단을 하는 것이다. 그렇기 때문에 원고의 소송상 청구도 구체적 분쟁에 관한

---

[11] 김홍엽 교수는 다수의견은 '재판상 청구가 있다는 점'과 '재판상 청구로 인한 시효중단의 법률관계'를 혼동한 것으로 보이고, 원고 승소확정판결이 있음에도 확정된 채권의 시효중단을 위하여 예외적으로 전소 원고의 재소를 허용하는 소송의 목적(또는 소의 이익을 허용하는 이유)에 부합되게 후소의 심리대상을 재정립하는 것이 보다 근본적인 문제해결의 방법이라고 한다(김홍엽. 앞의 책, p.846~847 참조). 이충상 교수는 다수의견이 '무슨 소가 있었음'을 권리관계라고 강변하지 말고 그것은 '사실'이지만 예외적으로 증서의 진정 여부를 확인하는 소에 관한 민소법 제250조의 유추적용에 의해 확인의 대상이 된다는 이론을 하는 것이 옳다고 한다(법률신문 2019. 12. 16.자). 그러나 이 사건이 제250조의 유추적용의 대상이 되는 것인지는 의문이 있다.

[12] 호문혁, "셀카소송과 셀카봉판결", 법률신문 입력 : 2019-03-20 오후 4:46:21

청구, 즉 '사건성'이 있을 것을 요구하는 것이다. 이를 표현한 것이 권리보호요건 중 권리보호자격의 첫 번째로 등장하는 '구체적 권리, 법률관계에 관한 청구일 것'이다. 단지 추상적인 법적 의문을 풀려는 소송상청구는 권리보호자격이 없고 따라서 그 소는 부적법하여 각하해야 한다. 법원의 재판도 구체적 사건에 관하여 원고 청구의 당부를 판단하는 것이다. 아무리 법령해석의 통일을 책무로 하는 대법원이라도 그 사건에서 문제되지 않은 논점에 관하여 판시할 권한은 없다. 문제가 된 이 사건에서 이러한 신종 확인소송을 허용할 것인지에 관하여 당사자가 주장한 것도, 당사자 사이에서 다투어진 적도 없는데, 대법원이 직권으로 스스로 이런 확인소송을 허용해야 한다고 판단하였다. 당사자들이 주장하거나 다툰 것이 아니고 직권조사사항도 아닌데, 대법관들 끼리 주장하고 다툰 것에 관해서 다수결로 판단한 것이다. 이러한 판단을 '판례'라고 할 수는 없다.13)

③ 다수의견은 '소송'의 기본 개념에 반하는 판단을 하였다. 소송의 본래 개념이 '법적 쟁송'이다. 다수의견은 원고가 시효중단을 위하여 소를 제기한 것을 확인해달라는 것이 사실 확인이 아니라 권리, 법률관계 확인이라고 열심히 주장하지만, 이는 견강부회에 불과하다. 시효중단이라는 소 제기의 효과는 문자 그대로 권리행사라는 법적 행위의 효과에 불과한 것이다. '시효중단을 위한 소'라는 소의 형태가 따로 있는 것이 아니다. 이행의 소든 확인의 소든 통상적인 권리행사 방법의 하나로 소를 제기하면 법규정에 의하여 시효중단이라는 효과가 생긴다. 그렇기 때문에 원고가 소를 제기하였음의 확인을 구하는 것은 그 내용이 실체법상의 권리행사와는 아무런 관계가 없고 어디까지나 사실 확인에 지나지 않다. '시효중단을 위하여'라는 목적이 있다고 해서 사실의 확인청구가 권리나 법률관계 확인청구로 둔갑하는 것이 아니다. 이러한 소는 권리, 법률관계에 관한 청구가 아니므로 위에서 말한 권리보호자격이 불비되어 부적법, 각하되는 전형적인 경우이다.

④ 다수의견은 시효중단을 위한 후소송에서는 채권자의 채권 존부 등 실체적 심리를 해서는 안 된다는 것을 당연한 전제로 하고 있다. 기판력의 시적 범위 밖에 있는 변제 등 전소송 변론종결 이후에 생긴 새로운 사정을 이유로 해서는 당연히 실체적 심리를 할 수 있다. 채권자의 후소 제기가 시효중단이라는 목적이 있더라도 그 후소송에서 채무자는 변제 등 채권의 소멸사유를 주장할 수 있는 것은 당연하다. 다수의견은 시효중단을 위한 채권자의 후소송에서 이미 변제한 채무자가 방어할 기회를 가져서는 안 되고, 채무자 스스로 청구이의의 소를 제기할 시기를 선택할 여유는 주겠다는 말인데, 이것은 우리 소송법 체계와 너무 멀리 동떨어진 발상이다.

⑤ 반대의견 중에는 이 문제는 입법사항이고 법원이 새로운 제도를 만들 수는 없다는 지적이 있지만, 입법으로도 이런 우리 소송법 체계를 파괴하는 기형적인 소의 형태를 인정해서는 안 된다.

위 대법원 전원합의체 판결의 다수의견은 승소판결 확정 후 시효중단을 위한 이행소송은 다양한 실무상의 문제를 야기한다고 지적하고 있으나, 다수의견이 지적하는 실무상의 문제가 그리 대단한 것들이 아니다. 시효중단을 위한 재소에 대하여는 모순금지설에 따라 전소의 확정판결대로 판결하면 그만이다. 실제로 확정판결 후 재소는 별다른 다툼 없이 종결되는 경우가 대부분이다.

---

13) 대법원 2019. 2. 14. 선고 2015다244432 판결이 사실심의 재판 실무에서 장래의 부당이득금의 계속적·반복적 지급을 명하는 판결의 주문에 '원고의 소유권 상실일까지'라는 표시가 광범위하게 사용되고 있으나 '원고의 소유권 상실일까지'라는 기재는 이행판결의 주문 표시로서 바람직하지 않다(인도 완료일이나 피고의 점유 상실일은 의무자인 피고의 임의 이행과 관련되는 의무자측 사정이어서 문제가 없으나, 원고의 소유권상실일은 의무자인 피고가 좌우할 수 있는 성질의 것이 아니어서 바람직하지 않다)고 판시한 것도 대법원이 사건의 결론과는 관계없는 사항에 관하여 판결에서 의견을 표시하는 것은 바람직하지 못하다는 비판으로는 호문혁, 민사소송법(제14판), p.626 참조..

다수의견은 시효완성이 임박했는지 판단할 기준이 불명확하다고 하지만 법적 판단에 흔히 수반되는 불명확성이다. 다수의견은 종래의 이행소송 방식을 그대로 인정하면서 새로운 방식의 확인소송이라는 선택지를 채권자에게 던져 놓았고, 대법원은 이에 맞추어 새로운 방식의 확인소송을 이용하도록 유인책을 마련하고 있다.14) 대법원이 채권의 소멸시효를 중단시키는 것만을 목적으로 하는 확인소송도 가능하다는 전원합의체 판결을 내놓은 이후 관련 소송이 크게 증가한 것으로 나타나고 있다.15)

전소에서 채무의 이행을 명하는 확정판결 후에 시효완성에 임박하여 시효중단을 위한 후소를 제기하는 경우 각 소에 따른 청구취지는 다음과 같이 정리할 수 있다.16)

		청구취지
전소		피고는 원고에게 1억 원을 지급하라. (기판력의 표준시는 전소 변론종결일)
후소	이행의 소 (반대의견 1)	피고는 원고에게 1억 원을 지급하라. (기판력의 표준시는 후소 변론종결일)
	새로운 방식의 확인의 소 (다수의견)	원고의 피고에 대한 2010. 2. 1. 금전소비대차계약에 기한 채권에 관하여 시효중단을 위한 소제기가 있음을 확인한다.17)
	청구권확인의 소 (반대의견 2)	원고의 피고에 대한 2010. 2. 1. 금전소비대차계약에 기한 채권이 있음을 확인한다.

민사소송법상 사실관계확인의 소는 증서의 진정여부를 확인하는 소(제250조)만 명문으로 인정할 뿐 법률관계가 아닌 사실관계 확인을 구하는 소송은 현행법상 허용되지 않는다. 그럼에도 불구하고 다수의견이 변종 사실관계확인의 소를 해석으로 인정하는 것은 온당하지 못하다. 재판상 청구가 있었다는 사실을 확인하는 소송이 가지는 근본적인 한계는 그러한 소송유형이 인정되는 순간

---

14) 대법원은 전통적인 이행소송이 아닌 새로운 방식의 확인소송으로 유인하기 위하여 2019. 1. 29. 개정 민사소송 등 인지규칙 제18조의3(시효중단을 위한 재판상 청구 확인소송)은 새로운 방식의 확인소송을 제기하는 경우 소송목적의 값(소가)을 그 대상인 전소판결에서 인정된 권리의 가액(이행소송을 제기할 경우에 해당하는 소송목적의 값)의 1/10로 하고, 나아가 그 권리의 가액이 3억 원을 초과하는 때에는 이를 **3억 원**으로 보도록 하고 있다. 결국 새로운 방식의 확인소송의 경우 권리의 가액이 3억 원을 넘는 경우에도 3억 원으로 보게 되어 소송목적의 값의 상한은 그 1/10인 **3,000만 원**이 된다. 따라서 인지액이 **최고 140,000원**(3,000만 원 × 45/10,000 + 5,000원)에 불과하여 **비변호사소송대리가 허용되는 단독사건**이 된다. 소송목적의 값(소가)이 1억 원일 경우에는 채권의 시효중단을 위한 이행소송을 내면 인지액으로만 45만5000원(1억원*40/10000 + 5만5000원)을 납부해야 하는 반면, 확인소송 방식을 택하면 인지액으로 4만5500원만 납부하면 된다(전자소송으로 하면 인지액은 여기서 또 10% 할인된다).
결국 대법원이 의도하는 새로운 방식의 확인소송을 허용하는 경우에는 종래의 시효중단을 위한 이행의 소로서의 재소를 그대로 허용할 사실상의 필요가 없게 된다. 확정된 채권의 시효중단을 위한 후소를 새로운 방식의 확인소송 형태로 제기하는 경우 위와 같은 파격적 인센티브를 줄 필요가 있는지 의문을 제기하는 견해로는 김홍엽, 앞의 책, p.848~849 참조.
15) 전국 법원 1심에 접수된 '소멸시효 중단을 위한 재판상 청구 확인소송'이 2019년 373건으로 크게 증가한 데 이어 코로나19 팬데믹이 시작된 2020년에는 749건이나 접수됐다. 법률신문 입력 : 2021-04-29 오전 9:06:52
16) 정다영, "시효중단을 위한 재판상 청구", 재산법연구(제36권 제1호), 한국재산법학회(2019), p.142 참조.
17) 정확한 청구취지는 다음과 같이 될 것이다. ☞ 원고와 피고 사이의 서울중앙지방법원 2010. 2. 1. 선고 2009가합1234 대여금 청구사건의 판결로 확정된 채권의 소멸시효 중단을 위한 재판상의 청구가 있음을 확인한다.(법원행정처가 각급 법원에 제시한 '시효중단을 위한 재판상의 청구 확인소송'의 청구취지 기재례 참조)

그 소송은 더 이상 소송이 아니게 된다는 점이다. 재판상 청구, 즉 소제기 사실 확인은 소제기 증명으로 하면 될 일이다. 다수의견이 말하는 확인판결은 실질에 있어서는 법적 쟁송에 관한 재판이 아니라 특정 사실에 대한 공증일 뿐이다.[18]

대법원 전원합의체가 '어처구니' 없는 平地風波의 판결을 내놓고 이를 이용하도록 인지대 인하라는 인센티브까지 주고 있다. 대법원 전원합의체가 소송당사자들이 쟁점으로 삼지 않은 사안에서 대법관들의 소신을 밝히고 끝내는 자리가 아니다. 사건폭주로 아우성을 치고 있는 대법원이 그렇게 한가한 곳이 아니지 않는가?

4.

소송촉진 등에 관한 특례법('소송촉진법')상의 지연손해금이율이 다음과 같이 수차례 변경되었고 2019. 6. 1. 소제기시점부터는 연 12%이다. 그렇다면 전소 확정판결이 변경된 지연손해금 이율에 영향을 미치는가?

〈참고〉 소송촉진법상의 지연손해금 이율의 변경
- 1981. 3. 1.~ 2003. 2. 28.   연 25%
- 2003. 6. 1. ~ 2015. 9. 30.   연 20%
- 2015. 10. 1. ~ 2019. 5. 31.   연 15%
- 2019. 6. 1. ~   연 12%

〈사례 9-3〉 원고가 피고를 상대로 대여금의 지급을 구하는 전소를 제기하여 피고는 원고에게 대여금 1억 원에 대하여 2005. 12. 30.부터 다 갚는 날까지 당시 시행 중이던 소송촉진법에 따른 연 20%의 비율로 계산한 지연손해금을 지급하라는 내용의 전소 판결이 2009. 12. 1. 확정되었다. 원고가 2019. 10. 1. 위 채권의 시효중단을 위하여 대여금청구의 소를 제기하였다. 그런데 전소 변론종결 이후 소송촉진법상의 지연손해금 이율이 연 15%에서 연 12%로 인하되었다.
그렇다면 후소 법원은 전소 변론종결 이후 새로운 사유가 발생하여 전소의 기판력이 미치지 않는다는 이유로 전소 확정판결에서 적용한 연 20%의 이율이 아니라 변경된 이율인 연 12%의 이율을 적용하여 그에 따라 산정된 지연손해금의 지급을 명해야 하는가?

☞ 확정판결은 주문에 포함한 것에 대하여 기판력이 있고, 변론종결시를 기준으로 이행기가 장래에 도래하는 청구권이더라도 미리 청구할 필요가 있는 경우에는 장래이행의 소를 제기할 수 있다. 따라서 이행판결의 주문에서 그 변론종결 이후 기간까지의 급부의무의 이행을 명한 이상 그 확정판결의 기판력은 그 주문에 포함된 기간까지의 청구권의 존부에 대하여 미친다.

이러한 확정판결의 기판력에 의하여 당사자는 그 확정판결과 동일한 소송물에 기하여 신소를 제기할 수 없는 것이 원칙이나, 시효중단 등 특별한 사정이 있는 경우에는 예외적으로 신소가 허용된다. 그러나 이러한 경우에도 신소의 판결이 전소의 승소확정판결의 내용에 저촉되어서는 안 되므로, 후소 법원으로서는 그 확정된 권리를 주장할 수 있는 모든 요건이 구비되어 있는지 여부

---
[18] 권영준, 앞의 책, p.55 참조.

에 관하여 다시 심리할 수 없다.19)

다만 전소의 변론종결 후에 새로 발생한 변제, 상계, 면제 등과 같은 채권소멸사유는 후소의 심리대상이 되어 채무자인 피고는 후소 절차에서 위와 같은 사유를 들어 항변할 수 있으나,20) 법률이나 판례의 변경은 전소 변론종결 후에 발생한 새로운 사유에 해당한다고 할 수 없다.

따라서 승소판결이 확정된 후 소송촉진법의 변경으로 소송촉진법 소정의 지연손해금 이율이 달라졌다고 하더라도 그로 인하여 선행 승소확정판결의 효력이 달라지는 것은 아니고, 확정된 선행판결과 달리 변경된 소송촉진법상의 이율을 적용하여 선행판결과 다른 금액을 원고의 채권액으로 인정할 수 있는 것도 아니다.21)

5.

모든 채권이 전부 소멸시효 중단을 위한 재소가 허용되는 것은 아니다. 국세 등 조세채권은 **국세부과의 제척기간**(국제기본법 제26조)과 **국세징수의 소멸시효**(국제기본법 제27조)가 따로 규정돼 있다. 국세부과의 제척기간은 일반적으로 5년이지만(무신고의 경우 7년, 탈세의 경우 10년), 상속·증여세의 경우 10년(탈세·무신고·허위신고의 경우 15년)이다. 국세징수권의 소멸시효는 국가가 세금을 고지했으나, 납세자에게 재산이 없는 등의 사유로 세금을 징수할 수 없어 체납상태로 남아있는 경우 국가가 독촉, 교부청구, 압류 등 세금을 징수하기 위한 조치를 일정기간 행사하지 않으면 세금을 징수할 수 있는 권리가 소멸하는 것을 말한다. 국세징수권은 이를 행사할 수 있는 때부터 5년(5억 원 이상인 국세는 10년)간 행사하지 않으면 국세징수권은 소멸한다. 여기서 '행사할 수 있는 때'란 소득세와 같은 신고과세방식의 조세인 경우에는 신고납부기한의 다음날(6. 1.)부터, 상속·증여세와 같은 부과과세방식의 조세의 경우에는 그 납세고지서에 의한 납부기한의 다음 날을 말한다.

국세징수권이 소멸시효가 중단된 경우 국가가 소송상의 청구나 판결을 통하여 이를 10년으로 연장할 수 있는 길은 없다. 국세기본법도 국세징수권의 소멸시효의 중단사유로는 납세고지, 독촉 또는 납부최고, 교부청구, 압류만을 규정하고 있을 뿐(국세기본법 제28조) 민법상의 소멸시효중단사유(민법 제168조)인 '청구'는 들어있지 않다.

확정판결에 의한 시효중단을 위한 재소가 허용된다고 하여 제척기간의 중단을 위한 재소가 허용되는 것이 아님을 주의해야 한다. 제척기간은 일정한 권리에 대하여 법이 정하는 족속기간으로 소멸시효와 달리 중단이나 정지, 시효이익 포기가 인정되지 않는다. 소멸시효는 항변사항인데 제척기간은 법원의 직권조사사항이다. 제척기간에는 사해행위취소권과 같이 제소기간(출소기간)으로서의 제척기간도 있고, 재산분할청구권과 같이 재판상·재판외의 행사기간으로서의 제척기간도 있다.

---

19) 대법원 2018. 4. 24. 선고 2017다293858 판결 참조. 〈사례〉 丙이 甲으로부터 甲의 乙에 대한 채권을 양도받은 후 채무자인 乙을 상대로 양수금청구의 소를 제기하여 승소확정판결을 받았다. 그 후 丙으로부터 채권을 전전 양도받은 丁이 시효중단을 위하여 乙을 상대로 양수금청구의 소를 제기한 경우 전소에서 丙의 乙에 대한 채권이 확정된 이상 확정된 채권의 시효중단을 위하여 제기된 후소에서 甲(양도인)이 乙(채무자)에 대하여 丙(양수인)에의 채권양도사실을 통지하였는지 등 채권양도의 대항요건에 대하여 다시 심리할 수 없다.
20) 대법원 2019. 1. 17. 선고 2018다24349 판결 참조.
21) 대법원 2019. 8. 29. 선고 2019다215272 판결.

<참고> 제척기간의 종류
(1) 제소기간(출소기간)으로서의 제척기간
　① 점유보호청구권(제205조)
　② 채권자취소권 : 취소원인을 안 날부터 1년, 법률행위 있은 날부터 5년(제406조 제2항)
　③ 상속회복청구권 : 침해를 안 날부터 3년, 침해행위가 있은 날부터 10년(제999조 제2항)
　④ 친생부인권 : 부인사유를 안 날부터 2년(제847조)
(2) 재판상·재판외의 행사기간으로서의 제척기간
　① 법률행위 취소권 : 추인할 수 있는 날부터 3년, 법률행위가 있은 날부터 10년(제146조)
　② 매도인의 하자담보책임 : 사실을 안 날부터 6월 또는 1년(제573조, 제575조 제3항, 제582조)
　③ 수급인의 하자담보책임 : 목적물의 인도를 받은 날 또는 일을 종료한 날. 목적물이 멸실·훼손된 날부터 1년(제670조, 제671조 제2항) 토지, 건물 기타 공작물의 수급인의 경우 특칙(제671조 제1항)
　④ 재산분할청구권 : 이혼한 날부터 2년(제839조의2 제3항)
　⑤ 존속기간의 정함이 없는 형성권(유치권소멸청구권, 계약의 해제·해지권, 매매예약완결권, 임차인의 매수청구권) : 권리가 발생한 때부터 10년

10 기판력과 절차적 정의 1
― 부당이득과 불법행위와 관련하여 ―

1.

판례는 1960년대 초부터 기판력의 의미에 관하여 "확정판결이 있으면 그 주문에 포함된 법률적 판단의 내용은 이후 당해 소송의 당사자의 관계를 규율하는 규준이 되는 것이고 동일사항이 소송상 문제가 되었을 경우에는 당사자나 법원은 이에 저촉되는 주장 내지 판단을 할 수 없는 것"이라고 판시해왔다.[1] "판결의 대상이 된 구체적 권리관계에 대하여 그 기판력의 효과를 받은 당사자 간에 또다시 다툼이 되었을 경우 법원은 그 판결과 저촉되는 판단은 할 수 없고 또 당사자도 그 판결과 저촉되는 주장은 할 수 없도록" 하는 것이 기판력이므로[2] 판단의 모순을 피하기 위해 기판력이 작용함을 밝혀왔다.

위 1960년대 판결의 사례와 판단을 살펴보자.

〈사례 10-1〉 乙이 甲을 상대로 서울지방법원에 보수금 700만 원을 청구하는 소를 제기하여 승소확정판결을 받았다. 그 후 甲이 乙을 상대로 위 판결에 의한 강제집행을 불법행위라고 주장하여 손해배상청구의 소를 제기하였다.

〈판단〉 "원고의 본소 청구원인은 확정판결이 재래(再來, 다시 제기)된 소송에 있어서 동소(同訴, 같은 소)의 청구원인으로부터는 동 판결의 주문과 같은 판단이 법 이론적으로 결론될 수 없음을 이유로 該(당해) 확정판결이 당연히 무효인 것 같이 단정하여 해 판결에 의한 금원의 영수 내지 강제집행을 불법행위라고 주장하는 것이다. 그러나 이는 기판력에 이론에 비추어 볼 때 전연 이유 없는 주장이라 할 것이다."[3]

---

1) 대법원 1961. 11. 9. 선고 4293민상612 판결.
2) 대법원 1960. 11. 3. 선고 4292민상656 판결.
3) 대법원 1960. 11. 9. 선고 4293민상612 판결.

<사례 10-2> 甲이 乙로부터 금전을 차용하면서 그 담보로 환매특약부매매를 하였는데 乙이 그 환매대상이 아닌 건물에 관하여 甲의 채무불이행을 이유로 소유권이전등기청구의 소를 제기하면서 甲의 주소를 알고 있음에도 불구하고 주소불명이라고 하여 공시송달로 소송을 진행하여 승소하였고, 이 판결도 공시송달로 확정되었다.
그 후 甲은 乙이 법원을 기망하여 판결을 편취하였다는 이유로 불법행위를 근거로 손해배상청구의 소를 제기하였다. 乙은 이 사건 소송이 전 소송에서 확정된 판결과 같은 내용이므로 일사부재리에 반한다고 주장하였다.

<판단> "판결의 기판력이라 함은 확정판결 효력의 일종으로서 그 재판에 포함된 구체적인 법적 효과에 대한 선언의 규준성을 말하는 것인바, 그 판단의 대상이 된 구체적 권리관계에 대하여 그 기판력의 효과를 받은 당사자 간에 또다시 다툼이 되었을 경우, 법원은 각 확정판결과 저촉되는 주장을 할 수 없고 또 당사자도 각 판결과 저촉되는 주장을 할 수 없도록 함으로써 吾人의 법적 생활에 있어서의 법적 안정을 기하자는데 그 목적이 있는 것이나, 裁判所(법원, 이하 법원으로 씀)를 기망하는 등의 불법행위로서 확정판결을 얻은 자에게까지 기판력의 효과로서 보호한다는 것은 일면 吾人의 자연적 정의감에 反한다 아니할 수 없으므로 如斯(이러함)한 수단으로써 확정판결을 얻은 자에 대하여는 불법행위에 의한 손해배상의 의무가 있다고 아니할 수 없는바, 본건에 대하여 案컨대 원심이 확정한 사실에 의하면 '원고는 피고로부터 금 40만 원을 차용함에 있어서 원판결 첨부 제2목록 기재 건물에 대하여서만 환매특약부 매도담보를 제공하였을 뿐 본건 목적물인 동 제1목록 기재 건물에 대하여는 담보로 제공한 바 없음에도 불구하고 피고는 본 목적물에 대하여도 매도담보로 제공되어 그 매매기간을 도과함으로써 피고의 소유에 속하였다는 허위사실로서 원고를 상대로 소유권이전등기청구소송을 제기하여 법원으로 하여금 그 旨 誤信케 한 후 원고의 주소불명으로 始終 공시송달로서 闕席裁判(궐석재판)을 재판을 받고 이를 확정케 한바, 이는 결국 법원을 기망하여 동 확정판결로서 소유권이전등기를 하였음은 피고의 불법행위로 원고에게 손해를 가한 것이다.'라는 취지임이 명백하므로 피고가 본건 목적물에 대한 원고의 소유권을 상실케 하였음은 피고의 법원을 기망한 불법행위의 결과로 인한 것이며 이로써 원고의 손해에 대하여는 其 배상하여야 할 책임을 면할 수 없다 할 것이다."[4]

1960년대 초의 고색창연한 판결문 문투이지만 이러한 초창기 판례의 태도가 60여 년 동안이나 이어지고 있음을 보면 '법리'라고 하는 것이 그렇게 시대변화에 따라 확확 바뀔 수 없는 것임을 알게 된다. 법이라는 것은 생래적으로 보수적인 것이다.

위 판결은 판결편취의 경우 불법행위가 성립한다는 것을 밝힌 최초의 판결로서 허위주장으로 공시송달에 의하여 부당한 내용의 판결을 확정시킨 경우에는 불법행위가 성립될 수 있음을 선언하고 있다.

대법원은 그 후에 다음과 같은 사례에서 소송 도중 당사자가 청구하고 있는 채권 중 일부가 제3

---

[4] 대법원 1960. 11. 3. 선고 4292민상656 판결. 이 판결 사안은 현행 민사소송법 제451조 제1항 제11호의 재심사유에 해당하지만 이 판결의 원심 당시에는 신민사소송법 시행 전으로 위와 같은 사유가 재심사유로 인정되지 않고 있었다.

자에게 압류 및 전부되었음에도 불구하고 이를 공제하지 않고 그대로 확정판결을 받아 전액을 집행한 사건에서 그 집행행위는 불법행위를 구성한다고 판시하였다.

> **〈사례 10-3〉** 甲이 乙에 대한 가집행선고부 판결에 기하여 강제집행을 하였으나 그 후 위 가집행선고부 판결이 취소되자 乙이 甲을 상대로 손해배청구의 소를 제기하였다. 그런데 그 사실심 변론종결 전에 乙의 채권자들이 乙의 甲에 대한 손해배상청구권(4,800만 원) 중 일부인 1,000만 원에 대하여 압류 및 전부명령을 얻어 그만큼 乙의 甲에 대한 손해배상청구권이 감소되었음에도 불구하고 甲은 이를 항변으로 주장하지도 않았고, 乙도 이를 알고 있음에도 불구하고 1,000만 원을 공제하지 아니한 원래의 손해배상청구권 전체에 대한 확정판결을 받고 그에 기하여 강제집행을 완료하였다.
> 甲은 乙이 부당하게 이미 전부된 위 채권금 1,000만 원까지 포함하여 강제집행을 함으로써 금 1,000만 원 상당의 손해를 甲에게 입혔으므로 乙의 위 불법행위로 한 손해금으로 금 1,000만 원의 배상을 구하는 소를 제기하였다.

〈**원심**〉은 채무명의(집행권원)가 확정판결에 의한 기판력을 가지고 있는 경우에는 그 확정판결의 변론종결당시를 기준으로 하여 당사자 간의 청구권의 존재와 범위를 확정짓는다 할 것이므로 비록 확정판결 변론종결 이전에 그 소송에서 그 실재상 채권의 전부 및 일부가 부존재하다는 것을 당사자가 다투었던 다투지 않았든가를 막론하고 일단 그 판결이 위와 같이 확정된 이상 그 판결이 재심 등의 법정절차에 따라 취소되지 않는 한 가사 피고가 위 판결이 부당한 판결이라는 것을 알고서 강제집행을 하였다고 해도 민법상의 불법행위가 될 수 없다 할 것이므로 원고의 청구는 이유 없다고 하여 기각하였다.

〈**대법원**〉은 "원심의 위와 같은 사실인정 자체는 적법하고 또 그 설시이유도 상당한 설득력을 가진 이론이라고 인정한다. 그러나 이와 같은 법이론은 아직 이와 정반대 취지의 본원판례(1968. 11. 19 선고 68다1624 판결; 1960. 11. 3 선고 4292민상856 판결)가 있고 이 판례의 정신은 아직도 변경할 단계라고는 볼 수 없으므로 결국 원판결은 위 판례의 정신에 위반한다 하여 이를 파기하기로 한다."고 판시하였다.[5]

2.

그러나 대법원은 1990년대 이후부터 확정판결에 의한 집행이 불법행위를 구성하기 위하여는 그 소송당사자가 상대방의 권리를 해할 의사로 상대방의 소송관여를 방해하거나 허위의 주장으로 법원을 기망하는 등 부정한 방법으로 실제와 다른 내용의 확정판결을 취득하고 그 집행을 하는 것과 같은 **특별한 사정**이 있어야 할 것을 제시하여 **엄격한 요건**을 요구하고 있다.

---

[5] 대법원 1977. 1. 11. 선고 76다81 판결. 판결편취에 관한 사안이 아니라 확정판결의 부정이용에 관한 사안으로 보이고, 현재의 판례에 태도에 의하면 구제받을 수 없는 사안이다.

<사례 10-4> 피고회사가 원고와 대리점 거래계약을 체결하여 거래를 계속하여 오다가 물품대금채무가 과다하게 누적되자 그 채권관리를 위한 방편으로 대리점을 A에게 양도하게 하고 원고가 피고회사에 대한 물품대금채무의 잔액 금 43,612,215원 중 당시 원고가 그 거래처에 대하여 가지고 있는 것으로 확인된 미수금채권 금 17,057,705원을 A가 인수케 하여 그로부터 변제받기로 하였다. 그런데 A가 그 중 금 6,714,990원 만을 입금시키자 피고회사는 그 나머지 채권 금 10,342,715원의 회수를 위하여 원고와 그 보증인 B, C로부터 위 대리점 거래로 인한 물품대금채무의 보증을 위하여 미리 발행, 교부받아 있던 백지약속어음을 보충하여 B를 상대로 그 상당액의 약속어음금 청구소송을 제기하여, 그 소송에서 위 대리점 양도시 확인된 미수금채권은 A가 피고의 동의하에 면책적으로 인수한 것이므로 위 약속어음금의 원인채무인 자신의 보증채무는 전부 소멸되었다는 B의 항변이 배척된 채 피고회사의 승소판결이 선고되고, 이 판결이 확정되었다.
피고회사는 한편 이와 별도로 동일한 위 미수금채권의 회수를 위하여 위와 같은 방법으로 원고와 C를 상대로 그 상당액의 약속어음금 청구소송을 제기하였으나, 이번에는 위와 같은 내용의 항변이 받아들여져 피고회사 패소의 판결이 선고되고 확정되었다.
이에 원고는 피고회사가 B에게 소를 제기하게 된 동기나 경위에 비추어 미수금채권이 면책적으로 인수되어 소멸된 것임을 알았거나 알 수 있었음에도 불구하고 적극적으로 이에 배치되는 주장을 내세워 부당하게 위 소송을 제기한 것이며, 이는 부당제소로서 불법행위가 됨을 전제로 손해배상청구의 소를 제기하였다.

대법원은 "판결이 확정되면 기판력에 의하여 그 대상이 된 청구권의 존재가 확정되고, 그 내용에 따라 집행력이 발생하는 것이므로, <u>그에 따른 집행이 불법행위를 구성하기 위하여는</u> 그 소송당사자가 상대방의 권리를 해할 의사로 상대방의 소송관여를 방해하거나 허위의 주장으로 법원을 기망하는 등 <u>부정한 방법으로 실제와 다른 내용의 확정판결을 취득하고</u>, 그 집행을 하는 것과 같은 <u>특별한 사정</u>이 있어야 하는 것이고, 그와 같은 사정이 없는 한 다른 소송에서 그 확정판결에 반하는 내용의 판결이 선고되어 확정되었다 하더라도 그러한 사정만으로 그 제소나 집행행위가 불법행위를 구성한다 할 수는 없는 것이다."라고 판시하여[6] 원심과 같은 판단을 하였다.

<사례 10-5> 피고가 A에 대한 차용금채무를 담보하기 위하여 A와의 사이에 피고 소유의 젖소 10마리에 대한 양도담보계약을 체결하였다. 피고가 그 변제기까지 위 채무를 변제하지 아니하자 A가 B에게 이 사건 젖소를 매도하면서 피고에 대한 위 젖소의 반환청구권을 양도하고 이를 피고에게 통지한 다음 이 사건 젖소의 인도를 요구하였으나 거절당하자 A의 지시에 따라 원고와 C 등이 피고의 의사에 반하여 강제로 위 젖소를 가져갔다.
이에 피고는 원고와 A, C(이하 '원고 등')를 상대로 <u>주위적</u>으로는 젖소의 소유권에 기하여 젖소의 인도 등을 구하고, <u>예비적으로</u> 원고 등이 위 젖소를 강제로 탈취한 것은 양도담보계약에 따라 대내적으로는 이 사건 젖소에 대한 소유권을 보유하고 있는 피고에 대하여 공동불법행위를 구성한다는 이유로 위 젖소의 시가 상당액 및 지연이자의 지급을 구하는 소를 제기하였다. 이에 대하여 A는 피고에 대하 위 대여금 등의 지급을 구하는 반소청구를 하였다.
제1심판결은 피고의 주위적 청구에 대하여는 위 젖소의 소유권이 B에게 이전되었음을 이유로 피고의 주

---

[6] 대법원 1991. 2. 26. 선고 90다6576 판결. 본 판결로 판결편취로 인한 불법행위의 성립요건이 엄격해지면서 종전에 판결편취라 하여 불법행위의 성립을 긍정했던 사례들이 불법행위의 성립이 부정될 가능성이 높아졌다.

위적 청구는 기각하고, 피고의 예비적 청구 및 A의 반소청구를 인용하였고, 이에 대하여 피고가 항소하였다. A, C는 부대항소를 하였으나, 원고는 항소나 부대항소를 하지 않았다(항소심에서 피고는 젖소의 인도청구를 젖소의 가액 등을 구하는 청구로 변경하였다).

항소심은 A는 양도담보권을 실행할 수 있으므로 피고는 A에 대하여 이 사건 젖소에 대한 소유권이나 사용수익권을 주장할 수 없으며, 이 사건 젖소의 소유권이나 사용수익권의 상실로 인한 손해의 배상을 구할 수 없어 피고의 손해배상청구는 이유 없다고 판단하여 제1심판결 중 젖소의 시가 상당의 지급을 구하는 피고의 A, C에 대한 청구는 기각하고, 원고에 대한 청구에 관하여는 피고만이 항소하였으므로 불이익변경금지의 원칙에 의하여 피고의 항소만을 기각하였고(A의 예비적 반소청구 기각), 위 판결은 피고의 상고기각으로 확정되었다.

그 후 피고는 원고에 대한 위 항소심판결이 확정되자, 원고 소유의 가재도구에 강제집행을 실시하여 일부 금원을 배당받고, 다시 자기 소유의 부동산에 대한 강제집행을 면하려는 원고로부터 나머지 돈을 지급받음으로써 손해배상금 전부를 지급받았다.

그러자 원고는 피고가 위와 같이 승소확정판결을 받아 강제집행을 한 것이 불법행위 또는 부당이득이 된다고 하여 소를 제기하였다.

〈원심〉은 원고의 손해배상청구를 인용하였으나, 〈대법원〉은 다음과 같은 이유로 원심을 파기하였다.

"판결이 확정되면 기판력에 의하여 그 대상이 된 청구권의 존재가 확정되고 그 내용에 따라 집행력이 발생하는 것이므로, 그에 따른 집행이 불법행위를 구성하기 위하여는 그 소송당사자가 상대방의 권리를 해할 의사로 상대방의 소송관여를 방해하거나 허위의 주장으로 법원을 기망하는 등 부정한 방법으로 실제의 권리관계와 다른 내용의 확정판결을 취득하여 그 집행을 하는 것과 같은 특별한 사정이 있어야 하는 것이고, 그와 같은 사정이 없이 그 확정판결의 내용이 단순히 실체적 권리관계에 배치되어 부당하고 또한 그 확정판결에 기한 집행채권자가 이를 알고 있었다는 것만으로는 그 집행행위에 대하여 불법행위가 성립한다고 할 수 없는 것이다(당원 1991. 2. 26. 선고 90다6576 판결 참조).

원심이 확정한 사실관계에 의하더라도 위 확정판결의 취득과정에 있어 피고가 그 손해배상청구권이 존재하지 아니하는 것을 알면서 원고를 해할 목적으로 그 소송을 제기하였다거나, 피고에게 법원을 기망하는 등의 부정행위 또는 원고의 항소를 방해하는 행위가 있었다고는 보이지 아니하고, 오히려 원고를 제외한 위 A 등에 대한 피고의 청구가 인용되었다가 항소심에 이르러서 기각된 것은 그 사실관계를 달리하여 그들의 불법행위의 성립을 부정한 것이 아니라 그 불법행위의 성립을 인정하면서 손해에 대한 법률판단을 달리한데 불과한 것이다. 더욱 동일한 사실관계가 청구원인으로 되어 있는 한 개의 소송에서 공동피고로 되어 있다 하더라도 그 소송관계는 각각 별개로 성립되고 당사자처분권주의 아래에서는 당사자마다 각각 상이한 판결이 선고되고 확정될 수 있는 것이므로 원고가 별다른 이유도 없이 제1심의 패소판결에 대하여 항소나 부대항소를 제기하지 아니하여 그 제1심판결이 확정된 이상, 가사 일부 제1심 공동당사자의 항소에 의하여 제1심판결이 취소되었다 하더라도 원고는 그 확정판결의 기판력과 집행력을 부인할 수 없는 것이며, 피고가 위 항소심판결 후에 원고에 대하여 위 확정판결의 강제집행을 할 당시 원고와 동일한 사실관계에 있는 위 A 등 제1심 공동소송인에 대한 피고 패소의 항소심판결에 의하여 원고에 대한 제1심판결의 내용이 부당하다는 것을 알고 있었다 하더라도 그것만으로는 확정판결의 집행이 권리남용으로 되어 불법행위를 구성한다고 할 수 없을 것이다."[7]

위와 같은 판례의 입장은 부동산을 매도하여 이전등기까지 마친 매도인이 매매가 아니라 양도담보였다는 허위 주장으로 정산금청구 소송을 제기하여 승소판결을 받아 강제집행을 한 경우 불법행위의 성립을 부정한 다음과 같은 판례에 의하여 더욱 엄격화되었으며[8] 이러한 판례의 흐름이 현재까지 이어지고 있다.

"판결이 확정되면 기판력에 의하여 대상이 된 청구권의 존재가 확정되고 그 내용에 따라 집행력이 발생하는 것이므로, 그에 따른 집행이 불법행위를 구성하기 위하여는 소송당사자가 상대방의 권리를 해할 의사로 상대방의 소송 관여를 방해하거나 허위의 주장으로 법원을 기망하는 등 부정한 방법으로 실체의 권리관계와 다른 내용의 확정판결을 취득하여 집행을 하는 것과 같은 특별한 사정이 있어야 하고, 그와 같은 사정이 없이 확정판결의 내용이 단순히 실체적 권리관계에 배치되어 부당하고 또한 확정판결에 기한 집행 채권자가 이를 알고 있었다는 것만으로는 그 집행행위가 불법행위를 구성한다고 할 수 없다. 편취된 판결에 기한 강제집행이 불법행위로 되는 경우가 있다고 하더라도 당사자의 법적 안정성을 위해 확정판결에 기판력을 인정한 취지나 확정판결의 효력을 배제하기 위하여는 그 확정판결에 재심사유가 존재하는 경우에 재심의 소에 의하여 그 취소를 구하는 것이 원칙적인 방법인 점에 비추어 볼 때 불법행위의 성립을 쉽게 인정하여서는 아니 되고, 확정판결에 기한 강제집행이 불법행위로 되는 것은 당사자의 절차적 기본권이 근본적으로 침해된 상태에서 판결이 선고되었거나 확정판결에 재심사유가 존재하는 등 확정판결의 효력을 존중하는 것이 정의에 반함이 명백하여 이를 묵과할 수 없는 경우로 한정하여야 한다."

3.

여기서 사위판결(詐僞判決)과 기판력의 관계에 관하여 살펴보기로 한다. 당사자가 악의로 상대방이나 법원을 속여 부당한 내용의 판결을 받는 경우가 있는데, 이를 **판결의 편취(騙取)** 내지 판결의 부당취득이라고 한다. 이렇게 취득한 판결을 **사위판결** 내지 편취판결이라고 한다.

판례는 피고의 주소를 알고 있음에도 불구하고 소재불명으로 법원을 속여 공시송달로 재판이 진행되게 함으로써 피고 모르게 승소판결을 받은 경우에는 송달 자체는 적법한 것으로 보고 추후보완상소 또는 재심의 소에 의하여 구제받을 수 있다고 보고 있으나, 피고의 거짓 주소로 소장부본 등이 송달되게 하여 자백간주로 무변론 승소판결을 받은 경우에는 그러한 판결은 판결정본이

---

[7] 대법원 1992. 12. 11. 선고 92다18627 판결. 본 판결의 평석으로는 지원림, "확정판결에 기한 강제집행과 불법행위", 민사판례연구 제16권, 박영사(1994), p.176 이하 참조. 이 사안에서 원고가 억울하게 되었으나 원고의 그러한 억울함은 항소 내지 부대항소를 하지 않은 원고 자신의 소송수행상의 잘못에 기인하는 것으로서 원고가 감내하여야 할 절차상의 위험 내지는 공동소송인 독립의 칙에 따른 부득이한 문제로 돌려져야 할 것이라고 한다. 동일한 사실 및 법률관계에서도 각기 다른 결론이 나오는 것은 변론주의, 처분권주의를 취하는 민사소송에서는 불가피한 것이다.
[8] 대법원 1995. 12. 5. 선고 95다21808 판결.

거짓 주소로 송달되었기 때문에 송달이 무효이고 따라서 판결정본이 송달된 때로부터 진행하는 항소기간이 진행되지 않은 상태의 미확정판결이 되므로 피고는 어느 때나 항소를 제기할 수 있는 것으로 본다(미확정판결이기 때문에 추후보완상소나 재심의 소는 허용되지 않는다).

공시송달로 판결을 편취한 경우의 구제수단에 관하여는 판례나 학설이 일치하나, 거짓주소로 법원을 속여 판결을 받은 경우의 구제수단에 관하여는 학설상 다툼이 있다. 민사소송법 제451조 제1항 제11호가 재심사유로 "당사자가 상대방의 주소 또는 거소를 알고 있었음에도 있는 곳을 잘 모른다고 하거나 주소나 거소를 거짓으로 하여 소를 제기한 때"를 규정하고 있으므로 재심에 의하여야 한다는 **재심설**(이시윤), 실질적으로 피고에 대한 판결정본 송달이 없어서 판결이 확정되지 아니하였으므로 사위판결의 피해자인 피고의 구제라는 입장에서 재심 외에 항소를 통한 구제도 허용된다는 **재심·항소병용설**(정동윤), 판례가 취하는 **항소설**이 타당하다는 견해(김홍엽)가 있다.

4.

확정된 사위판결에 기한 강제집행이 종료하기 전에 채무자는 청구이의의 소에 의하여 구제받을 수 있고, 강제집행이 종료한 후에는 특별한 사정이 없는 한 청구이의의 소는 허용되지 않는다. 그렇다면 청구이의의 소가 허용되는 경우는 어떠한 경우인가? 판례는 이에 관하여 다음과 같은 일응의 기준을 제시하고 있다.

"판결이 확정되면 기판력에 의하여 대상이 된 청구권의 존재가 확정되고 그 내용에 따라 집행력이 발생한다. 확정판결에 의한 권리라 하더라도 신의에 좇아 성실히 행사되어야 하고 <u>판결에 기한 집행이 권리남용이 되는 경우에는 허용되지 않으므로</u> 집행채무자는 청구이의의 소에 의하여 집행의 배제를 구할 수 있다.

그러나 법적 안정성을 위하여 확정판결에 기판력을 인정한 취지 및 확정판결의 효력을 배제하려면 재심의 소에 의하여 취소를 구하는 것이 원칙적인 방법인 점 등에 비추어 볼 때, <u>확정판결에 따른 강제집행이 권리남용에 해당한다고 쉽게 인정하여서는 안 되고</u>, 이를 인정하기 위해서는 확정판결의 내용이 실체적 권리관계에 배치되는 경우로서 그에 기한 집행이 현저히 부당하고 상대방으로 하여금 집행을 수인하도록 하는 것이 정의에 반함이 명백하여 사회생활상 용인할 수 없다고 인정되는 것과 같은 특별한 사정이 있어야 한다. 그리고 이때 확정판결의 내용이 실체적 권리관계에 배치된다는 점은 확정판결에 기한 강제집행이 권리남용이라고 주장하며 집행 불허를 구하는 자가 주장·증명하여야 한다."[9]

"확정판결의 기판력은, 법원이 당사자 간의 법적 분쟁에 관하여 판단하여 소송이 종료된 이상, 법적 안정성을 위해 당사자와 법원 모두 분쟁해결의 기준으로서 확정판결의 판단을 존중하여야 한다는 요청에 따라 인정된 것이다. 민사소송법은 확정판결을 그대로 유지할 수 없을 정도로 중대한 흠이 있는 <u>예외적인 경우에만 확정판결을 취소하고 이미 종결된 사건을 다시 심판할 수 있도록</u>

---

[9] 대법원 2017. 9. 21. 선고 2017다232105 판결.

특별한 불복신청의 방법으로서 재심 제도를 두고 있다. 재심은 민사소송법이 열거하고 있는 사유가 있는 경우에 한하여(민사소송법 제451조, 제452조), 일정한 기간 내에(민사소송법 제456조, 다만 제457조의 예외가 있다) 별도로 소를 제기하는 방식으로만 허용된다.

따라서 확정판결에 따른 강제집행이 권리남용에 해당한다고 쉽게 인정하여서는 안 되고, 이를 인정하기 위해서는 확정판결의 내용이 실체적 권리관계에 배치되는 경우로서 그에 기초한 집행이 현저히 부당하고 상대방으로 하여금 집행을 받아들이도록 하는 것이 정의에 반함이 명백하여 사회생활상 용인할 수 없다고 인정되는 것과 같은 특별한 사정이 있어야 한다."10)

5.

확정된 사위판결에 기한 강제집행 등으로 손해가 생긴 경우 재심에 의하여 그 판결을 취소함이 없이 직접 부당이득반환청구나 불법행위로 인한 손해배상청구 등을 할 수 있는가? 판례는 부당이득반환청구와 불법행위로 인한 손해배상청구의 경우를 동일하게 보지 않는다.

먼저 **부당이득반환청구**의 경우를 본다. 부당이득반환청구소송에서 변론종결 전의 사유를 내세워 확정판결이 부당하다고 주장하는 것이 그 확정판결의 기판력에 저촉되는 것인가? 판례는 확정판결이 재심으로 취소되지 않는 한, 그 판결의 강제집행으로 교부받은 금원 등을 법률상 원인 없는 이득이라고 하여 부당이득반환청구를 하는 것은 확정판결의 기판력에 저촉되어 허용될 수 없다는 입장이다.

"소송당사자가 허위의 주장으로 법원을 기망하고 상대방의 권리를 해할 의사로 상대방의 소송관여를 방해하는 등 부정한 방법으로 실체의 권리관계와 다른 내용의 확정판결을 취득하여 그 판결에 기하여 강제집행을 하는 것은 정의에 반하고 사회생활상 도저히 용인될 수 없는 것이어서 권리남용에 해당한다고 할 것이지만, 위 확정판결에 대한 재심의 소가 각하되어 확정되는 등으로 위 확정판결이 취소되지 아니한 이상 위 확정판결에 기한 강제집행으로 취득한 채권을 법률상 원인 없는 이득이라고 하여 반환을 구하는 것은 위 확정판결의 기판력에 저촉되어 허용될 수 없다."11)

학설은 재심설을 따르는 판례의 입장이 타당하다는 견해(김홍엽), 사위판결에 대하여 재심을 거쳐 부당이득반환청구의 소를 제기하는 등 두 번의 소송을 강요하는 것은 불합리하다는 견해(정동윤), 판례가 부당이득반환청구와 손해배상청구를 달리 취급하는 것은 부당하다는 견해(호문혁), 재심의 소를 제기하면서 이에 관련청구로 부당이득반환청구의 소를 병합 제기하는 것을 허용함으로써 두 번의 소송으로 생기는 번거로움을 피할 수 있다는 견해(이시윤) 등이 있다. 나름대로 근거를 갖는 견해들이다.

---

10) 대법원 2018. 3. 27. 선고 2015다70822 판결.
11) 대법원 2001. 11. 13. 선고 99다32905 판결.

<사례 10-6> 乙이 망 A에게 금 75,000,000원을 대여하였다가 A가 사망하자, 그 상속인들인 甲 등을 상대로 위 대여금 및 그 이자의 지급을 구하는 대여금반환청구소송을 제기하여 승소판결을 받았고, 그 판결이 확정되자 그에 기하여 강제집행을 신청하여 그 절차에서 원리금으로 금 117,026,360원을 받은 후, 甲 등이 이 사건 청구로 乙이 A로부터 위 대여금 중 금 25,000,000원을 변제받고도 이를 속이고, 위 대여금 전액에 대하여 소송을 제기하여 승소 확정판결을 받은 후 강제집행에 의하여 위 금원을 수령하였으므로, 그 금원 중 금 25,000,000원의 원금 및 그에 대한 이자 상당액은 법률상 원인 없는 이득으로 반환하여야 하거나 또는 피고가 법원을 기망하여 원고들로부터 편취한 금원이므로, 원고들에게 위 금원 상당의 손해를 배상하여야 한다고 주장하였다.

☞ 〈원심〉은 부당이득반환청구에 관하여는 위 변제주장은 위 대여금반환청구소송의 확정판결 전의 사유로서 위 판결이 재심의 소 등으로 취소되지 아니하는 한 위 판결의 기판력에 저촉되어 원고들이 이를 주장할 수 없으므로, 위 확정판결의 강제집행으로 교부받은 금원을 법률상 원인 없는 이득이라고 할 수 없다는 이유로 배척하였고, 그중 손해배상청구에 관하여는 위 변제주장을 인정할 만한 증거가 없다는 이유로 배척하였다.

〈대법원〉은 위 대여금반환청구소송의 확정판결의 기판력이 이 사건 부당이득반환청구에 미친다고 본 원심의 판단은 정당하고, 거기에 기판력 및 재심에 관한 법리오해나 이유모순의 위법이 있다고 할 수 없으며, 기록에 의하여 관계 증거를 살펴보면 원고들의 변제주장에 부합하는 증거들을 배척한 원심의 조처 또한 정당한 것으로 수긍이 가고, 거기에 채증법칙 위배의 위법이 있다 할 수 없다고 판시하여 원고들의 상고를 기각하였다.[12]

다음으로 **불법행위로 인한 손해배상청구**의 경우를 본다. 재심은 확정판결에 재심사유가 있는 경우에 한하여 확정판결의 형식적, 실체적 제거를 목표로 함에 반하여, 손해배상청구는 기판력 있는 판결의 존재 자체는 건드리지 않고 다만 판결에 기한 결과의 재산법적 조정만을 목표로 하며, 그 한도에서만 기판력을 제거한다.[13] 법적 안정성을 기조로 하는 기판력제도를 존중하여야 할 것임은 두말할 나위가 없으나, 판결의 부당성이 기판력이라는 형식적 법적 지위를 압도할 만큼 확실하고 명확한 예외적인 경우에 한하여 기판력에도 불구하고 위법성이 인정되어 불법행위에 기한 손해배상청구도 허용된다. 재판절차를 이용하여 부당한 재판을 받은 자에게 법적 안정성을 위하여 불법행위의 적용을 배제하는 것은 정의에 반한다.

판례는 앞서 본바와 같이 확정판결의 편취의 경우에는 재심의 소 제기 없이 불법행위에 기한 손해배상청구가 가능하다는 입장이고, 편취되지 않은 그러나 실질적으로 부당한 판결의 집행에 관하여는 확정판결에 기한 강제집행이 불법행위로 되는 것은 당사자의 절차적 기본권이 근본적으로 침해된 상태에서 판결이 선고되었거나 확정판결에 재심사유가 존재하는 등 확정판결의 효력을 존중하는 것이 정의에 반함이 명백하여 이를 묵과할 수 없는 경우로 한정한다.

"민사소송에서 판결이 확정되면 그 대상이 된 청구권의 존재 혹은 부존재를 더 이상 다툴 수 없

---

12) 대법원 1995. 6. 29. 선고 94다41430 판결.
13) 지원림, 앞의 논문, p.186.

게 되는 기판력이 발생하여 당사자의 법적 안정을 도모하고 있고, 때문에 위 확정판결의 효력을 배제하기 위해서는 재심사유가 존재하는 경우에 한하여 재심의 소에 의하여 그 취소를 구하는 것이 원칙적인 방법이다. 따라서 확정판결의 취득 또는 그에 기한 집행을 불법행위라고 하기 위해서는, 소송당사자가 상대방의 권리를 해할 의사로 상대방의 소송관여를 방해하거나 허위의 주장으로 법원을 기망하는 등 부정한 방법으로 실제의 권리관계와 다른 내용의 확정판결을 취득하고, 그로 인하여 상대방의 절차적 기본권을 근본적으로 침해함으로써 확정판결의 효력을 존중하는 것이 정의관념에 반하여 이를 도저히 묵과할 수 없는 사정이 있어야 한다. 그렇지 않고 당사자가 단순히 실체적 권리관계에 반하는 허위주장을 하거나, 자신에게 유리한 증거를 제출하고 불리한 증거는 제출하지 아니하거나, 제출된 증거의 내용을 자기에게 유리하게 해석하는 등의 행위만으로는 확정판결의 위법한 편취에 해당하는 불법행위가 성립한다고 단정할 수 없다."14)

결국 피고의 주소를 알고 있음에도 불구하고 피고의 주소를 거짓으로 적어 그 주소로 소장부본을 송달케 하여 실제로 피고가 아닌 사람이 송달받도록 함으로써 피고 자신이 송달받고도 답변서를 제출하지 아니한 것으로 법원을 속여 피고의 자백간주로 무변론 승소판결을 받는 것은 피고의 절차적 기본권을 근본적으로 침해한 상태에서 판결이 선고된 것으로 확정판결이 명백히 잘못된 것이므로 재심의 소를 제기하지 아니하고 바로 불법행위로 인한 손해배상청구를 할 수 있다 볼 것이고, 공시송달에 의한 판결편취사례인 〈사례 6-2〉의 판결이 이를 보여주고 있다.

6.

그렇다면 사위판결에 기하여 소유권이전등기나 말소등기가 마쳐진 경우 재심을 제기하지 아니하고 별소로 당해 등기의 말소나 회복을 구할 수 있는가?

판례는 제소자가 상대방의 주소를 허위로 기재함으로써 그 허위주소로 소송서류가 송달되어 그로 인하여 상대방 아닌 다른 사람이 그 서류를 받아 자백간주의 형식으로 제소자 승소의 판결이 선고되고 그 판결정본 역시 허위의 주소로 보내어져 송달된 것으로 처리된 경우에는 상대방에 대한 판결의 송달은 부적법하여 무효이므로 상대방은 아직도 판결정본의 송달을 받지 않은 상태에 있어 이에 대하여 상소를 제기할 수 있을 뿐만 아니라, 위 사위판결에 기하여 부동산에 관한 소유권이전등기나 말소등기가 경료된 경우에는 별소로서 그 등기의 말소를 구할 수도 있다는 입장이다.15)

아무리 법적 안정성을 위하여 확정판결에 기판력이 인정된다고 하더라도 60년대의 대법원판결이 설시하는 바와 같이 "법원을 기망하는 등의 불법행위로서 확정판결을 얻은 자에게까지 기판력의 효과로서 보호한다는 것은 일면 오인의 자연적 정의감에 반한다고 아니할 수 없으므로" 판례의 입장을 수긍할 것이다. 간계로 법원을 속여 확정판결을 취득한 자에게는 기판력의 보호가 아니라 상소나 재심 더 나아가 당해 사위판결에 의하여 마쳐진 소유권이전등기까지 말소시킬 수 있는 철

---

14) 대법원 2013. 4. 25. 선고 2012다110286 판결.
15) 대법원 1995. 5. 9. 선고 94다41010 판결

퇴를 내리쳐야 함은 당연한 것이다. 그게 정의의 요청이다.

다만 부당이득반환청구권과 불법행위로 인한 손해배상청구권은 그 요건사실이 다르므로 판례가 확정판결의 강제집행으로 인한 이득을 부당이득이라고 볼 수 없다고 하여 불법행위로 인한 손해배상청구와 달리 취급하는 것이 불합리한 것은 아니다. 재심의 소에 부당이득반환청구를 병합하는 것은 분쟁의 일회적 해결을 위해 타당한 면이 있으나, 일반적으로 판례가 재심의 소에서 재심대상 판결의 취소를 조건으로 원상회복의 소를 병합하는 것을 허용하지 않고 있으므로 우리 판례체계에서 받아들이기 어려울 것이다.

7.

여기서 사위판결 내지 편취판결을 피보전채권으로 하여 채권자취소권을 행사할 수 있는지도 살펴보자.

"판결이 확정되면 기판력에 의하여 대상이 된 청구권의 존재가 확정되고 그 내용에 따라 집행력이 발생한다. 다만 확정판결에 의한 권리라 하더라도 신의에 좇아 성실히 행사되어야 하고 판결에 기한 집행이 권리남용이 되는 경우에는 허용되지 않으므로 집행채무자는 청구이의의 소에 의하여 집행의 배제를 구할 수 있다. 이처럼 확정판결의 내용이 실체적 권리관계에 배치되어 판결에 의한 집행이 권리남용에 해당된다고 하기 위해서는 판결에 의하여 집행할 수 있는 것으로 확정된 권리의 성질과 내용, 판결의 성립 경위 및 판결 성립 후 집행에 이르기까지의 사정, 집행이 당사자에게 미치는 영향 등 제반 사정을 종합하여 볼 때, 확정판결에 기한 집행이 현저히 부당하고 상대방으로 하여금 집행을 수인하도록 하는 것이 정의에 반함이 명백하여 사회생활상 용인할 수 없다고 인정되는 경우이어야 한다. 그리고 위와 같이 확정판결에 기한 집행이 권리남용에 해당하여 청구이의의 소에 의하여 집행의 배제를 구할 수 있는 정도의 경우라면 그러한 판결금 채권에 기초한 다른 권리의 행사, 예를 들어 판결금 채권을 피보전채권으로 하여 채권자취소권을 행사하는 것 등도 허용될 수 없다고 보아야 한다."16)

<사례 10-7> 甲은 A로부터 A의 B에 대한 공사대금채권을 양도받아 B를 상대로 양수금 청구소송을 제기하였고, 'B는 원고에게 9,200만 원 및 이에 대한 지연손해금을 지급하라'는 판결을 선고받았으며, 위 판결은 1999. 10. 16. 그대로 확정되었다(이하 위 판결에 따른 甲의 B에 대한 채권을 '이 사건 판결금 채권'이라 한다). B는 2009. 8. 12. 甲 상대로 '위 양수금 청구소송은 A의 甲에 대한 소송신탁에 터 잡은 것이다'라는 등의 주장을 하며 청구이의 소송을 제기하였으나 소송신탁 사실을 인정할 만한 증거가 부족하다는 등의 이유로 2010. 9. 29. 제1심에서 패소하였고, 그 항소 및 상고도 기각되어 2012. 3. 29. 확정되었다.
위 청구이의 소송 제1심 과정에서 A는 'A는 1998년 10월경 당시 甲에게 3,700만 원 내지 3,800만 원 상당의 채무를 부담하고 있었고, 이에 기해 위 공사대금채권의 양도가 이루어진 것이다'라는 취지로 증언하였는데, 이와 관련하여 甲과 A는 위증교사 및 위증으로 각각 기소되어 2013. 4. 3. 제1심에서 모두 유죄

---

16) 대법원 2014. 2. 21. 선고 2013다75717 판결.

> 판결을 선고받았고, 이에 대해서 원고만이 항소 및 상고를 하였으나 모두 기각되었다.
> B가 2011. 6. 22. 이 사건 건물의 소유권을 취득하여 같은 날 乙에게 각 근저당권을 설정하여 주자 甲은 2011. 12. 21. 이 사건 판결금 채권을 피보전채권으로 하여 乙을 상대로 위 각 근저당권설정등기의 말소 등을 구하는 채권자취소소송을 제기하였다.

〈원심〉은 다음과 같은 이유로 甲의 청구를 기각하였다.

"일반적으로 채무자의 사해행위에 대한 채권자취소권은 채무자가 채권자를 해함을 알고 재산권을 목적으로 한 법률행위를 하였을 때에 채권자가 그 취소 및 원상회복을 법원에 청구함을 말하는 것이므로 채무자가 법률행위를 할 당시에 그 행위로 인하여 해할지도 모를 채권자의 보호받아야 할 정당한 채권, 즉 피보전채권이 존재하고 있어야 함은 채권자취소권의 성질상 당연하다. 이 사건 채권자취소권의 피보전채권인 이 사건 판결금채권은 원고가 위 소송을 수임할 자격이 없음에도 A로부터 소송을 하기 위한 목적으로 채권을 양도받아 B를 상대로 양수금 청구소송을 제기한 이른바 소송신탁에 따른 것이라 할 것인데 원래 소송신탁은 법률이 금하는 반사회질서의 법률행위로서 신탁법 제6조에 따라 무효이다. 나아가 원고는 소송신탁에 따라 B에 대하여 마치 양수금 채권을 갖고 있는 것처럼 꾸며 소송을 제기하여 이 사건 채권자취소권의 피보전채권이 된 이 사건 판결금채권에 관한 일부 승소판결을 받은 다음, 강제집행과정에서 비록 법리상 받아들여질 수 없는 주장이었기는 하나 B로부터 이 사건 판결금채권이 소송신탁에 따른 것임을 이유로 한 청구이의 소송이 제기되자, A로 하여금 법정에서 허위의 증언을 하게 하여 위증죄로 형사처벌을 받게 하였고, 자신도 위증교사혐의로 현재 형사재판이 진행 중이다. 그러므로 원고의 B에 대한 이 사건 판결금채권에 터 잡은 권리의 행사는 위와 같은 권리의 형성 경위에 비추어 사회질서에 반할 뿐 아니라 신의칙에도 반하여 그 실현을 위한 법적 조력을 허용하지 않음이 타당하다 하지 않을 수 없다. 따라서 이 사건 판결금채권의 권리실현을 위한 이 사건 채권자취소권의 행사는 더 나아가 살필 필요 없이 사회질서 및 신의칙에 반하여 허용할 수 없다."

그러나 〈대법원〉은 다음과 같은 이유로 원심판결을 파기환송하였다.17)

"우선 원고와 A 사이의 위 채권양도는 소송신탁에 해당하여 무효라고 볼 여지가 있어 보이기는 한다. 그러나 앞서 본 법리에 비추어 볼 때, 그러한 사정만으로 원고의 이 사건 판결금 채권에 기초한 강제집행이나 권리의 행사가 당연히 권리남용에 해당한다고 보기는 어렵다. 채무자인 B로서는 소송신탁 여부에 따라 원고와 A 중 누구에게 이행할 의무를 지느냐에 차이가 있을 뿐이고, 또한 소송신탁 사실이 있다고 하더라도 그것이 이 사건 판결금 채권 사건에 대한 청구이의의 사유가 될 수도 없는 점 등에 비추어 보면, B로 하여금 이 사건 판결금 채권에 기한 강제집행이나 권리의 행사를 수인하도록 하는 것이 명백히 정의에 반하여 사회생활상 용인할 수 없는 정도라고 볼 수는 없고, 기록상 그렇게 볼 만한 다른 특별한 사정이 있다고도 보이지 않는다. 그런데도 원심은 위 채권양도가 소송신탁에 해당하여 무효로 보인다는 사정만으로, 이 사건 판결금 채권에 터 잡은 원고의 권리행사가 신의칙상 허용되지 않고 원고의 이 사건 채권자취소권의 행사도 허용될 수 없다고 판단하였다. 이러한 원심의 조치에는 확정판결에 기한 권리행사에 있어서의 권리남용에 관한 법리

---

17) 대법원 2014. 2. 21. 선고 2013다75717 판결.

를 오해한 위법이 있다."

　대법원은 위 사례에서 이 사건 확정판결에 의한 판결금 채권에 기한 강제집행이나 권리의 행사를 수인하도록 하는 것이 명백히 정의에 반하여 사회생활상 용인할 수 없는 정도라고 볼 수는 없는 경우라고 하여 실체법 질서에 어긋나는 다소 무리한 판결이라도 특별한 사정이 없는 한 존중해야 함을 천명하고 있다. 원심에서는 신의칙까지 동원하여 이 사건 판결금채권의 권리실현을 위한 채권자취소권의 행사를 거부하였으나, 대법원은 신의칙을 거론하지 않고 있다.[18]

---

18) 강현중 변호사는 위 대법원판결에 대하여 신의칙의 적용을 강조하면서 비판적인 접근을 하고 있다. 강현중, "편취판결의 채권을 소송법상 행사하기 위한 요건", 법률신문 입력 : 2017-12-26 오후 5:51:54

11 기판력과 절차적 정의 2
― 사위판결(詐僞判決)과 불법행위 ―

1.

이시윤 교수님의 화갑기념논문집인 「민사재판의 제문제(하)」(박영사, 1995)에 강현중 변호사님(전 사법정책연구원장)이 쓴 "사위판결로 인한 손해배상 청구소송의 적부"라는 글이 보여 단숨에 읽어보았다. 이시윤 교수가 1995년에 60이면 2021년에는 86세가 될 터인데 이 교수님은 현재도 젊은이 못지않은 학구적 정열을 과시하고 있다. 요새 이시윤 교수의 화두는 '소송절차의 global standard'이다. 강현중 변호사는 국민대학교를 정년퇴임하고 변호사를 하시다가 호문혁 교수님의 뒤를 이어 대법원 산하의 사법정책연구원장을 맡아 3년 임기를 마친 바 있다. 정년퇴직해서도 70~80대에 빵빵하게 사회활동을 활발하게 하는 분들이 많다. 이 분들이야말로 Active Senior들이다. 평균수명이 늘어나면서 인생 2모작, 3모작을 해야 하는 시대에 살고 있다.

강 변호사는 사위판결로 인한 손해배상청구소송을 제기함에 있어서는 재심소송을 제기할 필요가 없이 막바로 불법행위로 인한 손해배상청구소송이 가능하다는 견해(재심소송 부정설)와 재심에 의하여 편취판결을 취소하지 않고는 불법행위로 인한 손해배상청구소송이 불가능하다는 견해(재심소송 긍정설)를 소개하고 다음과 같이 판례를 분석하고 있다.

판례는 사위판결에 있어서 불법행위로 인한 손해배상청구를 긍정하는 판례와 부정하는 판례가 있고, 긍정하는 판례의 경우에는 승소 당사자의 확정판결에 의해서 취득하는 권리가 후일 어떠한 이유로 인해서 소멸되었음에도 불구하고 그 소멸된 사실을 감추고 상대방에 대해서 권리행사를 한 경우이고,[1] 부정하는 판례는 통상의 공동소송관계에 있는 당사자들 사이에서 일부 당사자에 대해서는 승소를, 일부 당사자에 대해서는 패소를 한 경우라도, 그 승소 당사자에 대한 강제집행이 불법행위를 구성하지 않는다는 것이다.[2]

불법행위를 긍정하는 판례의 근거는 신의칙 및 권리남용에서 구하는 데 대해서, 부정하는 판례는 불법행위의 성립을 전면적으로 부정하는 것이 아니라 그 소송 당사자가 상대방의 권리를 해할 의사로 상대방의 소송관여를 방해하거나 허위의 주장으로 법원을 기망하는 등 부정한 방법으로 실제와 다른 나용의 확정판결을 취득하고 그 집행을 하는 것과 같은 특별한 사정이 있는 경우에는 불법행위의 성립을 인정하되, 그와 같은 사정이 없는 경우에는 불법행위가 성립하지 않는다는 것이다.

---
[1] 대법원 1984. 7. 24. 선고 84다카572 판결.
[2] 대법원 1992. 12. 11. 선고 92다18627 판결.

2.

한편, 민사소송법 제451조 제11호는 "당사자가 상대방의 주소 또는 거소를 알고 있었음에도 있는 곳을 잘 모른다고 하거나 주소나 거소를 거짓으로 하여 소를 제기한 때"를 재심사유로 하고 있으므로 사위판결의 경우가 여기에 해당한다고 볼 수 있다. 그런데 대법원은 민사소송법 제451조 제11호 중 재심사유에 해당하는 것은 공시송달로 소를 제기한 경우에 한정된다는 입장을 밝히고 있다.3) 오래된 판결이지만 기판력에 관한 상세한 교과서적 논리를 전개하고 있는 대법원 전원합의체 판결 전문을 읽어본다.

"원심은 원고는 6.25사변 당시에 월북한 부재자인데 피고는 월북 부재중인 원고로부터 1963. 3. 5 원고 소유인 원심판결 설시의 본건 부동산(원심판결에는 별지목록이 첨부되지 않았는데 원심판결 설시의 본건 부동산은 제1심 판결 첨부 별지목록 기재의 부동산을 말하는 것으로 보인다)을 매수하였다는 허위의 매매계약서를 작성하여 원고를 상대로 위 매매에 인한 소유권이전등기절차 이행청구의 소(63가합5053)를 서울민사지방법원에 제기하고 원고(그 사건의 피고)의 주소를 서울 마포구 대흥동 723으로 허위표시하여 그 허위주소에다가 소송서류를 송달하게 하고 원고(그 사건의 피고) 아닌 성명불상자가 그 소송서류를 수령함으로써 의제자백의 형식으로 피고(그 사건의 원고) 승소 판결이 선고되었고 그 판결정본도 위와 같은 방법으로 송달하게 하여 동 판결을 형식상 확정시켜 본건 부동산에 관하여 피고명의로 원판결 설시의 본건 소유권이전등기를 경료한 사실을 인정한 다음 피고가 본건 부동산에 관하여 자기명의로 소유권이전등기를 할 수 있게 된 형식상의 확정판결(위 설시의 서울민사지방법원 63가합5053 판결)은 피고가 상대방인 원고의 주소가 허위임을 알고 있음에도 불구하고 법원을 속여 사위판결을 얻기 위하여 원고(그 사건의 피고)의 주소가 아닌 서울 마포구 대흥동 723을 원고의 주소로 허위표시하여 판결정본과 그 밖의 모든 소송서류를 그 허위주소로 송달하고 원고 아닌 다른 사람이 권한 없이 이를 수령하여 판결을 형식적으로 확정시킨 것이나 위 소송서류의 송달은 원고가 관여한 것이 아니어서 무효이고 위 사위판결 정본도 원고에게 아직 송달된 것이 아니어서 항소기간은 그 진행이 개시되지 않은 것이니 위 사위판결은 실질적으로 확정되었다고 할 수 없어 원고는 이제라도 위 소송과정에서 항소를 제기하여 다툴 수 있다고 할 것이다. 그러나 위 사위판결이 위와 같은 소송절차상의 하자가 있어 항소로써 다툴 여지가 있다고 할지라도 그 판결은 일응 형식적으로 확정되어 기판력이 생기는 것이라고 할 것이므로 원고가 앞에 적시한 위 판결의 하자를 들어 그 판결에 대하여 항소를 제기하는 방법을 취하지 아니하고 그 확정판결을 그대로 둔 채 별소로서 구하는 본건 소유권이전등기의 말소청구는 확정판결의 기판력에 관한 법리에 위배되는 것이어서 실당하고 그 소유권이전등기의 말소를 전제로 한 건물명도청구도 실당한 것이라고 판단하고 있다.

살피건대 판결(종국판결)이 당해 소송절차 내에서 통상적인 불복방법에 의하여 취소변경 될 수 없게 되면 즉 상소제기 등의 통상적인 불복방법으로써 다툴 수 없는 상태에 이르게 되면(소송행위의 추완신청이나 재심의 소의 제기로써 취소변경되는 것은 무방하다) 그 판결을 확정판결이라고 말하고 이러한 상태에 있어서의 판결의 불가변경성을 판결의 **형식적 확정력**이라고 하며, 이와 같이 판결

---

3) 대법원 1978. 5. 9. 선고 75다634 전원합의체 판결.

이 형식적으로 확정되면(판결에 형식적 확정력이 생기게 되면) 그 확정판결에는 소송당사자나 법원이 그 판결의 내용인 특정한 법률효과의 존부에 관한 판단과 상반되는 주장이나 판단을 할 수 없게 되는 효력이 생기게 되는데 이러한 효력을 실질적(내용적)으로 판결을 확정시킨다고 하여 판결의 **실질적 확정력**이라고도 하고 또 이미 판단된 사건 즉 기판사건이 가지는 효력이라는 의미에서 **기판력**이라고도 한다. 그러니 종국판결의 기판력은 판결의 형식적 확정을 전제로 하여 발생하는 것이다.

그러면 원심인정의 본건의 경우와 같이 제소자가 상대방의 주소를 허위로 다른 곳으로 표시하여 상대방에 대한 변론기일 소환장 등의 소송서류를 그 허위주소로 보내고 상대방 아닌 다른 사람이 그 소송서류를 받아 의제자백의 형식으로 제소자 승소의 판결이 선고되고 그 판결정본이 위와 같은 방법으로 상대방에게 송달된 경우에 있어서 위 사위판결(판결이 형식적으로 존재하는 이상 사위판결도 당연무효의 판결이 아니다)을 형식적 확정력이 있는 확정판결로 보고 그 판결에 기판력을 인정할 것인가에 관하여는 학설이 나누어져 있는 바, 하나는 사위판결은 상대방에의 판결정본의 송달이 무효이어서 항소의 대상이 될 뿐이고 확정판결이 아니니 기판력이 없는 것이라는 **항소설**이고, 다른 하나는 사위판결은 형식적으로 확정된 확정판결이므로 기판력이 있고 따라서 사위판결은 재심의 소 제기나 상소의 추완신청 등에 의하여서만 구제될 수 있는 것이라는 **재심설**이다.

그러나 본건 사위판결의 경우에 있어서는 판결정본이 제소자가 허위로 표시한 상대방의 허위주소로 보내져서 상대방 아닌 다른 사람이 그를 수령한 것이니 상대방에 대한 판결정본의 송달은 부적법하여 무효이고 상대방은 아직도 판결정본의 송달을 받지 않은 상태에 있는 것으로서 그 판결에 대한 항소기간은 진행을 개시하지 않은 것이라고 보아야 할 것이다. 그렇다면 본건 사위판결은 형식적으로 확정된 확정 판결이 아니어서 기판력이 없는 것이라고 할 것이고 민사소송법 제422조(현행법 제451조) 제1항 제11호에 「당사자가 상대방의 주소 또는 거소를 알고 있었음에도 불구하고……허위의 주소나 거소로 하여 소를 제기한 때」를 재심사유로 규정하고 있으나 이는 공시송달의 방법에 의하여 상대방에게 판결정본을 송달한 경우를 말하는 것이고(공시송달의 방법에 의하여 상대방의 허위주소에다가 판결정본을 송달 하였다고 하여도 공시송달의 방법을 취하였기 때문에 그 송달은 유효한 것으로 보아야 하기 때문이다)(본원판결인 1961. 1. 26. 선고 4293민상190, 1969. 7. 22. 선고 68다2272, 1971. 3. 23. 선고 70다2751 등 참조). 본건 사위판결에 있어서와 같이 공시송달의 방법에 의하여 송달된 것이 아닌 경우까지 재심사유가 되는 것으로 규정한 취지는 아니라고 할 것이며 따라서 항소설에 따른 본원판결 즉 본건과 같은 사위판결은 확정판결이 아니어서 기판력이 없다는 본원판결 등(1965. 7. 6. 선고 65다853, 1967. 6. 13. 선고 67다445, 1968. 9. 17. 선고 68다1358, 1970. 6. 9. 선고 70다676, 1971. 6. 22. 선고 71다771, 1971. 9. 28. 선고 71다 1649 등)은 정당하다.

그러므로 재심설에 따라서 위 이론과 상치되는 판단을 한 본원판결 즉 판결정본의 상대방에의 송달이 유효함을 전제로 하는 1963. 4. 25. 선고 62다836 판결 및 1967. 6. 20. 선고 67다874 판결 등과 사위판결정본의 송달은 민사소송법 제422조 제1항 제3호 소정의 법정대리권, 소송대리권 또는 대리인이 소송행위를 함에 필요한 수권의 흠결이 있는 자가 소송서류의 송달을 받아 소송행위를 한 경우에 해당하여 재심사유가 된다는 취지의 1970. 12. 22. 선고 70다2326 판결 등은 본 판결로서 모두 폐기하는 바이다.

여기서 위 설시이론에 의거하여 원심판결을 살펴보면 원심이 본건 사위판결이 형식적으로는 확정된 것이나 실질적으로는 확정된 것이 아니어서 원고는 언제라도 그 소송과정에서 항소를 제기하여 다툴 수 있지만은 형식적으로 확정된 점에서 기판력이 있는 것이라고 설시한 그 자체에 이유 모순의 위법이 있는 것이라고 할 것이다. 왜냐하면 본건 사위판결이 형식적으로 확정되어 기판력이 생긴 것이라면 본건 사위판결은 항소제기의 방법으로서는 다툴 수 없는 것이라고 하여야 할 것이고 반대로 본건 사위판결이 항소의 대상이 되는 것이라고 하려면 본건 사위 판결은 형식적으로 확정되지 않아서 기판력이 없는 것이라고 설시하였어야 하기 때문이다.

그뿐만 아니라 본건 사위판결이 형식적으로 확정되어 기판력이 있는 것으로 판단한 원심의 조처에는 판결의 확정력 내지는 기판력에 관한 법리를 오해한 위법을 범한 것이라고 할 것이고 또 본건 사위판결에 기판력이 부정된다면 본건 사위판결에 의거하여 피고명의로 경료된 본 건 부동산에 관한 소유권이전등기는 실체적 권리관계에 부합될 수 있는 다른 사정이 없는 한 말소될 처지에 있는 것이어서 원고가 본건 사위판결에 대하여 항소를 제기하지 아니하고(본건 사위판결을 그대로 둔채) 별소인 본건 소에서 본건 청구를 한다고 하여도 피고로서는 이를 거부할 수 없는 것이라고 할 것이니 위 설시의 원심판결의 위법이 원심판결의 결과에 영향을 미친 것이라고 할 것이다. 그러니 이점을 지적하는 상고논지는 이유 있고 원심판결은 파기를 면하지 못할 것이다."

3.

결국 판례에 따르면 허위주소로 소를 제기하여 사위로 확정판결을 취득한 경우에는 재심의 소를 제기함이 없이 바로 불법행위를 이유로 한 손해배상청구가 가능하나, 공시송달로 소를 제기하여 확정판결을 취득한 경우에는 그것이 비록 사위판결이라 하더라도 바로 불법행위를 이유로 한 손해배상청구는 할 수 없고 일단 재심의 소를 제기하여 그 사위판결을 취소시킨 다음에 비로소 이러한 불법행위를 이유로 한 손해배상청구를 할 수 있다는 것으로 정리할 수 있다.

사위판결의 경우에는 상대방의 절차관여를 방해하였기 때문에 그 절차적 기본권의 침해를 이유로 불법행위를 원인으로 한 손해배상청구가 가능하다. 형식적으로 보면 허위주소 송달이나 공시송달로 인판 판결편취나 당사자자의 절차참여권이 배제된 점에는 차이가 없으나, 공시송달은 법원의 관여 하에 이루어진 것이고, 허위주소 송달은 제소자의 기망에 기한 거짓송달이라는 차이를 반영하여 대법원이 달리 보고 있는 것이다. 법적 안정성뿐만 아니라 절차보장을 받은 당사자의 자기책임에서 기판력 사상이 연원하는 것이므로 당사자의 절차적 기본권이 근본적으로 침해된 상태에서 취득한 확정판결에는 기판력도 절차적 정의 앞에 자리를 양보하여 하는 것이다.[4]

4.

사위판결 내지 편취판결에 대하여 이 판결을 취소할 수 있는 상소, 재심 등 소송법적 구제방법을 쓸 수 없는 경우에 실체법적으로 불법행위로 인한 손해배상청구 또는 부당이득반환청구를 할

---

[4] 이 경우 부당판결에 의한 집행의 결과를 그대로 시인한다면 이는 "부정의에 대하여 정의의 도장을 찍어주는 것"이 되므로, 이 경우에는 실체적 정의를 위하여 기판력제도는 후퇴해야 하고, 이 경우에 손해배상청구를 허용하는 것이야말로 "부당한 판결에 대한 정의의 승리가 아닐 수 없다. 윤진수, "확정판결의 부정이용에 대한 구제의 요건과 방법", 21세기 민사소송법의 발전(정동윤 선생 화갑기념), 법문사, 1999, p.358 참조.

수 있는지 여부에 관하여 앞서 본바와 같이 판례가 취하는 입장은 다음과 같이 정리할 수 있다.

우선 **불법행위로 인한 손해배상청구**에 관하여 "판결이 확정되면 기판력에 의하여 그 대상이 된 청구권의 존재가 확정되고, 그 내용에 따라 집행력이 생기므로 그에 따른 집행이 불법행위가 되기 위해서는 당사자가 상대방의 권리를 해할 의사로 상대방의 소송관여를 방해하거나 허위의 주장으로 법원을 기망하는 등 부정한 방법으로 실체와 다른 내용의 확정판결을 취득하고 그 집행을 하는 것과 같은 특별한 사정이 있어야 한다. 그러나 당사자가 법원을 기망하는 정도에 이르지 않는 단순한 실체법적 권리관계에 반하는 허위주장을 하거나, 자신에게 유리한 증거를 제출하고 불리한 증거는 제출하지 아니하거나, 제출된 증거의 내용을 자기에게 유리하게 해석하는 등의 행위만으로는 확정판결의 위법한 편취에 해당하는 불법행위가 성립하지 않는다."

다음으로 **부당이득반환청구**에 관하여 판례는 불법행위로 인한 손해배상청구와는 달리 부당이득반환청구를 허용하는 것은 이전 소송의 확정판결과 직접적으로 모순되므로 기판력으로 차단된다고 하면서 이를 부정한다.

당사자 한 쪽이 부정한 방법으로 확정판결을 취득한 다음 이를 집행권원으로 하여 강제집행을 하는 경우에 그 집행을 **청구이의의 소**나 집행문 부여에 대한 이의의 소 등으로 배제할 수 있는지에 관하여 판례는 "확정판결의 내용이 실체법적 권리관계에 어긋나는 경우에 그 판결에 의하여 집행할 수 있는 것으로 확정된 권리의 성질과 그 내용, 판결의 성립경위 및 판결 성립 이후 집행에 이르기까지의 사정, 그 집행이 당사자에게 미치는 영향 등 제반 사정을 종합하여 볼 때 그 확정판결에 기한 강제집행이 현저하게 부당하고 상대방으로 하여금 그 집행을 감당하게 하는 것이 정의에 명백하게 반하여 사회생활상 용인할 수 없다고 인정되는 경우에는 그 집행은 권리남용으로써 허용되지 않는다."고 하여 위와 같은 특별한 사정이 있는 경우에 청구이의의 소 등을 인정하고 있다.

12 확정판결의 편취와 청구이의
― 사위판결의 집행과 구제 : 확정판결의 편취와 부정이용 ―

1.

　　사기꾼들은 법원을 상대로도 사기를 친다. 마음만 먹으면 어렵지 않게 법원의 판결을 받아낼 수 있다. 어수룩한('어리숙한'이 아님) 사람만 속는 것이 아니라 잘난 체 하는(?) 법원도 속아 넘어간다.
　　예전에 이런 일이 있었다. 甲은 두바이에 장기체류 중인 회사원이었다. 그런데 국내에 있던 甲의 부인 乙이 가짜 남편인 丙과 함께 가정법원에 출석하여 협의이혼의사확인을 받은 뒤 甲의 재산을 가로챈 사고가 있었다. 甲이 귀국하여 보니 전셋집에 다른 사람이 살고 있어 어찌된 일인가 하고 처가에 가 보았더니 장인은 사위와 딸이 협의이혼한 것으로 알고 있었다. 가족관계등록부에는 이미 이혼신고가 되어 있었다. 다른 곳도 아닌 법원에서 이런 황당하고 어처구니없는 일이 벌어진 것이다. 법원이 감쪽같이 甲과 丙에게 속아 넘어간 것이다. 甲이 알아보니 바람난 부인 乙이 甲의 주민등록증과 인감도장을 가지고(남편은 해외로 가면서 여권만 가지고 갔고 주민등록증과 인감도장은 집에 두고 갔다) 가짜 남편 丙을 데리고 가정법원에 가서 협의이혼의사확인을 받으면서 甲이 乙에게 위자료 13억 원을 주고 생활비로 매달 300만 원을 주며, 딸의 양육권은 甲에게 있다는 내용으로 합의를 한 것으로 되어 있었다. 가정법원 판사는 별 의심도 하지 않고 丙을 당연히 남편인 乙로 알았던 것이다. 전셋집 보증금은 이미 乙이 찾아가버린 상태였다.
　　甲은 가정법원에 가서 본인확인을 제대로 하지 않은 잘못을 따졌으나, 법원으로서도 달리 뾰족한 수가 없었다. 乙은 위 합의를 근거로 甲을 상대로 13억 원의 지급명령을 신청하자 법원은 甲에게 지급명령까지 발령한 상태였다.
　　甲으로서는 달리 방도가 없었다. 지급명령에 대한 이의를 신청하고 乙을 상대로 협의이혼무효확인소송을 제기하였다. 법원은 이혼절차에 중대한 하자가 있다는 이유로 바로 이혼무효판결을 선고하였다. 乙은 위 판결에 불복 항소하면서 위와 같이 협의이혼을 한 것은 남편인 甲이 시키는 대로 한 것이기 때문에 이혼의사가 있는 것이라는 황당한 주장을 하였다.
　　甲은 도저히 참을 수 없어 乙과 丙을 사문서위조 등 혐의로 형사고소를 하였다. 검찰은 乙의 주장을 믿을 수 없다고 판단하고 乙과 丙을 공무집행방해, 사문서위조, 동행사 등으로 기소하였다.
　　그런데 甲이 어찌 이런 乙과 이혼무효판결을 받고 함께 같이 살 수 있겠는가. 이제 甲은 다시 乙을 상대로 이혼소송을 내야 하는 고약한 상황이 되고 말았다. 甲이 해당 판사와 법원을 상대로 (법원은 당사자능력이 없으므로 대한민국을 피고로 하여) 본인확인을 제대로 하지 못한 과실로 甲이 입은 손해의 배상을 청구하면 손해배상판결을 받을 수 있을까?

2.

　채권자가 악의로 법원을 속여(기망하여) 채무자도 모르는 사이에 실체적 진실과는 다른 내용의 승소판결을 받는 수가 있다. 이런 판결을 법전상의 용어는 아니지만 '**부당판결**'로 포섭할 수 있다. 일반적으로 당사자가 악의로 상대방이나 법원을 속여 부당한 내용의 판결을 받는 경우를 **판결의 편취** 내지 **판결의 부당취득**이라고 하고, 이렇게 취득한 판결을 **편취판결** 또는 **사위판결(詐僞判決)**이라고 부른다.[1] 위와 같은 부당판결은 집행을 하지 않고 있으면 별로 문제될 것이 없으나, 부당판결의 내용을 강제집행으로 실현시키려고 할 때 채권자와 채무자의 이해의 충돌이 생기고 기판력의 문제가 클로즈업된다. 사위판결에 대한 소송법상, 실체법상 구제방법에 관한 판례의 태도를 요약하면 다음과 같다.

　사위판결에는 ① 공시송달에 의한 판결편취 즉, 피고의 주소를 알고 있음에도 불구하고 소재불명으로 법원을 속여 공시송달로 재판이 진행되게 함으로써 피고 모르게 승소판결을 받는 경우, ② 소장에 피고의 주소를 거짓으로 적어 그 주소로 소장부본이 송달되게 함으로써 피고 자신이 송달받고도 답변서를 제출하지 아니한 것처럼 법원을 속여 피고의 자백간주로 무변론의 승소판결을 받는 경우, ③ 실체적 청구권이 없음에도 불구하고 허위의 증거들을 제출하는 등의 방법으로 승소판결을 받는 경우 등이 있다.[2]

　판례는 ①의 경우에는 피고는 **추후보완상소 또는 재심**에 의해 구제받을 수 있고, ②의 경우에는 판결정본이 거짓주소로 송달되었기 때문에 그 송달이 무효이고 항소기간이 진행되지 않아 미확정판결이 되므로 피고는 어느 때나 **항소**를 제기할 수 있고 추후보완상소나 재심은 허용되지 않는 것으로 보고 있다.

　판례는 확정된 사위판결에 기한 강제집행이 권리남용에 해당한다는 특별한 사정이 있다면 이를 전소 변론종결 전에 생긴 사유라고 보아 강제집행이 종료되기 전에는 집행채무자는 **청구이의의 소**에 의하여 그 집행의 배제를 구할 수 있다고 한다. 물론 강제집행이 종료된 후에는 특별한 사정이 없는 한 그 집행권원이 가지는 집행력의 배제를 구하는 청구이의의 소가 허용되지 않고, 이 경우에는 부당이득이나 불법행위로 인한 손해배상 등 사후구제의 문제만 남는다.

　판례는 확정된 사위판결이 재심으로 취소되지 않는 한 그 판결의 집행으로 교부받은 금원 등을 법률상 원인 없는 이득이라 하여 **부당이득반환청구**를 하는 것은 확정판결의 기판력에 저촉되므로 강제집행에 의한 부당이득반환청구를 할 수 없다고 한다. ②의 경우 편취판결에 기하여 부동산에 관한 소유권이전등기나 말소등기가 경료된 경우 항소에 의한 취소 없이 별소로 바로 위 소유권이전등기의 말소나 회복을 구할 수도 있다는 것이 판례의 입장이다.

---

[1] 김홍엽, 민사소송법(제9판), 박영사(2020), p.927 참조.
[2] 성명모용소송에 의해 승소판결을 받거나 소취하합의에 의하여 불출석의 원인을 만들어 놓고 원고가 소취하를 하지 아니한 채 자신만이 출석하여 피고의 불출석을 이용하여 승소판결을 받는 경우도 있으나, 이 경우에는 민소법 제451조 제1항 제3호의 대리권의 흠이 있는 경우를 유추적용하여 재심에 의해 구제받을 수 있다.

확정된 사위판결로 인한 강제집행의 경우 **불법행위로 인한 손해배상청구**와 관련하여 판례는 먼저 재심으로 판결을 취소시켜야 함이 원칙이지만 절차적 기본권이 근본적으로 침해된 경우나 재심사유가 있는 등 확정판결의 효력을 존중하는 것이 정의에 반하여 이를 묵과할 수 없는 경우에 한하여 불법행위의 성립을 이유로 손해배상청구를 할 수 있다는 입장이다. ③의 경우 확정판결에 따른 강제집행이 권리남용에 해당한다고 쉽게 인정하여서는 안 되고, 이를 인정하기 위해서는 확정판결의 내용이 실체적 권리관계에 배치되는 경우로서 그에 기초한 집행이 현저히 부당하고 상대방으로 하여금 그 집행을 받아들이도록 하는 것이 정의에 반함이 명백하여 사회생활상 용인할 수 없다고 인정되는 것과 같은 특별한 사정이 있어야 한다.3) 이와 같은 경우에는 불법행위가 성립되어 바로 손해배상청구를 할 수 있으나, 그렇지 않고 당사자가 단순히 실체적 권리관계에 반하는 허위주장을 하거나, 자신에게 유리한 증거를 제출하고 불리한 증거는 제출하지 아니하거나, 제출된 증거의 내용을 자기에게 유리하게 해석하는 등의 행위만으로는 확정판결의 위법한 편취에 해당하는 불법행위가 성립한다고 단정할 수 없고,4) 이 경우에는 재심의 소를 제기하여 확정판결을 취소시켜야 한다.

3.

확정된 사위판결에 의한 집행에서와 같이 기판력사상의 기초인 법적 안정성과 구체적 정의가 충돌하는 경우 무엇을 우선시킬 것인가? ①, ②와 같은 확정판결의 편취와 ③과 같은 확정판결의 부당이용을 동일하게 취급할 수 있는가?

앞서 본바와 같이 판례는 오래 전부터 당사자가 부당한 행위를 하여 확정판결을 받고 이에 기하여 강제집행을 함으로써 타인에게 손해를 끼친 경우에 불법행위로 인한 손해배상책임을 인정하였고, 이로써 억울한 당사자가 소송법상의 재심제도에 의하지 않고도 실체법적 수단인 불법행위제도에 의하여 확정판결의 효력을 배제할 수 있도록 그 구제방법을 확장하였다.

아래 사례에서 보는 바와 같이 판례는 더 나아가 확정판결을 부당하게 취득한 경우 이에 기한 강제집행단계 자체에서 그 집행권원이 가지는 집행력을 배제하는 청구이의의 소를 허용하여 당사자에게 간편하고 편리한 소송법적 구제수단을 제공하고 있다.5)

<사례 12-1> 甲 소유의 오토바이와 A 소유의 영업용택시의 충돌사고로 부상을 당한 乙과 그의 처자들이 甲과 A를 상대로 손해배상청구의 소를 제기하자 법원은 甲과 A의 부진정연대채무를 인정하여 甲과 A는 공동하여 1,000만 원을 지급하라는 판결이 선고되었다. 위 판결에 대하여 甲만이 항소를 제기하여 일부 감액된(700만 원) 항소심판결이 선고되고 확정되었다.
乙 등은 제1심판결 선고 후 A로부터 1심 인용금 중 900만 원만 지급받고 더 이상 손해배상청구를 하지 않기로 하는 합의가 이루어졌다. 그럼에도 乙은 甲에 대한 위 항소심판결을 집행권원으로 하여 甲 소유의 부동산에 대하여 강제경매개시결정에 의한 매각절차가 개시되었다.

---

3) 대법원 2018. 3. 27. 선고 2015다70822 판결.
4) 대법원 2010. 2. 11. 선고 2009다82046,82053 판결.
5) 이공현, "확정판결의 부당취득과 청구이의", 민사판례연구 제7권, p.192~193 참조.

> 甲은 乙 등이 A로부터 900만 원을 받았기 때문에 그 액수에 미달하는 甲의 손해배상채무(700만 원)도 그때 이미 소멸하였으나, 甲은 그 사실을 항소심판결 후에 알게 되어 그 변론종결 전에 주장, 증명할 기회를 놓쳤던 것이므로 위 항소심판결을 집행권원으로 하여 강제집행에 착수한 것은 권리남용에 해당되어 집행력이 배제되어야 한다는 이유로 청구이의의 소를 제기하였다.
> 甲의 청구이의의 소는 인용될 수 있는가?

〈원심〉은 이 사건 손해배상채무가 부진정연대관계에 있고 그중 1인인 A의 위와 같은 채무변제로 인하여 그 범위 내에서 원고의 피고들에 대한 위 손해배상채무도 면책되었다 할 것이나 위 사유는 원고가 집행력의 배제를 구하는 손해배상사건의 항소심 변론종결 전에 생긴 것임이 분명하여 원고가 그 사건 변론종결 전에 그 사정을 알았는가의 여부에 관계없이(피고들이 위 인정과 같이 합의금을 받아 사실상 손해배상채권의 만족을 거두었는데도 2중의 만족을 얻기 위하여 강제집행을 한다면 그것만으로는 권리남용이 된다고 보기 어렵지만 경우에 따라서는 불법행위 또는 부당이득이 될 수는 있을 것이다) 위 사유를 가지고 청구에 관한 이의의 원인으로 삼을 수 없음은 위 확정판결의 기판력에 관한 법의 취지에 비추어 당연하다는 이유로 원고의 청구를 배척하였다. 원심은 이중의 만족을 얻기 위하여 강제집행을 한 경우 청구이의의 원인은 될 수 없으나 경우에 따라서는 불법행위 또는 부당이득이 될 수는 있을 것이라고 하고 있다.

그러나 〈대법원〉은 다음과 같은 이유로 원심을 파기환송하였다.
"확정판결에 의한 권리라 하더라도 그것이 신의에 좇아 성실히 행사되어야 하고 권리남용이 되는 경우에는 이는 허용되지 않는다 할 것인바, 원심이 확정한 사실에 의하면 피고들은 이 사건 확정판결의 변론종결 이전에 부진정연대채무자 중의 1인으로부터 합의금을 수령함으로써 그 한도에서 원고의 손해배상채무도 소멸한 사실을 스스로 알고 있으면서도 이를 모르는 상대방에 이를 감추고 이미 소멸한 채권의 존재를 주장, 유지하여 위와 같은 확정판결을 받았다는 것이니 이와 같은 집행권원에 기한 강제집행을 용인함은 <u>이미 변제되어 소멸하여 부존재하는 채권을 2중으로 받고자 하는 불법행위를 허용하는 결과가 된다</u> 할 것이므로 위와 같은 피고의 집행행위는 자기의 불법한 이득을 꾀하여 상대방에게 손해를 줄 목적이 내재한 사회생활상 용인되지 아니하는 행위라 할 것이어서 그것이 신의에 좇은 성실한 권리의 행사라 할 수 없고 그 확정판결에 의한 권리를 남용한 경우에 해당한다 할 것이다. 민사집행법 제44조에서 <u>청구에 관한 이의의 소를 규정한 것은 부당한 강제집행이 행하여지지 않도록 하려는데 있다</u>할 것으로 판결에 의하여 확정된 청구가 그 판결의 변론종결 후에 변경 소멸된 경우뿐만 아니라 판결을 집행하는 자체가 불법한 경우에도 이를 허용함이 상당하다 할 것이다. 이러한 경우의 불법은 당해판결에 의하여 강제집행에 착수함으로써 외부에 나타나 비로소 이의의 원인이 된다고 보아야 하기 때문이다."[6]

---

[6] 대법원 1984. 7. 24. 선고 84다카572 판결. 청구이의의 소가 그 판결의 변론종결 후에 생긴 것에 한정하는 민사집행법 제44조 제2항의 적용을 회피하기 위하여 부당판결의 집행을 권리남용의 측면에서 포착하여 그것이 권리남용이 되는 경우에는 강제집행에 착수하는 순간 불법행위가 성립되어 비로소 이의의 원인이 된다고 기교적 설명을 하고 있다. 그러나 이 경우는 확정판결 자체가 부당하다는 것이 문제인 것이지 그 확정판결의 내용과는 분리하여 그 집행 자체가 불법인 것은 아니며 기본적으로 사실심 변론종결 전에 발생한 사유를 원인으로 청구이의의 소를 인정한 것이라는 비판이 있다.

<사례 12-2> 원고는 A, B, C, D, E, F 등과 연대하여 H회사가 과거, 현재 및 장래에 피고 은행에 대하여 부담하는 채무에 대하여 원금 3억 원을 한도로 포괄근연대보증을 하였다. 1년여가 지나 H회사는 부도가 발생하였고, 피고는 원고와 D를 상대로 대여금청구 소송을 제기하면서 위에서 본 포괄근연대보증에 기한 금 3억 원과 이에 대한 지연손해금의 지급을 구하여 자백간주에 의한 승소확정판결을 받았다.

한편 피고가 원고 등을 상대로 위 소송을 제기할 당시 연대보증인 중의 한 사람인 F가 3,850만 원을 임의 변제하여 그중 금 9,799,394원은 지연손해금의 변제에 충당되었고 나머지 금 28,700,606원만 원금의 일부 변제에 충당되었으며, 그 후 이 사건 판결의 변론종결 당시까지 피고가 F, 원고 및 A, D 소유의 각 담보물건의 경매실행에 따른 배당금으로 합계 금 112,456,047원을 배당받아, 피고는 모두 141,156,653원을 변제받았다.

그런데 피고로서는 주채무자인 H회사에 대하여 보증인들의 보증한도인 3억 원을 훨씬 초과하는 원리금 채권이 남아 있었을 뿐만 아니라 보증인들 각자가 주채무 완제시까지 금 3억 원씩 갚기로 약정하였다는 해석을 전제로 소송을 제기하였던 탓에 이 사건 변론종결일 전까지 변제충당된 위 금 141,156,653원을 공제하지 아니한 채 위 소송을 진행하였다.

그런데 위 연대보증인 중 B 등에 대하여 제기된 위 대여금청구 소송의 제1심 및 항소심에서는 B가 위와 같은 사실을 바탕으로 하여 변제 주장을 함으로써 이 사건 판결의 변론종결 이전에 변제되었던 부분에 관하여 그 주장이 받아들여져 동인에 대하여는 위 금원 등을 공제한 나머지 금원을 지급하라는 판결이 각 선고되었으며, 그 후 연대보증한 원금 한도금 3억 원 및 이에 대한 지연손해금은 모두 변제되었다.

그 후 피고는 이 사건 판결을 집행권원으로 하여 원고 소유의 아파트에 대하여 강제경매신청을 하였는데, 이에 대하여 원고가 앞에서 본 바와 같이 연대보증 원본 한도금 3억 원과 이에 대한 지연손해금이 모두 변제되었음을 이유로 피고에게 이의를 제기하였으나, 피고는 위 판결의 기판력을 내세워 이를 거절하자, 원고는 금융감독원에 진정을 하였다. 금융감독원은 이 사건 판결의 기판력과 관계없이 실질적으로는 위 보증인들의 보증채무가 모두 변제되었다는 이유로 피고에게 위 경매신청을 취하할 것을 종용하였으며, 피고는 이를 일단 받아들여 위 경매신청을 취하하였으나 그 후 다시 경매할 것을 고려하여 같은 날 위 부동산에 대한 가압류를 하기에 이르렀다.

이에 원고가 피고를 상대로 주위적으로는 위 판결에 대한 강제집행의 불허를 구하고, 예비적으로 위 판결에 기한 3억 원의 채무는 존재하지 아니함의 확인을 구하는 소를 제기하였다.

<원심>은 원고로서는 이 사건 판결의 변론종결일 전에 이루어진 이의사유는 이를 주장할 수 없다고 할 것이므로 이 사건 판결의 변론종결일 이후에 변제된 채무원리금에 기한 강제집행은 이를 불허하여야 할 것이나, 그 이전에 변제된 위 금 141,156,653원의 채무금에 대한 강제집행의 배제를 구할 수는 없다고 판단하고, 나아가 이 사건 판결의 변론종결일 이전에 변제된 위 금원에 대하여 이 사건 판결에 기하여 강제집행을 하는 것은 권리남용이므로 불허되어야 한다는 취지의 원고 주장에 대하여, 판결이 확정되면 기판력에 의하여 판결의 대상이 된 청구권의 존재가 확정되고 그 내용에 따라 집행력이 발생하는 것이므로 B 등 다른 연대보증인에 대한 소송에서 이 사건 판결의 변론종결 이전에 변제된 위 금원에 관한 변제 주장이 받아들여진 바 있고, 또한 이 사건 연대보증채무는 모두 변제되었다고 하더라도 피고로서는 그 이전에 이미 확정된 이 사건 판결의 집행력에 따라 변론종결 이전에 원고가 변제 사유로 주장하지 아니한 금원에 관하여 원고에 대한 강제집행을 구할 수 있는 것이어서 이를 위법하다고 할 수 없고, 한편 이 사건 판결 이후에 B 등에 대한 관련 소송에서 원고 등에 대한 이 사건 판결에 반하는 내용의 판결이 선고되어 확정되었다 하더라도 그러한 사정만으로는 이 사건 판결 변론종결 이전의 변제 금원 부분에 대하여 피고가 강제집행

을 하여 배당받게 될 금원이 바로 법률상 원인 없이 수령하는 것이라고도 할 수 없으므로 피고의 원고에 대한 강제집행이 무익한 것이라고도 할 수 없다는 이유 등으로 원고의 권리남용 주장을 배척하였다.

그러나 〈대법원〉은 다음과 같이 판시하여 원심을 파기하였다.7)
"확정판결에 의한 권리라 하더라도 신의에 좇아 성실히 행사되어야 하고 그 판결에 기한 집행이 권리남용이 되는 경우에는 허용되지 않는다 할 것이므로 집행채무자는 청구이의의 소에 의하여 그 집행의 배제를 구할 수 있다 할 것인바(대법원 1984. 7. 24. 선고 84다카572 판결 참조), 확정판결의 내용이 실체적 권리관계에 배치되는 경우 그 판결에 의하여 집행할 수 있는 것으로 확정된 권리의 성질과 그 내용, 판결의 성립 경위 및 판결 성립 후 집행에 이르기까지의 사정, 그 집행이 당사자에게 미치는 영향 등 제반 사정을 종합하여 볼 때, 그 확정판결에 기한 집행이 현저히 부당하고 상대방으로 하여금 그 집행을 수인하도록 하는 것이 정의에 반함이 명백하여 사회생활상 용인할 수 없다고 인정되는 경우에는 그 집행은 권리남용으로서 허용되지 않는다고 할 것이다.
이 사건에서 원심이 인정한 사실관계에 의하더라도, 원고는 H회사의 피고에 대한 채무를 3억 원의 한도에서 다른 보증인들과 연대하여 포괄근보증을 하였다는 것인데, H회사는 1987. 10.경 부도가 났고 늦어도 1988. 1. 26.경까지 H회사의 피고에 대한 채무액이 확정되었으며, 이 사건 판결의 변론종결일 전에 보증인의 한 사람인 E가 자진하여 변제한 금원 및 원고 및 다른 보증인 소유의 담보물건의 경매 실행에 따른 배당금으로 위 보증한도액 중 금 141,156,653원이 변제되었는데도 피고는 원고에 대하여 위 보증한도액의 전부인 금 3억 원의 지급을 구하는 청구를 유지하여 실체의 권리관계와는 달리 위 금원의 지급을 명하는 이 사건 판결을 받은 점, <u>그 후 위 보증한도액 중 위 금 141,156,653원을 제외한 나머지 보증채무도 변제에 의하여 소멸된 점</u>, 그럼에도 불구하고 피고는 원고에 대하여 확정판결을 받아두었음을 기화로 그 후 이 사건 판결에 기한 강제경매신청을 하였다가 원고가 위 보증채무가 실질적으로 모두 소멸되었음을 이유로 이의를 제기하자 1993. 1. 7. 위 경매신청을 취하한 일까지 있었던 점 등을 알아볼 수 있다.
이러한 제반 사정에 비추어 보면, 그 후 피고가 원고 거주의 위 아파트에 관하여 다시 신청한 이 사건 강제집행은 <u>이 사건 판결의 변론종결 전에 원고의 보증채무 중 일부가 이미 소멸한 사실을 알았거나 쉽게 알 수 있었음에도 불구하고 그 보증채무 전액의 지급을 명하는 판결을 받았음을 기화로 원고의 보증채무가 변제에 의하여 모두 소멸된 후에 이를 이중으로 지급받고자 하는 것일 뿐만 아니라 그 집행의 과정도 신의에 반하는 것으로서 그 부당함이 현저하고</u>, 한편 위 회사의 보증인에 불과한 자로서 그 소유의 담보물건에 관하여 일차 경매가 실행된 바 있는 원고에게 이미 소멸된 보증채무의 이중변제를 위하여 그 거주의 부동산에 대한 강제집행까지 수인하라는 것이 되어 가혹하다고 하지 않을 수 없으므로, 결국 <u>이 사건 강제집행은 사회생활상 도저히 용인할 수 없다</u> 할 것이어서 권리남용이라고 보아야 할 것이다.
그럼에도 불구하고 위와 같은 구체적 사정들을 충분히 고려하지 아니한 채 확정판결의 기판력 및 집행력의 법리만을 내세워 원고의 권리남용의 주장을 배척한 원심판결에는 권리남용을 이유로 한 청구이의에 관한 법리를 오해하여 판결에 영향을 미친 위법이 있다."

---

7) 대법원 1997. 9. 12. 선고 96다4862 판결.

<사례 12-3> A가 소외 망 B(이하 '망인')으로부터 이 사건 공사를 도급받는 계약을 체결하였고 H회사는 A에게 위 계약명의를 대여한 자에 불과하여 망인에 대하여 아무런 공사대금 채권을 가지고 있지 아니한 데도 피고의 대표이사이면서 H회사의 대표이사로 취임한 C는 위와 같은 사실을 잘 알면서도 피고가 H회사로부터 망인에 대한 금 8억9,000만 원 상당의 공사대금채권(이하 '이 사건 공사대금채권')을 양수받았다고 허위의 사실을 주장하면서 망인을 상대로 양수금 청구소송을 제기한 후 망인에 대한 소송서류의 송달을 방해하는 방법으로 1994. 7. 1. 의제자백에 의한 승소판결(이하 '이 사건 판결')을 선고받았다.

망인은 1995. 11. 10.에 가서야 비로소 이 사건 판결이 선고된 사실을 알게 된 후 1996. 1. 25. 그의 아들인 원고로 하여금 망인을 대리하여 판결정본 교부신청을 하게 하여 이를 교부받았으나 항소를 제기함이 없이, 같은 해 3월경 이 사건 판결에 재심사유가 있다는 이유로 재심의 소를 제기하였으나 1997. 1. 21. 법원으로부터 재심의 소를 각하한다는 판결을 선고받아 그 판결이 확정되었다.

그 후 피고는 이 사건 판결에 기하여 1997. 2. 17. 망인의 국가에 대한 공매대금반환채권 금 8억9,000만 원 중 금 566,933,699원(이하 '이 사건 피전부채권')에 대하여 채권압류 및 전부명령을 받았고, 그 결정은 그 후 1997. 4. 18. 확정되었다. 망인은 1998. 10. 13. 사망하여 망인의 처와 자녀들인 원고 등이 망인의 재산을 공동상속하였다.

⟨원심⟩은 소송당사자가 허위의 주장으로 법원을 기망하고, 상대방의 권리를 해할 의사로 상대방의 소송관여를 방해하는 등 부정한 방법으로 실체의 권리관계와 다른 내용의 확정판결을 취득하여 그 판결에 기하여 강제집행을 하는 것은 정의에 반하고, 사회생활상 도저히 용인될 수 없는 것이어서 권리남용에 해당하여 불법행위를 구성한다 할 것이고, 또 망인은 그로 인하여 이 사건 피전부채권인 금 566,933,699원 상당의 손해를 입게 되었다고 할 것이니, 피고는 망인의 재산상속인들인 원고들에게 그로 인한 손해를 배상할 책임이 있고, 이 사건 판결에 기한 강제집행은 위와 같이 이미 그 집행이 종료된 위 금 566,933,699원을 초과하는 부분에 관하여는 위법하여 이를 불허함이 상당하다고 판단하였고, ⟨대법원⟩도 다음과 같은 일반론을 설시하고 원심의 판단을 수긍하였다.

"판결이 확정되면 기판력에 의하여 대상이 된 청구권의 존재가 확정되고 그 내용에 따라 집행력이 발생하는 것이므로, 그에 따른 집행이 불법행위를 구성하기 위하여는 소송당사자가 상대방의 권리를 해할 의사로 상대방의 소송 관여를 방해하거나 허위의 주장으로 법원을 기망하는 등 부정한 방법으로 실체의 권리관계와 다른 내용의 확정판결을 취득하여 집행을 하는 것과 같은 특별한 사정이 있어야 하고, 그와 같은 사정이 없이 확정판결의 내용이 단순히 실체적 권리관계에 배치되어 부당하고 또한 확정판결에 기한 집행채권자가 이를 알고 있었다는 것만으로는 그 집행행위가 불법행위를 구성한다고 할 수 없으며, 편취된 판결에 기한 강제집행이 불법행위로 되는 경우가 있다고 하더라도 당사자의 법적 안정성을 위해 확정판결에 기판력을 인정한 취지나 확정판결의 효력을 배제하기 위하여는 그 확정판결에 재심사유가 존재하는 경우에 재심의 소에 의하여 그 취소를 구하는 것이 원칙적인 방법인 점에 비추어 볼 때 불법행위의 성립을 쉽게 인정하여서는 아니 되고, 확정판결에 기한 강제집행이 불법행위로 되는 것은 당사자의 절차적 기본권이 근본적으로 침해된 상태에서 판결이 선고되었거나 확정판결에 재심사유가 존재하는 등 확정판결의 효력을 존중하는 것이 정의에 반함이 명백하여 이를 묵과할 수 없는 경우로 한정하여야 할 것이고(대법원 19

95. 12. 5. 선고 95다21808 판결 참조), 확정판결에 의한 권리라 하더라도 신의에 좇아 성실히 행사되어야 하고 그 판결에 기한 집행이 권리남용이 되는 경우에는 허용되지 않으므로 집행피고는 청구이의의 소에 의하여 그 집행의 배제를 구할 수 있다고 할 것인바, 확정판결의 내용이 실체적 권리관계에 배치되는 경우 그 판결에 의하여 집행할 수 있는 것으로 확정된 권리의 성질과 그 내용, 판결의 성립 경위 및 판결성립 후 집행에 이르기까지의 사정, 그 집행이 당사자에게 미치는 영향 등 제반 사정을 종합하여 볼 때, 그 확정판결에 기한 집행이 현저히 부당하고 상대방으로 하여금 그 집행을 수인하도록 하는 것이 정의에 반함이 명백하여 사회생활상 용인할 수 없다고 인정되는 경우에는 그 집행은 권리남용으로서 허용되지 않는다."[8]

이 사례는 확정판결이 편취된 경우(의제자백에 의한 판결편취)로 집행 중에는 청구이의, 집행종료 후에는 판결편취를 이유로 하는 불법행위에 기한 손해배상청구의 법리에 의하고 있다. 결국 판례는 확정판결이 편취된 경우이든 부정이용되는 경우이든 집행단계에서는 집행청구권 남용을 이유로 하는 청구이의의 소, 집행종료 후에는 엄격한 요건의 불법행위에 의한 손해배상구라는 구제수단을 마련한 것으로 볼 수 있다.

4.

〈사례 12-1, 2〉의 사례들은 확정판결의 부당편취의 사례라기보다는 **'확정판결의 부정이용'**에 관한 사례이다. 확정판결의 부정이용이란 승소한 당사자가 판결 취득과정에 있어서 상대방의 소송관여를 방해하거나 또는 적극적으로 법원을 기망하는 것과 같은 사회상규에 반하는 수단을 사용한 바는 없어서 확정판결을 편취한 경우에는 해당하지 않더라도, 그 확정판결이 명백히 잘못되었고, 승소한 당사자도 이 사실을 알았으며, 그 외에 확정판결의 효력을 주장하는 것이 사회상규에 반한다는 특별한 사정이 있을 때에는, 상대방 당사자로서는 확정판결의 편취가 있는 경우와 마찬가지로 손해배상 등의 방법에 의하여 구제를 받을 수 있다고 하는 것을 말한다.[9]

대법원은 위 사례에서 부당판결의 집행에 의하여 손해가 발생한 경우 불법행위에 의한 손해배상책임을 인정한 데서 나아가 청구이의의 방법에 의하여 집행절차 자체에서 부당판결의 효력을 배제할 수 있는 길을 열어놓았다.

원고가 불법행위에 기한 손해배상책임을 묻기 위하여는 강제집행절차가 종료하여 현실적으로 손해가 발생할 때까지 기다려야 하고 매각절차에서 원고 소유의 부동산이 적정가격으로 현금화되리라는 보장도 없다. 불법행위나 청구이의 모두 기판력과의 충돌을 피할 수 없는 이상 채권자가 채권이 소멸한 사실을 알고 있으면서도 이를 모르는 채무자에게 채권의 존재를 주장, 유지하여 확정판결을 얻고 이에 기하여 강제집행에 착수함으로써 신의칙 위반이나 권리남용으로 평가할 수 있는 사건에서 청구이의라는 간편한 소송법적 구제수단을 인정하는 길이 소송경제상 타당한 결론이

---

[8] 대법원 2001. 11. 13. 선고 99다32899 판결. 본 판결의 평석으로는 김상일, "확정판결의 편취와 부정이용에 대한 청구이의에 의한 구제론 비판", 민사소송(5), 한국사법행정학회(2002), p.381 이하 참조.
[9] 윤진수, "확정판결의 부정이용에 대한 구제의 요건과 방법", 정동윤 선생 화갑기념 21세기 민사소송법의 발전, 법문사, 1999. p.362.

라는 견해가 많다.10)

　물론 이 판결에 대하여는 청구이의의 소의 기본구조를 파괴한다는 비판도 있다. 이 경우에는 확정판결 자체가 부당하다는 것이 문제이지 그 확정판결의 내용과는 분리하여 그 집행 자체가 불법인 것은 아니며 따라서 위 확정판결의 집행 자체가 불법이므로 변론종결일 이후의 사유를 청구이의사유로 한다고는 볼 수 없고 이는 기본적으로 사실심 변론종결 전에 발생한 사유를 이의사유로 하는 청구이의의 소를 인정한 것으로 볼 수밖에 없으므로 기교적인 설명에 의하여 청구이의의 소로써 해결할 문제가 아니라는 지적이다.11)

---

10) 이공현, 앞의 논문, p.197~199. 이재성 전 대법관도 부당판결의 집행을 권리남용의 측면에서 포착하고 그것이 권리남용에 해당하는 경우에는 불법행위를 구성하는 것이고 그러한 불법행위는 그 판결의 변론종결 후에 생긴 것이므로 변론종결 후의 사유를 청구이의의 사유로 하는 것과도 저촉되지 않는다는 탁견이라고 하고 있다. 이재성, 이재성판례평석집(제8권), 육법사(1988), p.218 참조.
11) 윤진수 교수는 청구이의의 소를 허용하는 대신 불법행위에 기한 손해배상으로서 강제집행의 부작위 및 집행권원의 반환청구를 인정하여야 할 것이라고 하는데(윤진수, 앞의 논문, p.371~372) 우리나라에서 불법행위에 기한 원상회복청구권이 금전배상을 원칙으로 하는 점에서(민법 제394조) 의문이 있다.

13 부당판결의 확정과 구제방법

사위판결과 관련하여 다음의 사례를 중심으로 소송법적, 실체법적 구제수단을 정리하면 다음과 같다.

> 〈사례 13-1〉 甲은 2018. 4. 1. 乙로부터 X 토지를 매수한 사실이 없음에도 불구하고 乙을 상대로 매매를 원인으로 한 소유권이전등기절차이행청구의 소를 제기하였다.
> 다음 각 경우에 乙에게는 어떠한 절차법적, 실체법적 구제수단이 있는가?

> 〈추가된 사실관계 1〉 乙은 소장부본을 송달받고도 30일 내에 답변서를 제출하지 아니하여 법원은 무변론으로 甲 승소의 판결을 선고하였다. 항소기간 도과로 이 판결은 확정되었다. 乙은 2021. 5. 1. 등기부를 열람하고 甲이 위 판결에 기하여 甲 앞으로 소유권이전등기를 마친 사실을 알게 되었다.

(1) 甲이 乙을 상대로 X 토지에 관한 소유권이전등기절차 이행의 확정판결을 받아 소유권이전등기를 경료한 경우, 그 확정판결이 당연무효이거나 재심의 소에 의하여 취소되지 않는 한, 甲 명의의 소유권이전등기가 원인무효임을 내세워 그 등기의 말소를 구할 수 없다.
(2) 乙은 더 이상 소송절차 내의 절차법적 구제수단이 없다.
(3) 乙에게 절차권이 보장된 상태에서 확정판결이 내려진 것이므로 乙은 부당이득이나 불법행위로 인한 손해배상 등 실체법상의 구제수단을 확보하기도 어렵다.

> 〈추가된 사실관계 2〉 법원은 소장에 게재된 乙의 주소지로 소장 부본을 송달하였으나, 송달불능이 되어 甲에게 주소보정을 명하였으나, 甲은 더 이상 乙의 주소 등 송달할 장소를 알 수 없어 공시송달을 신청하였고, 법원의 공시송달명령에 의하여 공시송달로 재판이 진행되었다.
> 법원은 甲 승소 판결을 선고하였고 판결정본도 공시송달의 방법으로 송달되어 이 판결이 2018. 10. 1. 확정되었다. 乙은 2021. 5. 1. 등기부를 열람하고 甲이 위 판결에 기하여 甲 앞으로 소유권이전등기를 마친 사실을 알게 되었다.

[문제 해결의 방향]

1. 소송행위의 추후보완

(1) 민소법 제173조 제1항은 당사자가 책임을 질 수 없는 사유로 말미암아 불변기간을 지킬 수 없었던 경우에는 그 사유가 없어진 날부터 후 2주일 내에 게을리 한 소송행위를 보완할 수 있다고

규정하고 있다. 여기서 '당사자가 책임을 질 수 없는 사유'라 함은 당사자가 소송행위를 하기 위하여 일반적으로 하여야 할 주의의무를 다하였음에도 불구하고 그 기간을 지킬 수 없었던 사유를 가리키는 것이다.

(2) 판결정본이 공시송달의 방법으로 피고에게 송달된 경우에는 특별한 사정이 없는 한, 피고는 과실 없이 그 판결의 송달을 알지 못한 것이라고 보아야 하고, 다만 이 경우 피고가 소송이 계속된 사실을 이미 알고 있었다면 피고에게는 소송의 진행 상황을 조사할 의무가 있으므로 피고가 법원에 소송의 진행 상황을 알아보지 않았다면 과실이 없다고 할 수 없겠지만,1) 피고가 소송계속 사실을 처음부터 알지 못한 채 판결이 선고되었고 판결정본이 공시송달의 방법으로 피고에게 송달되어 확정된 이후에야 비로소 피고가 그러한 사실을 알게 되었다면, 특별한 사정이 없는 한, 피고가 상소제기의 불변기간을 지키지 못한 것은 피고가 책임질 수 없는 사유로 말미암은 것이라고 보아야 한다.2)

2. 추후보완의 절차

(1) 추후보완기간 : 당사자가 책임질 수 없는 사유가 없어진 날부터 2주 이내(외국에 있는 당사자의 추후보완기간은 30일. 민소법 제173조 제1항). 추후보완기간은 불변기간이 아니다.

(2) 기간의 기산일 : 여기에서 '사유가 없어진 때'라 함은 공시송달로서 제1심판결정본이 송달된 이 사건과 같은 경우에 있어서는 당사자나 소송대리인이 단순히 판결이 있었던 사실을 안 때가 아니고 나아가 그 판결이 공시송달의 방법으로 송달된 사실을 안 때를 의미하고, 통상의 경우에는 당사자나 소송대리인이 당해 사건 기록의 열람을 하거나 또는 새로이 판결정본을 영수한 때에 그 판결이 공시송달의 방법으로 송달된 사실을 알게 되었다고 볼 것이다.3)

---

1) 소송의 진행 도중 통상의 방법으로 소송서류를 송달할 수 없게 되어 공시송달의 방법으로 송달한 경우에는 처음 소장부본의 송달부터 공시송달의 방법으로 소송이 진행된 경우와 달라서 당사자에게 소송의 진행상황을 조사할 의무가 있으므로, 당사자가 이러한 소송의 진행상황을 조사하지 않아 불변기간을 지키지 못하였다면 이를 당사자가 책임질 수 없는 사유로 말미암은 것이라고 할 수 없고, 판결의 선고 및 송달 사실을 알지 못하여 상소기간을 지키지 못한 데 과실이 없다는 사정은 상소를 추후보완하고자 하는 당사자 측에서 주장·입증하여야 한다(대법원 2013. 4. 25. 선고 2012다98423 판결).

2) 대법원 2005. 11. 10. 선고 2005다27195 판결.

3) 대법원 2021. 3. 25. 선고 2020다46601 판결. 다만 피고가 당해 판결이 있었던 사실을 알았고 사회통념상 그 경위에 대하여 당연히 알아볼만한 특별한 사정이 있었다고 인정되는 경우에는 그 경위에 대하여 알아보는데 통상 소요되는 시간이 경과한 때에 그 판결이 공시송달의 방법으로 송달된 사실을 알게 된 것으로 추인하여 그 책임질 수 없는 사유가 소멸하였다고 봄이 상당하다고 할 것이지만(원심이 원용한 위 대법원 1999. 2. 9. 선고 98다43533 판결 참조), 이 경우 '당해 판결이 있었던 사실을 알게 된 것'과 더불어 '판결의 경위에 대하여 알아볼만한 특별한 사정'이 인정되어야 함은 판결의 취지상 분명하다. 따라서 당사자가 다른 소송의 재판절차에서 송달받은 준비서면 등에 당해 사건의 제1심 판결문과 확정증명원 등이 첨부된 경우에는 위의 특별한 사정을 인정할 수 있고(대법원 2018. 9. 13. 선고 2018다25670 판결 참조), 제1심판결이 있었던 사실을 알게 된 후 그 대처방안에 관하여 변호사와 상담을 하거나 추완항소 제기에 필요한 해외거주증명서 등을 발급받은 경우에도 마찬가지이다(대법원 2001. 1. 30. 선고 2000다21222 판결 참조). 그러나 유체동산 압류집행을 당하였다는 등의 사정만으로는 위의 특별한 사정을 인정하기 어렵고(대법원 2019. 9. 9. 선고 2019다217179 판결 참조), 나아가 채권추심회사 직원과의 통화 과정에서 사건번호 등을 특정하지 않고 단지 "판결문에 기하여 채권추심을 할 것이다."라는 이야기를 들은 경우에도 당해 제1심판결이 있었던 사실을 알았다거나 위의 특별한 사정이 인정된다고 볼 수 없다(대법원 2019. 12. 12. 선고 2019다17836 판결 참조).
〈사례〉 공시송달의 방법으로 제1심에서 원고 승소판결이 있은 후, 이에 기하여 원고가 피고의 예금채권에 대해 채권압류 및 추심명령을 받자 제3채무자인 금융기관 측에서 피고에게 '법원의 요청으로 계좌가 압류되었다'는 내용(채권압류 및 추심명령의 사건번호와 채권자만 기재되어 있었다)의 문자메시지를 보냈고, 그 후 피고는 제1심판결을 영수한 후 추완항

(3) 추후보완신청 : 추후보완사유가 있는 사람은 불변기간을 지키지 못한 소송행위를 관할하는 법원에 그 소송행위의 방식대로 하면 된다. 항소를 추후보완하려면 항소장을 제1심 법원에 제출하면 된다.4)

(4) 재판 : 추후보완신청은 별도의 독립된 신청이 아니므로 법원은 추후보완사유가 있으면 추후보완된 소송행위의 당부에 대하여 실질적 판단을 하여야 하고, 추후보완사유가 없으면 추후보완된 소송행위는 불변기간을 도과한 부적법한 것으로 이를 각하하는 재판을 한다.

3. 추후보완상소의 효력

(1) 판결정본이 공시송달의 방법에 의하여 피고에게 송달되었다면 비록 피고의 주소가 허위이거나 그 요건에 미비가 있다 할지라도 그 송달은 유효한 것이므로 항소기간의 도과로 위 판결은 형식적으로 확정되어 기판력이 발생한다.5)

(2) 추후보완신청이 있다고 하여 불변기간의 도과에 의한 확정판결의 기판력·집행력에 아무런 영향이 없으므로 확정판결에 의한 집행을 정지시키려면 강제집행정지결정을 받아야 한다(민소법 제500조).

(3) 확정판결에 대한 원고의 추후보완항소제기가 있는 경우에도 그 추후보완항소에 의하여 불복항소의 대상이 된 판결이 취소될 때까지는 확정판결로서의 효력이 배제되는 것은 아니므로 위 확정판결에 기하여 경료된 소유권이전등기가 미확정 판결에 의하여 경료된 원인무효의 것이라고 할 수 없다.6)

(4) 추후보완항소가 적법하여 사건이 항소심에 계속된 경우에는 항소심은 일반 항소사건과 같이 진행된다.7)

4. 결어(사안의 적용)

(1) 乙은 2020. 10. 1. 등기부를 열람하고 甲이 위 판결에 기하여 甲 앞으로 소유권이전등기를 마친 사실을 알고 판결정본을 교부받아 공시송달의 방법으로 송달된 사실을 알았다면 이때부터 2

소를 제기한 사안에서 원심은 문자메시지를 받은 시점부터 추완항소 기간이 진행된다고 보아 그로부터 2주일이 지나 제기된 추완항소가 부적법하다고 판단하였으나, 대법원은 제1심판결에 관한 내용이 전혀 언급되어 있지 않은 문자메시지를 받았다는 사정만으로는 이 사건 제1심판결이 있었던 사실을 알았다거나, 사회통념상 그 경위를 알아볼만한 특별한 사정이 있었다고 보기 어렵다고 보아 제1심판결을 영수한 때로부터 추완항소 기간이 진행된다고 보아 그로부터 2주일 내에 제기된 추완항소가 적법하다고 판단하여 원심을 파기환송하였음.
4) 당사자가 항소를 제기하면서 추후보완항소라는 취지의 문언을 기재하지 아니하였더라도 그 전체적인 취지에 비추어 항소를 추후보완한다는 주장이 있는 것으로 볼 수 있는 경우에는 추후보완사유에 대하여 심리·판단하여야 하고, 증거에 의하여 항소기간의 경과가 당사자가 책임질 수 없는 것으로 말미암은 것으로 인정되는 이상, 그 항소는 처음부터 추후보완에 의하여 제기된 항소라고 보아야 한다(대법원 2008. 2. 28. 선고 2007다41560 판결).
5) 대법원 2008. 2. 28. 선고 2007다41560 판결.
6) 대법원 1978. 9. 12. 선고 76다2400 판결.
7) 추후보완상소와 재심의 소의 관계에 관하여 공시송달로 진행된 사건에서 당사자가 책임질 수 없는 사유로 상소기간을 준수할 수 없었던 경우(판결편취가 아닌 경우) 당사자는 민소법 제451조 제1항 제3호의 유추적용에 의한 재심 또는 상소의 추후보완에 의해 구제받을 수 있고, 이 경우의 재심은 재심기간의 적용이 없으나(제457조 유추적용), 재심기간의 적용이 없는 재심의 경우 언제든지 재심의 소를 제기할 수 있으므로 당사자는 추후보완기간 내에 추후보완상소를 제기하거나 그렇지 않더라도 언제든지 재심의 소를 제기할 수 있다는 견해로 김홍엽, 민사소송법(제9판), p.563 참조.

주내에 추후보완항소장을 제1심법원에 제출함으로써 항소를 추후보완할 수 있다.

(2) 乙은 추후보완상소에서 승소확정판결을 받고 甲 명의로 마쳐진 소유권이전등기의 말소를 구하면 된다.

〈유제 1〉 甲은 乙을 상대로 X 토지에 관하여 매매를 원인으로 한 소유권이전등기절차의 이행을 구하는 소를 제기하였다. 그 소제기 당시 乙은 해외에 근무하고 있었는데, 乙은 해외에 근무하기 전까지 모친 丙과 주소를 함께 하면서 같은 곳에서 생활하였다. 丙은 乙에 대한 소송서류를 수령한 다음 乙에게 그 수령사실을 알리지 아니하여 乙은 甲이 자신을 상대로 소를 제기한 사실을 알지 못하였다. 법원은 甲의 청구를 인용하는 판결을 선고하였다. 丙은 2019. 5. 10. 위 판결정본을 송달받고도 乙에게 그 사실을 알리지 않았고, 항소를 제기하지도 아니하였다. 甲은 그 판결에 기해 그의 명의로 소유권이전등기를 마쳤다.

乙은 휴가차 집에 돌아와 있던 중, 2019. 6. 10.경 X 토지에 관한 등기기록을 열람해 보고 甲 명의로 소유권이전등기가 되어 있는 것을 발견하고, 丙에게 확인해 본 결과 甲이 소를 제기한 사실, 丙이 소장부본 이하 판결정본을 송달받은 사실을 알게 되었다.

위와 같은 사실을 알게 된 乙은 2019. 6. 17. 위 판결에 대하여 항소장을 제1심 법원에 제출하였다. 乙은 항소장에 자신은 소제기 사실은 물론 판결이 송달된 사실을 전혀 몰랐으므로 2019. 6. 17.에 이르러서야 비로소 항소를 제기하게 되었다고 기재하였다. 乙의 항소는 적법한가?[8]

〈유제 2〉 甲은 乙로부터 X 부동산을 5억 원에 매수하였다며 2017. 3. 2. 乙을 상대로 "乙은 甲에게 X 부동산에 관하여 2015. 7. 1. 매매를 원인으로 한 소유권이전등기절차를 이행하라."라는 취지의 소유권이전등기청구의 소를 제기하였다.

제1심 법원이 甲의 청구를 기각하자 甲이 항소하였고 乙은 甲의 항소 직후 사망하였다. 그런데 항소심 법원이 이를 간과한 채 소송을 진행하여 항소장 부본 및 변론기일 소환장이 공시송달의 방법으로 송달되었다. 항소심 법원은 甲의 항소를 받아들여 甲의 청구를 인용하는 판결을 선고하였고 판결문까지 공시송달의 방법으로 송달되었다. 乙의 상속인으로는 A, B가 있고 A, B는 상소기간 도과 후인 2018. 10. 28.에야 이러한 사실을 알게 되었는데, A는 위 판결을 그대로 받아들이기로 했으나 B는 위 판결의 효력을 다투고 있다. B가 혼자서 2018. 11. 5. 추후보완상고를 제기하였다면 이는 적법한가?[9]

---

[8] 〈2019년 3회 모의고사 문제〉 乙은 2019. 6. 10. 소송의 경과 등에 관하여 알게 되었으므로, 그로부터 2주가 경과하기 전인 2019. 6. 24.까지 추후보완항소장을 제1 법원에 제출함으로써 항소를 추후보완할 수 있고, 당사자가 항소를 제기하면서 추후보완항소라는 취지의 문언을 기재하지 아니하였더라도 그 전체적인 취지에 비추어 항소를 추후보완한다는 주장이 있는 것으로 볼 수 있는 경우에는 추후보완사유에 대하여 심리·판단하여야 하고, 증거에 의하여 항소기간의 경과가 당사자가 책임질 수 없는 것으로 말미암은 것으로 인정되는 이상, 그 항소는 처음부터 추후보완에 의하여 제기된 항소라고 보아야 함(대법원 2008. 2. 28. 선고 2007다41560 판결).

[9] 〈2019년 제8회 변호사시험 문제〉 A, B의 소송상 지위(당연승계와 소송절차중단, 통상공동소송과 공동소송독립의 원칙), B의 단독 추후보완상고의 적법성(당사자가 책임질 수 없는 사유) → B가 항소장 및 판결정본이 공시송달로 송달되어 항소심 절차가 진행된 사실을 안 날인 2018. 10. 28.부터 2주 내인 2018. 11. 5. 추후보완상고를 제기한 것은 적법함.

<추가된 사실관계 3> 甲은 소장에 乙의 주소를 허위로 기재하여 그 허위 주소로 소장이 송달되게 하고 甲의 친구인 丙으로 하여금 소장을 수령하게 하였다. 소장부본 송달일로부터 30일이 경과하여도 답변서가 제출되지 않자 법원은 변론 없이 甲 청구인용 판결을 선고하였는데 판결정본은 2018. 6. 10. 위 허위 주소로 송달되어 丙이 이를 수령하였다.

항소기간 도과로 위 판결이 확정되자 甲은 2018. 7. 10. 위 판결에 기하여 X 토지에 관하여 甲 앞으로의 소유권이전등기를 마쳤다. 乙은 이상과 같은 사실을 2021. 5. 1. 알게 되었다.

[문제 해결의 방향]

1. 문제의 소재

허위 주소 기재에 의한 판결의 편취(사위판결)의 경우, 항소·추후보완항소·재심의 가능 여부와 위 판결에 의해 마쳐진 소유권이전등기의 말소 청구를 할 수 있는지 여부

2. 상대방의 소송관여를 배제한 상태에서 자백간주에 의해 받은 판결의 효력

(1) **무효**인 것으로 보는 견해 : 편취판결의 상대방이 절차보장을 받지 못하였으므로 편취된 판결을 당연무효인 판결로 보아야 한다. 편취판결을 무효로 볼 경우에는 재심의 소에 의하여 편취판결을 취소하지 않고도 편취판결에 기해 강제집행된 것에 대하여 부당이득반환 또는 손해배상을 청구할 수 있고, 편취판결에 기한 강제집행에 대하여는 집행문부여에 대한 이의신청(민사집행법 제34조), 청구이의의 소(같은 법 제44조) 등을 통해 다툴 수 있다.

(2) **유효**한 것으로 보는 견해 : 외관상 판결로서의 요건을 갖춘 이상, 즉 법원에 의해 내부적으로 성립되어 외부적으로 선고된 이상 유효한 판결로 보아야 한다. 판결편취의 대표적 경우인 공시송달에 의한 판결편취의 경우를 민사소송법 제451조 제1항 제11호에서 재심사유로 규정하고 있는데, 이러한 입법은 그러한 판결이 당연무효의 판결이 아님을 전제로 한 것이며, 편취판결을 무효라고 할 경우 기판력제도를 동요시켜 법적 안정성을 해할 염려가 있으므로 편취판결을 유효한 판결로 취급하여야 한다. 편취판결을 유효한 판결로 볼 경우 편취판결의 상대방에 대한 소송상·실체법상 구제책이 강구되어야 한다.

(3) 검토 : 판결로서의 외관 구비, 기판력제도를 통해 추구하고자 하는 법적 안정성, 판결편취의 일례에 해당하는 사유가 재심사유로 규정되어 현실 등을 고려하여 이러한 판결을 무효로 볼 것은 아니다.

3. 이 사건 판결에 대한 乙의 구제수단 : 항소·추후보완항소·재심의 가부

(1) 이러한 판결이 무효라고 할 경우에는 판결의 효력이 丙에게 미치지 않으므로 丙은 별도로 소송상 조치를 취할 필요가 없지만, 이러한 판결이 유효하다고 할 경우 소송절차에 관여한 바 없는 乙이 판결의 효력을 받는 것은 부당하므로 乙에게 판결의 효력을 배제시킬 수 있는 방법이 인정되어야 한다.

(2) 학설

1) 재심의 소 또는 추완항소설 : 편취된 판결도 형식적으로 확정된 확정판결이므로 재심의 소(민소법 제451조 제1항 제11호) 또는 추후보완항소(민소법 제173조)로 판결의 효력을 다툴 수 있다.

2) 항소설 : 이러한 경우 판결정본의 송달이 부적법·무효이므로 항소기간이 진행되지 않고, 판결이 확정되지 않으므로 항소가 가능하다.

3) 항소와 재심의 소 병용설 : 판결이 확정된 것과 같은 외관을 가지고 있고, 피고에게 판결정본이 송달되지 아니하여 판결이 확정되지 않았으므로 재심의 소와 항소가 모두 가능하다.

(3) 판례 : 항소설

1) 원고가 피고의 주소를 허위로 기재하여 판결정본이 상대방의 허위주소로 송달되고 상대방 아닌 다른 사람이 판결정본을 수령한 경우 상대방에 대한 판결정본의 송달은 부적법하여 무효이고, 상대방은 아직 판결정본을 송달받지 않은 상태에 있으므로 그 판결에 대한 항소기간은 진행하지 않는 것으로 보아야 할 것이고, 그러한 판결은 확정판결이 아니어서 기판력이 없고, 재심사유인 '당사자가 상대방의 주소 또는 거소를 알고 있었음에도 주소나 거소를 거짓으로 하여 소를 제기한 때'(제451조 제1항 제11호)는 공시송달의 방법에 의하여 상대방에게 판결정본을 송달한 경우를 말하는 것이지 공시송달의 방법에 의하여 송달된 것이 아닌 경우까지 재심사유가 되는 것으로 규정한 취지는 아니므로 위 판결에 대한 재심은 허용되지 않는다.[10]

2) 제1심 판결정본이 적법하게 송달된 바 없으면 그 판결에 대한 항소기간은 진행되지 아니하므로 그 판결은 형식적으로도 확정되었다고 볼 수 없고, 따라서 소송행위 추후보완의 문제는 나올 수 없으며 그 판결에 대한 항소는 제1심 판결정본 송달 전에 제기된 것으로서 적법하다.[11]

(5) 사안의 경우 : 재심의 소 또는 추완항소를 통해 판결의 효력을 다툴 수 있는 것으로 보는 견해에 따를 경우 乙은 이러한 사유를 안 날(2020. 10. 1.)부터 30일 이내(민소법 제456조 제1항)에 재심의 소를 제기하거나 2주 이내(민소법 제173조 제1항)에 추후보완항소를 제기할 수 있다. 판례의 입장에 따를 경우 乙은 제1심 판결에 대하여 항소를 제기할 수 있다.

4. 소유권이전등기의 말소 청구

위 판결에 기판력이 부정된다면 위 판결에 의거하여 마쳐진 소유권이전등기는 실체적 권리관계에 부합될 수 있는 다른 사정이 없는 한 말소될 처지에 있는 것이어서 피고는 본건 사위 판결에 대하여 항소를 제기하지 아니하고(위 판결을 그대로 둔 채) 별소로 위 소유권이전등기의 말소를 청구할 수 있다(위 전원합의체 판결).

5. 실체법상의 구제

(1) 乙의 절차권이 근본적으로 침해된 상태에서 판결이 선고되고 확정된 것이므로 乙은 재심의 소제기 없이 불법행위로 인한 손해배상청구가 가능하다.

---

10) 대법원 1978. 5. 9. 선고 75다634 전원합의체 판결.
11) 대법원 1997. 5. 30. 선고 97다10345 판결.

(2) 재심에 의한 판결취소가 없는 한 부당이득반환청구는 불가하다.

6. 결 론

(1) 절차법상의 구제 : 판례에 의하면 乙에게 인정되는 절차법상의 구제방법은 甲의 청구를 인용한 판결에 대하여 항소를 제기하여 위 판결이 취소되도록 하는 것(미확정판결이기 때문에 추후보완 상소나 재심의 소는 허용되지 않는다)과 (위 판결의 취소 여부와 상관없이) 별소 또는 항소심에서의 반소를 통하여 X 토지에 관한 소유권이전등기의 말소를 청구하는 것이다. 집행종료로 청구이의의 문제는 더 이상 생기지 않는다.

(2) 실체법상의 구제 : 재심에 의한 판결취소가 없는 한 부당이득반환청구는 할 수 없으나, 불법행위로 인한 손해배상청구는 가능하다.

〈유제 1〉 甲은 乙과 丙을 상대로 X 토지에 관하여 매매를 원인으로 한 소유권이전등기절차의 이행을 구하는 소를 제기하면서 乙과 통모하여 소장의 丙의 주소란에 乙의 주소를 기재하였고(乙과 丙의 주소는 다르다), 그 후 乙은 丙에 대한 소송서류를 직접 송달받고도 그러한 사실을 丙에게 알려주지 아니하였다. 피고들은 법원이 지정한 변론기일에 출석하지 않았고, 법원은 甲의 청구를 인용하는 판결을 선고하였으며, 乙과 丙에 대한 판결정본은 2019. 7. 4. 乙에게 송달되었다. 乙은 2019. 7. 10. 교통사고로 사망하였고, 2019. 7. 29.경 乙의 유품을 정리하던 丙은 甲이 乙과 丙을 상대로 소유권이전등기청구의 소를 제기하여 승소한 사실을 알게 되었다. 丙은 乙과 丙에 대한 甲의 청구를 인용한 위 판결에 대하여 소송상 어떠한 조치를 취할 수 있는가?12)

〈유제 2〉 甲은 X 토지를 그 소유자인 乙로부터 매수한 사실이 없음에도 불구하고 乙을 상대로 X 토지에 관한 매매를 원인으로 하는 소유권이전등기를 구하는 소를 제기하면서 소장에 乙의 주소를 허위로 기재하여 그 허위 주소로 소장이 송달되게 하고 甲의 친구인 丙으로 하여금 소장을 수령하게 하였다. 소장 송달일로부터 30일이 경과하여도 답변서가 제출되지 않자 법원은 변론 없이 청구인용 판결을 선고하였는데 판결서는 2017. 1. 2. 위 허위 주소로 송달되어 丙이 이를 수령하였다. 甲은 2017. 2. 5. 위 판결에 기하여 X 토지에 관하여 甲 앞으로의 소유권이전등기를 마쳤다. 乙은 이상과 같은 사실을 2017. 3. 10. 알게 되었다. 2017. 4. 3. 현재 乙의 구제방법에 관하여 검토하라.13)

〈유제 3〉 甲은 2015. 2. 1. 乙과의 사이에 甲 소유의 X 토지를 3억 원에 매도하기로 하는 계약을 체결하고, 계약금 3천만 원은 위 계약 당일 지급받았으며, 중도금 1억 원은 2015. 2. 28.까지, 잔금 1억 7천만 원은 2015. 3. 31. 소유권이전에 필요한 서류의 교부와 동시에 각 지급하기로 약정하였다. 甲은 丁에 대하여 2014. 5. 1. 차용한 금 3억 원의 반환채무를 부담하고 있었는데, 2015. 4. 5. 丁과의 사이에서 위 차용금채무의 변제에 갈음하여 X 토지의 소유권을 이전하여 주기로 약정하였다. 乙이 2015. 4. 10. 甲을 상대로 2015. 2. 1.자 매매계약을 원인으로 한 X 토지에 대

---

12) 2019년 3회 모의고사
13) 2017년 3회 모의고사 문제.

한 소유권이전등기 및 인도청구의 소(전소라고 함)를 제기하였고, 그 소송의 변론종결 전인 2015. 4. 20. 甲은 X 토지를 丁에게 인도하였다. 전소에서 乙이 소장에 甲의 주소를 허위로 기재하였고, 법원은 소장부본이 적법하게 송달된 것으로 잘못 알고서 자백간주를 이유로 2015. 5. 10. 원고승소판결을 선고하였으며, 乙은 그 판결에 기하여 2015. 5. 30. X 토지에 관하여 소유권이전등기를 마친 후 2015. 6. 1. 丁을 상대로 X 토지에 관하여 소유권에 기한 인도청구의 소(본소)를 제기하였다. 이에 丁이 청구원인을 모두 부인하면서 甲을 대위하여 X 토지에 관한 소유권이전등기의 말소를 구하는 반소를 제기하였다. 이 반소가 적법한지 여부를 검토하고, 위 제시된 사실이 모두 주장·증명된다면 법원은 본소와 반소에 대하여 어떻게 판단할 것인지 서술하시오.[14]

> 〈추가된 사실관계 4〉 甲은 乙의 주소를 알고 있음에도 불구하고 소재불명으로 법원을 속여 공시송달로 재판이 진행되게 함으로써 乙 모르게 재판이 진행되어 甲 승소판결이 선고되고 이 판결이 2015. 10. 1. 확정되었다. 乙은 2020. 10. 1. 등기부를 열람하고 甲이 위 판결에 기하여 甲 앞으로 소유권이전등기를 마친 사실을 알게 되었다.

[문제 해결의 방향]

1. 문제의 소재

   공시송달에 의한 판결편취의 경우 구제방법

2. 공시송달에 의한 판결편취

   (1) 판례는 피고에 대한 송달이 공시송달로 이루어져 판결정본도 공시송달된 경우 법원은 피고가 책임질 수 없는 사유로 인하여 불변기간인 항소기간을 도과하게 된 경우에 해당하는 것으로 보아 항소의 추후보완을 인정하고 있다.

   (2) 원고가 피고의 주소 또는 거소를 알고 있었음에도 불구하고 소재불명이라 하여 공시송달신청을 하면서 위조한 증빙서류를 제출함으로써 재판장이 공시송달 명령을 하고 그 이후 피고에 대한 송달이 공시송달로 진행됨으로써 항소기간이 도과된 경우, 피고는 <u>추후보완에 의한 항소</u>를 제기하거나 민소법 제451조 제1항 제11호의 재심사유가 있음을 이유로 <u>재심의 소</u>를 제기할 수도 있다. 재심을 제기하는 경우 재심기간의 적용이 있다.

   (3) 재심의 소를 제기하면 확정판결이 행해진 해당 심급에서 재판을 받게 되므로 심급의 이익이 보장되나, 민소법 제451조 제1항 제11호의 사유를 들어 재심의 소를 제기하는 경우 재심기간의

---

14) 2015년 제3회 모의고사 문제. 〈포인트〉 전소판결은 미확정판결로 甲은 언제든지 항소할 수 있음. 甲이 항소를 제기한 후 그 항소심에서 소유권이전등기의 말소를 구하는 반소를 제기하는 경우는 물론, 별소로 말소등기청구를 한다고 하더라도 소의 이익이 인정되어야 하고, 중복소송에 해당되는 것으로 보아서도 아니 됨(대법원 1995. 5. 9. 선고 94다41010 판결 등 참조). 본소의 소송물은 소유권에 기한 인도청구권(물권적 청구권)인데, 乙 명의의 소유권이전등기는 확정되지 않은 판결에 기한 것으로서 원인무효이므로 乙의 소유권은 인정되지 않으나, 乙은 소유권이전등기명의자로서 등기의 적법성 추정에 의하여 소유권자로 추정되므로, 그 등기원인이 무효라는 점(전소에서 송달이 허위주소로 이루어졌다는 점)을 丁이 항변으로 주장, 증명한다고 하여도, 乙에게는 甲과의 매매계약에 기한 소유권이전등기청구권이 인정되므로 결국 乙이 자신의 등기가 실체관계에 부합한다고 주장, 증명하면 법원은 乙의 丁에 대한 본소청구를 인용하여야 하고, 丁의 乙에 대한 소유권이전등기말소를 구하는 반소청구는 기각될 것임.

적용을 받게 되어 확정판결 후 5년이 지나면 재심사유를 안 날부터 30일 이내라고 하더라도 재심기간의 도과로 재심의 소를 제기할 수 없게 된다(제456조 제1항, 제3항). 그러나 비록 5년이 확정판결 후 5년이 지났다고 하더라도 공시송달에 의하여 재판이 된 사실을 안 날(불변기간을 지킬 수 없었던 사유가 없어진 날)부터 14일 이내라면 추후보완상소가 가능하게 된다.

3. 사안의 경우

(1) 원고가 비록 허위의 주소를 기재하고 공시송달신청시 위조한 증빙서류를 제출하였다 하더라도 공시송달 명령 및 그에 따른 송달을 무효로 볼 수는 없으므로 판결정본의 송달은 적법하여 판결은 형식적으로 확정되는 것으로 보아야 한다(원고가 피고의 주소를 허위로 기재함으로써 그 주소지에 적법하게 송달된 것처럼 법원을 기망하여 승소판결을 선고받은 경우, 불변기간인 항소기간 개시의 기준이 되는 판결정본 송달은 부적법, 무효이므로 항소기간이 개시되지 않은 것으로 보아, 피고는 언제든지 항소를 제기할 수 있다).

(2) 다만 乙은 판결절차가 공시송달을 통해 진행되었다는 사실을 안 날로부터 2주 이내에 추후보완에 의한 항소를 제기할 수 있다.

(3) 또한 乙은 민소법 제456조 제1항 제8호, 제9호 소정의 제소기간 내라면 민소법 제451조 제1항 제11호의 재심사유가 있음을 이유로 재심의 소를 제기할 수도 있는데, 위 제소기간은 불변기간이 아니므로 그 기간을 지난 후에는 추완에 의한 재심의 소제기는 허용되지 않는다(판례).

(4) 민소법 제451조 제1항 단서에 의하면 당사자가 상소에 의하여 재심사유를 주장하였거나 이를 알고 주장하지 아니한 때에는 재심의 소를 제기할 수 없는 것으로 규정되어 있는데, 여기에서 '이를 알고도 주장하지 아니한 때'란 재심사유가 있는 것을 알았음에도 상소를 제기하고도 상소심에서 그 사유를 주장하지 아니한 경우뿐만 아니라, 상소를 제기하지 아니하여 판결이 그대로 확정된 경우까지도 포함하는 것이라고 해석하여야 할 것이다. 그런데 위 단서 조항은 재심의 보충성에 관한 규정으로서, 당사자가 상소를 제기할 수 있는 시기에 재심사유의 존재를 안 경우에는 상소에 의하여 이를 주장하게 하고 상소로 주장할 수 없었던 경우에 한하여 재심의 소에 의한 비상구제를 인정하려는 취지인 점, <u>추완상소와 재심의 소는 독립된 별개의 제도이므로 추완상소의 방법을 택하는 경우에는 추완상소의 기간 내에, 재심의 방법을 택하는 경우에는 재심기간 내에 이를 제기하여야 하는 것으로 보이는 점</u>을 고려하면, 공시송달에 의하여 판결이 선고되고 판결정본이 송달되어 확정된 이후에 추완항소의 방법이 아닌 재심의 방법을 택한 경우에는 추완상소기간이 도과하였다 하더라도 재심기간 내에 재심의 소를 제기할 수 있다고 보아야 한다.15)

4. 결어

乙은 추후보완항소나 재심의 수단을 선택할 수 있으나, 양 수단을 모두 취할 수는 없다.

〈유제〉 甲과 A, B는 전매차익을 얻을 목적으로 공동으로 상인인 乙로부터 X 토지를 매수하기로 하고, 乙과 매매계약을 체결하기 전에 "甲과 A, B는 각자 자금을 출연하여 乙로부터 X 토지를 매

---

15) 대법원 2011. 12. 22. 선고 2011다73540 판결.

수하고 출연자금의 비율에 따라 甲은 1/2, A와 B는 각 1/4 지분으로 소유권이전등기를 한다. 甲과 A, B는 각 공유지분을 인정하고 그 지분권을 개별적으로 행사할 수 있다."는 합의를 하였다. 그 후 甲과 A, B는 2005. 3. 1. 공동으로 매수인이 되어 乙로부터 乙 소유인 X 토지를 금 5억 원에 매수하기로 하는 계약을 체결하고 중도금까지 총 4억 원을 지급하였는데, 그 후 乙은 丙으로부터 금 2억 원을 차용하면서 X 토지에 관하여 丙에게 저당권설정등기를 마쳐주었고, 다시 丁과의 사이에 X 토지를 금 6억 원에 매도하기로 하는 계약을 체결하였다.

甲과 A, B(이하 '甲 등'이라고 한다)가 잔금 지급기일인 2008. 3. 1. 그 이행을 제공하였으나 乙이 소유권이전등기를 회피함에 따라 甲 등은 2009. 5. 1. 乙을 상대로 X 토지에 관하여 위 매매를 원인으로 하는 소유권이전등기청구 소송(이하 '전소'라고 한다)을 제기하였다. 甲 등이 전소에서 乙의 실제 주거지를 알고 있음에도 불구하고 소장에 허위의 주소를 주민등록지로 기재하고, 乙이 그 주민등록지에 거주하고 있지 않다는 내용의 주민등록말소자 등본을 위조하여 소장에 첨부 제출하면서 공시송달신청을 하였고, 이에 따라 재판장이 공시송달 명령을 하여 소송절차를 진행한 결과 법원은 甲 등에 대해 승소판결을 선고하였다. 乙이 취할 수 있는 소송법상 구제방법은 무엇인가?16)

<추가된 사실관계 5> 甲은 소송과정에서 乙로부터 X 토지를 매수한 사실이 없음에도 불구하고 위조된 매매계약서를 제출하거나 증인의 위증 등의 방법으로 승소판결을 선고받고 이 판결을 확정시킨 후 甲 앞으로 소유권이전등기를 마쳤다.

(1) 甲이 乙을 상대로 X 토지에 관한 소유권이전등기절차 이행의 확정판결을 받아 소유권이전등기를 경료한 경우, 그 확정판결이 당연무효이거나 재심의 소에 의하여 취소되지 않는 한, 甲 명의의 소유권이전등기가 원인무효임을 내세워 그 등기의 말소를 구하는 것은 확정판결의 기판력에 저촉되므로 허용될 수 없다.
(2) 乙은 민소법 제451조 제1항 제6호 등의 재심사유를 들어 재심기간 내에 재심의 소를 제기하여 위 확정판결을 취소한 후 그 재심판결로 취소된 판결에 의하여 경료된 소유권이전등기의 말소등기신청을 할 수 있다.

<추가된 사실관계 6> 甲이 제기한 소송에서 乙의 아들 丙이 乙 행세를 하면서 변론기일에 출석하여 甲의 청구를 다투지 아니하여 甲 승소판결이 선고되었다. 판결정본도 乙 대신 丙이 수령하고 더 이상 항소를 제기하지 아니하여 위 판결이 확정되었고, 甲은 이 판결에 기하여 甲 앞으로 소유권이전등기를 마쳤다. 乙은 2020. 10. 1. 등기부를 열람하고 甲이 위 판결에 기하여 甲 앞으로 소유권이전등기를 마친 사실을 알게 되었다.

(1) 법원이 성명모용사실을 간과하고 본안판결을 하였을 경우(절차에 관여할 수 없는 사람이 관여한 경우 무권대리인이 대리권을 행사한 경우와 마찬가지로 취급한다) 판결확정 전에는 상소(민소법 제424조 제1항 제4호 유추적용), 판결확정 후에는 재심(민소법 제451조 제1항 제3호 유추적용)에 의해 구제된다.
(2) 성명모용소송에서 피모용자는 모용자의 소송행위를 추인할 수 있고, 추인의 시기에는 제한

---
16) 2013년 3회 모의고사.

이 없다.

> **〈추가된 사실관계 7〉** 소송과정에서 甲과 乙은 甲이 소를 취하하고 더 이상 소송을 하지 않기로 합의하였다. 그러나 甲은 乙에게 소취하의 합의에 의하여 불출석의 원인을 만들어 놓고 소취하합의서를 법원에 제출하지도 않고 甲 자신만 출석하여 乙의 불출석을 이용하여 승소판결을 받았다. 乙이 모르는 사이에 위 판결이 확정되고 甲은 위 판결에 기하여 甲 앞으로 소유권이전등기를 마쳤다.

〈추가된 사실관계 6〉과 같이 해결한다.

> **〈사례 13-2〉** A씨는 1994년 아버지가 사망하면서 남긴 많은 빚을 감당할 수 없어 상속을 포기했다. 그런데 2006년, 아버지의 채권자들이 A씨를 상대로 "빚을 갚으라"는 소송을 냈고 당시 이 사실을 몰랐던 A씨는 공시송달로 패소했다. 2011년 11월, 자신의 아파트가 경매에 넘어가면서 비로소 2006년 소송의 존재를 알게 된 A씨는 즉시 B변호사를 선임해 "이미 오래전에 상속포기를 했다"며 항소했다.
> 그러나 채권자들은 "1999년에도 빚을 갚으라는 소송을 내 공시송달로 승소했다"며 "1999년 판결에서 A씨가 상속포기를 주장하지 않은 이상 이제 와서 주장하는 것은 기판력에 어긋난다."는 내용의 준비서면을 제출했다. 다만 A씨가 모르는 상태에서 1999년 판결이 공시송달로 확정됐기 때문에, A씨는 판결의 존재를 알게 된 시점에서 14일 이내에 추완항소를 제기하면 다시 한 번 상속 포기를 주장하며 다툴 수 있었다. 그러나 B변호사는 채권자들의 준비서면을 A씨에게 전자우편으로 알리면서도 1999년에 있었던 판결에 대해 추완항소를 내야 한다는 의견은 밝히지 않았고 결국 A씨는 소송에서 졌다. A씨는 다른 변호사를 선임해 뒤늦게 1999년에 있었던 판결에 대한 추완항소를 제기했지만, 법원은 "A씨가 B변호사를 통해 1999년 판결의 내용을 알게 되고도 30일이 경과한 뒤에야 항소를 제기했다"며 각하했다. 2억5000만원을 주게 된 A씨는 "변호사가 추완항소를 제때 제기하지 않아 손해를 입었다."며 B변호사를 상대로 소송을 냈다.

☞ 자신이 맡은 사건의 선행판결에 대해 추완항소를 내도록 조언하지 않은 변호사가 의뢰인에게 2억5000만원을 물어주게 됐다.

서울중앙지법 민사18부(재판장 조휴옥 부장판사)는 2013. 8. 10. A씨가 변호사 B씨를 상대로 낸 손해배상 청구소송(2013가합39983)에서 "피고는 2억5000만원을 지급하라"며 원고승소 판결을 했다. 재판부는 판결문에서 "B변호사는 2006년 판결만 선임했으므로 1999년 판결에 대한 추완항소는 자신의 업무가 아니라고 주장하지만, 상대방 소송 대리인이 1999년 판결의 기판력에 대해서 언급한 이상 그 내용과 법률적 효과에 대해서 A씨에게 설명하고 추완항소를 제기하도록 조언을 할 주의의무가 있다"며 "B변호사는 이메일로 상대방의 준비서면 등을 송부한 이외에 2차 판결에 대한 추완항소의 제기 등 법적 조치의 필요성을 제대로 설명해주지 않았으므로 패소한 A씨의 손해를 배상해야 한다."고 밝혔다.

법원은 "변호사의 위임사무 범위에 모든 일이 포함되는 것은 아니지만, 이 사건에서는 변호사가 선행판결의 기판력에 대해 알게 된 이상 위임사무에 포함된다고 봐야 한다."고 밝혔다.[17]

이 사건 상급심이 어떻게 진행됐는지는 모르지만 변호사가 꼼꼼하지 못한 일처리로 2억5,000만원을 한순간에 물어주게 되는 상황이 발생했다.

---

17) 법률신문 입력 : 2013-09-23 오전 11:39:41

민사소송과 기판력 - 사례와 판례로 본 기판력의 이해

제**2**편

기판력의 범위

14. 기판력의 객관적 범위와 주관적 범위의 관계
15. 변론종결 뒤의 승계인과 기판력의 확장
16. 기판력의 주관적 범위와 집행적격의 관계
17. 기판력의 시적 한계와 선결적 법률관계
18. 기판력과 실권효
19. 기판력과 표준시 이후의 형성권 행사
20. 정기금판결의 기판력과 사정변경

14 기판력의 객관적 범위와 주관적 범위의 관계

1.

민사소송법은 기판력이 무엇인지에 관한 정의규정을 두지 않고 기판력을 전제로 기판력의 객관적 범위와 주관적 범위에 관한 규정을 두고 있다. 기판력의 객관적 범위에 관한 민사소송법 제216조 제1항은 "확정판결은 주문에 포함된 것에 한하여 기판력을 **가진다**."라고 규정하여 기판력은 주문(소송물)에만 미치고 판결이유(공격방어방법)에는 미치지 않는다고 선언하고 있다.

그런데 기판력의 주관적 범위에 관한 민사소송법 제218조 제1항은 "확정판결은 당사자, 변론을 종결한 뒤의 승계인 또는 그를 위하여 청구의 목적물을 소지한 사람에 대하여 **효력이 미친다**." 제3항은 "다른 사람을 위하여 원고나 피고가 된 사람에 대한 확정판결은 그 다른 사람에 대하여도 **효력이 미친다**."고 규정하고 있다. '기판력을 가진다'는 것과 '효력이 미친다'는 것이 어떠한 의미상의 차이가 있는지는 '기판력의 범위와 작용'에서 살펴보았는데, 기판력의 객관적 범위와 주관적 범위의 관계에 관하여도 살펴보기로 한다.

민사소송법 제216조 제1항과 제218조 제1항을 묶어서 이해하면 기판력은 확정판결의 변론종결시의 소송물에 대한 판단(주문)에 생기는 것이고, 이렇게 **발생**한 기판력이 후소와 일정한 관계가 있는 경우에 후소의 당사자 등과 법원에 **구속력을 미치게 되는 일정한 작용**을 하는 것으로 이해할 수 있다. 후소와의 관계를 떠난 기판력은 사실상 큰 의미가 없다.

확정판결은 기판력을 가지며 그 기판력은 후소에 미친다. 변론종결 후의 승계인에게 기판력이 미치기 위해서는 전소의 소송물과 승계인에 대한 후소의 소송물이 동일하거나 모순관계 또는 선결관계가 성립하는 등으로 기판력의 객관적 범위가 미쳐야 하고 이와 같은 3유형의 객관적 범위에서 기판력이 미치지 않는다면 승계인 등에게 기판력이 미칠 이유가 없다.

2.

확정판결의 기판력은 당사자는 물론 변론종결 뒤의 승계인[1]에 대하여도 미친다. 변론종결 뒤의 승계인(특정승계인)은 소송물 승계인과 계쟁물 승계인을 포함한다(이른바 적격승계설). **소송물 승계인**이라 함은 소유권확인판결에서 소유권 양수인, 이행판결에서 채권양수인이나 면책적 채무인수인

---
[1] 구법은 변론종결 '후'의 승계인이라고 하고 있었으나, 2002년 개정법은 변론종결 '뒤'의 승계인으로 고쳐 쓰고 있다.

등 실체법상의 권리나 의무를 승계한 자를 말하고, **계쟁물 승계인**은 토지인도소송에서 목적물인 토지의 소유권을 양수한 사람 등 소송물에 관한 당사자적격을 승계한 사람(동일사건에 대하여 다시 소송을 한다면 당사자가 될 사람)을 말한다.

계쟁물 승계의 경우 판례는 전소 소송물이 물권적 청구권인 경우에는 변론종결 뒤의 승계인으로 보고 있으나, 전소 소송물이 채권적 청구권인 경우에는 변론종결 뒤의 승계인으로 보지 않는다.

> 〈사례 14-1〉 피고는 A 소유 부동산에 관하여 매매예약을 원인으로 가등기를 마쳤다. A는 피고를 상대로 소유권에 기한 방해배제청구권의 행사로서 가등기말소를 구하는 소를 제기하였는데 법원은 A의 청구를 기각하였고, 이 판결은 그대로 확정되었다(이하 '전소'). 원고는 이 사건 전소 판결확정 후 이 사건 부동산에 관하여 근저당권설정등기를 마쳤고, 피고를 상대로 근저당권에 기한 방해배제청구권의 행사로서 가등기의 말소를 구하는 소('이 사건 소')를 제기하였다.
> 피고는 본안전 항변으로 이 사건 소는 청구기각판결이 확정된 이 사건 전소와 소송물이 동일하고, 원고는 이 사건 전소의 변론종결 후의 승계인에 해당하므로 이 사건 소는 이 사건 전소의 기판력에 저촉되어 부적법하다고 주장한다.
> 이 사건 소는 적법한가?

☞ 확정판결의 기판력은 확정판결의 주문에 포함된 법률적 판단과 동일한 사항이 소송상 문제가 되었을 때 당사자는 이에 저촉되는 주장을 할 수 없고 법원도 이에 저촉되는 판단을 할 수 없는 기속력을 의미하고, 확정판결의 내용대로 실체적 권리관계를 변경하는 실체법적 효력을 갖는 것은 아니다. 토지 소유권에 기한 물권적 청구권을 원인으로 하는 가등기말소청구소송의 소송물은 가등기말소청구권이므로 그 소송에서 청구기각된 확정판결의 기판력은 가등기말소청구권의 부존재 그 자체에만 미치고, 소송물이 되지 않은 토지 소유권의 존부에 관하여는 미치지 않는다. 나아가 위 청구기각된 확정판결로 인하여 토지 소유자가 갖는 토지 소유권의 내용이나 토지 소유권에 기초한 물권적 청구권의 실체적인 내용이 변경, 소멸되는 것은 아니다.

위 가등기말소청구소송의 사실심 변론종결 후에 토지 소유자로부터 근저당권을 취득한 제3자는 <u>적법하게 취득한 근저당권의 일반적 효력으로서 물권적 청구권을 갖게 되고</u>, 위 가등기말소청구소송의 소송물인 패소자의 가등기말소청구권을 승계하여 갖는 것이 아니며, 자신이 적법하게 취득한 근저당권에 기한 물권적 청구권을 원인으로 소송상 청구를 하는 것이므로, 위 제3자는 민소법 제218조 제1항에서 정한 확정판결의 기판력이 미치는 '변론을 종결한 뒤의 승계인'에 해당하지 않는다.

요약하면,

1) 원고는 이 사건 전소의 사실심 변론종결 후 A로부터 이 사건 부동산에 관한 근저당권을 적법하게 취득하였다.

2) 이 사건 소의 소송물인 원고의 근저당권에 기한 이 사건 가등기말소청구권은 원고가 위와 같이 취득한 근저당권의 일반적 효력으로서 발생한 것이지 이 사건 전소에서 패소한 A의 가등기말소청구권을 승계함으로써 가지게 된 것이 아니다.

3) 원고는 이 사건 전소 판결의 기판력이 미치는 변론종결 후의 승계인에 해당한다고 볼 수 없다.

따라서 토지 소유권에 기한 가등기말소청구소송에서 청구기각된 확정판결의 기판력은 위 소송의 변론종결 후 토지 소유자로부터 근저당권을 취득한 제3자가 근저당권에 기하여 같은 가등기에 대한 말소청구를 하는 경우에는 미치지 않는다.[2]

결국 이 사건 소는 적법하고, 피고의 가등기에 무효사유가 있다면 원고의 청구는 인용될 수 있다.

<사례 14-2> 甲 종중의 대표자 乙은 2018. 5.경 일부 종원들이 乙 몰래 甲 종중 소유의 X 토지를 종원 丙에게 매도하고 관련서류를 위조하여 소유권이전등기를 마쳐준 사실을 알게 되어 甲 종중을 원고로 하여 丙을 상대로 X 토지에 관한 소유권이전등기말소청구의 소를 제기하였다.
제1심에서 甲 종중의 청구를 인용하는 판결이 선고되어 확정되었다. 이에 甲 종중이 丙 명의의 소유권이전등기를 말소하기 위하여 새로운 등기사항증명서를 발급받아보고, 丙이 丁에게 위 소송의 변론종결 전에 소유권이전등기를 마쳐 주었으며, 다시 丁이 戊에게 위 소송의 변론종결 후에 소유권이전등기를 마쳐준 사실을 비로소 알게 되었다.
위 판결의 효력이 丁과 戊에게 미치는지 여부와 甲 종중이 丁과 戊명의의 각 소유권이전등기를 말소할 수 있는 방법을 서술하시오[3]

[문제 해결의 방향]

가. 문제의 소재

전소에서 甲 종중의 청구를 인용하는 판결이 선고되어 확정되었으므로 전소 변론종결시에 甲 종중의 말소등기청구권이 존재한다는 사실에 대해 기판력이 발생한다. 사례에서 丁이 변론종결 후의 승계인인지 여하에 따라 소송을 승계할 것인지 기판력을 승계할 것인지 여부가 가려진다.

나. 변론종결 후의 승계인

(1) 사례에서 丁은 계쟁물의 승계가 변론종결 전에 이루어졌고, 이러한 소송승계인은 기판력 승계하는 것이 아니라 소송을 승계하게 되나 승계절차가 이루어지지 않은 상태에서 판결이 확정되었다. 戊는 비록 변론종결 후에 이전등기를 받았으나 기판력을 받지 않는 丁으로부터 승계한 것이므로 역시 기판력을 받는 관계에 있지 않다.

(2) 소유권이전등기말소 청구소송을 제기당한 자가 소송계속 중 당해 부동산의 소유권을 타인에게 이전한 경우에는, 부동산물권 변동의 효력이 생기는 때인 소유권이전등기가 이루어진 시점을 기준으로 그 승계가 변론종결 전의 것인지 변론종결 후의 것인지 여부를 판단하여야 한다.

(3) 기판력의 주관적 범위를 정함에 있어서 당사자가 변론을 종결할 때까지 승계사실을 진술하지 아니한 때에는 변론을 종결한 뒤에 승계한 것으로 추정한다는 민사소송법 제218조 제2항의 취지는, 변론종결 전의 승계를 주장하는 자에게 그 증명책임이 있다는 뜻을 규정하여 변론종결 전의 승계사실이 증명되면 확정판결의 기판력이 그 승계인에게 미치지 아니한다는 것으로 해석되므로, 종전의 확정판결의 기판력의 배제를 원하는 당사자 일방이 변론종결 전에 당사자 지위의 승계가

---

[2] 대법원 2020. 5. 14. 선고 2019다261381 판결.
[3] 2019년 제8회 변호사시험 민사법 사례형 문제 援用.

이루어진 사실을 증명한다면, 종전소송에서 당사자가 그 승계에 관한 진술을 하였는지 여부와 상관없이, 그 승계인이 종전의 확정판결의 기판력이 미치는 변론종결 후의 승계인이라는 민사소송법 제218조 제2항의 추정은 깨어진다.4)

(4) 따라서 甲 종중이 승계사실만 증명하면 승계인이 변론종결 전에 승계되었음을 주장·증명하지 않는 한 피승계인 상대의 승소판결로서도 승계인에 대한 승계집행문을 부여받을 수 있다. 甲 종중은 위 확정판결에 승계집행문을 부여받아 丁과 戊의 이전등기의 말소를 구할 수 있다. 이 경우 丁과 戊는 자신들이 변론종결 전에 승계한 사실을 증명하여 승계집행문부여에 대한 이의신청을 할 수 있다.

다. 결어(사안의 해결)

(1) 사례에서 甲이 乙을 상대로 제기한 소유권이전등기 말소청구소송에서 甲 승소판결이 선고되어 확정되었고, 丁은 그 변론종결 이전에 丁 명의로 소유권이전등기를 마친 사실이 인정되므로 이로써 민소법 제218조 제2항의 추정은 깨어졌다. 따라서 위 확정판결의 기판력이 丁과 戊에게 미치지 아니한다.

(2) 결국 甲 종중은 丙을 대위해서든, 아니면 직접 X 토지의 소유권에 기한 방해배제청구로 원인무효의 등기에 터잡은 丁과 戊 명의의 소유권이전등기말소청구의 소를 제기하거나, 戊만을 상대로 진정명의회복을 원인으로 한 소유권이전등기절차이행청구의 소를 제기할 수 있다. 甲이 丙을 상대로 이 사건 소를 제기하기 이전에 부동산처분금지가처분신청을 하여 가처분집행을 해놓았더라면 甲이 별소를 다시 제기하여야 하는 문제는 생기지 않았을 것이다. 실무에서는 추정승계인 제도를 잘 이용하지 않고 처분금지가처분으로 당사자를 항정하여 놓고 소유권이전등기말소 등 본안소송을 제기하는 것이 일반적이다.

> 〈사례 14-3〉 甲이 乙을 상대로 X 건물에 관한 소유권이전등기의 말소등기절차의 이행을 구하는 소를 제기하여 승소확정판결을 받았다. 위 판결의 변론종결 후에 丙이 乙로부터 X 건물의 소유권을 이전받고 甲을 상대로 위 건물의 소유권에 기한 건물인도청구의 소를 제기하였다.
> 丙은 위 확정판결의 변론종결 후의 승계인으로 전소 확정판결의 기판력을 받아 甲을 상대로 건물인도청구를 할 수 없는가?

종래의 변론종결 후의 승계인의 범위에 관한 판례이론에 의하면 소송물이 대세적 효력이 있는 물권적 청구권인 경우에는 승계인에게 기판력이 확장됨에 대하여 소송물이 대인적 효력밖에 없는 채권적 청구권인 경우에는 승계인에게 기판력이 확장되지 않는다.5)

그렇다면 위 사례에서 전소 소송물은 물권적 청구권인 소유물방해배제청구권(민법 제214조)에 기

---

4) 대법원 2005. 11. 10. 선고 2005다34667,34674 판결.
5) 건물명도소송에서의 소송물인 청구가 물권적 청구 등과 같이 대세적인 효력을 가진 경우에는 그 판결의 기판력이나 집행력이 변론종결 후에 그 재판의 피고로부터 그 건물의 점유를 취득한 자에게도 미치나 그 청구가 대인적인 효력밖에 없는 채권적 청구만에 그친 때에는 위와 같은 점유승계인에게 위의 효력이 미치지 아니한다(대법원 1991. 1. 15. 선고 90다9964 판결).

한 소유권이전등기 말소청구권이므로 丙은 변론종결 후의 승계인으로서 전소 확정판결의 기판력을 받게 되어 丙의 X 건물의 소유권에 기한 건물인도청구는 기각되어야 할 것인가?

대법원은 아래의 사례에서 이 문제에 대한 해결의 방향을 제시하고 있다.

<사례 14-4> A회사는 자기 소유의 상가 건물을 피고들에게 양도하였다. A회사는 2006. 3. 22. 위 상가건물에 관하여 B회사 앞으로 신탁계약을 원인으로 한 소유권이전등기를 마쳤다. B회사는 2007. 6. 27. 피고들을 상대로 이 사건 상가의 인도를 구하는 소를 제기하였는데, B회사 명의의 소유권이전등기가 이중매매에 기한 것으로 무효라는 이유로 B회사의 청구를 모두 기각하는 판결이 선고되고 2008. 4. 26. 확정되었다(이하 '① 확정판결').
그 후 피고들이 B회사와 A회사를 상대로 소를 제기하였는데, 위 신탁계약은 반사회질서의 이중매매에 해당하여 원인무효이므로 B회사는 A회사에게 이 사건 상가에 마쳐진 소유권이전등기의 말소등기절차를 이행하고, A회사는 피고들로부터 분양대금 잔금을 지급받음과 동시에 피고들에게 이 사건 상가에 관하여 매매를 원인으로 한 소유권이전등기절차를 이행하라는 취지의 판결(이하 '이 사건 전소판결')이 선고되었고, 이 사건 전소판결은 2009. 7. 15. 확정되었다(이하 '② 확정판결').
한편, 피고들이 이 사건 전소판결에 따른 집행을 하지 아니하고 있던 사이에 B회사는 이 사건 상가를 원고에게 매각하고 2011. 1. 31. 원고 앞으로 소유권이전등기를 마쳤다.
원고는 이 사건 상가에 관한 소유권에 기하여 피고들에게 대하여 이 사건 상가의 인도 및 원고의 소유권 취득일 다음날인 2011. 2. 1.부터 이 사건 각 상가의 인도완료일까지 월차임 상당의 부당이득반환을 구하는 소를 제기하였다.
피고들은 이 사건 상가의 인도청구소송인 ① 확정판결의 패소자이자 소유권말소등기청구소송인 ② 확정판결의 패소자인 B회사로부터 이 사건 상가의 소유권을 양수한 원고가 제기한 이 사건 청구는 ①②확정판결의 기판력에 저촉되고, 설령 그렇지 않다고 하더라도 전소 확정판결에서 A회사와 B회사 사이의 신탁계약이 민법 제103조에 위반되는 이중매매로서 무효라는 이유로 B회사에게 이 사건 상가에 관한 소유권이전등기의 말소를 명한 이상, B회사의 양수인인 원고는 '변론종결 후의 승계인'에 해당하여 이 사건 상가에 관한 소유권을 취득할 수 없다고 주장하였다.

<원심판결>[6]
가. 이 사건 청구가 기판력에 반하는지 여부에 관하여

(1) 승계인에게 기판력이 미치기 위해서는 전소의 소송물과 승계인에 대한 후소의 소송물이 동일하거나 모순관계 또는 선결관계가 성립하는 등으로 객관적 기판력이 미쳐야 할 것이다.

먼저, 원고가 소유권에 기한 물권적 청구권의 행사로서 피고들을 상대로 이 사건 상가의 인도를 구하는 이 사건 청구가 ① 확정판결의 기판력을 받는지에 관하여 본다.

소유권에 기한 물권적 청구권을 원인으로 하는 인도소송의 소송물은 소유권 자체가 아니라 물권적 청구권인 인도청구권이므로 청구기각된 확정판결의 기판력은 건물인도청구권의 존부에만 미치고, 소송물이 되지 아니한 소유권의 존부에 관하여는 미치지 아니하므로, 그 인도소송의 사실심 변론종결 후에 패소자인 소유자로부터 건물을 매수하고 소유권이전등기를 마침으로써 소유권을

---

[6] 울산지방법원 2013. 6. 19. 선고 2012나6240 판결.

승계한 제3자의 건물 소유권의 존부에 관하여는 위 확정판결의 기판력이 미치지 않는다. 또 제3자가 가지는 물권적인 인도청구권은 적법하게 승계한 소유권의 일반적 효력으로서 발생된 것이고, 종전 소송의 소송물인 패소자의 인도청구권을 승계함으로써 가지게 된 것이라고는 할 수 없으므로, 이러한 제3자는 확정판결의 변론종결 후의 승계인에 해당한다고 할 수 없다(대법원 1990. 10. 22. 98다6855 판결 등 참조). 피고들의 이 부분 주장은 받아들일 수 없다.

(2) 다음, ② 확정판결, 즉 A회사에 대하여 말소등기의무를 부담하는 B회사로부터 이 사건 상가를 양수하였다는 이유로 원고가 소유권에 기하여 제기한 이 사건 청구가 확정판결의 기판력을 받는지에 관하여 본다. ② 확정판결은 피고들이 A회사를 대위하여 B회사를 상대로 제기한 소유권이전등기말소등기 청구소송으로서 그 확정판결의 기판력은 소송물이었던 말소등기청구권의 존부에만 미치고, 후소인 이 사건 청구는 건물인도청구로서 그 소송물이 상이하므로 ② 확정판결의 기판력이 이 사건까지 미친다고 볼 수 없다(대법원 1979. 2. 13. 선고 78다58 전원합의체 판결의 취지 참조). 피고들의 이 부분 주장도 받아들일 수 없다.

나. 원고가 소유권을 취득하는지 여부에 대하여

마지막으로, 원고가 청구원인으로 내세우는 바와 같이 과연 이 사건 상가에 관한 소유권을 취득하였는지 여부에 관하여 본다. 민사소송법 제218조 제1항은 "확정판결은 당사자, 변론을 종결한 뒤의 승계인(변론 없이 한 판결의 경우에는 판결을 선고한 뒤의 승계인) 또는 그를 위하여 청구의 목적물을 소지한 사람에 대하여 효력이 있다"고 규정하고 있다. 이는 확정판결의 기판력은 원칙적으로 당사자들 사이에만 미치지만 특수한 관계에 있는 제3자에 대하여는 확정판결의 효력이 미친다는 의미로 해석할 수 있다.

원고가 ② 확정판결의 사실심 변론종결 후인 2011. 1. 31. 이 사건 상가에 관하여 B회사로부터 소유권이전등기를 마친 사실은 앞서 본 바와 같으므로, 과연 원고가 B회사로부터 이 사건 상가에 관한 소유권을 취득할 수 있는지 여부에 관하여 본다. 앞서 본 증거들에 을9호증의 1 내지 5의 각 기재와 변론 전체의 취지를 종합하여 인정되는 다음과 같은 사정, 즉 (1) 피고들이 A회사와 B회사를 상대로 ② 소송을 제기하여 "이 사건 상가에 관한 B회사의 소유권이전등기는 민법 제103조에 위반하여 무효이므로 B회사는 A회사에게 이 사건 상가에 관한 소유권이전등기의 각 말소등기절차를 이행하라"는 판결이 선고되어 확정되었고, 위 소송절차에서 A회사도 피고로 참가하였으므로 그 확정판결의 효력은 A회사에게도 미치는데, 피고들이 대위행사한 A회사의 권리는 소유권에 기한 물권적 방해배제청구권인 점, (2) 이 사건 상가에 관하여 비록 집합건물등기가 되어 있지 않지만, 당초 A회사가 이 사건 상가를 포함한 건물 전체를 집합건물로 등록하였다가 2009. 11. 23. 일반건물로 등록전환하였는데, A회사가 피고들과 사이에 분양계약을 체결할 당시에도 이 사건 상가들을 각각 구분건물로 특정하여 분양하였고, 현재까지도 피고들이 이를 구분소유하면서 그에 대한 세금을 납부하는 것으로 보여 이 사건 상가는 집합건물로 봄이 상당한 점(대법원 2013. 1. 17. 선고 2010다71578 전원합의체 판결의 취지 참조), (3) 원고가 이 사건 상가에 관하여 B회사로부터 소유권이전등기를 경료받았다고 하더라도 앞서 본 바와 같이 B회사가 "A회사로부터 B회사로의 소유권이전등기가 민법 제103조 위반으로 무효이므로 B회사는 이 사건 상가에 관한 소유권이전등기를 말소하라"는 확정판결을 선고받은 이상, 이 사건 상가에 관한 B회사 명의의 소유권이전등기는 절대적 무효로서 설령 원고가 선의라고 하더라도 이 사건 상가에 관한 소유권을 취득한다고 보기는 어려운 점(대법원 1996. 10. 25. 선고 96다29151 판결 등 참조, 피고들에 대한 이 사건 ② 확정판결이 있는 이상, 다른 수분양자들에 대하여 이와 다른 취지의 판결이 있다고 하여 달리 볼 수는 없다) 등에 비추어 보면, 원고는 '변론종결 후의 승계인'으로서 ② 확정판결의 기판력을 받는다(대법원 1980. 5. 13. 선고 79다1702 판결 등 참조).

따라서 ② 확정판결에 따라 물권적인 소유권이전등기의 말소등기의무를 부담하는 B회사로부터 등기를 넘겨받은 원고는 이 사건 상가에 관한 소유권을 취득할 수 없다.

다. 소결론

원고가 이 사건 상가에 관한 소유권을 취득하지 못하는 이상, 원고가 소유자임을 내세워 피고들에 대한 이 사건 상가의 인도와 차임상당의 부당이득을 구하는 이 사건 청구는 더 살필 것 없이 이유 없다.

⟨대법원 2014. 10. 30. 선고 2013다53939 판결⟩

확정판결의 기판력은 그 판결의 주문에 포함된 것, 즉 소송물로 주장된 법률관계의 존부에 관한 판단의 결론 그 자체에만 생기는 것이고, 판결이유에 설시된 그 전제가 되는 법률관계의 존부에까지 미치는 것은 아니므로, 원인이 무효라는 이유로 소유권이전등기의 말소등기청구를 인용하는 판결이 확정되었어도 그 확정판결의 기판력은 소송물인 말소등기청구권의 존부에만 미치는 것이고 그 전제가 되는 소유권 자체의 존부 등 판결이유 중의 부동산 권리귀속에 관한 판단 부분에까지 미치지는 아니한다. 그리고 기판력은 기판력 있는 전소 판결의 소송물과 동일한 후소를 허용하지 않음과 동시에, 후소의 소송물이 전소의 소송물과 동일하지는 않다고 하더라도 전소의 소송물에 관한 판단이 후소의 선결문제가 되거나 모순관계에 있을 때에는 후소에서 전소 판결의 판단과 다른 주장을 하는 것을 허용하지 않는 작용을 하는 것이므로, 이와 같이 소송물이 동일하거나 선결문제 또는 모순관계에 의하여 기판력이 미치는 객관적 범위에 해당하지 아니하는 경우에는 전소 판결의 변론종결 후에 당사자로부터 계쟁물 등을 승계한 자가 후소를 제기하더라도 그 후소에 전소 판결의 기판력이 미치지 아니한다.

원심판결 이유를 앞서 본 법리에 비추어 살펴보면, 이 사건 전소의 소송물인 소유권이전등기말소청구권의 존부는 이 사건 소의 소송물인 건물인도청구권 및 부당이득반환청구권의 존부와 다르다. 이 사건 전소 판결의 기판력이 미치는 법률관계 즉 소송물로 주장된 법률관계는 A회사의 B회사에 대한 이 사건 상가에 관한 말소등기청구권의 존부이고 이 사건 상가의 소유권(또는 그 원인인 신탁계약의 효력)의 존부는 그 전제가 되는 법률관계에 불과하여 이 사건 전소 판결의 기판력이 미치지 아니한다. 또한 이 사건 전소의 소송물인 말소등기청구권에 대한 판단이 이 사건 건물인도 등 청구의 소의 선결문제가 되거나, 이 사건 소의 소송물인 건물인도청구권 등의 존부가 이 사건 전소의 소송물인 말소등기청구권의 존부와 모순관계에 있다고 볼 수 없어서, 이 사건 전소 판결의 기판력이 이 사건 소에 미친다고 할 수 없다. 이는 원고가 이 사건 전소 판결의 변론종결 후에 B회사로부터 이 사건 상가를 포함한 이 사건 건물을 매수하여 소유권이전등기를 마쳤더라도 마찬가지이다.

원심이 승계인에게 기판력이 미치기 위해서는 객관적 기판력이 미쳐야 한다고 하고 이 사건 전소 판결의 기판력이 이 사건까지 미친다고 볼 수 없다고 한 다음, 이와 정반대로 이 사건에서 원고가 변론종결 후의 승계인이므로 이 사건 전소 판결의 기판력을 받는다고 판단한 것은 이유모순에 해당한다고 할 것이다. 원고에 대한 승계집행문 부여 가능성은 별론으로 하고, 피고들이 이 사건 전소 판결을 집행하지 아니하여 이 사건 건물에 관하여 원고 명의의 소유권이전등기가 마쳐져 있는 이상 원고는 적법한 등기원인에 의하여 소유권을 취득한 것으로 추정되므로, 이 사건에 기판력이 미치지 아니하는 이 사건 전소 판결의 기판력을 원고가 받는다는 이유만으로 원고의 소유권을 부정할 수는 없다. 따라서 원심은 이 사건 전소 판결과 관계없이 이 사건 상가에 관한 소유권을 전제로 하는 원고의 이 사건 청구에 대한 당부를 심리하여 판단했어야 할 것이다. 그럼에도 이와 달리 원고가 변론종결 후의 승계인이어서 이 사건 전소 확정판결의 기판력이 미쳐서 소유권을 취득할 수 없다는 이유로 원고의 청구를 기각한 원심판단에는 이유모순, 기판력의 효력에 관한 법리오해 등 판결에 영향을 미친 위법이 있다(원심판결 파기환송).

대법원은 위 판결을 통하여 후소가 전소판결의 <u>기판력의 객관적 범위에 해당하지 않는 경우에는 변론종결 후의 승계인에 관한 기판력의 주관적 범위를 검토할 필요가 없음</u>을 분명히 하였다. 소송물의 동일성, 선결관계나 모순관계 등 기판력의 작용 국면의 3유형에의 어느 하나에 해당하지 않으면 원칙적으로 전소판결의 기판력이 후소에 작용하지 않으므로 소송물이 물권적 청구권인 경우에도 변론을 종결한 뒤에 계쟁물을 승계한 자라 하여도 그에게 기판력이 미치지 않음을 선언한 중요한 판결이다.

위 대법원판결을 원용하여 〈사례 14-3〉의 쟁점과 근거 및 결론을 제시하면 다음과 같다.

가. 쟁점 : 변론종결 후의 승계인의 범위에 관한 종래의 판례이론에 의하면 계쟁물승계의 경우 소송물이 대세적 효력이 있는 **물권적 청구권**인 경우에는 승계인에게 기판력이 확장됨에 대하여 소송물이 대인적 효력밖에 없는 **채권적 청구권**인 경우에는 승계인에게 기판력이 확장되지 않는다. 그렇다면 사안에서 **전소 소송물은 물권적 청구권인 소유물방해배제청구권**(민법 제214조)에 기한 소유권이전등기말소청구권이므로 丙은 변론종결 후의 승계인으로서 전소 확정판결의 기판력을 받게 되어 丙의 X 건물의 소유권에 기한 건물인도청구는 기각되어야 할 것인가?

나. 근거

(1) 확정판결의 기판력은 그 판결의 주문에 포함된 것, 즉 소송물로 주장된 법률관계의 존부에 관한 판단의 결론 그 자체에만 생기는 것이고, 판결이유에 설시된 그 전제가 되는 법률관계의 존부에까지 미치는 것은 아니므로, 원인이 무효라는 이유로 소유권이전등기의 말소등기청구를 인용하는 판결이 확정되었어도 그 확정판결의 기판력은 소송물인 **말소등기청구권의 존부**에만 미치는 것이고 그 전제가 되는 소유권 자체의 존부 등 판결이유 중의 **부동산 권리귀속에 관한 판단** 부분에까지 미치지는 아니한다.

(2) 기판력은 기판력 있는 전소 판결의 **소송물과 동일한 후소**를 허용하지 않음과 동시에, 후소

의 소송물이 전소의 소송물과 동일하지는 않다고 하더라도 전소의 소송물에 관한 판단이 후소의 **선결문제**가 되거나 **모순관계**에 있을 때에는 후소에서 전소 판결의 판단과 다른 주장을 하는 것을 허용하지 않는 작용을 하는 것이므로, 이와 같이 소송물이 동일하거나 선결문제 또는 모순관계에 의하여 기판력이 미치는 객관적 범위에 해당하지 아니하는 경우에는 전소 판결의 변론종결 후에 당사자로부터 계쟁물 등을 승계한 자가 후소를 제기하더라도 그 후소에 전소 판결의 기판력이 미치지 아니한다(대법원 2014. 10. 30. 선고 2013다53939 판결).

(3) 이 사건 전소의 소송물인 **소유권이전등기말소청구권의 존부**는 이 사건 소의 소송물인 **건물인도청구권의 존부**와 다르다. 이 사건 전소 판결의 기판력이 미치는 법률관계 즉 소송물로 주장된 법률관계는 甲의 乙에 대한 이 사건 X 건물에 관한 말소등기청구권의 존부이고 이 사건 건물의 소유권의 존부는 그 전제가 되는 법률관계에 불과하여 이 사건 전소 판결의 기판력이 미치지 아니한다. 또한 이 사건 전소의 소송물인 말소등기청구권에 대한 판단이 이 사건 건물인도청구의 소의 선결문제가 되거나, 이 사건 소의 소송물인 건물인도청구권의 존부가 이 사건 전소의 소송물인 말소등기청구권의 존부와 모순관계에 있다고 볼 수 없어서, 이 사건 전소 판결의 기판력이 이 사건 소에 미친다고 할 수 없다. 이는 丙이 이 사건 전소 판결의 변론종결 후에 乙로부터 이 사건 건물을 매수하여 소유권이전등기를 마쳤더라도 마찬가지이다.

(4) 丙에 대한 승계집행문 부여 가능성은 별론으로 하고, 甲이 이 사건 전소 판결을 집행하지 아니하여 이 사건 건물에 관하여 丙 명의의 소유권이전등기가 마쳐져 있는 이상 丙은 적법한 등기원인에 의하여 소유권을 취득한 것으로 추정되므로, 이 사건에 기판력이 미치지 아니하는 이 사건 전소 판결의 기판력을 丙이 받는다는 이유만으로 丙의 소유권을 부정할 수는 없다.

(5) 따라서 후소 법원은 이 사건 전소 판결과 관계없이 이 사건 건물에 관한 소유권을 전제로 하는 丙의 이 사건 청구에 대한 당부를 심리하여 판단하여야 한다.

다. 결론 : 丙은 甲을 상대로 X 건물의 소유권에 기하여 건물인도청구를 할 수 있다.

<사례 14-5> 甲은 A 주식회사와 甲 소유의 X 토지 위에 아파트를 신축하되 일부 세대를 공사대금 명목으로 A 회사에 대물변제하기로 약정하였다.
甲은 A 회사로부터 아파트 503호를 분양받아 점유하고 있는 乙을 상대로 소유권에 기한 방해배제청구로서 건물인도를 구하는 소('제1차 인도소송')를 제기하였으나, 乙이 분양에 관한 처분권한을 가진 A 회사와 매매계약을 체결하여 아파트 503호를 매수하였으므로 이를 점유할 정당한 권원이 있다는 이유로 패소판결이 선고되어 확정되었다.
그 후 A 회사가 乙을 상대로 매매계약의 무효확인을 구하는 소를 제기하여 매매계약이 A 회사를 대리할 정당한 권한이 있는 사람에 의하여 체결되었다는 증거가 없어 무효라는 취지의 판결이 선고되어 확정되자, 다시 甲은 乙을 상대로 X 토지의 소유권에 기한 건물인도를 구하는 소('제2차 인도소송')를 제기하였다.
甲의 제2차 인도소송은 허용될 수 있는가?

가. 결론 : 甲의 제2차 인도소송은 허용될 수 없다.

나. 근거

(1) 확정판결의 기판력은 소송물로 주장된 법률관계의 존부에 관한 판단에 미치는 것이므로 동일한 당사자 사이에서 전소의 소송물과 동일한 소송물에 대한 후소를 제기하는 것은 전소 확정판결의 기판력에 저촉되어 허용될 수 없다. 또한 확정판결의 기판력은 전소의 변론종결 **전**에 당사자가 주장하였거나 주장할 수 있었던 모든 공격방어방법에 미치는 것이고, 다만 그 변론종결 **후**에 새로 발생한 사유가 있어 전소 판결과 모순되는 사정 변경이 있는 경우에는 그 기판력의 효력이 차단된다.7) 그리고 여기에서 변론종결 후에 발생한 새로운 사유라 함은 **새로운 사실관계**를 말하는 것일 뿐 기존의 사실관계에 대한 새로운 증거자료가 있다거나 새로운 법적 평가 또는 그와 같은 법적 평가가 담긴 다른 판결이 존재한다는 등의 사정은 그에 포함되지 아니한다.

(2) 이 사건 제2차 소송의 소송물과 제1차 인도소송의 소송물은 모두 소유권에 기한 방해배제를 구하는 건물인도 청구권으로서 동일하고, 이 사건 매매계약이 정당한 권한이 있는 사람에 의하여 체결되어 피고가 이 사건 아파트 503호를 점유할 정당한 권원이 있는지 여부는 제1차 인도소송의 변론종결 전에 존재하던 사유로서, 원고가 제1차 인도소송에서 공격방어방법으로 주장할 수 있었던 사유에 불과하고, 그에 대한 법적 평가가 담긴 무효확인 소송의 확정판결이 제1차 인도소송의 변론종결 이후에 있었다고 하여 이를 변론종결 후에 발생한 새로운 사유로 볼 수도 없으므로 이 사건 소는 제1차 인도소송의 확정판결의 기판력에 저촉되어 허용될 수 없다.8)

(3) 참고로 甲의 제1차 인도소송의 패소이유인 '乙에게 아파트 점유권원이 있다는 것'이 A 회사와 乙 사이의 매매계약 무효확인소송에서 '乙에게 아파트 점유권원이 없다'고 판명되었음에도 甲이 제2차 인도소송을 제기할 수 없다는 것을 의아해할 수도 있으나, 만약 甲의 제1차 인도소송 이후에 새로운 계약무효 확인사실이 표준시 이후에 발생되어 이를 기초로 계약무효 확인판결이 확정되었더라면 이는 표준시 이후의 새로운 법률관계로서 甲은 제2차 인도소송을 제기하여 승소할 수 있었을 것이다. 그렇지 않더라도 만약 '매매계약무효판결'이 A회사와 乙 사이에서가 아니라 甲과 乙 사이에서 이루어졌다면 이 판결은 '제2차 인도소송'의 선결적 법률관계에 관한 판결로서 구속력이 있다. 그런데 '매매계약무효판결'이 제2차 인도소송의 당사자가 아닌 A 회사와 乙 사이에서 이루어졌기 때문에 甲과 乙 사이의 제2차 인도소송에서는 단순히 법적 평가에 불과하게 되어 전소판결의 기판력에 저촉되게 된 것이다.

따라서 만약 甲이 A 회사에게 어떤 청구권이 존재하여 이를 보전하기 위한 채권자대위권의 행사로서 A 회사를 대위하여 乙을 상대로 2차 인도소송을 제기하였더라면 2차 인도소송의 선결적 법률관계가 바로 'A 회사 - 乙 사이의 매매계약 무효'이었으므로 이 부분이 A 회사 - 乙 사이의 소송에서 A 회사가 승소확정 됨으로써 甲은 기판력의 '선결적 법률관계의 구속력'에 의해서 乙에 대하여 승소할 수 있었을 것이다.9)

---

7) 대법원 1992. 10. 27. 선고 91다24847, 24854 판결 등 참조
8) 대법원 2016. 8. 30. 선고 2016다222149 판결.
9) 강현중, "기판력의 시적 한계와 선결적 법률관계", 법률신문 입력 : 2017-01-12 오전 11:24:08

15 변론종결 뒤의 승계인과 기판력의 확장

1.

　기판력은 소송을 수행한 당사자 사이에서만 생기고 제3자에게는 미치지 않는 것이 원칙이다. 이를 기판력의 상대성의 원칙이라고 한다. 당사자처분권주의와 변론주의가 지배하는 민사소송절차에서 당사자에게만 소송수행의 기회가 부여되고 스스로 소송을 수행한 당사자만이 그 결과인 판결의 기판력을 받는 것이 타당하고 소송수행의 기회를 부여받지 못한 제3자에게 소송수행의 결과를 강요하는 그에게 보장된 재판을 받을 권리를 침해하게 되어 부당하기 때문이다.[1] 그러나 예외적으로 승소당사자의 보호 또는 관련 분쟁에서의 모순된 판단을 방지하기 위하여 예외적으로 당사자 외의 제3자에게 기판력이 확장되는 경우도 있다.

　확정판결의 기판력은 변론을 종결한 뒤의 승계인(변론 없이 한 판결의 경우에는 판결을 선고한 뒤의 승계인) 또는 그를 위하여 청구의 목적물을 소지한 사람 등 법률에 따로 규정되어 있는 경우 외에는 특별한 사정이 없는 한 당해 판결에 표시된 당사자 사이에만 미치고(민소법 제218조 참조), 집행력의 범위도 원칙적으로 기판력의 범위에 준한다.[2]
　판례는 실체법적으로는 법인격 부인의 법리를 긍정하나,[3] 기판력과 집행력의 확장에 관하여는

---

[1] 기판력이 미치는 주관적 범위는 신분관계소송이나 회사관계소송 등에서 제3자에게도 그 효력이 미치는 것으로 규정되어 있는 경우를 제외하고는 원칙적으로 당사자, 변론을 종결한 뒤의 승계인 또는 그를 위하여 청구의 목적물을 소지한 사람과 다른 사람을 위하여 원고나 피고가 된 사람이 확정판결을 받은 경우의 그 다른 사람에 국한되고, 그 외의 제3자나 변론을 종결하기 전의 승계인에게는 미치지 않는 것이며(민소법 제218조 제1항, 제3항), 한편 민사소송법 제52조에 의하여 대표자가 있는 법인 아닌 사단이 소송의 당사자가 되는 경우에도 그 법인 아닌 사단은 대표자나 구성원과는 별개의 주체이므로, 그 대표자나 구성원을 당사자로 한 판결의 기판력이 법인 아닌 사단에 미치지 아니함은 물론 그 법인 아닌 사단을 당사자로 한 판결의 기판력 또한 그 대표자나 구성원에게 미치지 아니하는 것이 당연하다(대법원 2010. 12. 23. 선고 2010다58889 판결).

[2] 따라서 지부·분회·지회 등 어떤 법인의 하부조직을 상대로 일정한 의무의 이행을 구하는 소를 제기하여 승소 확정판결을 받은 경우 판결의 집행력이 해당 지부·분회·지회 등을 넘어서 소송의 당사자도 아닌 법인에까지 미친다고 볼 수는 없으므로 그 판결을 집행권원으로 하여 법인의 재산에 대해 강제집행을 할 수는 없고, 법인의 재산에 대한 강제집행을 위해서는 법인 자체에 대한 별도의 집행권원이 필요하다(대법원 2018. 9. 13. 선고 2018다231031 판결).
주식회사는 주주와 독립된 별개의 권리주체이므로 그 독립된 법인격이 부인되지 않는 것이 원칙이다. 그러나 개인이 회사를 설립하지 않고 영업을 하다가 그와 영업목적이나 물적 설비, 인적 구성원 등이 동일한 회사를 설립하는 경우에 그 회사가 외형상으로는 법인의 형식을 갖추고 있으나 법인의 형태를 빌리고 있는 것에 지나지 않고, 실질적으로는 완전히 그 법인격의 배후에 있는 개인의 개인기업에 불과하거나, 회사가 개인에 대한 법적 책임을 회피하기 위한 수단으로 함부로 이용되고 있는 예외적인 경우까지 회사와 개인이 별개의 인격체임을 이유로 개인의 책임을 부정하는 것은 신의성실의 원칙에 반하므로, 이러한 경우에는 회사의 법인격을 부인하여 그 배후에 있는 개인에게 책임을 물을 수 있다. 나아가 그 개인과 회사의 주주들이 경제적 이해관계를 같이하는 등 개인이 새로 설립한 회사를 실질적으로 운영하면서 자기 마음대로 이용할 수 있는 지배적 지위에 있다고 인정되는 경우로서, 회사 설립과 관련된 개인의 자산 변동 내역, 특히 개인의 자산이 설립된 회사에 이전되었다면 그에 대하여 정당한 대가가 지급되었는지 여부, 개인의 자산이 회사에 유용되었는지

소송절차와 강제집행절차의 성격상 소극적인 태도를 보이고 있다.4) 따라서 법인격 남용을 이유로 승계집행문을 부여받을 수는 없고 이때에는 별소를 제기하여야 한다.5)

채권자 대위권에 기한 확정판결의 기판력이 소외인인 채무자에게도 미치는 경우가 있다 하더라도 위 확정판결의 집행력만은 원·피고 간에 생기는 것이고 원고와 채무자인 소외인 사이에는 생기지 아니한다.6)

그러나 분쟁해결의 실효성을 담보하기 위하여 예외적으로 확정판결의 효력이 소송의 당사자가 아닌 제3자에게 확장되는 경우가 있고, 민사소송법 제218조는 변론을 종결한 뒤의 승계인(무변론판결의 경우에는 판결을 선고한 뒤의 승계인), 당사자나 변론종결 뒤의 승계인을 위하여 청구의 목적물을 소지한 사람,7) 제3자의 소송담당의 경우 권리의무의 귀속주체에게 기판력이 미치도록 하고 있고, 소송승계가 이루어진 경우 소송탈퇴자(민소법 제80조)에게도 확정판결의 기판력이 미치게 된다.

상법상 회사설립무효·취소의 소, 주주총회결의무효·취소의 소, 소수주주의 대표소송 등의 인용판결은 제3자에게 확장되나, 이사회결의무효확인의 소의 경우에는 대세효가 없다.8)

변론종결 전의 당사자의 승계는 소송승계의 문제로 승계참가나 인수참가가 문제되고(참가승계나 인수승계의 방법으로 소송승계인이 당사자의 지위를 이어받은 경우 당사자로서 직접 판결의 효력을 받게 된다), 변론종결 뒤의 승계는 기판력의 승계의 문제가 된다. 기판력의 확장사유 중 변론종결 뒤의 승계인에 해당하는지 여부를 둘러싸고 문제되는 경우가 많은데, 어떠한 경우에 변론종결 뒤의 승계

여부와 그 정도 및 제3자에 대한 회사의 채무 부담 여부와 그 부담 경위 등을 종합적으로 살펴보아 회사와 개인이 별개의 인격체임을 내세워 회사 설립 전 개인의 채무 부담행위에 대한 회사의 책임을 부인하는 것이 심히 정의와 형평에 반한다고 인정되는 때에는 회사에 대하여 회사 설립 전에 개인이 부담한 채무의 이행을 청구하는 것도 가능하다고 보아야 한다(대법원 2021. 4. 15. 선고 2019다293449 판결).

4) 甲 회사와 乙 회사가 기업의 형태·내용이 실질적으로 동일하고, 甲 회사는 乙 회사의 채무를 면탈할 목적으로 설립된 것으로서 甲 회사가 乙 회사의 채권자에 대하여 乙 회사와는 별개의 법인격을 가지는 회사라는 주장을 하는 것이 신의성실의 원칙에 반하거나 법인격을 남용하는 것으로 인정되는 경우에도, 권리관계의 공권적인 확정 및 그 신속·확실한 실현을 도모하기 위하여 절차의 명확·안정을 중시하는 소송절차 및 강제집행절차에 있어서는 그 절차의 성격상 乙 회사에 대한 판결의 기판력 및 집행력의 범위를 甲 회사에까지 확장하는 것은 허용되지 아니한다(대법원 1995. 5. 12. 선고 93다44531 판결).

5) 승계집행문은 판결에 표시된 채무자의 포괄승계인이나 판결에 기한 채무를 특정하여 승계한 자에 대한 집행을 위하여 부여하는 것인데, 이와 같은 강제집행절차에서는 권리관계의 공권적인 확정 및 그 신속·확실한 실현을 도모하기 위하여 절차의 명확·안정을 중시하여야 하므로, 기초되는 채무가 판결에 표시된 채무자 이외의 자가 실질적으로 부담하여야 하는 채무라거나 채무가 발생하는 기초적인 권리관계가 판결에 표시된 채무자 이외의 자에게 승계되었다고 하더라도, 그 자가 판결에 표시된 채무자의 포괄승계인이거나 판결상의 채무 자체를 특정하여 승계하지 아니한 이상, 그 자에 대하여 새로이 채무의 이행을 소구하는 것은 별론으로 하고, 판결에 표시된 채무자에 대한 판결의 기판력 및 집행력의 범위를 채무자 이외의 자에게 확장하여 승계집행문을 부여할 수는 없으며, 승계집행문 부여에 대한 이의의 소에서 승계사실에 대한 증명책임은 채권자인 피고에게 있다(대법원 2015. 1. 29. 선고 2012다111630 판결).

6) 대법원 1979. 8. 10.자 79마232 결정.

7) 주식회사의 직원들은 회사의 사무실로 사용하고 있는 건물 부분에 대한 퇴거청구의 독립된 상대방이 될 수 없고 이들에게는 청구의 목적물을 소지한 사람으로 기판력이 미치지 않는다.

8) 이사회의 결의에 하자가 있는 경우에 관하여 상법은 아무런 규정을 두고 있지 아니하나 그 결의에 무효사유가 있는 경우에는 이해관계인은 언제든지 또 어떤 방법에 의하든지 그 무효를 주장할 수 있다고 할 것이지만 이와 같은 무효주장의 방법으로서 이사회결의무효확인소송이 제기되어 승소확정판결을 받은 경우, 그 판결의 효력에 관하여는 주주총회결의무효확인소송 등과는 달리 상법 제190조가 준용될 근거가 없으므로 대세적 효력은 없다(대법원 1988. 4. 25. 선고 87누399 판결).

인에 해당하는지를 구체적으로 살펴볼 필요가 있다. 변론종결 뒤의 승계는 소유권이전과 같은 이전적 승계와 저당권설정과 같은 설정적 승계에서 모두 문제가 된다.

2.

누가 변론종결 뒤의 승계인이 되는지에 관하여 판례는 적격승계설에 따라 소송물인 권리의무 자체의 승계(소송물승계)와 계쟁물 승계를 포함하고 후자의 경우는 소송물이 물권적 청구권인 경우에는 대세적 효력이 있으므로 변론종결 뒤의 승계인이 되나, 소송물이 채권적 청구권인 경우에는 대인적 효력밖에 없어 변론종결 후의 승계인에 해당하지 않는다는 입장이다.[9] 채무인수의 경우 면책적 채무인수인은 변론종결 후의 승계인으로 보나 중첩적 채무인수인은 당사자의 채무가 그대로 존속하면서 이와 별개의 채무를 부담하는 것에 불과하므로 변론종결 후의 승계인이 아니다. 따라서 면책적 채무인수인에 대하여는 승계집행문을 부여받으면 되고, 중첩적 채무인수인에 대하여는 새로 별도의 이행청구의 소를 제기하는 것은 별론으로 하고 승계집행문을 부여받을 수 없다.[10]

소유권이전등기말소 청구소송을 제기당한 자가 소송계속 중 당해 부동산의 소유권을 타인에게 이전한 경우에는, 부동산물권 변동의 효력이 생기는 때인 소유권이전등기가 이루어진 시점을 기준으로 그 승계가 변론종결 전의 것인지 변론종결 후의 것인지 여부를 판단하여야 한다.[11] 따라서 매매 등 원인행위가 변론종결 이전이라도 변론종결 뒤에 등기를 마쳤으면 변론종결 뒤의 승계인이 된다.[12]

〈사례 15-1〉 다음의 경우 丙은 변론종결 뒤의 승계인인가?
〈1〉 甲이 乙을 상대로 乙 명의로 X 토지에 관하여 마쳐진 소유권이전등기의 말소를 구하는 소를 제기하여 승소 확정판결을 받았는데 그 뒤 丙이 乙로부터 소유권이전등기를 마친 경우
〈2〉 甲이 乙을 상대로 X 토지에 관하여 마쳐진 근저당권설정등기의 말소를 구하는 소를 제기하여 승소

---

[9] 건물명도소송에서의 소송물인 청구가 물권적 청구 등과 같이 대세적인 효력을 가진 경우에는 그 판결의 기판력이나 집행력이 변론종결 후에 그 재판의 피고로부터 그 건물의 점유를 취득한 자에게도 미치나 그 청구가 대인적인 효력밖에 없는 채권적 청구만에 그친 때에는 위와 같은 점유승계인에게 위의 효력이 미치지 아니한다(대법원 1991. 1. 15. 선고 90다9964 판결)
[10] 민사집행법 제31조 제1항에서 "집행문은 판결에 표시된 채권자의 승계인을 위하여 내어 주거나 판결에 표시된 채무자의 승계인에 대한 집행을 위하여 내어 줄 수 있다."라고 규정하고 있는데, 중첩적 채무인수는 당사자의 채무는 그대로 존속하며 이와 별개의 채무를 부담하는 것에 불과하므로 새로 채무의 이행을 소구하는 것은 별론으로 하고 판결에 표시된 채무자에 대한 판결의 기판력 및 집행력의 범위를 채무자 이외의 자에게 확장하여 승계집행문을 부여할 수는 없으나, 채무자의 채무를 소멸시켜 당사자인 채무자의 지위를 승계하는 이른바 면책적 채무인수는 위 조항에서 말하는 승계인에 해당한다(출대법원 2016. 5. 27. 선고 2015다21967 판결)
[11] 대법원 2005. 11. 10. 선고 2005다34667,34674 판결.
[12] 대지 소유권에 기한 방해배제청구로서 그 지상건물의 철거를 구하여 승소확정판결을 얻은 경우 그 지상건물에 관하여 위 확정판결의 변론종결 전에 경료된 소유권이전청구권가등기에 기하여 위 확정판결의 변론종결 후에 소유권이전등기를 경료한 자가 있다면 그는 민소법 제218조 제1항의 변론종결 후의 승계인이라 할 것이어서 위 확정판결의 기판력이 미친다(대법원 1992. 10. 27. 선고 92다10883 판결).

확정판결을 받았는데 그 후 위 근저당권에 기한 경매절차에서 丙이 위 X 토지를 매수한 경우
〈3〉 甲이 乙을 상대로 토지소유권에 기한 건물철거소송에서 승소 확정판결을 받은 후 丙이 乙로부터 위 건물의 소유권이전등기를 마친 경우
〈4〉 甲이 乙을 상대로 토지소유권에 기한 건물철거소송에서 패소 확정판결을 받은 후 丙이 乙로부터 위 건물을 매수한 경우
〈5〉 임차인 甲이 임대인 乙을 상대로 임대차보증금반환청구의 소를 제기하여 승소확정판결을 받았다. 그 후 임차주택이 丙에게 양도되어 丙 앞으로 소유권이전등기가 마쳐진 경우

〈1〉, 〈2〉의 사례는 전소의 소송물이 소유권에 기한 방해배제청구권(민법 제214조)이고, 〈3〉, 〈4〉의 사례는 전소의 소송물이 소유권에 기한 소유물반환청구권(민법 제213조)으로 모두 **물권적 청구권**이다. 전소 소송물이 물권적 청구권인 경우 위 사례들의 丙은 변론종결 뒤의 승계인에 해당하여 전소판결의 기판력이 미친다.

〈5.의 경우는 임대주택이 양도된 경우에 양수인은 주택의 소유권과 결합하여 임대인의 임대차계약상 권리의무 일체를 그대로 승계한다. 그 결과 양수인이 임대차보증금반환채무를 면책적으로 인수하고, 양도인은 임대차관계에서 탈퇴하여 임차인에 대한 임대차보증금반환채무를 면하게 된다.13) 따라서 보증금반환청구소송의 사실심 변론종결 후에 임대주택을 양수한 자는 변론종결 뒤의 승계인에 해당한다.

〈사례 15-2〉 다음의 경우 丙은 변론종결 뒤의 승계인인가?
〈1〉 甲이 乙을 상대로 X 토지에 관한 매매를 원인으로 한 소유권이전등기절차이행청구의 소를 제기하여 승소 확정판결을 받았는데, 그 뒤 丙이 乙로부터 X 토지를 이중매수하는 등의 방법으로 乙로부터 X 토지를 매수하여 소유권이전등기를 마친 경우
〈2〉 甲이 乙을 상대로 X 토지에 관한 취득시효완성을 원인으로 한 소유권이전등기절차이행청구의 소를 제기하여 승소 확정판결을 받았는데, 그 뒤 丙이 甲으로부터 X 토지를 매수하여 소유권이전등기를 마친 경우
〈3〉 甲이 A로부터 B에 대한 점포의 전차권을 양도받고 다시 A와 전대차계약을 맺은 다음, 그 점포를 점유하고 있는 乙을 상대로 A로부터 양수한 전차권을 보전하기 위하여 A를 대위하여 점포의 명도청구소송을 제기하여 승소 확정판결을 받았으나 乙이 그 사건의 변론종결 후에 마음대로 丙에게 위 점포를 양도함으로써 丙이 이를 점유하고 있는 경우
〈4〉 X 토지의 소유자 甲이 무단점유자 乙을 상대로 부당이득반환청구의 소를 제기하여 乙이 X 토지의 인도 시까지 매월 100만원의 차임 상당 부당이득을 반환하라는 판결이 확정된 경우, 위 소송의 변론종결 후에 丙이 X 토지의 소유권을 취득하여 乙을 상대로 甲이 앞서 제기한 부당이득반환청구소송에서 내려진 정기금판결에 대하여 변경의 소를 제기한 경우

위 각 사례의 전소의 소송물은 **채권적 청구권**이고 丙은 변론종결 뒤의 승계인에 해당하지 않고 따라서 전소판결의 기판력이 미치지 아니한다.
〈3〉의 사례에서 대법원은 원고(甲)의 위 소송에서의 청구는 채권적 청구이므로 피고(丙)에 대하

---

13) 대법원 2018. 6. 19. 선고 2018다201610 판결.

여는 그 판결의 기판력과 집행력이 미치지 아니하고, 따라서 그 승소판결만으로 피고에 대하여 명도집행을 할 수 없게 된 원고로서는 피고를 상대로 다시 위 점포의 명도를 구할 소송상의 이익이 있다고 한다.14)

〈4〉의 사례에서와 같이 정기금판결에 대한 변경의 소는 정기금판결의 확정 뒤에 발생한 현저한 사정변경을 이유로 확정된 정기금판결의 기판력을 예외적으로 배제하는 것을 목적으로 하므로, 확정된 정기금판결의 당사자 또는 민소법 제218조 제1항에 의하여 확정판결의 기판력이 미치는 제3자만 정기금판결에 대한 변경의 소를 제기할 수 있다. 한편 토지의 소유자가 소유권에 기하여 토지의 무단 점유자를 상대로 차임 상당의 부당이득반환을 구하는 소송을 제기하여 무단 점유자가 점유 토지의 인도 시까지 매월 일정 금액의 차임 상당 부당이득을 반환하라는 판결이 확정된 경우, 이러한 소송의 소송물은 채권적 청구권인 부당이득반환청구권이므로, 소송의 변론종결 후에 토지의 소유권을 취득한 사람은 민소법 제218조 제1항에 의하여 확정판결의 기판력이 미치는 변론을 종결한 뒤의 승계인에 해당한다고 볼 수 없다. 따라서 토지의 전 소유자가 제기한 부당이득반환청구소송의 변론종결 후에 토지의 소유권을 취득한 丙에 대해서는 소송에서 내려진 정기금 지급을 명하는 확정판결의 기판력이 미치지 아니하므로, 토지의 새로운 소유자 丙이 토지의 무단 점유자를 상대로 다시 부당이득반환청구의 소를 제기하지 아니하고, 토지의 전 소유자가 앞서 제기한 부당이득반환청구소송에서 내려진 정기금판결에 대하여 변경의 소를 제기하는 것은 부적법하다.15)

〈사례 15-3〉 다음의 경우 丙은 변론종결 뒤의 승계인인가?
〈1〉 甲이 매도인으로서 매수인 乙을 상대로 부동산매매계약이 통정허위표시로 무효라고 주장하면서 소유권이전등기말소청구의 소를 제기하여 승소확정판결을 받았다. 제3자 丙이 乙로부터 선의로 위 부동산을 매수하여 소유권이전등기를 마친 경우
〈2〉 甲이 소유권자로서 乙을 상대로 소유권에 기한 동산인도청구의 소를 제기하여 승소 확정판결을 받았다. 그 후 패소판결(甲 승소판결)을 받은 乙로부터 丙이 위 동산을 선의취득한 경우

〈1〉 사례는 실체법상 원고의 청구권이 소유권에 기한 방해배제청구권(민법 제214조)으로 물권적 청구권이지만 민법 제108조 제3항에 의하여 제3자에게 대항할 수 없는 경우이다.
〈2〉 사례는 원고의 청구권이 소유권에 기한 소유물반환청구권(민법 제213조)으로 물권적 청구권이지만 선의취득으로 제3자에게 대항할 수 없는 경우이다.

이들 丙이 변론종결 뒤의 승계인에 해당하는지에 관하여 설명하는 방식으로 형식설과 실질설이 있다. 소송물이론에 관하여 구이론은 실질설, 신이론은 형식설을 따른다.

형식설은 실체법상 대항할 수 있는 권리를 가진 사람으로서 실체법상 보호될 제3자인 경우에도 일단 승계인으로 취급하여 기판력이 미치도록 하고 그 후 실체법상 대항할 수 있는 고유의 권리를 주장할 수 있도록 하는 견해이고, 실질설은 실체법상 대항할 수 있는 제3자는 당사자와 동일시할

---

14) 대법원 1991. 1. 15. 선고 90다9964 판결.
15) 대법원 2016. 6. 28. 선고 2014다31721 판결.

수 없으므로 기판력이 확장되는 승계인의 범위에서 제외하는 견해이다. 위 〈1〉, 〈2〉 사례의 경우 실질설에 의하면 丙은 아예 기판력이 미치는 제3자에서 제외된다. 다만 형식설에 의하면 그 제3자를 일단 승계인에 해당한다고 보게 되므로 집행채권자는 그 제3자가 표준시 뒤의 승계인인 사실을 증명하면 승계집행문을 부여받게 되고, 이 경우 실체법상 대항할 수 있는 제3자가 집행문부여에 대한 이의신청이나 집행문부여에 대한 이의의 소를 제기할 책임이 있게 된다. 반면 실질설에 의하면 그 제3자를 상대로 승계집행문을 부여받을 수 없으므로 집행채권자가 집행문부여거절처분에 대한 이의신청이나 집행문부여의 소를 제기할 책임이 있게 되는 차이가 있다.16)

3.

여기서 주의할 것은 기판력의 객관적 범위에 해당하지 않는 한 더 이상 주관적 범위는 문제되지 않는다는 사실이다. 즉 변론종결 뒤의 승계인에게 피승계인과 그 상대방 사이의 확정판결의 기판력이 작용하기 위하여는 소송상 청구와 관련하여 전소 확정판결의 기판력이 후소에 작용할 수 있는 경우에 해당하여야 한다. 판례는 "소송물이 동일하거나 선결문제 또는 모순관계에 의하여 기판력이 미치는 객관적 범위에 해당하지 아니하는 경우에는 전소 판결의 변론종결 후에 당사자로부터 계쟁물 등을 승계한 자가 후소를 제기하더라도 후소에 전소 판결의 기판력이 미치지 아니한다."고 판시하여 이 점을 분명히 하고 있다.17)

〈사례 15-4〉 甲이 乙을 상대로 X 토지의 소유권확인의 소('전소')를 제기하였다.
〈1〉 甲 승소 확정판결이 선고된 후 그 소송의 사실심 변론종결 후 丙이 甲으로부터 X 토지를 매수하여 소유권이전등기를 마친 후 X 토지의 소유권을 다투는 乙을 상대로 X 토지의 소유권확인을 구하는 소('후소')를 제기하였다.
〈2〉 甲 청구기각판결이 선고된 후 그 소송의 사실심 변론종결 후 丙이 甲으로부터 X 토지를 매수하여 소유권이전등기를 마친 후 X 토지의 소유권을 다투는 乙을 상대로 X 토지의 소유권확인을 구하는 소('후소')를 제기하였다.
〈3〉 甲 승소 확정판결이 선고된 후 그 소송의 사실심 변론종결 후 丙이 乙로부터 X 토지를 매수하여 점유하고 있는 경우, 甲이 丙을 상대로 X 토지의 인도를 구하는 소('후소')를 제기하였다.
〈4〉 甲 승소 확정판결이 선고된 후 그 소송의 사실심 변론종결 후 丙이 乙로부터 X 토지를 매수하여 점유하고 있는 경우, 丙이 甲을 상대로 X 토지에 관한 소유권확인의 소('후소')를 제기하였다.

〈1〉의 사례에서 丙은 사실심 변론종결 뒤에 전소판결에서 확정된 甲의 소유권을 승계하였으므로 변론종결 뒤의 승계인에 해당하고, 전소 확정판결의 기판력은 전소와 **소송물이 동일**한 후소에 작용한다. 따라서 후소법원은 전소 사실심 변론종결시에 X 토지의 소유권이 甲에게 있다는 전소법원의 판단에 구속되게 된다.

〈2〉의 사례에서 丙은 사실심 변론종결 뒤에 전소판결에서 확정된 甲의 소유권을 승계하였으므

---

16) 김홍엽, 민사소송법(제9판), p.904~905 참조.
17) 대법원 2014. 10. 30. 선고 2013다53939 판결.

로 변론종결 뒤의 승계인에 해당한다. 이 경우에도 전소와 후소의 **소송물은 동일**하여 전소 확정판결의 기판력이 후소에 작용하므로 후소법원은 전소 사실심 변론종결시에 X 토지의 소유권이 甲에게 없다는 전소법원의 판단에 구속되게 된다.

〈3〉의 사례에서 丙은 전소 사실심 변론종결 후에 전소판결에서 확정된 甲의 소유권을 승계하였으므로 변론종결 뒤의 승계인에 해당한다. 이 경우 전소 소송물인 甲의 X 토지 소유권확인청구는 후소의 소송물인 소유권에 기한 토지인도청구의 **선결문제**에 해당하여 전소 확정판결의 기판력이 후소에 작용한다. 따라서 후소법원은 전소 사실심 변론종결시에 X 토지 소유권이 甲에게 있다는 전소법원의 판단에 구속되게 된다.

〈4〉의 사례에서 丙은 전소 사실심 변론종결 후에 전소판결에서 확정된 甲의 소유권을 승계하였으므로 변론종결 뒤의 승계인에 해당한다. 이 경우 甲의 소유권확인청구와 丙의 소유권확인청구는 **모순관계**에 있으므로 전소 확정판결의 기판력이 후소에 작용한다. 따라서 후소법원은 전소 사실심 변론종결시에 X 토지 소유권이 甲에게 있다는 전소법원의 판단에 구속되게 된다.

〈사례 15-5〉
〈1〉 甲이 乙을 상대로 X 토지에 마쳐진 소유권이전등기말소 및 토지인도청구의 소를 제기하였다가 승소 확정판결을 받았다. 위 소송의 사실심 변론종결 후에 패소판결을 받은 乙로부터 丙이 X 토지를 매수하여 소유권이전등기를 마치고 甲을 상대로 X 토지 소유권확인의 소를 제기하였다.
〈2〉 甲의 乙을 상대로 X 토지의 소유권에 기하여 토지인도청구의 소를 제기하였다가 패소확정판결을 받았다. 위 소송의 사실심 변론종결 후에 패소판결을 받은 甲으로부터 X 토지의 소유권을 취득한 丙이 X 토지의 소유권에 기하여 X 토지인도청구의 소를 제기하였다.
〈3〉 甲은 Y 건물에 관하여 소유권이전등기를 마친 후 乙을 상대로 Y 건물의 소유권에 기한 방해배제청구로서 Y 건물을 인도하라는 소를 제기하여 패소 확정판결을 받았고, 丙은 위 소송의 사실심 변론종결 후에 甲으로부터 Y 건물을 매수하고 소유권이전등기를 마친 후 丙이 乙을 상대로 Y 건물의 소유권에 기하여 Y 건물의 인도를 구하는 소를 제기하였다.

〈1〉의 사례에서 판례는 丙을 변론종결 뒤의 승계인으로 보지 않는다. 확정판결의 기판력은 주문에 포함되는 것 즉 소송물로 주장된 법률관계의 존부에 관한 판단의 결론 그 자체에만 미치는 것이고 그 전제가 되는 법률관계의 존부에까지 미치는 것이 아니므로, 부동산에 관한 소유권이전등기가 원인무효라는 이유로 소유권이전등기의 말소등기청구를 인용한 판결이 확정되었어도 그 확정판결의 기판력은 그 소송물이었던 말소등기청구권의 존부에만 미치는 것이고 그 기본인 부동산의 소유권 자체의 존부에는 미치는 것은 아니며 부동산의 소유권에 기한 물권적 청구권으로서 그 인도청구소송을 제기하여 그 소송계속 중에 일정한 조건 하에 그 인도를 받기로 한다는 내용의 소송상 화해가 성립되고 그 조건이 성취되어 그 인도집행까지 완료된 경우에도 그 화해조서의 기판력은 그 소송물이었던 인도청구권의 존부에만 미치고 그 전제가 되었던 부동산소유권 자체의 존부에는 미치지 않는다. 따라서 소유권이전등기말소청구소송의 사실심 변론종결 후 그 패소자인 토지소유자로부터 토지를 매수하고 그 소유권이전등기를 마침으로써 그 소유권을 승계한 제3자의 토지소유권의 존부에 관하여는 위 확정판결의 기판력이 미치지 아니함은 논리상 당연하고, 이러한 법리는 소송상 화해로 토지인도 집행을 당한 자로부터 토지를 매수하여 그 소유권이전등기를 마친 제3자의 경우에도 차이가 있을 수 없을 것이다. 이 경우에 위 제3자가 가지게 되는 소유권확인청구권은 적법하게 취득한 토지소유권의 일반적 효력으로서 발생된 것이고, 위 소유권이전등기말소청구소송 또는 토지인도청구소송의 소송물 자체를 승계함으로써 가지게 된 것이라고는 할 수 없으므로 위 제3자를 위 확정판결의 변론종결후의 승계인에 해당한다고도 할 수 없다.[18]

〈2〉의 사례에서 판례는 丙을 변론종결 뒤의 승계인으로 보지 않는다. 토지소유권에 기한 물권적 청구권을 원인으로 하는 토지인도소송의 소송물은 토지소유권이 아니라 그 물권적 청구권인 토지인도청구권이므로 그 소송에서 청구기각된 확정판결의 기판력은 토지인도청구권의 존부 그 자체에만 미치는 것이고 소송물이 되지 아니한 토지소유권의 존부에 관하여는 미치지 않는다. 따라서 그 토지인도 소송의 사실심 변론종결 후에 그 패소자인 토지소유자로부터 토지를 매수하고 소유권이전등기를 마침으로써 그 소유권을 승계한 제3자의 토지소유권의 존부에 관하여는 위 확정판결의 기판력이 미치지 않는다. 이 경우 위 제3자가 가지게 되는 물권적 청구권인 토지인도청구권은 적법하게 승계한 토지소유권의 일반적 효력으로서 발생된 것이고 위 토지인도소송의 소송물인 패소자의 토지인도청구권을 승계함으로써 가지게 된 것이라고는 할 수 없으므로 위 제3자를 위 확정판결의 변론종결후의 승계인에 해당한다고도 할 수 없다.[19]

〈3〉의 사례에서 판례는 丙을 변론종결 뒤의 승계인으로 보지 않는다. 丙이 이 사건 소송에서 자신의 Y 건물의 소유권에 기하여 Y 건물의 인도청구를 하는 것이라면, 위 확정판결의 기판력은 甲이 乙에 대하여 Y 건물의 인도청구권이 없다는 데 미칠 뿐이고, 甲의 Y 건물 소유권이나 甲으로부터 그 소유권을 양도받은 丙의 Y 건물 소유권 및 그 소유권에서 발생된 이 사건 건물인도청구권의 존부에 관하여는 미치지 않는다 할 것이므로, 丙이 Y 건물의 소유권에 기한 물권적 청구권에 의하여 乙에 대하여 Y 건물의 인도를 구하는 이 사건 청구는 위 확정판결의 기판력에 저촉되는 것이라 할 수 없다.[20]

---

[18] 대법원 1986. 8. 19. 선고 84다카1792 판결.
[19] 대법원 1984. 9. 25. 선고 84다카148 판결. 이 사건 토지는 원래 망 A 명의로 소유권이전등기 된 동인의 소유이었던바 그가 1940. 9. 8. 사망하여 B가 상속하고 동인 역시 1952. 10. 29. 사망하여 C가 상속받았으나 그 등기부가 소실되어 그 상속등기를 하지 아니하고 있던 중 위 C는 이 사건 토지가 자기의 소유임을 주장하여 피고를 상대로 이건 토지의 인도청구 소송을 제기하였다가 그 소송에서 이 사건 토지가 C의 소유라고 인정할 수 없다는 이유로 패소판결을 받고 그 판결이 1979. 2. 3자로 확정되었고 그 후 위 C는 1979. 7. 31 이 사건 토지에 관하여 그 이름으로 소유권보존등기를 한 후 이를 원고에게 매도하여 1980. 1. 8자로 원고 명의의 소유권이전등기가 경료된 것이고 원고가 이 사건 소송에서 이 사건 토지의 소유권에 기하여 이건 토지의 인도청구를 하는 것이라면 위 확정판결의 기판력은 C가 피고에 대하여 이 사건 토지의 인도청구권이 없다는데 미칠 뿐이고 C의 이 사건 토지소유권이나 C로부터 그 소유권을 양도받은 원고의 이 사건 토지소유권 및 그 소유권에서 발생된 이 사건 토지인도청구권의 존부에 관하여는 미치지 않는다 할 것이므로 원고가 이건 토지의 소유권에 기한 물권적 청구권에 의하여 피고에 대하여 이 사건 토지의 인도를 구하는 이건 청구는 위 확정판결의 기판력에 저촉되는 것이라 할 수 없을 것이다.
[20] 대법원 1999. 10. 22. 선고 98다6855 판결.

<사례 15-6> 乙은 甲 소유의 X 부동산에 관하여 매매예약을 원인으로 한 가등기를 마쳤다. 甲은 乙을 상대로 소유권에 기하여 위 가등기의 말소를 구하는 소('전소')를 제기하였는데, 법원은 甲의 청구를 기각하였고, 이 판결은 확정되었다.
丙은 이 사건 전소판결 확정 후 X 부동산에 관하여 근저당권설정등기를 마쳤고, 이어서 乙을 상대로 위 근저당권에 기하여 위 가등기의 말소를 구하는 소('후소')를 제기하였다. 丙의 후소는 전소확정판결의 기판력에 저촉되는가?

☞ 확정판결의 기판력은 확정판결의 주문에 포함된 법률적 판단과 동일한 사항이 소송상 문제가 되었을 때 당사자는 이에 저촉되는 주장을 할 수 없고 법원도 이에 저촉되는 판단을 할 수 없는 기속력을 의미하고, 확정판결의 내용대로 실체적 권리관계를 변경하는 실체법적 효력을 갖는 것은 아니다.

토지 소유권에 기한 물권적 청구권을 원인으로 하는 가등기말소청구소송의 소송물은 가등기말소청구권이므로 그 소송에서 청구기각된 확정판결의 기판력은 가등기말소청구권의 부존재 그 자체에만 미치고, 소송물이 되지 않은 토지 소유권의 존부에 관하여는 미치지 않는다. 나아가 위 청구기각된 확정판결로 인하여 토지 소유자가 갖는 토지 소유권의 내용이나 토지 소유권에 기초한 물권적 청구권의 실체적인 내용이 변경, 소멸되는 것은 아니다.

위 가등기말소청구소송의 사실심 변론종결 후에 토지 소유자로부터 근저당권을 취득한 제3자는 <u>적법하게 취득한 근저당권의 일반적 효력으로서 물권적 청구권을 갖게 되고, 위 가등기말소청구소송의 소송물인 패소자의 가등기말소청구권을 승계하여 갖는 것이 아니며, 자신이 적법하게 취득한 근저당권에 기한 물권적 청구권을 원인으로 소송상 청구를 하는 것이므로, 위 제3자는 민사소송법 제218조 제1항에서 정한 확정판결의 기판력이 미치는 '변론을 종결한 뒤의 승계인'에 해당하지 않는다.</u>

따라서 토지 소유권에 기한 가등기말소청구소송에서 청구기각된 확정판결의 기판력은 위 소송의 변론종결 후 토지 소유자로부터 근저당권을 취득한 제3자가 근저당권에 기하여 같은 가등기에 대한 말소청구를 하는 경우에는 미치지 않는다.[21]

위와 같이 판례는 원고측 분쟁주체의 지위를 승계한 자에 대하여는 전소의 소송물이 물권적 청구권인지만을 기준으로 기판력 인정 여부를 판단하지 않고 있다. 전소의 소송물이 소유권확인청구가 아닌 이상 물권적 청구권인 경우에도 전소 원고로부터 물권을 양도받거나 설정받은 자에 대해서는 절차보장이 필요하다고 보아 전소가 소유권에 기한 인도소송의 경우 전소 패소원고로부터

---

[21] 대법원 2020. 5. 14. 선고 2019다261381 판결. 〈참고〉 건물 소유권에 기한 물권적 청구권을 원인으로 하는 건물명도소송의 소송물은 건물 소유권이 아니라 그 물권적 청구권인 건물명도청구권이므로 그 소송에서 청구기각된 확정판결의 기판력은 건물명도청구권의 존부 그 자체에만 미치는 것이고, 소송물이 되지 아니한 건물 소유권의 존부에 관하여는 미치지 아니하므로, 그 건물명도소송의 사실심 변론종결 후에 그 패소자인 건물 소유자로부터 건물을 매수하고 소유권이전등기를 마침으로써 그 소유권을 승계한 제3자의 건물 소유권의 존부에 관하여는 위 확정판결의 기판력이 미치지 않으며, 또 이 경우 위 제3자가 가지게 되는 물권적 청구권인 건물명도청구권은 적법하게 승계한 건물 소유권의 일반적 효력으로서 발생된 것이고, 위 건물명도소송의 소송물인 패소자의 건물명도청구권을 승계함으로써 가지게 된 것이라고는 할 수 없으므로, 위 제3자는 위 확정판결의 변론종결 후의 승계인에 해당한다고 할 수 없다(대법원 1999. 10. 22. 선고 98다6855 판결).

당해 부동산을 양수한 사람은 변론종결 후의 승계인에 해당하지 않으므로 전소 피고를 상대로 새로 소를 제기할 수 있는 것으로 보고 있다.22)

그러나 전소에서 패소한 피고가 제기한 소에는 원고측 분쟁주체의 지위를 승계한 자에 대하여 전소 기판력이 미친다고 본다.23)

---

22) 전원열, "2020년 분야별 중요판례 분석 5. 민사소송법", 법률신문, 2021. 2. 18. 자 참조.
23) 대법원 2003. 3. 28. 선고 2000다24856 판결. 〈사례〉 소유권이전등기말소소송의 승소 확정판결에 기하여 소유권이전등기가 말소된 후 순차 제3자 명의로 소유권이전등기 및 근저당권설정등기 등이 마쳐졌는데 위 말소된 등기의 명의자가 현재의 등기명의인을 상대로 진정한 등기명의의 회복을 위한 소유권이전등기청구와 근저당권자 등을 상대로 그 근저당권설정등기 등의 말소등기청구 등을 하는 경우 현재의 등기명의인 및 근저당권자 등은 모두 위 확정된 전 소송의 사실심 변론종결 후의 승계인으로서 위 확정판결의 기판력은 그와 실질적으로 동일한 소송물인 진정한 등기명의의 회복을 위한 소유권이전등기청구 및 위 확정된 전소의 말소등기청구권의 존재여부를 선결문제로 하는 근저당권설정등기 등의 말소등기청구에 모두 미친다고 한 사례

16. 기판력의 주관적 범위와 집행적격의 관계

집행적격은 기판력의 주관적 범위와 일치한다. 기판력은 원칙적으로 당사자에게만 미치고 제3자에게는 미치지 않는다. 이를 '기판력의 상대성의 원칙'이라고 한다.[1] 변론종결 후의 승계인에게는 판결의 기판력이 미치므로 이런 승계인에 대하여는 **승계집행문**을 부여받아 강제집행할 수 있다.[2]

〈사례 16-1〉 甲이 乙을 상대로 A 승용차의 소유권확인을 구하는 소를 제기하여 승소판결을 받고 이 판결이 확정되었다. 그 뒤 丙이 甲을 상대로 소유권에 기하여 A 승용차의 인도를 구하는 소를 제기하였다. 후소 법원은 丙의 청구를 인용할 수 있는가?

☞ 甲과 乙 사이의 전소 확정판결의 기판력은 甲과 丙 사이의 후소에는 미치지 않는다. 후소법원은 전소판결에서 甲이 소유자라고 확정한 것에 구속됨이 없이 재판할 수 있고, 심리결과에 따라서는 전소판결과 달리 丙이 소유자라고 판단하여 이를 전제로 丙의 청구를 인용할 수 있다.

전소판결에서 甲을 소유자라고 확정하였으므로 후소법원이 丙에 대한 관계에서도 甲이 소유자라고 판단할 구속을 받는다고 하면 丙은 甲과 소유권을 다툴 기회(절차보장)가 전혀 없었는데도 불구하고 소유권 주장을 못하게 되는 결과가 되고 이는 丙의 재판청구권을 침해하는 것이 된다. 이런 이유로 기판력은 당사자에게만 미치도록 한 것이다.

그런데 예외적으로 당사자가 아닌 사람에게 기판력이 미치도록 기판력이 확장되는 경우가 있다. 직접 소송에 관여하지 아니하여 자기의 권리를 주장할 기회가 없었음에도 그에게 기판력이 미치도록 하는 이유는 무엇인가?

---

[1] 확정판결의 기판력은 변론을 종결한 뒤의 승계인(변론 없이 한 판결의 경우에는 판결을 선고한 뒤의 승계인) 또는 그를 위하여 청구의 목적물을 소지한 사람 등 법률에 따로 규정되어 있는 경우 외에는 특별한 사정이 없는 한 당해 판결에 표시된 당사자 사이에만 미치고(민사소송법 제218조 참조), 집행력의 범위도 원칙적으로 기판력의 범위에 준한다. 따라서 지부·분회·지회 등 어떤 법인의 하부조직을 상대로 일정한 의무의 이행을 구하는 소를 제기하여 승소 확정판결을 받은 경우 판결의 집행력이 해당 지부·분회·지회 등을 넘어서 소송의 당사자도 아닌 법인에까지 미친다고 볼 수는 없으므로 그 판결을 집행권원으로 하여 법인의 재산에 대해 강제집행을 할 수는 없고, 법인의 재산에 대한 강제집행을 위해서는 법인 자체에 대한 별도의 집행권원이 필요하다(대법원 2018. 9. 13. 선고 2018다231031 판결).
[2] 민사집행법 제31조 제1항에서 "집행문은 판결에 표시된 채권자의 승계인을 위하여 내어 주거나 판결에 표시된 채무자의 승계인에 대한 집행을 위하여 내어 줄 수 있다."라고 규정하고 있는바, **중첩적 채무인수**는 당사자의 채무는 그대로 존속하며 이와 별개의 채무를 부담하는 것에 불과하므로 새로 채무의 이행을 소구하는 것은 별론으로 하고 판결에 표시된 채무자에 대한 판결의 기판력 및 집행력의 범위를 채무자 이외의 자에게 확장하여 승계집행문을 부여할 수는 없으나, 채무자의 채무를 소멸시켜 당사자인 채무자의 지위를 승계하는 이른바 **면책적 채무인수**는 위 조항에서 말하는 승계인에 해당한다고 볼 수 있다(대법원 2016. 5. 27. 선고 2015다21967 판결).

<사례 16-2> 甲이 乙에게 X 토지를 매도하고 소유권이전등기를 넘겨주었는데 乙이 잔금을 지급하지 않는다는 이유로 매매계약을 해제하고 소유권이전등기의 말소를 구하는 소를 제기하였다. 법원은 甲의 청구가 이유 없다는 이유로 원고청구기각 판결을 선고하였고, 그 판결이 확정되었다. 그 후 乙이 X 토지를 丙에게 매도하고 丙 앞으로 소유권이전등기가 마쳐졌다. 甲이 丙을 상대로 乙로의 이전등기가 원인무효임을 이유로 丙으로의 이전등기의 말소를 구하는 소를 제기하였다.

☞ 위 사례에서 丙은 전소확정판결의 **변론종결 후의 승계인**에 해당하여 丙에게도 기판력이 미친다. 丙에게 기판력을 미치도록 하지 않으면 전소 확정판결이 무용지물이 되고 만다.

<사례 16-3> 甲이 乙이 점유하고 있는 승용차가 자기 소유라고 주장하며 그 인도를 구하는 소를 제기하여 승소확정판결을 받았다. 그러나 乙은 甲에게 위 승용차를 인도하지 아니하고 이러한 사정을 아는 丙에게 팔았다. 甲이 위 판결에 기한 강제집행으로 위 승용차를 인도받았다. 丙이 위 승용차가 자기 소유임을 이유로 甲을 상대로 위 승용차의 인도를 구하는 소를 제기하였다.

☞ 이 사례에서 丙의 후소가 기판력에 저촉되지 않는다고 하면 후소법원이 丙의 청구를 인용할 수 있고, 그렇게 되면 전소 확정판결은 무용지물이 되고 만다. 이것이 변론종결 후의 승계인에게 기판력을 미치게 하는 이유이다.

변론종결 전의 승계인에게는 기판력이 미치지 않도록 하는 이유는 무엇인가? 변론종결 전에 승계가 있는 경우에는 소송 중에 당사자가 당연히 변경되든가, 승계참가나 인수참가를 통해 승계인을 당사자로 변경할 수 있기 때문에 이 경우에는 굳이 기판력을 미치도록 할 필요가 없기 때문이다. 甲이 양도사실을 알면서도 피고를 바꾸지 않으면 그 불이익은 甲에게 돌아간다. 위 사례에서 乙이 승용차의 양도사실을 진술하지 않아 甲이 양도사실을 몰라서 당사자를 변경하지 못한 경우에는 어떻게 되는가? 이에 대비하여 **추정승계인** 규정을 두고 있는 것이다. 이 경우 반증이 없는 한 변론종결 후의 승계인으로 보아 기판력과 집행력을 미치게 하고 있다.

<사례 16-4> 甲이 乙로부터 X 토지를 매수하고 매매대금을 전액 지급하였는데도 이전등기를 넘겨주지 않아 乙을 상대로 매매를 원인으로 한 소유권이전등기절차이행청구의 소를 제기하여 승소확정판결을 받았다. 그런데 甲 앞으로 이전등기를 마치기 전에 乙은 丙에게 X 토지를 매도하고 丙 앞으로 소유권이전등기가 마쳐주고 말았다. 甲이 丙을 상대로 소유권이전등기의 말소를 구하는 소를 제기하였다.

☞ 전소 소송물이 채권적 청구권인 경우에는 변론종결 후의 승계인 丙은 전소 확정판결의 기판력을 받지 않는다. 甲이 乙을 대위하여 말소등기를 청구해도 전소 확정판결과 관계없이 후소 법원이 심리할 수 있다. 변론종결 전·후의 구별은 소유권이전등기시점을 기준으로 한다. 여기서 주의할 것은 판례는 전소 소송물이 물권적 청구권인 경우에도 건물철거청구나 소유권이전등기말소와 달리 토지나 건물의 인도(명도)청구의 경우에는 변론종결 후의 승계인으로 보지 않는다는 점이다.[3]

<사례 16-5> X 토지는 원래 망 A의 소유였는데 그가 1952년 사망하여 甲이 상속받았으나 그 등기부가 소실되어 그 상속등기를 하지 아니하고 있던 중 甲이 X 토지가 자기의 소유임을 주장하여 乙을 상대로 X 토지 인도청구의 소를 제기하였다. 甲은 그 소송에서 위 토지가 甲의 소유라고 인정할 수 없다는 이유로 패소판결을 받고 그 판결이 확정되었다.
그 후 甲은 위 토지에 관하여 그 이름으로 소유권보존등기를 한 후 이를 丙에게 매도하여 丙 명의의 소유권이전등기가 마쳐졌다.
丙이 X 토지의 소유권에 기하여 乙을 상대로 위 토지의 인도청구를 하였다.

☞ 토지소유권에 기한 물권적 청구권을 원인으로 하는 토지인도소송의 소송물은 토지소유권이 아니라 그 물권적 청구권인 토지인도청구권이므로 그 소송에서 청구기각된 확정판결의 기판력은 토지인도청구권의 존부 그 자체에만 미치는 것이고 소송물이 되지 아니한 토지소유권의 존부에 관하여는 미치지 않는다.

그러므로 그 토지인도 소송의 사실심 변론종결 후에 그 패소자인 토지소유자로부터 토지를 매수하고 소유권이전등기를 마침으로써 그 소유권을 승계한 제3자의 토지소유권의 존부에 관하여는 위 확정판결의 기판력이 미치지 않는다. 이 경우 위 제3자가 가지게 되는 물권적 청구권인 토지인도청구권은 적법하게 승계한 토지소유권의 일반적 효력으로서 발생된 것이고 위 토지인도소송의 소송물인 패소자의 토지인도청구권을 승계함으로써 가지게 된 것이라고는 할 수 없으므로 위 제3자를 위 확정판결의 변론종결후의 승계인에 해당한다고도 할 수 없다.[4]

위 사례에서 전소 확정판결의 기판력은 甲이 乙에 대하여 X 토지의 인도청구권이 없다는데 미칠 뿐이고 甲의 위 토지소유권이나 甲으로부터 그 소유권을 양도받은 丙의 X 토지 소유권 및 그 소유권에서 발생된 이 사건 토지인도청구권의 존부에 관하여는 미치지 않는다 할 것이므로 丙이 X 토지의 소유권에 기한 물권적 청구권에 의하여 乙에 대하여 위 토지의 인도를 구하는 이 사건 청구는 위 확정판결의 기판력에 저촉되는 것이라 할 수 없다.

---

3) 대법원 1984. 9. 25. 선고 84다카148 판결; 대법원 1999. 10. 22. 선고 98다6855 판결 참조.
4) 대법원 1984. 9. 25. 선고 84다카148 판결.

17 기판력의 시적 한계와 선결적 법률관계

〈사례 14-2〉에서 기판력의 시적 한계와 선결적 법률관계에 간하여 사려본 바 있으나 강현중 변호사님의 글을 읽어보며 좀 더 자세하게 관련 논점을 짚어보기로 한다.[1]

〈사례 17〉 甲은 A 주식회사와 甲 소유의 토지 위에 아파트를 신축하되 일부 세대를 공사대금 명목으로 A 회사에 대물변제하기로 약정하였다. 甲은 A 회사로부터 아파트를 분양받아 점유하고 있는 乙을 상대로 소유권에 기한 방해배제청구로서 건물인도를 구하는 소('제1차 인도소송')를 제기하였으나, 乙이 분양에 관한 처분권한을 가진 A 회사와 매매계약을 체결하여 아파트를 매수하였으므로 이를 점유할 정당한 권원이 있다는 이유로 패소판결이 선고되어 확정되었다.
그 후 A 회사가 乙을 상대로 매매계약의 무효 확인을 구하는 소를 제기하여 매매계약이 A 회사를 대리할 정당한 권한이 있는 사람에 의하여 체결되었다는 증거가 없어 무효라는 취지의 판결이 선고되어 확정되자, 다시 甲은 乙을 상대로 공유물에 대한 보존행위로서 건물인도를 구하는 소('제2차 인도소송')를 제기하였다.
甲의 제2차 인도소송은 허용될 수 있는가.

〈원심〉은 甲의 청구에 대하여 이 사건 乙이 점유권원이라고 주장한 제2차 인도소송의 분양계약이 무효임이 무효확인소송을 통해 확인되었고, 이는 제1차 인도소송의 사실심 변론종결 이후에 발생한 사유이며, 제1차 인도소송의 기판력은 이 사건에 미치지 않는다고 판단하였다.

그러나 〈대법원〉은 乙이 이 사건 부동산을 점유할 정당한 권원의 존부(분양계약의 효력 유무)는 제1차 인도소송의 변론종결 전에 존재하던 사유이고 이는 제1차 인도소송에서 공격방어방법으로 주장할 수 있던 사유에 불과하며, 위 분양계약이 무효인지에 대한 법적 평가가 담긴 제2차 인도소송의 확정판결이 제1차 인도소송의 변론종결 이후에 있었다고 하여 변론종결 후에 발생한 새로운 사유로 볼 수 없다고 판단하였다.

〈대법원 2016. 8. 30. 선고 2016다222149 판결〉
확정판결의 기판력은 전소의 변론종결 전에 당사자가 주장하였거나 주장할 수 있었던 모든 공격방어방법에 미치고, 다만 <u>변론종결 후에 새로 발생한 사유가 있어 전소 판결과 모순되는 사정변경이 있는 경우에는 기판력의 효력이 차단된다. 여기에서 변론종결 후에 발생한 새로운 사유란 새로운 사실관계를 말하는 것일 뿐 기존의 사실관계에 대한 새로운 증거자료가 있다거나 새로운 법적 평가 또는 그와 같은 법적 평가가 담긴 다른 판결이 존재한다는 등의 사정은 포함되지 아니

---
[1] 강현중, "기판력의 시적한계와 선결적 법률관계", 법률신문 입력 : 2017-01-12 오전 11:24:08 참조.

한다.

제1차 인도소송과 제2차 인도소송의 소송목적은 모두 소유권에 기한 방해배제를 구하는 건물인도 청구권으로 동일하고, 매매계약이 정당한 권한이 있는 사람에 의하여 체결되어 乙이 아파트를 점유할 정당한 권원이 있는지는 제1차 인도소송의 변론종결 전에 존재하던 사유로써 甲이 제1차 인도소송에서 공격방어방법으로 주장할 수 있었던 사유에 불과하다. 비록 그에 대한 법적 평가가 담긴 무효확인소송의 확정판결이 제1차 인도소송의 변론종결 후에 있었더라도 그 판결이 법적 평가에 관한 것인 이상 이를 변론종결 후에 발생한 새로운 사유로 볼 수 없다. 따라서 제2차 인도소송은 제1차 인도소송의 확정판결의 기판력에 저촉되어 허용될 수 없다.

1. 기판력의 시적 범위

민사판결서에는 변론을 종결한 날짜를 적어야 한다(제208조 제1항 제5호 참조). 그러나 형사판결에서는 변론을 종결한 날짜를 적지 아니한다. 민사판결이나 형사판결 모두 법적 3단 논법의 적용결과인 점은 같다. 다만 형사판결은 과거의 어떤 범죄사실(법적 3단 논법의 소전제)의 유·무죄를 대상으로 하는데 대하여 민사판결은 어떤 사실의 존부에 관한 법률효과(법적 3단 논법의 결론)를 대상으로 한다는 점에서 위에서와 같은 판결서 기재에 차이가 생긴 것이다.

2. 표준시

기판력의 시적 범위를 정하는 기준 시점을 표준시라고 한다. 즉, 표준시는 기판력이 확정하는 권리 또는 법률관계의 존부 시점을 말한다. 민사판결에서의 표준시는 사실심의 변론종결일인데 다만 무변론 판결의 경우에는 판결의 선고일이다(제208조 제1항 제5호). 재심대상판결의 변론종결 이후에 생긴 사유를 들어 재심을 청구한 사건의 경우에는 재심대상판결의 변론종결일이 아니라 재심판결의 변론종결일이 표준시이다. 화해권고결정은 그 확정시가 표준시이다.[2]

3. 차단효

(1) 후소법원이 표준시에서 기판력 있는 판단에 반하거나 모순되는 판결을 할 수 없는 구속력을 차단효라고 한다.

(2) 차단효의 작동 범위

차단효는 법적 3단 논법의 소전제인 사실에 관한 재판자료(사실에 관한 주장 및 증거자료의 제출)를 제출하는 시기의 제한과 결론인 법률효과(사법상의 권리 또는 법률관계)가 미치는 범위로 나타나

---

[2] 민사소송법 제231조는 "화해권고결정은 결정에 대한 이의신청 기간 이내에 이의신청이 없는 때, 이의신청에 대한 각하결정이 확정된 때, 당사자가 이의신청을 취하하거나 이의신청권을 포기한 때에 재판상 화해와 같은 효력을 가진다."라고 정하고 있으므로, 확정된 화해권고결정은 당사자 사이에 기판력을 가진다. 그리고 화해권고결정에 대한 이의신청이 적법한 때에는 소송은 화해권고결정 이전의 상태로 돌아가므로(민사소송법 제232조 제1항), 당사자는 화해권고결정이 송달된 후에 생긴 사유에 대하여도 이의신청을 하여 새로운 주장을 할 수 있고, 화해권고결정이 송달된 후의 승계인도 이의신청과 동시에 승계참가신청을 할 수 있다고 할 것이다. 이러한 점 등에 비추어 보면, <u>화해권고결정의 기판력은 그 확정시를 기준으로 하여 발생한다고 해석함이 상당하다</u>(대법원 2012. 5. 10. 선고 2010다2558 판결).

므로 그 작동범위는 이 두 가지 측면에서 고찰할 수 있다.

1) 사실에 관한 주장 및 증거자료의 제출 시기

사실에 관한 주장 및 증거자료(즉, 공격방어의 방법)의 제출은 원칙적으로 표준시인 사실심의 변론종결일까지 제출할 수 있고 그 이후의 제출은 차단된다. 예를 들어 토지거래허가지역이 해제되어 토지거래를 받을 필요가 없는데도 법원이 토지거래를 받아야한다는 이유로 소유권이전등기청구를 기각하여 그 판결이 확정되었는데도 후소에서 토지거래를 받을 필요가 없다고 주장하는 것은 그 주장을 전소에서 할 수 있었던 이상 후소에서는 허용할 수 없다.[3]

2) 권리 또는 법률관계의 범위

(i) 표준시에서의 법률관계 - 기판력이 확정하는 권리 또는 법률관계는 표준시인 사실심의 변론종결일에 한정하여 구속력이 생긴다.

(ii) 표준시이전의 법률관계 - 표준시 이전의 법률관계에는 차단효가 생기지 않는다.

(iii) 표준시 이후의 법률관계 - 표준시 이후의 법률관계에 관하여는 차단효가 생기지 아니하므로 당사자는 후소에서 이에 관한 주장을 할 수 있다. 예를 들어 표준시에서 대여금채무가 확정되더라도 그 이후 채무의 변제 또는 면제 등이 있었다면 당사자는 청구에 관한 이의의 소(민집 제44조)를 제기하여 확정판결의 집행력을 배제할 수 있다. 판례는 표준시 이후의 법률관계를 넓게 보아 실체법상의 법률관계는 물론 소송상의 권리관계 또는 등기관계도 포함한다. 예를 들어 甲이 乙을 상대로 소유권이전등기말소청구의 소를 제기하였다가 위 등기에 앞선 丙 명의의 소유권이전등기의 원인이 된 제소전 화해가 유효하게 존속 중이라는 이유로 패소판결을 선고받고 그 판결이 확정되자, 위 제소전 화해에 대한 준재심의 소를 제기하여 제소전 화해를 취소 시켰다면 제소전 화해의 취소는 표준시 이후의 법률관계라는 것이고,[4] 甲의 乙에 대한 소유권이전등기가 丙에게 이전되어(즉, 이행불능)패소 확정되었는데 그 뒤에 丙 명의의 소유권이전등기가 말소되었다면 丙 명의의 소유권이전등기말소는 표준시 이후의 법률관계라는 것이다.[5] 하지만 다른 사건의 판결 이유에서 전소 판결의 기초가 된 사실관계를 달리 인정하였다는 것은 변론종결 이후에 새로이 발생한 사유가 아니다.[6]

4. 기판력의 시적한계와 선결적 법률관계

(1) 대상판결은, 변론종결 후에 발생한 새로운 사유란 새로운 사실관계를 말하는 것일 뿐 기존의 사실관계에 대한 새로운 증거자료가 있다거나 새로운 법적 평가 또는 그와 같은 법적 평가가 담긴 다른 판결이 존재한다는 등의 사정은 포함되지 아니한다고 판시한다. 나아가 A 회사가 乙을 상대로 매매계약의 무효 확인을 구하는 소를 제기하여 매매계약이 A 회사를 대리할 정당한 권한이 있는 사람에 의하여 체결되었다는 증거가 없어 무효라는 취지의 판결도 법적 평가에 불과하다고 한다.

---

3) 대법원 2014. 3. 27. 선고 2011다79968 판결 참조.
4) 대법원 1988. 9. 27. 선고 88다3116 판결.
5) 대법원 1995. 9. 29. 선고 94다46817 판결.
6) 대법원 2012. 7. 12. 선고 2010다42259 판결.

(2) 대상판결을 의아하게 생각할 사람도 있을지 모른다. 甲의 제1차인도소송의 패소이유인 '乙에게 아파트 점유권원이 있다는 것'이 A와 乙 사이의 매매계약 무효확인소송에서 '乙에게 아파트 점유권원이 없다'고 판명되었음에도 甲이 제2차 인도소송에서도 패소하였기 때문이다. 특히 소송상 권리관계도 표준시 이후의 법률관계로 보는 대법원 1988. 9. 27. 선고 88다3116 판결에 비추어 그러하다. 그러나 만약 甲의 제1차 인도소송이후에 새로운 계약무효 확인사실이 표준시 이후에 발생되어 이를 기초로 계약무효 확인판결이 확정되었더라면 이는 표준시 이후의 새로운 법률관계로서 甲은 제2차 인도소송에서 승소하였을 것이다. 앞의 대법원 88다3116 판결은 바로 표준시 이후에 발생한 권리관계인 것이다.

(3) 그렇지 않더라도 만약 '매매계약무효판결'이 A와 乙 사이에서가 아니라 甲과 乙사이에서 이루어졌다면 이 판결은 '제2차 인도소송'의 선결적 법률관계에 관한 판결로서 구속력이 있다. 그런데 '매매계약무효판결'이 제2차 인도소송의 당사자가 아닌 A와 乙 사이에서 이루어졌기 때문에 甲과 乙사이의 제2차 인도소송에서는 단순히 법적 평가에 불과하게 되어 패소한 것이다. 따라서 만약 甲이 A에게 어떤 청구권이 존재하여 이를 보전하기 위한 채권자대위권의 행사로서 A를 대위하여 乙을 상대로 2차 인도소송을 제기하였더라면 2차인도소송의 선결적 법률관계가 바로 'A-乙 사이의 매매계약 무효'이었으므로 이 부분이 A-乙 사이의 소송에서 A가 승소확정 됨으로써 甲은 기판력의 '선결적 법률관계의 구속력'에 의해서 乙에 대하여 승소하였을 것이다.

(4) 대상판결은 복잡한 사실관계에서 좀처럼 풀기 어려운 '기판력의 선결적 법률관계'와 '사실의 법적 평가', '기판력의 시적한계'문제를 명확하게 가려주었다는데 의의가 있다.

18 기판력과 실권효

1.

확정판결의 기판력은 사실심 변론종결시를 표준으로 하여 발생한다(민소법 제218조 참조). 종국판결은 사실심의 변론종결시까지 제출된 주장사실과 증거자료를 토대로 하므로 기판력의 표준시는 사실심의 변론종결시(무변론판결의 경우는 판결선고시)이다. 기판력은 표준시 현재의 권리관계의 존부 판단에만 생기므로 표준시 전은 물론 표준시 후의 권리관계를 확정하는 것은 아니다.

확정된 종국판결의 사실심 변론종결 이전에 발생하고 제출할 수 있었던 사유에 기인한 주장이나 항변은 확정판결의 기판력에 의하여 차단되므로 당사자가 그와 같은 사유를 원인으로 확정판결의 내용에 반하는 주장을 새로이 하는 것은 허용되지 아니한다. 예컨대 전소에서 피고의 고의·과실을 증명하지 못하여 자동차사고로 인한 손해배상청구소송에서 패소한 원고가 사고를 목격한 증인을 발견하였더라도 후소에서 그를 증인으로 신청하여 피고의 고의·과실을 증명하는 것은 허용되지 않는다.

이와 같이 기판력의 소극적 작용에 기한 효력을 '실권효', '차단효', '배제효'라고 부른다. 표준시인 변론종결시의 권리관계가 기판력으로 확정되면 당사자는 표준시 뒤에 생긴 사유를 가지고 판결내용을 다툴 수는 있으나,1) 표준시 전에 생긴 사유를 주장하여 판결내용을 다투는 것은 실권된다. 위와 같은 실권효는 소송물의 동일, 선결관계, 모순된 반대관계 등 기판력이 작용하는 범위에서 문제된다.

예컨대, 전소에서 원고가 승소확정판결을 받은 경우, 패소판결을 받은 피고는 전소 변론종결 전에 발생한 변제, 면제, 소멸시효의 완성 등 채무의 소멸사실을 들어 청구이의나 채무부존재확인의 소 등으로 다투는 것은 전소판결의 기판력에 저촉된다. 전소에서 패소확정판결을 받은 원고가 변론종결시 전에 주장할 수 있었던 사유로 후소를 제기하는 것은 전소판결의 기판력에 저촉된다.

다음과 같이 표준시 이후에 발생한 사유는 실권효의 제재를 받지 않는다고 한다.
1) 이행기 미도래를 이유로 패소확정판결을 받고 이행기 도래 후에 다시 이행청구를 하는 경우
2) 전소에서 피담보채무의 변제로 양도담보권이 소멸하였음을 원인으로 한 소유권이전등기의

---

1) 전소의 변론종결 후에 발생한 변제, 상계, 면제 등과 같은 채권소멸사유는 후소의 심리대상이 된다. 따라서 채무자인 피고는 후소 절차에서 위와 같은 사유를 들어 항변할 수 있고 심리 결과 그 주장이 인정되면 법원은 원고의 청구를 기각하여야 한다. 이는 채권의 소멸사유 중 하나인 소멸시효 완성의 경우에도 마찬가지이다(대법원 2019. 1. 17. 선고 2018다24349 판결).

회복 청구가 기각된 경우, 장래 잔존 피담보채무의 변제를 조건으로 소유권이전등기의 회복을 청구하는 경우

   3) 소유권확인의 소에서 소유권이 인정되지 아니하여 패소확정판결을 받고 상속재산분할협의에 의해 소유권을 취득한 후 다시 소유권확인의 소를 제기한 경우

> 〈사례 18-1〉 X 토지에 관하여는 A 명의로 소유권보존등기가 마쳐졌고, 그 후 B를 거쳐 甲 앞으로 소유권이전등기가 마쳐졌는데, 乙이 위 등기 명의인들을 상대로 위 A 명의의 소유권보존등기가 위조된 관계 서류에 의하여 마쳐진 것이어서 원인무효이고, 이에 기한 위 B, 甲 명의의 소유권이전등기도 원인무효라는 이유로 각 그 등기의 말소등기청구소송('전소')을 제기하였다. 甲은 乙의 주장을 인정하고 乙로부터 X 토지를 다시 매수하였는데, 다만, 한 번도 변론기일에 출석하거나 乙의 주장을 다투지 아니하여 자백간주로 乙 승소판결이 선고되고 그 무렵 이 판결이 확정되었다.
> 그 후 甲이 乙을 상대로 X 토지에 관하여 매매를 원인으로 하는 소유권이전등기청구의 소('후소')를 제기하였다. 甲의 후소는 전소 변론종결 전에 존재하는 사유로서 전소판결의 기판력에 의해 차단되는가?

   전소와 별개의 청구원인을 구성하는 사실관계(확인의 소는 예외)는 전소 변론종결 전에 발생한 사유라도 이에 관한 주장은 전소판결의 기판력에 의해 차단되지 않는다. 대법원도 위 사례에서 이 점을 분명히 밝히고 있다.[2]

   "확정판결의 기판력은 소송물로 주장된 법률관계의 존부에 관한 판단 그 자체에만 미치는 것이고, 전소와 후소가 그 소송물이 동일한 경우에 작용하는 것이다. 따라서 부동산에 관한 소유권이전등기가 원인무효라는 이유로 그 등기의 말소를 명하는 판결이 확정되었다고 하더라도 그 확정판결의 기판력은 그 소송물이었던 말소등기청구권의 존부에만 미치는 것이므로, 그 소송에서 패소한 당사자도 전소에서 문제된 것과는 전혀 다른 청구원인에 기하여 상대방에 대하여 소유권이전등기청구를 할 수 있는 것이다."

   이러한 실권효는 원칙적으로 기판력의 객관적 범위 내의 청구에 한하여 작용한다. 즉 전후 양소의 소송물이 동일하거나 전소의 소송물이 후소 소송물의 선결관계 또는 후소 소송물과 반대되는 모순관계가 있는 경우에 한하여 기판력이 작용하고, 위와 같이 기판력이 작용하지 않은 범위에서는 실권효가 작동되지 않는다. 예컨대 매매를 원인으로 한 소유권이전등기청구소송에서 패소한 당사자도 동일 목적물에 대하여 전소 변론종결 전에 생긴 사유인 취득시효완성을 원인으로 한 소유권이전등기청구를 하는 데 아무런 지장이 없다. 소유권이전등기청구소송에서는 매매나, 취득시효완성 등 등기원인마다 별개의 소송물을 구성하기 때문이다.

   민소법 제216조, 제218조가 규정하는 '기판력'이란 기판력 있는 전소 판결의 소송물과 동일한 후소를 허용하지 않음과 동시에, 후소의 소송물이 전소의 소송물과 동일하지는 않더라도 전소의 소송물에 관한 판단이 후소의 선결문제가 되거나 모순관계에 있을 때에는 후소에서 전소 판결의

---

[2] 대법원 1995. 6. 13. 선고 93다43491 판결.

판단과 다른 주장을 하는 것을 허용하지 않는 작용을 하는 것임은 주지하는 바와 같다. 특히 민소법 제216조 제1항은 확정판결은 주문에 포함된 것에 한하여 기판력을 가진다고 규정하고 있으나 이는 해당 조문의 제목과 같이 기판력의 객관적 범위에 관하여 그러하다는 것이고, <u>기판력의 시적 범위에 의한 실권효가 미치는지 여부를 살피기 위해서는 확정판결의 이유를 주문과 함께 종합적으로 고찰하여 살피지 않을 수 없다.</u> 어느 확정판결의 기판력에 의하여 표준시인 사실심 변론종결 시에 확정된 권리관계는 그 뒤에 변동될 수 있고, 따라서 표준시 후에 발생한 사유에 대해서는 기판력에 의한 실권효가 미치지 아니하여 당사자는 표준시 후에 사실관계가 변동되었다는 새로운 사유를 주장하여 다시 소를 제기할 수 있다 할 것인데, 이때 당사자가 주장하는 바가 표준시 후의 사유에 해당하는지는 전소의 확정판결 이유와 대비하여 살펴보아야만 명확하게 알 수 있기 때문이다.3)

확정판결의 기판력은 동일한 당사자 사이의 소송에서 변론종결 전에 당사자가 주장하였거나 주장할 수 있었던 모든 공격방어방법에 미치고, 보험금지급채무 부존재 확인의 청구를 기각한 확정판결이 있으면 보험금지급채무의 존재 자체에 대하여 기판력이 미친다.4)

2.

일반적으로 판결이 확정되면 법원이나 당사자는 확정판결에 반하는 판단이나 주장을 할 수 없는 것이나, 이러한 확정판결의 효력은 그 표준시인 사실심 변론종결 시를 기준으로 하여 발생하는 것이므로, 그 이후에 새로운 사유가 발생한 경우까지 전소의 확정판결의 기판력이 미치는 것은 아니다.5) 이와 같은 새로운 사유는 원칙적으로 <u>사실관계 자체가 변론종결 이후에 새로이 발생한 경우</u>에 한하고, 기존의 법률관계에 대한 새로운 증거자료, 법률의 변경, 판례의 변경 혹은 판결의 기초가 된 행정처분의 변경은 그에 포함되지 아니한다.6) 또 다른 사건의 판결 이유에서 전소 판결의 기초가 된 사실관계를 달리 인정하였다는 것은 변론종결 이후에 새로이 발생한 사유라고 볼 수 없다.7) 아울러 기존의 사실관계에 대한 새로운 증거자료가 있다거나 새로운 법적 평가 또는 그와 같은 법적 평가가 담긴 다른 판결이 존재한다는 등의 사정도 포함되지 아니한다.8)

> **〈사례 18-2〉** 甲이 이 사건과 동일한 청구원인으로 乙을 상대로 소유권이전등기말소등기청구의 소('전소')를 제기하였다가 위 등기에 앞서 마쳐진 A 명의의 소유권이전등기의 원인이 된 제소전화해가 유효하게 존속 중이라는 이유로 패소판결을 선고받고 이 판결이 그대로 확정되었다. 甲이 위 제소전 화해에 대한 준재심의 소를 제기하여 위 제소전 화해를 취소시킨 후 乙을 상대로 다시 소유권이전등기말소청구의 소('후소')를

---

3) 대법원 2020. 5. 21. 선고 2018다287522 전원합의체 판결. 따라서 보존행위로서 원고의 인도청구를 인용한 판결이 확정되어 원고가 공유물을 인도받은 뒤 다른 공유자와 협의 없이 공유물을 독점적으로 점유·사용하게 되는 상황은 위 확정판결의 표준시 후에 발생하게 된 새로운 사유로서 여기에는 전소의 기판력이 미치지 아니한다고 보아야 한다.
4) 대법원 2018. 5. 15. 선고 2018다203692 판결.
5) 따라서 전소에서 피담보채무의 변제로 양도담보권이 소멸하였음을 원인으로 한 소유권이전등기의 회복 청구가 기각되었다고 하더라도, 장래 잔존 피담보채무의 변제를 조건으로 소유권이전등기의 회복을 청구하는 것은 전소의 확정판결의 기판력에 저촉되지 아니한다. 대법원 2014. 1. 23. 선고 2013다64793 판결.
6) 대법원 2001. 1. 16. 선고 2000다41349 판결; 대법원 1998. 7. 10. 선고 98다7001 판결.
7) 대법원 2012. 7. 12. 선고 2010다42259 판결.
8) 대법원 2016. 8. 30. 선고 2016다222149 판결.

제기한 경우 甲의 후소는 전소판결의 기판력에 저촉되는가?

〈원심〉은 원고의 이 사건 청구는 전소 확정판결의 기판력에 저촉되어 허용될 수 없다고 판단하였으나, 〈대법원〉은 원심은 기판력의 시적 한계에 관한 법리를 오해한 것이라고 판시하고 원심을 파기환송하였다.9)

"확정된 종국판결이 있으면 그 판결의 사실심 변론종결 이전에 발생하고 제출할 수 있었던 사유에 기인한 주장이나 항변은 확정판결의 기판력에 의하여 차단되므로 당사자가 그와 같은 사유를 원인으로 확정판결의 내용에 반하는 주장을 새로이 하는 것은 허용되지 아니하나, 사실심 변론종결 이후에 새로 발생한 사실을 주장하여 전 판결내용과 반대되는 청구를 하는 것은 기판력에 저촉되지 아니하므로 허용된다 할 것인 바, 이 사건에서 원심이 인정한 바에 의하면 甲은 이 사건과 동일한 청구원인으로 乙을 상대로 소유권이전등기말소 등 청구의 소를 제기하였으나 A 명의로 경료된 소유권이전등기의 원인이 된 제소전화해가 유효하게 존속 중이라는 이유로 패소판결을 선고받고 동 판결이 그대로 확정되자 이번에는 위 제소전 화해에 대한 준재심의 소를 제기하여 동 제소전 화해를 취소시킨 후 이 사건 소송을 제기하였다는 것이므로, 그렇다면 위 제소전 화해가 취소되었다는 사유는 <u>전소의 사실심 변론종결 이후에 새로이 발생한 사실</u>이라 할 것이니, 甲은 위와 같은 사유를 들어 재차 동일한 소를 제기할 수 있다."

말소등기청구사건의 소송물은 당해 등기의 말소등기청구권이고 그 동일성 판단의 기준이 되는 청구원인, 즉 말소등기청구권의 발생원인은 당해 등기의 원인무효라고 할 것이고, 전소와 후소에서 피고 명의의 등기가 원인무효라고 내세우는 사유가 동일하다면 말소등기를 구하는 전소와 후소는 그 소송물이 동일하여 후소에서의 주장은 전소의 확정판결의 기판력에 저촉되어 허용될 수 없다. 반면 소유권확인청구의 경우 그 소송물은 소유권 자체의 존부라고 할 것이므로, <u>전소에서 원고가 소유권을 주장하였다가 패소 판결이 확정되었다고 하더라도, 전소의 변론종결 후에 소유권을 새로이 취득하였다면</u> 전소의 기판력이 소유권확인을 구하는 후소에 미칠 수 없는바, 상속재산분할협의가 전소의 변론종결 후에 이루어졌다면 비록 그 상속재산분할의 효력이 상속이 개시된 때로 소급한다 하더라도, <u>상속재산분할협의에 의한 소유권의 취득은 전소의 변론종결 후에 발생한 사유에 해당한다고 할 것이다.</u> 따라서 전소에서 원고가 단독상속인이라고 주장하여 소유권확인을 구하였으나 공동상속인에 해당한다는 이유로 그 상속분에 해당하는 부분에 대해서만 원고의 청구를 인용하고 나머지 청구를 기각하는 판결이 선고되어 확정되었다면, 전소의 기판력은 전소의 변론종결 후에 상속재산분할협의에 의해 원고가 소유권을 취득한 나머지 상속분에 관한 소유권확인을 구하는 후소에는 미치지 않는다고 보아야 한다.10)

3.

판례는 기판력은 그 소송의 변론종결 전에 있어서 주장할 수 있었던 모든 공격 및 방어방법에

---

9) 대법원 1988. 9. 27. 선고 88다3116 판결.
10) 대법원 2011. 6. 30. 선고 2011다24340 판결.

미치는 것이며 그 당시 알 수 있었거나 또는 알고서 이를 주장하지 않았던 사항에 한하여 미친다고는 볼 수 없다고 한다.11) 판례는 다음 사례에서 보는 바와 같이 전소에서 당사자가 그 공격방어방법을 알지 못하여 주장하지 못하였는지 나아가 그와 같이 알지 못한 데 과실이 있는지는 묻지 아니한다고 한다.

> 〈사례 18-3〉 甲이 乙과 토지 매매계약을 체결한 후, 乙을 상대로 매매를 원인으로 소유권이전등기청구 등의 소('전소')를 제기하였다. 甲은 소송계속 중 변론종결 전에 위 토지가 토지거래허가구역에서 지정해제되었음에도 甲이 이를 알지 못하여 주장하지 아니한 채 그대로 소송이 진행되었고, 법원 역시 이를 알지 못한 상태에서 위 토지가 허가구역 내에 위치함을 전제로 (위 매매계약이 유동적 무효) 소유권이전등기절차이행 청구는 기각하고, 토지거래허가신청절차 이행청구는 인용하는 판결이 선고되었고, 그 무렵 이 판결이 확정되었다.
> 甲은 전소 확정판결에 기하여 인천광역시 남동구청장에 대하여 이 사건 토지에 관하여 토지거래허가신청을 하여 허가결정을 받았다. 그 뒤 甲이 乙을 상대로 다시 매매를 원인으로 소유권이전등기절차의 이행을 구하는 소('후소')를 제기하였다. 이 후소에 대하여 乙은 甲이 패소판결을 받은 전소판결의 기판력에 저촉되어 甲의 청구는 기각되어야 한다고 주장하였다.

〈원심〉은 전소에서 패소판결을 받은 원고가 후소를 제기하는 경우 후소법원이 기판력의 적용에 따라 원고 청구기각판결을 선고하기 위해서는 소송물이 동일한 외에 권리보호의 이익도 동일하여야 한다고 전제한 다음, 이 사건 소의 소송물과 이 사건 전소의 소송물은 동일하지만 원고에게는 이 사건 소 제기에 따른 권리보호의 이익이 있다는 이유로 이 사건 소가 이 사건 전소 확정판결의 기판력에 저촉되지 않는다고 판단하였다. 그러나 〈대법원〉은 다음과 같은 이유로 원심을 파기환송하였다.12)

"확정판결의 기판력은 소송물로 주장된 법률관계의 존부에 관한 판단에 미치는 것이므로 동일한 당사자 사이에서 전소의 소송물과 동일한 소송물에 대한 후소를 제기하는 것은 전소 확정판결의 기판력에 저촉되어 허용될 수 없다. 또한 동일한 소송물에 대한 후소에서 전소 변론종결 이전에 존재하고 있던 공격방어방법을 주장하여 전소 확정판결에서 판단된 법률관계의 존부와 모순되는 판단을 구하는 것은 전소 확정판결의 기판력에 반하는 것이고, 전소에서 당사자가 그 공격방어방법을 알지 못하여 주장하지 못하였는지 나아가 그와 같이 알지 못한 데 과실이 있는지 여부는 묻지 아니한다.

이 사건 소의 소송물과 이 사건 전소의 소송물은 모두 이 사건 매매계약을 원인으로 하는 소유권이전등기청구권으로서 동일하므로 이 사건 소는 이 사건 전소 확정판결의 기판력에 저촉되어 허용될 수 없고, 비록 이 사건 전소는 이 사건 토지가 토지거래허가구역 내에 위치하고 있음을 전제로 한 반면 이 사건 소는 이 사건 토지에 대한 토지거래허가구역 지정이 해제되었음을 전제로 한다고 하더라도 마찬가지이다.

또한 이 사건 토지가 토지거래허가구역에서 해제되어 이 사건 매매계약이 확정적으로 유효하게

---

11) 대법원 1980. 5. 13. 선고 80다473 판결.
12) 대법원 2014. 3. 27. 선고 2011다49981 판결.

되었다는 사정은 이 사건 전소의 변론종결 전에 존재하던 사유이므로, 원고가 그러한 사정을 알지 못하여 이 사건 전소에서 주장하지 못하였다고 하더라도 이를 이 사건 소에서 새로이 주장하여 이 사건 전소에서의 법률관계의 존부에 관한 판단, 즉 이 사건 매매계약에 기한 원고의 피고에 대한 소유권이전등기청구권의 존부에 대한 판단과 모순되는 판단을 구하는 것은 이 사건 전소 확정판결의 기판력에 반하는 것이다.

그리고 원고가 이 사건 전소의 변론종결 후인 2010. 2. 17. 이 사건 토지에 대한 토지거래허가를 받았으나, 그 허가는 이 사건 토지가 토지거래허가구역에서 해제됨으로써 토지거래허가의 대상에서 제외된 후에 이루어진 것이어서 이 사건의 결론에 영향을 미치는 사정변경이라고 할 수 없다."

판례는 실권효의 근거로서 소송자료를 제출하지 못한 데에 법률의 부지 여부를 불문한다는 '판단효설'의 입장을 취하고 있는 것으로 이해된다. 위와 같은 판례의 입장에 대하여는 실권효는 당사자가 귀책사유로 제출하지 못한 소송자료에 한해서만 미치고, 당사자가 귀책사유 없이 제출할 수 없었거나 제출책임이 없었던 소송자료에 대해서는 미치지 아니한다는 견해(제출책임설)가 있다. 기판력의 정당화 근거를 법적 안정성 외에 절차보장의 관점도 반영하여 전소의 절차 내외의 구체적 경과나 사정을 고려하여 전소부터 후소에 이르는 분쟁과정에서 기판력에 의해 실권시키는 것이 타당한지 여부를 당사자의 공평으로부터 검토하자는 것이다. 따라서 사례에서 甲이 해당 토지가 토지거래허가구역에서 지정해제된 사실을 알 수 없었고 그에 대하여 아무런 고의·과실이 없었다면 다시 매매를 원인으로 한 소유권이전등기절차이행을 구하는 소는 전소판결의 기판력에 저촉되지 않게 된다.[13]

특히 위 사례에서 甲이 토지거래허가신청절차를 이행하라는 확정판결에 의하여 관할관청의 토지거래허가를 받았다면 전소 변론종결 후에 새로운 사정이 생긴 것으로 볼 수 있고, 甲의 매매를 원인으로 한 소유권이전등기청구를 허용하는 것이 타당하다는 생각이 든다. 과연 정당한 매매계약의 구속력에서 빠져 나가려는 매도인 乙을 보호해주는 것이 옳은 것인지도 의문이다.

4.

기판력 있는 전소판결과 저촉되는 후소판결이 그대로 확정된 경우에도 전소판결의 기판력이 실효되는 것이 아니고 재심의 소에 의하여 후소판결이 취소될 때까지 전소판결과 후소판결은 저촉되는 상태대로 그냥 기판력을 갖는 것이고, 후소판결의 기판력이 전소판결의 기판력을 복멸시킬 수 있는 것도 아니므로 기판력 있는 전소판결의 변론종결 후에 이와 저촉되는 후소판결이 확정되었다는 사정은 변론종결 후에 발생한 새로운 사유에 해당한다고 할 수 없다. 따라서 기판력 있는 전소판결의 기판력이 미치는 자 사이에서 위와 같은 사정을 들어 전소판결의 기판력이 미치지 않게 되었다고 할 수 없다.[14]

---

13) 전병서, "기판력의 정당성의 근거와 실권효", 대한변협신문 2015. 9. 14. 자 참조.
14) 대법원 1997. 1. 24. 선고 96다32706 판결. 기판력 있는 전소판결의 변론종결 후에 이와 저촉되는 후소판결이 확정된 경우에 전소판결의 기판력이 차단된다는 원심에서의 원고의 주장은 위에서 본 법리에 비추어 볼 때 이유 없어 배척될 것임이 분명하고, 후소가 전소판결의 기판력을 받는지 여부는 직권조사사항으로서 이에 관한 당사자의 주장은 직권발동을 촉구하는 의미밖에 없으므로 원심이 이에 관하여 판단하지 않았다고 하여 판단유탈의 상고이유로 삼을 수 없다.

19 기판력과 표준시 이후의 형성권 행사

1.

 사법상의 권리관계는 고정되어 있는 것이 아니라 늘 변화를 수반하기 때문에 법원의 재판을 통해 확정한 내용은 소송물에 관한 특정한 시점에서의 판단일 뿐 그 시점 이전이나 이후의 권리관계를 확정한 것이 아니고 확정할 수도 없다. 기판력은 사실심 변론종결시(표준시) 현재의 권리관계의 존부의 판단에만 생기므로 표준시 이전의 과거의 법률관계는 물론 표준시 이후의 장래의 권리관계를 확정하는 것은 아니다. 기판력은 표준시에 있어서의 권리관계의 존부판단에 생기므로 당사자는 전소 표준시 이전에 존재하였으나 그때까지 제출하지 아니한 공격방어방법의 제출권을 잃는다(기판력의 차단효 내지 실권효).

 그렇다면 표준시 이후에 각종 형성권을 행사하는 것이 전소판결의 기판력에 저촉되는가? 경우를 나누어 살펴보기로 한다.

2.

 대체로 취소권·해제권 등 일반적인 형성권의 경우 표준시 뒤의 행사를 부정한다. 전소 확정판결의 변론종결 전에 이미 발생한 취소권·해제권 등을 후소에서 행사하여 전소 확정판결의 기판력을 부인할 수 없다. 그러나 표준시 뒤의 형성권 행사라고 하더라도 그 형성권이 전소 확정판결의 변론종결 전에 계약상의 하자나 계약위반 등으로 이미 발생한 형성권에 기한 것이 아니라 전소 변론종결 뒤에 발생한 형성권 행사의 경우는 달리 본다.

〈사례 19-1〉 甲이 乙을 상대로 X 토지의 인도를 구하는 소를 제기하였으나, 甲이 乙에게 X 토지를 증여하였다는 이유로 청구기각판결을 받고 확정되었다. 甲이 후에 乙에 대한 증여는 서면에 의하지 않은 것이므로 증여의 해제권을 행사했다는 이유로 X 토지의 인도를 구할 수 있는가?

 ☞ 대부분의 학설은 무효사유의 주장도 기판력에 의하여 차단되는 이상 그보다 가벼운 취소나 해제사유의 주장(취소권·해제권 행사)에 대하여 차단효를 인정하지 않는다면 형평에 어긋나고 법적 안정성을 해하게 되어 기판력 제도에 반한다고 본다. 이에 대하여 취소권·해제권의 실체법적 성격을 중시하여 전소 사실심 변론종결 후에 취소권 또는 해제권을 행사하여 그 행사의 결과를 후소

에서 주장하는 것은 전소판결의 기판력에 의하여 차단되지 않는다는 소수설이 있다. 판례는 차단효를 긍정하는 입장이다.

판례에 따르면 기판력은 후소와 동일한 내용의 전소의 변론종결 전에 있어서 주장할 수 있었던 모든 공격 방어방법에 미치므로 해제사유가 전소의 변론종결 전에 존재하였다면 그 변론종결 후에 해제의 의사표시를 하였다고 하여도 이는 기판력에 저촉된다. 확정판결의 변론종결 전에 이미 발생하였던 취소권(또는 해제권)을 그 당시에 행사하지 않음으로 인하여 취소권자(또는 해제권자)에게 불리하게 확정되었다 할지라도 확정 후 취소권(또는 해제권)을 뒤늦게 행사함으로써 동 확정의 효력을 부인할 수는 없게 된다.

사례에서 甲이 전소에서 최종 사실심 변론종결 전에 이미 발생하고 있던 乙에 대한 서면에 의하지 아니한 증여의 해제권을 행사하지 않음으로써 甲 패소판결이 확정된 후에 甲이 그 해제권을 비로소 행사하였다 하더라도 이는 기판력에 저촉되어 주장할 수 없다.[1]

〈사례 19-2〉 乙은 건물소유를 목적으로 甲 소유의 토지를 임차하였다. 甲은 乙을 피고로 하여 이 토지 위의 건물의 철거와 대지의 인도를 구하는 소를 제기하였다. 법원은 甲의 청구를 전부 인용하는 판결을 선고하여 그대로 확정되었다.
甲은 이 판결을 집행권원으로 하여 강제집행을 신청하였다. 이 경우 乙이 강제집행을 정지시킬 수 있는 방법은 무엇인가?

☞ 표준시 후의 건물매수청구권의 행사와 관련하여 <u>전소의 변론종결 전에 발생한 형성권을 행사하지 않고 있다가 변론종결 후에 이를 행사하는 것이 실권효에 저촉되는가</u>에 관하여 학설이 나뉜다.

(1) 비실권설 : 모든 형성권은 변론종결 후에 행사하면 그 후에 발생한 사유로 보고 실권되지 않는다.[2]
(2) 상계권 및 건물매수청구권비실권설 : 취소권·해제권 등 다른 형성권은 실권되지만 상계권과 건물매수청구권만은 예외로 본다.[3] 판례는 상계권 및 건물매수청구권비실권설의 입장이다.
(3) 제한적 상계실권설 : 상계권이 있음을 알면서 전에 행사하지 않은 경우 실권된다.[4]
(4) 상계권실권설 : 상계권을 포함한 모든 형성권이 실권된다.

---

1) 통설·판례는 표준시 이후에 상계권을 제외한 해제권, 취소권 등 형성권의 행사에 소극적이다. 이에 대하여는 전소송의 변론종결 전에 취소권, 해제권 등의 형성권이 생겼더라도 이 권리를 그 소송의 변론종결 전에 행사하여야 할 의무가 있는 것이 아니고, 변론종결 뒤에 취소나 해제를 하는 것은 변론종결 후에 새로운 사정이 생긴 것이므로 기판력의 범위 밖에 있다고 보아야 한다는 비판이 있다. 계약상의 option이나 해지권은 차단되지 않는다. 이시윤, p.645.
2) 호문혁, p.726은 형성권을 행사한 적이 없음에도 기판력에 의해 차단된다고 하는 것은 형성권행사기간을 소송법이 단축하는 결과가 되고 기판력 표준시 이후에 형성권을 행사하면 그때 비로소 법률관계가 변동되고 이는 표준시 이후에 새로 발생한 사정이므로 기판력이 거기까지 미친다고 해서는 안 된다고 한다.
3) 김홍엽, p.827; 정동윤/유병현/김경욱, p.749.
4) 이시윤, p.644

다수설은 표준시 전에 행사하지 아니한 임차인의 건물매수청구권도 상계권에 준하여 어느 때나 실권되지 아니하며 확정판결 뒤에 청구이의사유로 삼을 수 있다고 한다. 건물의 소유를 목적으로 하는 토지 임대차에 있어서, 임대차가 종료함에 따라 토지의 임차인이 임대인에 대하여 건물매수청구권을 행사할 수 있음에도 불구하고 이를 행사하지 아니한 채, 토지의 임대인이 임차인에 대하여 제기한 토지인도 및 건물철거청구 소송에서 패소하여 그 패소판결이 확정되었다고 하더라도, <u>그 확정판결에 의하여 건물철거가 집행되지 아니한 이상</u> 토지의 임차인으로서는 건물매수청구권을 행사하여 별소로써 임대인에 대하여 건물매매대금의 지급을 구할 수 있다.[5]

사례에서 乙은 甲의 강제집행에 대하여 청구이의의 소를 제기하고(민집 제44조), 강제집행정지결정을 받아(동법 제46조) 이 결정정본을 집행기관에 제출하여 강제집행을 정지시킬 수 있다.

〈사례 19-3〉 甲은 乙을 상대로 1,000만원의 대여금청구소송을 제기하였다. 乙은 甲에게 1,000만원의 물품대금채권이 있었으나 위 소송에서 상계권을 행사하지 아니하여 甲의 청구가 전부 인용되고 동 판결이 확정되었다. 甲이 위 확정판결을 집행권원으로 강제집행을 개시하자 乙이 甲에게 상계의 의사표시를 하였다는 이유로 청구이의의 소를 제기할 수 있는가?[6]

☞ 당사자 쌍방의 채무가 서로 상계적상에 있다 하더라도 그 자체만으로 상계로 인한 채무소멸의 효력이 생기는 것은 아니고, 상계의 의사표시를 기다려 비로소 상계로 인한 채무소멸의 효력이 생기는 것이므로, 채무자가 집행권원인 확정판결의 변론종결 전에 상대방에 대하여 상계적상에 있는 채권을 가지고 있었다 하더라도 집행권원인 확정판결의 변론종결 후에 이르러 비로소 상계의 의사표시를 한 때에는 민사집행법 제44조가 규정하는 '이의원인이 변론종결 후에 생긴 때'에 해당하는 것으로서, <u>당사자가 집행권원인 확정판결의 변론종결 전에 자동채권의 존재를 알았는가 몰랐는가에 관계없이 적법한 청구이의 사유로 된다.</u>[7]

표준시 뒤의 상계권의 행사를 허용하는 통설·판례(상계권비실권설)[8]에 대하여 상계권이 있음을 알고 이를 행사하지 않은 경우에는 실권된다는 견해(제한적 상계실권설)가 있다.

사례에서 乙이 전소 변론종결 당시 반대채권이 존재하고 상계적상이 있으며 그 사실을 알고 있었다 하더라도 후에 甲의 강제집행에 대하여 상계를 주장하며 청구이의의 소를 제기할 수 있다.

〈사례 19-4〉 甲은 乙에게 건물소유를 목적으로 甲 소유 토지를 임대하였다. 甲은 乙을 상대로 토지인도 및 건물철거청구의 소를 제기하여 승소확정판결을 받았다. 甲은 이 확정판결을 집행권원으로 하여 강제집행을 신청하였다.
이 경우 乙이 강제집행을 정지시킬 수 있는 방법은 무엇인가? 乙이 甲으로부터 건물의 소유를 목적으로 토지를 임차하였으므로 건물에 대하여 건물매수청구권을 행사하여 별소로써 甲에 대하여 건물 매매대금

---

5) 대법원 1995. 12. 26. 선고 95다42195 판결.
6) 2020년 제9회 변호사시험 사례형 유사문제.
7) 대법원 2005. 11. 10. 선고 2005다41443 판결.
8) 상계가 출혈적 항변인 점과 상계권은 독립된 권리일 뿐 소구채권에 붙은 하자가 아니라는 점 등을 근거로 든다.

의 지급을 구할 수 있는가? 전소 확정판결의 기판력은 전소 변론종결일 당시의 甲의 乙에 대한 토지인도청구권 및 건물철거청구권의 존재에 미치며, 乙주장의 임차권은 위 변론종결일 전부터 존재하던 것으로서 위 토지인도청구권을 다투는 방법에 불과하므로, 乙이 지금에 와서 임차권을 주장하는 것은 전소 확정판결의 기판력에 저촉되어 허용되지 않는 것인가?

☞ 기판력의 시적 범위와 형성권의 행사

(1) 건물의 소유를 목적으로 하는 토지 임대차에 있어서, 임대차가 종료함에 따라 토지의 임차인이 임대인에 대하여 건물매수청구권을 행사할 수 있음에도 불구하고 이를 행사하지 아니한 채, 토지의 임대인이 임차인에 대하여 제기한 토지인도 및 건물철거청구 소송에서 패소하여 그 패소판결이 확정되었다고 하더라도, <u>그 확정판결에 의하여 건물철거가 집행되지 아니한 이상</u> 토지의 임차인으로서는 건물매수청구권을 행사하여 별소로써 임대인에 대하여 건물 매매대금의 지급을 구할 수 있다.9)

(2) 표준시 뒤의 건물매수청구권의 행사가 허용되는 것은 표준시 이전에 이를 모르고 행사하지 아니한 대로 한정함이 옳다는 견해가 있으나,10) 건물매수청구권은 취소권·해제권 등과 마찬가지로 형성권이지만 건물철거 및 대지인도청구권의 발생원인에 내재하는 흠에 기한 것이라거나 그 발생원인으로부터 발생된 것이라고 볼 수 없고 임차인 보호라는 정책적 이유에서 인정된 건물소유자의 독립된 권리로서 상계권과 마찬가지로 그 행사에 의해 새로운 소송물을 구성하는 형성권으로 본다.11)

(3) 사례에서 전소 확정판결의 기판력은 전소에서의 소송물인 토지인도청구권 및 건물철거청구권의 존부에 대한 판단에 대하여만 발생하는 것이고 토지의 임차권의 존부에 대하여까지 미친다고 할 수는 없다. 乙로서는 甲이 전소 건물철거의 확정판결에 따른 건물에 대한 철거집행을 저지하기 위하여 청구이의의 소를 제기하면서 잠정처분으로 집행정지결정을 받아야 한다.12)

〈사례 19-5〉 백지어음 소지인이 어음금 청구소송의 사실심 변론종결일까지 백지 부분을 보충하지 않아 패소판결을 받고 그 판결이 확정된 경우, 백지보충권을 행사하여 완성한 어음에 기하여 전소의 피고를 상대로 다시 동일한 어음금을 청구할 수 있는가?

☞ 약속어음의 소지인이 어음요건의 일부를 흠결한 이른바 백지어음에 기하여 어음금 청구소송(이하 '전소'라고 한다)을 제기하였다가 위 어음요건의 흠결을 이유로 청구기각의 판결을 받고 위 판결이 확정된 후 위 백지 부분을 보충하여 완성된 어음에 기하여 다시 전소의 피고에 대하여 어음금 청구소송(이하 '후소'라고 한다)을 제기한 경우에는, 원고가 전소에서 어음요건의 일부를 오해하거나 그 흠결을 알지 못했다고 하더라도, 전소와 후소는 동일한 권리 또는 법률관계의 존부를 목적으로 하는 것이어서 그 소송물은 동일한 것이다.

---

9) 대법원 1995. 12. 26. 선고 95다42195 판결.
10) 이시윤, p.645.
11) 김홍엽, p.829 참조.
12) 김홍엽, p.828.

확정판결의 기판력은 동일한 당사자 사이의 소송에 있어서 변론종결 전에 당사자가 주장하였거나 주장할 수 있었던 모든 공격 및 방어방법에 미치는 것이므로, 약속어음의 소지인이 전소의 사실심 변론종결일까지 백지보충권을 행사하여 어음금의 지급을 청구할 수 있었음에도 위 변론종결일까지 백지 부분을 보충하지 않아 이를 이유로 패소판결을 받고 그 판결이 확정된 후에 백지보충권을 행사하여 어음이 완성된 것을 이유로 전소 피고를 상대로 다시 동일한 어음금을 청구하는 경우에는, 위 백지보충권 행사의 주장은 특별한 사정이 없는 한 전소판결의 기판력에 의하여 차단되어 허용되지 않는다.13)

---

13) 대법원 2008. 11. 27. 선고 2008다59230 판결.

20 정기금판결의 기판력과 사정변경

1.

원고가 인신사고로 인한 손해배상청구를 하는 경우 정기금 방식 또는 일시금 방식 가운데 어떤 방식에 의하여 청구할 것인지는 원칙적으로 손해배상청구권자인 원고가 임의로 선택할 수 있다. 다만 예외적으로 특별한 사정이 있는 때에는 원고가 일시금 지급을 청구한 데 대하여 법원은 정기금 방식으로 지급하라는 판결을 할 수 있다.[1])

인신사고로 인한 손해배상청구 외에도 토지의 인도시까지 임료 상당의 부당이득금으로 정기금의 지급을 명하는 경우도 많다. 양육비나 부양료를 매년 또는 매월 정기금으로 지급하는 방식도 일반적이다.

〈사례 20-1〉 甲은 자기 소유의 X 토지를 법률상 원인 없이 점유하고 있는 乙을 상대로 그 토지의 임료상당액인 월 100만 원씩의 장래의 부당이득반환청구의 소를 제기하여 승소확정판결을 받았다. 그로부터 5년이 지난 뒤 지가와 임료가 현저히 상승하여 임료가 월 200만 원으로 올랐다. 甲이 乙을 상대로 새로이 임료 상승분 100만 원을 추가로 지급할 것을 소송상 청구하려면 어떠한 방법이 있는가?

종전에는 정기금판결 뒤 사정변경의 문제를 명시적 일부청구로 처리하였으나,[2]) 2002년 개정 민사소송법 제252조는 **정기금판결에 대한 변경의 소**를 도입하였다. 이 소는 정기금의 지급을 명한 판결이 확정된 뒤에 그 액수 산정의 기초가 된 사정이 현저하게 바뀜으로써 당사자 사이의 형평을 해할 특별한 사정이 생긴 경우에 장차 지급할 정기금의 액수를 바꾸어달라고 청구하는 소를

---
1) 상해의 후유증이 기대여명에 어떠한 영향을 미쳐 얼마나 단축될 것인가는 후유증의 구체적 내용에 따라 의학적 견지에서 개별적으로 판단하여야 할 것인바, 신체감정촉탁에 의한 여명의 감정결과는 의학적 판단에 속하는 것으로서 특별한 사정이 없는 한 그에 관한 감정인의 판단은 존중되어야 하되, 이러한 전문 감정인의 감정결과에 의하더라도 피해자의 기대여명의 예측이 불확실하다고 판단되는 경우에는 일실수입 손해와 향후치료비 손해 등을 산정함에 있어서 피해자가 확실히 생존하고 있으리라고 인정되는 기간 동안의 손해는 일시금의 지급을 명하고 그 이후의 기간은 피해자의 생존을 조건으로 정기금의 지급을 명할 수 있다(대법원 2010. 2. 25. 선고 2009다75574 판결).
2) 토지의 소유자가 법률상 원인 없이 토지를 점유하고 있는 자를 상대로 장래의 이행을 청구하는 소로서, 그 점유자가 토지를 인도할 때까지 토지를 사용 수익함으로 인하여 얻을 토지의 임료에 상당하는 부당이득금의 반환을 청구하여, 그 청구의 전부나 일부를 인용하는 판결이 확정된 경우에, 그 소송의 사실심 변론종결 후에 토지의 가격이 현저하게 앙등하고 조세 등의 공적인 부담이 증대되었을 뿐더러 그 인근 토지의 임료와 비교하더라도 그 소송의 판결에서 인용된 임료액이 상당하지 아니하게 되는 등 경제적 사정의 변경으로 당사자간의 형평을 심하게 해할 특별한 사정이 생긴 때에는, 토지의 소유자는 점유자를 상대로 새로 소를 제기하여 전소 판결에서 인용된 임료액과 적정한 임료액의 차액에 상당하는 부당이득금의 반환을 청구할 수 있다고 봄이 상당하다(대법원 1993. 12. 21. 선고 92다46226 전원합의체 판결).

말한다. 따라서 위 사례에서 甲은 乙을 상대로 전소 확정판결의 변경신청과 함께 이행판결을 구하는 정기금판결에 대한 변경의 소를 제기할 수 있다.

정기금판결에 대한 변경의 소는 확정판결의 변경을 목적으로 하는 소로서 소송법상의 형성의 소이다. 이 소는 판결확정 후 사정변경을 이유로 집행력을 배제시키는 것을 목적으로 하는 **청구이의의 소**와 달리 확정판결의 기판력의 변경을 목적으로 하는 소이다. 그러한 의미에서 확정판결의 기판력을 배제하는 **재심**의 소와 유사한 기능을 한다. 그러나 원고가 변경의 소에서 청구하는 것은 전소 확정판결에서 명한 급부의 내용을 장래를 향하여 변경해 달라고 하는 것이지 전소 확정판결을 고쳐서 정기금채무를 소급하여 변경해 달라는 것이 아니다. 따라서 전소의 소송물과 변경의 소의 소송물은 다르다.3)

이러한 정기금판결에 대한 변경의 소는 정기금판결의 확정 뒤에 발생한 현저한 사정변경을 이유로 확정된 정기금판결의 기판력을 예외적으로 배제하는 것을 목적으로 하므로, 확정된 정기금판결의 당사자 또는 민사소송법 제218조 제1항에 의하여 그 확정판결의 기판력이 미치는 제3자만이 정기금판결에 대한 변경의 소를 제기할 수 있다고 봄이 타당하다. 현저한 사정의 주장·증명책임은 변경의 소를 제기한 원고가 부담한다.

한편 토지의 소유자가 소유권에 기하여 그 토지의 무단 점유자를 상대로 차임 상당의 부당이득반환을 구하는 소송을 제기하여 무단 점유자가 그 점유 토지의 인도 시까지 매월 일정 금액의 차임 상당 부당이득을 반환하라는 판결이 확정된 경우, 이러한 소송의 소송물은 채권적 청구권인 부당이득반환청구권이므로, 위 소송의 변론종결 후에 위 토지의 소유권을 취득한 사람은 민소법 제218조 제1항에 의하여 위 확정판결의 기판력이 미치는 변론을 종결한 뒤의 승계인에 해당한다고 볼 수 없다. 따라서 토지의 전 소유자가 제기한 부당이득반환청구소송의 변론종결 후에 그 토지의 소유권을 취득한 사람에 대해서는 위 소송에서 내려진 정기금 지급을 명하는 확정판결의 기판력이 미치지 아니하므로, 이러한 토지의 새로운 소유자가 그 토지의 무단 점유자를 상대로 다시 부당이득반환청구의 소를 제기하지 아니하고, 그 토지의 전 소유자가 앞서 제기한 위 부당이득반환청구소송에서 내려진 정기금판결에 대하여 변경의 소를 제기하는 것은 부적법하다.4)

2.

정기금판결에 대한 변경의 소는 판결 확정 뒤에 발생한 사정변경을 요건으로 하므로, 단순히 종전 확정판결의 결론이 위법·부당하다는 등의 사정을 이유로 본조에 따라 정기금의 액수를 바꾸어 달라고 하는 것은 허용될 수 없다.5)

---

3) 호문혁, 민사소송법(제14판), p.790~791 참조.
4) 대법원 2016. 6. 28. 선고 2014다31721 판결. 정기금 산정을 제외한 부분에 대하여는 전소 확정판결과 다른 판단을 할 수 없다.
5) 대법원 2016. 3. 10. 선고 2015다243996 판결.

확정판결은 주문에 포함한 것에 대하여 기판력이 있고, 변론종결시를 기준으로 하여 이행기가 장래에 도래하는 청구권이더라도 미리 청구할 필요가 있는 경우에는 장래이행의 소를 제기할 수 있으므로, 이행판결의 주문에서 변론종결 이후 기간까지 급부의무의 이행을 명한 이상 확정판결의 기판력은 주문에 포함된 기간까지의 청구권의 존부에 대하여 미치는 것이 원칙이고, 다만 장래 이행기 도래분까지의 정기금의 지급을 명하는 판결이 확정된 경우 그 소송의 사실심 변론종결 후에 액수 산정의 기초가 된 사정이 뚜렷하게 바뀜으로써 당사자 사이의 형평을 크게 해할 특별한 사정이 생긴 때에는 전소에서 명시적인 일부청구가 있었던 것과 동일하게 평가하여 전소판결의 기판력이 차액 부분에는 미치지 않는다.[6]

〈사례 20-2〉 甲은 자신의 X 토지를 2015. 3. 2.부터 乙이 무단 점유하면서 이를 도로로 사용하고 있다는 사실을 알게 되었다. 甲은 乙과 합의하여 일정한 액수의 배상액을 받기를 원했으나 둘은 합의에 이르지 못하였다. 이에 甲은 2017. 7. 25. 乙을 상대로 X 토지에 관하여 월 200만 원의 차임 상당의 부당이득반환을 구하는 소를 제기하였다. 제1심 법원은 X 토지의 월차임을 150만 원으로 인정한 뒤, 乙은 甲에게 2015. 3. 2.부터 2017. 7. 25.까지는 차임 상당의 부당이득(기존 차임)을 반환하고, 2017. 7. 26.부터 피고의 점유종료일까지는 월 150만 원의 부당이득금을 정기금으로 지급하라는 취지의 판결을 선고하였다

〈1〉 원고는 이에 불복하여 항소를 제기하였으나 정기금 지급을 명한 부분에 대해서는 항소취지를 누락하였다. 항소심은 이 사건 토지가 '도로'가 아닌 '대지'임을 전제로 위 기존 차임 부분에 대해 월 500만 원의 비율로 산정한 차임 상당의 부당이득을 반환하라고 판결하였으나 정기금 청구 부분은 항소가 없었으므로 이를 변경하지 않았으며, 이 판결은 상고심에서 그대로 확정되었다. 그 후 원고는 전소 항소심에서 항소취지를 누락하지 않았다면 위 정기금 청구 부분에 대해서도 월 500만 원을 지급하라는 판결이 선고되었을 것이라는 이유로 변경의 소를 제기하였다. 법원은 어떠한 판결을 해야 하는가?

〈2〉 위 제1심 판결은 그대로 확정되었고, 판결확정 후 丙은 甲으로부터 이 사건 토지를 매수하여 소유권이전등기를 넘겨받았다. 丙은 위 제1심 판결의 확정 후 이 사건 토지의 시가 및 차임 상당액이 10배 이상 앙등하였다고 주장하면서 월차임을 1,000만 원으로 변경하는 변경의 소를 제기하였다. 이 소는 적법한가?

〈1〉
가. 문제의 소재
변경의 소가 제기될 수 있는 요건 중 사정변경의 주장의 의미가 문제가 된다.

나. 변경의 소의 의의 및 요건
(1) 의의 : 정기금의 지급을 명한 판결이 확정된 뒤에 그 액수산정의 기초가 된 사정이 현저하게 바뀜으로써 당사자 사이의 형평을 크게 침해할 특별한 사정이 생긴 때에는 그 판결의 당사자는 장차 지급할 정기금 액수를 바꾸어 달라는 소를 제기할 수 있는데 이를 변경의 소라 한다(민소법 제252조 제1항).

---
[6] 대법원 2011. 10. 13. 선고 2009다102452 판결.

(2) 요건 : (i) 전소의 제1심 판결법원을 전속관할로 하며, (ii) 정기금판결을 받는 당사자 또는 기판력이 미치는 제3자가 제기할 것, (iii) 정기금의 지급을 명하는 판결을 대상으로 하며 그 판결이 확정되었을 것, (iv) 판결확정 뒤에 정기금 액수산정의 기초가 된 사정이 현저하게 바뀌었을 것

다. 사정변경의 주장

당사자는 정기금판결을 구하는 전소의 변론종결 뒤에 액수산정의 기초가 되는 사실이 현저하게 변경되었음을 주장하여야 한다. 법문상 '판결이 확정된 뒤'라고 하고 있으나 기판력의 표준시와 관련하여 그 판결의 변론종결 뒤로 보아야 할 것이다.

판례는 유사한 사례에서 항소취지를 누락하지 않았다면 항소심에서 정기금 청구 부분에 대해서도 월 500만 원을 지급하라는 취지의 판결이 선고되었을 것이라는 사정은 종전 소송 판결확정 전의 사정에 불과한 것이고 판결확정 이후의 사정이라고는 볼 수 없다고 하여 종전 확정판결의 결론이 위법·부당하다는 것은 변경의 소의 이유가 될 수 없음을 분명히 하고 있다.[7]

라. 결론

사안에서 甲이 주장하고 있는 사유는 종전소송 판결확정 이후의 사정이라고 볼 수 없고, 또한 이 사건 판결확정 뒤에 그 액수 산정의 기초가 된 사정이 현저하게 바뀜으로써 당사자 사이의 형평을 크게 침해할 특별한 사정도 보이지 않으므로 부적법 각하하여야 한다.

〈2〉

가. 문제의 소재

변경의 소가 제기될 수 있는 당사자의 범위가 문제될 수 있다.

나. 변경의 소의 요건

(i) 전소의 제1심 판결법원을 전속관할로 하며, (ii) 정기금판결을 받는 당사자 또는 기판력이 미치는 제3자가 제기할 것, (iii) 정기금의 지급을 명하는 판결을 대상으로 하며 그 판결이 확정되었을 것, (iv) 판결확정 뒤에 정기금 액수산정의 기초가 된 사정이 현저하게 바뀌었을 것을 요건으로 하는 바, 본 사안과 관련해서는 丙이 정기금 판결을 받는 당사자 또는 기판력이 미치는 제3자인지 여부가 문제된다.

다. 변론종결 뒤의 승계인의 범위

(1) 변론종결 뒤의 승계인에게 기판력이 미치며, 이는 변론종결 뒤에 소송물인 권리의무 자체를 승계한 사람과 계쟁물에 관한 분쟁주체인 지위를 승계한 사람을 모두 포함된다는 것이 통설이다.

(2) 소송물인 권리의무 자체가 승계된 경우에는 별다른 제한이 없으나, 계쟁물 승계인과 관련해서는 그가 승계인에 해당하는지 여부에 관해 신·구소송물이론에 따라 차이가 있다.

- 판례의 태도인 구이론에 따르면 원고의 청구권이 물권적 청구권인 경우 대세적 효력이 있으므로 피고로부터 목적물의 점유나 등기를 취득한 사람은 승계인이 되며, 채권적 청구권인 경우에

---

[7] 대법원 2016. 3. 10. 선고 2015다243996 판결

는 승계인의 범위에 포함되지 않는다고 한다.
 - 소송법설에 따르면 물권적·채권적 청구권을 구별함이 없이 변론종결 후에 목적물을 점유나 등기를 취득한 제3자는 모두 승계인이 된다.
 (3) 소결 : 소송물이 채권적 청구권인 경우에는 변론종결 뒤에 권리를 승계한 자는 원고와 양립 가능한 권리를 가진다는 점에서 바로 기판력을 미치는 것으로 보는 데에는 한계가 있다. 판례의 태도가 타당하다.

라. 사안에의 적용 및 결론

전소 확정판결이 확정된 이후에 이 사건 토지를 매수한 丙에게는 전소 확정판결의 기판력이 미치지 않아 丙은 전소 확정판결의 변경을 구하는 소를 제기할 원고적격이 없으므로 법원은 丙의 소를 부적법 각하하여야 한다.

민사소송과 기판력 - 사례와 판례로 본 기판력의 이해

제**3**편

기판력의 특수문제

21. 화해·조정과 기판력
22. 소송계속 중 사망한 자를 당사자로 표시한 판결의 승계인에 대한 기판력
23. 반사회적 이중양도와 기판력
24. 채권자대위소송과 기판력
25. 사해행위취소소송과 기판력
26. 배당의의소송 확정판결의 기판력과 부당이득
27. 손해배상청구소송 확정판결의 기판력과 사정변경
    - 기대여명 단축 및 확장과 관련하여 -
28. 취득시효와 기판력
29. 한정승인, 상속포기와 기판력
30. 기판력과 재심
31. 기판력과 확정판결의 증명효

21 화해·조정과 기판력

1. 민사분쟁 해결과 화해·조정

ADR을 강조하는 시대상을 반영하여 민사분쟁을 화해로 해결하는 경우가 늘어가고 있다. 2020년 사법연감에 의하면 2019년도 제1심 민사본안사건 중 조정으로 종결된 사건이 4.0%, 화해로 종결된 사건이 3.1%, 항소심에서는 조정으로 종결된 사건이 11.3%, 화해(인낙 포함)로 종결된 사건이 6.6%이다. 항소심 조정률이 높다는 것은 항소심이 사실상 사실심의 최종심으로 상고심에서 항소심판결이 파기될 확률이 높지 않기 때 항소심 재판부의 눈치를 보고 화해에 이르는 경우가 많기 때문이다. 화해·조정이 민사분쟁 해결의 트렌드로 자리를 잡아 가고 있지만 '좋은 게 좋다'는 식으로 화해나 조정을 억지로 강권하는 것은 옳고 그름을 밝혀주어야 하는 법원 본연의 역할이 아니다.

재판상 화해에는 소송상 화해와 제소전 화해가 있다. **소송상 화해**는 소송계속 중 당사자 쌍방이 소송물인 권리관계의 주장을 양보하여 소송을 종료시키기로 하는 기일에서의 합의를 말하고, **제소전 화해**는 일반 민사분쟁이 소송으로 발전하는 것을 방지하기 위하여 소 제기 전에 지방법원 단독판사 앞에서 화해를 성립시키는 절차로 제소전 화해의 법적 성질, 요건 및 효력 등에 있어서는 소송상의 화해의 법리가 그대로 적용된다.

법원의 조정에는 임의조정과 강제조정으로 일컬어지는 '조정을 갈음하는 결정'이 있다. **임의조정**은 당사자 사이에 합의된 사항을 조서에 기재함으로써 성립하고 조정조서는 재판상 화해와 동일한 효력이 있다. 조정절차에서 합의가 성립되지 아니하거나, 성립된 합의내용이 적당하지 아니한 경우 등에는 직권으로 **조정을 갈음하는 결정**을 한다. 그 밖에도 화해의 촉진을 위하여 **서면화해**제도(민사소송법 제148조 제3항)와 **화해권고결정**제도, 형사피고사건에서 피고인과 피해자 사이의 민사상 다툼에 관한 화해제도(소송촉진법 제36조 이하)가 있다.

소송상 화해나 제소전 화해가 성립되어 조서에 기재한 때에는 확정판결과 동일한 효력이 있으므로 화해가 이루어진 소송물 범위 내에서 소송은 당연히 종료한다. 화해조서는 확정판결과 동일한 효력이 있으므로 화해조서 정본 및 송달증명으로 강제집행 및 등기신청이 가능하다. 화해권고결정이 확정되는 경우와 형사피고사건에서 피고인과 피해자 사이의 합의가 공판조서에 기대되는 경우 등에는 확정판결과 동일한 효력을 부여하고 있다.

법원 외 각종 분쟁조정위원회에서 조정을 하는 경우도 많다. 이 경우 관련법에서 소비자분쟁조정위원회, 의료분쟁조정위원회, 금융분쟁조정위원회 등의 조정은 **재판상 화해와 동일한 효력**을 부여하고, 약관분쟁조정협의회 등의 조정은 당사자 사이에 조정조서에 기재된 내용의 합의가 성립된 것으로 본다. 한편, 주택임대차분쟁조정위원회 및 상가건물임대차분쟁조정위원회의 조정에서 각 당사자 사이에 금전 그 밖의 대체물의 지급 또는 부동산의 인도에 강제집행을 승낙하는 취지의 합의가 있는 경우에는 집행력 있는 집행권원과 같은 효력을 부여하고 있다(주택임대차보호법 제27조 및 상가건물 임대차보호법 제21조 참조).

참고로 구 '민주화운동 관련자 명예회복 및 보상 등에 관한 법률'(2015. 5. 18. 법률 제 13289호로 개정되기 전의 것, 이하 '구 민주화보상법') 제18조 제2항은 "이 법에 의한 보상금등의 지급결정은 신청인이 동의한 때에는 민주화운동과 관련하여 입은 피해에 대하여 민사소송법의 규정에 의한 재판상 화해가 성립된 것으로 본다."라고 정하고 있었다. 헌법재판소는 2018. 8. 30. 구 민주화보상법 제18조 제2항의 '민주화운동과 관련하여 입은 피해' 중 불법행위로 인한 정신적 손해에 관한 부분은 헌법에 위반된다는 결정1)을 선고하였다. 따라서 구 민주화보상법에 따른 보상금 등을 받더라도 불법행위로 인한 정신적 손해에 대해서는 재판상 화해가 성립된 것으로 볼 근거가 사라졌다.2)

2. 소송상 화해와 기판력

재판상의 화해는 확정판결과 동일한 효력이 있고 창설적 효력을 가지는 것이어서 화해가 이루어지면 종전의 법률관계를 바탕으로 한 권리·의무관계는 소멸하나, 재판상 화해 등의 창설적 효력이 미치는 범위는 당사자가 서로 양보를 하여 확정하기로 합의한 사항에 한하며, 당사자가 다툰 사실이 없었던 사항은 물론 화해의 전제로서 서로 양해하고 있는 데 지나지 않은 사항에 관하여는 그러한 효력이 생기지 않는다.3)

소송상 화해의 성질에 관하여는 사법행위설,4) 소송행위설,5) 절충설인 양행위병존설과 양행위경합설6) 등이 있으나, 당사자 간의 화해의 실질은 소송종료의 의사와 함께 사법상의 분쟁해결결과

---

1) 헌법재판소 2018. 8. 30. 선고 2014헌바180 등 결정
2) 대법원 2020. 11. 26. 선고 2019다2049 판결. 헌법재판소는 2021. 5. 27. 구 광주민주화운동관련자보상법(5·18보상법) 제16조 제2항 중 '정신적 손해'에 관한 부분에 대해 재판관 전원일치 의견으로 위헌이라고 결정했다(2019헌가17 결정). 5·18보상법 제16조2항 "보상금 등 지급 결정은 신청인이 동의한 때에는 5·18민주화운동과 관련해 입은 피해에 대해 민사소송법의 규정에 의한 재판상 화해가 성립된 것으로 본다"라는 조항에서 '피해 중 '정신적 손해'까지 재판상 화해가 성립된 것처럼 보는 것은 과잉금지원칙에 위배된다고 결정했다.
3) 대법원 2013. 2. 28. 선고 2012다98225 판결; 대법원 2011. 7. 28. 선고 2009다90856 판결.
4) 민법상의 화해계약과 같은 것으로 보고 소송상 화해에 무효나 취소사유가 있으면 민법규정에 따라 그 효력을 다툴 수 있다는 견해이다. 이 설로는 소송상 화해로 바로 소송이 종료한다는 점을 설명하기 어렵다.
5) 그 요건과 효과가 소송법에 의해 규율되는 순순한 소송행위라고 보고 사법상의 의사표시에 관한 규정이 적용되지 않는다는 견해이다. 그러나 이 설은 소송상 화해의 내용은 그 실질이 사법상의 화해계약임을 간과하고 있다.
6) 소송의 종료를 목적으로 하는 소송행위와 사법상의 화해계약이 병존하고 있고 양 행위는 소송법과 실체법에 의하여 독립적으로 규율된다는 견해이다. 그러나 사법상의 효과와 소송법상의 효과를 별개로 다루므로 소송행위설과 같은 문제가 생긴다.

가 밀접불가분의 관계에서 결합되어 있으므로 법원에 대한 관계에서는 소송행위이나, 당사자에 대한 관계에서는 그 내용이 민법의 적용을 받는 화해계약이라고 보는 양행위경합설(양성설)이 타당하다. 이 설에서는 실체법과 소송법이 경합적으로 적용되기 때문에 실체법·소송법 중 어느 요건에 흠이 있어도 소송상 화해가 전체로서 무효가 된다.

판례는 소송행위설의 입장이나, 실효조건부 화해의 유효성을 인정하고, 화해의 창설적 효력을 인정하는 등 소송행위로서 설명할 수 없는 결과를 인정하여 동요하는 모습을 보이고 있다. 소송행위설은 민소법 제220조, 제461조를 근거로 하고 있으나, 제461조는 소송상화해에 확정력을 부여하는 규정이고, 소송상화해를 소송행위라고 단정한 것으로 보기는 어렵다.

화해조서가 작성되면 확정판결과 같은 효력이 있고, 기판력, 집행력, 형성력이 인정된다. 소송상 화해의 성질에 관하여 사법행위설이나 양행위경합설을 따르면 기판력을 인정할 수 없을 것이나, 민소법 제461조가 화해의 하자의 구제수단으로 준재심의 제도를 마련하고 있는 이상 현행법의 해석론으로는 집행력, 형성력뿐만 아니라 기판력도 인정할 수밖에 없다. 다만 판례는 공유물분할에 관한 소송상 화해 내지 조정이 성립하는 경우 확정판결과 같은 형성력을 인정하지 아니한다.[7] 화해조서의 작성으로 소송이 종료하고 소송계속이 소멸한다.

기판력의 인정범위에 관하여 제한적 기판력설과 무제한기판력설이 대립하나, 판례는 무제한기판력설을 따른다. 즉, 재판상의 화해를 조서에 기재한 때에는 그 조서는 확정판결과 동일한 효력이 있고 당사자 간에 기판력이 생기는 것이므로 확정판결의 당연무효 사유와 같은 사유가 없는 한 재심의 소에 의하여만 효력을 다툴 수 있다. 참고로 소송상 화해에 실체법상의 하자가 있는 경우에는 기판력을 인정하지 않는 제한적 기판력설에서는 기일지정신청이나 화해무효확인청구가 가능하다고 한다. 기판력 부정설에서는 화해에 무효·취소원인이 있을 때에는 당사자는 기일지정신청이나 화해무효확인청구의 소 또는 청구이의의 소 가운데 어느 것을 선택하여도 좋다고 한다.

소송상화해가 **준재심**에 의하여 취소되면 종료되었던 소송이 부활한다. 소송상화해가 준재심의 소에 의하여 취소되고 그 준재심재판이 확정되면 재판상화해의 효력은 소멸되고, 따라서 그 재판상화해로 인하여 생긴 모든 법률효과는 당연히 실효된다.

참고로 **소송상 화해의 효력을 다투는 구제수단**으로는 다음과 같은 방법들이 있다.[8]

> (1) 당연무효 사유로 다투는 경우 → 당사자 일방이 사망한 자를 상대로 한 화해나 화해조서 기재내용이 특정되지 않는 등 화해조서의 당연무효 사유를 주장하며 기일지정신청을 한 때에는 법원으로서는 그 무효사유의 존재 여부를 가리기 위하여 기일을 지정하여 심리를 한 다음 무효사유가 존재한다고 인정되지 아니한 때에는 판결로써 소송종료선언을 하게 된다.

---

[7] 대법원 2013. 11. 21. 선고 2011두1917 전원합의체 판결
[8] 김홍엽, 민사소송법(제9판), p.802~804 참조.
[9] 재판상의 화해를 조서에 기재한 때에는 그 조서는 확정판결과 동일한 효력이 있고 당사자 간에 기판력이 생기는 것이므

(2) 당연무효 외의 사유로 다투는 경우 → 준재심의 방법. 준재심사유는 민소법 제451조 제1항 제2호, 제3호, 제5호가 주로 문제될 것이다.
(3) 화해조서상의 의무불이행을 이유로 화해조서의 실효나 화해계약의 해제를 주장하는 경우 → 소송상 화해의 실효를 이유로 기일지정신청 불가9)
(4) 화해조서가 서로 모순·저촉되는 경우 → 제1화해가 당연히 실효되거나 변경되고 제1화해조서의 집행으로 마쳐진 소유권이전등기 등이 무효로 되는 것은 아니다. 제2화해가 준재심사유가 된다.

〈사례 21-1〉 甲은 乙로부터 X 부동산을 5억 원에 매수하였다며 2020. 3. 2. 乙을 상대로 "乙은 甲에게 X 부동산에 관하여 2018. 7. 1. 매매를 원인으로 한 소유권이전등기절차를 이행하라."라는 취지의 소유권이전등기청구의 소를 제기하였다.
위 소송계속 중 2021. 2. 2. 甲과 乙은 다음과 같이 **소송상 화해**를 하였다.
〈화해조항〉
1. "乙은 甲에게 X 부동산에 관하여 2018. 7. 1. 매매를 원인으로 한 소유권이전등기절차를 이행한다.
2. 甲은 乙에게 매매잔대금 1억 원을 2021. 6. 30.까지 지급한다.
3. 소송비용 및 화해비용은 각자 부담한다."
그런데 乙은 위 화해조항에 따라 甲 명의로 소유권이전등기를 마쳐주었음에도 甲이 매매잔대금 1억 원을 지급하지 않아서 위 매매계약이 잔대금미지급으로 해제되었고 그로 인해 위 소송상 화해도 효력이 없다고 주장하면서, 甲을 상대로 X 부동산에 관한 甲 명의의 소유권이전등기의 말소를 구하는 소('후소')를 제기하였다.
乙의 주장대로 甲이 화해조항에 따른 매매잔대금 1억 원을 지급하지 않았다면, 법원은 乙의 후소 청구에 대해 어떤 판결을 하여야 하는가?10)

[문제 해결의 방향]

가. 문제의 소재

화해조항에서 정한 의무를 이행하지 아니하였음을 이유로 재판상 화해의 해제를 주장하는 것과 같은 화해조서의 취지에 반하는 주장을 할 수 있는가?

나. 소송상 화해의 성질

(1) **학설** : 소송상 화해를 민법상 화해계약과 같이 보는 사법행위설, 민법상 화해계약과는 전혀 다른 소송행위로 보는 소송행위설, 절충설로 소송상 화해를 민법상 화해계약과 소송행위 등 2개 병존하고 각각 독립적, 개별적으로 소송법과 실체법 원칙의 지배를 받는다고 하는 양행위병존설,

---

로 확정판결의 당연무효 사유와 같은 사유가 없는 한 준재심의 소에 의하여만 효력을 다툴 수 있고, 화해조항에서 정한 의무를 이행하지 아니하였음을 이유로 재판상 화해의 해제를 주장하는 것과 같은 화해조서의 취지에 반하는 주장을 할 수 없으며, 이러한 이치는 재판상 화해와 동일한 효력이 있는 조정조서에 대하여도 마찬가지라 할 것이다(대법원 2012. 4. 12. 선고 2011다109357 판결). 제한적 기판력설과 기판력 부정설에서는 화해의 해제를 인정한다(정동윤/유병현/김경욱, 민사소송법[제8판], 법문사, 2020, p.732 참조).
10) 2019년 제8회 변호사시험 문제 援用.

민법상의 화해계약과 동시에 소송행위의 성질을 가진 1개의 경합된 행위로 보고, 법원에 대한 관계에서는 소송법의 적용을 받지만 당사자들 사이에서는 민법의 적용을 받는다는 양행위경합설 등이 있다.

(2) 판례 : 기본적으로 **소송행위설**의 입장에 있으면서 소송상 화해는 민법상 화해계약과 마찬가지로 종전의 법률관계를 바탕으로 한 권리의무관계를 소멸시키는 창설적 효력이 있다고 한다.

다. 이 사건 소송상 화해의 효력

(1) 전소에서 소송상 화해에 따른 기판력은 소송상 화해의 성립 당시를 기준으로 甲과 乙 사이에 화해조항과 같은 권리의무를 가진다는 데에 미치고, 실체법적 권리관계도 그와 같은 내용으로 창설된다.

(2) 전소에서 甲과 乙 사이의 매매계약은 (해제권 발생의 요건이 갖추어져 있었다면) 소장부본의 송달로써 적법하게 해제되었으나, 그 해제 여부는 선결문제에 해당할 뿐 화해조항(판결주문에 해당)에서 판단되는 사항이 아니므로 소송법상 그에 대한 판단에는 기판력이 발생하지 않는다.

(3) 소송상 화해가 성립하면 그 조서는 **확정판결과 동일한 효력**을 가지므로(민소법 제220조) **기판력**도 발생하고, 준재심에 의하여 취소 또는 변경이 없는 한 당사자는 그 화해의 취지에 반하는 주장을 할 수 없으므로, 당사자는 화해내용에 따른 의무이행을 하지 않는다 하여 소송상 화해의 실효 또는 해제를 주장할 수는 없다(무제한 기판력설).

라. 결어(사안의 적용)

(1) 甲과 乙이 소송상 화해를 함으로써 종전의 매매계약에 기초한 법률관계는 소멸하고 소송상 화해에 기초한 새로운 권리의무관계가 창설된다. 따라서 乙은 甲이 소송상 화해에 따른 의무불이행을 이유로 소송상 화해의 효력을 부인할 수 없다.

(2) 乙의 후소 청구는 이 사건 소송상 화해의 기판력에 모순되는 청구를 하는 것이어서 법원은 乙의 청구를 기각하여야 한다.

〈사례 21-2〉 甲은 2020. 3. 1. 乙에게 자신의 소유인 X 토지를 5억 원에 매도하면서 계약 당일 계약금 5,000만 원을 지급받았고, 같은 해 4. 1. 중도금 1억 5,000만 원, 같은 해 5. 1. 소유권이전등기에 필요한 서류의 교부 및 X 토지의 인도와 상환으로 잔대금 3억 원을 지급받기로 합의하였다(이하 '이 사건 매매계약').
甲은 2020. 4. 1. 중도금 1억 5,000만 원을 지급받고서 당일 X 토지를 乙에게 인도하여 주었는데, 乙은 같은 해 4. 15. X 토지를 丁에게 임대하기로 계약하고 이를 丁에게 인도하여 주었다.
甲이 소장의 청구원인란에서 乙의 채무불이행을 이유로 매매계약을 해제한다고 주장하면서 X 토지에 관하여 乙을 상대로 하여서는 계약해제에 따른 원상회복으로, 丁을 상대로 하여서는 소유권에 기하여 각 인도를 구하는 청구를 병합하여 소('전소')를 제기하였고, 그 소장부본이 乙, 丁에게 교부송달의 방식으로 적법하게 송달되었다.
그 후 제1회 변론기일에 다음과 같은 내용으로 소송상 화해가 성립되었다.

> **〈화해조항〉**
> 1. 丁은 2021. 2. 1.까지 甲에게 X 토지를 인도한다.
> 2. 甲은 2021. 4. 1.까지 乙에게 매매대금 2억 원을 반환한다.
> 3. 甲과 乙은 이 사건 매매계약과 관련된 나머지 청구를 모두 포기한다."
> 4. 소송비용 및 화해비용은 각자 부담한다.
>
> 丁이 2021. 7. 1. 戊에게 X 토지를 전대하여 인도한 채 위 화해조항에 따른 의무를 이행하지 아니하자, 甲은 丁의 의무불이행을 이유로 위 소송상 화해를 모두 해제한다고 주장하면서, 戊를 상대로 소유권에 기하여 X 토지의 인도를 구하는 소('후소')를 제기하였다.
> '후소에서 위 소송상 화해 성립사실이 주장, 증명된다면 후소 법원은 어떻게 판단하여야 하는가?11)

[문제 해결의 방향]

가. 쟁점의 정리

甲과 丁 사이의 소송상 화해가 성립한 후 丁으로부터 X 토지를 인도받은 戊에게 위 소송상 화해의 효력이 미치는가?

나. 소송상 화해와 기판력 : 무제한 기판력설

다. 기판력의 주관적 범위와 계쟁물의 승계인

(1) 소송물의 승계 : 모두 변론종결 후의 승계인
(2) 계쟁물 승계
  ① 소송물이 물권적 청구권인 경우 → 변론종결 후의 승계인
  ② 소송물이 채권적 청구권인 경우 → 변론종결 후의 승계인이 아님.

다. 이 사건 소송상 화해의 창설적 효력

(1) 전소에서 소송상 화해에 따른 기판력은 소송상 화해 성립 당시를 기준으로 甲과 乙 사이에 화해조항과 같은 권리의무를 가진다는 데에 미치고, 실체법적 권리관계도 그와 같은 내용으로 창설된다.

(2) 전소에서 甲과 乙 사이의 매매계약은 (해제권 발생의 요건이 갖추어져 있었다면) 소장부본의 송달로써 실체법상 해제되었으나, 그 해제 여부는 선결문제에 해당할 뿐 화해조항(판결에서의 주문에 해당함)에서 판단되는 사항이 아니므로 소송법상 그에 대한 판단에는 기판력이 발생하지 않는다.

(3) 소송상 화해가 성립하면 그 조서는 확정판결과 동일한 효력을 가지므로(민소법 제220조) 기판력도 발생하고, 준재심에 의하여 취소 또는 변경이 없는 한 당사자는 그 화해의 취지에 반하는 주장을 할 수 없으므로, 당사자가 화해내용에 따른 의무이행을 하지 않는다 하여 소송상 화해의 실효 또는 해제를 주장할 수는 없다.

---
11) 2018년 제2회 모의고사 문제 援用.

라. 후소 법원의 심리, 판단

 (1) 전소 기판력의 주관적 범위 : 전소의 소송물은 물권적 청구권이고, 판례에 따르면 전소의 기판력은 사실심 변론종결 후의 계쟁물의 승계인에게 미친다.
 (2) 화해의 창설적 효력과 청구권의 법적 성질 : 소유권에 기한 물권적 방해배제청구로서 소유권등기의 말소를 구하는 소송이나 진정명의 회복을 원인으로 한 소유권이전등기절차의 이행을 구하는 소송 중에 그 소송물에 대하여 화해권고결정이 확정되면 상대방은 여전히 물권적인 방해배제의무를 지는 것이고, 화해권고결정에 창설적 효력이 있다고 하여 그 청구권의 법적 성질이 채권적 청구권으로 바뀌지 아니한다.12)

마. 결어(사안의 적용)

 (1) 甲의 丁에 대한 소유권에 기한 X 토지의 인도청구와 관련하여 甲과 丁 사이에 소송상 화해가 성립하였고, 戊는 전소의 기판력 발생 기준시점인 소송상 화해 성립일 이후에 계쟁물인 X 토지의 점유를 승계하였다.
 (2) 이 사건 소송상 화해의 성립일 이후에도 丁의 계쟁물인 X 토지 인도의무는 甲의 소유권에 기초한 것으로서 소송물이 물권적 청구권이므로 甲과 丁 사이의 소송상 화해에 따른 기판력이 계쟁물 승계인인 戊에게도 미친다.
 (3) 甲은 전소의 화해조서를 집행권원으로 戊에 대한 **승계집행문**을 받아 X 토지에 관한 인도집행을 할 수 있으므로, 후소 법원은 직권으로 이와 같은 사실을 조사하여 戊에 대한 후소는 소의 이익이 없음을 이유로 **소각하 판결**을 선고하여야 한다.13)

<사례 21-3> 甲은 X 토지에 관한 乙 명의의 소유권이전등기가 원인무효라는 이유로 위 소유권이전등기의 말소를 구하는 소를 제기하였다. 제3회 변론기일에 甲과 乙은 다음과 같은 내용으로 소송상 화해를 하였다.
<화해조항>
1. 乙은 甲으로부터 1억 원을 지급받음과 동시에 甲에게 X 토지에 관하여 마친 소유권이전등기의 말소등기절차를 이행한다.
2. 소송비용 및 화해비용은 각자 부담한다.
그런데 乙은 甲으로부터 1억 원을 지급받고도 甲이 위 소송상 화해에 기한 말소등기를 하고 있지 않음을 이용하여 X 토지를 丙에게 담보로 제공하고 丙을 근저당권자로 한 근저당권설정등기를 마쳐주었다.
甲이 丙을 상대로 丙 명의의 근저당권설정등기의 말소를 구하면서 乙과의 소송상 화해조서를 갑제1호증으로 소장에 첨부하여 제출하였다. 법원은 甲의 청구에 대하여 어떠한 판단을 하여야 하는가?

---

12) 대법원 2012. 5. 10. 선고 2010다2558 판결.
13) 승소판결에는 기판력이 있으므로 전소 확정판결을 받은 당사자가 전소의 상대방을 상대로 다시 승소 확정판결의 전소와 동일한 청구의 소를 제기하는 경우, 특별한 사정이 없는 한 후소는 권리보호의 이익이 없어 부적법하다(대법원 2017. 11. 14. 선고 2017다23066 판결).

[문제 해결의 방향]

가. 쟁점의 정리

甲과 乙 사이의 화해조서의 기판력이 丙에게 미치는가?

나. 기판력의 주관적 범위와 계쟁물의 승계인

다. 결어(사안의 적용)

(1) 甲의 乙에 대한 청구는 소유권에 기한 말소등기청구권으로서 물권적 청구권(민법 제215조)의 행사이고, 丙은 화해조서의 성립 후의 계쟁물의 승계인으로서 기판력이 미친다.

(2) 기판력이 미치는 丙에 대하여는 승계집행문을 부여받아 말소등기를 할 수 있으므로 甲의 丙에 대한 근저당권설정등기말소청구의 소는 권리보호의 이익이 없어 부적법 각하되어야 한다.

3. 제소전 화해와 기판력

제소전 화해조서는 확정판결과 동일한 효력(기판력, 집행력, 창설적 효력)이 있다. 제소전 화해조서에 확정판결의 당연무효 사유와 같은 사유가 없는 한 설령 그 내용이 강행법규에 위반된다 할지라도 **준재심**절차에 의하여 구제받는 것은 별문제로 하고 그 화해조서를 무효라고 주장할 수 없다. 준재심에 의하여 화해조서가 취소되었을 때에는 종전의 소송이 부활하는 소송상화해와 달리 제소전 화해는 부활할 소송이 없으므로 기일지정신청의 방법으로 다툴 수 없다. 결국 이 경우에는 결국 화해불성립이 될 것이다.

제소전 화해는 확정판결과 동일한 효력이 있고 당사자 사이의 사법상 화해계약이 그 내용을 이루는 것이면 화해는 창설적 효력을 가져 <u>화해가 이루어지면 종전의 법률관계를 바탕으로 한 권리의무관계는 소멸한다</u>. 그러나 <u>제소전 화해의 창설적 효력은 당사자 간에 다투어졌던 권리관계에만 미치는 것</u>이지 당사자가 다툰 사실이 없었던 사항은 물론 화해의 전제로서 서로 양해하고 있는 사항에 관하여는 미치지 않는다. 따라서 제소전 화해가 있다고 하더라도 화해의 대상이 되지 않은 종전의 다른 법률관계까지 소멸하는 것은 아니다.

화해조서의 내용은 원칙적으로 그 문언에 따라 해석하여야 한다. 따라서 화해조서에 있는 조항을 이른바 예문이라고 하여 쉽사리 그 효력을 부정해서는 안 된다. 그러나 그 문언만으로 그 의미가 명확하지 않은 경우에는 문언의 내용, 화해조서를 작성한 동기와 경위, 당사자가 화해조서에 의하여 달성하려고 하는 목적과 진정한 의사 등을 종합적으로 고찰하여 논리와 경험의 법칙에 따라 합리적으로 해석하여야 한다.14)

---

14) 대법원 2017. 4. 7. 선고 2016다251727 판결.

<사례 21-4> 甲은 丙의 소개로 그 소유의 X 토지를 乙에게 매도하였다. 乙 앞으로 소유권이전등기를 마치기 전에 땅값이 폭등하자 甲과 丙은 공모하여 X 토지를 다른 사람에게 처분하여 이익을 나누기로 약정하였다. 甲과 丙은 乙의 소유권이전등기청구에 대비하여 X 토지를 처분할 때까지 일단 매매를 가장하여 丙 앞으로 소유권이전등기를 마치기로 하고 법원에서 **제소전 화해**를 이용하여 丙 앞으로 소유권이전등기를 마쳤다.
그 후 위 사실을 알게 된 乙이 위 제소전 화해는 무효라고 주장하면서 甲을 대위하여 丙을 상대로 丙 앞으로 마쳐진 소유권이전등기의 말소를 구하는 소를 제기하였다. 그 소송계속 중 乙은 甲에게 대하여 소송고지를 하였다.
그러나 위 소송에서 법원의 심리결과 甲과 乙의 매매계약이 乙의 채무불이행을 이유로 적법하게 해제된 사실이 인정되어 乙에게 당사자적격이 없다는 이유로 소각하 판결이 선고되었고, 이 판결이 확정되었다.
그 후 甲이 위 제소전 화해조서가 가장매매에 의하여 이루어진 것을 이유로 그 효력을 다투어 丙을 상대로 그 소유권이전등기의 말소를 구하는 소를 제기하였다.
甲이 제기한 소는 적법한가? 또 甲의 청구는 인용될 수 있는가?

[문제 해결의 방향]

가. 문제의 소재

나. 제소전 화해조서의 효력 :

  판례는 무제한 기판력설에 따라 제소전 화해조서는 확정판결과 동일한 효력이 있어 당사자 사이에 기판력이 생기는 것이므로, 거기에 확정판결의 당연무효 사유와 같은 사유가 없는 한 설령 그 내용이 강행법규에 위반된다 할지라도 그것은 단지 제소전 화해에 하자가 있음에 지나지 아니하여 준재심절차에 의하여 구제받는 것은 별문제로 하고 그 화해조서를 무효라고 주장할 수 없다고 한다.[15]

다. 제소전 화해조서의 기판력

  전·후 양소의 소송물이 동일하지 않다고 하더라도, 후소의 소송물이 전소에서 확정된 법률관계와 모순되는 정반대의 사항을 소송물로 삼았다면 이러한 경우에는 전소 판결의 기판력이 후소에 미치는 것이고, 제소전 화해조서는 확정판결과 같은 효력이 있어 당사자 사이에 기판력이 생기는 것이므로, 원고가 피고에게 이 사건 각 토지에 관하여 매매를 원인으로 한 소유권이전등기절차를 이행하기로 한 이 사건 제소전 화해가 준재심에 의하여 취소되지 않은 이상, 그 제소전 화해에 기하여 마쳐진 소유권이전등기가 원인무효라고 주장하며 말소등기절차의 이행을 청구하는 것은 제소전 화해에 의하여 확정된 소유권이전등기청구권을 부인하는 것이어서 그 기판력에 저촉된다.

라. 기판력의 작용

  기판력은 전에 제기된 소('전소')와 후에 제기된 소('후소')의 소송물이 동일하지 않다고 하더라도, 전소의 소송물에 관한 판단이 후소의 선결문제가 되거나 후소의 소송물이 전소에서 확정된 법률

---

[15] 대법원 2002. 12. 6. 선고 2002다44014 판결.

관계와 모순관계에 있다면 전소 판결의 기판력이 후소에 미치게 되어 후소에서 전소 판결의 판단과 다른 주장을 하는 것을 허용하지 않는 작용을 한다.

마. 결어(사안의 적용)

甲의 후소는 적법하나, 甲은 이 사건 제소전 화해조서가 준재심절차에 의해 취소되지 않는 한 가장매매임을 이유로 그 효력을 부인할 수 없다. 甲은 기판력 있는 제소전 화해조서에 의하여 마쳐진 丙 명의의 소유권이전등기의 효력을 다툴 수는 없으므로 甲이 丙을 상대로 제기한 소유권이전등기말소청구는 인용될 수 없다(청구기각).

4. 조정조서 및 조정을 갈음하는 결정과 기판력

조정조서는 재판상의 화해조서와 같이 확정판결과 동일한 효력이 있고, 조정의 내용에 따라 권리의 취득과 소멸이라는 창설적 효력이 인정된다(민사조정법 제29조, 민소법 제220조, 민법 제732조). 당사자 사이에 조정이 성립하면 종전의 다툼 있는 법률관계를 바탕으로 한 권리의무관계는 소멸하고 조정의 내용에 따른 새로운 권리·의무관계가 성립한다. 그러나 조정조서에 인정되는 확정판결과 동일한 효력은 소송물인 법률관계에만 미치고 그 전제가 되는 법률관계에까지 미치지는 않는다.

부동산 소유권이전등기에 관한 조정조서의 기판력은 소송물이었던 이전등기청구권의 존부에만 미치고 부동산의 소유권 자체에까지 미치지는 않는다. 따라서 부동산 소유자가 부동산 소유권이전등기에 관한 조정의 당사자로서 조정조서의 기판력으로 말미암아 부동산등기부에 소유명의를 회복할 방법이 없어졌다고 하더라도 소유권이 그에게 없음이 확정된 것은 아니고, 부동산등기부에 소유자로 등기되어 있지 않다고 하여 소유권을 행사하는 것이 전혀 불가능한 것도 아니다. 그러한 소유자는 소유권을 부인하는 조정의 상대방을 비롯하여 제3자에 대하여 다툼의 대상이 된 부동산이 자기의 소유라는 확인을 구할 법률상 이익이 있다.16)

조정은 당사자 사이에 합의된 사항을 조서에 기재함으로써 성립하고 조정조서는 재판상의 화해조서와 같이 확정판결과 동일한 효력이 있다. 따라서 당사자 사이에 기판력이 생기는 것이므로, 거기에 확정판결의 당연무효 등의 사유가 없는 한 설령 그 내용이 강행법규에 위반된다 할지라도 그것은 단지 조정에 하자가 있음에 지나지 아니하여 준재심절차에 의하여 구제받는 것은 별문제로 하고 조정조서를 무효라고 주장할 수 없다. 그리고 조정조서가 조정참가인이 당사자가 된 법률관계도 내용으로 하는 경우에는 위와 같은 조정조서의 효력은 조정참가인의 법률관계에 관하여도 다를 바 없다.17)

조정을 갈음하는 결정에 대하여 이의신청 기간 내에 이의신청이 없으면 그 결정은 재판상의 화

---

16) 대법원 2017. 12. 22. 선고 2015다205086 판결.
17) 대법원 2014. 3. 27. 선고 2009다104960,104977 판결. 〈사례〉 부동산실명법에 위반된 명의신탁 약정이 무효이긴 하나 명의신탁을 인정하는 조정조서가 작성된 경우 그 조서를 무효라 할 수 없고 확정판결과 동일한 효력이 있으므로 그 조서에 터잡아 이루어진 소유권이전등기를 무효라고 주장하여 말소하라고 청구하는 것은 조서의 기판력에 저촉된다고 판시한 사례.

해와 같이 확정판결과 동일한 효력이 있고(민조 제30조, 제34조 참조) 이는 **창설적 효력**을 가지므로, 당사자 사이에 종전의 다툼 있는 법률관계를 바탕으로 한 권리의무관계는 소멸하고 결정된 내용에 따른 새로운 권리의무관계가 성립한다.

한편 확정된 조정을 갈음하는 결정에 인정되는 확정판결과 동일한 효력은 소송물인 권리관계의 존부에 관한 판단에만 미치므로, 소송절차 진행 중에 조정을 갈음하는 결정이 확정된 경우에 소송물 외의 권리관계에도 효력이 미치려면 특별한 사정이 없는 한 그 권리관계가 결정사항에 특정되거나 결정 중 청구의 표시 다음에 부가적으로 기재됨으로써 그 결정의 기재 내용에 의하여 소송물인 권리관계가 되었다고 인정할 수 있어야 한다.

특히 조정을 갈음하는 결정은 당사자 사이에 합의가 성립되지 아니한 경우에 조정담당판사나 수소법원이 직권으로 당사자의 이익이나 그 밖의 모든 사정을 고려하여 신청취지 내지 청구취지에 반하지 않는 한도에서 사건의 공평한 해결을 위하여 하는 결정이므로(민조 제30조 참조), 그 효력이 소송물 외의 권리관계에 미치는지 여부는 더욱 엄격하게 보아야 한다. 또한 당사자가 표시한 문언에 의하여 법률행위의 객관적인 의미가 명확하게 드러나지 않는 경우에는 문언의 내용과 그 법률행위가 이루어진 동기 및 경위, 당사자가 그 법률행위에 의하여 달성하려는 목적과 진정한 의사, 거래의 관행 등을 종합적으로 고려하여 사회정의와 형평의 이념에 맞도록 논리와 경험의 법칙, 그리고 사회일반의 상식과 거래의 통념에 따라 합리적으로 해석하여야 한다. 이러한 법리는 소송의 당사자 사이에서 조정을 갈음하는 결정이 확정된 후 그 결정사항의 해석에 관하여 다툼이 있는 경우에도 마찬가지로 적용된다.[18]

<사례 21-5> 乙은 2019. 3. 15. 甲으로부터 X 토지를 대금 1억 원에 매수하였다. 甲은 2020. 7. 1. 乙의 매매대금 미지급을 이유로 乙을 상대로 매매대금 1억 원의 지급을 구하는 소를 제기하였다. 乙은 甲에게 매매대금 전액을 지급하였다고 주장하면서 甲의 청구를 적극 다투는 한편, 제2회 변론기일에서 예비적으로 甲에 대한 2,000만 원의 별도의 대여금채권을 자동채권으로 하여 甲의 청구채권과 대등액에서 상계한다고 항변하였다.
제2회 변론기일 직후 위 사건은 조정에 회부되어, 甲과 乙 사이에 다음과 같은 내용으로 **조정이 성립**되었다(조정조항에 아래 내용 외에 다른 내용은 없었음).
〈조정조항〉
1. 乙은 甲에게 2020. 12. 30.까지 7천만 원을 지급하고 위 금원의 지급을 지체할 경우 연 12%의 비율에 의한 지연손해금을 가산하여 지급한다.
2. 甲은 위 1항의 금원을 지급받음과 동시에 乙에게 X 토지에 관한 소유권이전등기절차를 이행한다.
3. 소송비용 및 조정비용은 각자 부담한다.
4. 甲은 나머지 청구를 포기한다.
위 조정에 따라 乙은 2020. 12. 30. 甲에게 금 7천만 원을 지급하였다. 그 후 乙은 甲을 상대로 위 상계항변에 제공된 2,000만 원의 대여금 청구소송을 제기하였다. 그러자 甲은 "乙의 위 대여금채권은 이미 전소에서 상계 의사표시로 소멸하였다"고 항변하였다.
甲의 항변은 타당한가?[19]

---

18) 대법원 2017. 4. 26. 선고 2017다200771 판결.

[문제 해결의 방향]
가. 문제의 소재

소송상 형성권(상계권) 행사 후 조정이 성립된 경우 상계에 제공된 자동채권(대여금채권)의 소멸 여부

나. 소송상 형성권(상계권) 행사의 효과 :

소송상 공격방어방법으로 해제권, 취소권, 상계권 등 사법상의 형성권을 행사하였으나, 행사된 형성권에 관하여 법원의 실질적인 판단이 없이 소송이 종결된 경우 그 형성권행사의 실체법상 효과가 남게 되는지에 관하여 병존설, 양성설, 소송행위설, 신병존설 등이 있으나 판례는 상계항변의 경우에는 유효한 공격방어방법으로 법원의 실질적 판단을 받은 경우에만 사법상의 효과도 발생한다는 신병존설의 입장이다.

다. 상계권 행사와 조정의 성립

판례는 신병존설에 따라 소송상 방어방법으로서의 상계항변은 그 수동채권의 존재가 확정되는 것을 전제로 하여 행하여지는 일종의 예비적 항변으로서 당사자가 소송상 상계항변으로 달성하려는 목적, 상호양해에 의한 자주적 분쟁해결수단인 조정의 성격 등에 비추어 볼 때 당해 소송절차 진행 중 당사자 사이에 조정이 성립됨으로써 수동채권의 존재에 관한 법원의 실질적인 판단이 이루어지지 아니한 경우에는 그 소송절차에서 행하여진 소송상 상계항변의 사법상 효과도 발생하지 않는다고 본다.[20] 한편, 소송절차 진행 중에 사건이 조정에 회부되어 조정이 성립된 경우 소송물 이외의 권리관계에도 조정의 효력이 미치려면, 그 권리관계가 조정조항에 특정되거나 조정조서 중 청구의 표시 다음에 부가적으로 기재됨으로써 조정조서의 기재내용에 의하여 소송물인 권리관계가 되었다고 인정할 수 있어야 한다.

라. 결어(사안의 해결)

판례에 의하면 전소에서 조정이 성립됨으로써 乙의 상계의사표시에 관한 수동채권(매매대금채권)의 존부에 대해 법원의 실질적 판단이 이루어지지 않았으므로, 반대채권(자동채권)인 乙의 대여금채권이 소멸하지 않았다고 보아야 한다. 전소의 조정조서에서 상계 항변의 자동채권(대여금채권)에 관한 권리관계가 특정되거나 소송물이 되었다고 인정되기 어렵고, 위 조정조서의 기판력이 상계권에 미친다고 할 수도 없다. 따라서 "전소에서의 상계권 행사로 乙의 대여금채권이 소멸하였다"는 甲의 항변은 타당하지 않다.

---

19) 2016년 제2회 모의고사 援用 변형.
20) 대법원 2013. 3. 28. 선고 2011다3329 판결.

〈사례 21-6〉 甲교회는 기독교 대한성결교회 유지재단(이하 '대한성결교 재단') 소속의 지교회로서 법인 아닌 사단이고, 乙은 1993년 11월경 甲교회의 대표자(담임목사)로 부임하여 甲교회의 업무를 관장한 사람이다. 丙과 대한성결교 재단 사이의 제주지방법원 99가단10195호 토지인도 등 사건에서 2000. 8. 19. 乙이 이해관계인으로 출석하여 조정담당 판사의 허가를 얻어 조정에 참가한 가운데 다음과 같은 내용의 조정(이하 '이 사건 조정')이 성립되었다. 즉, ① 대한성결교 재단은 丙에게 2000. 8. 19.까지 계약금 600만 원, 2000. 9. 19.까지 중도금 1,000만 원, 2000. 10. 19.까지 잔금 1,000만 원을 각 지급한다. ② 丙은 제①항 기재 잔금을 지급받음과 동시에, 乙에게 X 토지에 관하여 2000. 8. 19. 매매를 원인으로 한 소유권이전등기절차를 이행한다. 그런데 위의 제②항에는 괄호 안에 "甲이 이 사건 토지를 매수한 것이나, 편의상 乙 명의로 소유권이전등기를 경료하여 두는 것이다"라는 기재가 덧붙여져 있다. 乙은 2001. 1. 18. 이 사건 조정조서에 기하여 이 사건 토지에 관하여 丙으로부터 2000. 8. 19.자 매매를 원인으로 하는 乙 명의의 소유권이전등기(이하 '이 사건 소유권이전등기')를 마쳤다.

甲은 본소청구로서 乙에 대하여 주위적으로 명의신탁약정이 유효함을 전제로 이 사건 토지에 관하여 명의신탁 해지를 원인으로 하는 소유권이전등기절차의 이행을 구하고, 만약 명의신탁약정이 무효로 인정되어 주위적 청구가 인용되지 아니할 경우에는 예비적으로 乙에 대하여 丙에게 이 사건 소유권이전등기의 말소등기절차를 이행할 것을 구하고, 동시에 丙에 대하여 이 사건 토지에 관하여 매매를 원인으로 하는 소유권이전등기절차의 이행을 구하고 있다. 이에 대하여 乙은, 乙이 이 사건 토지의 매매당사자로서 직접 매매대금을 부담함으로써 이 사건 토지를 적법하게 취득하였고, 만약 그렇지 않다 하더라도 이 사건 소유권이전등기는 부동산실명법에 의하여 무효이므로 원고의 청구에 응할 수 없다고 주장한다.

제1심은 甲의 본소청구 중 乙에 대한 주위적 청구를 인용하고, 乙에 대한 예비적 청구 및 丙에 대한 예비적 청구를 모두 기각하였다. 이에 乙만이 본소 중 자신의 패소 부분에 대하여 항소를 하였다.

원심은 甲의 본소청구 중 丙에 대한 예비적 청구 부분은 甲과 丙 모두 항소하지 아니하여 이미 제1심 판결대로 확정되었다는 이유로 원심의 심판범위에서 제외되었다고 판단하고, 위와 같은 사실관계 하에서 이 사건 조정에 있어서 성립한 甲과 乙 사이의 명의신탁약정은 무효이고, 그에 따라 이루어진 이 사건 소유권이전등기 역시 부동산실명법 제4조 제2항에 의하여 효력이 없다고 판단한 뒤, 甲이 丙을 대위하여 乙에게 이 사건 소유권이전등기의 말소등기절차의 이행을 구하는 甲의 청구를 인용하였다.

위 사건에서 원심은 다음과 같이 판단하였다.

"이 사건 소유권이전등기는 이 사건 조정에 따라 甲이 丙과 사이에 이 사건 토지를 매수하기로 하면서 乙을 명의수탁자로 하여 乙 명의로 소유권이전등기를 마친 것임이 인정되는바, 이와 같은 형태의 소유권이전등기는 중간생략형 명의신탁약정에 따라 행하여진 등기라고 할 것이다. 대한성결교 재단과 丙, 乙 사이의 조정조서의 기판력은 당사자 또는 조정참가인이 아닌 자에게는 미치지 않는 것이므로, 비록 이 사건 소유권이전등기가 앞서 본 바와 같이 대한성결교 재단, 丙, 乙 사이의 조정조서에 의하여 이루어진 것이라고 하더라도, 민소법 제52조에 따라 당사자적격이 인정되는 법인 아닌 사단으로서 이 사건 조정이 이루어진 소송의 당사자가 아닌 甲에게는 그 효력이 미치지 않는다고 할 것이므로, 乙은 甲에게 이 사건 명의신탁약정 및 이에 따른 소유권이전등기가 무효라는 주장을 할 수 있다. 따라서 이 사건 명의신탁약정은 부동산실명법 제4조 제1항에 의하여, 乙 명의의 이 사건 소유권이전등기는 같은 법 제4조 제2항에 의하여 무효라고 할 것이므로, 이 사건 소유권이전등기가 유효한 등기임을 전제로 하는 甲의 주위적 청구는 이유 없다. 甲의 예비적 청구에 관하여 명의수탁자인 乙은 丙에 대한 소유권이전등기청구권자로서 丙을 대위하여 이 사건 소유권이전등기 말소절차의 이행을 구하는 甲의 청구에 따라, 매도인 丙이 甲과 乙 사이에 명의신탁약정이 있었음을 알았는지 여부와 관계없이 丙에게 이 사건 소유권이전등기의 말소등기절차를 이행할 의무가 있다."

원심판결은 정당한가? 원심판결의 정당한 결론도 기재하시오.

[문제 해결의 방향]

가. 조정조서의 기판력

(1) 조정은 당사자 사이에 합의된 사항을 조서에 기재함으로써 성립하고 조정조서는 재판상의 화해조서와 같이 확정판결과 동일한 효력이 있다. 따라서 당사자 사이에 기판력이 생기는 것이므로, 거기에 확정판결의 당연무효 등의 사유가 없는 한 설령 그 내용이 강행법규에 위반된다 할지라도 그것은 단지 조정에 하자가 있음에 지나지 아니하여 준재심절차에 의하여 구제받는 것은 별 문제로 하고 그 조정조서를 무효라고 주장할 수 없다.21)

(2) 그리고 조정조서가 조정참가인이 당사자가 된 법률관계도 그 내용으로 하는 경우에는 위와 같은 조정조서의 효력은 조정참가인의 법률관계에 관하여도 다를 바 없다고 할 것이다. 또한 채권자대위소송에 있어서 대위에 의하여 보전될 채권자의 채무자에 대한 권리가 인정되지 아니할 경우에는 채권자가 스스로 원고가 되어 채무자의 제3채무자에 대한 권리를 행사할 당사자적격이 없게 되므로 그 대위소송은 부적법하여 각하할 수밖에 없다.22)

나. 조정조서에 기하여 경료된 소유권이전등기의 효력

(1) 甲과 乙 사이의 명의신탁약정이 부동산실명법에 위반되어 무효이기는 하나, 이 사건 조정조서는 확정판결과 동일한 효력이 있고, 이 사건 조정당사자인 丙과 조정참가인인 乙 사이에 이 사건 조정의 내용이 된 법률관계에 관하여 기판력이 생기는 것이다. 따라서 이 사건 조정조서의 내용이 강행법규에 위반된다고 할지라도 준재심절차에 의하여 취소되지 아니하는 한 丙이 乙에 대하여 이 사건 조정조서에 기하여 마쳐진 이 사건 소유권이전등기의 말소를 구하는 것은 이 사건 조정조서의 기판력에 저촉되어 허용될 수 없다.

(2) 그렇다면 丙의 甲에 대한 소유권이전등기의무는 다른 특별한 사정이 없는 한 이행불능이 되었다고 할 것이어서, 甲의 丙에 대한 소유권이전등기청구권은 인정되지 아니한다. 결국 甲이 丙에 대한 소유권이전등기청구권을 보전하기 위하여 丙을 대위하여 乙에게 이 사건 소유권이전등기의 말소를 구하는 이 사건 소는 그 피보전권리가 인정되지 아니하는 이상 甲에게 당사자적격이 없어 부적법하다. 그럼에도 丙을 대위하여 乙에게 이 사건 소유권이전등기의 말소를 구하는 소에 관하여 甲의 乙에 대한 청구를 인용한 원심의 판단에는 조정조서의 기판력과 채권자대위소송의 법리를 오해함으로써 판결에 영향을 미친 잘못이 있다.

다. 주관적 · 예비적 공동소송의 심판

(1) 민소법 제70조 제1항 본문이 규정하는 '공동소송인 가운데 일부에 대한 청구'를 반드시 '공동소송인 가운데 일부에 대한 모든 청구'라고 해석할 근거는 없으므로, 주위적 피고에 대한 주위적 · 예비적 청구 중 주위적 청구 부분이 인용되지 아니할 경우 그와 법률상 양립할 수 없는 관계에 있는 예비적 피고에 대한 청구를 인용하여 달라는 취지로 결합하여 소를 제기하는 것도 가능하

---

21) 대법원 2007. 4. 26. 선고 2006다78732 판결 등 참조.
22) 대법원 2005. 9. 29. 선고 2005다27188 판결 등 참조.

다.23)

(2) 주관적·예비적 공동소송은 동일한 법률관계에 관하여 모든 공동소송인이 서로 간의 다툼을 하나의 소송절차로 한꺼번에 모순 없이 해결하는 소송형태로서 모든 공동소송인에 대한 청구에 관하여 판결을 하여야 하고(민소법 제70조 제2항), 그 중 일부 공동소송인에 대하여만 판결을 하거나 남겨진 자를 위하여 추가판결을 하는 것은 허용되지 아니한다. 그리고 주관적·예비적 공동소송에서 주위적 공동소송인과 예비적공동소송인 중 어느 한 사람이 상소를 제기하면 다른 공동소송인에 관한 청구 부분도 확정이 차단되고 상소심에 이심되어 심판대상이 된다.24)

라. 甲의 청구의 성질

甲의 본소청구는 乙에 대한 주위적 청구(소유권이전등기) 및 乙에 대한 예비적 청구(丙에게 소유권이전등기의 말소) 중 주위적 청구 부분이 인용되지 아니할 경우 丙에 대한 청구(소유권이전등기)를 인용하여 달라는 취지로 제기된 것으로, 乙에 대한 주위적 청구와 丙에 대한 예비적 청구는 주관적·예비적 공동소송관계에 있다.

마. 결 어

(1) 그렇다면 주위적 피고 乙만이 항소하였다고 하더라도 그로써 예비적 피고 丙에 대한 청구 부분도 확정되지 아니하고 항소심으로 이심되어 원심의 심판대상이 된다 할 것이므로 원심으로서는 원고의 丙에 대한 예비적 청구 부분에 관하여도 판단을 하였어야 함에도 이에 대한 판단을 하지 아니하였다.

(2) 결국 원심판결에는 주관적·예비적 공동소송에 관한 법리를 오해하여 판결에 영향을 미친 잘못이 있다.25)

☞ 甲의 주위적 피고 乙에 대한 주위적 청구 기각
☞ 甲의 주위적 피고 乙에 대한 예비적 청구의 소 각하
☞ 甲의 예비적 피고 丙에 대한 청구 기각

5. 화해권고결정과 기판력

법원이 화해권고결정을 선호하는 경향이 있다. 소송이 종료될 즈음에 당사자들에게 화해권고결정을 툭 던져보고는 이의신청이 없으면 사건을 털어낼 수도 있다. 인신사고로 인한 손해배상사건 전담부에서는 주로 화해권고결정으로 사건을 해결한다고 해도 과언이 아닐 정도이다.

---

23) 대법원 2009. 3. 26. 선고 2006다47677 판결 등 참조.
24) 대법원 2011. 2. 24. 선고 2009다43355 판결 등 참조.
25) 대법원 2014. 3. 27. 선고 2009다104960 판결.

<사례 21-7> 甲의 아들 A는 2020. 4. 1. 甲의 대리인 행세를 하며 인감증명과 위임장 등을 위조하여 乙과 甲 소유의 X 토지에 관하여 매매계약을 체결하고 같은 달 10. 乙 앞으로 소유권이전등기를 마쳐주었다. 이 사실을 알게 된 甲이 2020. 10. 1. 乙을 상대로 X 토지에 관한 소유권이전등기의 말소를 구하는 소를 제기하였다. 위 소송에서 乙은 A가 甲으로부터 X 토지의 매도에 관한 대리권을 수여받았고, 설령 A가 甲으로부터 X 토지의 매도에 관한 대리권을 수여받지 않았다고 하더라도 A에게는 甲에 대한 기본대리권이 있고, 乙이 A의 권한을 넘은 대리행위를 믿은 데에 정당한 이유가 있으므로 민법 제126조의 표현대리가 성립한다고 주장하였다.

제1심 법원은 2020. 12. 1. 다음과 같은 내용의 **화해권고결정**을 하자 이를 송달받은 甲과 乙은 이의를 하지 않아 이의기간 도과로 위 화해권고결정이 확정되었다.

〈결정〉
1. 피고는 원고에게 X 토지에 관한 소유권이전등기의 말소등기절차를 이행한다.
2. 원고는 2020. 12. 31.까지 피고에게 1억 원 및 이에 대하여 2020. 4. 10.부터 다 갚는 날까지 연 5%의 비율로 계산한 돈을 가산하여 지급한다.
3. 소송비용은 각자 부담한다.

乙은 甲이 위 화해권고결정상의 1억 원 및 그 법정이자를 지급하지 않음을 이유로 화해권고결정이 무효라고 주장하면서 화해권고결정의 효력을 다투는 취지의 서면을 제출하였다. 乙의 주장은 정당한가? 이 경우 법원의 조치는?

[문제 해결의 방향]

가. 문제의 소재

나. 화해권고결정의 효력

화해권고결정이 확정된 경우 이는 재판상 화해와 같은 효력이 있고(민소법 제231조), 화해조서는 확정판결과 같은 효력이 있다(민소법 제220조). 재판상 화해가 성립되면 그 내용이 강행법규에 위배된다 할지라도 재심절차에 의하여 취소되지 아니하는 한 그 화해조서를 무효라고 주장할 수 없다. 제소전 화해의 경우에도 당사자 사이에 기판력이 생기는 것이므로 확정판결의 당연무효사유와 같은 사유가 있거나 민소법 제461조에 따라 준재심의 소로 취소되지 않은 이상 의사표시의 하자 내지 강행법규 위반의 사정이 있더라고 그 효력을 부정할 수 없다(무제한 기판력설).

다. 화해권고결정의 무효를 주장하는 절차

당사자 일방이 확정된 화해권고결정과 같은 효력이 있는 화해조서의 당연무효 사유를 주장하며 기일지정신청을 한 때에는 법원으로서는 그 무효사유의 존재 여부를 가리기 위하여 기일을 지정하여 심리를 한 다음 무효사유가 존재한다고 인정되지 아니한 때에는 판결로써 **소송종료선언**을 하여야 한다.[26]

---

26) 대법원 2000. 3. 10. 선고 99다67703 판결.

라. 결어(사안의 적용)

甲이 화해권고결정의 내용을 이행하지 아니하는 경우 乙은 위 화해권고결정을 집행권원으로 하여 강제집행을 할 수 있을 뿐이고, 이를 이유로 화해권고결정의 효력을 다툴 수 없다. 법원은 민사소송규칙 제67조를 준용하여 변론기일을 지정하여 심리를 한 다음 판결로서 소송종료선언을 하여야 한다.

〈사례 21-7-1〉 甲이 위 화해권고결정에 기하여 乙 명의의 소유권이전등기를 말소하였다. 乙이 위 화해권고결정이 무효라고 주장하면서 甲을 상대로 2020. 4. 1. 매매를 원인으로 한 소유권이전등기절차이행청구의 소를 제기하였다. 법원은 위 화해권고결정의 기판력을 이유로 乙의 청구를 기각하는 판결을 선고하고 이 판결이 확정되었다. 그 후 甲이 X 토지를 丙에게 매도하여 丙 앞으로 소유권이전등기를 마쳐주었다. 乙이 甲을 대위하여 丙을 상대로 X 토지에 관하여 마쳐진 소유권이전등기의 말소등기절차의 이행을 구하는 소를 제기하였다. 乙의 후소 청구는 인용될 수 있는가?

[문제 해결의 방향]

가. 문제의 소재

나. 화해권고결정의 효력

다. 화해권고결정의 확정과 소송물의 법적 성격

전소의 소송물이 채권적 청구권의 성질을 가지는 소유권이전등기청구권인 경우에는 전소의 변론종결 후에 그 목적물에 관하여 소유권등기를 이전받은 사람은 전소의 기판력이 미치는 '변론종결 후의 승계인'에 해당하지 아니한다. 이러한 법리는 화해권고결정이 확정된 후 그 목적물에 관하여 소유권등기를 이전받은 사람에 관하여도 다를 바 없다고 할 것이다. 한편, 소유권에 기한 물권적 방해배제청구로서 소유권등기의 말소를 구하는 소송이나 진정명의 회복을 원인으로 한 소유권이전등기절차의 이행을 구하는 소송 중에 그 소송물에 대하여 화해권고결정이 확정되면 상대방은 여전히 물권적인 방해배제의무를 지는 것이고, 화해권고결정에 창설적 효력이 있다고 하여 그 청구권의 법적 성질이 채권적 청구권으로 바뀌지 아니한다.[27]

라. 결어(사안의 적용)

전소의 소송물은 소유권에 기한 방해배제청구권(민법 제214조)으로서 소유권이전등기말소청구권이고, 丙은 변론종결 후의 승계인으로 이 사건 화해권고결정의 기판력이 미치므로 乙의 후소 청구는 인용될 수 없다(청구기각).

---

27) 대법원 2012. 5. 10. 선고 2010다2558 판결.

<사례 21-8> 甲은 2021. 2. 1. 乙의 대리인 A와 乙 소유의 X 토지에 관하여 매매계약을 체결하였다. 甲이 2021. 7. 1. 乙을 상대로 위 매매를 원인으로 한 소유권이전등기절차이행청구의 소를 제기하였다. 법원은 다음과 같은 내용의 화해권고결정을 하였고, 이 화해권고결정은 이의신청 도과로 확정되었다.
〈결정〉
1. 피고는 원고로부터 1억 원을 지급받음과 동시에 원고에게 X 토지에 관하여 2021. 2. 1. 매매를 원인으로 한 소유권이전등기절차를 이행한다.
2. 원고의 나머지 청구는 포기한다.
3. 소송비용 및 화해비용은 각자 부담한다.
甲은 위 화해권고결정에 기하여 X 토지에 관하여 甲 명의의 소유권이전등기절차를 마쳤다. 乙이 후에 확인해보니 A가 X 토지를 시가보다 현저히 저렴한 가격으로 매도하였고, A가 甲으로부터 매매대금과는 별도로 5,000만 원을 받아서 개인적으로 착복한 사실을 알게 되었다. 乙은 A를 배임죄 등으로 고소함과 동시에 위 화해권고결정은 甲이 A의 배임행위에 적극 가담하여 확정된 것이므로 반사회적 법률행위로서 무효라고 주장하면서 甲을 상대로 X 토지에 관하여 마쳐진 甲 명의의 소유권이전등기의 말소를 구하는 소를 제기하였다.
법원은 어떻게 판단할 것인가? 乙이 자신의 권리를 회복할 수 있는 방법이 있는가?

[문제 해결의 방향]

가. 문제의 소재 :

화해권고결정에 의하여 마쳐진 소유권이전등기의 효력을 반사회질서 법률행위임을 이유로 부인할 수 있는가?

나. 화해권고결정의 효력 :

화해권고결정은 재심사유가 있는 경우에 준재심의 소에 의해 불복할 수 있을 뿐, 확정된 화해권고결정의 효력을 부인할 수 없다.

다. 기판력의 작용

전후 양소의 소송물이 동일하지 않더라도 후소의 소송물이 전소에서 확정된 법률관계와 모순되는 경우에도 기판력이 미친다.

라. 재심사유 중 민소법 제451조 제1항 제5호의 의미

'형사상 처벌을 받을 다른 사람의 행위'에는 당사자의 대리인이 범한 배임죄도 포함될 수 있으나, 이를 재심사유로 인정하기 위해서는 단순히 대리인이 문제된 소송행위와 관련하여 배임죄로 유죄판결을 받았다는 것만으로는 충분하지 않고, 대리인의 배임행위에 소송상대방 또는 그 대리인이 통모하여 가담한 경우와 같이 대리인이 한 소송행위 효과를 당사자 본인에게 귀속시키는 것이 절차적 정의에 반하여 도저히 수긍할 수 없다고 볼 정도로 대리권에 실질적인 흠이 발생한 경우라야 한다.[28]

마. 결어(사안의 적용)

(1) 확정된 화해권고결정에 당연무효의 사유가 없는 이상 확정된 화해권고결정이 乙의 대리인 A의 배임행위에 甲이 적극 가담함으로써 확정된 것으로서 반사회질서 법률행위에 해당한다는 사유만으로는 화해권고결정을 당연무효라고는 할 수 없다. 乙이 甲 명의의 소유권이전등기의 말소를 구하는 것은 매매를 원인으로 한 소유권이전등기를 명한 화해권고결정과 모순되므로 화해권고결정의 기판력이 미친다. 법원은 乙의 청구에 대하여 확정된 화해권고결정과 모순되는 판단을 할 수 없으므로 乙의 청구를 기각하여야 한다.

(2) 乙의 대리인 A의 배임행위로 인하여 화해권고결정이 확정된 것이므로 A의 배임행위는 화해권고결정의 확정에 있어서 직접적인 원인이 된 경우에 해당하나, 단순히 A가 배임행위로 유죄판결을 받았다는 것만으로는 준재심에 의하여 화해권고결정을 취소할 수 없고, A의 배임행위에 甲이나 甲의 대리인 등이 통모하여 가담하는 등의 사정이 증명되어야 한다. 乙이 단지 A를 배임죄로 고소한 단계에서는 준재심에 의하여 화해권고결정을 취소할 수 없고, 乙이 준재심을 통하여 화해권고결정을 취소하지 않는 한 그 기판력에 반하는 청구를 통하여 자신의 권리를 회복할 수 있는 방법이 없다.

<사례 21-8-1> 乙은 A가 위 화해권고결정이 확정된 후 甲으로부터 매매대금 중 5,000만 원을 지급받지 않았음에도 甲에게 1억 원을 수령하였다는 영수증을 작성하여 줌으로써 甲이 위 화해권고결정에 기하여 甲 앞으로 소유권이전등기를 마친 사실을 알게 되었다. 乙은 甲에게 매매잔금 5,000만 원을 지급하라는 최고를 한 다음 "甲과 乙 사이의 X 토지에 관한 2020. 2. 1.자 매매계약은 甲의 채무불이행을 이유로 해제되었다."는 통지를 하였다.
乙은 甲과의 위 매매계약이 해제되었다고 주장하면서 매매계약해제에 따른 원상회복으로 甲 명의의 소유권이전등기의 말소를 구하는 소('후소')를 제기하였다. 법원은 증거조사결과 乙의 주장이 사실이라는 심증을 갖게 되었다.
후소 법원은 乙의 청구에 대하여 어떠한 판단을 할 것인가?

[문제 해결의 방향]

가. 문제의 소재

매매대금 1억 원의 지급과 동시에 소유권이전등기절차의 이행을 명한 화해권고결정이 확정된 후 매매대금 중 5,000만 원이 지급되지 않았음에도 화해권고결정에 기하여 소유권이전등기가 마쳐진 경우 이를 이유로 위 소유권이전등기의 말소를 구할 수 있는가?

나. 기판력의 시적 범위

기판력은 사실심 변론종결시의 권리관계의 존부에 관하여 생긴다. 화해권고결정의 기판력은 확

---

28) 대법원 2012. 6. 14. 선고 2010다86112 판결.

정시를 기준으로 하여 발생한다. 따라서 당사자는 전소의 위 표준시 이전에 존재하였고 객관적으로 제출할 수 있었으나 제출하지 아니한 소송자료를 후소에서 다시 제출할 수 없다.

다. 화해권고결정과 실권효

부동산에 관한 소유권이전등기가 제소전 화해조서의 집행으로 이루어진 것이라면 제소전화해가 이루어지기 전에 제출할 수 있었던 사유에 기한 주장이나 항변은 그 기판력에 의하여 차단되므로 그와 같은 사유를 원인으로 제소전 화해의 내용에 반하는 주장을 하는 것은 허용되지 않는다 할 것이나, 제소전 화해가 이루어진 이후에 새로 발생한 사실을 주장하여 제소전 화해에 반하는 청구를 하여도 이는 제소전화해의 기판력에 저촉되는 것은 아니다.29)

라. 결어(사안의 적용)

화해권고결정에서는 甲이 乙에게 1억 원을 지급함과 동시에 乙이 甲에게 소유권이전등기절차를 이행할 것을 명하였는데, 甲은 화해권고결정 확정 후 5,000만 원을 지급하지 않은 상태에서 소유권이전등기를 마쳤다. 이에 乙은 甲에게 적법한 최고절차를 거쳐 이 사건 매매계약을 해제한 것이므로 乙의 위 매매계약 해제는 기판력의 표준시인 화해권고결정 확정시 이전에 발생한 해제권을 행사한 것이 아니라 표준시 이후에 발생한 해제권을 행사한 것이다. 따라서 乙의 매매계약 해제 주장은 기판력의 표준시 이후의 사정으로서 기판력에 의해 실권되지 않는다. 결국 법원은 乙의 후소 청구를 인용해야 한다.

〈사례 21-9〉 원고는 A와 토지거래허가구역 내에 있던 X 토지에 관하여 2003. 4. 2. 이 사건 제1매매계약을 체결한 뒤 토지거래허가를 받을 수 없다는 것을 알고, 2003. 11. 29. 허가요건을 갖춘 B를 매수인으로 한 매매계약서를 작성한 뒤 B 명의로 토지거래허가를 받아 소유권이전등기를 마쳤다. X 토지는 그 후 토지거래허가구역에서 해제되었다. 피고는 2004. 7. 31. B로부터 X 토지를 매수하고 B를 상대로 소유권이전등기절차이행청구의 소를 제기하여 승소확정판결을 받고 피고 명의로 소유권이전등기를 마쳤다.
원고는 2012년 B에 대하여는 X 토지에 관한 소유권이전등기 말소등기절차의 이행을 구하고, A에 대하여는 X 토지에 관한 소유권이전등기절차의 이행을 구하는 소를 제기하였다.
이 소송에서 2014. 11. 13. '원고에게 A는 X토지에 관하여 2014. 11. 13. 매매를 원인으로 한 소유권이전등기절차를 이행하라.'는 것 등을 내용으로 화해가 성립하였고, B에 대하여는 원고의 청구가 인용되어 확정되었다.
원고는 A를 대위하여, 위 제1매매계약이 토지거래허가제를 잠탈하는 강행법규 위반으로 무효인 이상 그에 기초하여 마쳐진 B 명의의 소유권이전등기와 그에 기하여 마쳐진 피고 명의의 소유권이전등기는 모두 무효라고 주장하면서 피고를 상대로 위 소유권이전등기의 말소를 청구하는 이 사건 소를 제기하였다.
〈원고의 청구 요지〉 A는 원고에게 이 사건 화해에 따라 X 토지에 관한 소유권이전등기절차를 이행할 의무가 있다. 이 사건 제1매매계약이 강행법규 위반으로 무효인 이상 그에 기초하여 마쳐진 B 명의의 소유권이전등기와 그에 기하여 마쳐진 피고 명의의 소유권이전등기는 모두 무효이다. X 토지의 원래 소유자

---

29) 대법원 1994. 12. 9. 선고 94다17680 판결.

인 A는 피고에게 위 소유권이전등기의 말소를 청구할 수 있고, 원고는 원고의 A에 대한 소유권이전등기 청구권을 보전하기 위하여 A를 대위하여 피고를 상대로 소유권이전등기의 말소를 구한다. 아울러 채권자대위권을 행사함에 있어 채권자가 채무자를 상대로 그 보전되는 청구권에 기한 이행청구의 소를 제기하여 승소판결을 선고받고 그 판결이 확정되면 제3채무자는 그 청구권의 존재를 다툴 수 없고, 재판상 화해조서는 확정판결과 같은 효력이 있으므로, 피고들은 원고가 A를 상대로 제기한 소송에서 A가 원고에게 X 토지에 관하여 2014. 11. 13.자 매매를 원인으로 한 소유권이전등기절차를 이행하기로 성립된 화해조서에 기재된 청구권의 존재를 다툴 수는 없다.

법원은 어떠한 판결을 할 것인가?(소각하, 청구전부 인용, 청구일부 인용, 청구기각) 결론(주문)과 근거(이유)를 설시하시오.

[문제 해결의 방향]

가. 결론(주문) : 원고의 이 사건 소를 각하한다.

나. 근거(이유)

  (1) 채권자대위소송에서 피보전채권에 대한 승소확정판결과 제3채무자의 항변 : 채권자대위권을 행사하는 경우, 채권자가 채무자를 상대로 그 보전되는 청구권에 기한 이행청구의 소를 제기하여 승소판결을 선고받고 그 판결이 확정되었다면, 특별한 사정이 없는 한 그 청구권의 발생원인이 되는 사실관계가 제3채무자에 대한 관계에서도 증명되었다고 볼 수 있다.30) 그러나 그 청구권의 취득이, 채권자로 하여금 채무자를 대신하여 소송행위를 하게 하는 것을 주목적으로 이루어진 경우와 같이, 강행법규에 위반되어 무효라고 볼 수 있는 경우 등에는 위 확정판결에도 불구하고 채권자대위소송의 제3채무자에 대한 관계에서는 피보전권리가 존재하지 아니한다고 보아야 한다.31) 이는 위 확정판결 또는 그와 같은 효력이 있는 재판상 화해조서 등이 재심이나 준재심으로 취소되지 아니하여 채권자와 채무자 사이에서는 그 판결이나 화해가 무효라는 주장을 할 수 없는 경우라 하더라도 마찬가지이다.

  (2) 토지거래허가를 배제하거나 잠탈하는 내용의 매매계약의 효력 : 구 국토의 계획 및 이용에 관한 법률('구 국토계획법', 현 부동산거래신고 등에 관한 법률)에서 정한 토지거래계약 허가구역 내 토지에 관하여 허가를 배제하거나 잠탈하는 내용으로 매매계약이 체결된 경우에는, 강행법규인 구 국토계획법 제118조 제6항에 따라 그 계약은 체결된 때부터 확정적으로 무효이다.32) 계약체결 후 허가구역 지정이 해제되거나 허가구역 지정기간 만료 이후 재지정을 하지 아니한 경우라 하더라도 이미 확정적으로 무효로 된 계약이 유효로 되는 것이 아니다.33)

  (3) 소송상 화해와 기판력 : 소송상 화해조서는 확정판결과 동일한 효력이 있으므로 화해조서에 기재된 청구권의 존재를 다툴 수 없는 것이 원칙이다.

  (4) 화해가 강행법규위반인 경우 : 이 사건 화해의 기판력의 범위와 관련이 있는 원고의 청구원인은 이 사건 제1매매계약에 기한 소유권이전등기청구권이다. 이 사건 화해의 내용은 A가 원고에

---

30) 대법원 1995. 12. 26. 선고 95다18741 판결 등 참조.
31) 대법원 2015. 9. 24. 선고 2014다74919 판결 참조.
32) 대법원 2010. 6. 10. 선고 2009다96328 판결 등 참조.
33) 대법원 2010. 3. 25. 선고 2009다41465 판결 등 참조.

게 2014. 3. 13.자 매매계약에 근거하여 소유권이전등기절차를 이행하기로 한다는 내용이나, 이는 이 사건 화해가 성립한 날짜를 화해조항에 새로운 매매계약일로 기재한 것으로 보이고, 새로운 계약내용은 전혀 존재하지 아니한다. 이 사건 화해는 강행법규 위반으로 확정적으로 무효가 된 이 사건 제1매매계약에 따른 법률효과를 발생시키려는 목적에서 단지 재판상 화해의 형식을 취하여 위 매매계약의 이행을 약정한 것에 불과하다고 보이므로, 위 매매계약과 마찬가지로 무효라고 봄이 타당하다. 이처럼 이 사건 화해가 강행법규 위반으로 무효인 이상, 이 사건 화해의 당사자가 아닌 피고에 대한 관계에서 원고의 A에 대한 소유권이전등기청구권이 존재한다고 볼 수는 없다. 이는 이 사건 화해가 준재심절차에 의하여 취소되지 아니하여 그 당사자인 원고와 A와 사이에서는 위 소유권이전등기청구권이 존재한다고 하더라도 마찬가지이다.

　(5) 결어(사안의 적용) : 결국 원고의 이 사건 소는 채권자대위소송의 피보전권리가 존재하지 아니하므로, 당사자적격이 없는 자에 의하여 제기된 소로써 부적법 각하되어야 한다.[34]

　(6) 餘論(蛇足) : 위와 같은 판례의 입장에 대하여는 판결의 반사적 효력을 근거로 받아들이는 견해가 많으나, 채권자대위소송의 상대방이 채무자에 대하여 그러한 특별한 의존관계에 있는 것은 아니므로, 채무자가 채권자에 대하여 받은 패소판결이 대위소송의 상대방에 대하여 구속력을 가질 이유가 없고, 따라서 종래의 판례는 이론적인 근거를 결여하고 있다는 비판이 있다. 대법원은 피보전권리가 조정이나 화해에 의해 인정되었더라도 대위소송의 상대방은 이를 다툴 수 있다고 하면서 그 근거를 이 사건 화해가 강행법규 위반으로 무효라고 하는 점에서 찾았으나, 재판상 화해나 조정이 기판력을 가지는 이상 강행법규 위반이라는 사실만으로 무효라고 하기는 어려울 것이므로, 이 화해가 소송법상은 무효가 아니라도 실체법상으로는 무효라는 취지로 보인다. 다시 말하여 판결이나 화해가 실체법상 무효인 경우에는 채권자대위소송의 상대방이 피보전권리를 다툴 수 있다는 것으로 이해된다.[35]

---

[34] 대법원 2019. 1. 31. 선고 2017다228618 판결 참조. 원고는 이 사건 화해에서 취득한 소유권이전등기청구권을 피보전채권으로 삼아 A를 대위하여 피고를 상대로 소유권이전등기말소청구의 소를 제기하였다. 피고는 피보전채권이 부존재한다는 본안전항변을 하였으나 원심은 '채권자대위권을 행사함에 있어 채권자가 채무자를 상대로 그 보전되는 청구권에 기한 이행청구의 소를 제기하여 승소판결을 선고받고 그 판결이 확정되면 제3채무자는 그 청구권의 존재를 다툴 수 없다"는 등의 이유로 피고의 본안전항변을 배척하였다. 대법원은 이 사건 화해는 토지거래허가제에 관한 강행법규 위반으로 확정적으로 무효가 된 이 사건 제1매매계약에 따른 법률효과를 발생시키려는 목적에서 단지 재판상 화해의 형식을 취하여 위 매매계약의 이행을 약정한 것에 불과하다고 보이므로 피보전채권이 부존재한다고 판단하면서 그 이유를 "채권자가 채무자를 상대로 그 보전되는 청구권에 기한 이행청구의 소를 제기하여 승소판결을 선고받고 그 판결이 확정되었다면 특별한 사정이 없는 한 그 청구권의 발생원인이 되는 사실관계가 제3채무자에 대한 관계에서도 증명되었다고 볼 수 있다. 그러나 그 청구권의 취득이 채권자로 하여금 채무자를 대신하여 소송행위를 하게 하는 것을 주목적으로 이루어진 경우와 같이 강행법규에 위반되어 무효라고 볼 수 있는 경우 등에는 위 확정판결에도 불구하고 채권자대위소송의 제3채무자에 대한 관계에서는 피보전권리가 존재하지 아니한다고 보아야 한다. 이는 위 확정판결 또는 그와 같은 효력이 있는 재판상 화해조서 등이 재심이나 준재심으로 취소되지 아니하여 채권자와 채무자 사이에서는 그 판결이나 화해가 무효라는 주장을 할 수 없는 경우라 하더라도 마찬가지"라고 판시하였다. 본 판결의 논평으로 신병동, "채권자와 채무자간에 확정판결이 있는 경우, 채권자대위소송에서 제3채무자가 그 확정판결에 대하여 다시 다툴 수 있는가". 법률신문 입력 : 2021-02-01 오전 10:30:10 참조.

[35] 윤진수 교수는 대법원으로서는 채권자의 채무자에 대한 피보전권리가 판결이나 화해 등에 확정되었더라도 채권자대위소송의 상대방은 이를 다툴 수 있다는 법리를 정면으로 선언하고 판례를 변경하는 것이 문제 해결의 정도였을 것이라고 비판한다. 윤진수, "채권자의 채무자에 대한 승소확정판결이 채권자대위소송에 미치는 영향", 법률신문 입력 : 2020-01-20 오후 1:35:52 참조.

22. 소송계속 중 사망한 자를 당사자로 표시한 판결의 승계인에 대한 기판력

1.

확정판결의 기판력은 원칙적으로 당사자에게만 미치고, 제3자에게는 미치지 않는 것이 **원칙**이다(기판력의 주관적 범위). 그 이유는 처분권주의와 변론주의를 기조로 하는 민사소송절차에서 스스로 소송을 수행한 당사자만이 그 결과인 판결의 기판력을 받는 것이 타당하고, 그 소송에 관여할 기회가 없었던 제3자에게 그 결과를 강요하는 것은 그에게 보장된 재판을 받을 권리를 침해하는 것이 되어 부당하기 때문이다. 그러나 **예외**적으로 변론종결 뒤의 승계인, 청구의 목적물의 소지자, 제3자의 소송담당의 경우 권리귀속주체에게도 기판력이 미친다(민소법 제218조). 그 외에 소송탈퇴자에게도 기판력이 미치고, 특수한 경우에 일반 제3자에게 확장되는 경우도 있다.

변론종결 뒤의 승계인이란 사실심의 변론종결 후 소송물(실체법상의 권리의무)승계인과 계쟁물(건물인도소송에서 목적물인 건물의 소유권을 양수한 사람과 같이 소송물에 관하여 당사자적격을 전래적으로 취득한 사람)승계인을 포함하는 개념이다.[1] 여기서의 승계인은 특정승계인과 포괄승계인을 포함한다.[2]

특정승계의 경우 소송계속 중에 소송물(계쟁물)이 양도되면 그 양수인을 참가승계(민소법 제81조) 또는 인수승계(민소법 제82조)의 방법으로 소송절차에 가입시켜 그에게 기판력을 미치게 할 수 있으나(따라서 위의 방법으로 소송을 승계하지 않는 한 피승계인과 상대방 사이의 판결의 기판력을 받지 않는다), 변론종결 뒤에 소송물(계쟁물)이 양도된 경우에는 그 양수인을 절차에 가입시킬 방법이 없고, 이로 인한 부당한 결과를 피하기 위하여 그를 당사자와 동일시하여 그에게 기판력을 미치게 하고 있는 것이다. 즉 변론종결 전에는 소송승계, 변론종결 후에는 기판력승계의 문제가 된다.

그렇다면 **포괄승계**인도 소송절차수계의 방법으로 소송상 당사자로 승계하지 않는 한 종전 당사자 사이의 판결의 기판력을 받지 않는 것인가가 문제된다. 소송계속 중 당사자가 사망하였는데, 법원이 소송절차의 중단을 간과하여 사망자를 당사자로 표시하여 판결한 경우 그 판결의 기판력이 소송절차를 수계하지 아니한 소송물(계쟁물)의 승계인(상속인)에게 미치는지 제대로 이해할 필요가 있다.[3]

---

1) 통설·판례인 **적격승계설**에 의하면 변론종결 뒤의 특정승계는 피승계인으로부터 소송물인 실체법상 권리나 의무 자체를 승계한 경우 국한하지 아니하고(이에 국한된다는 입장을 실체적 의존관계설이라 한다) 소송물에 관한 당사자적격을 승계한 경우도 포함한다. 김홍엽, 민사소송법(제9판), 박영사(2020), p.899 참조.
2) 종래 소송물 자체의 양도와 소송물인 권리관계의 대상(계쟁물)의 양도를 합하여 '소송물의 양도'라는 용어가 쓰이고 있으나, '계쟁물의 양도'를 선호하는 견해도 있다.
3) 아래의 설명은 주로 유병현, "소송계속 중 사망한 자를 당사자로 표시한 판결의 승계인에 대한 기판력과 집행방법", 21세

2.

　기판력은 확정된 종국판결에 부여된 효력이고, 미확정판결이나 당연무효인 판결에는 기판력이 생기지 않는다. 당사자가 제소전 사망한 경우 사망자를 상대로 한 판결은 당연무효의 판결이고[4] 이러한 판결에는 기판력이 생길 여지가 없다. 따라서 소송계속 중 당사자의 사망을 간과하고 사망자를 당사자로 하여 표시한 판결을 당연무효라고 본다면 더 이상 그 판결의 기판력이 승계인에게 미치는지 여부를 새삼스럽게 논할 필요도 없다. 무효인 판결에 대하여는 형식적 확정력도 생기지 않고 그에 대한 상소나 재심도 허용하지 않을 터이다.[5] 그러나 판례는 위 판결을 유효로 보고 다만 법원이 소송절차의 중단을 간과하여 승계인이 소송절차를 수계하지 못한 위법은 상소나 재심으로 구제받을 수 있다고 한다.

　대법원은 종전에는 위 판결이 사망자를 당사자로 한 것이므로 당사자가 제소전 사망한 경우와 마찬가지로 무효라고 보았다가, 대법원 1995. 5. 23. 선고 94다28444 전원합의체 판결(전원일치 판결)을 통하여 현재의 입장으로 판례를 변경하였다.

　"당사자의 사망으로 소송절차가 중단되었는데도 불구하고 이를 간과하고 변론을 종결하여 선고된 종국판결은 마치 사망하여 실재하지 아니한 자를 당사자로 한 판결과 같이 당연무효라고 하는 취지의 판결이 당원에서 선고된 바가 있다. 그러나 <u>당사자가 사망하여 실재하지 아니한 자를 당사자로 하여 소가 제기된 경우는 당초부터 원고와 피고의 대립당사자 구조를 요구하는 민사소송법상의 기본원칙이 무시된 것이므로, 그와 같은 상태 하에서의 판결은 당연무효라고 할 것이지만 일응 대립당사자 구조를 갖추고 적법히 소가 제기되었다가 소송도중 어느 일방의 당사자가 사망함으로 인해서 그 당사자로서의 자격을 상실하게 된 때에는 그 대립당사자 구조가 없어져 버린 것이 아니고, 그때부터 그 소송은 그의 지위를 당연히 이어 받게 되는 상속인들과의 관계에서 대립당사자 구조를 형성하여 존재하게 되는 것이고,</u> 다만 상속인들이 그 소송을 이어 받는 외형상의 절차인 소송수계절차를 밟을 때까지는 실제상 그 소송을 진행할 수 없는 장애사유가 발생하였기 때문에 적법한 수계인이 <u>수계절차를</u> 밟아 소송에 관여할 수 있게 될 때까지 <u>소송절차는 중단되도록</u> 법이 규정하고 있을 뿐인바, 이와 같은 <u>중단사유를 간과하고 변론이 종결되어 판결이 선고된 경우에는 그 판결은 소송에 관여할 수 있는 적법한 수계인의 권한을 배제한 결과가 되는 절차상 위법은 있지만 그 판결이 당연무효라 할 수는 없고, 다만 그 판결은 대리인에 의하여 적법하게 대리되지 않았던 경우와 마찬가지로 보아 대리권흠결을 이유로 상소(민사소송법 제424조 제1항 제4호) 또는</u>

[기] 민사소송법의 발전(정동윤 교수 화갑기념), 법문사(1999), p.317 이하를 참조하였음.
[4] 원고와 피고의 대립당사자 구조를 요구하는 민사소송법의 기본원칙상 사망한 사람을 피고로 하여 소를 제기하는 것은 실질적 소송관계가 이루어질 수 없어 부적법하다. 소 제기 당시에는 피고가 생존하였으나 소장 부본이 송달되기 전에 사망한 경우에도 마찬가지이다. 사망한 사람을 원고로 표시하여 소를 제기하는 것 역시 특별한 경우를 제외하고는 적법하지 않다. 파산선고 전에 채권자가 채무자를 상대로 이행청구의 소를 제기하거나 채무자가 채권자를 상대로 채무 부존재 확인의 소를 제기하였더라도, 만약 그 소장 부본이 송달되기 전에 채권자나 채무자에 대하여 파산선고가 이루어졌다면 이러한 법리는 마찬가지로 적용된다. 파산재단에 관한 소송에서 채무자는 당사자적격이 없으므로, 채무자가 원고가 되어 제기한 소는 부적법한 것으로서 각하되어야 하고(채무자 회생 및 파산에 관한 법률 제359조), 이 경우 파산선고 당시 법원에 소송이 계속되어 있음을 전제로 한 파산관재인의 소송수계신청 역시 적법하지 않으므로 허용되지 않는다(대법원 2018. 6. 15. 선고 2017다289828 판결).
[5] 다만 학설로는 무효인 판결도 판결의 부존재와는 달리 심급을 완결시키고 판결법원에 대한 구속력 및 형식정 확정력이 있으며 유효한 것으로 이용될 염려가 있으므로 상소나 재심으로 취소할 이익이 있다는 견해가 있다.

재심(민사소송법 제451조 제1항 제3호)에 의하여 그 취소를 구할 수 있을 뿐이다.
따라서 이와 같은 판결이 선고된 후 그 상속인들이 수계신청을 하여 판결을 송달받아 상고하거나 또는 이 사건의 경우와 같이 적법한 상속인들이 사실상 송달을 받아 상고장을 제출하고, 상고심에서 수계절차를 밟은 경우에도 그 수계와 상고는 적법한 것이라고 보아야 하고, 그 상고를 판결이 없는 상태에서 이루어진 상고로 보아 부적법한 것이라고 각하해야 할 것은 아니다."[6]

판례가 위 판결은 당연무효가 아니라 유효이므로 당연히 승계인이 상소 또는 재심권자가 된다는 취지로 판시한 것은 승계인에 대한 기판력을 인정한 것이 된다. 나아가 판례는 사망자를 당사자로 표시한 판결에 **승계집행문**을 부여받아 승계인에게 집행할 수 있다고 함으로써 승계인에 대한 집행력도 인정하고 있다.

판례는 또 당사자가 사망하였으나 소송대리인이 있어 소송절차가 중단되지 아니한 경우, 원칙적으로 소송수계의 문제는 발생하지 아니하고 소송대리인은 상속인들 전원을 위하여 소송을 수행하게 되는 것이며, 그 사건의 판결의 당사자 표시가 망인 명의로 되어 있다 하더라도 그 판결은 상속인들 전원에 대하여 효력이 있다고 한다.[7]

3.

소송계속 중에도 소송물(계쟁물)에 관한 실체법상의 권리관계가 변동될 수 있다. 예컨대 甲이 乙을 상대로 대여금청구의 소를 제기하여 소송계속 중에도 甲이 乙에 대한 대여금채권을 丙에게 양도할 수 있고, 甲이 乙을 상대로 X 토지의 인도청구의 소를 제기하여 소송계속 중에 乙이 X 토지를 丙에게 매도하거나 인도할 수도 있다. 이와 같은 당사자 사이의 실체법상의 권리관계의 변동을 소송절차에 어떻게 반영할 수 있을 것인지에 관하여는 입법정책상 여러 주의가 있다.

로마법시대에는 일단 소송이 계속되면 소송물(계쟁물)의 양도를 금하는 **양도금지주의**에 따라 양도하는 자를 형사처벌까지 하는 극단적 입법례도 있었고, 구 일본민사소송법과 같이 **소송희생주의(별소주의)**에 따라 계쟁물의 양도가 있으면 청구를 기각하고 양수인에 대하여 별소를 제기하도록

---

[6] 이와 같은 대법원의 입장은 대법원 2003. 11. 14. 선고 2003다34038 판결 등 후속 판결에 의하여 이제 확립되었다.
[7] 민사소송법 제95조 제1호, 제238조에 따라 소송대리인이 있는 경우에는 당사자가 사망하더라도 소송절차가 중단되지 않고 소송대리인의 소송대리권도 소멸하지 아니하는바, 이때 망인의 소송대리인은 당사자 지위의 당연승계로 인하여 상속인으로부터 새로이 수권을 받을 필요 없이 법률상 당연히 상속인의 소송대리인으로 취급되어 상속인들 모두를 위하여 소송을 수행하게 되는 것이고, 당사자가 사망하였으나 그를 위한 소송대리인이 있어 소송절차가 중단되지 않는 경우에 비록 상속인으로 당사자의 표시를 정정하지 아니한 채 망인을 그대로 당사자로 표시하여 판결하였다고 하더라도 그 판결의 효력은 망인의 소송상 지위를 당연승계한 상속인들 모두에게 미치는 것이므로, 망인의 공동상속인 중 소송수계절차를 밟은 일부만을 당사자로 표시한 판결 역시 수계하지 아니한 나머지 공동상속인들에게도 그 효력이 미친다(대법원 2010. 12. 23. 선고 2007다22859 판결). 한편 소송이 종료되었음에도 이를 간과하고 심리를 계속 진행한 사실이 발견된 경우 법원은 직권으로 소송종료선언을 하여야 한다(대법원 2011. 4. 28. 선고 2010다103048 판결).〈사례〉소송계속 중 사망한 甲에게서 소송탈퇴에 관한 특별수권을 받은 소송대리인은, 승계참가인 乙이 승계참가신청을 하자 소송탈퇴를 신청하였고 상대방 측 소송대리인이 위 탈퇴에 동의하였는데, 乙이 소송물과 관련한 甲의 재산을 단독으로 상속하게 되었다면서 소송수계신청을 하였고 이후 乙은 승계참가신청취하서를 제출하여 상대방 측 소송대리인이 위 취하에 동의한 사안에서, 甲의 소송대리인이 한 소송탈퇴신청은 상속인들 모두에게 그 효력이 미치므로 甲과 상대방 사이의 소송관계, 즉 甲의 상속인들과 상대방 사이의 소송관계는 소송탈퇴로 적법하게 종료되었고 乙의 소송수계신청은 이미 종료된 소송관계에 관한 것이어서 이유 없음이 명백하고, 한편 乙과 상대방 사이의 소송관계도 승계참가신청취하와 상대방의 이에 대한 동의로 적법하게 종료되었다고 한 사례.

하는 입법례도 있었다. 오늘날의 독일 민사소송법(ZPO)은 **당사자항정(恒定)주의**에 따라 소송계속 후에도 당사자는 자유로이 계쟁물을 양도할 수 있으나, 소송상 지위는 양도로 영향을 받지 않는다는 입법례도 있으나,[8] 일본과 우리나라는 **소송승계주의**에 따라 소송계속 후에도 계쟁물을 자유로이 양도할 수 있도록 하는 한편, 양도로 인한 실체법상의 권리관계의 변동을 소송절차에 반영시켜 새로운 권리의무자가 소송에 참가하지 않는 한 그에게 판결의 효력이 미치지 않도록 하면서 종전의 권리의무자는 당사자적격을 상실하도록 하고 있다.[9]

민사소송법 제218조가 변론종결 후의 승계인에게 기판력이 미치도록 하는 것은 소송승계주의에 따라 소송계속 후 변론종결 **전**에 계쟁물에 관한 권리의무의 변동이 있으면 새로운 권리의무자가 소송에 참가하지 않는 한 그에게는 기판력이 미치지 않도록 한 것이다. 여기의 변론종결 후의 승계인에는 특정승계와 포괄승계를 모두 포함하고, 이들 모두 당사자의 소송상 지위에 영향을 미치게 된다.

특정승계의 경우에는 새로운 권리의무자를 소송에 참가시키지 않으면 그에게 기판력이 미치지 않으므로 그를 상대로 다시 소를 제기할 수밖에 없다. 특정승계의 경우에는 소송승계 여부에 관하여 당사자에게 결정권이 있으므로 승계참가든 인수승계든 양수인이 소송을 승계하지 않는 한 그에게 기판력이 미치지 않는다.

그러나 **포괄승계**의 경우에는 사망 등 승계의 원인이 발생하면 법원과 당사자가 이를 아는지 여부를 불문하고 자동적으로 소송절차가 중단된다(민소법 제233조 제1항). 소송계속 중 당사자가 사망한 경우 상속인이 피상속인의 재산상 권리의무를 포괄적으로 승계하므로(민법 제1005조) <u>사망한 당사자의 소송상 지위도 승계하게 되고</u>(**당연승계주의**[10]), 당사자의 소송상 지위가 민법에 의하여 포괄적으로 상속인에게 승계되지만 승계인이 소송에 대비할 시간을 주기 위하여 <u>소송절차의 중단과 소송절차수계</u> 제도를 마련해두고 있다. 다만 민법상의 상속의 승인 및 포기제도(민법 제1019조)를 고려하여 상속인은 상속을 포기할 수 있는 동안 소송절차를 수계할 수 없도록 하고 있을 뿐이다(민소법 제233조 제2항). 이에 따라 상속인이 소송절차를 수계하여 소송절차에 참가하면 변론종결 전의 승계인이지만 그에게 기판력이 미침은 당연한 것이다.

그렇다면 <u>상속인이 소송절차를 수계하지 않은 경우</u> 즉, 소송절차 중단사유가 발생했음에도 불구하고 법원이 이를 간과하고 사망자를 당사자로 표시하여 판결을 선고한 경우 소송승계주의에 따라 그 상속인을 변론종결 전의 승계인으로 보고 <u>수계절차를 밟지 않은 상속인에게 그 판결의 기</u>

---

[8] 당사자항정주의를 따르는 독일 민사소송법에서 소송계속 후의 실체관계의 변동이 소송상 지위에 영향을 미치지 않는 것은 계쟁물에 관한 특정승계의 경우에 한하고, 포괄승계의 경우에는 실체관계의 변동을 소송절차에 즉각 반영하여 당사자가 사망하면 소송상 지위는 상속인에게 당연승계되고 소송절차는 승계인이 수계할 때까지 중단된다. 다만 기판력에 관하여는 특정승계, 포괄승계를 묻지 않고 모두 소송계속 후의 승계인에게도 미치도록 하고 있다고 한다. 유병현, 앞의 논문, p.323~324 참조.

[9] 당사자항정주의를 따르는 독일의 경우 기판력의 주관적 범위를 '소송계속 후의 승계인'으로 규정하고 있으나, 소송승계주의를 따르는 우리는 '변론종결 뒤의 승계인'으로 규정하고 있다.

[10] 당연승계주의 하에서 사망자와 상속인은 동일한 분쟁주체이므로 사망자를 상속인으로 피고를 경정하는 경우에 민소법 제265조에도 불구하고 피고경정신청서 제출시에 소제기의 실체법상 효과가 생기는 것이 아니라 예외적으로 소장 제출시에 소제기의 실체법상 효과가 생기는 것으로 해석할 여지가 있다. 정동윤/유병현/김경욱, 민사소송법(제8판), 법문사(2020), 194~195 참조.

판력이 미치지 않는다고 볼 것인가?

원래 소송계속 후 소송물의 양도와 관련된 앞서 본 입법주의는 특정승계와 관련된 것이다. 아무리 법으로 양도금지주의를 택하고 형사처벌까지 한다고 하여 당사자의 사망을 막을 수 없는 노릇이다. 입법주의 여하에 불구하고 당사자의 사망에 의한 소송물의 이전은 당사자의 소송상 지위의 교체를 수반한다. 소송승계주의로 변론종결 전의 승계인에게 기판력이 미치지 않는 점을 고려하여 소송물에 대하여 처분금지가처분이나 점유이전금지가처분으로 피고의 지위를 항정시키려고 하여도 피고가 사망하면 자동적으로 그 지위는 상속인에게 승계되는 것이다.

변론종결 전의 상속인 등 포괄승계인은 당사자의 의사가 아닌 법률의 규정에 의해 승계인이 된 자로서 사망자와 동일시되는 사람이다. 민사소송법이 소송절차중단제도를 두고 있는 것은 당사자의 교체로 당사자의 지위의 연속이 보장됨에도 불구하고 새로운 당사자에게 소송에 대비하고 숙고할 시간을 주기 위한 것에 지나지 않는다. 따라서 민사소송법 제218조의 '변론종결 뒤의 승계인' 규정 때문에 상속인이 변론종결 전의 승계인으로서 기판력을 받지 않는다고 풀이할 이유가 없다.

당연승계의 경우에는 특정승계와 달리[11] 소송상 당사자의 지위가 법률에 의하여 당연히 승계되므로 소송승계 여부에 대한 결정권이 당사자에게 없다. 나아가 소송절차의 수계여부에 대한 결정권도 없다.[12] 당연승계인은 원칙적으로 소송절차를 수계하게 되고 그에 따라 기판력을 받게 되는데, 법원의 절차중단의 간과라는 흠의 여부에 따라 당연승계인에게 기판력이 미치는지 여부가 달라져서는 안 된다. 당연승계의 경우에는 형식적 당사자개념이 그대로 통용되는 것이 아니다. 당연승계인은 법률상 사망자의 소송상 지위를 당연승계하였으므로 소송절차의 수계 여부에 관계없이 당연히 기판력을 받는 것이고 법원이 소송절차중단을 간과하여 판결을 하였으면 당연승계인은 상소나 재심으로 구제받을 수 있다는 대법원판례의 태도는 정당하다.

민사소송법 제247조 제1항은 판결의 선고는 소송절차가 중단된 중에도 할 수 있다고 하고 있는데 소송절차의 수계 없이 사망자를 당사자로 표시한 판결을 선고할 수 있다는 것은 수계와 관계없이 당연승계인에게 당연히 기판력이 미침을 전제로 하여 규정한 것으로 이해할 수 있다.

소송절차의 중단 및 수계는 절차 진행과정의 문제이고, 소송승계는 당사자의 소송상 지위의 문제이다. 예컨대, 당사자의 소송능력 상실, 법정대리인의 사망으로 인한 소송절차의 중단(제235조)의 경우에는 소송절차의 중단 및 수계의 문제는 있어도 당사자의 소송상 지위의 승계 문제는 없다.[13] 상속인이 소송절차를 수계하지 않으면 그에게 기판력이 미치지 않는다는 설명은 판결이 확

---

[11] 특정승계의 경우에는 참가승계나 인수승계로 양수인이 소송을 승계하지 않는 한 그에게 기판력이 미치지 않는다.
[12] 민사소송법 제233조 제1항은 상속인 등이 '소송절차를 수계하여야 한다.'고 규정하고 있고, 상대방도 수계신청권이 있으며(제241조), 법원은 당사자의 수계신청이 없으면 직권으로 소송절차를 계속하여 진행하도록 명할 수 있다(제244조). 상대방의 수계신청권과 법원의 속행명령은 수계인이 수계를 지체하여 소송이 지연됨을 막기 위한 장치이다. 즉, 소송절차의 중단은 일시적인 것이며 당사자에게는 최소한 소송절차의 수계여부에 대한 결정권도 없다. 유병현, 앞의 논문, p.325 참조.
[13] 〈참고〉 대법원 2017. 6. 19. 선고 2017다212569 판결 : 성년후견이 개시되면 후견인은 피후견인의 법정대리인이 되고(민법 제938조 제1항), 그 재산에 관한 법률행위에 대하여 피후견인을 대리하며(민법 제949조 제1항), 피성년후견인은 법정대리인에 의하여서만 소송행위를 할 수 있다(민사소송법 제55조 제1항 본문). 한편 소 제기 이후 성년후견이 개시되어 피성년후견인이 소송능력을 상실한 경우 소송절차는 중단되나, 성년후견인이 법정대리인으로 소송절차를 수계하게 된다(민사소송법 제235조). 이러한 경우 소송절차에서 당사자는 여전히 피성년후견인이고, 성년후견인은 피성년후견

정되지 아니하였으니 그 기판력은 발생하지 않은 것으로 선해할 수 있다. 따라서 소송절차의 중단에도 불구하고 판결이 확정된 경우에는 그 판결의 기판력이 당사자의 지위를 승계한 상속인에게 미친다고 보는 것이다.

소송절차의 수계와 소송승계를 구별하여 이해하여야 한다. 법원이 소송절차의 중단을 간과하고 선고한 판결은 선고와 동시에 중단되고 중단된 상태에서 판결정본의 송달은 무효이므로 소송절차의 중단을 간과한 판결로서 소송수계 없이 확정될 수 있는 판결은 선고와 동시에 확정되는 대법원의 상고기각판결뿐이다.

<사례 22-1> 원고가 2015. 5. 31. A를 상대로 소유권이전등기절차의 이행을 구하는 소를 제기하자 법원은 2015. 9. 6. 변론을 종결한 다음, 같은 달 27. 원고 청구를 전부 인용하는 내용의 판결을 선고하고, A에게 그 판결정본을 공시송달의 방법으로 송달하였으나, A는 그 판결선고 전인 같은 해 9. 15. 사망하였다. 피고(A의 상속인)들이 2020. 7. 13.경에야 이 사건 판결의 존재를 알게 되었다고 주장하면서 2020. 8. 10. A에 대한 소송수계신청을 함과 아울러 이 사건 재심의 소를 제기하였다. 법원은 어떻게 판단할 것인가?

위 사례에서 <원심>은 이 사건 재심대상 판결정본이 피고들에게 송달되었는지 여부를 따져보지도 아니한 채 피고들이 이 사건 재심대상판결의 존재를 알면서 소송수계신청을 함으로써 소송중단사유는 해소되어 그때부터 항소기간이 진행됨으로써 이 사건 재심대상 판결이 확정되었고 따라서 이 사건 재심의 소가 적법하다고 판단하였다.

그러나 <대법원>은 원고가 망 A를 상대로 제기한 소송은 위 망인의 사망으로 중단되었고, 다만 판결선고는 소송절차가 중단된 중에도 할 수 있으므로 위 법원이 이 사건 재심대상 판결을 선고한 것은 적법하다고 할 것이나, 그 소송절차는 그 판결선고와 동시에 중단되었으므로 위 망인에 대하여 판결정본을 공시송달한 것은 효력이 없고, 위 망인의 상속인이 그 소송절차를 수계하여 위 판결의 정본을 송달받기 전까지는 그에 대한 항소제기기간이 진행될 수도 없으며, 이는 위 망인의 상속인들인 피고들이 위 판결의 존재를 알고 있었다거나 위 소송에 대한 수계신청을 하였다는 등의 사정이 있다고 하여 달리 볼 것은 아니라고 판시하여 원심판결을 파기하였다.14) 결국 피고들의 재심의 소는 각하된다.

4.

특정승계의 경우 변론종결 전의 승계인이라도 당사자로서 소송상 지위를 승계하게 되면 기판력을 받게 되고, 참가승계나 인수승계 등의 방법으로 절차에 참가하지 않은 승계인에게는 기판력이 미치지 않는다. 그러나 당연승계는 실체법상의 포괄승계를 원인으로 당사자의 소송상 지위가 당연히 승계되는 경우로 참가승계나 인수승계와 달리 실체법상의 지위이전에 수반하여 당사자로서의 소송

인의 법정대리인으로서 소송절차를 수계하는 것이지 당사자적격을 가지게 되는 것은 아니다.
14) 대법원 2007. 12. 14. 선고 2007다52997 판결 : 소송절차 이의권의 포기 또는 상실은 소송절차에 관한 임의규정의 위배에 한하여 인정되는 것이며 항소제기의 기간은 불변기간이고 이에 관한 규정은 성질상 강행규정으로서 그 기간의 기산점이 되는 판결정본의 송달에 관한 소송절차이의권의 상실로 인하여 그 하자가 치유될 수 없다.

상 지위도 법률상 당연히 이전되는 것이다.

 변론종결 전의 계쟁물의 승계인이라도 소송상 지위의 이전이 있으면 기판력이 미치는 것은 참가·인수승계나 당연승계가 다를 바 없다. 법원이 우연히 소송절차의 중단 즉 수계하지 아니한 사실을 간과하고 판결하였다는 사정만으로 기판력을 달리 규율할 수 없다. 소송절차의 수계 여부는 기판력을 좌우하는 요소가 아니며, 직접적인 근거는 상속인이 사망자의 소송상 지위를 당연승계하여 당사자로 되었다는 점이다.

 따라서 변론종결 전의 포괄승계인에게 기판력이 미치는 것은 제218조의 '당사자'로서 미치는 것이지 승계인으로서 미치는 것은 아니라고 이해할 수 있다. 당사자의 사망을 간과하고 선고한 판결이 확정되지 않은 경우에는 기판력을 받지 않고, 확정판결로 절차가 종결되면 법률상 당연히 상속인에게 그 판결의 기판력이 미친다. 이 경우 절차참여권이 침해된 상속인은 소송절차의 중단을 간과한 판결을 대리권흠결을 간과한 판결에 준하여 판결확정 전에는 상소로, 확정 후에는 재심으로 구제수단을 확보할 수 있다.

 이와 같이 소송절차의 중단을 간과한 판결도 일단 유효하다고 보고 그 흠은 대리권흠결에 준하여 상소 또는 재심을 통하여 구제받도록 하면 된다는 판례의 태도는 옳다고 생각된다. 당사자가 사망하여도 소송대리인이 있는 경우에는 변론종결 전의 승계인이라고 하더라도 소송수계와 관계없이 제218조 제1항의 변론종결 후의 승계인 규정에 불구하고 당연승계인인 상속인에게 사망자를 당사자로 표시한 판결의 기판력이 당연히 미친다. 여기서 기판력이 미치는 승계인은 소송계속 후의 당연승계인이다. 그리고 당연승계인이 수계를 하지 않았음에도 그에게 판결의 효력이 미치는 것은 원칙적으로 사망자 명의로 판결이 확정되거나 가집행선고가 있는 판결의 경우에 한한다.

〈사례 22-2〉 甲은 2021. 5. 1. 乙을 상대로 대여금청구의 소를 제기하였다.
(1) 乙이 2021. 4. 20. 교통사고로 이미 사망한 사실이 밝혀진 경우, 법원과 원고 甲이 하여야 할 조치는? 법원이 乙의 제소 전 사망사실을 간과하고 판결을 선고한 경우 이 판결의 효력은?
(2) 甲이 소를 제기한 후 소장부본이 乙에게 송달되기 전인 2021 5. 10.에 乙이 사망하였는데 乙의 사망사실을 간과하고 제1심판결이 선고되었다. 이 판결에 기판력이 발생하는가?
(3) 법원이 소 제기 전 乙의 사망사실을 모른 채 소송을 진행하여 甲 승소 판결이 선고되었다. 甲은 이 판결을 집행권원으로 하여 乙의 상속인의 재산에 대하여 강제집행을 할 수 있는가? 乙의 상속인들은 위 판결에 대하여 항소나 소송수계신청을 할 수 있는가? 乙의 상속인들은 어떠한 방법으로 위 판결의 효력을 다툴 수 있는가?
(4) 乙이 소송계속 중인 2021. 6. 1.에 사망했으나 법원이 사망사실을 간과하여 판결을 선고한 경우 이 판결의 효력이 乙의 상속인들에게 미치는가?
(5) 乙이 변론종결 후 판결선고 전에 사망한 경우, 판결선고 후 판결정본 송달 전에 사망한 경우, 판결정본 송달 후 판결확정 전에 사망한 경우에는 소송절차상 어떠한 차이가 있는가?
(6) 乙이 판결확정 후인 2021. 10. 31.에 사망한 경우의 판결의 효력은 乙의 상속인에게 미치는가?
(7) 소 제기 당시 이미 사망한 원고 甲의 명의로 소가 제기되어 甲 패소판결이 선고되었다. 甲의 상속인이 위 판결에 대하여 항소를 제기할 수 있는가? 항소심에서 당사자표시정정이 허용되는가?

(8) 甲이 A 변호사에게 **소송을 위임한 다음** A 변호사가 **소를 제기하기 전인** 2021. 4. 25. **사망**하였는데 甲의 사망사실을 모르고 소송이 진행되어 판결이 선고된 경우 후속절차는 어떻게 진행되는가?
(9) 甲과 乙에 대한 항소심판결 선고 후 甲과 乙이 각 상고를 제기하고 **상고이유서를 제출한 후에 甲이 사망**하였다. 甲의 상속인들이 소송수계신청을 할 수 있는가? 대법원의 상고기각판결로 원심판결이 확정된 경우 甲의 상속인들이 乙의 재산에 강제집행을 하기 위하여는 어떻게 해야 하는가?

〈포인트〉

(1) 제소 당시 피고 乙이 이미 사망한 사실이 밝혀진 경우 법원은 원고 甲에게 당사자 확정을 위한 보정을 명하고, 원고 甲은 사실상의 피고인 乙의 상속인을 피고로 바꾸는 내용의 당사자표시정정신청을 하여야 한다.15) 민사소송에서 소송당사자의 존재나 당사자능력은 소송요건에 해당하고, 이미 사망한 자를 상대로 한 소의 제기는 소송요건을 갖추지 않은 것으로서 부적법하며, 상고심에 이르러서는 당사자표시정정의 방법으로 그 흠결을 보정할 수 없다.16) 법원이 제소 전 당사자의 사망을 간과하고 판결을 선고한 경우 이 판결은 2당사자 대립주의에 반하는 판결, 즉 당사자능력 없는 자(표시설에 의하면 죽은 사람이 당사자이다)에 대한 판결로서 당연무효이므로 이 판결에 기판력이 발생할 여지가 없다.

(2) 소제기 후 소장부본이 송달되기 전에 피고 乙이 사망한 경우(2당사자대립주의는 소송계속시에 필요함)에도 법원이 피고 乙의 사망사실을 간과하고 乙을 피고로 한 판결을 하였다면 이는 실재하지 않은 당사자를 상대로 한 판결로서 **당연무효**의 판결이다.17) 이러한 당연무효의 판결에는 기판력이 발생할 여지가 없다.

---

15) 대법원 2014. 10. 2. 자 2014마1248 결정 : 원고가 피고의 사망 사실을 모르고 사망자를 피고로 표시하여 소를 제기한 경우, 청구의 내용과 원인사실, 당해 소송을 통하여 분쟁을 실질적으로 해결하려는 원고의 소제기 목적, 사망 사실을 안 이후 원고의 피고표시정정신청 등의 사정을 종합하여 볼 때, 실질적인 피고는 당사자능력이 없어 소송당사자가 될 수 없는 사망자가 아니라 처음부터 사망자의 상속자이고 다만 그 표시에 잘못이 있는 것에 지나지 않는다고 인정되면 사망자의 상속인으로 피고의 표시를 정정할 수 있다. 또한, 여기서 실질적인 피고로 해석되는 사망자의 상속인이라고 함은 실제로 상속을 하는 사람을 가리키고, 상속을 포기한 자는 상속 개시시부터 상속인이 아니었던 것과 같은 지위에 놓이게 되므로 제1순위 상속인이라도 상속을 포기한 경우에는 이에 해당하지 아니하며, 후순위 상속인이라도 선순위 상속인의 상속포기 등으로 실제로 상속인이 되는 경우에는 이에 해당한다.
16) 대법원 2012. 6. 14. 선고 2010다105310 판결.
17) 대법원 2015. 1. 29. 선고 2014다34041 판결 : 사망자를 피고로 하는 소제기는 원고와 피고의 대립당사자 구조를 요구하는 민사소송법상의 기본원칙이 무시된 부적법한 것으로서 실질적 소송관계가 이루어질 수 없으므로, 그와 같은 상태에서 제1심판결이 선고되었다 할지라도 판결은 **당연무효**이며, 판결에 대한 사망자인 피고의 상속인들에 의한 항소나 소송수계신청은 부적법하다. 이러한 법리는 소제기 후 소장부본이 송달되기 전에 피고가 사망한 경우에도 마찬가지로 적용된다. 대법원 2017. 5. 17. 선고 2016다274188 판결 : 사망자를 피고로 하는 소 제기는 원고와 피고의 대립당사자 구조를 요구하는 민사소송법의 기본원칙에 반하는 것으로서 실질적 소송관계가 성립할 수 없어 부적법하므로, 그러한 상태에서 제1심판결이 선고되었다 할지라도 판결은 당연무효이다. 피고가 소 제기 당시에는 생존하였으나 그 후 소장부본이 송달되기 전에 사망한 경우에도 마찬가지이다. 이러한 법리는 사망자를 채무자로 한 지급명령에 대해서도 적용된다. 사망자를 채무자로 하여 지급명령을 신청하거나 지급명령 신청 후 정본이 송달되기 전에 채무자가 사망한 경우에는 지급명령은 효력이 없다. 설령 지급명령이 상속인에게 송달되는 등으로 형식적으로 확정된 것 같은 외형이 생겼다고 하더라도 사망자를 상대로 한 지급명령이 상속인에 대하여 유효하게 된다고 할 수는 없다. 그리고 회생절차폐지결정이 확정되어 효력이 발생하면 관리인의 권한은 소멸하므로, 관리인을 채무자로 한 지급명령의 발령 후 정본의 송달 전에 회생절차폐지결정이 확정된 경우에도 채무자가 사망한 경우와 마찬가지로 보아야 한다.

(3) 甲은 당연무효의 판결을 집행권원으로 하여 乙의 상속인의 재산에 대하여 강제집행을 할 수 없다. 당연무효의 판결에 대하여 乙의 상속인들에 의한 소송수계신청도 허용될 수 없고 항소도 허용될 수 없다. 당사자표시정정의 방법으로 보정할 수도 없다. 다만, 상속인들이 사망한 피상속인 명의로 실질적으로 소송에 관여한 경우에는 신의칙상 그 판결의 효력이 인정되고, 이에 대하여 상속인들의 항소도 인정된다는 견해가 있다(항소심에서 상속인들 명의로 당사자표시정정이 허용된다).[18] 乙의 상속인들은 위 당연무효의 판결에 대하여 항소나 재심을 제기할 수 없고, 위 판결의 당연무효를 주장하면 된다. 판결의 외관을 제거하기 위한 상소나 재심을 인정하는 견해도 있다.[19]

(4) 소송계속 후의 당연승계인이면 그가 소송절차에 수계에 의하여 당사자로 절차에 참가하였는지 여부를 묻지 아니하고 그에게 기판력이 미친다. 소송계속 중에 乙이 사망한 경우 乙의 상속인들이 乙의 소송상의 지위를 승계하게 된다(당연승계론). 이후 상속인들의 소송절차 수계시까지 소송절차는 중단된다. 이 경우에는 일단 당사자가 피고로 확정되었던 것이므로 당사자확정의 문제는 없다. 이 때 甲이 乙의 사망사실을 알고 수계신청을 할 수도 있고, 乙의 상속인들이 수계신청을 할 수도 있다. 乙에게 소송대리인이 있는 경우에는 소송절차가 중단되지 않고 乙의 대리인이 乙의 상속인들을 대리하여 소송절차를 계속 진행할 수 있고 심급대리의 원칙상 판결정본이 송달과 동시에 대리권이 소멸한다. 乙의 소송대리인에게 상소제기에 관한 특별수권이 있으면 乙의 상속인들을 대리하여 항소를 제기할 수 있고, 항소기간이 만료하면 제1심 판결이 확정된다. 상소제기에 관한 특별수권이 없으면 판결정본 송달과 동시에 소송절차가 중단된 상태로 있게 된다는 것이 판례의 입장이다.

참고로 소송대리인이 있어서 소송절차가 중단되지 않는 경우에도 당사자는 소송절차의 수계를 할 수 있음은 물론이다. 이 경우에는 소송절차는 상속인을 위한 정상적인 절차로 된다. 따라서 여기서는 소송대리인에게 상소제기의 특별수권이 있는지 여부를 불문하고 소송절차중단의 문제는 생기지 않는다.[20]

(5) 乙이 변론종결 후 사망한 경우 소송절차가 중단된 중에도 법원은 판결을 선고할 수 있다. 乙에게 소송대리인이 있는 경우에는 대리인에게 판결정본을 송달하고, 소송대리인이 없는 경우에는 상속인이 수계신청을 하여 판결정본을 송달받아야 한다(이때부터 상소기간 진행). 민사소송법 제218조 제1항은 확정판결은 변론을 종결한 뒤에 승계인에 대하여 효력이 미친다고 규정하고 있으나, <u>판결확정시까지 소송절차가 계속되므로 소송계속 후 판결확정 전에 당사자가 사망하면 그 소송상 당사자의 지위는 상속인에게 승계되고 소송절차는 중단된다</u>(민소법 제243조 제2항은 "재판이 송달된 뒤에 중단된 소송절차의 수계에 대하여는 그 재판을 한 법원이 결정하여야 한다."고 규정하여 변론종결 후 판결확정 전에도 당연승계가 있음을 전제로 하여 소송절차의 중단과 수계를 규율하고 있다). 따라서 변론

---

18) 정동윤/유병현/김경욱, 앞의 책, p.195.
19) 무효인 판결에 의하여 경료된 등기·등록 등을 제거하기 위한 상소가 허용되고, 상속인은 언제든지 상소를 제할 수 있다는 견해로는 김홍엽, 앞의 책, p.133~134 참조. 무효인 판결도 판결의 외형을 가지고 있으므로 악용될 여지가 있기 때문에 상소재심으로 취소할 이익이 있다는 견해로는 정동윤/유병현/김경욱, 앞의 책, p.195 참조.
20) 실무에서는 상속인이 밝혀진 경우 비록 당장 소송절차의 중단이 문제되지는 않으나, 상속인으로 하여금 소송절차를 수계하도록 석명을 하여 당사자표시를 상속인으로 바꾸게 하는 경우가 많다.

종결 후의 포괄승계인이라 할지라도 판결확정 전의 승계인이면 민사소송법 제218조 제1항의 '당사자'로서 피승계인인 사망자에 대한 판결의 기판력을 받는 것이지 '변론종결 후의 승계인'으로서 기판력을 받는 것은 아니다(민소법 제218조 제1항의 변론종결 후의 승계인은 기판력을 받는 포괄승계인의 경우 엄격하게 말하면 '판결확정 후의 승계인'이다).

1) <u>乙이 변론종결 후 판결선고 전에 사망한 경우</u>에는 선고와 동시에 소송절차가 중단된다. 판결정본의 송달은 중단이 해소된 뒤에 하여야 한다. 乙의 상속인이 그 소송절차를 수계하여 위 판결의 정본을 송달받아 항소할 수 있다.21)

2) <u>乙이 판결선고 후 판결정본 송달 전에 사망한 경우</u>, 더 나아가 <u>판결정본 송달 후 판결확정 전에 사망한 경우</u>에는 사망과 동시에 소송절차의 중단 및 수계 문제가 생기나, 상속인들에게 이 판결의 효력이 미침은 당연하다.

3) <u>乙이 판결확정 후 사망한 경우</u> 乙의 상속인들이 소송물인 권리관계를 승계한 자들에 해당하므로 소송상 당사자의 지위를 승계한 자는 아니지만 상속인은 피상속인의 재산에 관한 포괄적 권리의무를 승계하는 것이므로 판결의 기판력도 받게 된다.

(6) 乙의 상속인들이 판결확정 후에 소송물인 권리관계를 승계한 자들에 해당하므로 소송상 당사자의 지위를 승계한 자는 아니지만 상속인은 피상속인의 재산에 관한 포괄적 권리의무를 승계하는 것이므로 판결의 기판력도 받게 되는 것이다. 상속인은 변론종결 후의 승계인으로서 그 기판

---

21) 변론종결 후 판결선고 전 사망의 경우 판결선고와 동시에 소송절차가 중단되어 더 이상 판결정본을 송달할 수 없는 경우는 본인소송의 경우임. 소송대리인이 선임되어 있는데 사망한 경우의 소송절차는 다음과 같이 정리할 수 있음.
  1. **소송의 속행** : 당사자의 사망에 의한 소송의 당연승계에 의해 그 상속인이 정당한 당사자로서 그 소송절차에 관여할 수 있으나, 소송대리인에 의해 소송절차가 진행될 수 있으므로 소송의 중단은 일어나지 않고 중단의 해소를 위한 소송수계 문제도 일어나지 않게 됨. 소송은 그대로 속행됨. 이 경우 사망자의 소송대리인은 당연히 새로운 당사자의 소송대리인이 되고 소송대리인이 상속인들 전원을 위해 소송을 수행하게 됨.
  2. **당사자 표시를 바꾼 경우** : 실무상 당사자가 사망한 것이 밝혀지면 소송수계신청 또는 소변경신청이라는 이름으로 상속인을 특정하고 청구취지 및 원인을 변경하여 소송을 진행하는 경우가 많음. 법원이 판결에 신당사자로 당사자를 표시하면 별 문제가 없고, 신당사자의 표시가 잘못 되었다고 하더라도 그러한 판결은 그러한 당사자표시에 관계없이 정당한 상속인에 대하여 효력이 있다는 것이 판례임.
  3. **판결의 효력** : 당사자가 사망하였으나 대리인이 있어 소송이 중단되지 아니한 경우 새로운 당사자는 정당한 상속인이고, 그 판결은 정당한 상속인들 전원에 대하여 효력이 있음.
  4. **판결선고 후 판결정본 송달로 중단** : 당사자가 사망하였으나 소송대리인이 있어 소송이 중단되지 아니한 경우 판결은 아무런 흠이 없는 유효한 판결임. 이 경우 심급대리의 원칙상 판결정본이 소송대리인에게 송달된 때에 소송절차는 중단되고 이 경우 판결의 송달까지는 적법함. 소송절차의 중단은 당사자의 수계신청 또는 법원의 속행명령에 의해 해소됨. 소송대리인이 있어 판결정본의 송달로 소송절차가 중단된 경우 소송절차 중단 중에도 불구하고 가집행선고에 의한 강제집행은 할 수 있다고 보고 있음(절차의 신속을 필요로 하는 강제집행절차에는 소송중단에 관한 규정이 적용되지 않는다는 것이 통설임).
  5. **상소제기의 특별수권이 있는 경우** : 소송대리인에게 상소제기의 특별수권이 있는 경우 상소기간 만료시까지 소송절차가 중단되지 않고 쌍방이 상소를 제기하지 않은 것으로 확정되면 그 판결은 확정됨. 상소제기의 특별수권을 받은 소송대리인이 상소한 경우 이에 따른 이심의 효력에 의해 소송대리권이 소멸하고 따라서 이때 소송절차가 중단됨.
  6. **판결의 확정** : 소송대리인이 있는 경우 선고된 판결은 흠이 없는 유효한 판결이지만 판결정본의 송달로 중단된 상태에 있음(소송대리인이 없는 경우 판결선고는 할 수 있으나 선고와 동시에 소송절차가 중단되고, 판결정본의 송달은 무효임). 대리인에게 상소제기의 특별수권이 없으면 소송중단 중 상소기간의 진행이 정지되므로 이를 확정시키려면 적법한 수계신청 또는 법원의 속행명령에 의해 소송절차의 중단이 해소되어야 함. 소송중단이 적법하게 해소된 후 적법한 상소를 할 수 있고, 상소를 먼저 제기한 후 수계신청을 한다면 흠이 치유되어 상소 역시 적법한 것으로 될 것임. 소송대리인이 있는 경우의 판결에 대해 소송중단이 적법하게 해소되고 상소가 제기되면 상소심에서는 절차를 정상대로 계속 진행하면 됨.

력을 받는다. 甲은 위 판결에 승계집행문을 부여받아 乙의 상속인들의 재산에 대하여 강제집행을 할 수 있다. 乙의 상속인들이 상속포기를 한 경우에는 강제집행을 할 수 없고, 한정승인을 한 경우 乙의 상속인들이 상속받은 재산의 한도에서 강제집행을 할 수 있다.

(7) 이미 사망한 원고 甲 명의로 제기된 소는 부적법하여 각하된다.[22] 이 경우 사망한 사람의 상속인에 의한 당사자표시정정신청이나 소송수계신청은 허용되지 아니한다. 판결이 선고된 경우에도 당연무효의 판결로 이 판결에 대하여는 항소를 제기할 수 없다.[23] 상속인들 앞으로의 당사자표시정정은 제1심에서만 허용된다. 다만, 상속인들이 제1심에서 사망한 피상속인 명의로 실질적으로 소송에 관여하거나 상속인들이 이에 동의를 한 경우에는 항소심에서도 당사자표시정정을 할 수 있다는 견해가 있다.

(8) 당사자가 사망하더라도 소송대리인의 소송대리권은 소멸하지 아니하므로(민소법 제95조 제1호), 당사자가 소송대리인에게 소송위임을 한 다음 소 제기 전에 사망하였는데 소송대리인이 당사자가 사망한 것을 모르고 그 당사자를 원고로 표시하여 소를 제기하였다면 이러한 <u>소의 제기는 적법하고, 시효중단 등 소제기의 효력은 상속인들에게 귀속된다</u>. 이 경우 민소법 제233조 제1항이 유추적용되어 <u>사망한 사람의 상속인들은 그 소송절차를 수계하여야 한다</u>.[24]

한편 당사자가 사망하였으나 소송대리인이 있는 경우에는 소송절차가 중단되지 아니하고(민소법 제238조, 제233조 제1항), 그 소송대리인은 상속인들 전원을 위하여 소송을 수행하게 되며, 판결은 상속인들 전원에 대하여 효력이 있다. 이 경우 심급대리의 원칙상 판결정본이 소송대리인에게 송달되면 소송절차가 중단되므로 항소는 소송수계절차를 밟은 다음에 제기하는 것이 원칙이다. 다만 제1심 소송대리인이 상소제기에 관한 특별수권이 있어 상소를 제기하였다면 그 상소제기 시부터 소송절차가 중단되므로 항소심에서 소송수계절차를 거치면 된다. 그리고 소송절차 중단 중에 제기된 상소는 부적법하지만 상소심법원에 수계신청을 하여 그 하자를 치유시킬 수 있으므로 상속인들로부터 항소심 소송을 위임받은 소송대리인이 소송수계절차를 취하지 아니한 채 사망한 당사자 명의로 항소장 및 항소이유서를 제출하였더라도, 상속인들이 항소심에서 수계신청을 하고 소송대리인의 소송행위를 적법한 것으로 추인하면 그 하자는 치유된다 할 것이고, 추인은 묵시적으로도 가능하다.[25]

(9) 甲과 乙이 각 상고이유서를 제출한 이후에 甲이 사망한 경우, 상고심의 소송절차가 상고이유

---

[22] 소 제기 당시 이미 사망한 당사자와 상속인이 공동원고로 표시된 손해배상청구의 소가 제기된 경우, <u>이미 사망한 당사자 명의로 제기된 소 부분은 부적법하여 각하되어야 할 것일 뿐이고</u>, 소의 제기로써 상속인이 자기 고유의 손해배상청구권뿐만 아니라 이미 사망한 당사자의 손해배상청구권에 대한 자신의 상속분에 대해서까지 함께 권리를 행사한 것으로 볼 수는 없다(대법원 2015. 8. 13. 선고 2015다209002 판결).
[23] 대법원 2015. 8. 13. 선고 2015다209002 판결 : 소 제기 당시 이미 사망한 당사자와 상속인이 공동원고로 표시된 손해배상청구의 소가 제기된 경우, 이미 사망한 당사자 명의로 제기된 소 부분은 부적법하여 각하되어야 할 것일 뿐이고, 소의 제기로써 상속인이 자기 고유의 손해배상청구권뿐만 아니라 이미 사망한 당사자의 손해배상청구권에 대한 자신의 상속분에 대해서까지 함께 권리를 행사한 것으로 볼 수는 없다.
[24] 소제기 후 소장부본 송달 전에 원고가 사망한 경우 상속인이 소송을 수계하여야 할 것이다.
[25] 대법원 2016. 4. 29. 선고 2014다210449 판결.

서를 제출한 단계에 진입한 이상 甲의 상속인들이 소송을 수계할 필요성은 없다. 나아가 甲의 상속인들은 변론을 종결한 뒤의 승계인으로 승계집행문을 부여받아 판결을 집행하는 데에도 아무런 지장이 없으므로, 결국 甲의 상속인들의 소송수계신청은 이유 없다.26)

> 〈사례 22-3〉 甲이 乙을 상대로 제기한 소유권이전등기절차이행청구의 소의 소송계속 중 乙이 사망하였다. 甲은 乙에게는 배우자 A와 자녀 B, C만 있는 것으로 알고 A, B, C에 대하여 소송수계신청을 하였다. 그런데 乙에게는 인지한 혼외자 D가 있었다.
> (1) 위 소송에서 누가 피고인가?
> (2) 위 소송에서 A, B, C만 소송을 수행하여 1심 법원이 甲(원고) 승소판결을 선고하였다. 위 판결에 대하여 A, B, C의 항소로 항소심 계속 중 甲은 乙의 상속인으로 D가 누락된 것을 발견하고 D에 대하여 추가로 소송수계신청을 할 수 있는가? 위 판결에 대하여 A, B만이 항소를 제기하였다. A, B, C, D의 소송상 지위는 어떻게 되는가?
> (3) 위 소송에서 乙이 소송대리인으로 K 변호사를 선임하였다. 소송절차가 중단됨이 없이 진행되어 甲 승소판결이 선고되고 판결정본이 K변호사에게 송달되었다. 소송대리인 K에게 상소제기의 특별수권이 있는 경우와 없는 경우, A, B, C, D의 지위는 어떻게 되는가?

〈포인트〉
(1) 통설·판례가 따르는 당연승계론에 의하면 乙의 사망으로 乙의 공동상속인 모두가 당연히 당사자의 지위를 승계한다. 따라서 甲이 A, B, C에 대하여만 소송수계신청을 하였다고 하더라도 乙의 배우자와 직계비속인 A, B, C, D 모두 피고가 된다.

(2) 일부의 상속인들이 소송절차를 수계하여 그 상속인들 명의로 판결이 선고되었다면 상속인들의 원칙적인 소송형태가 통상공동소송인 점에 비추어27) 수계하지 아니한 상속인들에 대한 절차는 여전히 중단된 상태로 있으므로 그 상속인들에게는 기판력이 미칠 여지가 없다.28) 사례에서 D에 관하여는 소송수계가 되지 않았으므로 여전히 제1심에 계속된 채로 중단된 상태에 있다. 따라서 甲은 항소심에서 D에 대하여 추가로 소송수계신청을 할 수 없다. 제1심판결에 대하여 A, B가 항소하였으므로 A, B에 대하여는 판결이 확정되지 않고 사건은 항소심으로 이심된다. 수계한 C는 항소하지 않았으므로 C에 대하여는 판결이 확정되었다. D는 수계하지 않았으므로 D에 대한 관계에서는 乙의 사망으로 제1심에서 소송절차가 중단된 상태에 있고, D에 대하여는 여전히 제1심에 소송이 계속 중이다.

(3) 소송대리인 K 변호사는 상소의 제기에 관한 특별한 권한을 부여받았으므로 A, B, C, D를

---

26) 대법원 2016. 4. 29. 선고 2014다210449 판결.
27) 상속재산은 공유재산이고(민법 제1006조), 판례는 공유재산에 관한 소송은 원칙적으로 통상공동소송으로 본다.
28) 그러나 필수적공동소송에서는 일부 상속인들이 소송절차를 수계하여도 소송절차는 여전히 전면적으로 중단된 상태이고, 그럼에도 불구하고 법원이 수계한 상속인들 이름으로 판결을 선고하였다면 이는 소송절차의 중단을 간과하고 사망자 명의의 판결을 선고한 것과 같이 그 판결의 효력은 수계하지 아니한 상속인에게도 미친다. 유병현, 앞의 논문, p.333 참조.

위하여 항소를 제기할 수 있다. 항소기간 만료시까지 항소를 제기하지 않으면 제1심판결이 확정된다. K 변호사가 A, B, C만 항소를 제기한 경우라면 당연히 D도 대리하여 항소할 권한이 있기 때문에 항소기간이 D에 대하여도 진행이 된다. 그러나 정작 D는 항소하지 않았으므로 항소기간 만료로 D에 대하여는 판결이 확정된다. 따라서 D는 A, B, C가 제기한 항소심에서 수계신청을 하더라도 부적법하다는 것이 판례이다.

소송대리인 K 변호사에게 상소제기에 관한 특별한 권한이 없다면 제1심 판결정본이 K 변호사에게 송달되면 심급대리의 원칙상 소송대리인의 대리권은 소멸한다. A, B, C가 소송수계를 하였으므로 이들이 항소기간 내에 항소를 제기하지 않으면 제1심 판결이 확정된다. D는 소송수계를 하지 않았으므로 판결정본의 송달로 소송절차는 중단되고 항소기간은 진행하지 않는다.

소송대리인이 있어 소송절차가 중단되지 아니하여 판결이 확정되는 경우 판결에 당사자가 누구로 표시되든 그 기판력은 상속인에게 미친다고 본다.[29] 당사자가 사망하였으나 그를 위한 소송대리인이 있어 소송절차가 중단되지 않는 경우에 비록 상속인으로 당사자의 표시를 정정하지 아니한 채 망인을 그대로 당사자로 표시하여 판결하였다고 하더라도 그 판결의 효력은 망인의 소송상 지위를 당연승계한 상속인들 전원에게 미치는 것이므로, 망인의 공동상속인 중 소송수계절차를 밟은 일부만을 당사자로 표시한 판결 역시 수계하지 아니한 나머지 공동상속인들에게도 그 효력이 미친다.[30]

5.

소송절차의 중단을 간과하고 사망자를 당사자로 표시하여 선고한 판결이 확정된 경우 어떠한 방법으로 이 판결을 집행할 것인지 문제된다. 판결서에 표시되지 않았으나 기판력을 받는 승계인에 대한 집행방법으로 승계집행문을 부여받아야 할 것인지, 판결경정으로 가능한 것인지 논란이 있다. 판례는 다음과 같이 승계집행문을 부여받아 집행할 수 있음을 밝히고 있다.

> 〈사례 22-4〉 甲이 乙을 상대로 대여금청구의 소를 제기하여 소송계속 중 乙이 사망하였으나, 사망사실을 간과하고 乙 명의의 판결이 선고되고 확정되었다.
> (1) 甲이 이 판결에 기하여 강제집행을 하기 위하여는 어떻게 해야 하는가?
> (2) 乙에게 소송대리인이 있어 소송절차가 중단되지 않고 진행되어 乙 명의로 판결이 선고되고 확정된 경우는 어떠한가?

---

29) 당사자가 사망하였으나 소송대리인이 있어 소송절차가 중단되지 아니한 경우 원칙적으로 소송수계라는 문제가 발생하지 아니하고 소송대리인은 상속인들 전원을 위하여 소송을 수행하게 되는 것이며 그 사건의 판결은 상속인들 전원에 대하여 효력이 있다 할 것이고, 이때 상속인이 밝혀진 경우에는 상속인을 소송승계인으로 하여 신당사자로 표시할 것이지만 상속인이 누구인지 모를 때에는 망인을 그대로 당사자로 표시하여도 무방하며, 가령 신당사자를 잘못 표시하였다 하더라도 그 표시가 망인의 상속인, 상속승계인, 소송수계인 등 망인의 상속인임을 나타내는 문구로 되어 있으면 잘못 표시된 당사자에 대하여는 판결의 효력이 미치지 아니하고 여전히 정당한 상속인에 대하여 판결의 효력이 미친다(대법원 1992. 11. 5. 자 91마342 결정).
30) 대법원 2010. 12. 23. 선고 2007다22866 판결.

〈포인트〉

(1) 판례는 승계집행문설이고, 소송계속 중 당사자가 사망한 경우 당연히 상속인이 당사자의 지위를 승계하므로(당연승계설) 단순히 당사자를 사망자로 잘못 표시한 것에 불과하다고 보아 판결경정으로 시정한 뒤 승계인명의의 단순집행문을 부여하면 된다는 판결경정설이 있다. 판례는 "소송계속 중 어느 일방 당사자의 사망에 의한 소송절차 중단을 간과하고 변론이 종결되어 판결이 선고된 경우에는 그 판결은 소송에 관여할 수 있는 적법한 수계인의 권한을 배제한 결과가 되는 절차상 위법은 있지만 그 판결이 당연 무효라 할 수는 없고, 다만 그 판결은 대리인에 의하여 적법하게 대리되지 않았던 경우와 마찬가지로 보아 대리권 흠결을 이유로 상소 또는 재심에 의하여 그 취소를 구할 수 있을 뿐이므로, 이와 같이 사망한 자가 당사자로 표시된 판결에 기하여 사망자의 승계인을 위한 또는 사망자의 승계인에 대한 강제집행을 실시하기 위하여는 민사집행법 제31조를 준용하여 승계집행문을 부여함이 상당하다."고 한다.31)

(2) 소송대리인이 선임되어 있는 경우에는 민사소송법 제95조에 의하여 그 소송대리권은 당사자의 사망에 의한 소멸로 인하여 소멸되지 않고 그 대리인은 상속인으로부터 종전과 같은 내용의 위임을 받은 것과 같은 대리권을 가지는 것으로 볼 수 있으므로, 법원으로서는 당사자의 변경을 간과하여 판결에 구 당사자를 표시하여 선고한 때에는 소송수계인을 당사자로 **경정**하면 될 뿐, 구 당사자 명의로 선고된 판결을 대리권 흠결을 이유로 상소 또는 재심에 의하여 취소할 수는 없다.32)

〈사례 22-5〉 甲은 K 변호사를 소송대리인으로 선임하여 2021. 2. 1. 乙을 상대로 대여금청구의 소를 제기하였다.
다음 각 문제에 대한 결론과 근거를 제시하시오.

〈1〉 甲이 K 변호사에게 소송을 위임한 다음 K 변호사가 소를 제기하기 전인 2021. 1. 25. 사망하였고, 乙은 소송계속 중인 2021. 4. 1. 사망하였는데 법원은 2021. 5. 1. 甲과 乙의 사망사실을 간과하고 甲 승소 판결을 선고하였다. 甲의 상속인으로 A, 乙의 상속인으로 B가 있다. 판결확정 후 A는 乙을 당사자로 표시한 판결로 B의 재산에 강제 집행을 할 수 있는가? 乙이 소송대리인을 선임한 경우에는 어떻게 되는지도 언급하시오.

〈2〉 제1심 법원은 2021. 4. 17. 변론을 종결한 다음, 2021. 5. 1. 甲의 청구를 전부 인용하는 내용의 판결을 선고하였다. 법원이 乙에게 판결정본을 송달하였으나 송달불능이 되어 그 판결정본을 공시송달의 방법으로 송달하였다. 그런데 乙은 그 판결선고 전인 2021. 4. 25. 사망하였음이 밝혀졌다. 乙의 유일한 상속인 B가 2021. 10. 1.경에야 이 사건 판결의 존재를 알게 되었다고 주장하면서 2020. 11. 26. 乙에 대한 소송수계신청을 함과 아울러 항소의 추후보완신청 또는 재심의 소를 제기하였다. 법원은 어떻게 판단할 것인가?

---

31) 대법원 1998. 5. 30. 자 98그7 결정.
32) 대법원 2002. 9. 24. 선고 2000다49374 판결.

〈1〉

가. 결론 : A는 甲이 乙을 피고로 한 판결의 원고 甲을 승계인 A로 경정한 후 채무자 乙의 승계인 B에 대한 승계집행문을 부여받아 B의 재산에 강제집행을 할 수 있다.

나. 근거

(1) 소송계속 중 당사자의 사망과 소송절차 : 소송계속 후의 당연승계인이면 그가 소송절차에 수계에 의하여 당사자로 절차에 참가하였는지 여부를 묻지 아니하고 그에게 판결의 효력인 기판력과 집행력이 미친다. 당사자가 소송대리 위임 후 사망하거나 소송계속 중에 사망한 경우 당사자의 상속인들이 당사자의 소송상의 지위를 승계하게 된다(당연승계론). 이후 상속인들의 소송절차 수계시까지 소송절차는 중단되나, 소송대리인이 있는 경우에는 중단되지 않는다. 사례에서 A, B 및 각 상대방도 수계신청을 할 수 있다. 참고로 소송대리인이 있어서 소송절차가 중단되지 않는 경우에도 당사자는 소송절차의 수계를 할 수 있음은 물론이다. 이 경우에는 소송절차는 상속인을 위한 정상적인 절차로 된다. 따라서 여기서는 소송대리인에게 상소제기의 특별수권이 있는지 여부를 불문하고 소송절차중단의 문제는 생기지 않는다. 실무에서는 상속인이 밝혀진 경우 비록 당장 소송절차의 중단이 문제되지는 않으나, 상속인으로 하여금 소송절차를 수계하도록 석명을 하여 당사자표시를 상속인으로 바꾸게 하는 경우가 많다.

(2) 소송위임 후 소 제기 전 사망 : 당사자가 사망하더라도 소송대리인의 소송대리권은 소멸하지 아니하므로(민소법 제95조 제1호), 당사자가 소송대리인에게 소송위임을 한 다음 소 제기 전에 사망하였는데 소송대리인이 당사자가 사망한 것을 모르고 그 당사자를 원고로 표시하여 소를 제기하였다면 이러한 소의 제기는 적법하고, 시효중단 등 소제기의 효력은 상속인들에게 귀속된다. 이 경우 민소법 제233조 제1항이 유추적용되어 사망한 사람의 상속인들은 그 소송절차를 수계하여야 한다. 한편 당사자가 사망하였으나 소송대리인이 있는 경우에는 소송절차가 중단되지 아니하고(민소법 제238조, 제233조 제1항), 그 소송대리인은 상속인들 전원을 위하여 소송을 수행하게 되며, 판결은 상속인들 전원에 대하여 효력이 있다. 이 경우 심급대리의 원칙상 판결정본이 소송대리인에게 송달되면 소송절차가 중단되므로 항소는 소송수계절차를 밟은 다음에 제기하는 것이 원칙이다. 다만 제1심 소송대리인이 상소제기에 관한 특별수권이 있어 상소를 제기하였다면 그 상소제기 시부터 소송절차가 중단되므로 항소심에서 소송수계절차를 거치면 된다. 그리고 소송절차 중단 중에 제기된 상소는 부적법하지만 상소심법원에 수계신청을 하여 그 하자를 치유시킬 수 있으므로 상속인들로부터 항소심 소송을 위임받은 소송대리인이 소송수계절차를 취하지 아니한 채 사망한 당사자 명의로 항소장 및 항소이유서를 제출하였더라도, 상속인들이 항소심에서 수계신청을 하고 소송대리인의 소송행위를 적법한 것으로 추인하면 그 하자는 치유된다 할 것이고, 추인은 묵시적으로도 가능하다.[33]

(3) 소송계속 후 당사자의 사망을 간과한 판결의 효력 : 소송계속 중 당사자의 사망에 의한 소멸로 인하여 소송절차 중단 사유가 발생하였음에도 이를 간과하고 변론이 종결되어 판결이 선고된 경우에는 그 판결은 소송에 관여할 수 있는 적법한 수계인의 권한을 배제한 결과가 되는 절차상 위법은 있지만 그 판결이 당연무효라 할 수는 없고, 다만 그 판결은 대리인에 의하여 적법하게 대

---

33) 대법원 2016. 4. 29. 선고 2014다210449 판결.

리되지 않았던 경우와 마찬가지로 보아 대리권 흠결을 이유로 상소 또는 재심에 의하여 그 취소를 구할 수 있을 뿐이다.34)

(4) 소송대리인이 선임되어 있는 경우 당사자의 사망을 간과한 판결의 효력 : 소송대리인이 선임되어 있는 경우에는 민사소송법 제95조에 의하여 그 소송대리권은 당사자의 사망에 의한 소멸로 인하여 소멸되지 않고 그 대리인은 새로운 소송수행권자로부터 종전과 같은 내용의 위임을 받은 것과 같은 대리권을 가지는 것으로 볼 수 있으므로, 법원으로서는 당사자의 변경을 간과하여 판결에 구 당사자를 표시하여 선고한 때에는 소송수계인을 당사자로 경정하면 될 뿐, 구 당사자 명의로 선고된 판결을 대리권 흠결을 이유로 상소 또는 재심에 의하여 취소할 수는 없다.35)

(5) 소송절차 중단을 간과한 판결의 집행 : 판례는 사망자를 당사자로 표시한 판결에 **승계집행문**을 부여받아 승계인에게 집행할 수 있다고 함으로써 승계인에 대한 집행력도 인정하고 있다(대법원 1998. 5. 30. 자 98그7 결정). 학설로는 판례와 같은 **승계집행문설**이 다수설이고, 소송계속 중 당사자가 사망한 경우 당연히 상속인이 당사자의 지위를 승계하므로(당연승계) 단순히 당사자를 사망자로 잘못 표시한 것에 불과하다고 보아 판결경정으로 시정한 뒤 승계인 명의의 단순집행문을 부여하면 된다는 **판결경정설**이 있다.

(6) 결론(사안의 적용) : 결국 사안에서 판례에 따르면 A는 甲이 乙을 피고로 한 판결의 원고 甲을 승계인 A로 경정한 후 채무자 乙의 승계인 B에 대한 승계집행문을 부여받아 B의 재산에 강제집행을 할 수 있다. 乙에게 소송대리인이 있는 경우에는 피고 乙을 승계인 B로 경정하여 B 명의의 단순집행문을 부여받아 B의 재산에 강제집행을 할 수 있다.

〈2〉
가. 결론 : B의 항소의 추후보완상소 또는 재심의 소는 부적법 각하된다.

나. 근거
(1) 甲이 乙을 상대로 제기한 소송은 乙의 사망으로 중단되었고, 다만 판결선고는 소송절차가 중단된 중에도 할 수 있으므로 위 법원이 이 사건 판결을 선고한 것은 적법하다고 할 것이나, 그 소송절차는 그 판결선고와 동시에 중단되었으므로 위 망인에 대하여 판결정본을 공시송달한 것은 효력이 없다.

(2) 乙의 상속인 B가 그 소송절차를 수계하여 위 판결의 정본을 송달받기 전까지는 그에 대한 항소제기기간이 진행될 수도 없으며, 이는 乙의 상속인 B가 위 판결의 존재를 알고 있었다거나 위 소송에 대한 수계신청을 하였다는 등의 사정이 있다고 하여 달리 볼 것은 아니다. 소송절차 이의권의 포기 또는 상실은 소송절차에 관한 임의규정의 위배에 한하여 인정되는 것이며 항소제기의 기간은 불변기간이고 이에 관한 규정은 성질상 강행규정으로서 그 기간의 기산점이 되는 판결정본의 송달에 관한 소송절차이의권의 상실로 인하여 그 하자가 치유될 수 없다.36)

(3) 따라서 판결이 확정되지 않은 상태에서 B의 항소의 추후보완신청 또는 재심의 소를 제기한

---
34) 대법원 2013. 4. 11. 선고 2012재두497 판결; 대법원 2002. 9. 24. 선고 2000다49374 판결 참조.
35) 대법원 2002. 9. 24. 선고 2000다49374 판결 참조.
36) 대법원 2007. 12. 14. 선고 2007다52997 판결.

것은 부적법하다.

> **〈사례 22-6〉** 甲은 乙로부터 2021. 2. 1. X 토지를 매수하였다고 주장하면서 2021. 5. 1. 乙을 상대로 위 매매를 원인으로 한 소유권이전등기절차이행청구의 소(이하 '이 사건 소송'이라고 한다)를 제기하였다.
> 甲이 乙을 피고로 하여 이 사건 소를 제기하였으나, 행방불명상태인 乙에 대한 소장이 송달불능되어 乙에 대한 소장 등 소송서류를 공시송달의 방법으로 송달하게 하여 甲 승소판결을 선고받고 그 판결이 확정되었다. 甲은 위 확정판결에 승계집행문을 부여받아 乙의 상속인들의 부동산에 관하여 강제경매를 신청하였다. 그런데 위 판결확정 후 乙에 대한 실종선고가 확정됨으로써 甲이 乙을 상대로 소를 제기하기 전에 이미 실종기간이 만료되어 乙은 사망한 것으로 간주되었다.
> 乙의 상속인들은 甲의 이 사건 제소는 乙의 사망간주일 이후 乙을 피고로 하여 제기한 부적법한 소이고, 甲의 강제경매신청은 사망자를 당사자로 하여 행한 당연무효의 판결에 기한 것으로서 무효라는 이유로 청구이의 등으로 다툴 수 있는가? 乙의 상속인들은 어떠한 방식으로 위 판결에 불복할 수 있는가?

가. 결론 : 당연무효의 판결이 아니고 위 확정판결에 대하여 추후보완항소를 제기할 수 있다.

나. 근거 :

(1) 일반적으로 실종선고를 받은 자는 민법 제28조의 규정에 의하여 민법 제27조 소정의 실종기간이 만료한 때에 사망한 것으로 보게 되나, <u>그 실종선고의 효력이 발생하기 전에는 실종기간이 만료된 실종자라 하여도 소송상 당사자능력을 상실하는 것은 아니므로</u> 실종선고 확정 전에는 실종기간이 만료된 실종자를 상대로 하여 제기된 소도 **적법**하고 실종자를 당사자로 하여 선고된 판결도 **유효**하며 그 판결이 확정되면 **기판력**도 발생한다.

(2) 이처럼 판결이 유효하게 확정되어 기판력이 발생한 경우에는 그 판결이 해제조건부로 선고되었다는 등의 특별한 사정이 없는 한 그 효력이 유지되어 당사자로서는 <u>그 판결이 재심이나 추후보완항소 등에 의하여 취소되지 않는 한 그 기판력에 반하는 주장을 할 수 없는 것이 원칙이다.</u> 비록 실종자를 당사자로 한 판결이 확정된 후에 실종선고가 확정되어 그 사망간주의 시점이 소 제기 전으로 소급하는 경우에도 위 판결 자체가 소급하여 당사자능력이 없는 사망한 사람을 상대로 한 판결로서 무효가 된다고는 볼 수 없다.[37]

(3) 乙의 상속인들은 위 확정판결이 재심이나 추후보완항소 등에 의하여 취소되지 않는 한 위 판결의 당연무효를 주장하여 청구이의 등의 방법으로 甲의 강제집행을 저지하지는 못한다. 다만 이 사건에 있어서처럼 실종자에 대하여 공시송달의 방법으로 소송서류가 송달된 끝에 실종자를 피고로 하는 판결이 확정된 경우에는 <u>실종자의 상속인으로서는 실종선고 확정 후에 실종자의 소송수계인으로서 위 확정판결에 대하여 소송행위의 추완에 의한 상소를 하는 것이 가능하고,</u> 따라서 乙의 상속인들은 위 확정판결에 대하여 추후보완항소를 제기하면서 강제집행정지신청을 할 수 있다.

---

37) 대법원 1992. 7. 14. 선고 92다2455 판결.

⟨사례 22-7⟩ 甲은 2021. 4. 1. 乙과 乙 소유의 X 토지에 관하여 매매대금을 3억 원으로 한 부동산매매계약을 체결하고 계약 당일 계약금 3,000만 원을 乙에게 지급하였고, 중도금 1억 원은 같은 달 15 지급하고, 잔금 1억 7,000만 원은 같은 달 30. 소유권이전에 필요한 서류의 교부와 동시에 지급하기로 약정하였다. (추가된 사실관계는 각각 별개임)

⟨추가된 사실관계 1⟩ 위 계약체결 후 乙이 X 토지를 너무 싸게 팔았으니 매매가격을 더 올려줄 것을 요구하면서 중도금, 잔금수령을 거부하면서 소유권이전등기에 협조하지 아니하여 甲은 2021. 7. 1. 乙을 상대로 다음과 같은 소를 제기하였다.

☞ **청구취지**
1. 피고는 원고에게 별지목록 기재 부동산에 관하여 2021. 4. 1. 매매를 원인으로 한 소유권이전등기 절차를 이행하라.
2. 소송비용은 피고가 부담한다.

甲은 소송대리인 K 변호사에게 이 사건 소송위임을 한 다음 소 제기 전인 2021. 6. 20. 교통사고로 사망하였다. 甲의 유일한 상속인으로 아들 A가 있다. 소송대리인 K는 甲의 사망사실을 모르고 甲을 원고로 하여 소를 제기하였다.
제1심 법원은 甲의 사망사실을 모르고 甲의 청구원인 사실을 인정하여 甲 승소판결을 선고하였다. 판결정본은 K 변호사 및 乙에게 송달되었다.
위 판결에 대하여 A가 취할 수 있는 조치에 관하여 설명하시오.

가. 사망자 명의의 소제기 및 사망자를 상대로 한 판결의 효력

(1) 소제기 전(소장부본 송달 전 포함)에 이미 사망한 자를 당사자로 기재하여 제기된 소송은 소송상 법률관계가 적법하게 형성된 것으로 볼 수 없으므로 원칙적으로 부적법하다.

(2) 법원이 그 흠결을 간과한 채 절차를 진행한 경우 소송절차는 물론 선고된 판결도 모두 무효로 본다.

나. 소송대리권 수여 후에 당사자가 사망한 경우

(1) 당사자가 소송대리인에게 소송위임을 한 경우 당사자가 사망하더라도 소송대리권은 소멸하지 아니하고(민소법 제95조 제1호), 당사자가 사망하면 그 소송상 지위가 상속인들에게 **당연승계**되므로 종전의 소송대리인은 별도의 위임 없이 **상속인의 소송대리인**으로 된다.

(2) 당사자가 소송대리인에게 **소송위임을 한 다음 소 제기 전에 사망한 경우**에도 마찬가지로 볼 것인지 의문이 있으나, 대법원은 이 경우 소송대리인이 당사자가 사망한 것을 모르고 사망한 당사자를 원고로 표시하여 소를 제기하였더라도 적법한 소제기로 보는바, 이 경우 **진정한 원고는 상속인**으로 보게 된다.[38]

다. 판결의 효력

(1) 소송계속 중 당사자가 사망한 경우 원칙적으로 소송은 당연히 중단되고 그 상속인들이 수계

---

38) 대법원 2016. 4. 2. 선고 2014다210449 판결 참조.

하여야 하지만, 소송대리인이 있는 경우에는 소송절차가 중단되지 아니하고(민소법 제238조, 제233조 제1항), 소송대리인은 상속인들 전원을 위하여 소송을 수행하게 되며, **판결은 상속인들 전원에 대하여 효력이 있다**고 보는데, 소제기 전에 소송대리권을 수여한 상태에서 당사자가 사망한 경우에도 마찬가지로 보는 것이 판례의 태도이다.

(2) 사안에서 K 변호사의 소송대리권은 심급대리의 원칙상 **판결정본을 송달받음으로써** 위임사무는 종료하고 그 상태에서 **소송절차는 중단된 상태**에 있다.

(3) 이 경우 甲의 상속인 A는 서면 또는 말로 중단 당시 소송이 계속된 법원에 **수계신청**을 할 수 있고(민소법 제233조 제1항, 제161조), 수계신청기간에는 제한이 없으나 상속포기를 할 수 있는 동안에는 소송절차를 수계하지 못한다(제233조 제2항).

라. 결 어

(1) 소의 제기, 소송절차, 판결 등은 모두 적법, 유효하고, 설혹 판결문에 사망자가 당사자로 표시되었다 하더라도 그 판결은 상속인 A에 대한 판결로서 유효하다.

(2) A는 소송수계신청을 하여 제1심 판결에 대한 **확정증명원**을 받아 A명의로 소유권이전등기를 마칠 수 있다.

(3) 乙이 패소부분에 대하여 항소를 제기한다면 A는 피항소인으로 항소심에서 응소하면 된다.

〈추가된 사실관계 2〉 甲이 乙을 상대로 제기한 소유권이전등기절차이행 청구소송(이하 '전소') 계속 중 乙은 소송대리인 L 변호사에게 소송위임을 하면서 상소제기에 관한 특별수권을 부여하였다. 乙은 소송계속 중 급성 심근경색으로 사망하였고, 乙의 유일한 상속인으로는 딸 B가 있다.
L 변호사는 乙의 사망사실을 알지 못하고 소송을 수행하였고, 법원도 乙의 사망사실을 간과한 채 甲 승소판결을 선고하였고 판결정본은 甲과 L 변호사에게 송달되었다.
위 판결에 대한 항소기간 만료 후 甲은 위 판결에 확정증명원을 받아 X 토지에 관하여 甲 앞으로 소유권이전등기를 마친 후 X 토지를 丙에게 처분하여 丙 앞으로 소유권이전등기를 마쳐주었다.
그 후 B가 위 각 소유권이전등기가 원인무효라고 주장하면서 甲과 丙을 상대로 그 말소를 구하는 소(이하 '후소')를 제기하였다.
제1심 법원의 심리결과 甲은 乙의 무권대리인 C와 매매계약을 체결한 사실이 인정되고 달리 실체법상 등기원인도 존재하지 않음이 밝혀졌다,
위 사실이 증거에 의하여 인정될 경우 후소 법원은 어떠한 판결을 선고할 것인가?

가. 문제 해결의 방향
소송절차의 중단 여부, 심급대리의 원칙, 기판력의 발생 및 작용 등

나. 소송절차의 중단 및 당사자의 사망을 간과한 판결의 효력

(1) 소송계속 중 乙의 사망으로 인하여 B의 수계 여부와 무관하게 B가 피고의 지위를 승계한다(판례의 입장인 당연승계설). 이에 반하여 수계절차를 밟아야 당사자지위를 승계한다는 견해가 있다.

(2) 당사자 사망으로 소송절차는 중단되나(민소법 제233조) 소송대리인을 선임한 경우에는 소송절차가 중단되지 않고 대리인이 상속인을 대리하게 된다.

(3) 乙에게 소송대리인(L 변호사)이 있었으므로 乙 사망 시 소송절차가 중단되지 않고(제238조) L 변호사가 乙의 상속인 B의 소송대리인으로 소송을 수행하게 되고, 乙에 대한 판결은 B에 대하여 효력이 있다. 다만 심급대리의 원칙상 그 판결정본이 소송대리인에게 송달된 때에는 **소송절차가 중단**된다.

다. 기판력의 발생 및 작용 여부

(1) 민사소송법 제95조 제1호, 제238조에 따라 소송대리인이 있는 경우에는 당사자가 사망하더라도 소송절차가 중단되지 않고 소송대리인의 소송대리권도 소멸하지 않으며, 이때 망인의 소송대리인은 당사자 지위의 당연승계로 인하여 상속인에게서 새로이 수권을 받을 필요 없이 법률상 당연히 상속인의 소송대리인으로 취급되어 상속인들 모두를 위하여 소송을 수행하게 되는 것이고, 당사자가 사망하였으나 그를 위한 소송대리인이 있어 소송절차가 중단되지 않는 경우에 비록 상속인으로 당사자의 표시를 정정하지 아니한 채 망인을 그대로 당사자로 표시하여 판결하였다고 하더라도 그 판결의 효력은 망인의 소송상 지위를 당연승계한 상속인들 모두에게 미치는 것이다.[39]

(2) 사안에서 乙이 L 변호사에게 상소제기의 특별수권을 부여하였으므로 乙의 사망 시는 물론 판결정본 송달 시에도 소송절차가 중단되지 않고, 항소기간이 진행되어 **항소기간 만료시 판결은 확정**되고, **기판력이 발생**한다.

(3) 사안에서 항소기간 도과로 이 사건 전소 판결은 확정되어 **전소 판결의 기판력이 후소에 작용**한다.

(4) **소유권이전등기** 절차를 명하는 확정판결에 의하여 소유권이전등기가 마쳐진 경우에 다시 원인무효임을 내세워 그 말소등기절차의 이행을 청구함은 확정된 이전등기청구권을 부인하는 것이어서 기판력에 저촉된다.[40] 전후 양소의 소송물이 동일하지 않더라도 후소에서 전소에서 확정된 **법률관계**와 **모순되는 정반대의 사항**을 소송물로 삼았다면 이러한 경우에는 전소 판결의 기판력이 후소에 미치고, 이 경우 후소에서 전소 판결의 판단과 다른 주장을 하는 것을 허용하지 않는다.

라. 결 론

후소 법원은 등기원인이 존재하지 않는다는 확신에도 불구하고, B의 소는 **전소 판결의 기판력에 저촉**되어 판례의 입장인 모순금지설에 따라 **청구기각 판결**을 하여야 한다(반복금지설에 의하면 소각하 판결).

마. 여 론

乙이 L 변호사에게 상소제기의 특별수권을 부여하지 않았다면 판결정본이 L 변호사에게 송달된 때 소송절차가 중단되어 항소기간이 진행되지 않으므로 판결은 확정되지 않고 따라서 전소 판결에 대하여는 기판력이 발생하지 않는다. 결국 甲 명의의 소유권이전등기는 확정판결에 의하지 아니한 것일 뿐 아니라 그 실체적 등기원인도 없는 것이므로 말소되어야 할 것이고, 丙 명의의 소유권이전등기 역시 말소되어야 할 것이다.

---
[39] 대법원 2011. 4. 28. 선고 2010다103048 판결.
[40] 대법원 1987. 3. 24. 선고 86다카1958 판결.

23 반사회적 이중양도와 기판력

1.

　민사거래에서 반사회적 이중매매 내지 이중양도의 사례를 종종 만날 수 있다. 예컨대, 甲이 자기 소유의 토지를 乙에게 매도하였으나 乙 앞으로 소유권이전등기가 마쳐지기 전에 다시 丙에게 매도하는 경우와 같이 부동산 매도인이 순차적으로 제1매수인 乙에 이어 제2의 매수인 丙과 별개의 매매계약을 체결하는 것을 부동산의 이중매매라고 한다. 부동산 가격이 상승하는 상황에서 이러한 사태가 발생할 개연성이 높다. 매도인이나 매수인이나 모두 이기적인 인간들이다. 매도인은 돈을 많이 주는 사람에게 부동산을 팔기를 원하고 매수인은 원래의 계약대로 부동산을 취득하여 부동산을 사용하든 값을 올려 되팔기(전매)를 원할 수도 있다.

　부동산 이중매매의 경우 민사법의 영역뿐만 아니라 형사법의 영역에서도 배임죄와 관련하여 문제가 되나,[1] 여기서는 민사적 영역 그 중에서도 기판력과 관계에서 당사자 사이의 법률관계를 살

---

[1] 주지하는 바와 같이 대법원은 부동산 매도인이 중도금을 받은 이후의 단계에서 이중매매를 한 경우 배임죄가 된다는 입장이나 동산 이중매매의 경우에는 배임죄가 되지 않는다는 입장이다.
〈부동산 이중매매의 경우〉 부동산 매매계약에서 계약금만 지급된 단계에서는 어느 당사자나 계약금을 포기하거나 그 배액을 상환함으로써 자유롭게 계약의 구속력에서 벗어날 수 있다. 그러나 중도금이 지급되는 등 계약이 본격적으로 이행되는 단계에 이른 때에는 계약이 취소되거나 해제되지 않는 한 매도인은 매수인에게 부동산의 소유권을 이전해 줄 의무에서 벗어날 수 없다. 따라서 이러한 단계에 이른 때에 매도인은 매수인에 대하여 매수인의 재산보전에 협력하여 재산적 이익을 보호·관리할 신임관계에 있게 된다. 그때부터 매도인은 배임죄에서 말하는 '타인의 사무를 처리하는 자'에 해당한다고 보아야 한다. 그러한 지위에 있는 매도인이 매수인에게 계약 내용에 따라 부동산의 소유권을 이전해 주기 전에 그 부동산을 제3자에게 처분하고 제3자 앞으로 그 처분에 따른 등기를 마쳐 준 행위는 매수인의 부동산 취득 또는 보전에 지장을 초래하는 행위이다. 이는 매수인과의 신임관계를 저버리는 행위로서 배임죄가 성립한다(대법원 2018. 5. 17. 선고 2017도4027 전원합의체 판결).
〈부동산 이중매매 중 제1매수인에게 가등기를 경료한 경우〉 부동산 매매계약에서 계약금만 지급된 단계에서는 어느 당사자나 계약금을 포기하거나 그 배액을 상환함으로써 자유롭게 계약의 구속력에서 벗어날 수 있다. 그러나 중도금이 지급되는 등 계약이 본격적으로 이행되는 단계에 이른 때에는 계약이 취소되거나 해제되지 않는 한 매도인은 매수인에게 부동산의 소유권을 이전해 줄 의무에서 벗어날 수 없다. 따라서 이러한 단계에 이른 때에 매도인은 매수인에 대하여 매수인의 재산보전에 협력하여 재산적 이익을 보호·관리할 신임관계에 있게 된다. 그때부터 매도인은 배임죄에서 말하는 '타인의 사무를 처리하는 자'에 해당한다고 보아야 한다. 그러한 지위에 있는 매도인이 매수인에게 계약 내용에 따라 부동산의 소유권을 이전해 주기 전에 그 부동산을 제3자에게 처분하고 제3자 앞으로 그 처분에 따른 등기를 마쳐 준 행위는 매수인의 부동산 취득 또는 보전에 지장을 초래하는 행위이다. 이는 매수인과의 신임관계를 저버리는 행위로서 배임죄가 성립한다. 그리고 매도인이 매수인에게 순위보전의 효력이 있는 가등기를 마쳐 주었더라도 이는 향후 매수인에게 손해를 회복할 수 있는 방안을 마련하여 준 것일 뿐 그 자체로 물권변동의 효력이 있는 것은 아니어서 매도인으로서는 소유권을 이전하여 줄 의무에서 벗어날 수 없으므로, 그와 같은 가등기로 인하여 매수인의 재산보전에 협력하여 재산적 이익을 보호·관리할 신임관계의 전형적·본질적 내용이 변경된다고 할 수 없다(대법원 2020. 5. 14. 선고 2019도16228 판결)
〈동산 이중매매의 경우〉 매매와 같이 당사자 일방이 재산권을 상대방에게 이전할 것을 약정하고 상대방이 그 대금을 지급할 것을 약정함으로써 그 효력이 생기는 계약의 경우(민법 제563조), 쌍방이 그 계약의 내용에 좇은 이행을 하여야

펴보기로 한다.

판례는 부동산 이중매매의 경우 제2매수인이 매도인의 이중매매라고 하는 배임행위에 적극가담한 경우에는 이를 무효로 보고 있다. 적극가담의 형태는 제2매수인이 앞서 있었던 제1의 매매를 알고 있었고, 아울러 제2매수인이 매도인에게 이중매매를 할 것을 여러 가지 이유를 들어 적극 권유 내지 교사한 경우이다. 따라서 제2매수인이 단순히 제1매매가 이미 있었다는 사실은 안 것만 가지고는 무효가 되지 않는다.

먼저 다음과 같은 사례를 통하여 부동산 이중매매에서 생길 수 있는 실체법 및 절차법상의 제반 문제점을 스크린 해보자.

〈사례 23-1〉 甲은 2020. 4. 1. 乙과 乙 소유의 X 부동산에 관하여 매매대금을 1억 원으로 한 부동산매매계약(제1 매매계약)을 체결하고 매매대금의 일부를 지급하고 위 부동산을 인도받았다. 이 상태에서 乙은 2020. 6. 1. 다시 丙과 위 부동산에 관한 매매계약(제2 매매계약)을 체결하였다.

〈1〉 제1 매매계약의 매수인 甲과 제2 매매계약의 매수인 丙의 매도인 乙에 대한 지위는 어떠한가?
〈2〉 丙이 먼저 X 부동산에 관하여 소유권이전등기를 마친 후 甲을 상대로 X 부동산의 인도를 구한 경우 甲은 어떻게 해야 하는가? 甲이 乙을 상대로 제1 매매계약에 기한 소유권이전등기청구의 소를 제기한 경우는 어떠한가?
〈3〉 甲은 2020. 7. 1. 乙을 상대로 X 토지에 관하여 2020. 4. 1. 매매를 원인으로 하는 소유권이전등기절차이행청구의 소를 제기하였다. 이 소송에서 2020. 10. 15. 변론이 종결되고 같은 해 11. 1. 甲 승소 판결이 선고되어 그 판결이 11. 20. 확정되었다. 그런데 丙이 같은 해 9. 25. 乙로부터 X 토지를 매수하기로 계약하고 같은 해 11. 5. X 토지에 관하여 자신의 명의로 위 매매를 원인으로 하는 소유권이전등기를 마쳤다. 甲은 위 확정판결을 집행권원으로 하여 丙을 상대로 X 토지에 관한 소유권이전등기를 할 수 있는가?
〈4〉 甲이 乙을 상대로 제기한 소유권이전등기절차 이행청구소송(이하 '전소')에서 승소 확정판결을 받아 이를 집행권원으로 하여 甲 앞으로 소유권이전등기를 마쳤다. 乙이 甲을 상대로 주위적으로는 "2020. 4. 1.자 매매계약이 사회질서에 위반된 법률행위(민법 제103조)에 해당하므로 甲의 소유권이전등기는 원인무효이다"라고 주장하면서 소유권이전등기말소를 구하고, 예비적으로는 위 매매계약이 유효인 경우 매매잔대금 5,000만 원의 지급을 구하는 후소를 제기하였다. 이에 대하여 甲이 "乙의 청구는 모두 확정판결 기판력에 저촉된다."고 주장하였다면 법원은 위와 같은 甲의 주장에 관하여 어떻게 판단하여야 할 것인가?
〈5〉 丙은 乙이 甲과 제1매매계약을 체결하고 계약금과 중도금을 지급받은 사실을 알면서 모든 문제는 자기가 알아서 책임을 질 테니 X 부동산을 자기에게 팔라고 적극 권유하여 乙과 제2매매계약을 체결하

할 채무는 특별한 사정이 없는 한 '자기의 사무'에 해당하는 것이 원칙이다. 매매의 목적물이 동산일 경우, 매도인은 매수인에게 계약에 정한 바에 따라 그 목적물인 동산을 인도함으로써 계약의 이행을 완료하게 되고 그때 매수인은 매매목적물에 대한 권리를 취득하게 되는 것이므로, 매도인에게 자기의 사무인 동산인도채무 외에 별도로 매수인의 재산의 보호 내지 관리 행위에 협력할 의무가 있다고 할 수 없다. 동산매매계약에서의 매도인은 매수인에 대하여 그의 사무를 처리하는 지위에 있지 아니하므로, 매도인이 목적물을 매수인에게 인도하지 아니하고 이를 타에 처분하였다 하더라도 형법상 배임죄가 성립하는 것은 아니다(대법원 2011. 1. 20. 선고 2008도10479 전원합의체 판결).

고 丙 앞으로 소유권이전등기를 마쳤다. 그 후 丙은 丁과 매매계약을 체결하고 丁 앞으로 위 부동산에 관한 소유권이전등기가 마쳐졌다. 甲은 누구를 상대로 어떠한 권리를 행사할 수 있는가?

〈6〉 제2매매계약이 반사회질서의 법률행위로서 무효라고 한다면 이에 기하여 이루어진 丙 명의의 소유권이전등기는 불법원인급여(민법 제746조)에 해당하여 乙은 丙에게 위 등기의 말소를 구할 수 없고 따라서 甲도 乙을 대위할 수 없는 것이 아닌가?

〈7〉 제2매매계약에 기하여 丙 앞으로 소유권이전등기가 마쳐졌다. 甲은 丙을 상대로 소유권이전등기의 말소를 구하면서 청구원인으로 丙이 乙의 이중매매를 적극 권유하여 甲과 乙의 매매계약을 이행불능 상태에 빠뜨림으로써 甲으로 하여금 계약금 상당의 손해를 입게 하였으므로 丙은 乙과 연대하여 甲에게 손해배상의무가 있다고 주장하였다. 丙이 적법한 기일통지서를 송달받고서도 변론기일에 출석하지 않고 답변서 기타 준비서면도 제출하지 아니하였다. 법원은 민사소송법 제150조의 규정에 따라 丙이 甲의 주장사실을 모두 자백한 것으로 보고 甲의 청구를 인용할 수 있는가?

〈8〉 丙이 乙을 상대로 소유권이전등기절차이행청구의 소를 제기하고 乙이 이를 다투지 않음으로써 丙 승소의 확정판결에 기하여 丙 명의의 소유권이전등기가 마쳐진 경우 甲은 丙 명의의 등기의 말소를 구할 수 있는가?

〈9〉 甲이 乙과 丙의 제2매매계약을 사해행위라고 하여 사해행위취소와 원상회복으로 丙 명의의 등기의 말소를 구할 수 있는가?

〈10〉 반사회적 이중매매의 경우 甲이 직접 丙을 상대로 丙 명의의 등기의 말소를 구할 수 있는 방안은 무엇인가?

〈11〉 丙이 乙을 상대로 제기한 소유권이전등기소송에 甲이 丙을 상대로는 소유권이전등기청구권 확인을, 乙을 상대로는 소유권이전등기를 구하는 독립당사자참가를 할 수 있는가?

〈포인트〉

〈1〉

(1) 제1매매계약 후 체결된 제2매매계약도 그 자체로서는 유효하다. 甲과 丙은 모두 乙에 대하여 각 매매계약에 기하여 X 부동산의 소유권을 자기에게 이전해줄 것을 청구할 수 있는 채권이 있다.

(2) 乙도 甲과 丙에 대하여 각 계약에서 정한 매매대금의 지급을 청구할 수 있는 채권이 있다.

〈2〉

(1) 乙이 甲에게 부동산을 매도하였다고 하여 丙에게 소유권을 양도할 수 없는 것은 아니다. 丙이 먼저 소유권이전등기를 마치면 丙이 X 부동산에 관한 소유권을 취득한다. 丙이 매매대금을 전부 지급하였는지, 乙이 甲에게 위 부동산을 인도해주었는지는 아무런 문제가 되지 않는다.

(2) <u>丙은 X 부동산의 소유자로서 甲을 상대로 소유권에 기한 물권적 청구권의 행사로서 위 부동산의 인도와 소유권의 침해를 원인으로 하는 손해배상 등을 청구할 수 있다. 丙이 소유권을 유효하게 취득하면 乙의 甲에 대한 소유권이전채무는 이행불능이 되고, 甲이 乙을 상대로 소유권이전등기청구소송을 제기해도 그 이행불능을 이유로 甲의 청구는</u> **기각**된다.

(3) 甲은 乙을 상대로 채무불이행을 이유로 손해배상책임을 묻거나 계약을 해제할 수밖에 없다.

⟨3⟩

(1) 丙의 실체법적 지위를 보면 丙은 매매를 원인으로 X 토지에 관하여 등기를 마친 자로서 특별한 사정이 없는 한 적법한 소유권자이다.

(2) 丙의 소송법적 지위를 보면 丙은 이 사건 변론종결일 이후에 계쟁물인 X 토지의 소유권을 취득한 자인바, 민소법 제218조 제1항이 규정하는 변론종결 후의 승계인으로서 전소 확정판결의 기판력이 미치는 자에 해당하는지 여부가 문제된다.

(3) 판례는 이 사건 소송의 소송물이 채권적 청구권인 경우 그 계쟁물 양수인은 기판력이 미치는 변론종결 후의 승계인에 해당하지 않는 것으로 본다(실질설). 현행법상 기판력과 집행력의 범위는 원칙적으로 일치하는 것으로 본다.

(4) 판례에 따르면 이 사건 소송의 소송물은 매매를 원인으로 한 소유권이전등기청구권으로 채권적 청구권이므로 丙에 대하여는 기판력(집행력)이 미치지 않는다고 볼 것이고, 결국 甲은 이 사건 소송의 확정판결을 집행권원으로 하여 丙에 대하여 소유권이전등기를 강제집행할 수 없다(승계집행문 부여신청에 대한 불허가).

⟨4⟩

(1) 전소판결의 기판력은 "甲은 乙에 대하여 전소의 사실심 변론종결일 당시에 X 토지에 관하여 2020. 4. 1. 매매를 원인으로 하는 소유권이전등기청구권을 가지고 있었다."는 점에 미친다. 후소 청구가 기판력에 저촉되는지 여부를 주위적 청구와 예비적 청구로 나누어 본다.

(2) <u>주위적 청구(소유권이전등기말소청구)의 경우</u> 전소와 후소는 원·피고가 바뀌었을 뿐 당사자가 동일하고, 후소는 전소에서 확정된 법률관계와 모순되는 법률관계를 소송물로 하고 있으며, 후소의 청구원인은 전소의 사실심 변론종결일 이전에 존재했고 행사할 수 있었던 방어방법이다. 따라서 후소 청구는 전소의 기판력에 저촉된다.

(3) <u>예비적 청구(잔금청구)의 경우</u> 전소와 후소는 원·피고가 바뀌었을 뿐 당사자가 동일하고, 후소의 소송물은 전소의 소송물과 다르고, 전소에서 확정된 법률관계가 후소의 소송물인 법률관계와 모순되거나 후소의 선결문제로 되는 경우도 아니다. 그리고 잔금채권이 전소의 사실심 변론종결일 이전에 존재하고 행사할 수 있었다 하더라도 기판력에 의하여 차단되는 권리가 아니다. 乙이 전소에서 잔금채권에 기하여 동시이행의 항변을 하였다 하더라도 그에 대한 법원의 판단은 판결이유에서 판단되는 사항에 불과하므로 기판력이 발생하지 않고, 동시이행의 항변을 하지 않았다 하더라도 잔금채권은 실체법상 독립한 권리로서 차단효의 적용대상이 아니다. 따라서 후소의 예비적 청구는 전소의 기판력에 저촉되지 않는다.

(4) 기판력 저촉은 위법사유(재심사유)이므로 법원은 甲의 주장 여부에 불구하고 직권으로 심리하여 기판력 저촉 여부를 판단하여야 한다. 기판력 저촉의 효과에 관하여는 판례의 모순금지설에 의하면 법원은 전소에서 패소판결을 선고받은 자가 기판력에 저촉되는 소를 제기한 경우 후소청구를 기각하여야 한다고 본다.

(5) 결국 법원은 <u>乙의 주위적 청구에 대해서는 기판력에 저촉됨을 이유로 청구기각 판결을 선고하고, 예비적 청구는 기판력에 저촉되지 않으므로 통상의 심리절차에 따라 잔금채권이 존재하는지 여부를 심리, 판단하면 된다.</u> 후자의 경우 전소에서 잔금채권에 기한 동시이행의 항변이 받아들여

졌다 하더라도 후소에서 乙의 청구를 인용함에 지장이 없고, 전소 판결이유에서 설시된 사유는 후소에서 유력한 증거자료로 쓰일 수 있다.

〈5〉
(1) 판례는 丙이 비록 그 소유자인 乙로부터 소유권이전등기를 마친 경우에도 丙의 乙에 대한 배임행위에 적극 가담하여 乙로부터 위 부동산을 매수하는 계약을 체결하였다면 그 매매계약은 乙의 범죄행위를 유발하거나 조장하는 것으로서 **사회질서에 반하여 무효**라고 한다.[2] 이와 같은 무효인 매매계약에 기하여는 비록 소유권이전등기가 되었어도 소유권이 丙 앞으로 이전되지 않는다. 이 경우에는 甲이 乙에 대한 소유권이전등기청구권을 보전하기 위하여 乙을 대위하여 丙에 대하여 그 소유권이전등기의 말소를 구할 수 있다.[3]

(2) 부동산의 제2매수인 丙이 매도인 乙의 배임행위에 적극 가담하여 제2매매계약이 반사회적 법률행위에 해당하는 경우에는 제2매매계약은 절대적으로 무효이므로, 당해 부동산을 제2매수인으로부터 다시 취득한 제3자 丁은 설사 제2매수인이 당해 부동산의 소유권을 유효하게 취득한 것으로 믿었다고 하더라도 제2매매계약이 유효하다고 주장할 수 없다.[4] 등기에 공신력이 인정되지 않는 우리 법제에서 제2매수인으로부터 전득한 제3자는 선·악을 불문하고 보호받지 못하고 전득자 명의의 등기는 무효가 된다.[5] 아울러 부동산 이중매매에 제2매수인이 적극 가담한 경우 제1매수인의 매도인에 대한 채권을 침해하는 것이므로 이는 불법행위에 해당하여 제1매수인은 제2매수인에 대하여 손해배상을 청구할 수 있다.[6]

〈6〉
(1) 반사회적 이중매매는 다른 반사회질서의 법률행위와 그 軌를 달리하므로 반사회적 이중매매는 매도인과 제2매수인 사이에서는 불법원인급여에 해당하지 않는다.[7]

---

[2] 이중매매를 사회질서에 반하는 법률행위로서 무효라고 하기 위하여는, 제2매수인이 이중매매 사실을 아는 것만으로는 부족하고, 나아가 매도인의 배임행위(또는 배신행위)를 유인, 교사하거나 이에 협력하는 등 적극적으로 가담하는 것이 필요하며, 그와 같은 사유가 있는지를 판단할 때에는 이중매매계약에 이른 경위, 약정된 대가 등 계약 내용의 상당성 또는 특수성 및 양도인과 제2매수인의 관계 등을 종합적으로 살펴보아야 한다(대법원 2009. 9. 10. 선고 2009다23283 판결 등 참조). 그리고 이러한 법리는 이중으로 임대차계약을 체결한 경우에도 그대로 적용될 수 있다(대법원 2013. 6. 27. 선고 2011다5813 판결).
[3] 의사주의를 취하는 일본 민법의 경우 제1매수인은 자기의 소유권에 기하여 직접 제2매수인에게 소유권이전등기의 말소를 구할 수 있으나, 등기주의(형식주의)를 취하는 우리 민법 하에서는 부동산의 이중매매가 반사회질서의 법률행위로서 무효라고 하여도 등기를 하지 않은 제1매수인은 아직 소유권자가 될 수 없으므로 직접 제2매수인에 대하여 그 명의의 소유권이전등기의 말소를 구할 수는 없고 단지 매도인을 대위하여서만 제2매수인에게 이를 청구할 수 있을 뿐이다. 따라서 원고의 청구가 불분명한 경우 법원은 제1매수인의 청구가 대위하여 청구하는 것인지, 직접 청구하는 것인지 석명하여야 한다(대법원 1983. 4. 26. 선고 83다카57 판결).
[4] 대법원 2008. 3. 27. 선고 2007다82875 판결.
[5] 부동산의 이중매매가 반사회적 법률행위에 해당하는 경우에는 이중매매계약은 절대적으로 무효이므로, 당해 부동산을 제2매수인으로부터 다시 취득한 제3자는 설사 제2매수인이 당해 부동산의 소유권을 유효하게 취득한 것으로 믿었더라도 이중매매계약이 유효하다고 주장할 수 없다(대법원 1996. 10. 25. 선고 96다29151 판결).
[6] 제2양수인이 양도인의 배임행위에 적극 가담한 경우에는 제1양수인에 대한 불법행위의 성립을 인정하고, 그 효과로서 제2양수인에게 제1양수인에 대한 관계에서 원상회복의무, 즉 부동산을 이중양도가 있기 전의 상태로 회복시킬 의무를 부담시키는 것으로 보는 견해로는 양창수/김재형, 「계약법(제2판)」, P.670~671 참조. 이 견해에 의하면 제2양수인으로부터의 전득자에 대하여는 그가 선의인 한 대항하지 못한다.
[7] 불법원인급여로 보는 경우에는 소유권이 급여를 받은 상대방에게 귀속하기 때문에 소유권에 기한 말소등기청구권도 허용

(2) 이중매매를 반사회질서의 법률행위로 보는 것은 매도인을 보호하기 위한 것이 아니라 제1매수인을 보호하기 위한 것이므로 반사회적 이중매매에 있어서는 다른 반사회적 법률행위와 달리 이를 무효라고 주장할 수 있는 것은 제1매수인 뿐이며 매도인 단독으로는 이를 주장할 수 없고, 제2매수인은 제1매수인이 목적물에 관한 권리를 이전해갈 수 있도록 협력할 의무가 있다.[8]

〈7〉

(1) 이 사건 매매계약이 이행불능으로 되어 甲에게 계약금 상당의 손해가 발생하였다는 甲의 주장은 법률적 효과에 관한 진술에 불과하고 사실에 관한 진술을 한 것이라고 볼 수 없어 자백간주의 대상이 될 수 없다.

(2) 법원으로서는 이 사건 매매계약이 이행불능으로 되는지, 甲에게 어떠한 손해가 발생하는지를 살펴보아야 한다.

〈8〉

(1) 乙이 丙 명의의 소유권이전등기의 말소를 청구하는 것은 확정판결의 기판력에 저촉되어 허용될 수 없고, 甲이 乙을 대위하여 위와 같은 청구를 하는 것 역시 기판력에 저촉되어 허용될 수 없다.[9] 부동산을 매수한 자가 소유권이전등기를 하지 아니하고 있던 중 제3자가 같은 부동산을 자기가 매수한 것임을 이유로 하여 매도인을 상대로 제소하여 소유권이전등기절차이행의 확정판결을 받아 소유권이전등기를 경료한 경우에는 위의 확정판결이 당연무효거나 또는 그것이 재심의 소에 의하여 취소되기 전에는 매수인은 매도인에 대한 소유권이전등기청구권을 보전하기 위하여 매도인을 대위하여 위 확정판결의 기판력에 저촉되는 제3자 명의의 소유권이전등기의 말소청구를 할 수 없고 매도인의 매수인에 대한 소유권이전등기의무는 이행불능이다.[10]

(2) 乙과 丙 사이의 제2매매계약이 공서양속에 반하여 무효라는 것만으로 위 확정판결이 당연무효거나 재심사유에 해당한다고 하기도 어렵다. 甲이 乙을 대위하는 경우 甲은 丙 명의의 등기의 말소를 구할 수 없다는 결과가 된다.

〈9〉

(1) 소유권이전등기청구권과 같은 특정물에 관한 채권은 사해행위취소권의 피보전채권이 되지 못한다. 채권자의 채권이 이중매매로 인한 손해배상채권이라 하여도 이는 사해행위 이전에 발생한 채권이 아니므로 이중매매의 경우에는 사해행위취소권이 인정되지 않는다. 설사 甲이 채권자취소권을 행사할 수 있다고 하여도 채권자취소권을 행사한 결과 부동산의 등기명의가 乙에게 복귀된 경우 甲이 乙을 상대로 원래의 채권을 행사하여 소유권이전등기를 청구할 수 있다는 것은 총채권자를 위하여 채무자의 재산을 보전한다는 채권자취소권제도와 맞지 않는다.

되지 아니한다. 김홍엽, 「통합민사법」, p.383 참조.
8) 윤진수, "부동산의 이중양도와 원상회복", 『민법논고Ⅰ』, p.323 참조.
9) 제1매수인이 전소 확정판결에 의하여 제2매수인 앞으로 마쳐진 소유권이전등기를 말소하라는 후소의 청구는 소송물은 다르나 양 청구는 모순관계(반대관계)에 있으므로 기판력에 저촉되고, 이 경우 후소법원은 청구기각판결을 하여야 한다 (모순금지설). 김홍엽, 「통합민사법」, p.388 참조.
10) 대법원 1975. 8. 19. 선고 74다2229 판결.

(2) 부동산을 양도받아 소유권이전등기청구권을 가지고 있는 자가 양도인이 제3자에게 이를 이중으로 양도하여 소유권이전등기를 경료하여 줌으로써 취득하는 부동산 가액 상당의 손해배상채권은 이중양도행위에 대한 사해행위취소권을 행사할 수 있는 위와 같은 피보전채권에 해당한다고 할 수 없다고 할 것이다. 또한 채권자취소권을 특정물에 대한 소유권이전등기청구권을 보전하기 위하여 행사하는 것은 허용되지 않으므로 부동산의 제1양수인은 자신의 소유권이전등기청구권 보전을 위하여 양도인과 제3자 사이에서 이루어진 이중양도행위에 대하여 채권자취소권을 행사할 수 없다'[11]

⟨10⟩

(1) 부동산을 매수한 자가 소유권이전등기를 하지 않고 있는 사이에 제3자가 매도인을 상대로 제소하여 그 부동산에 대한 소유권이전등기절차이행의 확정판결을 받아 소유권이전등기를 경료한 경우 위 확정판결이 당연무효이거나 재심의 소에 의하여 그 판결이 취소되기 전에는 매수인은 매도인에 대한 소유권이전등기청구권을 보전하기 위하여 매도인을 대위하여 제3자 명의의 소유권이전등기에 대한 말소를 구할 수 없으나 <u>이는 매수인이 위 확정판결의 기판력이 미치는 매도인의 권리를 행사하는 경우에 그 기판력에 저촉되는 주장을 할 수 없다는 취지에 불과하고 매수인이 위 확정판결의 기판력에 미치는 매도인을 대위하지 아니한 경우에까지 확정판결에 저촉되는 주장을 할 수 없다는 취지는 아니다.</u>[12] 즉, 甲이 위 확정된 소유권이전등기절차이행판결의 기판력이 미치는 당사자인 乙의 권리를 대위 행사하는 것이 아니라 제3자의 지위에서는 확정판결의 내용과 저촉되는 주장을 하더라도 기판력에 저촉되지 아니한다.

(2) 판례는 丙이 甲을 상대로 소유권에 기한 건물철거청구를 한 경우 전소 확정판결의 기판력이 미치지 아니하는 甲의 항변을 받아들여 확정판결에 기하여 이루어진 丙 명의의 소유권이전등기가 무효라고 판단할 수 있고,[13] 이로 인하여 乙이 소유권이전등기 명의를 가지고 있음에도 불구하고 소유권의 행사를 제한받는 결과가 되더라도 이는 확정판결의 기판력이 미치는 범위를 제한하는 민사소송법 제216조, 제218조의 규정에 의하여 파생되는 것으로써 소유권의 법리에 배치되는 위법한 결론이라 할 수 없다고 하고 있다.

(3) 결국 丙이 甲을 상대로 소유권을 행사하여 이중양도의 목적인 X 토지의 인도를 구할 때에는 甲이 乙과 丙의 매매계약이 무효이므로 丙이 소유자가 아니라고 주장하여 丙의 청구에 대항할 수는 있으나, 甲이 적극적으로 丙 명의의 소유권이전등기의 말소를 구하는 것은 乙과 丙 사이의 전소 확정판결의 기판력에 저촉되므로 허용될 수 없다는 결론이 된다.

(4) 부동산이중매매에서와 같이 제2양수인(丙)이 양도인(乙)을 상대로 하여 소유권이전등기청구의 소를 제기하여 승소확정판결을 받아 소유권이전등기를 마쳐버린 경우, 기판력저촉의 문제를 피하기 위하여는 <u>제1양수인(甲)이 양도인을 대위하지 않고 직접 제2양수인에게 그 등기의 말소를 구할 수 있는 방법이 모색되어야 할 것이다.</u> 위 사례에서 丙이 X 토지에 관한 乙과 甲의 매매계약의 존재를 알면서도 乙의 배임행위에 적극가담하여 乙과 또다시 X 토지에 관하여 매매계약을 체결하

---

11) 대법원 1999. 4. 27. 선고 98다56690 판결.
12) 대법원 1999. 2. 24. 선고 97다46955 판결 등.
13) 대법원 1988. 2. 23. 선고 87다카777 판결.

고, 확정판결에 기하여 丙 명의로 소유권이전등기를 마친 것은 甲에 대한 불법행위에 해당하므로 丙은 甲에 대한 관계에서 원상회복의무 즉 부동산을 이중양도가 있기 전의 상태로 회복시킬 의무가 있다고 보아, 甲은 이를 이유로 乙을 대위함이 없이 원상회복으로 직접 丙에 대하여 丙 명의의 소유권이전등기의 말소를 구할 수 있는 방안을 모색할 수 있다.

(5) 반사회적 부동산 이중매매의 경우 제2 매수인의 매도인의 배임행위에 적극가담한 경우 제1 매수인에 대한 불법행위의 성립을 인정할 수 있고, 그 효과로서 제2매수인의 원상회복의무를 부담하게 한다면[14] 제1매수인은 직접 제2매수인에 대하여 목적물의 반환을 청구할 수 있지만 이러한 청구권은 채권적인 것에 불과하므로 제2매수인으로부터의 전득자에 대하여는 그가 선의인 한 대항하지 못하는 것으로 새긴다.[15] 우리 민법은 손해배상의 방법에 관하여 금전배상을 원칙으로 하고 있어서(민법 제763조, 제394조) 명문규정 없이 원상회복의무를 인정할 수 있을지 문제되나, 해석상 이를 인정하는 것이 법률에 반한다고 할 수는 없을 것이다.[16]

〈11〉

(1) 독립당사자참가는 소송의 목적의 전부나 일부가 자기의 권리임을 주장하거나, 소송의 결과에 의하여 권리침해를 받을 것을 주장하는 제3자가 당사자로서 소송에 참가하여 3당사자 사이에 서로 대립하는 권리 또는 법률관계를 하나의 판결로써 서로 모순 없이 일시에 해결하려는 것이므로, 독립당사자참가인은 우선 참가하려는 소송의 당사자 양쪽 또는 한쪽을 상대방으로 하여 원고의 본소청구와 양립할 수 없는 청구를 하여야 하고, 그 청구는 소의 이익을 갖추는 외에 그 주장 자체에 의하여 성립할 수 있음을 요한다(대법원 2007. 8. 23. 선고 2005다43081,43098 판결).

(2) 甲의 乙에 대한 제1 매매계약에 기한 소유권이전등기청구권과 丙의 乙에 대한 제2 매매계약에 기한 소유권이전등기청구권은 법률상 양립가능하므로 제1매수인 甲의 권리주장참가는 허용되지 않는다. 이는 甲의 계약과 丙의 계약이 별개의 매매계약인 경우이다. 이 경우 甲과 丙은 모두 乙에 대하여 소유권이전등기청구권을 가지고 있으므로 주장 자체로 양립될 수 있는 경우이고 甲의 독립참가는 부적법하다. 이 경우 甲과 丙은 을로부터 먼저 이전등기를 받는 자가 소유권을 취득하고 다른 당사자는 乙에 대하여 손해배상 등의 문제로 해결할 수밖에 없다.[17]

(3) 다만, 본소청구의 당사자인 丙과 乙이 본소를 통하여 제1매수인인 甲을 해할 의사가 있다고 객관적으로 인정되고, 그 소송의 결과 제1매수인의 권리 또는 법률상 지위가 침해될 우려가 있다고 인정되는 경우 제1매수인 甲의 사해방지참가가 허용된다.[18] 부동산이중매매의 경우 한쪽 매수인은 피참가소송이 사해소송임을 주장하여 사해방지참가를 할 수 있음에 그치고 권리주장참가는 이론적으로 두 청구권이 양립 가능하여 참가요건을 갖추지 못할 뿐 아니라 실제상으로도 이와 같은 참가로서는 분쟁을 한꺼번에 해결할 수 없으므로 부적법하여 허용될 수 없다.

---

14) 손해배상의 방법에 관하여 원상회복을 원칙으로 하고 있는 독일민법에서는 이중매매가 BGB 제826조에 의한 불법행위의 문제로 처리되고 있다고 한다. 윤진수, 전게서, p.330
15) 윤진수, 전게서, p.329~333 참조.
16) 상세는 윤진수, 전게서, p.331 이하 등 참조.
17) 이 경우 甲과 丙이 모두 매매목적인 X 부동산에 대하여 처분금지가처분신청을 한 경우 가처분이 경합할 수 있다. 다만 후행 가처분은 선행 가처분의 피보전권리의 실현을 방해하지 않는 한도에서 유효할 뿐이다. 선행 가처분권자가 먼저 소유권이전등기를 마친 때에는 후행 가처분권자는 자신의 가처분의 효력으로 선행 가처분권자에게 대항할 수 없다.
18) 김홍엽, 「통합민사법」, p.389 참조.

(4) 그러나 乙과 丙 사이에 체결한 매매계약의 매수인이 丙이라고 주장하면서 소유권이전등기청구를 하고 있는데 甲이 진정한 매수인이라고 주장하면서 참가하는 경우(별개의 계약이 아니라 하나의 계약인 경우) 甲의 청구와 丙의 청구는 양립할 수 없으므로 이 경우 甲의 독립참가는 적법하다.19) 주장 자체에 의해 甲이 주장하는 권리와 丙이 주장하는 권리가 양립할 수 없는 관계에 있으면 비록 본안에 들어가 심리한 결과 甲이 진정한 매수인이 아니라고 판단되더라도 이는 참가인의 청구가 이유 없는 사유가 될 뿐 참가신청이 부적법하게 되는 것은 아니다.

(5) 한편, 甲이 乙과 丙 간의 매매계약의 무효·해제를 주장하거나 자기가 계약의 주체라고 하며 진정한 이전등기청구권자는 甲 자기만이라고 주장하는 경우는 주장 자체로 양립되지 않는 경우이므로 甲의 독립참가는 적법하다.

(6) 甲은 乙과 丙 간의 매매계약은 반사회질서의 계약으로 무효라고 주장하면서 진정한 소유권이전등기청구권자는 丙이 아니라 자신이라고 주장하는 경우에는 甲의 주장과 丙의 주장이 양립 불가능하므로 독립참가가 허용된다. 이때에 甲은 丙만을 상대로 이전등기를 구하는 편면참가를 할 수 있다.

2.

그러면 반사회적 이중양도와 확정판결의 기판력의 관계에 초점을 맞추어 다음 사례를 검토해보기로 한다.

〈사례 23-2〉 A는 X 토지를 소유하고 있다가 1990년경 B에게 이를 매도하고 B는 다시 2000. 4. 경 甲에게 매도하여 그 이래 甲이 위 토지에 건물을 지어 점유하고 있다. 그런데 A가 2005. 7. 21. 사망하여 그의 단독상속인인 C가 A를 상속하였다. 乙은 甲이 X 토지를 매수하여 점유 중인 사실을 잘 알고 있으면서 C로부터 X 토지를 매수한 후 2019. 7. 1. C를 상대로 매매를 원인으로 한 소유권이전등기청구의 소를 제기하여 승소 확정판결을 받고(이하 이 판결을 '전소판결'이라 함) 2020. 4. 1. 위 확정판결에 기하여 상속에 의한 소유권이전등기를 마친 C로부터 乙명의로 소유권이전등기를 마쳤다.
甲은 K변호사를 소송대리인으로 선임하여 B와 C를 대위하여 乙을 상대로 C와 乙의 매매계약은 반사회질서의 법률행위로서 무효라는 이유로 乙명의의 소유권이전등기의 말소를 구하는 소를 제기하였다. 이에 대

---

19) 자기의 권리 또는 법률상의 지위가 타인으로부터 부인당하거나 또는 그와 저촉되는 주장을 당함으로써 위협을 받거나 방해를 받는 경우에는 그 타인을 상대로 그 권리 또는 법률관계의 확인을 구할 이익이 있다고 할 것인바, 이 사건에 있어서와 같이 원고는 피고와의 사이에 체결된 매매계약의 매수당사자가 원고라고 주장하면서 그 소유권이전등기절차 이행을 구하고 있고 이에 대하여 참가인은 자기가 그 매수당사자라고 주장하는 경우에는 참가인은 원고에 의하여 자기의 권리 또는 법률상의 지위를 부인당하고 있다고 할 것이고, 그 불안을 제거하기 위하여 매수인으로서의 권리의무가 참가인에 있다는 확인의 소를 제기하는 것이 유효적절한 수단이라고 보여지므로 결국 참가인이 피고에 대하여 그 소유권이전등기절차의 이행을 구함과 동시에 원고에 대하여 이 사건 확인의 소를 구한 것은 확인의 이익이 있는 적법한 것이라고 할 것이다(아울러 이 사건에 있어서 원고의 피고에 대한 소유권이전등기청구권과 참가인의 피고에 대한 소유권이전등기청구권은, 당사자참가가 인정되지 아니하는 2중매매 등 통상의 경우와는 달리 하나의 계약에 기초한 것으로서 어느 한쪽의 이전등기청구권이 인정되면 다른 한쪽의 이전등기청구권은 인정될 수 없는 것이므로 그 각 청구가 서로 양립할 수 없는 관계에 있음은 물론이고, 이는 하나의 판결로써 모순 없이 일시에 해결할 수 있는 경우에 해당한다고 할 것이므로 이 사건 당사자참가는 적법하다고 아니할 수 없다)(대법원 1988. 3. 8. 선고 86다148(본소), 149(반소), 150(참가), 86다카762(본소), 763(반소), 764(참가) 판결).

> 하여 乙은 甲을 상대로 소유권에 기한 방해배제청구권의 행사로 X 토지상에 건립된 甲 소유의 건물의 철
> 거 및 X 토지의 인도를 구하는 반소를 제기하였다.
> 제1심 법원은 甲의 본소청구에 대하여는 乙이 C를 상대로 하여 받은 확정판결이 당연무효라거나 재심의
> 소에 의하여 취소되지 않는 한 甲으로서는 C를 대위하여 乙명의의 소유권이전등기의 말소를 구할 수는
> 없다고 판시하여 甲의 본소청구를 기각하는 한편, 乙의 반소청구에 대하여는 C가 乙에게 X 토지를 매도
> 한 것은 B를 거쳐 甲에게 소유권이전등기를 경료할 의무가 있는 자의 배임행위이고, 또한 乙이 甲이 X 토
> 지를 매수하여 점유하고 있음을 알면서도 C에게 매도를 요청한 행위는 배임행위에 적극 가담한 것이므로
> 결국 乙과 C의 X 토지 매매계약은 반사회적 법률행위에 해당하여 무효라고 판단하여 乙의 반소청구도 기
> 각하였고, 이 판결은 항소 및 상고기각을 거쳐 확정되었다(이하 이 판결을 '후소판결'이라 함).
> 후소 확정판결에 의하면 甲으로서는 확정판결의 기판력 때문에 자신의 명의로 X 토지에 대한 소유권을
> 이전받을 방법이 없고, 乙도 甲을 상대로 X 토지에 대한 소유권을 행사할 수 없는 처지이다.
> 甲이 乙을 상대로 소유권이전등기의 말소 또는 진정명의회복을 원인으로 소유권이전등기청구를 할 수 있
> 는가?
> 甲이 X 토지의 소유권을 확보할 수 있는 방안을 제시하고 그 근거를 설시하시오.

[문제 해결의 방향]

가. 문제의 소재

이 사건은 부동산의 이중양도에서 제1양수인이 X 토지의 소유권을 확보할 수 있는 방안 내지는 구제수단을 묻고 있다. 그런데 전소와 후소 확정판결 때문에 甲은 자신의 명의로 X 토지에 대한 소유권을 이전받을 수 없는 상황이다.

여기서 甲이 전소와 후소의 확정판결의 기판력에 저촉되지 않으면서 소유권을 확보할 수 있는 방법들을 검토하고 가장 타당한 방안을 제시해 본다.

나. 소유권이전등기말소청구

(1) 판결이 형식적으로 확정되면 그 내용에 따른 기판력이 생기므로 소유권이전등기절차를 명하는 확정판결에 의하여 소유권이전등기가 마쳐진 경우에 다시 원인무효임을 내세워 그 말소등기절차의 이행을 청구함은 확정된 이전등기청구권을 부인하는 것이어서 기판력에 저촉된다고 할 것이다.[20]

(2) 부동산의 소유자에 대하여 소유권이전등기를 청구할 지위에 있기는 하지만 아직 그 소유권이전등기를 경료하지 않은 상태에서, 제3자가 부동산의 소유자를 상대로 그 부동산에 관한 소유권이전등기절차 이행의 확정판결을 받아 소유권이전등기를 경료한 경우, 그 확정판결이 당연무효이거나 재심의 소에 의하여 취소되지 않는 한, 종전의 소유권이전등기청구권을 가지는 자가 부동산의 소유자에 대한 소유권이전등기청구권을 보전하기 위하여 <u>부동산의 소유자를 대위하여 제3자 명의의 소유권이전등기가 원인무효임을 내세워 그 등기의 말소를 구하는 것은 확정판결의 기판력에 저촉되므로 허용될 수 없다</u>.[21]

---

20) 대법원 1996. 2. 9. 선고 94다61649 판결 등.
21) 대법원 2000. 7. 6. 선고 2000다11584 판결 등.

(3) 위 사례에서 乙이 C를 상대로 하여 X 토지에 관한 소유권이전등기청구의 소를 제기하여 승소확정판결을 받고 그 확정판결에 기하여 乙명의로 소유권이전등기를 마친 때에는 <u>C가 반대로 그 소유권이전등기가 원인무효라고 하여 말소를 구하는 것은 위 확정판결의 기판력과 모순되므로 허용될 수 없고</u>, 아울러 甲이 C를 대위하여 乙명의의 소유권이전등기의 말소를 구하는 것도 역시 기판력에 저촉된다.

다. 진정명의회복을 원인으로 한 소유권이전등기청구

(1) 위 사례에서 甲이 乙을 상대로 진정명의회복을 위한 소유권이전등기청구를 할 수 있는지를 검토해 본다. 진정한 등기명의의 회복을 위한 소유권이전등기청구는 이미 자기 앞으로 소유권을 표상하는 등기가 되어 있었거나 법률에 의하여 소유권을 취득한 자가 진정한 등기명의를 회복하기 위한 방법으로 현재의 등기명의인을 상대로 그 등기의 말소를 구하는 것에 갈음하여 허용되는 것으로서 그 법적 성질은 소유권에 기한 방해배제청구권이므로, 진정한 등기명의의 회복을 위한 소유권이전등기청구권을 행사하기 위하여는 그 상대방인 현재의 등기명의자에 대하여 진정한 소유자로서 그 소유권을 주장할 수 있어야 할 것이다.[22]

(2) 말소등기에 갈음하여 허용되는 진정명의회복을 원인으로 한 소유권이전등기청구권과 무효등기의 말소등기청구권은 어느 것이나 진정한 소유자의 등기명의를 회복하기 위한 것으로서 실질적으로 그 목적이 동일하고, <u>두 청구권 모두 소유권에 기한 방해배제청구권으로서 그 법적 근거와 성질이 동일하므로, 비록 전자는 이전등기, 후자는 말소등기의 형식을 취하고 있다고 하더라도 그 소송물은 실질상 동일한 것으로 보아야 할 것이다.</u>[23]

(3) 결국 甲이 乙을 상대로 진정명의회복을 위한 소유권이전등기청구는 전소확정판결에 기하여 경료된 소유권이전등기의 말소등기청구에 갈음하여 청구하는 것으로서 실질적으로는 말소등기청구와 소송물이 동일하다고 할 것이므로, 전소판결의 기판력은 진정명의회복을 원인으로 한 소유권이전등기청구에도 역시 미친다고 볼 것이므로[24] 이 방법 역시 가능하지 않다.

라. 확정판결의 기판력의 저촉을 피할 수 있는 방안

(1) 부동산을 매수한 자가 소유권이전등기를 하지 않고 있는 사이에 제3자가 매도인을 상대로 제소하여 그 부동산에 대한 소유권이전등기절차이행의 확정판결을 받아 소유권이전등기를 경료한 경우 위 확정판결이 당연무효이거나 재심의 소에 의하여 그 판결이 취소되기 전에는 매수인은 매도인에 대한 소유권이전등기청구권을 보전하기 위하여 매도인을 대위하여 제3자 명의의 소유권이전등기에 대한 말소를 구할 수 없으나 <u>이는 매수인이 위 확정판결의 기판력이 미치는 매도인의 권리를 행사하는 경우에 그 기판력에 저촉되는 주장을 할 수 없다는 취지에 불과하고 매수인이 위 확정판결의 기판력에 미치는 매도인을 대위하지 아니한 경우까지 확정판결에 저촉되는 주장을 할 수 없다는 취지는 아니다.</u>[25]

---

22) 대법원 2009. 4. 9. 선고 2006다30921 판결.
23) 대법원 2001. 9. 20. 선고 99다37894 전원합의체 판결 참조.
24) 대법원 2002. 12. 6. 선고 2002다44014 판결.
25) 대법원 1999. 2. 24. 선고 97다46955 판결 등.

(2) 따라서 위 사례에서 甲은 자신에 대한 매도인 B 및 B에 대한 매도인인 A의 상속인인 C를 순차대위하여 C 및 B에 대하여 순차 소유권이전등기청구의 소를 제기할 수 있으나, 甲이 A의 상속인 C를 대위하여 C로부터 乙 앞으로 마쳐진 소유권이전등기의 말소를 구하는 소는 C와 乙 사이의 위 전소 확정판결의 기판력에 저촉된다고 할 것이고, 결국 甲으로서는 위 확정판결의 기판력으로 말미암아 X 토지에 대한 소유명의를 이전받기 어려운 상황이 된다.

(3) 그러나 甲이 위 확정된 소유권이전등기절차이행판결의 <u>기판력이 미치는 당사자인 A의 상속인의 권리를 대위 행사하는 것이 아니라 제3자의 지위에서는 확정판결의 내용과 저촉되는 주장을 하더라도 기판력에 저촉되지 아니한다.</u>

(4) 판례는 乙이 甲을 상대로 소유권에 기한 건물철거청구를 한 경우 <u>전소 확정판결의 기판력이 미치지 아니하는 甲의 항변을 받아들여 확정판결에 기하여 이루어진 乙명의의 소유권이전등기가 무효라고 판단할 수 있고</u>,26) 이로 인하여 乙이 소유권이전등기 명의를 가지고 있음에도 불구하고 소유권의 행사를 제한받는 결과가 되더라도 이는 확정판결의 기판력이 미치는 범위를 제한하는 민사소송법 제216조, 제218조의 규정에 의하여 파생되는 것으로써 소유권의 법리에 배치되는 위법한 결론이라 할 수 없다고 하고 있다.

(5) 결국 乙이 甲을 상대로 소유권을 행사하여 이중양도의 목적 토지의 인도를 구할 때에는 甲이 乙과 C의 매매계약이 무효이므로 乙이 소유자가 아니라고 주장하여 乙의 청구에 대항할 수는 있으나, 甲이 적극적으로 乙명의의 소유권이전등기의 말소를 구하는 것은 C와 乙 사이의 전소 확정판결의 기판력에 저촉되므로 허용될 수 없다는 결론이 된다.

마. 甲의 구제방법 모색 – 1 : 불법행위로 인한 원상회복으로서의 등기말소청구와 사해행위취소

(1) 부동산 이중양도에 있어서 제2양수인이 확정판결을 받아 소유권이전등기를 마친 경우에 제1양수인 보호의 관점에서 어려움이 생기는 것은, 제1양수인이 <u>양도인을 대위하여야 한다는 구조</u>를 유지하는 한 피할 수 없는 문제이다.

(2) 부동산이중매매에서와 같이 제2양수인(乙)이 양도인을 상대로 하여 소유권이전등기청구의 소를 제기하여 승소확정판결을 받아 소유권이전등기를 마쳐버린 경우, 기판력 저촉의 문제를 피하기 위하여는 제1양수인(B) 내지 그 승계인(甲)이 양도인을 대위하지 않고 <u>직접 제2양수인에게 그 등기의 말소를 구할 수 있는 방법</u>이 모색되어야 할 것이다.

(3) 위 사례에서 乙이 X 토지에 관한 A로부터의 제1양수인 B 내지 그 승계인인 甲의 존재를 알면서도 A의 상속인인 C와 또다시 X 토지에 관하여 매매계약을 체결하고, 확정판결에 기하여 乙명의로 소유권이전등기를 마친 것은 甲에 대한 불법행위에 해당하므로 甲은 이를 이유로 C를 대위함이 없이 직접 乙에 대하여 乙명의의 소유권이전등기의 말소를 구할 수 있다는 견해가 있다.27) 그러나 이러한 입장은 판례에 의하여 확립된 견해가 아니다. 위 입론에 의하면 甲으로서는 B에 대한 소유권이전등기청구권을 보전하기 위하여 B, C를 순차 대위하여 乙에 대하여 乙명의의 위와 같은 소유권이전등기의 말소를 구한 다음, 위 등기가 말소되면, C 및 B를 상대로 순차 소유권이전

---

26) 대법원 1988. 2. 23. 선고 87다카777 판결 참조.
27) 윤진수, "무효인 제2양수인 명의의 소유권이전등기가 확정판결에 의하여 이루어진 경우 제1양수인 내지 그 승계인의 구제방법", 「민사판례연구」 22권 참조.

등기청구를 함으로써 소유권을 취득할 수 있다고 새기고 있다.

(4) 제1양수인의 제2양수인에 대한 직접적 청구권을 인정하기 위하여 제1양수인이 양도인과 제2양수인 사이의 제2양도행위가 자신을 해하는 사해행위라고 하여 채권자취소권에 기하여 이를 취소하는 방법을 생각할 수 있으나, 이는 원래의 채권자취소권제도의 취지에도 어긋날 뿐만 아니라, 채권자취소권행사의 효과는 모든 채권자의 이익을 위하여 그 효력이 있다고 규정하고 있는 민법 제407조의 규정과는 모순되므로 현행법의 해석론으로는 인정할 수 없다.

바. 甲의 구제방법 모색 - 2 : 점유취득시효완성으로 인한 소유권이전등기청구

(1) 종래의 판례에 따르면 乙 명의의 소유권이전등기가 C에 대한 확정판결에 기하여 이루어진 경우에는, 제2양수인인 乙이 제1양수인인 甲을 상대로 소유권을 행사하여 이중양도의 목적인 토지의 인도를 구할 때에는, 甲이 제2양수인과 양도인 사이의 양도계약이 무효이므로 乙이 소유자가 아니라고 주장하여 乙의 청구에 대하여 방어할 수 있지만, 甲이 적극적으로 乙 명의의 소유권이전등기의 말소를 청구하는 것은 양도인과 乙 사이의 확정판결의 기판력에 저촉되므로 허용될 수 없다고 하게 되며, 결국 乙이 甲을 상대로 하여 소유권을 행사하지는 못하지만, 甲 또한 자신 명의로 소유권을 옮겨올 수 있는 방법이 없다면, 결국 당사자 사이의 분쟁은 종국적으로 해결되지 못하는 결과가 된다. 따라서 이러한 경우에 당사자 사이의 분쟁을 종국적으로 해결할 수 있는 방법을 모색할 필요가 있다. 판례에 따르면 甲으로서는 A의 상속인을 대위하여 乙명의의 소유권이전등기의 말소를 구할 수 없고, 무효인 등기명의자인 乙을 상대로 취득시효완성을 원인으로 한 소유권이전등기청구를 할 수 있는지 검토할 필요가 있다.

(2) 종래의 판례에 의하면 민법 제245조 제1항의 부동산의 점유로 인한 시효취득자는 등기하기 전에는 취득시효완성 당시의 소유자에 대하여 소유권이전등기청구권을 가질 뿐이고,[28] 만일 취득시효완성 당시의 소유자로부터 제3자 명의로 원인무효의 등기가 경료되었다면, 시효취득자는 취득시효 완성 당시의 소유자에 대하여 가지는 소유권이전등기청구권을 피보전채권으로 하여 소유자를 대위하여 위 제3자 앞으로 이루어진 원인무효인 등기의 말소를 구하고 아울러 위 소유자에게 취득시효완성을 원인으로 한 소유권이전등기를 구할 수 있으나,[29] 시효취득자가 무효인 등기명의자에 대하여 직접 시효취득을 원인으로 한 소유권이전등기를 청구할 수는 없다.[30] 또 부동산의 점유자가 취득시효 완성을 원인으로 한 소유권이전등기를 하지 않고 있는 사이에 제3자가 등기명의인을 상대로 제소하여 그 부동산에 대한 소유권이전등기절차이행의 확정판결을 받아 소유권이전등기를 한 경우에는 위 확정판결이 당연무효이거나 재심의 소에 의하여 취소되지 않는 한

---

[28] 민법 제245조 제1항이 규정하고 있는 20년의 점유취득시효기간이 완성된 경우에도 점유자는 그것만으로 당연히 소유권을 취득하지는 못한다. 점유자가 가지는 소유권이전등기청구권은 채권적 청구권이다. 취득시효로 인한 소유권취득이 법률의 규정에 의한 물권변동임에도 불구하고 민법 제187조의 유일한 예외로 등기를 해야 하고, 원시취득임에도 불구하고 보존등기가 아닌 이전등기의 방식에 의한다.
[29] 대법원 1993. 9. 14. 선고 93다12268 판결 등 다수
[30] 대법원 1997. 4. 22. 선고 97다3408 판결 등 다수. 취득시효완성으로 인한 권리변동의 당사자는 시효취득자와 취득시효완성 당시의 진정한 소유자이고, 실체관계와 부합하지 않는 원인무효인 등기의 등기부상 소유명의자는 권리변동의 당사자가 될 수 없는 것이므로, 시효이익의 포기는 달리 특별한 사정이 없는 한 시효취득자가 취득시효완성 당시의 진정한 소유자에 대하여 하여야 그 효력이 발생하는 것이지, 원인무효인 등기의 등기부 상 소유명의자에게 그와 같은 의사를 표시하였다고 하여 그 효력이 발생하는 것은 아니다.

부동산 점유자는 위 원래의 등기명의인에 대한 소유권이전등기청구권을 보전하기 위하여 동인을 대위하여 위 확정판결의 기판력에 저촉되는 제3자 명의의 소유권이전등기의 말소를 구할 수 없다.31) 한편 판례는 취득시효 완성 당시 그 부동산의 등기부상 소유명의자의 등기가 무효라 하더라도, <u>그 등기명의자가 진정한 소유자를 상대로 제기한 소유권이전등기 청구소송의 기판력 있는 확정판결에 의하여 소유권이전등기를 경료한 경우에는 점유자가 그 무효인 등기부상 소유명의자를 상대로 직접 취득시효 완성을 이유로 하는 소유권이전등기를 청구할 수 있다고 하고 있어</u>32) 시효취득자가 무효인 등기명의자에 대하여 직접 시효취득을 원인으로 한 소유권이전등기를 청구할 수는 없다고 한 판례와는 어떠한 관계에 있는지, 이들 판례와는 상충되는 것은 아닌지 문제된다.

(3) 취득시효완성으로 인한 소유권이전등기청구의 경우 그 <u>등기청구권자</u>는 점유자(시효취득자)이고 그 <u>상대방</u>은 <u>점유취득시효 완성당시의 소유자</u>가 된다. 어떤 부동산에 관하여 원인무효의 소유권이전등기가 경료되어 있을 때에는 그 <u>원인무효의 등기명의자</u>는 그 원인무효의 등기의 말소등기청구의 상대방이 될 수 있을 뿐, 직접 그가 시효취득완성을 원인으로 하는 소유권이전등기청구의 상대방이 될 수 없는 것이 원칙이다.33) 그런데 판례에 따르면 甲으로서는 A의 상속인을 대위하여 乙명의의 소유권이전등기의 말소를 구할 수 없고, <u>무효인 등기명의자인 乙을 상대로 소유권이전등기를 구할 필요성이 있다</u>.

(4) 판례는 부동산의 점유로 인한 시효취득자는 취득시효 완성 당시의 소유자에 대하여 소유권이전등기를 청구할 수 있다고 할 것인바, 취득시효 완성 당시 그 부동산의 등기부상 소유명의자의 등기가 원인무효의 흠결이 있다 하더라도 그 등기명의 소유자가 진정한 소유자를 상대로 제기한 소유권이전등기 청구소송의 기판력 있는 확정판결에 의하여 소유권이전등기를 경료하였던 것이고, 따라서 시효취득자가 진정한 소유자를 대위하여 등기부상 소유자를 상대로 위 등기의 말소를 구하는 것은 위 판결의 기판력 때문에 극히 어려운 것이고, 그 등기명의를 둔 채 진정한 소유자를 상대로 시효취득을 원인으로 한 이전등기를 구하여 판결을 받더라도 위 등기가 말소되지 않는 한 그 판결이 이행될 수 없는 것이라면 특별한 사정이 없는 한 <u>시효취득자는 그 등기부상 소유명의자를 상대로 취득시효를 원인으로 한 소유권이전등기를 청구할 수 있다고 한다</u>.34) 판례는 이러한 특별한 사정을 중시하여, 이러한 경우에만 예외적으로 무효인 소유권등기명의자인 乙를 상대로 한 소유권이전등기청구가 허용된다고 한 것이다.35)

(5) 따라서 위 사례에서 乙의 X 토지의 매수행위가 A의 상속인의 이중매매라는 배임행위에 적극 가담한 것으로서 사회질서에 반하여 무효인 사실을 인정할 수 있으나, 乙이 A의 상속인을 상대

---

31) 대법원 1992. 5. 22. 92다3892 판결 등.
32) 대법원 1999. 7. 9. 선고 98다29875 판결
33) 취득시효 완성을 이유로 소유권이전등기를 하는 것도 그 등기에 의하여 원래의 소유자의 소유권이 상실되는 반면, 점유자가 소유권을 취득하게 된다는 점에서 <u>종전의 소유자가 하는 일종의 처분행위</u>라고 볼 수 있는데, 소유자가 아니지만 무효인 등기명의만을 가지고 있는 자는 이러한 처분행위를 할 수 있는 권한을 가지지 못하는 것이고, 이러한 무효인 등기명의자에 의하여 점유자 명의로 이전등기가 이루어지더라도 그 이전등기는 처분권한이 없는 자에 의하여 이루어진 것이므로 점유자가 소유권을 취득하는 효력을 가질 수 없기 때문이다.
34) 이 경우 등기명의자인 피고가 원고를 상대로 그 등기를 근거로 건물의 철거를 구하여 왔으면서도, 이제 진정한 권리를 취득한 원고가 그 이전등기를 구하자 스스로 자신의 등기를 무효라고 내세워 진정한 권리취득을 방해하는 것은 허용될 수 없다(대법원 1999. 7. 9. 선고 98다29575 판결).
35) 이에 대한 비판으로는 윤진수, "무효인 제2양수인 명의의 소유권이전등기가 확정판결에 의하여 이루어진 경우 제1양수인 내지 그 승계인의 구제방법", 「민사판례연구[XXⅢ]」, p.11이하 참조.

로 X 토지에 대한 소유권이전등기 청구소송을 제기하여 승소확정판결을 받아 그 소유권이전등기를 경료한 이상 乙은 甲에게 X 토지에 관하여 2000. 4.부터 20년이 경과한 2020. 4. 30. 취득시효 완성을 원인으로 한 소유권이전등기절차를 이행할 의무가 있다고 할 것이다.

(6) 乙과 C 사이의 매매가 공서양속에 반하여 무효라면, C가 乙을 상대로 소유권이전등기의 말소를 청구하는 것은 불법원인급여의 반환을 청구하는 것에 해당하므로 허용되지 않고, 따라서 판례36)의 취지에 따라 이 사건 토지의 소유권은 乙에게 귀속하며, 따라서 甲으로서는 乙을 상대로 하여 취득시효 완성을 원인으로 하는 소유권이전등기청구를 할 수 있다는 견해가 있다. 그러나 부동산 이중양도에 대하여 불법원인급여의 이론을 적용할 때 양도인 내지 제1양수인이 그 급부의 반환을 청구할 수 있는 근거를 명확하게 밝히지 않고 있고, 이러한 주장은 그 적용범위가 제1양수인 내지 그 승계인의 점유취득시효가 완성된 경우로만 제한될 뿐이라는 비판이 있다. 일반적으로 반사회적 이중양도의 경우 제1양수인을 보호하기 위하여 매도인과 제2양수인 사이에서는 불법원인급여에 해당하는 것으로 보지 않는다.

(7) 한편, 판례는 점유취득시효완성을 원인으로 한 소유권이전등기청구는 시효완성 당시의 소유자를 상대로 하여야 하므로 시효완성 당시의 소유권보존등기 또는 이전등기가 무효라면 원칙적으로 그 등기명의인은 시효취득을 원인으로 한 소유권이전등기청구의 상대방이 될 수 없고, 이 경우 시효취득자는 소유자를 대위하여 위 무효등기의 말소를 구하고 다시 위 소유자를 상대로 취득시효완성을 이유로 한 소유권이전등기를 구하여야 한다고 한 것이 있으나,37) 이는 시효완성 당시의 소유자 앞으로의 소유권이전등기가 확정판결에 기하여 경료된 사안이 아니므로 이 사건에 원용할 수 없다.

사. 결 어

결국 甲의 소유권확보방안으로 고려될 수 있는 것들 중 乙을 상대로 취득시효완성을 원인으로 한 소유권이전등기청구의 소를 제기하는 방안이 가장 적실성이 있다고 할 수 있다.

---

36) 대법원 전원합의체 1979. 11. 13. 선고 79다483 판결.
37) 대법원 2007. 7. 26. 선고 2006다64573 판결 : 원심은 이 사건 토지는 원래 A에게 사정된 토지로서 이 사건 토지에 관한 B 명의의 소유권보존등기는 그 추정력이 번복되어 원인무효이고 이에 터잡은 피고 명의의 소유권이전등기 역시 원인무효이지만, 토지조사부에 A의 주소나 본적 등의 기재가 없어 A나 그 상속인을 찾을 수 없으므로, 이 사건의 경우에는 원고는 진정한 소유자가 아니지만 소유명의를 가지고 있는 피고에 대하여 직접 취득시효 완성을 원인으로 하는 소유권이전등기를 청구할 수 있다고 판단하였으나, 대법원은 원심 판시와 같이 이 사건 토지는 A에게 사정된 토지임이 명백하므로, 원고로서는 시효완성 당시의 소유자가 아닌 무효의 등기명의자인 피고에게 취득시효 완성을 원인으로 하는 소유권이전등기를 청구할 수는 없다 할 것이고, 이는 토지조사부에 A의 주소나 본적 등의 기재가 없어 A나 그 상속인을 찾기 어렵다고 하여 달리 볼 것은 아니라고 판시하여 원심판결을 파기한 사례.
대법원 2005. 5. 26. 선고 2002다43417 판결 : 구 토지조사령(1912. 8. 13. 제령 제2호)에 따라 토지조사부가 작성되었으나 그 토지조사부의 소유자란 부분이 훼손되어 사정명의인이 누구인지 확인할 수 없게 되었지만 누구에겐가 사정된 것은 분명하고 시효취득자가 사정명의인 또는 그 상속인을 찾을 수 없어 취득시효완성을 원인으로 하는 소유권이전등기에 의하여 소유권을 취득하는 것이 사실상 불가능하게 된 경우, 시효취득자는 취득시효완성 당시 진정한 소유자는 아니지만 소유권보존등기명의를 가지고 있는 자에 대하여 직접 취득시효완성을 원인으로 하는 소유권이전등기를 청구할 수 있다고 한 사례.

24 채권자대위소송과 기판력

1. '대위'의 범람

법률의 세계 곳곳에서 '대위(代位)'가 범람하고 있다. 대위 제도는 채권자의 입장에서 참으로 편이한 법기술이다. '대위'는 스스로 권리의 주체가 되는 것이 아니라 타인의 권리를 자기의 이름으로 자기 목적을 위하여 채무자 대신 행사하는 것을 말한다. 민법에는 물상대위(제342조), 손해배상자의 대위(제399조), 채권자대위(제404조), 변제자대위(제480조 이하) 등이 규정되어 있고, 상법에는 보험자대위(제681조)가 규정되어 있다. 그밖에도 국민건강보험법, 고용보험법, 산업재해보상보험법, 국민연금법, 임금채권보장법, 자동차손해배상보장법 등에서 각종 청구권대위에 관하여 규정하고 있다. 대습상속(代襲相續)이라는 것도 알고 보면 '대위상속'이다.[1]

민사실무에 종사하면서 각종 대위와 관련한 구상금청구소송을 많이 접하게 된다. 따라서 대위의 법기술을 자유자재로 구사할 수 있어야 하는 것은 법률실무가로서는 상식에 속한다. 로스쿨생들이 반드시 습득하여야 할 대위의 법기술 중 채권자대위와 관련하여 채권자대위소송과 기판력을 중심으로 기초적인 내용들을 살펴보기로 한다.

2. 채권자대위권과 채권자대위소송

채권자대위권은 실체법상의 권리이고(민법 제404조) 소송법상의 권리나 집행법상의 권리가 아니지만 실무상 채권자대위권을 소의 제기에 의하여 행사하는 채권자대위소송이 많이 제기되고 있다. 채권자대위소송이란 채권자가 자기의 채권을 보전하기 위하여 그의 채무자에게 속하는 권리를 대신 행사하는 권리, 즉 채권자대위권(민법 제404조 1항 본문)을 소송으로 행사하는 것을 말한다. 민사보전절차로서의 가압류·가처분제도, 강제집행절차로서의 채권압류 및 추심명령이나 전부명령과 더불어 실무상 채권자대위소송이 활발히 제기되고 있다.[2]

채권자대위권과 채권자대위소송에 관하여는 이론상, 실무상으로 많은 논의가 행해져 왔고, 논의의 주된 대상은 입법례와 관련한 채권자대위제도의 위상, 채권자대위소송의 법적 성질과 당사자적격, 채무자의 처분권 제한, 채권자대위소송판결의 효력, 소송참가 등 실체법 및 절차법의 다양한 쟁점을 둘러싼 것들이다.[3]

---

1) 북한상속법은 우리의 '대습상속'을 '대위상속'이라는 용어로 쓰고 있다. 조선민주주의인민공화국 상속법 제31조 참조.
2) 채권자대위소송과 민사집행과의 관계에 관하여는 오창수, "채권자대위소송과 채권집행의 경합과 해소", 민사집행법연구 제15권, 한국사법행정학회, 2019, p.43 이하 참조.
3) 상세는 오창수, 민사실무 요건사실과 증명책임(2018 개정판), p.383 이하 및 민사실무 핵심 요건사실, 도서출판 학연, 2020. p.178 이하 각 참조.

채권자대위소송은 법률이 채권자가 자기 채권의 보전을 할 수 있도록 채권자에게 채무자의 권리에 관한 관리처분권, 즉 소송수행권을 부여한 것이고 채권자는 소송담당자라는 **법정소송담당설**이 다수설·판례의 입장이나, 채권자대위소송은 채권자가 자신에게 인정된 대위권이라는 실체법상의 권리를 행사하는 것이고 채권자는 소송담당자가 아니라는 고유의 대위권설(자신의 채권보전설)이 있다. 후설은 호문혁 교수가 주장하는 소수설이다.

법정소송담당설에 의하면 채권자대위소송에서 피보전채권이 인정되지 않으면 당사자적격이 없다는 이유로 소각하판결을 하고, 고유의 대위권설에 의하면 대위권 행사의 요건인 '피보전채권이 존재할 것'은 실체법상의 법률요건이지 소송요건이 아니므로 피보전채권이 인정되지 않으면 실체법상 법률요건의 불비로 보아 청구기각 판결을 하게 된다.

채권자대위소송의 요건사실은 ① 채권자의 채무자에 대한 피보전채권의 존재 ② 피보전채권의 변제기 도래 ③ 채권자가 자신의 채권을 보전할 필요성이 있다는 사실 ④ 피대위채권의 존재 ⑤ 피대위채권에 대한 채무자의 권리불행사이다. 이 중 채권자대위소송의 **소송물은 피대위채권의 존재**이다. 판례는 채권자대위소송의 요건사실 중 피보전채권의 존재, 피보전채권의 이행기 도래, 채권보전의 필요성. 피대위채권에 대한 채무자의 권리불행사를 당사자적격에 관계되는 소송요건으로 파악하고, 피대위채권의 존재를 실체법적인 요건사실로 본안판단의 문제로 파악한다. 피보전채권이나 보전의 필요성이 없는 경우 당사자적격 흠결로 소를 각하한다.4)

3. 채권자대위소송과 기판력의 관계

다음의 각 사례를 중심으로 채권자대위소송과 기판력의 관계에 관한 주요 쟁점들을 살펴보기로 한다.

〈사례 24-1〉 甲은 乙에 대하여 1억 원의 대여금채권이 있는데 乙이 이행기 이후에도 변제를 하지 아니하여 乙이 丙에 대하여 갖고 있는 1억 원의 물품대금채권이 있는 것을 알고 乙을 대위하여 丙을 상대로 물품대금청구의 소(이하 '이 사건 소송'이라고 한다)를 제기하고 이 사실을 乙에게 통지하였다.

〈1〉 甲이 제기한 채권자대위소송에 채무자 乙은 피보전채권의 존재를 다투어 어떠한 형태로 참가할 수 있는가? 乙이 채권자 甲을 돕기 위하여 소송에 참가한 경우는 어떻게 되는가?
〈2〉 甲이 이 사건 소송을 제기하기 전에 甲이 乙을 상대로 대여금청구의 소를 제기하였다가 청구기각판결을 받고 이 판결이 확정된 경우 법원은 이 사건 소송에서 어떠한 판단을 할 것인가?5)
〈3〉 甲이 이 사건 소송에서 청구기각판결을 받고 이 판결이 확정된 경우 乙은 丙을 상대로 같은 채무의

---

4) 〈채권자대위소송의 요건사실〉
❶ 채권자의 채무자에 대한 피보전채권의 존재 → 부적법 각하
❷ 피보전채권의 변제기 도래 → 부적법 각하
❸ 채권자가 자신의 채권을 보전할 필요성이 있을 것 → 부적법 각하
❹ 피대위채권의 존재 ← (소송물) → 청구기각
❺ 피대위채권에 대한 채무자의 권리불행사 → 부적법 각하

이행을 구하는 소를 제기할 수 있는가?
⟨4⟩ 甲은 이 사건 채권자대위소송에서 피보전채권의 부존재로 소각하판결을 받고 이 판결이 확정되었다. 그 후 甲이 乙을 상대로 1억 원의 대여금청구의 소를 제기한 경우 이 소는 어떻게 처리되는가?
⟨5⟩ 甲이 소를 제기하기 전에 乙이 먼저 丙을 상대로 물품대금청구소송을 제기하여 청구기각판결을 받고 이 판결이 확정된 경우 甲이 후에 丙을 상대로 제기한 채권자대위소송은 어떻게 되는가? 전소에서 乙이 승소확정판결을 받은 경우와 丙이 乙을 상대로 제기한 소송에서 乙이 패소판결을 받은 경우는 어떠한가?
⟨6⟩ 甲이 채권자대위소송을 제기하여 소송이 계속 중인 경우, 甲이 채권자대위소송에서 확정판결을 받은 경우, 乙의 다른 채권자 丁이 자기의 채권을 보전하기 위하여 丙을 상대로 甲과 같은 소송을 제기한 경우 丁의 소는 적법한가?
⟨7⟩ 甲이 乙을 상대로 피보전채권인 대여금청구의 소를 제기하여 승소확정판결을 받았다, 甲이 제3자무자 丙을 상대로 피대위채권의 이행소송을 제기한 경우 丙은 피대위채권이 아닌 피보전채권의 존재를 다툴 수 있는가? 甲의 乙에 대한 승소판결이 채권자대위소송에 어떠한 영향을 미치는가?

⟨1⟩ **채권자대위소송에 채무자의 참가**

(1) 채권자대위소송에 채무자는 채권자의 채무자에 대한 피보전채권의 존재를 다투어 독립참가를 할 수 있다. 이 경우 중복제소의 문제는 생기지 않는다. 채권자대위소송에 채권자라고 주장하는 <u>甲을 상대로 피보전채권의 부존재확인을 구하는 편면참가를 함으로써 중복제소의 문제를 피할 수 있다.</u> → 권리주장참가

(2) 법원의 심리결과 <u>채권자의 피보전채권이 인정되면</u> 당사자참가는 당사자적격의 흠으로 독립당사자참가를 각하하여야 하고, 피보전채권이 인정되지 않으면 채무자의 독립참가신청은 적법한 것이 된다.6)

(3) 채권자대위소송 계속 중 채무자가 채권자를 돕기 위하여 참가를 한 경우 채무자는 <u>공동소송적 보조참가인</u>이 된다. 채무자가 대위소송계속 사실을 알고 참가하므로 당사자적격이 없다(대위소송계속 사실을 아는 이상 그 권리를 처분하지 못하고 따라서 소송수행권을 가지지 아니한다).

⟨2⟩ **피보전채권의 패소확정판결과 채권자대위소송**

(1) 판례는 채권자가 채무자를 상대로 채권자대위권의 피보전채권에 기한 이행청구의 소를 제기하여 **패소판결**이 확정된 경우 <u>보전의 필요성이 없어 당사자적격의 흠결로 소 각하한다</u>(기판력 저촉 아님).7)

---

5) ⟨유제⟩ B는 2002. 1. 1. 주택을 신축할 목적으로 C로부터 X 토지를 매매대금 10억 원에 매수하면서, 소유권이전등기는 추후 B가 요구하는 때에 마쳐주기로 하였다. B는 2002. 4. 5. 매매대금 전액을 지급하고 C로부터 X 토지를 인도받았다. B는 그 무렵 이후 C에게 X 토지에 관한 소유권이전등기절차의 이행을 요구하였는데, C는 X 토지를 매도할 당시보다 시가가 2배 이상 상승하였다고 주장하면서 매매대금으로 10억 원을 더 주지 않으면 B에게 소유권이전등기를 마쳐줄 수 없다고 하였다. B는 C에게 수차례 소유권이전등기절차의 이행을 구하다가 2009. 12. 4. A에게 X 토지를 25억 원에 매도하였다. A는 2011. 5. 8. 법원에 C를 상대로 B에 대한 X 토지에 관한 소유권이전등기청구권을 보전하기 위하여 B를 대위하여 2002. 1. 1.자 매매를 원인으로 한 소유권이전등기절차 이행을 구하는 소를 제기하였다.
재판과정에서, A가 2010. 9. 10. B를 상대로 X 토지에 관하여 2009. 12. 4.자 매매를 원인으로 한 소유권이전등기청구의 소를 제기하였다가 그 매매계약이 적법하게 해제되었다는 이유로 패소판결을 선고받아 그 판결이 2010. 12. 30. 확정된 사실이 밝혀졌다. 이 경우 법원은 어떠한 판단을 하여야 하며, 그 이유는 무엇인가?(제4회 변시 기출)
6) 김홍엽, p.1066~1077 참조.

(2) 기판력은 소송법적 효과를 가지는 것이지 실체법적 효과를 가지는 것은 아니므로 전소에서 피보전채권과 관련한 패소판결이 있었다 하더라도 피보전채권이 소멸하는 것은 아니다. 따라서 피보전채권의 부존재가 아니라 보전의 필요성 흠결로 각하된다.

(3) 甲이 乙을 상대로 대여금청구의 소를 제기하였다가 패소확정판결을 받았으므로 甲은 더 이상 위 패소확정판결의 기판력으로 인해 乙을 상대로 대여금청구를 할 수 없고 결국 甲은 채권자대위권을 행사함으로써 위 소유권이전등기청구권을 보전할 필요성이 없게 되어 소각하판결을 해야 한다.8)

〈3〉 채권자대위소송의 기판력이 채무자에게 미치는가?

(1) 채권자가 채권자대위권을 행사하는 방법으로 제3채무자를 상대로 소송을 제기하고 판단을 받은 경우에는 채권자가 채무자에 대하여 민법 제405조 제1항에 의한 보존행위 이외의 권리행사의 통지 또는 민소법 제84조에 의한 소송고지 혹은 비송사건절차법 제84조 제1항에 의한 재판상 대위의 허가를 고지하는 방법 등을 위시하여 어떠한 사유로 인하였던 <u>적어도 채권자대위권에 의한 소송이 제기된 사실을 채무자가 알았을 경우에 비로소 그 판결의 효력이 채무자에게 미친다.</u>9)

(2) 이때 채무자에게도 기판력이 미친다는 의미는 <u>채권자대위소송의 소송물인 피대위채권의 존부에 관하여 채무자에게도 기판력이 인정된다는</u> 것이고, 채권자대위소송의 소송요건인 피보전채권의 존부에 관하여 당해 소송의 당사자가 아닌 채무자에게 기판력이 인정된다는 것은 아니다.

〈4〉 피보전채권의 부존재로 소각하판결을 받은 경우

(1) 기판력의 시적 범위(표준시)는 사실심 변론종결시이고, 소각하 판결의 기판력의 객관적 범위는 소송요건이 흠결되었다는 판단에 미친다. 따라서 사안의 경우, 甲이 제기한 채권자대위소송 사실심 변론종결시에 피보전채권이 부존재했다는 점에 대해 기판력이 미친다.

---

7) 채권자가 채무자를 상대로 소유권이전등기절차이행의 소를 제기하여 패소의 확정판결을 받게 되면 채권자는 채무자의 제3자에 대한 권리를 행사하는 채권자대위소송에서 그 확정판결의 기판력으로 말미암아 더 이상 채무자에 대하여 동일한 청구원인으로 소유권이전등기청구를 할 수 없으므로 그러한 권리를 보전하기 위한 채권자대위소송은 그 요건을 갖추지 못하여 부적법하다(대법원 2003. 5. 13. 선고 2002다64148 판결).

8) 채권자가 채권자대위권의 법리에 의하여 채무자에 대한 채권을 보전하기 위하여 채무자의 제3자에 대한 권리를 대위행사하기 위하여는 채무자에 대한 채권을 보전할 필요가 있어야 할 것이고, 그러한 보전의 필요가 인정되지 아니하는 경우에는 소가 부적법하므로 법원으로서는 이를 각하하여야 할 것인바, 만일 채권자가 채무자를 상대로 소를 제기하였으나 패소의 확정판결을 받은 종전 소유권이전등기절차 이행 소송의 청구원인이 채권자대위소송에 있어 피보전권리의 권원과 동일하다면 채권자로서는 위 종전 확정판결의 기판력으로 말미암아 더 이상 채무자에 대하여 위 확정판결과 동일한 청구원인으로는 소유권이전등기청구를 할 수 없게 되었고, 가사 채권자가 채권자대위소송에서 승소하여 제3자 명의의 소유권이전등기가 말소된다 하여도 채권자가 채무자에 대하여 동일한 청구원인으로 다시 소유권이전등기절차의 이행을 구할 수 있는 것도 아니므로, <u>채권자로서는 채무자의 제3자에 대한 권리를 대위행사함으로써 위 소유권이전등기청구권을 보전할 필요가 없게 되었다고 할 것이어서 채권자의 채권자대위소송은 부적법한 것으로서 각하되어야 한다</u>(대법원 2002. 5. 10. 선고 2000다55171 판결). 설령 채권자가 채권자대위소송에서 승소하였다 한들 채권자가 채무자에 대하여 다시 소유권이전등기절차의 이행을 구할 수 있는 것도 아니므로 <u>채권자로서는 채권자대위권을 행사함으로써 위 소유권이전등기청구권을 보전할 필요가 없게 되었다</u> 할 것이다(대법원 1993. 2. 12. 선고 92다25151 판결).

9) 대법원 1975. 5. 13. 선고 74다1664 전원합의체 판결. 정동윤/유병현/김경욱, p.77. 이시윤, p.667은 채무자가 소송계속 사실을 알게 되어 채권자의 소송수행을 현실적으로 협조·견제할 수 있는 경우로 보아야 한다고 한다. 판례의 입장에 대하여는 판결의 효력은 당사자 이외의 제3자에게는 미치지 않음을 근거로 하거나 채권자는 소송담당이 아님을 근거로 채무자에게 미치지 않는다는 견해(호문혁, p.741~742)가 있다.

(2) 채권자대위권에 의한 소송이 제기된 사실을 채무자가 알았을 때에는 그 판결의 효력이 채무자에게 미친다고 보아야 한다. 이때 채무자에게도 기판력이 미친다는 의미는 채권자대위소송의 소송물인 피대위채권의 존부에 관하여 채무자에게도 기판력이 인정된다는 것이고, 채권자대위소송의 소송요건인 피보전채권의 존부에 관하여 당해 소송의 당사자가 아닌 채무자에게 기판력이 인정된다는 것은 아니다. 따라서 채권자가 채권자대위권을 행사하는 방법으로 제3채무자를 상대로 소송을 제기하였다가 채무자를 대위할 피보전채권이 인정되지 않는다는 이유로 소각하 판결을 받아 확정된 경우 그 판결의 기판력이 채권자가 채무자를 상대로 피보전채권의 이행을 구하는 소송에 미치는 것은 아니다.10)

(3) 후소의 乙은 전소인 채권자대위소송의 기판력을 받는 자가 아니므로 전소 판결의 기판력은 후소에 미칠 수 없다. 후소의 소송절차에서 법원은 甲의 주장·증명에 따라 청구인용 여부 판단을 해야 한다(확정판결의 증명효).

〈5〉 채무자의 제3채무에 대한 소송에서의 기판력이 채권자에게 미치는가?
(1) 판례는 채권자대위소송을 제기하기 전에 채무자가 제3채무자를 상대로 이행소송을 제기하여 **패소확정판결**을 받은 경우 판례는 후소인 대위소송은 '권리 불행사'라는 당사자적격흠결 또는 기판력 저촉의 문제로 해결하고 있어 일관되지 못한 입장을 보여주고 있다.

"채권자대위권은 채무자가 제3채무자에 대한 권리를 행사하지 아니하는 경우에 한하여 채권자가 자기의 채권을 보전하기 위하여 행사할 수 있는 것이어서 채권자가 대위권을 행사할 당시는 이미 채무자가 권리를 재판상 행사하였을 때에는 설사 패소의 본안판결을 받았더라도 채권자는 채무자를 대위하여 채무자의 권리를 행사할 당사자적격이 없다."11) ← 당사자적격 흠결로 소각하

"채권자가 채무자를 대위하여 제3자를 상대로 제기한 소송과 이미 판결확정이 되어 있는 채무자와 그 제3자 간의 기존 소송이 당사자만 다를 뿐 실질적으로 동일 내용의 소송이라면, 위 확정판결의 효력이 채권자 대위권 행사에 의한 소송에 미친다고 보아야 할 것이어서 결국 이 사건 소는 확정판결에 저촉되어, 그와 모순되는 판단은 이를 할 수 없다고 할 것이므로 배척되어야 할 것이다."12) ← 기판력 저촉으로 청구기각!

(2) 기판력의 본질에 관하여 반복금지설을 따르는 경우 기판력의 부존재 자체가 소송요건(소극적 소송요건)이 됨은 의문이 없다. 그러나 판례의 모순금지설에 따르면 전소에서 채무자가 승소확정판결을 받은 경우에는 소송요건이 되나, 패소확정판결을 받은 경우에는 소송요건이 되지 않는다고 볼 것이다. 따라서 패소확정판결을 받은 경우에는 청구기각판결을 하는 것이 판례의 태도와 부합

---

10) 대법원 2014. 1. 23. 선고 2011다108095 판결
11) 대법원 1992. 11. 10. 선고 92다30016 판결.
12) 대법원 1979. 3. 13. 선고 76다688 판결. 이 경우 후소를 제기한 채권자에게 미치는 효력을 기판력이라기보다는 채권자와 채무자간의 실체법상의 의존관계에 의한 반사효로 보기도 하고(이시윤 교수), 이 경우 이미 채무자가 채권을 행사하였으므로 채권자대위권의 법률요건의 불비에 해당하여 법원은 채권자의 대위권이 인정되지 않는다는 이유로 청구를 기각하는 것이 옳다는 견해가 있다(호문혁 교수).

한다. 따라서 기판력 저촉의 문제로 해결하면 채무자가 패소확정판결을 받은 경우 채권자의 대위청구는 기각될 것이다.

(3) 채무자가 제3채무자를 상대로 제기한 전소 확정판결이 **채무자 승소 확정판결**인 경우 채권자가 제3채무자를 상대로 제기한 채권자대위소송은 기판력에 저촉되어 소의 이익이 없다는 이유로 소각하 판결을 하든지, 당사자적격이 없다는 이유로 소각하 판결을 하든지 **후소를 각하**하는 것은 결론은 동일하다.

(4) 그러나 채무자 패소확정판결이든, 승소확정판결이든 논리구성상 당사자적격이 없다는 이유로 소각하 판결을 해야 할 것이 옳다고 생각한다. 통상적으로 소송경제상 신속하고 쉽게 그 존부를 가릴 수 있는 소송요건부터 먼저 심리, 판단하고, 본안판단과 밀접한 관련이 있는 소의 이익은 소송요건 가운데 마지막으로 판단하고 있으므로 사례에서도 본안판단과 밀접한 관련이 있는 기판력의 부존재보다 당사자적격을 선순위로 판단하여야 하는 점에 그 근거를 찾을 수 있다.

(5) 채권자대위소송을 제기하기 전에 제3채무자가 채무자를 상대로 제소한 소에서 채무자 패소판결이 이미 확정된 경우 → **기판력** 문제로 보아 **청구기각**(모순금지설). 이 경우는 채무자가 제소한 경우와 성격이 다름.

(6) 채권자대위권 행사 요건인 '채무자가 스스로 그 권리를 행사하지 않을 것'은 채무자가 그 '권리를 행사할 수 있는 상태'에서 스스로 그 권리를 행사하지 않는 것을 의미하고, '권리를 행사할 수 있는 상태'라는 뜻은 권리 행사를 할 수 없게 하는 법률적 장애가 없어야 한다는 뜻인데 피대위채권에 질권이 설정되어 채무자가 그 권리를 행사할 수 없는 상태라면 채권자대위요건을 갖추지 못하여 부적법 각하한 최근의 하급심판결이 있다.13)

---

13) 〈참고〉 정부가 세월호 참사로 발생한 보험금을 달라며 청해진해운을 대신해 보험사들을 상대로 소송을 냈지만 각하됐다. 각하란 소송의 요건을 제대로 갖추지 않으면 본안을 판단하지 않고 재판 절차를 끝내는 것을 말한다. 서울중앙지법 민사합의25부(부장 이동욱)는 13일 대한민국 정부가 한국해운조합과 메리츠화재해상보험을 상대로 낸 공제금 등 청구 소송에서 청구를 각하했다. 재판부는 "정부가 청해진해운을 대신해 소송을 내는 것은 '채권자대위소송'에 해당하는데 이를 위해선 '대위권'이 충족돼야 한다"면서 "대위권 요건 중에는 '채무자가 다른 장애 없이 권리를 행사할 수 있음에도 불구하고 스스로 하지 않는다'는 요건이 있는데 이번 사건은 이 요건이 충족되지 않아 각하될 수밖에 없다"고 설명했다. 재판부는 "앞서 대법원에서 확정된 관련 소송에서 한국산업은행이 이번 사건과 같은 내용의 공제금 청구권·보험금 청구권의 질권(채무의 담보로써 제공된 담보를 점유할 권리)자로 인정됐다"면서 "질권이 설정된 것은 청해진해운이 권리를 행사할 수 없게 하는 법률적 장애이므로 대위권이 인정되지 않는다"고 덧붙였다.
정부가 청해진해운의 권리를 대신해 보험사들을 상대로 소송을 하려면 보험금에 다른 채권자가 없어야 하는데 이미 한국산업은행이 청해진해운의 보험금청구권의 질권자로 돼 있기 때문에 정부가 청해진해운에 대한 대위권을 행사할 수 없는 것이다. 재판부는 설령 요건이 충족돼 본안 판단으로 가더라도 이 사건은 기각될 수밖에 없다고도 설명했다. 한국산업은행이 정부와 같은 취지로 한국해운조합과 메리츠화재해상보험을 상대로 제기한 소송은 대법원에서 원고 패소로 확정됐는데 이 때 정부도 보조참가인으로 참가하라는 소송고지를 받았기 때문이다. 재판부는 "소송고지를 받으면 보조참가 효력을 갖게 되는데 그 경우 판결이 나게 되면 보조참가인과 피참가인 사이에는 판결을 다툴 수 없는 효력이 생긴다"고 부연했다(서울신문 2020. 5. 13.자). → 기사 중 '정부'는 '대한민국'이고, 대한민국 정부는 민사소송의 당사자능력이 없음. '청구를 각하했다.'는 것도 '소를 각하했다'는 것의 잘못임.

> 〈참고〉 중복제소와 관련하여
> (1) 채무자가 먼저 제소 후 채권자가 대위소송을 제기한 경우 '채무자의 권리불행사의 요건 미비로 보아 당사자적격 흠결로 본 판례〈참고판례 1, 2〉도 있고, 중복제소에 해당한다는 판례〈참고판례 3〉도 있다.14)
> (2) 채권자가 채권자대위소송을 먼저 제기한 후 채무자가 제소한 경우 판례는 후소는 중복제소라고 보고 있다.〈참고판례 4〉15)

〈참고판례 1〉 채권자대위권은 채무자가 제3채무자에 대한 권리를 행사하지 아니하는 경우에 한하여 채권자가 자기의 채권을 보전하기 위하여 행사할 수 있는 것이기 때문에 채권자가 대위권을 행사할 당시 이미 채무자가 그 권리를 재판상 행사하였을 때에는 설사 패소의 확정판결을 받았더라도 채권자는 채무자를 대위하여 채무자의 권리를 행사할 당사자적격이 없다.16)

〈참고판례 2〉 채권자대위권은 채무자가 제3채무자에 대한 권리를 행사하지 아니하는 경우에 한하여 채권자가 자기의 채권을 보전하기 위하여 행사할 수 있는 것이어서, <u>채권자가 대위권을 행사할 당시에 이미 채무자가 그 권리를 재판상 행사하였을 때</u>에는 채권자는 채무자를 대위하여 채무자의 권리를 행사할 수 없다.17)

〈참고판례 3〉 채권자가 채무자를 상대로 제기한 소송이 계속 중 제3자가 채권자를 대위하여 같은 채무자를 상대로 청구취지 및 원인을 같이하는 내용의 소송을 제기한 경우에는 양 소송은 동일 소송이므로 후소는 중복제소금지규정에 저촉된다.18)

〈참고판례 4〉 원고가 소유권이전등기말소소송을 제기하기 전에 이미 원고의 채권자가 같은 피고를 상대로 채권자대위권에 의하여 원고를 대위하여 그 소송과 청구취지 및 청구원인을 같이하는 내용의 소송을 제기하여 계속 중에 있다면, 양 소송은 비록 그 당사자는 다르다 할지라도 실질상으로는 동일소송이므로, 원고가 제기한 소송은 중복소송 금지규정에 저촉되는 것이다.19)

---

14) 어차피 각하의 결론은 같으므로 어느 쪽을(또는 양쪽을) 각하사유로 해도 무방하다는 견해도 있고, 대위권 행사요건의 불비의 문제로 해결하는 것이 타당하다는 견해도 있다.
15) 이 경우 채무자의 후소를 중복소송으로 부적법 각하한다면 채무자 자신의 권리가 채권자대위권보다 후순위로 취급되는 결과가 되고 이는 채권의 한 권능에 불과한 채권자대위권이 그 권원인 채권보다 우선하게 되어 불합리하다는 비판이 있다.
16) 대법원 1993. 3. 26. 선고 92다32876 판결.
17) 대법원 2009. 3. 12. 선고 2008다65839 판결.
18) 대법원 1981. 7. 7. 선고 80다2751 판결.
19) 대법원 1995. 4. 14. 선고 94다29256 판결.

<참고사례> 채무자의 권리불행사와 관련하여 채무자 패소판결이 소각하 판결인 경우
(1) 이 사건 토지는 "홍산동(興山洞)"이 1911. 9. 10. 사정받은 것으로 기재되어 있는데, 피고 한국도로공사(이하 '피고')는 2005. 10. 12. 미등기인 이 사건 토지를 수용하면서 정당한 소유자를 알 수 없다는 이유로 피공탁자를 '불명(토지대장상 홍산동)'으로 하여 이 사건 토지의 보상금 2,000만 원을 공탁하였다.
(2) 홍산동과 동일한 주민공동체인 홍산리는 피고를 상대로 이 사건 공탁금출급청구권이 홍산리에 있다고 주장하면서로 공탁금출급청구권확인의 소를 제기하였지만, 법원은 2017. 9. 22. '비법인사단이 사원총회의 결의 없이 총유재산에 관하여 제기한 소는 소제기에 관한 특별수권을 결하여 부적법하므로 홍산리가 사원총회의 결의를 거쳐 소를 제기하였음을 인정할 증거가 없으므로 부적법하다'는 이유로 소각하판결을 선고하였고, 이 판결은 2017. 10. 11. 확정되었다.
(3) 한편 이 사건 토지는 원고의 아버지 A가 뽕나무와 사과나무를 식재하여 농사를 지으면서 최초로 자주점유하였고, A가 사망한 이후부터는 원고가 이 사건 토지를 물려받아 경작해왔다고 주장하면서 원고는 이 사건 토지의 소유자임을 전제로 피고에 대하여 '이 사건 공탁금출급청구권이 원고에게 있음의 확인을 구하는 소를 제기하였다.
(4) 제1심은 2016. 12. 9. 원고가 토지대상 상에 최초의 소유자로 등재된 자로부터 이 사건 토지에 대한 권리를 이전받았다거나 이 사건 토지를 장기간 소유의 의사로 점유하였다고 하더라도 소유권보존등기 또는 소유권이전등기를 경료받지 않은 이상 소유권을 취득하였다고 볼 수 없다는 이유로 원고의 청구를 기각하였다.
(5) 원고는 원심에서 '홍산리에 대한 점유취득시효 완성을 원인으로 한 소유권이전등기청구권이 토지수용으로 이행불능이 됨으로써 취득하게 된 대상청구권을 피보전권리로 삼아 홍산리를 대위하여 피고를 상대로 이 사건 공탁금출급청구권이 홍산1리에 있다는 확인을 구한다.'는 것으로 청구를 교환적으로 변경하였다.
(6) 원심은 "원고가 피대위채권으로 주장하는 이 사건 공탁금출급청구권에 관한 확인청구권을 청구원인으로 하여 피고를 상대로 공탁금출급청구권확인 청구의 소를 제기하여, 2017. 9. 22. 각하판결을 선고받은 사실을 인정할 수 있고, 이에 의하면 <u>원고가 이 사건 소로써 채권자대위권을 행사할 당시 이미 채무자인 홍산리가 피대위채권을 재판상 행사하였으므로</u>, 결국 홍산리를 채무자로 하는 원고의 이 사건 채권자대위의 소는 부적법 각하하는 판결을 선고하였다.(원고 상고)

〈대법원 2018. 10. 25. 선고 2018다210539 판결〉

채권자대위권은 채무자가 스스로 제3채무자에 대한 권리를 행사하지 아니하는 경우에 한하여 채권자가 자기의 채권을 보전하기 위하여 행사할 수 있는 것이어서, 채권자가 대위권을 행사할 당시에 이미 채무자가 그 권리를 재판상 행사하였을 때에는 채권자는 채무자를 대위하여 채무자의 권리를 행사할 수 없다. 그런데 비법인사단이 사원총회의 결의 없이 제기한 소는 소제기에 관한 특별수권을 결하여 부적법하고, 그 경우 소제기에 관한 비법인사단의 의사결정이 있었다고 할 수 없다. 따라서 <u>비법인사단인 채무자 명의로 제3채무자를 상대로 한 소가 제기되었으나 사원총회의 결의 없이 총유재산에 관한 소가 제기되었다는 이유로 각하판결을 받고 그 판결이 확정된 경우에는 채무자가 스스로 제3채무자에 대한 권리를 행사한 것으로 볼 수 없다.</u>

위 사실관계를 앞서 본 법리에 비추어 살펴보면, 이 사건 채권자대위소송의 채무자인 홍산리 명의로 제3채무자인 피고를 상대로 한 소가 제기되었으나 사원총회의 결의 없이 총유재산에 관한 소가 제기되었다는 이유로 각하판결을 받고 그 판결이 확정되었으므로 이러한 경우 원심은 채무자가 스스로 제3채무자에 대한 권리를 행사한 것으로 볼 수 없다고 보고 채권자대위소송의 다른 요건에 관하여 나아가 판단하였어야 한다.20)

〈6〉 채권자대위소송의 기판력이 다른 채권자에게 미치는가?

(1) 채권자대위소송 계속 중에 제기된 다른 채권자의 대위소송은 채무자가 그 대위소송을 알았느냐의 여부와 관계없이 <u>중복된 소제기 금지의 원칙에 해당하여 각하</u>를 면치 못한다.21)

(2) 어느 채권자가 채권자대위권을 행사하는 방법으로 제3채무자를 상대로 소송을 제기하여 <u>확정판결을 받은 경우</u>, 어떠한 사유로든 <u>채무자가 채권자대위소송이 제기된 사실을 알았을 경우에 한하여 그 판결의 효력이 채무자에게 미치므로</u>, 이러한 경우에는 그 후 다른 채권자가 동일한 소송물에 대하여 채권자대위권에 기한 소를 제기하면 전소의 기판력을 받게 된다고 할 것이지만, 채무자가 전소인 채권자대위소송이 제기된 사실을 알지 못하였을 경우에는 전소의 기판력이 다른 채권자가 제기한 후소인 채권자대위소송에 미치지 않는다.22) 실제로 채무자는 여러 가지 경로를 통하여 제3채무자를 상대로 한 대위소송의 존재를 알기 쉬운데 대해 채권자들 가운데서 소를 제기하지 않은 다른 공동채권자들은 이를 잘 모르는 상태에서 대위판결의 기판력을 받게 되어 불측의 손해를 입을 가능성이 크다.

(3) 甲과 丁이 공동원고가 되어 丙을 상대로 채권자대위소송을 제기할 수 있고, 이 경우 다수의 채권자들은 유사필수적 공동소송인의 관계에 있다.23) 판례는 채무자가 몰랐다면 채권자들은 통상공동소송의 관계에 있다는 취지로 보인다.24)

(4) 사례에서 丁이 甲과 공동원고가 될 수도 없고 중복제소나 기판력 저촉으로 별소를 제기할 수 없는 상황이라면 丁은 甲이 제기한 채권자대위소송 계속 중에 공동소송참가의 방식으로 자기의 권리주장을 하는 것이 바람직하다. 판례는 채권자대위소송이 계속 중인 상황에서 다른 채권자가 동일한 채무자를 대위하여 채권자대위권을 행사하면서 공동소송참가신청을 할 경우, 양 청구의 소송물이 동일하다면 민사소송법 제83조 제1항이 요구하는 '소송목적이 한쪽 당사자와 제3자에게 합일적으로 확정되어야 할 경우'에 해당하므로 참가신청은 적법하다고 한다.25) 공동채권자중 어느

---

20) 환송 후 원심(대구지법 2019. 8. 22. 선고 2018나317667 판결)은 원고승소 판결을 선고하고 이 판결이 확정되었다.
〈참고〉 비법인사단이 총유재산에 관한 소를 제기할 때에는 정관에 다른 정함이 있는 등의 특별한 사정이 없는 한 사원총회의 결의를 거쳐야 하지만, 이는 비법인사단의 대표자가 비법인사단 명의로 총유재산에 관한 소를 제기하는 경우에 비법인사단의 의사결정과 특별수권을 위하여 필요한 내부적인 절차이다. 채권자대위권은 채무자가 스스로 자기의 권리를 행사하지 아니하는 때에 채권자가 채무자에 대한 채권을 보전하기 위하여 채무자의 의사와는 상관없이 채무자의 권리를 대위하여 행사할 수 있는 권리로서 그 권리행사에 채무자의 동의를 필요로 하는 것은 아니므로, 비법인사단이 총유재산에 관한 권리를 행사하지 아니하고 있어 비법인사단의 채권자가 채권자대위권에 기하여 비법인사단의 총유재산에 관한 권리를 대위행사하는 경우에는 사원총회의 결의 등 비법인사단의 내부적인 의사결정절차를 거칠 필요가 없다(대법원 2014. 9. 25. 선고 2014다211336 판결).
21) 대법원 1994. 2. 8. 선고 93다53092 판결.
22) 대법원 1994. 8. 12. 선고 93다52808 판결. 이시윤, p.645는 이 경우 甲이 받은 판결이 乙에게 반사효가 미치는 것으로 본다. 호문혁, p.742는 甲·丙 사이의 판결의 효력이 그 소송과는 아무런 관계가 없는 다른 채권자인 丁에게까지 미친다고 보는 것은 아무런 법적 근거도 없이 제3자의 소송가능성을 박탈하는 것이어서 부당하다고 한다.
23) 대법원 1991. 12. 27. 선고 91다23486 판결
24) 이에 대하여 수인의 채권자의 대위소송은 언제나 통상공동소송으로 보는 견해가 있다. 채무자가 소송계속을 알았다는 주관적 사정에 따라 수인의 채권자들의 관계가 좌우된다는 것은 있을 수 없는 일이라고 비판하고 있다.
25) 이때 양 청구의 소송물이 동일한지는 채권자들이 각기 대위행사하는 피대위채권이 동일한지에 따라 결정되고, 채권자들이 각기 자신을 이행 상대방으로 하여 금전의 지급을 청구하였더라도 채권자들이 채무자를 대위하여 변제를 수령하게

한사람이 채권자대위권을 행사하였을 경우에 다른 공동채권자는 채무자가 채권자대위권행사를 안 경우에 한정하여 이전 확정판결의 기판력을 받는 이상 다른 공동채권자는 공동소송참가를 할 때에 채무자에게 소송고지 등의 방법으로 이를 알려야 하여야할 것이다.

〈7〉 제3채무자의 항변

(1) 채권자대위권을 행사하는 경우 채권자가 채무자를 상대로 하여 그 보전되는 청구권에 기한 이행청구의 소를 제기하여 승소판결을 선고받고 그 판결이 확정되면 제3채무자는 그 청구권의 존재를 다툴 수 없다.[26]

(2) 채권자대위소송에서 제3채무자는 채권자의 채무자에 대한 권리의 발생원인이 된 법률행위가 무효라거나 위 권리가 변제 등으로 소멸하였다는 등의 사실을 주장하여 채권자의 채무자에 대한 권리가 인정되는지 여부를 다툴 수 있다.[27]

(3) 채권자가 채무자에 대하여 피보전권리에 관하여 승소확정판결을 받은 경우에는 채권자대위소송에서 채권의 발생원인사실 또는 그 채권이 제3채무자인 피고에게 대항할 수 있는 채권이라는 사실까지 입증할 필요는 없고, 채권자가 채무자에 대하여 피보전권리에 관하여 승소확정판결을 받았다면, 제3채무자는 채권자의 피보전권리의 존재를 다툴 수 없다.[28]

(4) 채권자의 청구권의 취득이 소송행위를 하게 하는 것을 주목적으로 이루어진 것으로서 신탁법 제6조가 유추적용되어 무효인 경우 등에는 제3채무자는 그 존재를 다툴 수 있다.[29]

〈사례 24-2〉 乙은 2019. 2. 1. 丙으로부터 별지목록 기재 토지(이하 '이 사건 토지')를 매수한 후 세금문제로 소유권이전등기를 마치지 않고 있다가 2020. 5. 1. 이 사건 토지를 甲에게 매도하였다.
甲은 乙에게 위 토지에 관한 소유권이전등기절차의 이행을 요구하였으나 거절당하자 2020. 7. 1. 乙에 대한 소유권이전등기청구권을 보전하기 위하여 乙을 대위하여 丙을 상대로 처분금지가처분신청을 하여 그 결정을 받았고(서울중앙지방법원 2020카단1234), 그 무렵 그 기입등기가 마쳐졌다.
그리고 甲은 2021. 6. 1. 乙과 丙을 피고로 丙에 대하여는 乙을 대위하여 乙에게 이 사건 토지에 관하여

될 뿐 자신의 채권에 대한 변제로서 수령하게 되는 것이 아니므로 이러한 채권자들의 청구가 서로 소송물이 다르다고 할 수 없다. 여기서 원고가 일부 청구임을 명시하여 피대위채권의 일부만을 청구한 것으로 볼 수 있는 경우에는 참가인의 청구금액이 원고의 청구금액을 초과하지 아니하는 한 참가인의 청구가 원고의 청구와 소송물이 동일하여 중복된다고 할 수 있으므로 소송목적이 원고와 참가인에게 합일적으로 확정되어야 할 필요성을 인정할 수 있어 참가인의 공동소송참가신청을 적법한 것으로 보아야 한다(대법원 2015. 7. 23. 선고 2013다30301,30325 판결).

[26] 대법원 2014. 7. 10. 선고 2013다74769 판결. 이 판결에 대하여 피보전채권의 청구는 채권자·채무자 당사자 간의 소송관계라면 제3자인 제3채무자에 대한 기판력의 부당한 확장이라는 비판으로 이시윤, p.668 참조.
[27] 대법원 2015. 9. 10. 선고 2013다55300 판결.
[28] 대법원 1988. 2. 23. 선고 87다카961 판결 등.
[29] 대법원 2015. 9. 24. 선고 2014다74919 판결. 채권자대위권을 행사하는 경우, 채권자가 채무자를 상대로 보전되는 청구권에 기한 이행청구의 소를 제기하여 승소판결을 선고받고 판결이 확정되었다면, 특별한 사정이 없는 한 그 청구권의 발생원인이 되는 사실관계가 제3채무자에 대한 관계에서도 증명되었다고 볼 수 있다. 그러나 그 청구권의 취득이, 채권자로 하여금 채무자를 대신하여 소송행위를 하게 하는 것을 주목적으로 이루어진 경우와 같이, 강행법규에 위반되어 무효라고 볼 수 있는 경우 등에는 위 확정판결에도 불구하고 채권자대위소송의 제3채무자에 대한 관계에서는 피보전권리가 존재하지 아니한다고 보아야 한다. 이는 위 확정판결 또는 그와 같은 효력이 있는 재판상 화해조서 등이 재심이나 준재심으로 취소되지 아니하여 채권자와 채무자 사이에서는 그 판결이나 화해가 무효라는 주장을 할 수 없는 경우라 하더라도 마찬가지이다(대법원 2019. 1. 31. 선고 2017다228618 판결).

2019. 2. 1. 매매를 원인으로 한, 乙에 대하여는 2020. 5. 1. 매매를 원인으로 한 각 소유권이전등기절차를 이행하라는 소(이하 '이 사건 소')를 제기하였고, 그 소장부본은 그 무렵 丙에게 송달되었다.

〈1〉 甲이 이 사건 소를 제기하기 전에 2020. 10. 1. 乙이 먼저 丙을 상대로 2019. 2. 1. 매매를 원인으로 한 소유권이전등기절차의 이행을 구하는 소를 제기하여 패소판결을 선고받고 그 판결이 2020. 12. 1. 확정된 경우 이 사건 소는 적법한가?
〈2〉 甲이 2020. 10. 1.경 乙을 상대로 이 사건 토지에 관하여 2020. 5. 1. 매매를 원인으로 한 소유권이전등기청구의 소를 제기하였다가 패소판결을 선고받고 그 판결이 2021. 2. 1. 확정되었음에도 다시 이 사건 소를 제기한 경우 이 사건 소는 적법한가?
〈3〉 乙의 채권자인 A가 2020. 12. 1. 乙의 丙에 대한 소유권이전등기청구권에 대하여 가압류결정을 받아 그 가압류결정이 같은 달 5. 乙과 丙에게 각 송달되었는데, 丙이 이 사건 소의 심리과정에서 위 가압류 때문에 乙에게 이 사건 토지에 관한 소유권이전등기절차를 이행하지 못하겠다는 항변을 한 경우 법원은 어떠한 내용의 판결을 선고하여야 하는가? 판결주문을 기재하시오.
〈4〉 乙은 甲으로부터 이 사건 소의 제기사실을 통보받은 직후인 2021. 6. 초경 법원에 丙을 상대로 이 사건 토지에 관하여 2019. 2. 1. 매매를 원인으로 한 소유권이전등기청구의 소를 제기하였다가 그 소 계속 중 乙과 丙 사이에 위 매매계약을 해제하기로 합의하고 그 소를 취하한 경우, 이 사건 소에서 丙은 乙과 자신 사이의 위 매매계약이 乙과의 합의에 의하여 해제되었음을 들어 甲에게 대항할 수 있는가?
〈5〉 乙이 甲으로부터 위 처분금지가처분결정이 있었다는 통보를 받은 직후로서 이 사건 소가 제기되기 전인 2020. 10. 1. 乙과 丙 사이의 매매계약을 해제하기로 丙과 합의한 경우 이 사건 소에서 丙은 이를 항변사유로 삼아 甲에게 대항할 수 있는가?
〈6〉 이 사건 소의 계속 중 丙이 이 사건 토지에 관하여 乙과 丙 사이에 체결된 매매계약을 인정하고 이를 원인으로 乙에게 그 소유권이전등기를 임의로 이행하려 할 경우, 이는 채무자가 민법 제404조의 채권자대위권 행사사실을 알게 된 후에 한 처분행위에 해당하여 허용되지 않는가?
〈7〉 丙은 甲의 청구에 대하여 자신이 乙로부터 대금 일부를 지급받지 못하였다고 주장하면서 나머지 대금을 지급받을 때까지는 甲의 청구에 응할 수 없다는 할 수 있는가?
〈8〉 이 소송에서 乙은 현재 이 사건 토지의 소유명의인이 아닌 자신을 상대로 한 소유권이전등기청구는 실현이 불가능하므로 소의 이익이 없거나 당사자적격이 없는 자를 상대로 한 소로서 부적법하고, 그렇지 않다 하더라도 甲이 매매대금을 지급하지 아니하여 甲과 乙의 매매계약은 2020. 8. 1. 적법하게 해제되었으므로 甲의 청구는 이유 없다고 주장하였다. 법원의 본안심리 결과 甲이 乙에게 매매대금을 지급하지 아니하여 乙이 甲에게 甲과 乙 사이의 매매계약의 해제를 통고하여 甲과 乙 사이의 매매계약이 적법하게 해제된 사실이 인정된 경우 법원은 어떻게 판단할 것인가?
〈9〉 이 사건 소송계속 중 甲이 사망하자 망 甲의 상속인들인 A, B, C, D가 소송수계를 하여 이들이 공동원고가 되었다. 제1심은 위 소송수계인들의 청구를 기각하는 판결을 선고하였다. 이에 대하여 그 수계인들 중 A만이 항소를 제기하자 제2심은 A만을 항소인으로 다루어 소송을 진행시킨 다음 그 항소를 기각하는 판결을 선고하였다. 제2심 판결은 정당한가?

〈1〉 **(부적법)** 甲이 이 사건 소를 제기하기 전에 이미 채무자인 乙이 제3채무자인 丙을 상대로 이 사건 소와 동일한 내용의 소를 제기하여 패소판결을 받아 확정되었으므로 甲이 乙을 대위하여 권리를 행사할 당사자적격은 없다.

〈2〉 (부적법) 甲이 乙을 상대로 한 소유권이전등기청구의 소에서 패소확정되었으므로 그 기판력으로 인하여 甲으로서는 더 이상 乙에게 소유권이전등기절차의 이행을 구할 수 없어 보전의 필요성이 없게 되었으니, 이 사건 소는 부적법하다.

〈3〉 (해제조건부판결) A의 신청에 의한 가압류의 해제를 조건으로 소유권이전등기절차의 이행을 명하는 판결을 선고하여야 한다.30)

☞ **주문** 별지목록 기재 부동산에 관하여
1. 피고 丙은 피고 乙에게 피고 乙과 소외 A 사이의 서울중앙지방법원 2020카단1234호 소유권이전등기청구권 가압류결정에 의한 집행이 해제되면, 2019. 2. 1. 매매를 원인으로 한,
2. 피고 乙은 원고에게 2020. 5. 1. 매매를 원인으로 한
각 소유권이전등기절차를 이행하라.

〈4〉 (대항 불가) 乙이 채권자대위소송인 이 사건 소의 제기사실을 통보받음으로써 甲의 채권자대위권의 행사사실을 알게 되었으므로 그 후에는 대위권행사의 객체가 된 丙에 대한 소유권이전등기청구권을 소멸시키는 행위, 즉 합의에 의한 매매계약의 해제를 할 수 없다. 따라서 乙이 한 매매계약의 합의해제는 甲에 대하여는 효력이 없고, 丙은 그 해제의 항변으로 甲에 대항할 수 없다.

〈5〉 (대항 불가) 처분금지가처분신청을 하여 가처분결정을 받은 경우 이는 부동산에 대한 소유권이전등기청구권을 보전하기 위한 것이므로 피대위채권인 소유권이전등기청구권을 행사한 것과 같이 볼 수 있어 채무자가 그러한 대위권행사사실을 알게 된 이후에 그 부동산에 관한 매매계약을

---

30) 소유권이전등기청구권에 대한 가압류가 있으면 그 변제금지의 효력에 의하여 제3채무자는 채무자에게 임의로 이전등기를 이행하여서는 아니 되는 것이나, 그와 같은 가압류는 채권에 대한 것이지 등기청구권의 목적물인 부동산에 대한 것이 아니고, 채무자와 제3채무자에게 결정을 송달하는 외에 현행법상 등기부에 이를 공시하는 방법이 없는 것으로서 당해 채권자와 채무자 및 제3채무자 사이에만 효력을 가지며, 제3자에 대하여는 가압류의 변제금지의 효력을 주장할 수 없으므로 소유권이전등기청구권의 가압류는 청구권의 목적물인 부동산 자체의 처분을 금지하는 대물적 효력은 없다 할 것이고, 제3채무자나 채무자로부터 이전등기를 경료한 제3자에 대하여는 취득한 등기가 원인무효라고 주장하여 말소를 청구할 수는 없는 것이므로, 제3채무자가 가압류결정을 무시하고 이전등기를 이행하고 채무자가 다시 제3자에게 이전등기를 경료하여 준 결과 채권자에게 손해를 입힌 때에는 불법행위를 구성하고 그에 따른 배상책임을 지게 된다고 할 것이다(대법원 1992. 11. 10. 선고 92다4680 전원합의체 판결, 대법원 1998. 5. 29. 선고 96다11648 판결 참조). 그런데 소유권이전등기를 명하는 판결은 의사의 진술을 명하는 판결로서 이것이 확정되면 채무자는 일방적으로 이전등기를 신청할 수 있고 제3채무자는 이를 저지할 방법이 없으므로, 소유권이전등기청구권이 가압류된 경우에는 변제금지의 효력이 미치고 있는 제3채무자로서는 일반채권이 가압류된 경우와는 달리 채무자 또는 그 채무자를 대위한 자로부터 제기된 소유권이전등기 청구소송에 응소하여 그 소유권이전등기청구권이 가압류된 사실을 주장하고 자신이 송달받은 가압류결정을 제출하는 방법으로 입증하여야 할 의무가 있다고 할 것이고, 만일 제3채무자가 고의 또는 과실로 위 소유권이전등기 청구소송에 응소하지 아니한 결과 의제자백에 의한 판결이 선고되어 확정됨에 따라 채무자에게 소유권이전등기가 경료되고 다시 제3자에게 처분된 결과 채권자가 손해를 입었다면, 이러한 경우는 제3채무자가 채무자에게 임의로 소유권이전등기를 경료하여 준 것과 마찬가지로 불법행위를 구성한다고 보아야 할 것이다. 그리고 <u>소유권이전등기청구권이 가압류되어 있다는 사정은 피고측의 항변사유에 해당하는 것이고 직권조사사항은 아닌 만큼, 소유권이전등기 청구소송의 소장에 그와 같은 가압류의 존재 사실이 기재되어 있다고 하더라도 이는 선행자백에 불과하여 피고가 응소하여 그 부분을 원용하는 경우에 비로소 고려될 수 있는 것이므로, 피고가 답변서를 제출하지 아니하고 변론기일에 출석하지도 아니하여 그 사건 원고가 주장하는 소유권이전등기청구권의 요건 사실에 관하여 의제자백의 효과가 발생한 이상 법원으로서는 전부승소의 판결을 할 것이지 단순히 가압류사실을 알게 되었다고 하더라도 가압류가 해제될 것을 조건으로 한 판결을 할 수는 없는 것이다</u>(대법원 1999. 6. 11. 선고 98다22963 판결).

합의해제함으로써 채권자대위권의 객체인 그 부동산소유권이전등기청구권을 소멸시켰다 하더라도 이로써 채권자에게 대항할 수 없다.

〈6〉 **(허용)** 乙은 丙과 사이의 위 매매계약에 따른 의무이행으로 丙으로부터 소유권이전등기를 받을 수 있고 丙은 위 의무이행으로 甲에게 대항할 수 있다.

〈7〉 **(항변 가능)** 제3채무자는 채무자에 대하여 가지는 모든 항변사유로 대위채권자에게 대항할 수 있으므로 丙은 乙의 잔금 미지급을 이유로 동시이행의 항변을 할 수 있다.

〈8〉
가. 결론 : 원고 甲의 피고 乙에 대한 청구를 기각하고, 피고 丙에 대한 소를 각하한다.
나. 근거
(1) 문제의 핵심 : 甲의 乙에 대한 소송은 매매를 원인으로 한 소유권이전등기청구로서 이행의 소에 해당하는바, 이 경우 이행의 소의 피고적격이 문제되고, 甲의 丙에 대한 소송은 甲이 乙을 대위한 소유권이전등기청구로서 피보전채권이 해제로 소멸한 경우 법원이 어떠한 재판을 해야 하는지가 문제의 핵심이다.
(2) 소유권이전등기청구소송에서 당사자적격 : 당사자적격은 특정의 소송에서 정당한 당사자로서 소송을 수행하고 본안판결을 받기에 적합한 자격을 말한다. 이행의 소에서 원고적격은 소송물인 이행청구권이 자신에게 있음을 주장하는 사람에게 있고, 피고적격은 그로부터 이행의무자로 주장된 사람에게 있다.
(3) 채권자대위소송에서 피보전채권이 존재하지 않는 경우 : 판례는 채권자대위소송을 '채권자가 스스로 원고가 되어 채무자의 제3채무자에 대한 권리를 행사하는 것'으로 파악한다(법정소송담당). 따라서 채권자대위소송에서 피보전채권이 인정되지 아니할 경우 채권자 스스로 원고가 되어 채무자의 제3채무자에 대한 권리를 행사할 당사자적격이 없게 되므로 그 대위소송은 부적법하여 각하할 수밖에 없다.
(4) 결어(사안의 해결)
 1) **甲의 乙에 대한 청구에 관한 판단** : 乙은 소의 이익이 없거나 당사자적격이 없는 자를 상대로 한 소로서 부적법하다고 주장하고 있으나, 이행의 소의 피고적격은 이행의무자로 주장된 자에게 있으므로 乙에게 피고적격이 있다. 법원은 본안심리의 결과에 따라 甲과 乙 사이의 매매계약이 해제되었음을 이유로 甲의 청구를 기각하여야 한다.
 2) **甲의 丙에 대한 청구에 관한 판단** : 甲은 乙을 대위하여 丙을 상대로 소유권이전등기절차이행청구의 소를 제기하였는바, 피보전채권은 甲과 乙 사이의 매매계약에 기초한 소유권이전등기청구권인데, 위 매매계약이 해제되었으므로 피보전채권이 존재하지 않게 되어 법원은 당사자적격이 없음을 이유로 甲의 소를 각하하여야 한다.

〈9〉
(1) 채무자가 채권자대위권에 의한 소송이 제기된 것을 알았을 경우에는 그 확정판결의 효력은

채무자에게도 미친다는 것이 판례이고, 다수의 채권자가 각 채권자대위권에 기하여 공동하여 채무자의 권리를 행사하는 이 사건의 경우 소송계속 중 채무자인 乙이 채권자대위권에 의한 소송이 제기중인 것을 알았다면 그 판결의 효력은 乙에게도 미치게 되고, 따라서 <u>甲의 소송수계인들은 유사필수적 공동소송관계에 있다.</u>

(2) 필수적 공동소송에 있어서 공동소송인 중 1인의 소송행위는 공동소송인 전원의 이익을 위하여서만 효력이 있다고 규정하고 있으므로 공동소송인 중 일부의 상소제기는 전원의 이익에 해당된다고 할 것이어서 다른 공동소송인에 대하여도 그 효력이 미칠 것이며, 사건은 필수적 공동소송인 전원에 대하여 확정이 차단되고 상소심에 이심된다고 할 것이다.

(3) 따라서 A만이 항소를 제기하였다고 하더라도 나머지 원고들에 대하여도 항소심에 사건이 이심되는 것이며, <u>제2심은 필수적 공동소송관계에 있는 소송수계인들에 대하여 합일확정을 위하여 한 개의 판결을 선고하여야 할 것임에도 불구하고</u> A에 대하여만 절차를 진행하여 판결을 선고하였으므로 이는 필수적 공동소송에 관하여 특칙을 규정한 민사소송법 제67조 제1항의 법리를 오해한 것으로서 파기를 면치 못한다.31)

〈사례 24-3〉 원고는 2003. 4. 2. A 등으로부터 토지거래허가구역 내에 있던 이 사건 토지를 매수하는 제1매매계약을 체결하였으나, 이는 토지거래허가를 배제하거나 잠탈하는 것이어서 무효였다.32) 원고는 그 명의로 소유권이전등기를 마치지 못하자 원고의 요청에 따라 B는 2003. 11. 29. A 등과 사이에 위 각 토지를 매수하는 내용의 매매계약서를 작성하였고, 같은 날 토지거래허가를 받은 다음, B 앞으로 이전등기를 마쳤다.

이 사건 토지는 그 후 토지거래허가구역에서 해제되었다. 그런데 피고는 이 사건 토지를 B로부터 취득하였다.

원고는 2012년 B에 대하여는 이 사건 각 토지에 관한 소유권이전등기 말소등기절차의 이행을 구하고, A 등에 대하여는 이 사건 각 토지에 관한 소유권이전등기절차의 이행을 구하는 소를 제기하였다. 이 소송에서 2014. 11. 13. "원고에게, A 등은 각 그 소유지분에 관하여 2014. 11. 13. 매매를 원인으로 한 소유권이전등기절차를 이행하라'는 것 등을 내용으로 하는 조정(화해)이 성립하였고, B에 대하여는 원고의 청구가 인용되어 확정되었다.

원고는 A 등을 대위하여, 위 제1매매계약이 강행법규 위반으로 무효인 이상 그에 기초하여 마쳐진 B 명의의 소유권이전등기와 그에 기하여 마쳐진 피고 명의의 각 소유권이전등기는 모두 무효라고 하여 피고를 상대로 위 각 등기의 말소를 청구하는 이 사건 소를 제기하였다.

〈원고의 청구 요지〉 A 등은 원고에게 이 사건 화해에 따라 이 사건 각 부동산에 관한 소유권이전등기절차를 이행할 의무가 있다. 이 사건 제1매매계약이 강행법규 위반으로 무효인 이상 그에 기초하여 마쳐진 B 명의의 소유권이전등기와 그에 기하여 마쳐진 피고들 명의의 각 소유권이전등기는 모두 무효이다. 이 사건 각 부동산의 원래 소유자인 A 등은 피고들에게 위 각 등기의 말소를 청구할 수 있다. 원고는, 원고의 A 등에 대한 위 소유권이전등기청구권을 보전하기 위하여 A 등을 대위하여 피고들을 상대로 위 각 등기의 말소를 구한다.33)

---

31) 대법원 1991. 12. 27. 선고 91다23486 판결.
32) 구 국토의 계획 및 이용에 관한 법률(현 부동산거래신고 등에 관한 법률)상 토지거래계약 허가구역 내의 토지에 관하여

〈**원심**〉은 다음과 같이 원고는 A 등에 대한 위 소유권이전등기청구권을 보전하기 위하여 A 등이 피고들에 대하여 가지는 위 각 말소등기청구권을 대위행사할 수 있다고 판단하고, 이 사건 채권자대위의 소의 피보전권리가 부존재한다는 피고의 본안전항변을 배척하였다. 즉, 원고가 늦어도 A 등과 B 사이의 매매계약서 작성 당시에는 자신이 토지거래허가를 받을 수 없음을 알고 토지거래허가를 잠탈하기 위하여 허위로 위 매매계약서를 작성하도록 하였으므로, 이 사건 제1매매계약은 확정적으로 무효이다. 이 사건 각 부동산에 관한 B 명의의 소유권이전등기는 무효인 이 사건 제1매매계약에 기초하여 마쳐진 것으로써 무효이다. 위와 같이 무효인 B 명의의 소유권이전등기에 기초한 피고 명의의 소유권이전등기 역시 모두 무효이다. 이 사건 각 부동산의 소유권은 당초의 소유권자들인 A 등에게 여전히 남아 있으므로, A 등은 무효인 위 각 등기의 말소등기청구권을 가진다. 원고는 A 등에 대하여 이 사건 화해에 따라 2014. 11. 13. 매매를 원인으로 한 소유권이전등기청구권을 가진다.

그러나 〈**대법원**〉은 원고의 청구를 인용한 원심판결을 파기자판하여 소를 각하하였다.

〈대법원 2019. 1. 31. 선고 2017다228618 판결〉

"채권자대위권을 행사하는 경우, 채권자가 채무자를 상대로 그 보전되는 청구권에 기한 이행청구의 소를 제기하여 승소판결을 선고받고 그 판결이 확정되었다면, 특별한 사정이 없는 한 그 청구권의 발생원인이 되는 사실관계가 제3채무자에 대한 관계에서도 증명되었다고 볼 수 있다(대법원 1995. 12. 26. 선고 95다18741 판결 등 참조). 그러나 그 청구권의 취득이, 채권자로 하여금 채무자를 대신하여 소송행위를 하게 하는 것을 주목적으로 이루어진 경우와 같이, 강행법규에 위반되어 무효라고 볼 수 있는 경우 등에는 위 확정판결에도 불구하고 채권자대위소송의 제3채무자에 대한 관계에서는 피보전권리가 존재하지 아니한다고 보아야 한다(대법원 2015. 9. 24. 선고 2014다74919 판결 참조). 이는 위 확정판결 또는 그와 같은 효력이 있는 재판상 화해조서 등이 재심이나 준재심으로 취소되지 아니하여 채권자와 채무자 사이에서는 그 판결이나 화해가 무효라는 주장을 할 수 없는 경우라 하더라도 마찬가지이다.

한편 구 국토의 계획 및 이용에 관한 법률('구 국토계획법')에서 정한 토지거래계약 허가구역 내 토지에 관하여 허가를 배제하거나 잠탈하는 내용으로 매매계약이 체결된 경우에는, 강행법규인 구 국토계획법 제118조 제6항에 따라 그 계약은 체결된 때부터 확정적으로 무효이다(대법원 2010. 6. 10. 선고 2009다96328 판결 등 참조). 계약체결 후 허가구역 지정이 해제되거나 허가구역 지정기간 만료 이후 재지정을 하지 아니한 경우라 하더라도 이미 확정적으로 무효로 된 계약이 유효로 되는 것이 아니다(대법원 2010. 3. 25. 선고 2009다41465 판결 등 참조).

이 사건 화해는 강행법규 위반으로 확정적으로 무효가 된 이 사건 제1매매계약에 따른 법률효과를 발생시키려는 목적에서 단지 재판상 화해의 형식을 취하여 위 매매계약의 이행을 약정한 것

허가를 배제하거나 잠탈하는 내용으로 매매계약이 체결된 경우에는 국토계획법 제118조 제6항에 따라 그 계약은 체결된 때부터 확정적으로 무효라고 할 것이고, 이러한 허가의 배제·잠탈행위에는 토지거래허가가 필요한 계약을 허가가 필요하지 않은 것에 해당하도록 계약서를 허위로 작성하는 행위뿐만 아니라, 정상적으로는 토지거래허가를 받을 수 없는 계약을 허가를 받을 수 있도록 계약서를 허위로 작성하는 행위도 포함된다고 할 것이다(대법원 2010. 6. 10. 선고 2009다96328 판결 등 참조).

33) 채권자대위소송과 제3채무자의 항변의 관점에서 〈사례 21-9〉를 재판례를 통해 다시 검토하기로 한다.

에 불과하다고 보이므로, 위 매매계약과 마찬가지로 무효라고 봄이 타당하다. 이처럼 이 사건 화해가 강행법규 위반으로 무효인 이상, 이 사건 화해의 당사자가 아닌 피고들에 대한 관계에서 원고의 A 등에 대한 소유권이전등기청구권이 존재한다고 볼 수는 없다. 이는 이 사건 화해가 준재심절차에 의하여 취소되지 아니하여 그 당사자인 원고와 A 등과 사이에서는 위 소유권이전등기청구권이 존재한다고 하더라도 마찬가지이다.

결국 원고의 이 사건 소는 채권자대위소송의 피보전권리가 존재하지 아니하므로, 당사자적격이 없는 자에 의하여 제기된 소로써 부적법하다."

위와 같은 판례의 입장에 대하여는 판결의 반사적 효력을 근거로 받아들이는 견해가 많으나, 채권자대위소송의 상대방이 채무자에 대하여 그러한 특별한 의존관계에 있는 것은 아니므로, 채무자가 채권자에 대하여 받은 패소판결이 대위소송의 상대방에 대하여 구속력을 가질 이유가 없고, 따라서 종래의 판례는 이론적인 근거를 결여하고 있다는 비판이 있다.34) 대상판결은 피보전권리가 조정이나 화해에 의해 인정되었더라도 대위소송의 상대방은 이를 다툴 수 있다고 하면서 그 근거를 이 사건 화해가 강행법규 위반으로 무효라고 하는 점에서 찾았다. 그러나 재판상 화해나 조정이 기판력을 가지는 이상 강행법규 위반이라는 사실만으로 무효라고 하기는 어려울 것이므로, 이 화해가 소송법상은 무효가 아니라도 실체법상으로는 무효라는 취지로 보인다. 다시 말하여 판결이나 화해가 실체법상 무효인 경우에는 채권자대위소송의 상대방이 피보전권리를 다툴 수 있다는 것이다. 그러나 판례는 화해나 조정에 관하여 소송법상 무효와 실체법상 무효를 구별하지 않고 있으므로35), 이러한 설시는 설득력이 없다는 것이다.

> 〈사례 25-4〉 甲은 乙에 대하여 1억 원의 대여금채권이 있는데 乙이 이행기 이후에도 변제를 하지 아니하여 乙이 丙에 대하여 갖고 있는 1억 원의 물품대금채권이 있는 것을 알고 乙을 대위하여 丙을 상대로 물품대금청구의 소를 제기하였다.
>
> 〈1〉 乙은 甲으로 소송고지를 받아 위 대위소송 계속사실을 알게 되었다. 乙의 다른 채권자 丁이 자기의 채권을 보전하기 위하여 丙을 상대로 甲과 같은 소송을 제기한 경우 丁의 소는 적법한가?
> 〈2〉 甲이 위 소송에서 청구기각판결을 받고 이 판결이 확정되었다. 乙의 다른 채권자 丁이 자기의 채권을 보전하기 위하여 丙을 상대로 같은 소송을 제기할 수 있는가?
> 〈3〉 乙의 채권자 甲과 丁이 공동원고가 되어 丙을 상대로 채권자대위소송을 제기할 수 있는가?
> 〈4〉 甲과 丁이 공동원고가 되어 丙을 상대로 채권자대위소송을 제기하였다. 甲의 乙에 대한 피보전채권의 존재가 인정되나, 丁의 乙에 대한 피보전채권이 인정되지 않는 경우에 법원의 조치는? 甲이 소를 취하하면 丁의 소는 어떻게 되는가?

〈1〉 판례는 채권자대위소송이 이미 법원에 계속 중에 있을 때 같은 채무자의 다른 채권자가 동

---

34) 윤진수, "채권자의 채무자에 대한 승소확정판결이 채권자대위소송에 미치는 영향", 법률신문 입력 : 2020-01-20 오후 1:35:52
35) 대법원 1979. 5. 15. 선고 78다1094 판결 등.

일한 소송물에 대하여 채권자대위권에 기한 소를 제기한 경우 시간적으로 나중에 계속하게 된 소송은 중복제소금지의 원칙에 위배하여 제기된 부적법한 소송이 된다.36) 따라서 판례에 따르면 丁이 乙을 대위하여 丙을 상대로 제기한 소는 채무자인 乙이 채권자대위소송의 계속사실을 알았는지 여부에 관계없이 부적법 각하를 면할 수 없다. 그러나 채무자가 채권자대위소송을 하는 것을 알았을 때 다시 다른 채권자가 제기한 채권자대위소송이 중복소송이 된다고 보는 것이 채권자대위소송에 관한 기존판례와의 조화를 이루는 것이 될 것이다. 다른 채권자가 각기 다른 대위권을 행사하는 경우에는 소송물이 다르며 중복제소가 아니라는 견해가 있으나, 채권자대위소송의 소송물은 피대위채권의 존재인 점에서 수긍하기 어렵다.

〈2〉 어느 채권자가 채권자대위권을 행사하는 방법으로 제3채무자를 상대로 소송을 제기하여 판결을 받은 경우, 어떠한 사유로든 채무자가 채권자대위소송이 제기된 사실을 알았을 경우에 한하여 그 판결의 효력이 채무자에게 미치므로, 이러한 경우에는 그 후 다른 채권자가 동일한 소송물에 대하여 채권자대위권에 기한 소를 제기하면 전소의 기판력을 받게 된다고 할 것이지만, 채무자가 전소인 채권자대위소송이 제기된 사실을 알지 못하였을 경우에는 전소의 기판력이 다른 채권자가 제기한 후소인 채권자대위소송에 미치지 않는다.37) 이에 대하여는 채권자대위소송의 판결의 효력이 그 소송과는 아무런 관계도 없는 다른 채권자에게까지 미친다고 보는 것은 아무런 법적 근거도 없이 제3자의 소송가능성을 박탈하는 것이 되어 부당하다는 비판이 있다.

〈3〉 판례는 채무자의 수인의 채권자가 공동으로 채권자대위소송을 제기하는 것은 무방하다는 입장이다. 채무자가 채권자대위권에 의한 소송이 제기된 것을 알았을 경우에는 그 확정판결의 효력은 채무자에게도 미치고, 이 경우 각 채권자대위권에 기하여 **공동하여** 채무자의 권리를 행사하는 다수의 채권자들은 **유사필수적 공동소송관계**에 있는 것으로 본다.38) 판례는 채무자가 몰랐다면 채권자들은 통상공동소송의 관계에 있다는 취지로 보인다. 이에 대하여 수인의 채권자의 대위소송은 언제나 통상공동소송이라고 보는 견해가 있다. 이 견해는 채무자가 소송계속을 알았다는 주관적 사정에 따라 수인의 채권자들의 관계가 좌우된다는 것은 있을 수 없는 일이라고 비판하고 있다.

〈4〉 필수적 공동소송에서 소송요건은 각 당사자별로 조사하나 조사결과 일부 당사자에게 요건 불비가 있으면 고유필수적 공동소송의 경우에는 소 전부를 각하하게 되나, 유사필수적 공동소송에서는 소송요건의 불비된 당사자의, 그 당사자에 대한 소만을 분리하여 각하하게 된다. 필수적 공동소송에서 1인이 한 소송행위는 그것이 공동소송인 모두에게 이익이 되는 것일 때에는 효력이 있으나, 불이익한 소송행위는 아무런 효력이 없고 이러한 행위는 전원이 함께 하여야 한다. 그러나 유사필수적 공동소송에서는 공동소송인의 일부가 소를 취하한 경우 다른 공동소송인에게 영향이 없이 취하한 당사자에 대하여만 소송계속이 소멸된다.

---

36) 대법원 1994. 2. 8. 선고 93다53092 판결.
37) 대법원 1994. 8. 12. 선고 93다52808 판결.
38) 대법원 1991. 12. 27. 선고 91다23486 판결.

〈사례 25-5〉 甲은 2021. 2. 1. 乙로부터 X 토지를 1억 원에 매수하였다. 그런데 甲 앞으로 소유권이전등기를 마치기 전인 2021. 5. 1. X 토지에 관하여 丙 명의로 2021. 4. 1. 매매를 원인으로 한 소유권이전등기가 마쳐졌다.

甲은 2021. 7. 1. 丙 명의의 소유권이전등기는 乙과 丙이 배임행위에 적극 가담하여 통모하여 마친 것이므로 원인 없는 무효의 등기라고 주장하면서 乙을 대위하여 丙을 피고로 하여 위 소유권이전등기의 말소를 구하는 소(이하 '이 사건 소송')를 제기하였다.

〈1〉 이 사건 소송계속 중에 丙은 X 토지를 다른 사람에게 임대하는 계약을 체결하였는데, 이를 알게 된 乙은 변론 중에 甲의 주장과 같이 乙과 丙 사이에 진정한 매매계약의 의사가 없이 이전등기만을 丙 앞으로 해 둔 것이라고 진술하였다. 乙의 이러한 진술은 재판상 자백으로서 효력이 있는가?

〈2〉 피고 丙은 이 사건 소송의 제1회 변론기일에 甲의 주장과 같이 甲과 乙 사이에 2020. 2. 1. 매매계약이 체결된 사실과 乙과 丙이 통모하여 등기원이 없이 丙 앞으로 소유권이전등기가 마쳐진 사실을 모두 인정한다고 진술하였다가 제2회 변론기일에서 위 진술을 모두 번복하였다. 법원은 어떻게 판단할 것인가?

〈3〉 甲이 乙을 대위하여 丙을 상대로 제기한 이 사건 소송에서 甲 패소판결이 선고되고 이 판결이 확정되었다. 위 대위소송 제기사실을 전혀 몰랐던 乙이 다시 丙을 상대로 위 소유권이전등기의 말소청구의 소를 제기하였다. 乙은 이 소송에서 승소할 수 있는가?

〈4〉 甲이 제기한 이 사건 소송에서 피고 丙이 답변서를 제출하지 아니하여 甲이 무변론승소확정판결을 받았다. 위 판결에 기한 말소등기가 이루어지지 않은 상태에서 丙이 사망하여 丁이 丙의 상속인으로서 상속등기를 마쳤다. 甲은 丙에 대한 위 승소확정판결에 기하여 丙, 丁 명의의 소유권이전등기를 말소하였다. 이 경우 丁은 자신의 피상속인 丙이 이 사건 소송 제기 당시에 이미 X 토지를 시효취득하였다고 주장하면서 甲을 상대로 취득시효완성을 원인으로 한 소유권이전등기절차이행청구의 소를 제기하였다. 丁은 이 소송에서 승소할 수 있는가?

〈5〉 이 사건 소송에서 乙이 증인으로 출석하여 丙에게 실제로 X 토지를 매도한 바 있다고 증언하여 청구기각판결이 선고되고 이 판결이 확정되었다. 그 후 乙은 丙이 매매대금을 곧 지급하겠다고 약속하여 먼저 丙 앞으로 소유권이전등기를 마쳐준 것인데 丙이 매매대금을 지급하지 않고 있으므로 위 매매계약은 사기에 의한 의사표시로 취소한다고 주장하면서 丙을 상대로 진정명의회복을 원인으로 한 소유권이전등기청구의 소(이하 '후소')를 제기하였다. 법원의 심리결과 원고인 乙의 청구원인 주장이 모두 사실로 밝혀지고 이 사건 소송의 판결도 확정되었음이 밝혀졌다. 후소 법원은 어떠한 판결을 할 것인가?

〈1〉
(1) 자백의 요건 : 자백은 당사자가 소송행위로써 변론기일에 상대방의 주장과 일치하는 자기에게 불리한 진술을 말한다. 따라서 당사자가 아닌 자가 다른 사건의 법정이나 수사기관 등에서 한 진술은 재판상 자백이 아니다.

(2) 사안의 적용 : 甲은 乙을 대위하여 丙을 상대로 소유권이전등기말소청구의 소를 제기하였으므로 그 소송의 당사자는 甲과 丙이고, 乙은 소송의 당사자가 아니고 소외인이다. 따라서 乙이 甲의 주장과 같이 乙과 丙 사이에 진정한 매매계약의 의사 없이 X 토지에 관하여 등기명의만을 丙 앞으로 이전한 것이라는 진술은 당사자가 아닌 자의 진술로서 재판상 자백이 되지 않는다.

〈2〉
(1) 문제 해결의 방향 : 채권자대위소송에서 피보전채권 및 피대위채권의 존재에 관한 사항이 소송절차상 어떠한 취급을 받는지 그리고 이것이 자백의 대상이 되는지 문제된다.

(2) 채권자대위소송의 요건사실 : 채권자대위소송의 요건사실은 피보전채권의 존재, 피보전채권의 변제기 도래, 보전의 필요성, 채무자의 권리불행사, 피대위채권의 존재이다. 판례는 이들 요건 중 피대위채권이 소송물로서 실체법적인 요건사실로 본안판단의 문제이고, 나머지는 모두 당사자적격에 관계되는 소송요건으로 파악한다.

(3) 피보전채권의 존재 : 판례는 채권자대위소송에서 피보전채권이 인정되지 아니할 경우 채권자가 스스로 원고가 되어 채무자의 제3채무자에 대한 권리를 행사할 당사자적격이 없게 되므로 그 대위소송은 부적법하여 각하할 수밖에 없다고 한다. 소송법상 당사자적격에 관한 문제는 직권조사사항에 속하고 직권조사사항은 자백의 대상이 될 수 없다. 따라서 甲과 乙 사이에 2020. 2. 1. 매매계약이 체결된 사실은 피보전채권의 존재에 관한 사실로서 당사자적격에 관한 것으로 직권조사사항에 해당하여 자백의 대상이 될 수 없다.

(4) 피대위채권의 존재 : 채권자대위소송의 소송물인 피대위채권에 관한 사항은 자백의 대상이 된다. 乙과 丙이 통모하여 등기원인 없이 丙 명의로 소유권이전등기가 마쳐진 사실은 피대위채권의 성립에 관한 사항으로서 재판상 자백의 대상이 된다.

(5) 결어(사안의 적용) : 피고 丙이 제1회 변론기일에 위 두 가지 사실에 관하여 자백을 하였다가 제2회 변론기일에 이를 번복하였으나, 피보전채권에 관한 것은 자백이 성립되지 않아 당사자 및 법원에 대한 구속력이 없으므로 법원은 이를 그대로 인정할 필요가 없으나, 피대위채권에 관한 것은 자백이 성립되었으므로 丙이 번복한 것만으로 그 자백이 취소된 것으로 볼 수 없고, 반진실과 착오의 요건을 갖추지 못한 이상 법원으로서는 그 사실과 다른 사실을 인정할 수 없다.

(6) 여론 : 직권조사사항은 당사자의 주장이 없어도 법원은 조사의 개시(판단)를 하지만 판단자료의 수집에 있어서는 변론주의에 의한다(변론주의형). 따라서 피보전권리가 있는지 여부에 관한 판단을 위한 사실자료에 관해서는 재판상 자백이 성립한다는 견해가 있음. 그러나 소송요건이 자백이나 자백간주의 대상이 아님은 분명하고, 판례가 채권자대위소송에서 피보전채권의 존재를 당사자적격에 관련된 소송요건으로 보는 이상 피보전채권의 존재는 자백의 대상이 될 수 없다고 보는 것이 일관성이 있음. 위 견해도 피보전권리가 있는지 여부에 관한 판단을 위한 사실자료에 관해서 자백이 성립한다는 것으로 피보전권리의 존재 자체에 대하여 재판상 자백이 성립한다고 언명한 것인지는 불분명하다.

〈참고 1〉 종중이 당사자인 사건에 있어서 그 종중의 대표자에게 적법한 대표권이 있는지의 여부는 소송요건에 관한 것으로서 법원의 직권조사사항이고 <u>직권조사사항은 자백의 대상이 될 수 없다</u>.39)

〈참고 2〉 채권자대위소송에서 대위에 의하여 보전될 채권자의 채무자에 대한 권리(피보전채권)가 부존재할 경우 당사자적격을 상실하고, 이와 같은 <u>당사자적격의 존부는 소송요건으로서 법원의 직</u>

---

39) 대법원 2002. 5. 14. 선고 2000다42908 판결.

권조사사항이기는 하나, 그 피보전채권에 대한 주장·증명책임이 채권자대위권을 행사하려는 자에게 있으므로, 사실심 법원은 원고가 피보전채권으로 주장하지 아니한 권리에 대하여서까지 피보전채권이 될 수 있는지 여부를 판단할 필요가 없다.[40]

〈3〉
(1) 채권자대위소송과 기판력 : 판례는 채권자대위소송의 경우 채무자가 어떤 사유로든 대위소송 계속사실을 알았을 때에 대위소송의 기판력이 채무자에게 미친다고 한다.
(2) 사안의 적용 : 乙이 채권자대위소송 계속사실을 알지 못하였던 이상 채무자인 乙에게 위 대위소송의 기판력이 미치지 않고, 乙은 丙을 상대로 X 토지에 관한 소유권이전등기말소청구의 소를 제기할 수 있고, 乙이 청구원인사실을 증명하면 승소할 수 있다.

〈4〉
(1) 문제의 소재 : 전소인 소유권이전등기말소청구소송의 기판력이 후소인 시효취득을 원인으로 한 소유권이전등기청구소송에 미치는가?
(2) 기판력의 객관적 범위 : 기판력은 판결의 주문에 포함된 소송물인 법률관계의 존부에만 미친다. 전소의 소송물은 부동산에 대한 소유권이전등기에 대한 말소등기청구권의 존부였던 것임에 반하여 후소는 비록 동일 부동산에 관한 것이기는 하지만 점유취득시효 완성을 원인으로 하는 소유권이전등기청구권의 존부에 관한 것인 경우, 위 전후의 양 소는 그 청구취지와 청구원인이 각기 상이하여 서로 모순·저촉된다고 할 수 없으므로 전소 판결의 기판력이 후소에 미친다고 할 수 없다.[41]
(3) 사안의 적용 : 丁이 후소를 제기하면서 선대인 丙이 전소 소유권이전등기말소청구소송 당시에 이미 X 토지를 시효취득하였다고 주장한다고 하더라도, 전소와 후소는 청구취지와 청구원인이 달라 소송물이 동일하지 않고 선결관계 또는 모순관계에 있지도 않으므로 전소판결의 기판력이 후소에 미치지 않는다. 丁이 시효취득의 요건사실을 증명하면 이 소송에서 승소할 수 있다.

〈5〉
(1) 문제의 소재 : 채권자대위소송의 기판력이 채무자에게 미치는지 여부 및 진정명의회복을 원인으로 한 소유권이전등기청구와 소유권이전등기말소청구의 관계가 문제된다.
(2) 채권자대위소송 판결의 기판력이 채무자에게 미치는지 여부 : 판례는 채무자가 어떤 사유로든 대위소송 계속사실을 알았을 때 대위소송 판결의 기판력이 채무자에게 미친다고 한다.
(3) 진정명의회복을 원인으로 한 소유권이전등기청과 소유권이전등기말소청구의 관계 : 판례는 양자는 모두 진정한 소유자의 등기명의를 회복하기 위한 것으로 실질적으로 그 목적이 동일하고, 양자 모두 소유권에 기한 방해배제청구권으로서 그 법적 근거와 성질이 동일하므로 비록 전자는 이전등기, 후자는 말소등기의 형식을 취하고 있으나 그 소송물은 실질상 동일한 것으로 보아야 하고 따라서 소유권이전등기말소 청구소송에서 패소확정판결을 받았다면 그 기판력은 그 후 제기된 진

---

[40] 대법원 2014. 10. 27. 선고 2013다25217 판결.
[41] 대법원 1997. 11. 14. 선고 97다32239 판결.

정명의회복을 원인으로 한 소유권이전등기청구소송에도 미친다고 한다.[42]

(4) 결어(사안의 적용) : 이 사건 소송에서 채무자 乙이 증인으로 출석하여 X 토지를 丙에게 매도한 바 있다고 증언함으로써 이 사건 채권자대위소송 계속사실을 알았다고 인정되므로 이 사건 소송의 기판력은 채무자인 乙에게도 미친다. 그리고 이 사건 소유권이전등기말소청구소송의 기판력은 진정명의회복을 원인으로 한 소유권이전등기청구소송에도 미친다(전소에서 통모에 의하여 마쳐진 원인무효라는 주장과 후소에서 기망을 이유로 매매계약이 취소되었으므로 원인무효라는 주장은 공격방어방법의 차이에 불과하다). 후소 법원은 확정된 전소판결과 모순·저촉되는 판단을 하지 않아야 하므로(모순금지설) 후소에서 乙의 청구를 기각하는 판결을 선고하여야 한다..

---

[42] 대법원 2001. 9. 20. 선고 99다37894 전원합의체 판결.

25 사해행위취소소송과 기판력

1.

　우리나라에서는 IMF 사태 이후로 도덕적 해이가 심화되고 채무초과로 전체 채권에 대한 변제능력을 상실한 채무자의 재산 빼돌리기가 성행하면서 사해행위취소소송이 각광을 받는 시대상황이 되었다. 변제능력을 상실한 채무자들의 지능적 재산도피행위 만연으로 부실채권 양산으로 금융기관에 대한 공적 자금의 투입 등 채권자취소권은 금융제도와도 밀접한 관련이 있다. 채권자대위권은 원래 실현되어야 할 상태를 실현하는 것이므로 거래안전에 미치는 영향이 적지만, 채권자취소권은 이미 행하여진 거래를 부인하는 것이므로 거래안전에 미치는 영향이 크다.

　그러나 사해행위와 관련된 판례가 쏟아지고 있지만 일반인들이 채권자취소권과 채권자취소소송을 제대로 이해하기가 쉽지 않다. 채권자취소제도를 제대로 이해하기 위하여는 책임재산보전에 관한 **채권법** 지식뿐만 아니라 소송을 전제로 하지 않는 채권자취소권은 의미가 없으므로 소송절차에 관한 **소송법** 지식도 필요로 하고, 원상회복과 관련하여 저당권 등 **담보물권과 부동산등기법**에 관한 지식, 채권자취소권이 강제집행의 준비제도인만큼 경매절차 등 **집행법**에 대한 지식 등도 필요로 한다.

2.

　민법상의 채권자취소권은 채권자대위권과 달리 '소'의 방법으로만 행사할 수 있고, 근래 들어 사해행위취소소송이 많이 제기되고 있다. '소(訴)'로써만 사해행위취소를 구할 수 있으므로 '소'에 대응하는 '판결'만이 사해행위를 취소할 수 있다. 이른바 형성판결이다.
　민법에는 채권자취소권에 관한 단 2개의 조문밖에 없어(민법 제406조, 제407조) 채권자취소권에 관한 많은 쟁점들이 판례에 의한 해석에 맡겨져 있다.
　채권자취소권은 각각의 채권자에게 개별적으로 인정되는 개별 채권자 고유의 권리로서 사해행위의 취소와 원상회복을 내용으로 하는 것이다(민법 제406조 제1항). 사해행위취소의 소는 채권자가 취소원인을 안 날로부터 1년 내에 제기하여야 한다는 제척기간(민법 제406조 제2항)도 각 채권자별로 계산한다. 각각의 채권자가 채권자취소권을 행사하여 원상회복청구를 하려면 그 논리적 전제로서 사해행위의 취소를 청구하여야 한다.
　일반적으로 채권자취소권은 각 채권자의 고유의 권리이고 소송물이 다르기 때문에 사해행위취소소송의 판결의 기판력은 소송당사자 사이에서만 미치는 것으로 이해하고 있으므로 어느 채권자가 받은 사해행위취소 및 원상회복판결의 기판력이나 집행력은 다른 채권자에게 확장되지 않는다고 보고 있다.

우선 다음과 같은 최근의 판례를 통하여 채권자취소권의 효력 특히 상대적 효력설과 민법 제407조의 관계를 간단히 음미해보기로 한다.

<사례 25-1> 甲 주식회사는 A(영농조합법인)이 제주시 애월읍 모처에서 추진하던 관광단지 개발사업과 관련하여 2005년경 甲 소유의 부동산들을 현물출자하였고, 이에 따라 A는 2006. 2. 17. 甲에게 위 현물출자에 상응하는 출자금반환채무를 부담하기로 하였으며, 채무자 乙 주식회사는 A가 甲에 대하여 부담하는 위 채무를 연대보증하였다.
甲은 A를 상대로 위 연대보증에 따른 134억 원의 보증채무금의 지급을 구하는 지급명령을 신청하여 2012. 10. 3. 위 지급명령이 확정되었다.
한편, 乙은 2008. 2. 14. 丙에게 X 부동산을 매도하고 소유권이전등기를 마쳐주었는데, 그 후 乙의 채권자들이 제기한 사해행위취소소송의 확정판결에 따라 위 매매계약이 사해행위라는 이유로 취소되고, 2010. 7. 28. 그 원상회복으로 丙 명의의 소유권이전등기가 말소되자, 같은 날 丁에게 X 부동산을 다시 매도하고 소유권이전등기를 마쳐주었다. 그 후 丁 명의의 소유권이전등기에 기초하여 戊 명의로 소유권이전청구권 가등기, 戊 명의의 소유권이전등기청구권 가등기의 이전등기와 그 가등기를 기초로 한 본등기 및 己 명의로 소유권이전등기가 차례로 이전되었다.
이에 乙의 채권자인 甲이 채무자 乙을 대위하거나 선택적으로 직접 사해행위취소의 효력이 미치는 채권자로서 丁, 戊, 己를 피고로 하여 위 각 등기들의 말소를 구하는 소를 제기하였다.

<원심>은 다음과 같은 이유로 원고 패소판결을 선고하였다.

채권자대위권 행사에 관하여 : 원고는 乙의 채권자로서 乙을 대위하여 피고들을 상대로 원인무효인 위 각 등기들의 말소를 구하므로 살피건대, 채권자가 사해행위취소와 함께 수익자 또는 전득자로부터 책임재산회복을 명하는 사해행위취소판결을 받은 경우 그 취소의 효과는 채권자와 수익자나 전득자 사이에서만 미치므로, 수익자나 전득자가 채권자에 대하여 사해행위취소를 원인으로 원상회복의무를 부담하게 될 뿐, 채무자와 사이에서 그 취소로 인한 법률관계가 형성되거나 취소의 효력이 소급하여 채무자의 책임재산으로 회복되지 않는다. 이 사건 확정판결에 따라 사해행위의 수익자인 丙 명의의 소유권이전등기가 말소되어 채무자 乙 앞으로 소유권이 회복되었다고 하더라도 사해행위취소에 따라 乙과 丙 사이의 법률관계에는 영향이 없으므로 이 사건 부동산의 실질적인 소유자는 여전히 丙이고 乙은 소유자가 아니므로 원고는 피고들을 상대로 소유권이전등기의 말소를 구할 수 없다.

채권자의 직접 청구에 관하여 : 원고는 민법 제407조에 따라 사해행위취소와 원상회복의 효력을 받는 일반채권자로서 피고들을 상대로 직접 이 사건 부동산에 관한 원인무효인 등기의 말소를 구할 권리가 있다고 주장한다. 살피건대, 채권자취소와 원상회복은 모든 채권자의 이익을 위하여 효력이 있다고 한 민법 제407조는 취소채권자가 채무자의 책임재산으로 회복된 재산으로부터 우선변제를 받을 수는 없고 채무자의 재산에 강제집행절차를 통하여 배당을 받아야 하며 다른 채권자들은 그 강제집행절차에서 배당요구 같은 방법으로 취소채권자와 평등하게 배당을 받을 수 있는 권리를 갖게 된다는 뜻이다. 원인무효 등기에 대한 말소등기청구권은 소유권을 근거로 한 방해배제청구권의 성격을 가지는데, 원고는 이 사건 부동산의 소유자가 아니라 단지 그에 대한 강제집행절차에 참여할 수 있는 권리를 가진 일반채권자에 지나지 않으므로 피고들에 대한 말소등기청구권을 직접 행사할 권리를 가진다고 보기는 어렵다.

그러나 〈대법원〉은 다음과 같은 이유로 원심을 파기환송하였다.[1]

"사해행위의 취소는 채권자와 수익자의 관계에서 상대적으로 채무자와 수익자 사이의 법률행위를 무효로 하는 데에 그치고 채무자와 수익자 사이의 법률관계에는 영향을 미치지 아니하므로, 채무자와 수익자 사이의 부동산매매계약이 사해행위로 취소되고 그에 따른 원상회복으로 수익자 명의의 소유권이전등기가 말소되어 채무자의 등기명의가 회복되더라도, 그 부동산은 취소채권자나 민법 제407조에 따라 사해행위 취소와 원상회복의 효력을 받는 채권자와 수익자 사이에서 채무자의 책임재산으로 취급될 뿐, 채무자가 직접 그 부동산을 취득하여 권리자가 되는 것은 아니다(대법원 2015. 11. 17. 선고 2012다2743 판결 등 참조).

따라서 채무자가 사해행위 취소로 그 등기명의를 회복한 부동산을 제3자에게 처분하더라도 이는 무권리자의 처분에 불과하여 효력이 없으므로, 채무자로부터 제3자에게 마쳐진 소유권이전등기나 이에 기초하여 순차로 마쳐진 소유권이전등기 등은 모두 원인무효의 등기로서 말소되어야 한다. 이 경우 취소채권자나 민법 제407조에 따라 사해행위 취소와 원상회복의 효력을 받는 채권자는 채무자의 책임재산으로 취급되는 그 부동산에 대한 강제집행을 위하여 위와 같은 원인무효 등기의 명의인을 상대로 그 등기의 말소를 청구할 수 있다고 보아야 한다."[2]

판례의 입장은 상대적 무효설에 따라 채무자는 원상회복된 부동산의 소유명의에도 불구하고 소유자가 아니고 등기에는 공신력이 없으므로 채무자의 처분행위는 무권리자의 처분행위로 효력이 없고 이를 취득한 제3자는 권리를 취득하지 못한다는 것이다. 등기외관을 믿은 제3자에게 뜻하지

---

[1] 대법원 2017. 3. 9. 선고 2015다217980 판결.
[2] **파기환송 후 원심**(광주고등법원 제주제1민사부 2018. 1. 10. 선고 2017나10215 판결)은 이 사건 보증채무가 2011. 12.경 출자금반환채무의 소멸에 따라 함께 소멸함에 따라 원고는 더 이상 乙에 대한 채권자의 지위에서 이 사건 부동산에 대한 강제집행을 할 수도 없으므로 이를 위하여 이 사건 각 이전등기의 말소를 구할 수 없다고 판시하여 원고의 피고들에 대한 청구를 기각한 제1판결을 유지하여 원고의 항소를 기각하였고, 이 판결은 그대로 확정되었다. 판결이유를 보면 "원고가 현물출자한 부동산 중 일부가 2006. 12.경 경매절차에서 매각됨에 따라 A의 개발사업 추진이 무산된 사실이 인정되므로, A의 원고에 대한 출자금반환채무는 2006. 12.경 그 이행기가 도래하였다고 할 것인데 그로부터 상법 제64조에서 정한 5년의 소멸시효기간인 2011. 12.이 경과함으로써 A의 원고에 대한 출자금반환채무는 시효가 완성되어 소멸하였다. 주채무에 대한 소멸시효가 완성된 경우에는 시효완성 사실 자체로서 주채무가 당연히 소멸되므로 보증채무의 부종성에 따라 보증채무 역시 당연히 소멸되는 것이어서 위와 같이 주채무인 위 출자금반환채무가 소멸함에 따라 乙의 원고에 대한 보증채무 역시 소멸하였다고 봄이 상당하다. 乙이 이 사건 지급명령에 대해 이의하지 않은 사정만으로 乙이 이 사건 보증채무의 시효소멸되었음을 알면서 그 시효이익을 포기하겠다는 의사를 표시하였다고 인정하기 부족하고, 달리 이를 인정할 증거가 없다."

않은 손해를 입히거나 거래안전을 해치게 되나,3) 이 판결은 채권자취소의 상대적 효력을 철저히 따른 것으로 이해할 수 있다.

그런데 사해행위취소 판결의 효력은 소송당사자인 취소채권자와 수익자(전득자) 사이에서만 미치고, '채무자에게 사해행위취소판결의 효력이 미치지 않는다'는 상대적 무효설은 '취소와 원상회복이 모든 채권자의 이익을 위하여 효력이 있다'는 민법 제407조의 채권자평등주의와 충돌한다. 가액배상의 경우에는 다른 채권자들이 채권만족을 얻을 수 있어 채권자평등의 원칙이 관철되지 못하는 문제도 있다.

상대적 무효설과 조화되지 못하는 민법 제407조를 삭제하자는 입법론도 있다. 2020년 시행되는 일본의 2017년 개정민법 제425조는 상대적 효력설을 포기하고 취소 효력이 채무자에게 미치도록 하고 있다.

다음의 사례를 통하여 다시 상대적 효력설을 살펴보자.

〈사례 25-2〉 甲(사해행위의 수익자)는 2002. 12. 23.부터 2005. 2. 3.까지 사이에 A(사해행위의 채무자)로부터 토지 30필지를 매수하는 매매계약을 체결하고 2002. 12. 26.부터 2005. 2. 5.까지 사이에 소유권이전등기를 마쳤다.
A의 채권자 B은행(취소채권자)은 2007년 초 위 매매계약이 사해행위라는 이유로 甲을 상대로 사해행위취소소송을 제기하였고, 2009. 6. 1. 사해행위인 위 매매계약을 취소하고 甲은 A에게 위 토지 30필지에 관한 소유권이전등기말소등기절차를 이행하라는 화해권고결정이 내려져 확정되었다. 그러나 B은행은 확정된 화해권고결정에 따른 집행을 보류하고 A로부터 채권을 변제받고 있다
그런데 A의 다른 채권자인 乙은 A의 채권자로서 A를 대위하여 취소채권자인 B은행이 받은 화해권고결정을 이용하여 등기소에 수익자인 甲 명의 등기의 말소를 신청하였고 2010. 11. 24. 甲 명의 등기를 말소한 다음 채무자인 A 명의로 회복된 토지에 관하여 A의 채권자로서 강제경매를 신청하여 2010. 12. 1. 강제경매개시결정을 받고 위 토지에 경매개시결정등기가 마쳐졌다.
그러자 甲은 위 화해권고결정의 효력은 乙에 미치지 않으므로 乙이 한 소유권이전등기말소등기는 원인 없는 무효의 등기라고 주장하면서 강제경매개시결정등기를 한 乙을 상대로 말소등기회복등기에 대한 승낙의 의사표시를 하라는 이 사건 청구를 하였다.

〈제1심 판결〉은 甲의 청구를 인용하였다. 이유의 요지는 다음과 같다

(1) 채권자취소권 행사의 효력은 취소채권자인 B은행과 수익자인 甲의 상대적인 관계에서만 미치는 것이므로 채무자인 A가 직접 甲에 대하여 어떠한 권리를 취득하는 것은 아니고 사해행위취소판결의 기판력 역시 그 소송에 참가하지 아니한 채무자 또는 다른 일반채권자에게 미친다고 볼 수 없다. 그러므로 A의 甲에 대한 소유권이전등기 말소등기청구권이 위 화해권고결정만으로 발생하는 것은 아니며, 사해행위취소소송에 참가하지도 아니한 일반채권자에 불과한 乙이 위 화해권고결정의 효력을 직접 원용할 수도 없다

(2) 채무자는 수익자에 대하여 원상회복을 청구할 권리가 없으며, 단지 취소채권자의 등기신청에 따라 등기권리자가 되는 지위를 수인할 의무만 부담하는 것에 불과하므로, 채무자를 대위하여

---

3) 사해행위취소 판결에 따른 등기말소의 경우 등기부에 사해행위취소 판결에 따른 등기원인이 기재되기 때문에 등기사항증명서를 발급받아 보면 해당 부동산이 사해행위취소로 원상회복된 부동산임을 알 수는 있다.

등기신청을 할 수 있는 권리는 취소채권자만이 보유하는 것이고 그 효력을 원용할 수 없는 일반채권자가 이를 행사할 수는 없다. 따라서 이 사건 말소등기는 절차상 하자가 있어 부적법한 등기이다.

(3) 채권자가 사해행위의 취소와 함께 수익자 또는 전득자로부터 책임재산의 회복을 명하는 사해행위취소의 판결을 받은 경우 수익자 또는 전득자가 채권자에 대하여 사해행위의 취소로 인한 원상회복의무를 부담하게 될 뿐 채무자와 사이에서 그 취소로 인한 법률관계가 형성되거나 취소의 효력이 소급하여 채무자의 책임재산으로 회복되는 것은 아니므로 위 화해권고결정이 확정되었다 하여 이 사건 부동산이 소급하여 채무자 A의 책임재산으로 회복되었다고 볼 수는 없는 점, 취소채권자인 B은행은 채무자 A로부터 자신의 채권을 변제받고 있으므로 수익자인 甲에 대하여 이 사건 소유권이전등기의 말소등기의무를 이행하도록 할 의사가 없는바, 이 사건 소유권이전등기 말소등기는 취소채권자인 B은행의 의사에도 반하는 등기인 점 등을 아울러 고려하면, 위 말소등기가 현재의 실체적 권리관계에 부합하는 등기라고 보기도 어렵다.

그러나 〈제2심 판결〉은 제1심판결을 취소하고 甲의 청구를 기각하였다. 이유의 요지는 다음과 같다.

(1) 사해행위취소의 효력은 상대적이기 때문에 소송당사자인 채권자와 수익자 또는 전득자 사이에만 발생할 뿐 소송의 상대방이 아닌 제3자에게는 아무런 효력이 미치지 않는다.

(2) 그러나 이는 어디까지나 사해행위가 매매계약인 경우 그 매매계약 자체의 효력에 관한 것일 뿐이고 당해 부동산에 관한 대외적인 소유권귀속의 문제는 사해행위취소에 따른 원상회복의 목적 및 물권변동의 일반원리에 따라 해결될 수밖에 없다. 채무자와 수익자 사이의 매매계약이 사해행위로서 취소됨으로써 취소채권자와 수익자와의 사이에서만 상대적으로 무효로 되었다고 하더라도 그에 따른 원상회복으로 말소등기가 경료된 경우에는 적어도 물권변동에 관하여 형식주의를 취하고 있는 우리 법제 하에서는 당해 부동산의 소유권이 더 이상 등기를 상실한 수익자에게 남아 있다고 볼 수는 없고, 당해 부동산의 소유권은 취소채권자에 대한 관계에 있어서는 물론 대외적으로도 모두 당연히 채무자에게 회복되었다고 보아야 한다.

(3) 이 사건 소유권이전등기 말소등기는 앞서 살펴본 바와 같이 대세효가 있고 이 사건 부동산의 소유권은 취소채권자에 대한 관계에 있어서는 물론 대외적으로도 모두 당연히 A에게 회복되었으므로 이 사건 소유권이전등기 말소등기는 실체관계에 부합하는 등기이다. 또한 이는 乙도 A에 대한 일반채권자의 지위에 있으므로 채권자취소권 행사에 따른 취소와 원상회복은 모든 채권자의 이익을 위하여 효력이 있다는 민법 제407조의 규정 취지에도 부합한다.

〈대법원〉은 다음과 같이 판시하여 甲의 상고를 기각하고 제2심 판결을 확정하였다.[4]

"사해행위 취소의 효력은 채무자와 수익자의 법률관계에 영향을 미치지 아니하고, 사해행위 취소로 인한 원상회복 판결의 효력도 소송의 당사자인 채권자와 수익자 또는 전득자에게만 미칠 뿐 채무자나 다른 채권자에게 미치지 아니하므로, 어느 채권자가 수익자를 상대로 사해행위 취소 및 원상회복으로 소유권이전등기의 말소를 명하는 판결을 받았으나 말소등기를 마치지 아니한 상태

---

[4] 대법원 2015. 11. 17. 선고 2013다84995 판결. 본 판결의 평석으로는 황진구, "사해행위의 취소와 원상회복이 모든 채권자의 이익을 위하여 효력이 있다는 의미", 민사판례연구 제37권, 박영사, 2017 참조.

라면 소송의 당사자가 아닌 다른 채권자는 위 판결에 기하여 채무자를 대위하여 말소등기를 신청할 수 없다. 그럼에도 불구하고 다른 채권자의 등기신청으로 말소등기가 마쳐졌다면 등기에는 절차상의 흠이 존재한다.

그러나 채권자가 사해행위 취소의 소를 제기하여 승소한 경우 취소의 효력은 민법 제407조에 따라 모든 채권자의 이익을 위하여 미치므로 수익자는 채무자의 다른 채권자에 대하여도 사해행위의 취소로 인한 소유권이전등기의 말소등기의무를 부담하는 점, 등기절차상의 흠을 이유로 말소된 소유권이전등기가 회복되더라도 다른 채권자가 사해행위취소판결에 따라 사해행위가 취소되었다는 사정을 들어 수익자를 상대로 다시 소유권이전등기의 말소를 청구하면 수익자는 말소등기를 해 줄 수밖에 없어서 결국 말소된 소유권이전등기가 회복되기 전의 상태로 돌아가는데 이와 같은 불필요한 절차를 거치게 할 필요가 없는 점 등에 비추어 보면, 사해행위 취소 및 원상회복으로 소유권이전등기의 말소를 명한 판결의 소송당사자가 아닌 다른 채권자가 위 판결에 기하여 채무자를 대위하여 마친 말소등기는 등기절차상의 흠에도 불구하고 실체관계에 부합하는 등기로서 유효하다."

위 판결의 취지는 취소의 이익을 받는 다른 채권자에게 위 판결의 기판력은 미치지 않으므로 이 판결을 가지고 바로 등기절차상 말소등기를 할 수 있는 권한은 없다 하더라도 민법 제407조에 의해 따로 취소소송을 제기할 필요 없이 취소소송의 제척기간이 지난 후에도 원상회복으로 말소등기만을 소구할 수는 있다는 뜻으로 새긴다.

3.

위와 같은 상대적 효력설을 전제로 사례를 통하여 사해행위취소와 기판력과의 관계를 살펴보기로 한다.

〈사례 26-3〉 甲은 2019. 7. 1. 乙로부터 X 부동산을 매수하고 2020. 5. 1. 소유권이전등기를 마침으로써 그 소유권을 취득한 이래 X 부동산을 점유하고 있다. 丙은 乙에 대한 대여금채권을 보전하기 위하여 甲을 상대로 하여 甲-乙간 위 매매계약이 사해행위에 해당한다는 이유로 사해행위 취소 및 원상회복 청구소송('이 사건 소'라고 함)을 제기하였다.5)

〈1〉 이 사건 소가 제기되기 전에 甲은 乙을 상대로 甲-乙간의 위 매매계약에 기한 소유권이전등기청구 소송(전소)을 제기하여 그 승소 확정판결에 기하여 2020. 5. 1. 위 소유권이전등기를 마쳤다. 甲이 이 사건 소에서 위와 같은 사실을 이유로 "丙의 이 사건 소가 전소판결의 기판력에 저촉된다."고 주장하였다. 법원은 위 주장에 관하여 어떻게 판단하여야 하는가?
〈2〉 이 사건 소가 제기되기 전에 乙에 대하여 물품대금채권을 가진 丁이 위 물품대금채권을 보전하기 위하여 甲을 상대로 하여 甲-乙간 위 매매계약이 사해행위에 해당한다는 이유로 사해행위취소 및 원상회복 청구 소송(전소)을 제기하여 청구인용 판결이 확정되었다. 甲은 이 사건 소의 변론기일에 "이 사건 소는 전소 판결의 기판력에 저촉되고, 권리보호의 이익이 없다."고 주장하였다. 이 사건 소에서 법원은 甲의 위 주장에 관하여 어떻게 판단하여야 하는가?

〈1〉

　(1) 전소의 소송물과 기판력 : 전소의 소송물은 甲이 乙에 대하여 가지는 X 부동산에 관한 2019. 7. 1.자 매매계약에 기한 소유권이전등기청구권이고, 전소판결의 기판력은 '전소 사실심 변론종결 당시에 甲은 乙에 대하여 위 소유권이전등기청구권을 가지고 있었다.'는 데에 미친다.

　(2) 사해행위취소소송 판결의 효력 : 사해행위취소소송의 소송물은 채권자가 수익자(또는 전득자)에 대하여 가지는 채권자취소권이다. 채권자가 사해행위의 취소와 함께 수익자 또는 전득자로부터 책임재산의 회복을 명하는 사해행위취소의 판결을 받은 경우 수익자 또는 전득자가 채권자에 대하여 사해행위의 취소로 인한 원상회복 의무를 부담하게 될 뿐, 채권자와 채무자 사이에서 그 취소로 인한 법률관계가 형성되는 것은 아니다. 따라서 위와 같이 채무자와 수익자 사이의 소송절차에서 확정판결 등을 통해 마쳐진 소유권이전등기가 사해행위취소로 인한 원상회복으로써 말소된다고 하더라도, 그것이 확정판결 등의 효력에 반하거나 모순되는 것이라고는 할 수 없다.6)

　(3) 결어(사안의 해결) : 위 사례에서 전소와 이 사건 소는 당사자가 다르고, 소송물도 다르다. 전소에서 확정된 법률관계가 후소 청구와 모순관계에 있거나 선결관계로 되지도 않는다. 그러므로 전소판결의 기판력은 후소에 미치지 않는다. 법원은 甲의 기판력저촉 주장에 관하여 직권으로 조사하되, 종국판결의 이유 또는 중간판결을 통해 위와 같은 이유로 기판력에 저촉되지 않는다고 판단하면 될 것이다.

〈2〉

　(1) 사해행위취소소송의 소송물 : 사해행위취소소송의 소송물은 채권자가 수익자(또는 전득자)에 대하여 가지는 채권자취소권이다.

　(2) 기판력 저촉 여부 : 丙이 제기한 사해행위취소소송의 소송물은 丙이 甲에 대하여 가지는 채권자취소권이고, 丁이 제기한 소송의 소송물은 丁이 甲에 대하여 가지는 채권자취소권으로서 소송물이 다르고, 당사자도 다르므로 丙에게는 전소 판결의 기판력이 미친다고 볼 근거가 없다.7)

　(3) 권리보호의 이익 흠결 여부 : 전소판결 확정 후 원상회복이 이루어지지 않은 경우 어느 한 채권자가 동일한 처분행위에 관하여 사해행위취소 및 원상회복청구를 하여 승소판결을 받아 그 판결이 확정되었다는 것만으로는 그 후에 다른 채권자가 동일한 처분행위에 대하여 제기한 사해행위취소청구가 권리보호의 이익이 없게 되는 것은 아니다. 전소판결 확정에 기하여 원상회복을 마친 경우에는 확정된 판결에 기하여 재산이나 가액의 회복을 마친 경우에는 다른 채권자의 사해행위취소 및 원상회복청구는 그와 중첩되는 범위 내에서 권리보호의 이익이 없게 된다.

　(4) 결어(사안의 해결) : 이 사건 소는 전소판결의 기판력에 저촉되지 아니하고, 전소의 승소 확정판결에 기하여 원상회복이 마쳐진 경우가 아니라면 이 사건 청구에 권리보호의 이익이 없는 것으로 볼 수도 없는바, 위와 같은 사유들은 모두 소송요건에 관한 것이므로 법원이 직권으로 조사하여 종국판결의 이유에서 또는 중간판결로 판단하면 된다. 이 사건 소의 변론종결 당시를 기준으로

---

5) 2018년 제3회 모의고사 문제 援用.
6) 대법원 2017. 4. 7. 선고 2016다204783 판결.
7) 대법원 2014. 8. 20. 선고 2014다28114 판결 참조.

丁이 전소에서의 승소 확정판결에 기하여 이미 원상회복을 마쳤다는 점이 증명된다면 법원은 권리보호의 이익이 없음을 이유로 이 사건 소에 대하여 각하판결을 하여야 할 것이다.

4.

사해행위취소소송은 채권자대위소송과 달리 채권자취소권의 요건을 갖춘 각 채권자가 고유의 권리로서 행사하는 소송이다. 사해행위취소판결의 기판력은 소송당사자인 채권자와 그 상대방인 수익자 또는 전득자 사이의 상대적 관계에서만 미친다. 따라서 사해행위취소소송에 참가하지 아니한 채무자에게 또는 채무자와 수익자 사이의 법률관계에는 사해행위취소판결의 효력이 미치지 아니하고, 소송의 상대방이 아닌 채무자나 제3자에게는 아무런 효력이 미치지 아니하는 것이다.

판례는 다음과 같이 이 점을 분명하게 밝히고 있다.

"채권자취소권의 요건을 갖춘 각 채권자는 고유의 권리로서 채무자의 재산처분 행위를 취소하고 그 원상회복을 구할 수 있는 것이므로 여러 명의 채권자가 동시에 또는 시기를 달리하여 사해행위취소 및 원상회복청구의 소를 제기한 경우 이들 소가 중복제소에 해당하지 아니할 뿐만 아니라, 어느 한 채권자가 동일한 사해행위에 관하여 사해행위취소 및 원상회복청구를 하여 승소판결을 받아 그 판결이 확정되었다는 것만으로는 그 후에 제기된 다른 채권자의 동일한 청구가 권리보호의 이익이 없게 되는 것은 아니다. 그러나 확정된 판결에 기하여 재산이나 가액의 회복을 마친 경우에는 다른 채권자의 사해행위취소 및 원상회복청구는 그와 중첩되는 범위 내에서 권리보호의 이익이 없게 된다.[8] 그리고 수익자가 확정된 판결에 기하여 해당 채권자에게 재산이나 가액을 반환함으로써 그 채권자가 다른 채권자보다 사실상 우선변제를 받는 불공평한 결과가 초래된다고 하더라도, 그 재산이나 가액의 반환이 다른 채권자를 해할 목적으로 수익자와 해당 채권자가 통모한 행위라는 등의 특별한 사정이 없는 한 확정된 판결에 따른 반환의무를 이행하는 것이 다른 채권자의 신의에 반하는 행위라고 할 수는 없으므로, 확정된 판결에 따라 재산이나 가액의 반환을 마친 수익자가 다른 채권자의 사해행위취소 및 원상회복청구에 대하여 권리보호의 이익이 없다고 주장하는 것이 신의성실의 원칙에 위배된다고 할 수는 없다."[9]

> 〈사례 25-4〉 甲은 乙에 대하여 2억 원의 대여금채권이 있다. 무자력 상태의 乙은 아무런 대가 없이 기존의 채권자들 중의 1인인 丙에게 X 토지에 관하여 채권최고액 2억 원의 근저당권을 설정하였다. 甲이 丙을 상대로 이 사건 근저당권설정계약의 취소와 이 사건 근저당권설정등기의 말소를 구하는 소를 제기하였다. 법원은 원고 승소판결을 선고하였고, 이 판결은 그대로 확정되었다.
> 한편 이 사건 근저당권이 말소되지 않은 상태에서 근저당권자인 丙이 이 사건 근저당권실행을 위한 경매를 신청하였고, 그 매각절차에서 A가 1억 원의 매각대금을 납부하고 소유권을 취득하였다. 매각대금 1억 원(경매비용 제외)은 丙에게 배당되었다.
> 甲은 丙으로부터 가액반환 등으로 위 배당금을 돌려받을 수 있는가? 돌려받을 수 있다면 그 근거는 무엇인가?

---

8) 대법원 2005. 5. 27. 선고 2004다67806 판결 등 참조.
9) 대법원 2014. 8. 20. 선고 2014다28114 판결.

〈포인트〉

(1) 원상회복청구권은 사실심 변론종결 당시의 채권자의 선택에 따라 원물반환과 가액배상 중 어느 하나로 확정되며, 채권자가 일단 사해행위 취소 및 원상회복으로서 원물반환 청구를 하여 승소 판결이 확정되었다면, 그 후 어떠한 사유로 원물반환의 목적을 달성할 수 없게 되었다고 하더라도 다시 원상회복청구권을 행사하여 가액배상을 청구할 수는 없으므로 그 청구는 권리보호의 이익이 없어 허용되지 않는다.10)

(2) 채권자의 사해행위취소 및 원상회복청구가 인정되면, 수익자는 원상회복으로서 사해행위의 목적물을 채무자에게 반환할 의무를 진다. 만일 원물반환이 불가능하거나 현저히 곤란한 경우에는 원상회복의무 이행으로서 사해행위 목적물의 가액 상당을 배상하여야 하는데, 여기서 원물반환이 불가능하거나 현저히 곤란한 경우는 원물반환이 단순히 절대적, 물리적으로 불가능한 경우가 아니라 사회생활상 경험법칙 또는 거래 관념에 비추어 채권자가 수익자나 전득자로부터 이행의 실현을 기대할 수 없는 경우를 말한다. 따라서 사해행위로 부동산 소유권이 이전된 후 그 부동산에 관하여 제3자가 저당권이나 지상권 등의 권리를 취득한 경우에는 수익자가 부동산을 저당권 등의 제한이 없는 상태로 회복하여 채무자에게 이전하여 줄 수 있다는 등의 특별한 사정이 없는 한 채권자는 수익자를 상대로 원물반환 대신 가액 상당의 배상을 구할 수 있지만, 그렇다고 하여 채권자가 스스로 위험이나 불이익을 감수하면서 원물반환을 구하는 것까지 허용되지 않는 것은 아니다. 채권자는 원상회복 방법으로 가액배상 대신 수익자 명의 등기의 말소를 구하거나 수익자를 상대로 채무자 앞으로 직접 소유권이전등기절차를 이행할 것을 구할 수도 있다. 이 경우 <u>원상회복청구권은 사실심 변론종결 당시 채권자의 선택에 따라 원물반환과 가액배상 중 어느 하나로 확정된다</u>. 채권자가 일단 사해행위취소 및 원상회복으로서 수익자 명의 등기의 말소를 청구하여 승소판결이 확정되었다면, 어떠한 사유로 수익자 명의 등기를 말소하는 것이 불가능하게 되었다고 하더라도 다시 수익자를 상대로 원상회복청구권을 행사하여 가액배상을 청구하거나 원물반환으로서 채무자 앞으로 직접 소유권이전등기절차를 이행할 것을 청구할 수는 없으므로, 그러한 청구는 권리보호의 이익이 없어 허용되지 않는다.11)

(3) 따라서 甲이 丙을 상대로 원물반환의 불능을 이유로 1억 원의 가액반환을 구하는 소를 제기한다면 그 청구는 권리보호의 이익이 없어 각하된다.

(4) 우리 민법이 이행불능의 효과로서 채권자의 전보배상청구권과 계약해제권 외에 별도로 대상청구권을 규정하고 있지 않으나 해석상 대상청구권을 부정할 이유는 없다. 이 사건과 같이 부동산이 임의경매절차에 의하여 A에게 매각됨으로써 확정된 이전 판결에 기한 丙의 근저당권설정등기의 말소등기절차의무가 이행불능이 된 경우, 甲은 대상청구권의 행사로서 丙 말소될 근저당권설정등기에 기한 근저당권자로서 지급받은 배당금의 반환을 청구할 수도 있다.12)

(5) 결국 甲은 丙을 상대로 丙이 지급받은 배당금 1억 원에 대하여 대상청구권을 행사하면 된다.

---

10) 대법원 2006. 12. 7. 선고 2004다54978 판결.
11) 대법원 2018. 12. 28. 선고 2017다265815 판결.
12) 대법원 2012. 6. 28. 선고 2010다71431 판결.

〈사례 25-5〉 甲과 A, B는 전매차익을 얻을 목적으로 공동으로 상인인 乙로부터 X 토지를 매수하기로 하고, 乙과 매매계약을 체결하기 전에 "甲과 A, B는 각자 자금을 출연하여 乙로부터 X 토지를 매수하고 출연자금의 비율에 따라 甲은 1/2, A와 B는 각 1/4 지분으로 소유권이전등기를 한다. 甲과 A, B는 각 공유지분을 인정하고 그 지분권을 개별적으로 행사할 수 있다."는 합의를 하였다. 그 후 甲과 A, B는 2005. 3. 1. 공동으로 매수인이 되어 乙로부터 乙 소유인 X 토지를 금 5억 원에 매수하기로 하는 계약을 체결하고 중도금까지 총 4억 원을 지급하였는데, 그 후 乙은 丙으로부터 금 2억 원을 차용하면서 X 토지에 관하여 丙에게 저당권설정등기를 마쳐주었고, 다시 丁과의 사이에 X 토지를 금 6억 원에 매도하기로 하는 계약을 체결하였다.

甲과 A, B(이하 '甲 등'이라고 한다)가 잔금 지급기일인 2008. 3. 1. 그 이행을 제공하였으나 乙이 소유권이전등기를 회피함에 따라 甲 등은 2009. 5. 1. 乙을 상대로 X 토지에 관하여 위 매매를 원인으로 하는 소유권이전등기청구 소송(이하 '전소'라고 한다)을 제기하였다.[13]

〈1〉 전소에서 2012. 10. 1. 변론이 종결되고 같은 해 11. 5. 甲 등의 승소 판결이 선고되어 그 판결이 11. 25. 확정되었다. 그런데 丁이 같은 해 9. 25. 乙로부터 X 토지를 매수하기로 계약하고 같은 해 10. 5. X 토지에 관하여 자신의 명의로 위 매매를 원인으로 하는 소유권이전등기를 마쳤다면 甲 등은 위 확정판결을 집행권원으로 하여 丁을 상대로 X 토지에 관한 소유권이전등기를 할 수 있겠는가?

〈2〉 甲 등이 전소에서 승소 확정판결을 받아 이를 집행권원으로 하여 소유권이전등기를 마치자, 乙이 甲 등을 상대로 주위적으로는 "2005. 3. 1.자 매매계약이 사회질서에 위반된 법률행위(민법 제103조)에 해당하므로 甲 등의 소유권이전등기는 원인무효이다"라고 주장하면서 소유권이전등기말소를 구하고, 예비적으로는 위 매매계약이 유효인 경우 매매잔대금 1억 원의 지급을 구하는 후소를 제기하였다. 이에 대하여 甲 등이 "乙의 청구는 모두 기판력에 저촉된다."고 주장하였다면 법원은 위와 같은 甲 등의 주장에 관하여 어떻게 판단하여야 할 것인가?

〈3〉 甲 등이 2013. 5. 1. 별소로 "乙과 丙이 통모하여 乙의 유일한 책임재산인 X 토지를 허위로 처분한 것으로서 사해행위에 해당한다."고 주장하면서, 乙과 丙을 상대로 乙과 丙 사이의 근저당권설정계약 취소를 구하면서 이에 병합하여 乙과 丙을 상대로 원상회복으로서 저당권설정등기의 말소를 구하였다. 법원은 이 소에 대하여 어떻게 심리 판단하여야 할 것인가?

〈1〉
가. 문제의 소재
나. 丁의 법적 지위
 (1) 실체법적 지위 : 丁은 매매를 원인으로 X 토지에 관하여 등기를 마친 자로서 특별한 사정이 없는 한 적법한 소유권자이다.
 (2) 소송법적 지위 : 丁은 전소 변론종결일 이후에 계쟁물인 X 토지의 소유권을 취득한 자인바, 민소법 제218조 제1항이 규정하는 변론종결 후의 승계인으로서 전소 확정판결의 기판력이 미치는 자에 해당하는지 여부에 관하여 학설은 대립하나, 판례는 전소의 소송물이 채권적 청구권인 경우 그 계쟁물 양수인은 기판력이 미치는 변론종결 후의 승계인에 해당하지 않는 것으로 본다(실질설)
다. 丁에 대한 집행 가능성
 (1) 현행법상 기판력과 집행력의 범위는 원칙적으로 일치하는 것으로 본다.
 (2) 판례에 따르면 丁에 대하여는 기판력(집행력)이 미치지 않는다고 볼 것이므로, 甲 등은 전소

---
[13] 2013년 제3회 모의고사 援用.

확정판결을 집행권원으로 하여 丁에 대하여 소유권이전등기를 강제집행할 수 없다(승계집행문 부여 신청에 대한 불허가).

⟨2⟩
가. 문제의 소재
나. 전소판결의 기판력 범위
전소판결의 기판력은 "甲은 乙에 대하여 전소의 사실심 변론종결일 당시에 X 토지에 관하여 2012. 3. 1. 매매를 원인으로 하는 소유권이전등기청구권을 가지고 있었다."는 점에 미친다.
다. 후소 청구가 기판력에 저촉되는지 여부
(1) 주위적 청구(소유권이전등기말소청구)
① 전소와 후소는 원피고가 바뀌었을 뿐 당사자가 동일하다.
② 후소는 전소에서 확정된 법률관계와 모순되는 법률관계를 소송물로 하고 있다.
③ 후소의 청구원인은 전소의 사실심 변론종결일 이전에 존재했고 행사할 수 있었던 방어방법이다.
④ 따라서 후소 청구는 전소의 기판력에 저촉된다.
(2) 예비적 청구(잔대금청구)
① 전소와 후소는 원피고가 바뀌었을 뿐 당사자가 동일하다.
② 후소의 소송물은 전소의 소송물과 다르고, 전소에서 확정된 법률관계가 후소의 소송물인 법률관계와 모순되거나 후소의 선결문제로 되는 경우도 아니다.
③ 잔대금채권이 전소의 사실심 변론종결일 이전에 존재하고 행사할 수 있었다 하더라도 기판력에 의하여 차단되는 권리가 아니다. 乙이 전소에서 잔대금채권에 기하여 동시이행의 항변을 하였다 하더라도 그에 대한 법원의 판단은 판결이유에서 판단되는 사항에 불과하므로 기판력이 발생하지 않고, 동시이행의 항변을 하지 않았다 하더라도 잔대금채권은 실체법상 독립한 권리로서 차단효의 적용대상이 아니다.
④ 따라서 후소 청구는 전소의 기판력에 저촉되지 않는다.
라. 법원의 판단
(1) 기판력 저촉은 위법사유(재심사유)이므로 법원은 甲 등의 주장 여부에 불구하고 직권으로 심리하여 기판력 저촉 여부를 판단하여야 한다.
(2) 기판력 저촉의 효과에 관하여는 모순금지설, 반복금지설의 대립이 있는데, 법원은 전소에서 패소판결을 선고받은 자가 기판력에 저촉되는 소를 제기한 경우 후소청구를 기각하여야 한다고 본다(모순금지설).
(3) 법원은 乙의 주위적 청구에 대해서는 기판력에 저촉됨을 이유로 청구기각 판결을 선고하고, 예비적 청구는 기판력에 저촉되지 않으므로 통상의 심리절차에 따라 잔대금채권이 존재하는지 여부를 판단하면 된다. 후자의 경우 전소에서 잔대금채권에 기한 동시이행의 항변이 받아들여졌다 하더라도 후소에서 乙의 청구를 인용함에 지장이 없고, 전소 판결이유에서 설시된 사유는 후소에서 유력한 증거자료로 쓰일 수 있다.

〈3〉
가. 문제의 소재
나. 소송요건의 심리 판단
(1). 공동소송의 적법요건
① 공동소송의 요건 : 주관적 요건(민소법 제65조 전문, 후문) → 사익적 요건이므로 피고의 항변이 없는 한 법원이 직권으로 문제 삼을 필요 없다. 객관적 요건 → 동종의 소송절차에 의할 것, 공통의 관할권
② 사안의 경우 : 甲 등의 주장 자체로 보면 소송의 목적인 권리의무가 공통인 경우에 해당하고, 객관적 요건은 갖추어진 것으로 본다. 다만, 아래에서 보는 바와 같이 乙에 대한 소는 모두 부적법하여 각하하여야 할 것이므로 법원은 공동소송의 요건이 흠결되었다는 이유를 들어 乙, 丙에 대한 소를 독립한 소로 취급하거나 분리하여 이송할 필요는 없다.
(2) 乙, 丙을 상대로 한 채권자취소소송의 적법요건
① 제척기간 도과의 가능성 : 취소대상인 매매계약이 이루어진 날(2005. 3. 1.)로부터 1년이 도과된 시점(2009. 5. 1.)에 채권자취소소송이 제기되었으므로 법원은 甲이 위 매매계약이 사해행위에 해당함을 안 날로부터 제척기간인 1년 이내에 소를 제기한 것인지 직권으로 심리하여, 그 기간이 도과된 것으로 판단되면 소를 각하하여야 한다.
② 채권자취소소송의 피고적격 : 채권자취소소송은 수익자 또는 전득자만을 피고로 삼을 수 있으며, 채무자는 피고적격이 없다. 따라서 피고 乙에 대한 채권자취소소송은 부적법한 것으로 각하하여야 한다.
(3) 乙을 상대로 한 근저당권말소등기 청구소송의 적법성
① 등기의 말소를 구하는 소는 그 등기명의자를 피고로 삼지 않는다면 승소하더라도 이를 집행할 수 없으므로 소의 이익이 있다고 볼 수 없고, 따라서 그 등기명의자만이 피고적격을 가지는 것으로 보는 것이 판례의 태도이다.
② 위 판례의 태도에 따른다면 乙을 피고로 하는 근저당권말소등기 청구소송은 피고적격이 흠결된 것으로서 각하하여야 할 것이다.
다. 본안에 대한 심리 판단
(1) 丙을 상대로 한 채권자취소 청구의 본안에 대한 심리 판단
① 채권자취소소송에서 원고는 본안의 요건으로서 ⅰ) 채권자가 채무자에 대하여 채권을 가질 것(피보전채권의 존재), ⅱ) 채무자가 재산권을 목적으로 하는 법률행위를 하였을 것, ⅲ) 그 법률행위가 채권자를 해할 것, ⅳ) 채무자의 악의 등을 주장 증명하여야 한다.
② 채권자취소권은 채무자가 채권자를 해함을 알면서 자기의 일반재산을 감소시키는 행위를 한 경우에 그 행위를 취소하여 채무자의 재산을 원상회복시킴으로써 채무자의 책임재산을 보전하는 권리이므로, 특정물채권을 보전하기 위하여 행사하는 것은 허용되지 않는다.
③ 사안의 경우 甲이 내세울 수 있는 피보전채권은 매매를 원인으로 하는 소유권이전등기청구권으로서 특정물채권에 해당하여, 丙에 대한 채권자취소청구는 본안의 요건을 갖추지 못하였으므로 법원은 청구를 기각하여야 한다.
(2) 丙을 상대로 한 근저당권말소등기 청구의 본안요건

① 丙을 상대로 한 근저당권말소등기 청구는 채권자취소청구가 인용되어 그 판결이 확정됨으로써 2012. 3. 1.자 매매계약이 취소될 것을 본안요건으로 하는 원상회복청구이다.

② 따라서 위와 같이 丙을 상대로 한 채권자취소청구가 기각되는 이상 근저당권말소등기청구도 인용될 수 없으므로, 법원은 청구를 기각하여야 한다.

라. 결어

법원은 원고의 피고 乙에 대한 소를 각하하고, 피고 丙에 대한 청구를 기각하는 판결을 선고하여야 한다.

〈사례 25-6〉 A는 2010. 2. 1. 피고와 사이에 자신의 소유 명의로 되어 있는 유일한 재산인 X 부동산에 관하여 매매계약(이하 '이 사건 매매계약')을 체결하고, 같은 달 4일 피고에게 소유권이전등기(이하 '이 사건 각 소유권이전등기')를 마쳤다.

원고는 2011. 7. 25. A가 X 부동산을 취득하는 데 원고 자금을 사용하였다는 등의 이유로 그를 상대로 부당이득금 반환 청구의 소를 제기하여 승소판결을 받은 채권자이다. 원고는 2011. 7. 25. 피고를 상대로 사해행위취소 등 청구의 소를 제기하여, 2014. 1. 16. 그 항소심(2013. 12. 19. 변론종결)에서 '제1심판결을 취소하고, 이 사건 매매계약을 취소하며, 피고는 A에게 이 사건 각 소유권이전등기의 말소등기절차를 이행하라.'는 판결이 선고되었으며, 위 판결이 그대로 확정되었다(이하 '선행 판결'). 그런데 피고는 2013. 12. 4. K농협에, 2014. 1. 17. B에게 X 부동산에 관하여 위 날짜 근저당권설정계약을 원인으로 한 근저당권설정등기를 마쳤다.

이에 원고는 2014. 3. 24. ① K농협, B 등에 대하여는 이 사건 각 소유권이전등기의 말소등기절차에 대한 승낙의 의사표시를 할 것과 피고와 B 사이에 체결된 위 근저당권설정계약의 취소 및 이에 기한 근저당권설정등기의 말소등기절차를 이행할 것을, ② 피고에 대하여는 선행 판결에서 명한 의무의 이행불능 또는 선행 판결의 집행불능 등을 이유로 한 전보배상을 선택적으로 구하는 소를 제기하였다. 원고는 항소심에서 K농협과 B에 대한 소를 취하하였고, 피고에 대하여는 ① 주위적으로 이 사건 매매계약이 사해행위로 취소되었음을 이유로 가액배상을, ② 제1예비적으로 피고의 소유권이전등기말소의무가 이행불능 내지 집행불능임을 이유로 전보배상을, ③ 제2예비적으로 피고의 근저당권 설정행위가 위법행위라는 이유로 손해배상을, ④ 제3예비적으로 부당이득반환을 구하는 것으로 청구취지 및 청구원인을 변경하였다.

항소심법원은 2015. 11. 12. ① 주위적 청구 및 제1예비적 청구에 대하여는 원고가 사해행위취소 및 그에 따른 원상회복을 구하는 소를 제기하여 원물반환을 명한 선행 판결이 확정되었음에도 다시 가액배상 또는 실질적으로 가액배상에 다름없는 전보배상을 구하는 것은 권리보호이익이 없다는 이유로 소를 각하하고, ② 제2, 제3 예비적 청구에 대하여는 불법행위 또는 부당이득의 성립을 인정할 수 없다는 이유로 이를 기각하는 판결을 선고하였다 이에 대한 원고의 상고도 기각되었다.

원고는 2016. 6. 8. 피고를 상대로 이 사건 매매계약이 사해행위로 취소되었음을 이유로 그에 따른 원상회복으로서 A에게 이 사건 각 부동산에 관한 소유권이전등기절차를 이행할 것을 구하는 이 사건 소를 제기하였다.

〈대법원 2018. 12. 28. 선고 2017다265815 판결〉

"채권자의 사해행위취소 및 원상회복청구가 인정되면, 수익자는 원상회복으로서 사해행위의 목적물을 채무자에게 반환할 의무를 진다. 만일 원물반환이 불가능하거나 현저히 곤란한 경우에는 원상회복의무 이행으로서 사해행위 목적물의 가액 상당을 배상하여야 하는데, 여기서 원물반환이 불가능하거나 현저히 곤란한 경우는 원물반환이 단순히 절대적, 물리적으로 불가능한 경우가 아니라 사회생활상 경험법칙 또는 거래 관념에 비추어 채권자가 수익자나 전득자로부터 이행의 실현을 기대할 수 없는 경우를 말한다.

따라서 사해행위로 부동산 소유권이 이전된 후 그 부동산에 관하여 제3자가 저당권이나 지상권 등의 권리를 취득한 경우에는 수익자가 부동산을 저당권 등의 제한이 없는 상태로 회복하여 채무자에게 이전하여 줄 수 있다는 등의 특별한 사정이 없는 한 채권자는 수익자를 상대로 원물반환 대신 그 가액 상당의 배상을 구할 수 있지만, 그렇다고 하여 채권자가 스스로 위험이나 불이익을 감수하면서 원물반환을 구하는 것까지 허용되지 않는 것은 아니다. 채권자는 원상회복 방법으로 가액배상 대신 수익자 명의 등기의 말소를 구하거나 수익자를 상대로 채무자 앞으로 직접 소유권이전등기절차를 이행할 것을 구할 수도 있다.

이 경우 원상회복청구권은 사실심 변론종결 당시 채권자의 선택에 따라 원물반환과 가액배상 중 어느 하나로 확정된다. 채권자가 일단 사해행위취소 및 원상회복으로서 수익자 명의 등기의 말소를 청구하여 승소판결이 확정되었다면, 어떠한 사유로 수익자 명의 등기를 말소하는 것이 불가능하게 되었다고 하더라도 다시 수익자를 상대로 원상회복청구권을 행사하여 가액배상을 청구하거나 원물반환으로서 채무자 앞으로 직접 소유권이전등기절차를 이행할 것을 청구할 수는 없으므로, 그러한 청구는 권리보호의 이익이 없어 허용되지 않는다.

이러한 법리에 비추어 원심의 판단을 살펴본다. 원고는 피고를 상대로 사해행위취소소송을 제기하여 이 사건 매매계약을 사해행위로서 취소하고 피고에게 이 사건 각 소유권이전등기의 말소를 명하는 원고승소판결을 받았고 이 판결이 확정되었다. 그렇다면 원고가 다시 사해행위취소에 따른 원상회복청구권을 행사하여 피고에게 채무자 앞으로 직접 소유권이전등기절차를 이행할 것을 구하는 이 사건 소는 권리보호이익이 없어 부적법하다고 보아야 한다. 그런데도 원심은 그 판시와 같은 이유만으로 이 사건 소는 권리보호이익이 없어 부적법하다는 피고의 본안전항변을 배척하였으니, 이러한 원심판단에는 확정판결의 기판력과 권리보호이익에 관한 법리를 오해하여 판결 결과에 영향을 미친 잘못이 있다."[14]

---

[14] 판지는 청구취지가 다르더라도 실체법상의 권리가 동일하면 후소는 기판력에 저촉된다고 보았으나, 본래 구 실체법설에서도 소송물의 동일성을 청구취지와 청구원인, 법적 관점이 모두 동일해야 소송물이 동일하다고 보는 입장인데, 이 사안에서는 소송물이 다름을 무시하고 기판력에 저촉된다고 볼 것이 아니라 채권자취소권을 이미 행사한 것을 전제로 하고, 원상회복청구권의 실체법상의 문제로 다루었어야 했다는 비판이 있다. 호문혁, 민사소송법(제14판), p.747~748 참조.

26　배당이의소송 확정판결의 기판력과 부당이득

1.

경매실무는 주로 부동산에 대한 강제경매와 임의경매를 중심으로 이루어지고 있다. 민사집행법은 강제경매절차에 관하여 강제경매신청 → 경매개시결정 및 경매개시결정 기입등기 → 매각준비절차 → 매각기일·매각결정기일의 공고 → 매각실시절차 → 대금납부 → 배당절차에 이르는 일련의 절차를 규정하고, 이를 대표적인 담보물권인 저당권의 실행절차에 준용하고 있다. 강제경매와 임의경매 모두 부동산을 압류하고 매각하여 채권자들에게 법정순위에 따라 배당하는 절차인 점에서는 동일하다.

매수인이 매각대금을 납부하면 법원은 반드시 배당절차를 밟아야 한다(민사집행법 제145조 제1항). 채권자의 채권변제에 충분한 때에도 배당절차를 생략할 수 없다. 매각대금으로 배당에 참가한 모든 채권자를 만족시킬 수 없는 경우에는 법원은 민법·상법, 그 밖의 법률에 의한 우선순위에 따른 배당절차가 개시된다. 이 배당절차를 통해 채권자들이 채권의 만족을 얻게 된다. 매각대금의 배당절차는 배당순위를 둘러싸고 실체법과 절차법이 교착하는 영역이고, 배당절차에서 채권의 만족을 얻지 못한 채권자들이 배당이의의 소를 제기하기도 하고, 배당과 관련한 부당이득반환청구의 소가 성행하고 있다.

2.

배당요구란 압류채권자의 신청에 의하여 개시된 집행절차에 참가하여 동일한 재산의 매각대금에서 변제를 받으려는 집행법상의 행위를 말한다. 배당요구는 채권의 원인과 수액을 기재한 서면(배당요구서)에 의하여 집행법원에 배당을 요구하는 취지가 표시되면 된다. **권리신고**는 부동산 위의 권리자가 집행법원에 신고하여 그 권리를 증명하는 것으로 권리신고를 하면 이해관계인이 되지만 권리신고를 한 것만으로는 당연히 배당을 받게 되는 것은 아니고 별도로 배당요구를 하여야 한다(실무상 권리신고 및 배당요구서의 서면을 제출하는 경우가 많다). 배당요구는 첫 매각기일 이전으로 집행법원이 정한 배당요구의 종기까지 할 수 있다.

민사집행법은 배당요구를 하지 않아도 당연히 배당에 참가하는 <u>배당채권자</u>와 배당요구를 하여야만 배당에 참가할 수 있는 <u>배당요구 채권자</u>를 구분하여 취급하고 있다.

> **〈배당채권자〉**(민사집행법 제148조)
> ① 배당요구의 종기까지 경매신청을 한 압류채권자(경매신청권자와 이중압류채권자)
> ② 배당요구 종기까지 배당요구를 한 채권자(제88조 제1항에 규정된 채권자)
> ③ 첫 경매개시결정등기 **전**에 등기된 가압류채권자
> ④ 저당권·전세권, 그 밖의 우선변제청구권으로서 첫 경매개시결정등기 **전**에 등기되었고 매각으로 소멸하는 것을 가진 채권자(경매개시결정등기 전에 국세체납처분에 의한 압류권자 포함)
>
> **〈배당요구가 필요한 채권자〉**(민사집행법 제88조 제1항)
> ① 집행력 있는 정본을 가진 채권자
> ② 경매개시결정이 등기된 **뒤**에 가압류를 한 채권자
> ③ 민법·상법 그 밖의 법률에 의하여 우선변제청구권이 있는 채권자
> ④ 조세 기타 체납처분의 예에 따라 징수할 수 있는 공과금채권
> ⑤ 대위변제자의 배당요구

배당요구를 할 수 있는 채권자라도 배당요구의 종기까지 배당요구를 하지 않으면 배당권자가 될 수 없고, 그 뒤에 배당받은 후순위자를 상대로 부당이득반환청구로 할 수 없다. 예컨대, 대항력과 확정일자를 갖춘 주택임차인이나 상가건물 임차인의 임차보증금채권, 임금채권자의 임금채권 등 우선변제권은 인정되고 있으나 등기가 되어 있지 않기 때문에 배당요구를 하지 않으면 그 채권의 존부나 액수를 알 수 없는 채권을 가진 자는 배당요구를 해야 배당받을 수 있고 <u>배당요구를 하지 않으면 배당이의의 소나 부당이득반환청구의 소를 제기할 수 없다.</u>

매각절차에서 매수인이 매각대금을 지급하면 법률의 규정에 의해 소유권변동의 효과는 즉시 발생하고, 지급된 매각대금으로 '빚잔치'를 하는 배당절차에 들어가게 된다. 집행법원(사법보좌관)은 **배당기일**을 정하고 이해관계인과 배당을 요구한 채권자에게 이를 통지하여야 한다. 집행법원은 배당기일의 3일 전에 **배당표 원안**을 작성하여 법원에 비치하고 이해관계인이 열람할 수 있도록 하여야 한다. 집행법원은 배당기일에 출석한 이해관계인과 배당을 요구한 채권자를 심문하여 **배당표를 확정**하는데, 출석한 이해관계인과 배당을 요구한 채권자들 사이에 합의가 성립하거나 이의가 없을 때 비로소 배당표가 확정되고 그 확정된 배당표에 따라 배당이 실시되고, 배당표에 이의가 있으면 배당표는 확정되지 아니하고 **이의절차**로 넘어간다.[1] 판례는 여기서 <u>배당이의를 하지 않는 채권자의 부당이득반환청구를 허용하고 있다.</u>

배당표에 대한 이의(배당이의)가 있으면 그 적법여부만을 심사할 수 있고, 채권자 또는 채무자가 이의사유의 존부를 소송에 의하여 완결하여야 한다. 즉, <u>집행력 있는 정본을 가진 채권자의 채권에 대하여 채무자가 이의한 경우 채무자는 **청구이의의 소**를 제기하고 배당기일로부터 1주일 내에 법원에 증명하여야 한다. 집행력 있는 정본이 없는 채권자</u>(저당권자, 전세권자, 임금채권자, 일정한 요건을 구비한 임차인 등 우선변제권이 있는 채권자와 경매개시결정등기 후에 가압류를 한 채권자)의 배당요구에 따라 작성된 배당표에 대하여 이의한 채무자 또는 다른 채권자에 대하여 이의한 채권자는

---

[1] 배당기일에 채권자들이 모두 모여 배당표에 불만이 있는 사람들은 이의를 하나, 대부분은 법원에서 적절하게 처리했을 것으로 여기고 생각보다 이의를 많이 하지 않는다고 한다.

배당기일로부터 1주일 내에 집행법원에 대하여 **배당이의의 소를 제기하여야 하고**, 이러한 소제기 사실을 증명하는 서류를 제출하지 아니한 때에는 이의가 취하된 것으로 본다(민사집행법 제154조 제1항·제3항).[2] 배당이의의 소는 배당표에 대하여 이의를 한 사람이 그 이의를 관철하기 위하여 배당표의 변경 또는 취소를 구하는 **형성의 소이다**.[3]

민사집행법 제155조의 규정상 배당기일에 이의한 채권자가 위 소제기 증명서류 제출기간을 지키지 못한 경우에 부당이득반환청구를 할 수 있음은 분명하나(채무자는 배당이의 여부에 불구하고 원래의 채권을 초과 배당받은 채권자에 대하여 제155조가 아닌 민법 제741조에 의한 부당이득반환청구가 허용된다), 배당이의를 하지 않은 채권자가 배당절차가 끝난 뒤에 부당이득반환청구를 할 수 있는지에 관하여 논란이 있다.

판례는 확정된 배당표에 의하여 배당을 실시하는 것은 실체법상의 권리를 확정하는 것이 아니므로, 배당을 받아야 할 채권자가 배당을 받지 못하고 배당을 받지 못할 자가 배당을 받은 경우에는 배당을 받지 못한 채권자로서는 배당에 관하여 이의를 한 여부에 관계없이 배당을 받지 못할 자이면서도 배당을 받았던 자를 상대로 부당이득반환청구권을 갖는다 할 것이고, 배당을 받지 못한 그 채권자가 일반채권자라고 하여 달리 볼 것은 아니라는 입장이다(전면적 긍정설).[4]

현행 경매실무상 배당요구와 부당이득반환청구의 절차단계는 다음과 같다.

▷ 제1단계 : 배당요구 → 배당요구를 하지 않으면 배당이의의 소 및 부당이득반환청구의 소 제기 못함.[5]
▷ 제2단계 : 배당기일에 배낭이의 → 배당요구를 했으나 배당이의를 하지 않으면 배당이의 소는 제기하지 못하나 부당이득반환청구의 소 제기 가능.[6]
▷ 제3단계 : 배당기일로부터 1주일 이내에 배당이의 소 제기 → 1주일 경과하면 배당이의의 소는 제기하지 못하나 부당이득반환청구의 소 제기 가능.
▷ 제4단계 : 배당이의를 하지 않거나 배당이의 기간 도과, 배당이이의 소를 제기하지 못한 경우 → 부당이득반환청구 가능

배당이의소송은 대립하는 당사자 사이의 배당액을 둘러싼 분쟁을 그들 사이에서 상대적으로 해

---

[2] 만약 1주일 내에 배당이의소송을 제기하지 않으면 다시 배당표가 확정되고 배당이 된다. 집행법원과 수소법원이 분리되어 있으므로 집행법원은 배당이의의 소가 제기된 사실을 알 수 없으므로 배당이의의 소를 제기한 사람은 1주일 내에 소송을 제기하였다는 확인서를 집행법원에 제출하여야 한다.
[3] 형성의 소는 법률상 근거가 없으면 제기하지 못하고, 배당이의의 소의 근거는 민사집행법 제154조이다. 이 소는 배당을 실시한 집행법원이 속한 지방법원의 전속관할이다(민사집행법 제15조).
☞ 청구취지 : 배당표 중 피고에 대한 배당액을 0원으로, 원고에 대한 배당액을 1,000만원으로 경정한다.
[4] 일본 최고재판소 판례는 배당기일에 배당이의신고를 하지 아니한 저당권자는 부당이득반환청구를 할 수 있으나, 배당기일에 배당이의신고를 하지 아니한 일반채권자는 배당을 받은 채권자에게 부당이득반환청구를 할 수 없다는 제한적 긍정설의 입장이다. 이시윤 교수도 저당권자 등 우선변제권이 있는 채권자는 별론으로 하고, 일반채권자는 배당이의한 채권자일 때만 최종적 구제수단으로 부당이득반환청구를 허용하는 것이 옳을 것이라고 한다. 이시윤, 신민사집행법(제8개정판), 박영사(2020), p.399 참조.
[5] 배당요구를 하지 않은 일반채권자는 부당이득반환청구를 할 수 없다. 앞서 본바와 같이 민사집행법 제148조의 배당채권자는 배당요구를 하지 않더라도 배당이 된다. 배당요구를 하지 않은 일반채권자가 부당이득반환청구를 하면 법률상 원인없이 손해를 입은 바가 없으므로 '청구기각'판결을 받게 된다. 민사판례해설(19.7.1.자 ~ 20.10.15.자 서울고법 판례공보스터디), p.77 참조.
[6] 배당기일로부터 1주일이 경과된 후 배당이의의 소가 제기된 경우 법원은 바로 소를 각하하지 않고 부당이득반환청구로 청구취지변경을 하도록 석명해야 한다.

결하는 것에 지나지 아니하여 그 판결의 효력은 오직 그 소송의 당사자인 원고와 피고에게만 미칠 뿐이다(민사집행법 제157조, 상대적 해결 원칙). 따라서 어느 채권자가 배당이의소송에서의 승소확정판결에 기하여 경정된 배당표에 따라 배당을 받은 경우에 있어서도, 그 배당이 배당이의소송에서 패소확정판결을 받은 자 아닌 다른 배당요구채권자가 배당받을 몫까지도 배당받은 결과로 된다면 그 다른 배당요구채권자는 위 법리에 의하여 배당이의소송의 승소확정판결에 따라 배당받은 채권자를 상대로 부당이득반환청구를 할 수 있다.[7] 배당을 받지 못할 사람이 배당받은 돈을 종국적으로 보유하는 것이 아니고, 나중에 부당이득반환으로 조정되는 것을 전제로 배당관련 실무가 처리되고 있다.

(1) 배당이의의 소 : 배당기일에 출석하여 이의를 진술하고 그로부터 1주일 내에 배당이의의 소를 제기하여야 함.
☞ 甲은 배당기일에 출석하였으나 이의를 진술하지 아니하였으므로 배당이의의소는 제기할 수 없음(제소기간 도과)

(2) 배당 잘못과 부당이득반환청구의 소 : 우선변제권 있는 채권자는 배당이의를 하지 않았더라도 후순위권리자를 상대로 부당이득반환청구의 소 제기 가능, 단 배당요구는 반드시 하여야 함.
☞ 甲은 배당요구를 하였으므로 丙저축은행을 상대로 부당이득반환청구 가능

〈사례 26-1〉 甲은 2017. 3. 5. 乙로부터 서울 성북구 소재 별지목록 기재 1층 점포를 임대차기간 2017. 3. 10.부터 2022. 3. 9.까지, 임대차보증금 1억 원으로 약정하여 임차하고, 2017. 3. 10. 위 보증금 전액을 지급함과 동시에 위 점포에 입주하였다(사업자등록은 하지 않음). 위 점포는 임대차계약 당시 철물점 30㎡, 방 30㎡, 화장실 6㎡의 구조였는데, 甲은 이를 인도받은 즉시 아들인 A와 함께 입주하여 현재까지 거주하고 있고, 위 A는 2017. 3. 10. 주민등록전입신고를 마쳤으며, 2017. 3. 15. 확정일자도 받았다.
한편, 乙은 위 건물을 포함한 대지에 관하여, 2014. 9. 1. 국민은행 앞으로 채권최고액 1억 원의 근저당권설정등기를 마쳐준 데 이어 2017. 6. 10. 丙 상호저축은행 앞으로 채권최고액 3억 원의 근저당권설정등기를 마쳐주었다. 그런데 丙 상호저축은행이 임의경매를 신청하여 2020. 10. 1. 경매개시결정이 내려지고 경매절차가 진행된 결과, B에게 매각허가결정이 선고되고 B는 2020. 12. 1. 매각대금을 납부하였다. 그런데, 甲은 2021. 2. 1. 배당요구를 하였는데, 법원은 2021. 2. 5.의 배당기일에 실제 배당할 금액 3억 원 중 5,000만 원을 1순위로 국민은행에 배당하고, 나머지 2억 2,500만 원은 2순위로 丙 상호저축은행에 배당하는 내용의 배당표를 작성하여 배당을 실시하고, 甲에게는 전혀 배당을 하지 않았다. 甲은 위 배당절차에서 배당이의는 하지 못했다.
B는 甲에게 자신이 위 점포의 소유자임을 주장하며 甲에게 위 점포의 인도를 요구하고 있다.
甲은 위 점포를 비워주어야 하는가? 甲은 위 임대차보증금을 누구로부터 돌려받을 수 있는가? 甲이 소를 제기하는 경우의 청구취지와 청구원인을 기재하시오.

☞ **청구취지**
1. 원고 甲에게, 피고 丙 한일상호저축은행은 1억 원 및 이에 대한 이 사건 소장부본 송달일 다

---

[7] 대법원 2007. 2. 9. 선고 2006다39546 판결 등.

음날부터 다 갚는 날까지 연 12%의 비율에 의한 돈을 지급하라.
  2. 소송비용은 피고들이 부담한다.
  3. 위 제1항은 가집행 할 수 있다.
라는 판결을 구합니다.

☞ 청구원인
  1. 주택 임대차
  (1) 원고는 2017. 3. 5. 소외 乙로부터 서울 성북구 소재 별지목록 기재 점포를 임대차기간 2017. 3. 10.부터 2022. 3. 9.까지, 임대차보증금 1억 원으로 약정하여 임차하고, 2017. 3. 10. 위 보증금 전액을 지급함과 동시에 이를 인도받았습니다.
  (2) 위 점포는 임대차계약 당시 철물점 30㎡, 방 30㎡, 화장실 6㎡의 구조였는데, 원고는 이를 인도받은 즉시 아들인 소외 A와 함께 입주하여 현재까지 거주하고 있고, 위 A는 2013. 3. 10. 주민등록전입신고를 마쳤으며, 2013. 3. 15. 확정일자도 받았습니다.

  2. 임의경매와 배당
  (1) 한편, 乙은 위 점포 및 대지에 관하여, 2010. 9. 1. 소외 국민은행 앞으로 채권최고액 1억 원의 근저당권설정등기를 마쳐준 데 이어 2017. 6. 10. 피고 丙 상호저축은행(이하 '피고 저축은행'이라 함) 앞으로 채권최고액 3억 원의 근저당권설정등기를 마쳐주었습니다.
  (2) 그런데 피고 저축은행이 임의경매를 신청하여 2020. 10. 1. 경매개시결정이 내려지고 매각절차가 진행된 결과, 소외 B에게 매각허가결정이 선고되고 2017. 8. 21. 매각대금이 납부되어 B가 소유권을 취득하였습니다.
  (3) 한편, 원고는 2021. 2. 1. 배당요구를 하였는데, 법원은 2021. 2. 5.의 배당기일에 실제 배당할 금액 3억 원 중 5,000만 원을 1순위로 국민은행에 배당하고, 나머지 2억 5,000만 원은 2순위로 피고 저축은행에 배당하는 내용의 배당표를 작성하여 배당을 실시하고, 원고에게는 전혀 배당을 하지 않았습니다.

  3. 부당이득반환청구
  (1) 원고는 주택임대차보호법 소정의 임차인으로서 피고 저축은행과의 관계에 있어서 우선하여 그 보증금 전액을 배당·변제받을 권리가 있습니다. 즉, ① 위 임대차 목적물이 점포는 비록 비주거용인 철물점이 일부 포함되어 있기는 하나, 그 면적이 주거용인 방과 화장실의 면적보다 작고, 원고와 A는 위 점포에서만 전적으로 기거하였을 뿐 그 외에 다른 주거가 없었으므로, 이는 주택임대차보호법 제2조의 주택에 해당하며, ② 주택임대차보호법 제3조 제1항의 주민등록은 위차인 본인이 주민등록 전입신고를 하지 않았더라도 그 동거 가족이 주민등록을 하였으면 족하다고 할 것인바, 위와 같이 원고와 그 아들인 A가 위 주택을 인도받고 A가 주민등록 전입신고를 마쳤을 뿐만 아니라 2017. 3. 15.자로 확정일자까지 갖추었기 때문입니다.
  (2) 원고는 주택임대차보호법 제3조의2의 요건을 국민은행의 근저당권설정등기 이후에야 갖추었으므로 국민은행에 우선할 수 없고, 그 결과 매각절차의 매수인인 B에게 대항력을 행사할 수 없

습니다. 또한 동법 제8조에 의한 소액임차인은 2016. 3. 31.부터 2018. 9. 17.까지는 서울지역의 경우 그 보증금액이 1억 원 이하인 임차인은 이에 해당하나, 국민은행의 근저당권설정 당시에는 동법상 보호되는 소액임차인의 보증금액은 9,000만 원 이하였고, 그 후 동법상 보호되는 보증금액의 인상은 소급효를 갖지 못하므로(각 개정법 시행령 부칙 참조) 역시 국민은행에 우선할 수 없습니다. 따라서 원고는 피고 저축은행에 대한 관계에서만 제3조의2 제2항의 우선변제권 및 제8조의 소액임차인으로서의 우선변제권을 주장할 수 있습니다.

(3) 대법원은 배당받을 권리 있는 채권자가 자신이 배당받을 몫을 받지 못하고 그로 인해 권리 없는 다른 채권자가 그 몫을 배당받은 경우에는 배당이의 여부 또는 배당표의 확정 여부와 관계없이 배당받을 수 있었던 채권자가 배당금을 수령한 다른 채권자를 상대로 부당이득반환 청구를 할 수 있다는 입장을 취해 왔고, 이러한 법리의 주된 근거는 배당절차에 참가한 채권자가 배당이의 등을 하지 않아 배당절차가 종료되었더라도 그의 몫을 배당받은 다른 채권자에게 그 이득을 보유할 정당한 권원이 없는 이상 잘못된 배당의 결과를 바로잡을 수 있도록 하는 것이 실체법 질서에 부합한다는 데에 있다(대법원 2019. 7. 18. 선고 2014다206983 전원합의체 판결).

(4) 배당순서가 잘못된 경우 배당을 받을 채권자는 배당기일에 출석하여 이의를 진술하고 배당기일로부터 1주일 내에 배당이의의 소를 제기하여 승소판결이 확정되면 배당표의 잘못을 바로잡을 수 있음(민사집행법 제151조, 제154조). 따라서 원고와 같이 배당기일에 출석하지 않았거나 출석하였더라도 이의를 진술하지 않은 사람은 배당이의의 소를 제기할 수 없습니다. 그러나 주택임대차보호법 등에 의하여 우선변제권이 있는 사람은 배당이의를 하지 않았거나(배당기일에 출석하였으나 이의를 하지 않은 경우는 물론 배당기일에 출석조차 하지 않은 경우 포함), 배당이의를 하였으나 배당이의의 소를 제기하지 않은 경우(민사집행법 제155조)에도 배당이의의 소가 아닌 일반 소송절차로서 후순위권리자에게 부당이득반환청구를 할 수 있고, 나아가 판례는 우선변제권 없는 일반 채권자(비근저당채권자 등)에 대해서도 이를 허용하고 있습니다. 다만, 어느 경우에나 배당요구는 하였어야 합니다.

4. 결 론

따라서 원고는 주택임대차보호법상의 인도와 주민등록 및 확정일자 이후에 근저당권을 취득한 피고 저축은행에 대한 관계에서는 주택임대차보호법 제3조의2 제2항 및 제8조에 의하여 그 보증금 전액을 우선 배당·변제받을 권리가 있음에도 피고 저축은행이 법률상 원인 없이 이를 배당받았으므로 피고 저축은행은 원고에게 부당이득반환으로서 위 보증금 상당액인 1억 원 및 이에 대하여 이 사건 소장부본 송달 다음날부터 다 갚는 날까지 소송촉진 등에 관한 특례법에 의한 연 12%의 비율에 의한 지연손해금을 지급할 의무가 있습니다.

3.

배당이의의 소의 판결은 **채권자**가 소를 제기한 경우에는 원·피고 사이에서만 미치고 그 밖의 채권자와 채무자에게는 미치지 않는다. **채무자**가 소를 제기한 경우에는 판결의 효력은 배당이의를 하지 아니한 다른 모든 채권자에게도 영향을 미치므로 배당이의소송의 승소판결 확정 후 배당표를 바꾸어 다른 채권자에게 다시 배당한다.

<사례 26-2> 甲은 2020. 4. 26. A로부터 X 부동산을 1억 원에 매수하되 소유권이전등기는 乙 명의로 마치기로 하는 매매계약을 체결하고, 乙과는 명의신탁약정을 체결하였다. 위 계약에 따라 乙은 2020. 6. 11. 자신의 명의로 X 부동산에 관하여 소유권이전등기를 마치고 甲 명의로 채권최고액 2억 원의 근저당권설정등기를 마쳤다.

이후 乙은 丙과 X 부동산에 관하여 매매계약을 체결하고 丙에게 소유권이전등기를 마쳤으나, 甲은 위 매매계약이 기망에 의한 것이라는 이유로 취소하고 매매대금 상당액의 부당이득을 구하는 소를 제기하여 승소판결을 받고 확정되었다.

그런데 미처 丙 명의의 소유권이전등기가 말소되지 않은 상태에서, 乙은 위 근저당권을 기초로 丙을 소유자로 하여 X 부동산에 관하여 임의경매신청을 하였고 법원으로부터 경매개시결정을 받았다. 丙은 甲을 상대로 위 근저당권설정등기의 말소소송을 제기하였다가 그 청구를 기각하는 판결이 선고되고 이 판결이 확정되었다.

집행법원은 X 부동산의 매각대금 1억 5,000만원 중 1억 4,000만원을 근저당권자로 되어 있는 甲에게, 잉여금 1,000만 원을 소유자로 되어 있는 丙에게 각 배당하는 내용의 배당표를 작성하였다. 이에 丙은 배당기일에 출석하여 甲에 대한 배당액 전액에 대하여 이의를 제기한 후 그로부터 7일 이내에 이 사건 배당이의의 소를 제기하였다. 이에 甲은 丙이 X 부동산의 소유자가 아니므로 배당이의의 소를 제기할 수 없고, 丙의 청구는 위 확정판결의 기판력에 저촉된다고 항변하였다.

<문제> 위 배당이의의 소에서 법원은 어떻게 판단할 것인가? 소각하, 청구인용, 청구 일부인용에 따른 결론과 근거를 설시하시오.

가. 결론 : 원고 청구 전부 인용
나. 근거(대법원 2015. 4. 23. 선고 2014다53790 판결)
(1) 배당이의의 소의 적부

1) 배당이의 소의 원고적격이 있는 사람은 배당기일에 출석하여 배당표에 대하여 이의를 진술한 채권자 또는 채무자에 한하고, 다만 담보권 실행을 위한 경매에서 경매목적물의 소유자는 여기의 채무자에 포함된다. 그런데 진정한 소유자이더라도 경매개시결정기입등기 당시 소유자로 등기되어 있지 아니하였다면 민사집행법 제90조 제2호의 '소유자'가 아니고, 그 후 등기를 갖추고 집행법원에 권리신고를 하지 아니하였다면 같은 조 제4호의 '부동산 위의 권리자로서 그 권리를 증명한 사람'도 아니므로, 경매절차의 이해관계인에 해당하지 아니한다. 따라서 이러한 사람에게는 배당표에 대하여 이의를 진술할 권한이 없고, 그 이의를 진술하였더라도 이는 부적법한 것에 불과하여 배당이의의 소를 제기할 원고적격이 없다.8)

2) 반면에, 경매개시결정기입등기 당시 소유자로 등기되어 있는 사람은 설령 진정한 소유자가 따로 있는 경우일지라도 그 명의의 등기가 말소되거나 이전되지 아니한 이상 경매절차의 이해관계인에 해당하므로, 배당표에 대하여 이의를 진술할 권한이 있고, 나아가 그 후 배당이의의 소를 제기할 원고적격도 있다.

3) 한편 채권자는 자기의 이해에 관계되는 범위 안에서만 다른 채권자를 상대로 그의 채권 또는 그 채권의 순위에 대하여 이의할 수 있으므로(민사집행법 제151조 제3항), 채권자가 제기한 배당이의의 소에서 승소하기 위하여는 피고의 채권이 존재하지 아니함을 주장·증명하는 것만으로 충분

---
8) 대법원 2002. 9. 4. 선고 2001다63155 판결 참조.

하지 아니하고 원고 자신이 피고에게 배당된 금원을 배당받을 권리가 있다는 점까지 주장·증명하여야 한다.9)

4) 그러나 채무자나 소유자에게는 위와 같은 제한이 없을 뿐만 아니라(민사집행법 제151조 제1항), 채무자나 소유자가 배당이의의 소에서 승소하면 집행법원은 그 부분에 대하여 배당이의를 하지 아니한 채권자를 위하여서도 배당표를 바꾸어야 하므로(민사집행법 제161조 제2항 제2호), <u>채무자나 소유자가 제기한 배당이의의 소에서는 피고로 된 채권자에 대한 배당액 자체만 심리대상이고, 원고인 채무자나 소유자로서도 피고의 채권이 존재하지 아니함을 주장·증명하는 것으로 충분하다.</u>

5) 결국 이 사건 부동산의 소유자로 등기되어 있는 丙이 배당기일에서 배당이의를 진술하고 제기한 이 사건 배당이의의 소는 丙이 진정한 소유자인지 여부와 관계없이 적법하다.

(2) 명의신탁자 甲 앞으로 마쳐진 근저당권설정등기의 효력

1) 부동산실명법 제4조 제1항, 제2항에 의하면 명의신탁약정은 무효로 하고, 명의신탁 약정에 따른 등기로 이루어진 물권변동은 무효로 한다.

2) 동조 제3항은 위 무효는 제3자에게 대항하지 못하도록 하고 있는데 여기서 '제3자'란 명의신탁 약정의 당사자 및 포괄승계인 이외의 사람으로서 명의수탁자가 물권자임을 기초로 그와 사이에 직접 새로운 이해관계를 맺은 사람을 말하므로, 명의신탁자는 여기의 제3자에 해당하지 아니하고, 한편 명의수탁자로부터 명의신탁된 부동산에 관한 등기를 받은 사람이 위 규정의 제3자에 해당하지 아니하면 그는 부동산실명법 제4조 제3항의 규정을 들어 무효인 명의신탁등기에 터 잡아 마쳐진 자신의 등기의 유효를 주장할 수 없다.10) 따라서 <u>무효인 명의신탁등기에 터 잡아 명의신탁자 앞으로 마쳐진 근저당권설정등기는 무효</u>이다.

3) 사안에서 甲이 2020. 4. 26. 이 사건 부동산의 소유자인 A와 '甲이 A로부터 이 사건 X 부동산을 매수하되, 소유권이전등기는 乙 명의로 한다'는 내용의 매매계약을 체결하고, 또한 乙과 위와 같은 내용의 명의신탁약정을 체결하여, 이 사건 부동산에 관하여 2020. 6. 11. 乙 앞으로 소유권이전등기가 마쳐졌고, 이어서 이 사건 부동산에 관하여 甲 앞으로 근저당권설정등기가 마쳐졌으므로, 명의수탁자인 乙 앞으로 마쳐진 소유권이전등기는 부동산실명법 제4조 제2항 본문에 따라 무효이므로, 이에 터 잡아 명의신탁자인 甲 앞으로 마쳐진 근저당권설정등기도 무효라고 보아야 한다.

4) 丙이 甲을 상대로 위 근저당권설정등기의 말소를 청구하는 소를 제기하였다가 그 청구를 기각하는 판결이 선고되어 확정되었으나, 위 확정판결의 기판력은 소송물로 주장된 <u>근저당권설정등기 말소등기청구권의 존부에 관한 판단의 결론에만 미치는 것이므로</u>11) 이 사건에서 위 근저당권설정등기가 무효라고 판단하는 것이 위 확정판결의 기판력에 저촉되지 않는다.

(3) 결론

丙의 이 사건 배당이의의 소는 적법하고, 甲 앞으로 마쳐진 근저당권설정등기가 무효이므로 甲에 대한 배당액은 모두 삭제되어야 한다(원고 청구 전부 인용).

---

9) 대법원 2012. 7. 12. 선고 2010다42259 판결 참조.
10) 대법원 2005. 11. 10. 선고 2005다34667, 34674 판결 참조.
11) 대법원 2005. 12. 23. 선고 2004다55698 판결 등 참조.

4.

배당이의와 부당이득반환청구에 관한 판례의 태도는 아무도 배당이의를 하지 않아 배당기일에 배당액이 확정된 경우에도 언제나 부당이득반환청구가 가능하고, 나아가 배당이의소송으로 승소 확정판결을 받고 배당액을 받아간 경우에도 당해 피고가 아닌 다른 채권자는 부당이득반환청구가 가능하다. 다만 배당이의소송의 당사자 사이에서는 부당이득반환청구를 할 수 없다. 따라서 배당이의의 소에서 패소판결을 받은 피고가 새로 부당이득반환청구를 하면 **청구기각**판결을 받게 된다.12)

"채권자가 제기한 배당이의의 소의 본안판결이 확정된 때에는 <u>의의가 있었던 배당액에 관한 실체적 배당수령권의 존부의 판단에 기판력이 생긴다</u>고 할 것이고, 위 배당이의의 소에서 패소의 본안판결을 받은 당사자가 그 판결이 확정된 후 상대방에 대하여 위 본안판결에 의하여 확정된 배당액이 부당이득이라는 이유로 그 반환을 구하는 소송을 제기한 경우에는, <u>전소인 배당이의의 소의 본안판결에서 판단된 배당수령권의 존부가 부당이득반환청구권의 성립 여부를 판단하는 데에 있어서 선결문제가 된다</u>고 할 것이므로, 당사자는 그 배당수령권의 존부에 관하여 위 배당이의의 소의 본안판결의 판단과 다른 주장을 할 수 없고, 법원도 이와 다른 판단을 할 수 없다.13)

확정된 배당표에 의하여 배당을 실시하는 것은 실체법상의 권리를 확정하는 것이 아니므로, 배당을 요구한 배당요구권자나 배당을 요구하지 않아도 당연히 배당에 참가할 수 있는 우선채권자(경매개시결정 전 등기된 저당권자 등)는 배당기일에 출석하지 아니하였거나 출석하여 의의를 진술하지 않았다 하더라도, 형식상 배당절차의 확정여부에 관계없이 배당표에 실체적으로 부당한 것이 있다면 부당이득반환청구를 할 수 있는 것이 원칙이다.

→ 민사집행법 **제148의 배당받을 채권자의 범위에 해당하는 채권자**는 배당받은 채권자를 상대로 배당이의 여부에 불구하고 부당이득반환청구를 할 수 있다. 다만, 임금채권자나 임차보증금반환채권자와 같이 민사집행법 **제88조 제1항에서 규정하는** 배당요구를 하여야만 배당절차에 참여할 수 있는 채권자가 배당요구를 하지 아니한 경우에는 부당이득반환청구를 할 수 없다는 것이 확립된 판례의 입장이다.14)

---

12) 모순금지설. 배당이의의 소는 부당이득반환청구에 영향이 없다는 판례 때문에 배당이의의 소에서 패소판결이 확정되면 다음날 부당이득반환청구를 하는 변호사들이 있으나, 소는 적법하지만 기판력이 작용하여 또 기각판결을 받게 된다. 민사판례해설(19.7.1.자 ~ 20.10.15.자 서울고법 판례공보스터디), p.77 참조.
13) 대법원 2000. 1. 21. 선고 99다3501 판결. 배당이의의 소의 당사자인 원고와 피고 사이의 전소에서 원고 채권의 존부에 대한 판결이 확정되었다면, <u>그 판결의 기판력은 원고 채권의 존부를 선결문제로 하는 배당이의의 소에 미친다</u>고 할 것이므로, 배당이의의 소에서 전소의 확정판결과 모순·저촉되는 판단을 할 수 없다. 또한 이러한 전소의 확정판결의 효력은 그 표준시인 사실심 변론종결시를 기준으로 하여 발생하므로, 그 이후에 새로운 사유가 발생한 경우까지 전소의 확정판결의 기판력이 미치는 것은 아니지만, <u>이와 같은 새로운 사유는 원칙적으로 사실관계 자체가 변론종결 이후에 새로이 발생한 경우에 한하고</u>, 다른 사건의 판결 이유에서 전소 판결의 기초가 된 사실관계를 달리 인정하였다는 것은 변론종결 이후에 새로이 발생한 사유라고 볼 수 없다(대법원 2012. 7. 12. 선고 2010다42259 판결).
14) 집행력 있는 정본을 가진 채권자, 경매개시결정이 등기된 뒤에 가압류를 한 채권자, 민법·상법 그 밖의 법률에 의하여 우선변제청구권이 있는 채권자는 배당요구의 종기까지 배당요구를 한 경우에 한하여 배당을 받을 수 있고, 적법한 배당요구를 하지 아니한 경우에는 실체법상 우선변제청구권이 있는 채권자라 하더라도 그 매각대금으로부터 배당을 받을 수 없다. 그리고 배당요구의 종기까지 배당요구한 채권자라 할지라도 채권의 일부 금액만을 배당요구한 경우 배당요구

판례의 기본적 태도에 따르면 원칙적으로 배당을 받지 못한 우선채권자는 배당을 받은 자에 대하여 부당이득반환청구권이 있으나, **배당요구채권자**는 배당요구의 종기까지 배당요구를 한 경우에 한하여 비로소 배당을 받을 수 있고, 위 배당요구채권자에는 포함되지 않는 경매개시결정등기 전에 등기되어 있는 저당권자나 전세권을 가지고 있는 채권자는 배당요구를 하지 않더라도 당연히 순위에 따라 배당을 받을 수 있다.

최근의 대법원 전원합의체판결은 배당받을 권리 있는 채권자가 자신이 배당받을 몫을 받지 못하고 그로 인해 권리 없는 다른 채권자가 그 몫을 배당받은 경우에는 배당이의 여부 또는 배당표의 확정 여부와 관계없이 배당받을 수 있었던 채권자가 배당금을 수령한 다른 채권자를 상대로 부당이득반환 청구를 할 수 있다는 입장을 재확인했다.

> 〈사례 26-3〉
> (1) 이 사건 부동산에 1995. 5. 25. 이 사건 근저당권이 설정되었고, 2011. 10. 13. 위 근저당권의 실행을 위한 이 사건 경매절차가 개시됨.
> (2) 이 사건 경매절차에서 원고와 피고는 집행력 있는 정본을 가진 채권자 또는 그러한 채권의 양수인으로서 각 배당요구 및 권리신고를 하였음.
> (3) 2012. 8. 17. 열린 배당기일에서 이 사건 근저당권부 채권을 양수한 A저축은행은 2순위로 148,417,809원(이하 '이 사건 배당금'을 배당받고(1순위부터 5순위까지는 채권액 전부를 배당받음), 일반채권자인 원고와 피고 등은 6순위로 채권액 중 일부만 배당받는 내용의 배당표가 작성됨.
> (3) 이에 원고와 피고는 모두 2012. 8. 17. 배당기일에 출석하였으나, 원고는 이의하지 않았고, 피고만 이 사건 배당금에 이의하여 같은 날 A저축은행을 상대로 배당이의의 소를 제기하였음.
> (4) 피고가 제기한 배당이의소송에서 이 사건 근저당권의 피담보채권이 시효로 소멸한 것으로 드러나 A저축은행에게 배당되었던 이 사건 배당금을 모두 피고에게 배당하는 것으로 배당표를 경정하는 내용의 화해권고결정이 2012. 11. 23. 확정되었음. 그에 따라 피고는 2012. 12. 13. 이 사건 배당금 전액을 수령하였음.
> (5) 그 후 원고는 2013. 2. 28. 피고를 상대로 피고와 같은 순위의 채권자인 원고의 채권액에 비례한 금액만큼 원고에게 반환되어야 한다고 주장하며 부당이득반환 청구의 소를 제기함.
> (6) 제1심과 원심이 모두 원고의 부당이득반환 청구를 받아들이자 피고는 이에 불복하여 종래 대법원 판례의 변경을 주장하며 상고를 제기함.

〈대법원 2019. 7. 18. 선고 2014다206983 전원합의체 판결〉

가. 사건의 쟁점: 배당절차에 참가한 채권자가 배당기일에 출석하고도 이의하지 않아 배당표가 확정된 후 그 배당절차에서 배당금을 수령한 다른 채권자를 상대로 부당이득 반환청구를 할 수 있는지 여부

나. 다수의견(10명): **배당절차에 참가한 채권자가 배당기일에서 이의하지 않아 배당표가 확정되었더라도 그 배당절차에서 배당금을 수령한 다른 채권자를 상대로 부당이득반환 청구를 할 수 있음 → 상고기각**

(1) 경매목적물의 매각대금이 잘못 배당되어 배당받을 권리 있는 채권자가 배당을 받지 못한 경

의 종기 이후에는 배당요구하지 아니한 채권을 추가하거나 확장할 수 없다(대법원 2015. 6. 11. 선고 2015다203660 판결).

우, 그의 몫을 배당받은 다른 채권자에게 그 이득을 보유할 정당한 권원이 없다면 이는 부당이득에 해당함

(2) 확정된 배당표에 따라 배당이 실시되었다는 사정만으로 배당금을 수령한 다른 채권자가 그 이득을 보유할 정당한 권원이 있다고 할 수는 없음

(3) 민사집행법 제155조는 채권자가 배당이의 등 일정한 절차를 밟지 않았는지 여부나 배당이의 소의 소송계속 소멸 여부와 상관없이 자신의 실체법상 권리까지 잃게 되는 것이 아님을 확인한 규정임

(4) 배당절차 종료 후 채권자의 부당이득반환 청구를 허용하는 것은 배당이의소송제도의 한계를 보완하고, 사해행위 취소소송에서 가액반환으로 인한 문제점을 보완하는 기능을 수행함

(5) 현행 민사집행법에 따른 배당절차의 제도상 또는 실무상 한계로 인해 배당절차의 전반적인 제도보완 없이 절차의 안정만을 강조하여 배당절차 종료 후 부당이득반환 청구를 엄격히 제한하면 진정한 권리자가 부당하게 희생될 우려가 있음

다. 반대의견(3명) : 배당기일에 출석하고도 배당이의를 하지 않은 채권자는 배당절차 종료 후 자신에게 배당받을 권리가 있음을 내세워 부당이득반환청구를 할 수 없음 → 파기환송 의견

(1) 이 사건의 판단은 부당이득반환 제도의 실체법적 측면만이 아니라 집행제도와 배당절차의 절차법적 측면을 함께 고려하여 결정하여야 함

(2) 민사집행법 제155조는 물론 민사집행법의 전체적인 취지를 고려하면 이 사건과 같은 부당이득반환 청구를 허용할 수 없음

(3) 민사집행법이 정한 배당절차의 특수성을 고려하면 이 사건과 같은 부당이득반환 청구를 허용할 수 없음

(4) 배당이의 등을 하지 않은 채권자의 부당이득반환 청구를 제한하더라도, 그 채권자는 그 배당절차로 형성된 권리관계에 대해서만 자신의 실체법상 권리실현이 제한될 뿐, 그 권리에 기초하여 채무자의 다른 재산에 대하여 강제집행 등을 할 수 있으므로, 진정한 권리자가 부당하게 희생되는 것이 아님

(5) 민사집행법이 정한 절차에 따른 배당을 '법률상 원인'이 없는 것으로 볼 수 없음

라. 판결의 의의

(1) 잘못된 배당의 결과를 바로잡을 수 있도록 부당이득반환 청구를 허용하는 것이 실체법 질서에 부합하는 점, 배당이의 소의 한계나 채권자 취소소송의 가액반환에 따른 문제점 보완을 위한 현실적 필요성, 현행 민사집행법에 따른 배당절차의 제도상 또는 실무상 한계로 인한 문제, 민사집행법 제155조의 내용과 취지, 입법연혁 등에 비추어 보면, "배당받을 권리 있는 채권자가 자신이 배당받을 몫을 받지 못하고 그로 인해 권리 없는 다른 채권자가 그 몫을 배당받은 경우에는 배당이의 여부 또는 배당표의 확정 여부에 관계없이 배당받을 수 있었던 채권자가 배당금을 수령한 다른 채권자를 상대로 부당이득반환 청구를 할 수 있다"고 판단한 종래 대법원판례는 여전히 타당함을 확인한 판결임.

(2) 그러나 다수의견 역시 현행 민사집행법에 따른 배당절차의 제도상 또는 실무상 한계로 인한 문제점이나 배당절차의 조속한 확정과 집행제도의 안정 및 효율적 운영을 강조하는 반대의견의 취지에 대해서는 공감하고 있음. 다만 개정입법 등을 포함한 배당절차의 전반적인 제도보완이 선

행되지 않은 채 절차의 안정만을 강조하여 채권자의 실체법상 권리인 부당이득반환 청구권 행사 자체를 제한할 수는 없고, 부당이득반환 청구가 권리남용에 해당하는지 여부 등을 소송과정에서 충실히 심리·판단하도록 하는 것이 합리적인 제도운영이라는 것임.(대법원 보도자료 참조)15)

> 〈배당이의 및 부당이득 관련 최신판례〉
> ① 대법원 2020. 10. 15. 선고 2017다216523 판결 : 집행력 있는 정본을 가진 채권자, 경매개시결정이 등기된 뒤에 가압류를 한 채권자, 민법·상법, 그 밖의 법률에 따라 우선변제청구권이 있는 채권자는 배당요구의 종기까지 배당요구를 한 경우에 한하여 비로소 배당을 받을 수 있다(민사집행법 제88조 제1항, 제148조 제2호).
> 배당이의의 소에서 원고적격이 있는 사람은 배당기일에 출석하여 배당표에 대한 실체상 이의를 신청한 채권자나 채무자에 한정된다. 채권자로서 배당기일에 출석하여 배당표에 대한 실체상 이의를 신청하려면 실체법상 집행채무자에 대한 채권자라는 것만으로 부족하고 배당요구의 종기까지 적법하게 배당요구를 했어야 한다. 적법하게 배당요구를 하지 않은 채권자는 배당기일에 출석하여 배당표에 대한 실체상 이의를 신청할 권한이 없으므로 배당기일에 출석하여 배당표에 대한 이의를 신청하였더라도 부적법한 이의신청에 불과하고, 배당이의의 소를 제기할 원고적격이 없다(대법원 2019. 6. 13. 선고 2018다258289 판결 참조).
> 민사집행법 제154조 제1항은 "집행력 있는 집행권원의 정본을 가지지 아니한 채권자(가압류채권자를 제외한다)에 대하여 이의한 채무자와 다른 채권자에 대하여 이의한 채권자는 배당이의의 소를 제기하여야 한다."라고 정하고, 제3항은 "이의한 채권자나 채무자가 배당기일부터 1주 이내에 집행법원에 대하여 제1항의 소를 제기한 사실을 증명하는 서류를 제출하지 아니한 때 또는 제2항의 소를 제기한 사실을 증명하는 서류와 그 소에 관한 집행정지재판의 정본을 제출하지 아니한 때에는 이의가 취하된 것으로 본다."라고 정하고 있다.
> 민사소송법 제262조 제1항 본문은 "원고는 청구의 기초가 바뀌지 아니하는 한도 안에서 변론을 종결할 때(변론 없이 한 판결의 경우에는 판결을 선고할 때)까지 청구의 취지 또는 원인을 바꿀 수 있다."라고 정하고, 제2항은 "청구취지의 변경은 서면으로 신청하여야 한다."라고 정하고 있다. 민사소송법 제265조는 "시효의 중단 또는 법률상 기간을 지킴에 필요한 재판상 청구는 소를 제기한 때 또는 제260조 제2항·제262조 제2항 또는 제264조 제2항의 규정에 따라 서면을 법원에 제출한 때에 그 효력이 생긴다."라고 정하고 있다.
> 위와 같은 관련 규정을 종합하면, 배당기일에 이의한 채권자나 채무자는 배당기일부터 1주일 이내에 배당이의의 소를 제기해야 하는데, 소송 도중에 배당이의의 소로 청구취지를 변경한 경우 제소기간을 준수하였는지 여부는 청구취지 변경신청서를 법원에 제출한 때를 기준으로 판단해야 한다.
> 배당받을 권리 있는 채권자가 자신이 배당받을 몫을 받지 못하고 그로 말미암아 권리 없는 다른 채권자가 그 몫을 배당받은 경우에는 배당이의 여부 또는 배당표의 확정 여부와 관계없이 배당받을 수 있었던 채권자가 배당금을 수령한 다른 채권자를 상대로 부당이득반환청구를 할 수 있다. 다만 위에서 본 바와 같이 집행력 있는 정본을 가진 채권자 등은 배당요구의 종기까지 배당요구를 한 경우에 한하여 비로소 배당을 받을 수 있고, 적법한 배당요구를 하지 않은 경우에는 매각대금으로부터 배당을 받을 수는 없다. 이러한 채권자가 적법한 배당요구를 하지 않아 배당에서 제외되는 것으로 배당표가 작

---

15) 다수의견 논리 전개는 기판력의 본질을 소송법설에 입각하고 있음을 전제로 하고 있다. 배당이의의 소에서 패소 확정되어도, 배당이의의 소에서 승소하여 돈을 받아도 소송법적으로 모순되는 판단을 받지 않는다는 효과만 있을 뿐, 우리 판례나 법률은 승소한 당사자에게 실체법적으로 어떠한 권리도 부여하지 않고 있다. 민사판례해설(19.7.1.자 ~ 20.10.15.자 서울고법 판례공보스터디), p.78 참조.

성되어 배당이 실시되었다면, 그가 적법한 배당요구를 한 경우에 배당받을 수 있었던 금액에 해당하는 돈이 다른 채권자에게 배당되었다고 해서 법률상 원인이 없는 것이라고 할 수 없다(대법원 2005. 8. 25. 선고 2005다14595 판결 참조).

② **대법원 2020. 10. 15. 선고 2017다228441 판결** : 배당절차에서 작성된 배당표에 대하여 채무자가 이의하는 경우, 집행력 있는 집행권원의 정본을 가지지 않은 채권자에 대하여 이의한 채무자는 배당이의의 소를 제기해야 하고(민사집행법 제154조 제1항), 집행력 있는 집행권원의 정본을 가진 채권자에 대하여 이의한 채무자는 집행권원의 집행력을 배제시켜야 하므로 청구이의의 소를 제기해야 한다(같은 조 제2항). 다만 확정되지 않은 가집행선고 있는 판결에 대해서는 청구이의의 소를 제기할 수 없고(같은 법 제44조 제1항), 이에 대해 상소를 제기하거나 집행정지결정을 받을 수 있는 채무자가 채권의 존재 여부나 범위를 다투기 위해 배당이의의 소를 제기할 수 있는 것도 아니다(대법원 2015. 4. 23. 선고 2013다86403 판결 참조).

그러나 가집행선고는 그 선고 또는 본안판결을 바꾸는 판결의 선고로 바뀌는 한도에서 효력을 잃게 되므로(민사소송법 제215조), 만일 가집행선고 있는 제1심 판결이 항소심에서 전부 취소되어 가집행선고의 효력도 상실되었다면 더 이상 집행력 있는 집행권원의 정본을 가진 채권자가 아니다. 채무자가 가집행선고 있는 제1심 판결을 가진 채권자를 상대로 채권의 존부와 범위를 다투기 위해 제기한 배당이의의 소는 부적법하지만, 배당이의소송 도중 가집행선고 있는 제1심 판결이 항소심에서 전부 취소되었고 그대로 확정되기까지 하였다면 위와 같은 배당이의 소의 하자는 치유된다고 보아야 한다. 이러한 배당이의 소의 하자 치유 여부는 특별한 사정이 없는 한 사실심 변론종결일을 기준으로 판단해야 한다.

배당이의의 소에서 원고는 배당기일 후 사실심 변론종결일까지 발생한 사유도 이의사유로 주장할 수 있다(대법원 2015. 6. 11. 선고 2015다10523 판결 참조). 채권자가 받은 가집행선고 있는 제1심 판결이 항소심에서 전부 취소되어 그대로 확정되었다면 채권자는 배당받을 지위를 상실하므로, 위와 같은 제1심 판결의 취소는 배당이의의 소에서 배당이의 사유가 될 수 있다.

위에서 본 바와 같이 배당절차에서 작성된 배당표에 대하여 채무자가 이의하는 경우, 집행력 있는 집행권원의 정본을 가진 채권자의 채권 자체, 즉 채권의 존재 여부나 범위에 대해 이의한 채무자는 집행권원의 집행력을 배제시켜야 하므로, 청구이의의 소를 제기해야 하고 배당이의의 소를 제기할 수 없다. 배당절차에서 채무자가 갖는 잉여금채권에 대해 압류와 추심명령을 받은 채권자도 추심권 행사의 일환으로 청구이의의 소를 제기할 수 있다. 이 사건 배당표에서 피고에게 배당된 264,556,415원 중 이 사건 결정에 기초한 소송비용액 확정채권 4,731,088원 부분은, 확정된 이 사건 결정에 따른 집행력 있는 집행권원의 정본을 가진 채권자의 채권에 대해 그 존부나 범위를 다투는 것이다. 따라서 배당절차상 채무자의 잉여금채권에 대한 압류와 추심권자인 원고는 위 소송비용액 확정채권에 대해서 청구이의의 소를 통해 집행력을 배제시켜야 하고, 배당이의의 소를 제기할 수 없다.

27 손해배상청구소송 확정판결의 기판력과 사정변경
- 기대여명 단축 및 확장과 관련하여 -

1.

　1990년대까지만 해도 교통사고나 산재사고 등으로 인한 손해배상청구사건이 법원에 폭주했고, 이들 사건들이 일부 변호사들의 좋은 먹잇감이 되었던 시절이 있었다. 법원도 손해배상사건 전담부를 만들고, 위자료를 정액화하고, 화해권고결정을 통한 분쟁해결 등 이들 문제에 적절하게 대응해왔다.

　이들 불법행위로 인한 손해배상책임이 대부분 가해자들이 보험회사와 체결한 책임보험으로 커버하게 되면서 인신사고로 인한 손해배상청구사건은 주로 피해자와 보험회사 간의 다툼이 된다. 인신사고로 인한 손해배상사건에서 손해액 산정이 정형화되다 보니 예상 판결금액을 상정하여 피해자와 보험회사 사이에 합의로 분쟁을 종결하는 경우가 많고, 합의에 이르지 못한 경우 피해자측에서 법원에 손해배상청구소송을 제기하게 된다.

　어떤 변호사가 식물인간이나 사지마비 등 중상해 사건의 손해배상사건을 수임하여 신체감정결과 여명단축에 개호인이 3인까지 붙어 손해배상액이 10억대를 초과하는 청구취지변경까지 하였는데 판결선고 전에 그 환자가 사망함으로써 개호인이 다 도망가고 미미한 손해배상액만 인정된 사례가 있다. 개호인이 붙을 정도로 중증환자의 경우 정기금배상을 명하게 되면 대리인은 안절부절 못한다.

　대개 손해배상사건을 수임하면서 모든 비용은 변호사 사무실에서 부담하고 판결금에서 일정 비율을 성공보수로 받기로 약정하는데 정기금 배상을 명하게 되면 변호사 보수 확보에 애로를 겪을 수도 있기 때문이다. 때문에 여명 단축이 예상될 정도의 중증 환자의 손해배상청구사건에서 원고 대리인은 빨리 신체감정을 받아 판결을 받기를 원하고, 피고 대리인은 이런 저런 사정을 들며 신체재감정도 신청하고 사실조회도 신청하면서 기일을 끄는 사례가 많았다.

　그런데 소송을 통해 손해배상사건을 해결하는 경우에도 인간의 몸이라는 것이 예측불가하여 추가적 손해가 발생하기도 하고 여명단축을 예상한 환자가 여명기간을 넘어 오래 살기도 하고 역으로 여명이간 훨씬 이전에 사망하기도 한다. 이와 같은 경우 확정판결의 기판력과 관련하여 손해배상액을 상향하거 하향하는 등 손해배상액을 조정할 필요가 있는지 문제된다.

2.

우선 동일한 사고로 인한 것이지만 전 소송의 사실심 변론종결 후에 새로이 나타난 후유증으로 말미암아 발생한 손해를 다시 소구하여 받아낼 수 있을까? 이 문제를 명시적 일부청구의 이론으로 접근하여 전소판결의 기판력이 잔부에 미치지 않으므로 잔부청구가 가능하다는 견해와 전소 표준시 뒤에 생긴 사유로 전소 확정판결의 기판력이 미치지 않는다는 견해가 있고, 판례는 후자의 입장이다.

<사례 27-1> 원고가 1998. 4. 28. 피고 병원의 응급실에 갔다가 1998. 5. 1. 저산소증에 의한 뇌손상으로 식물인간이 되었고, 그 후 원고는 소송대리인을 통하여 피고를 상대로 손해배상청구소송('전소')을 제기하였는데, 그 소송에서의 신체감정 결과, 원고는 중증의 뇌손상으로 인하여 이 사건 사고 이후 감정시점인 1999. 11. 18.에 이르기까지 경직성 사지마비로 인한 식물인간 상태로서 노동능력을 100% 상실하였고, 원고의 여명은 감정일부터 약 4.43년 후인 2004. 4. 23.까지로 추정되며, 여명기간 동안 1일 24시간 개호인의 조력이 필요하다는 요지의 감정결과가 나왔다.
이에 따라 원고 소송대리인은 위와 같은 여명단축을 주장하면서 원고가 여명기간 동안 생존할 수 있음을 전제로 하여 일실수입 손해, 위 여명기간 동안의 향후치료비와 개호비 손해, 위자료 등을 이 사건 사고로 인하여 원고가 입은 손해라고 보아 이를 일시금으로 청구하였다. 전소 법원은 2003. 1. 17. 위 감정결과를 채용하여 원고의 여명이 2004. 4. 23.까지로 단축되었다는 사실을 인정하고 이를 기초로 일실수입, 향후치료비 및 개호비 손해 등을 산정하여 원고 일부승소판결을 선고하여 그 판결이 확정되었다.
그런데 원고는 위 여명기간이 지나서도 계속 생존하게 되자 2004. 4. 27. 그로 인하여 추가로 발생한 향후치료비, 보조구비 및 개호비 손해의 배상을 구하는 이 사건 소송('후소')을 제기하였다. 이 사건 제1심법원에서 다시 원고에 대한 신체감정을 촉탁하여 본 결과 그 감정일인 2004. 11. 22.부터 5.1년 내지 8.4년 후까지로 원고의 여명이 연장될 것으로 예상된다는 감정결과가 나왔다.

☞ 판례는 "불법행위로 인한 적극적 손해의 배상을 명한 전소송의 변론종결 후에 새로운 적극적 손해가 발생한 경우에 그 소송의 <u>변론종결 당시 그 손해의 발생을 예견할 수 없었고 또 그 부분 청구를 포기하였다고 볼 수 없는</u> 등 특별한 사정이 있다면 <u>전 소송에서 그 부분에 관한 청구가 유보되어 있지 않다고 하더라도 이는 전소송의 소송물과는 별개의 소송물이므로 전소송의 기판력에 저촉되는 것이 아니다.</u>"는 입장이다.[1]

따라서 원고가 식물인간 상태로 지속하다가 2004. 4. 23.경 사망할 것으로 예측된 전소의 감정결과와는 달리 <u>원고의 여명이 종전의 예측에 비하여 최대 약 9년이나 더 연장되어</u> 그에 상응한 향후치료, 보조구 및 개호 등이 추가적으로 필요하게 된 중대한 손해가 새로이 발생하리라고는 전소의 소송과정에서 예상할 수 없었다 할 것이고, 따라서 원고의 연장된 여명에 따른 손해는 전소의 변론종결 당시에는 예견할 수 없었던 새로운 중한 손해라고 할 것이므로 이 사건 소는 <u>전소와는 별개의 소송물로서 전소의 기판력에 저촉되지 않는 것</u>이므로 원고는 전소 확정판결에도 불구하고 이 부분을 새로이 청구할 수 있다.

대법원은 최근에 甲은 유치원생이던 때에 乙이 피워놓은 불이 바지에 옮겨 붙어 화염화상을 입

---
[1] 대법원 2007. 4. 13. 선고 2006다78640 판결.

었고, 이에 甲에게 발생한 외모 및 기능적 손실에 대한 향후치료비의 감정이 이루어졌으며, 이를 전제로 선행판결도 내려졌는데, 이후 甲이 골관절염 등으로 인한 추가적인 치료를 받게 되자 甲 등이 이는 선행소송의 변론종결 당시에는 예견할 수 없었던 새로운 손해라고 주장한 사안에서, 제반 사정에 비추어 갑에게 발생한 골관절염 등은 선행소송의 변론종결 후에 새로 발생한 증상으로, 甲 등으로서는 선행소송의 변론종결 당시 그로 인한 손해의 발생을 예견할 수 없었다고 보아야 하므로, 골관절염 등으로 인한 손해배상청구 부분은 선행판결의 기판력에 저촉되는 것이 아님에도, 이와 달리 본 원심판단에 법리오해의 잘못이 있다고 한 사례가 있다.[2]

3.

판례는 위와 같이 판결확정 후 피해자의 확대손해에 대하여는 전소판결의 기판력을 배제하고 가해자 결국 보험회사의 추가적 손해배상책임을 인정하고 있으나, 그 반대의 경우 기대여명이 단축되어 피해자의 손해액이 줄든 경우에는 전 소송에서 초과 지급된 손해액을 부당이득으로 보아 반환청구를 허용하지 않고 있다.

〈사례 27-2〉 A가 2003. 6. 11., B가 2003. 11. 11. 원고와 자동차종합보험계약을 체결한 자의 자동차 운행으로 인하여 발생한 교통사고로 뇌손상과 두개골 골절의 상해를 입게 되자, A 및 그의 아들인 피고 乙과 B는 각각 원고를 상대로 손해배상청구의 소를 제기하였다. 각 소송에서 신체감정한 결과 A의 기대여명이 <u>13년</u>으로 평가된 것을 기초로 2005. 11. 24. A에게 4억 9,500만 원을 지급하라는 화해권고결정이 내려져 2005. 12. 20. 확정되었고, B의 기대여명이 <u>13.4년</u>으로 평가된 것을 기초로 2007. 3. 8. B에게 247,176,255원 및 이에 대한 지연손해금을 지급할 것을 명하는 판결이 선고되어 그 무렵 확정되었다. 원고는 위 화해권고결정에서 정한 돈을 A의 후견인인 피고 丙에게, 위 판결에서 지급을 명한 돈을 B에게 각 지급하였으나, A는 여명기간인 2018. 10. 17.보다 훨씬 전인 2007. 9. 21., B는 여명기간인 2017. 4. 2.보다 훨씬 전인 2007. 10. 12. 각 사망하였다.
이에 원고는 위 교통사고 피해자들에게 법원이 지급을 명한 금액은 신체감정결과 각 여명기간을 13년(A), 13.4년(B)으로 판단하고 이를 기초로 향후 일실수익과 향후치료비 등 손해액을 산정한 것이므로 이후 피해자들이 법원에서 인정한 기대여명보다 훨씬 전에 사망하였으므로 이러한 피해자들의 조기 사망이라는 사정변경으로 인하여 사망시부터 법원에서 인정한 기대여명시까지의 기간 동안 일실수익 및 향후치료비 등의 각 손해는 발생하지 않은 것을 손해액으로 인정한 것이고, 그 금액만큼 과잉배상한 것이므로 피해자들은 그 차액상당을 부당이득으로 원고에게 반환해야 한다는 이유로 부당이득반환청구의 소를 제기하였다. 이에 대해 피고(상속인)들은 기대여명에 대한 정당한 법원의 판단에 따라 산정된 손해배상액을 지급받은 것은 법률상 원인 없이 지급받은 것이 아니므로 부당이득이 아니고 전소판결의 기판력에 의하여 이미 지급한 손해배상금의 반환의무가 없다고 다투었다.

☞ 대법원은 "확정판결이 실체적 권리관계와 다르다 하더라도 그 판결이 재심의 소 등으로 취소되지 않는 한 그 판결의 기판력에 저촉되는 주장을 할 수 없어 그 판결의 집행으로 교부받은 금원을 법률상 원인 없는 이득이라 할 수 없는 것이므로, <u>불법행위로 인한 인신손해에 대한 손해배상청구소송에서 판결이 확정된 후 피해자가 그 판결에서 손해배상액 산정의 기초로 인정된 기대여</u>

---

[2] 대법원 2019. 12. 27. 선고 2019다260395 판결.

명보다 일찍 사망한 경우라도 그 판결이 재심의 소 등으로 취소되지 않는 한 그 판결에 기하여 지급받은 손해배상금 중 일부를 법률상 원인 없는 이득이라 하여 반환을 구하는 것은 그 판결의 기판력에 저촉되어 허용될 수 없다."고 판시하고, 인신사고에 따른 손해배상청구사건의 판결 등이 확정된 후 피해자가 그 확정판결 등에서 인정된 기대여명보다 일찍 사망하게 되었다 하여 그 확정판결 등의 기판력이 배제된다고 볼 수 없고, 원고가 지적한 대법원판결은 피해자가 손해배상의 기초가 되었던 기대여명보다 오래 생존한 경우 추가로 발생한 손해의 배상을 구하는 청구는 전 소송의 소송물과 별개의 소송물이 되기 때문에 기판력이 미치지 않는다고 판단한 것이어서, 이 사건과 같이 그 기대여명보다 일찍 사망한 경우 이전 판결 등에서 확정된 손해배상금 중 일부를 부당이득으로 반환하라는 청구와는 소송물의 관점에서 달리 볼 수 있으므로 위 대법원판결의 논리가 동일하게 적용되어야 하는 것은 아니라고 판단하여, 원고의 부당이득반환청구를 배척하였다.3)

3.

위와 같이 판례는 기대여명보다 일찍 사망한 경우와 늦게 사망한 경우를 달리 보고 있는데 이게 합당한 것인지는 의문이 없는 것이 아니다.

기판력은 사실심 변론종결 당시에 있어서 권리관계의 존부에 관하여 생기기 때문에 후소 법원은 위 표준시에서의 기판력 있는 판단에 반하는 판결을 할 수 없고, 후소에서 전소의 표준시 이전에 존재하였던 사실 및 증거자료를 제출하여 전소에서 확정된 권리관계를 뒤엎을 수 없는 작용을 하는 것이지만, 표준시 이후에 생긴 법률관계에 관하여서까지 후소에서 주장할 수 없다는 것은 아니다.4)

전소 변론종결 후 새로이 생긴 피해자의 사망으로 인하여 당사자 간에 형평을 심하게 해할 특별한 사정이 있는 경우 전소판결의 기판력을 받지 않는다고 보는 것이 옳다는 주장도 설득력이 있다.

대법원은 기대여명보다 오래 생존한 경우와 일찍 사망한 경우 논리가 적용되어야 하는 것은 아니라고 하지만, 기대여명보다 오래 생존한 경우나 일찍 사망한 경우나 모두 종전 소송에서 예견할 수 없었던 새로운 사정임은 같고 그에 따라 손해배상액을 조정할 필요성도 차이가 없으므로 형평성 측면에서 부당한 결론이라는 비판이 있다.5)

아마도 대법원이 이러한 교통사고로 인한 손해배상책임의 주체가 자력이 있는 보험회사들이므로 열악한 지위에 있는 피해자보호를 위하여 기대여명보다 오래 생존한 경우에는 추가 손해배상의 청구를 허용하고, 기대여명보다 일찍 사망한 경우에는 기판력으로 부당이득반환청구를 봉쇄하고 있는 것은 아닌지 모르겠다.

어쨌든 보험회사를 대리하는 변호사들로서는 식물인간이나 사지마비 등 중증 상해를 입은 피해자가 제기한 손해배상청구소송에서는 위와 같은 불합리를 회피하기 위하여는 정기금판결을 얻어낼 수밖에 없다.

---

3) 대법원 2009. 11. 12. 선고 2009다56665 판결.
4) 대법원 1995. 9. 29. 선고 94다46817 판결.
5) 조규성, "자동차사고 피해자의 합의 후 사정변경에 따른 손해배상금 산정시 부당이득반환과 기판력에 관한 판례연구', 재산법연구(제27권 제1호), 한국재산법학회(2010), p.148 이하 참조.

28 취득시효와 기판력

1.

　부동산등기부가 많이 정비된 지금은 옛날 1960~70년대처럼 취득시효가 문제되는 일이 많지는 않겠지만 아직도 부동산소송에서 취득시효가 중요한 항변으로 기능하는 경우가 많다. 주지하는 바와 같이 판례는 취득시효의 기산점을 소멸시효의 기산점과 달리 주요사실로 보지 않고 간접사실로 본다. 법원이 당사자의 주장에 구애받지 않고 직권으로 취득시효의 기산점을 판단할 수 있다는 이야기이다. 취득시효와 관련하여 취득시효에 관한 판례법의 5원칙을 알아 둘 필요가 있다. 취득시효와 기판력의 문제로 들어가기 전에 취득시효에 관한 판례법의 체계를 일침해보기로 한다. 여기서의 취득시효는 부동산의 점유취득시효를 전제로 한다.

> 〈사례 28-1〉 甲은 부동산의 원소유자(소유명의자), 乙(시효취득자)은 취득시효의 요건을 갖추고 있는 점유자이고(20년간 소유의 의사로 평온하고 공연하게 甲 소유의 부동산을 점유한 자), 丙, 丁(제3취득자)은 甲으로부터 그 부동산을 양도받은 자이다.
> 다음의 사례에서 乙은 甲이나 丙 또는 丁에 대하여 취득시효를 주장할 수 있는가?
>
>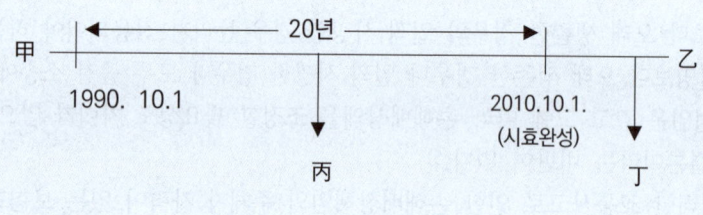

　(1) 乙은 등기 없이 甲에 대하여 시효취득을 주장할 수 있는가?
　☞ **제1원칙** : 甲의 부동산을 乙이 시효취득한 경우 甲·乙은 물권변동의 당사자이므로 乙은 등기 없이 甲에 대하여 **시효취득을 주장할 수 있다**. 이 경우 소유자에 변동이 없는 경우 현재로부터 역산하여 20년 이상 점유한 사실만 인정되면 족하다(역산설).
　乙은 시효완성의 효과로서 아직 등기 전이라도 민법 제213조 단서의 '**점유할 권리**'를 가진다. 따라서 甲은 乙에 대하여 자기의 소유권을 주장하여 부동산의 인도나 지상건물의 철거 등 물권적 청구권을 행사할 수 없고, 乙이 점유하는 동안의 사용이익 상당의 부당이득반환을 구할 수도 없으며, 불법점유를 이유로 불법행위로 인한 손해배상청구도 할 수 없다. 甲이 乙을 상대로 소유권확인의 소를 제기해도 승소할 수 없다.
　점유취득시효가 완성되면 점유자는 시효완성 당시의 소유자에게 소유권이전등기청구권을 취득한다. 이 소유권이전등기청구권은 채권적 청구권으로 10년의 소멸시효에 걸리지만 시효완성자가 점유를 계속하는 동안에는 그 시효가 진행하지 않는다. 점유자 앞으로 취득시효완성을 원인으로 하여 소유권이전등기가 마쳐지면 그때 비로소 점유자는 소유권을 취득하게 되는 것이고, 그 소유권취득의 효과는 점유를 개시한 때로 소급하는 것이다(민법 제247조 제1항).

(2) 乙의 취득시효가 진행되는 중에 그 부동산이 甲으로부터 丙에게 양도되어 그 후에 乙의 시효가 완성된 경우, 乙은 등기 없이 丙에게 시효취득을 주장할 수 있는가?

☞ **제2원칙** : <u>乙의 취득시효가 진행되는 중에 그 부동산이 甲으로부터 丙에게 양도되어 그 후에 乙의 시효가 완성된 경우에도</u>, 丙은 乙의 시효취득에 의해 소유권을 상실하게 된다는 의미에서 시효취득의 당사자라고 볼 수 있으므로 <u>乙은 등기 없이 丙에게 시효취득을 주장할 수 있다</u>. 시효완성 전에 등기부상의 소유명의가 변경되었다고 하여 점유자가 향유하는 사실상태의 계속을 파괴한 것으로 볼 수 없어 등기로서 시효의 진행이 중단되는 것은 아니다. 이 경우 乙은 시효완성 후의 등기명의자인 丙에 시효완성의 효과를 주장할 수 있다. 따라서 丙에게의 양도가 시효완성 전이면 乙은 丙에게 시효취득을 주장할 수 있으나, 시효완성 후이면 乙은 丁에게 시효취득을 주장할 수 없다(점유자의 입장).

(3) 乙의 시효기간이 만료된 후에 그 부동산이 甲으로부터 丁에게 양도된 경우 乙은 丁에 대하여 시효취득을 주장할 수 있는가?

☞ **제3원칙** : <u>乙의 시효기간이 만료된 후에 그 부동산이 甲으로부터 丁에게 양도된 경우에는</u> 甲으로부터 乙, 丁에게 2중 양도된 경우와 같이 다루어 <u>乙은 등기를 하지 아니하면 丁에 대하여 시효취득을 주장할 수 없다</u>. 시효완성 후에 소유권의 변동이 있는 경우에는 제3취득자는 선의, 악의 여부에 불문하고 점유자에 우선한다. 乙은 시효완성 당시의 소유자에 대하여만 소유권이전등기청구권을 가지는 채권적 청구권자에 불과하므로 취득시효 완성 후에 제3자인 丁이 甲으로부터 부동산을 양수하여 먼저 등기를 마쳤다면 丁이 甲의 포괄승계인이라거나 가장매매 등으로 그 양수행위가 무효라는 등의 특별한 사정이 없으면 丁에 대하여 취득시효의 완성을 주장할 수 없다. 따라서 시효완성이라는 우연한 사정에 따라 제3취득자의 보호를 달리하게 된다.

(4) 위 (3)의 경우 乙이 시효기간의 기산점을 뒤로 하여 丁에게 양도된 후에 취득시효가 완성된 것으로 주장할 수 있는가?

☞ **제4원칙** : 시효의 기산점은 시효의 기초되는 사실이 개시되는 때로 하여야 하는 것으로서 점유가 시효기간을 초과하는 경우에 있어서도 <u>점유자는 기산점을 임의로 선택할 수 없는 것이므로</u>(고정시설) 제3원칙의 적용에 있어 乙이 시효기간의 기산점을 뒤로 하여 丁에게 양도된 후에 취득시효가 완성된 것으로 주장하는 것은 허용되지 않는다. 시효기간의 기산점을 어디에 두느냐에 따라 당사자의 이해관계가 현격하게 달라질 수 있고, 결국 점유취득시효가 언제 완성되는지에 따라 점유자와 제3취득자의 우열 내지 대항력이 달라지므로 점유자는 실제로 점유를 개시한 때를 점유취득시효의 기산점으로 삼아야 한다. 따라서 그 기산점을 당사자의 주장에 따라 임의로 선택할 수 없고 법원이 객관적 자료에 의해 기산점을 확정해야 하는 **간접사실**이 된다.

(5) 위 (3)의 경우 丁의 이전등기 후 乙이 다시 시효취득에 필요한 기간에 걸쳐 점유를 계속한다면 丁에 대하여 시효취득을 주장할 수 있는가?

☞ **제5원칙** : 제3원칙의 적용을 받는 경우에 있어서도 <u>丁의 이전등기 후 乙이 다시 시효취득에 필요한 기간에 걸쳐 점유를 계속한다면 乙은 丁에 대하여 시효취득을 주장할 수 있다.</u> 제5원칙은 제3취득자(丁) 명의의 변동이 없는 경우에 적용되는 원칙이나, 부동산에 대한 1차의 점유취득시효가 완성된 후 그로 인한 소유권이전등기를 하지 않고 있는 사이에 그 부동산에 관하여 제3자 명의의 소유권이전등기가 마쳐진 경우, <u>제3자 앞으로의 소유권변동시를 2차의 점유취득시효의 기산점으로 삼아</u> 취득시효완성을 주장할 수 있고 이 경우 그 취득시효기간 중 등기명의자가 동일하고 소유자의 변동이 없을 것을 요하지 않고, <u>2차의 취득시효기간 중에 등기명의자가 변경되더라도 점유자는 그 등기명의자에 대하여 시효취득을 주장할 수 있다.</u>[1]

2.

판례는 소유권이전등기말소청구의 경우 등기원인의 무효사유가 무권대리, 불공정한 법률행위, 통정허위표시 등 원시적 무효, 취소, 해제 등 후발적 무효사유가 여러 개이더라도 소유물방해배제청권(민법 제214조)에 기한 주장으로 하나의 소송물을 구성할 뿐(등기원인이 무효임을 뒷받침하는 공격방어방법의 차이)이라고 하면서도, 소유권이전등기청구의 경우 매매, 증여, 취득시효완성 등 등기원인마다 소송물을 별개로 보고 있다. 따라서 전소에서 매매를 원인으로 한 소유권이전등기청구를 했다가 패소확정판결을 받았다 하더라도 후소에서 취득시효완성을 원인으로 한 소유권이전등기청구에 전소판결의 기판력이 미치지 않는다.

그런데 취득시효는 매매, 증여 등과 같이 특정시점을 기준으로 등기원인이 완결되는 것이 아니라 변론종결 전후에 시효취득기간이 계속 진행되는 특수성이 있으므로 일정 기간(20년)의 점유사실을 요건사실로 하는 점유취득시효의 속성상 전소에서 취득시효완성을 원인으로 소유권이전등기청구를 했다가 패소판결을 받은 당사자가 시효기간을 달리하여 다시 취득시효완성을 원인으로 한 소유권이전등기청구를 제기한 것이 기판력에 저촉되는 것이라고 단정할 수 있는지 의문이다.

취득시효완성으로 인한 소유권이전등기청구소송의 소송물은 취득시효완성으로 인한 소유권이전등기청구권의 존부이고, 당해 부동산을 '20년간 점유한 사실'이 요건사실이 된다. 소유의 의사로 평온, 공연하게 점유한 사실은 민법 제197조 제1항에 의해 추정되므로 상대방이 그 반대의 점유, 소유의 의사가 없는 타주점유, 폭력 또는 은비점유에 대한 주장·증명책임을 부담한다. 판례는 점유의 권원이나 점유의 시기 및 취득시효완성일은 간접사실로서 법원은 당사자의 주장에 구애됨이 없이 소송자료에 의하여 인정되는 바에 따라 인정할 수 있다고 한다.

---

[1] 대법원 2009. 7. 16. 선고 2007다15172,15189 전원합의체 판결.

<사례 28-2>
〈1〉 甲은 乙을 상대로 취득시효완성으로 인한 소유권이전등기청구소송을 제기하면서 대물변제를 받았다고 주장했다가 패소확정판결을 받은 후 후소에서 증여를 받았다고 주장하면서 취득시효완성으로 인한 소유권이전등기청구소송을 제기할 수 있는가?
〈2〉 甲은 乙을 상대로 취득시효완성으로 인한 소유권이전등기청구소송을 제기하면서 점유기산점을 1990. 1. 1.으로 삼고 2010. 1. 1. 취득시효완성을 주장했는데, 법원이 점유기산점을 1995. 1. 1.로 판단하고 甲의 청구를 배척할 수 있는가?

〈1〉 甲이 乙에 대하여 전소에서 토지를 **대물변제** 받아 점유하기 시작하여 취득시효가 완성되었다는 사실을 그 이유로 하여 소유권이전등기절차이행을 구하였다가 배척되었음에도 불구하고 후소에서는 이를 **증여**받아 점유하기 시작하여 취득시효가 완성되었다고 주장하는 것은 전소의 소송물인 취득시효완성을 원인으로 한 소유권이전등기청구권의 존부에 관한 공격방법의 하나에 불과한 사실을 후소에서 다시 주장하는 것으로 이는 전소의 사실심 변론종결 전에 주장할 수 있었던 사유임이 명백할 뿐만 아니라, 후소에서 甲이 이러한 주장을 하는 것을 허용한다면 위 토지에 관한 취득시효완성을 이유로 하여 乙의 위 토지상의 건물철거청구를 거부할 수 있게 된다는 결론에 도달하게 되는 것이니, 甲의 위와 같은 주장은 전소판결의 소송물과 서로 모순관계에 있다고 하지 않을 수 없고, 따라서 전소판결의 기판력에 저촉되어 허용될 수 없다.2)

〈2〉 취득시효완성으로 인한 소유권이전등기청구소송에 있어서, 전소에서의 대물변제를 받았다는 주장과 후소에서의 증여를 받았다는 주장은 모두 부동산을 소유의 의사로 점유한 것인지를 판단하는 기준이 되는 권원의 성질에 관한 주장으로서 이는 공격방어방법의 차이에 불과하고, 취득시효의 기산점은 법률효과의 판단에 관하여 직접 필요한 주요사실이 아니고 간접사실에 불과하여 법원으로서는 이에 관한 당사자의 주장에 구속되지 아니하고 소송자료에 의하여 진정한 점유의 시기를 인정하여야 하는 것이므로, 그러한 점유권원, 점유개시 시점과 그로 인한 취득시효완성일을 달리 주장한다고 하더라도, 그러한 주장의 차이를 가지고 별개의 소송물을 구성한다고 할 수 없다.3)

---

2) 대법원 1995. 3. 24. 선고 94다46114 판결.
3) 대법원 1994. 4. 15. 선고 93다60120 판결. 원고가 1968.11.15. 원고의 A에 대한 대여금채권의 대물변제조로 이 사건 토지부분을 A의 아들로서 그 등기부상 소유자이던 B로부터 양도받아 그때부터 이를 소유의 의사로 평온, 공연하게 점유하여 1988. 11. 15. 취득시효가 완성되었다고 주장하면서 피고들을 상대로 이 사건 토지부분에 관하여 1988. 11. 15. 취득시효완성을 원인으로 한 소유권이전등기청구의 소를 제기하여 패소확정판결을 받은 다음, 이 사건에서 원고가 1968. 11. 14. A 내지 B로부터 이 사건 토지부분을 증여받아 그때부터 소유의 의사로 이를 점유하여 1988. 11. 14. 취득시효가 완성되었다고 주장하면서 피고들을 상대로 이 사건 토지부분에 관하여 1988. 11. 14. 취득시효완성을 원인으로 한 소유권이전등기절차의 이행을 구하고 있는데 대한 피고의 기판력 항변에 대하여, 전소에서의 대물변제를 받았다는 주장과 이 사건 소에서의 증여를 받았다는 주장은 모두 부동산을 소유의 의사로 점유한 것인지를 판단하는 기준이 되는 권원의 성질에 관한 주장으로서 이는 공격방어방법의 차이에 불과하고, 취득시효의 기산점은 법률효과의 판단에 관하여 직접 필요한 주요사실이 아니고 간접사실에 불과하여 법원으로서는 이에 관한 당사자의 주장에 구속되지 아니하고 소송자료에 의하여 진정한 점유의 시기를 인정하여야 하는 것이므로, 그러한 <u>점유권원, 점유개시 시점과 그로 인한 취득시효완성일을 달리 주장한다고 하더라도, 그러한 주장의 차이를 가지고 별개의 소송물을 구성한다고 할 수 없다고</u> 판시한 사례.

〈사례 28-3〉 甲이 이미 乙을 상대로 X 토지에 관한 乙 명의의 소유권보존등기의 말소등기 절차의 이행 및 소유권 확인을 구하는 소송('전소')을 제기하여 승소의 확정판결을 받고 이에 기하여 그 토지에 관한 乙 명의의 소유권보존등기를 말소한 다음 새로이 甲 앞으로 소유권보존등기를 마쳤다. 그 후 乙이 그 확정판결 전에 X 토지에 대한 취득시효기간이 완성되었음을 이유로 甲에게 X 토지에 대한 소유권이전등기 절차의 이행을 구하는 소('후소')를 제기하였다. 후소는 전소판결의 기판력에 저촉되는가?

☞ 전소의 소송물은 X 토지에 대한 소유권 자체의 존부 확인과 乙 명의로 잘못 경료되어 있었던 소유권보존등기의 말소등기청구권의 존부였던 것임에 반하여, 후소는 비록 동일 부동산에 관한 것이기는 하지만 취득시효 완성을 원인으로 하는 소유권이전등기청구권의 존부여서 그 전후의 양 소는 그 청구취지와 청구원인이 각기 상이하여 서로 모순, 저촉된다고 할 수 없으므로, 전소판결의 기판력이 후소에 미친다고 할 수 없다.

비록 乙이 전소에서 자신 명의의 원인무효등기가 실체권리관계에 부합하여 유효하다는 항변을 함으로써 甲의 청구를 배척할 수 있었다 하더라도, 乙에게 기존의 등기원인 자체가 정당한 것이라는 점이 아닌 전혀 별개의 등기청구권 취득원인을 항변으로 내세워야 할 의무가 있었던 것도 아닐 뿐더러 오로지 기존의 무효등기만을 이용하여 시효취득의 이익을 향유하여야 하는 것도 아니고 더욱이 기존의 무효등기가 말소되었다 하여 취득시효 완성을 원인으로 하는 소유권이전등기청구권이 소멸되는 것도 아닌 이상, 乙이 후소로써 취득시효 기간 완성을 원인으로 소유권이전등기 청구를 하는 것이 차단된다고도 할 수 없다.[4]

전소의 소송물과 후소의 소송물은 소송물이 다르고 서로 모순관계에 있다거나 전소의 소송물이 후소의 선결문제에 해당하는 것도 아니라고 할 것이어서 전소판결의 기판력이 후소에 미친다고 볼 수 없다.

3.

점유기간 중에 소유자의 변동이 없는 경우에는 취득시효의 기산일을 임의로 선택할 수 있으나, 소유자의 변동이 있는 경우에는 제3취득자의 지위를 보호하기 위하여 그 기산점을 임의로 선택할 수 없다. 부동산 소유권의 취득시효기간이 만료되었다 하더라도 등기를 하지 아니한 경우에는 당해 부동산을 취득하여 등기를 마치거나 법률의 규정에 의하여 당해 부동산을 취득한 제3자에 대하여는 이를 주장할 수 없는 것이므로, 점유기간 중에는 취득시효를 주장하는 자가 임의로 기산점을 선택하거나 소급하여 20년 이상 점유한 사실만 내세워 시효완성을 주장할 수 없고, 이와 같은 경우에는 법원이 당사자의 주장에 구애됨이 없이 소송자료에 의하여 인정되는 바에 따라 진정한 점유의 개시시기를 인정하고 그에 터잡아 취득시효 주장의 당부를 판단하여야 한다.[5]

부동산에 대한 점유취득시효가 완성된 후 취득시효완성을 원인으로 한 소유권이전등기를 하지 않고 있는 사이에 그 부동산에 관하여 제3자 명의의 소유권이전등기가 경료된 경우라 하더라도 <u>당초의 점유자가 계속 점유하고 있고 소유자가 변동된 시점을 기산점으로 삼아도 다시 취득시효</u>

---

4) 대법원 1995. 12. 8. 선고 94다35039, 35046 판결.
5) 대법원 1992. 11. 10. 선고 92다29740 판결.

의 점유기간이 경과한 경우에는 점유자로서는 제3자 앞으로의 소유권 변동시를 새로운 점유취득시효의 기산점으로 삼아 2차의 취득시효의 완성을 주장할 수 있다. 그리고 취득시효기간이 경과하기 전에 등기부상의 소유명의자가 변경된다고 하더라도 그 사유만으로는 점유자의 종래의 사실상태의 계속을 파괴한 것이라고 볼 수 없어 취득시효를 중단할 사유가 되지 못하므로, 새로운 소유명의자는 취득시효완성 당시 권리의무 변동의 당사자로서 취득시효완성으로 인한 불이익을 받게된다 할 것이어서 시효완성자는 그 소유명의자에게 시효취득을 주장할 수 있는바, 이러한 법리는 위와 같이 새로이 2차의 취득시효가 개시되어 그 취득시효기간이 경과하기 전에 등기부상의 소유명의자가 다시 변경된 경우에도 마찬가지로 적용된다.6)

〈사례 28-4〉
〈1〉 甲은 1970. 1. 1. 이 사건 X 임야를 A로부터 매수하여 점유해왔는데 A 사망 후 B가 구 부동산소유권이전등기 등에 관한 특별조치법에 따라 미등기 X 임야를 상속받은 자로서 소유권보존등기를 마쳤으며, B가 1992. 9. 7. 사망하여 1993. 10. 21. 乙 앞으로 협의분할에 의한 재산상속을 원인으로 소유권이전등기가 마쳐졌다. 甲이 乙을 상대로 X 임야에 관하여 취득시효완성을 원인으로 한 소유권이전등기청구의 소를 제기한 경우 법원은 시효의 기산점을 임의로 선택할 수 있는가?
〈2〉 이 사건 X 임야는 원래 A의 소유였는데 1964. 5. 7. B의 명의로, 1967. 11. 6. C의 명의로 각 소유권이전등기가 경료되었다. D는 1956. 11. 8. X 임야를 A로부터 매수하여 위 임야를 점유해왔다. 원고는 1986. 2. 16. D로부터 위 임야를 매수하여 위 임야를 인도받아 점유하여 왔는데, C의 상속인인 乙에 대하여 X 임야에 관한 1976. 11. 8. 취득시효완성을 원인으로 한 소유권이전등기절차의 이행을 구할 수 있는가?

〈1〉 취득시효기간의 계산에 있어 그 점유 개시의 기산일은 임의로 선택할 수 없으나 소유자에 변경이 없는 경우에는 취득시효 완성을 주장할 수 있는 시점에서 보아 그 기간이 경과된 사실만 확정되면 되는 것이고, 토지에 대한 점유로 인한 취득시효 완성 당시 미등기로 남아 있던 토지에 관하여 소유권을 가지고 있던 자가 취득시효 완성 후에 그 명의로 소유권보존등기를 마쳤다 하더라도 소유자에 변경이 있다고 볼 수 없으며, 그러한 등기명의자로부터 상속을 원인으로 소유권이전등기를 마친 자가 있다 하여도 취득시효 완성을 주장할 수 있는 시점에서 역산하여 취득시효 기간이 경과되면 그에게 취득시효 완성을 주장할 수 있다.7)

〈2〉 원래 취득시효제도는 일정한 기간 점유를 계속한 자를 보호하여 그에게 실체법상의 권리를 부여하는 제도이므로, 부동산을 20년간 소유의 의사로서 평온 공연하게 점유한 자는 민법 제245조 제1항에 의하여 점유부동산에 관하여 소유자에 대한 소유권이전등기청구권을 취득하게 되는 것이며, 점유자가 취득시효기간의 만료로 일단 소유권이전등기청구권을 취득한 이상, 그 후 점유를 상실하였다고 하더라도 이를 시효이익의 포기로 볼 수 있는 경우가 아닌 한, 이미 취득한 소유권이전등기청구권은 소멸되지 아니한다. 그리고 전 점유자의 점유를 승계한 자는 그 점유자체와

---

6) 대법원 2009. 7. 16. 선고 2007다15172,15189 전원합의체 판결.
7) 대법원 1998. 4. 14. 선고 97다44089 판결.

하자만을 승계하는 것이지 그 점유로 인한 법률효과까지 승계하는 것은 아니므로 부동산을 취득시효기간 만료 당시의 점유자로부터 양수하여 점유를 승계한 현 점유자는 자신의 전 점유자에 대한 소유권이전등기청구권을 보전하기 위하여 전 점유자의 소유자에 대한 소유권이전등기청구권을 대위행사할 수 있을 뿐, 전 점유자의 취득시효 완성의 효과를 주장하여 직접 자기에게 소유권이전등기를 청구할 권원은 없다.[8]

<사례 28-5> 원고가 피고(대한민국)를 상대로 1945. 7. 18. 귀속재산인 이 사건 부동산을 매수하여 그 때부터 계속하여 소유의 의사로 평온, 공연하게 점유하여 1965. 7. 18. 그 취득시효가 완성되었다고 주장하면서 1965. 7. 18. 취득시효완성을 원인으로 한 소유권이전등기절차이행을 구하는 소('전소')를 제기하였으나, 1987. 11. 4. 귀속재산에 대한 점유는 권원의 성질상 타주점유에 해당한다는 이유로 원고의 청구를 기각하는 판결이 선고되고, 위 판결이 1987. 12. 4. 확정되었다.
전소 당시나 그 후 1991년까지는 국유재산법 제5조 제2항에서 국유재산은 취득시효의 대상이 되지 아니한다고 규정하여 국유재산을 시효취득의 대상에서 배제하고 있어 시효취득을 주장하거나 소송을 제기하지 못하고 있다가 1991. 5. 13. 헌법재판소에서 국유 잡종재산(일반재산)에 대하여 시효취득을 배제한 위 국유재산법 규정이 위헌이라는 결정을 하여 이들 국유재산도 시효취득이 가능하게 되었다.
원고는 1993년에 이르러 구 귀속재산처리에 관한 특별조치법에 의하여 1964. 12. 말일까지 매매계약이 체결되지 아니한 이 사건 부동산은 1965. 1. 1.부터 국유로 됨으로써, 그 이전부터 귀속재산인 이 사건 부동산을 매수하여 점유하여 온 원고의 점유는 같은 날부터 자주점유로 전환되었으니, 1965. 1. 1.부터 20년이 경과한 1985. 1. 1. 자로 취득시효가 완성되었다고 주장하여 이 사건 부동산에 관하여 위 1985. 1. 1. 자 취득시효완성을 원인으로 한 소유권이전등기절차이행청구의 소('후소')를 제기하였다.
원고의 후소 청구는 인용될 수 있는가? 후소는 전소판결의 기판력에 저촉되는가?

대법원은 다음과 같이 전소와 후소는 단순히 공격방어방법에 지나지 않는 그 점유권원과 점유개시의 시기를 달리 주장하는 것에 불과하여 후소는 전소판결의 기판력에 저촉되어 허용될 수 없다고 판시하였다.

"부동산의 취득시효에 있어서 점유기간의 산정기준이 되는 점유개시의 시기나 그 점유가 자주점유인지의 여부를 가리는 점유의 권원과 같은 사실은 모두 취득시효의 요건사실인 점유기간이나 자주점유를 추정하는 징표인 간접사실에 불과하여 법원으로서는 이에 관한 당사자의 주장에 구속되지 아니하고 소송자료에 의하여 인정하여야 하는 것이므로, 전소에서 취득시효완성을 원인으로 한 소유권이전등기청구를 하였다가 그 점유가 타주점유라는 이유로 패소판결을 받은 당사자가 전소의 청구원인을 이루고 있던 전소 변론종결전의 점유사실 중의 일부나 전부를 다시 후소의 청구원인으로 삼으면서 그 점유권원과 점유개시의 시기를 달리 주장하는 것은 전소의 변론종결 전에 존재하였으나 제출하지 않은 공격방법을 그 뒤 후소에 제출하여 전소와 다른 판단을 구하는 것에 해당하여, 전소판결의 기판력에 저촉되어 허용될 수 없다. 비록 원고가 이 사건 소에서 취득시효완성일을 전소에서와 다르게 주장하고 있기는 하지만, 이는 전소 청구의 청구원인을 이루고 있던

---

[8] 대법원 1995. 3. 28. 선고 93다47745 전원합의체 판결.

전소 변론종결전의 점유사실을 그대로 다시 이 사건 소의 청구원인을 이루는 점유사실로 주장하면서 자주점유의 개시일만을 달리 주장하고 있는데 기인하는 것이므로, 그로 인하여 전소 청구와 이 사건 소가 그 소송물을 달리하게 된다고 볼 수 없다.9)

위 판결에는 다음과 같은 문제점이 지적되고 있다.10) 종전의 국유재산법에 대한 위헌결정이 있기까지 국유재산에 대하여 취득시효를 주장할 수 없었는데 종전 소송에서 주장할 수 없었던 사유를 들어 이미 종전 소송의 판단대상이 되어 버렸다고 하는 것을 일반 국민들이 납득할 수 있을까? 이 사건과 같은 국유잡종재산에 대한 시효취득을 원인으로 한 소유권이전등기청구는 헌법재판소의 결정에 의해 비로소 허용되는 청구권으로 볼 수는 없는가?

기판력의 시적 범위에 의해 영향을 받지 않는 '변론종결 뒤에 발생한 사유'에는 변론종결 뒤에 발생한 사실자료만 포함되고 법률의 변경, 판례변경, 재판의 기초가 되었던 행정처분의 변경은 포함되지 않는다는 일반적인 설명에 따르면 헌법재판소의 위헌결정도 변론종결 뒤에 발생한 사유로 보기는 어려울 것이나 이는 너무 경직된 논리로 보인다.

---

9) 대법원 1995. 1. 24. 선고 94다28017 판결. 전소 청구가 귀속재산에 대한 시효취득주장임에 대하여, 이 사건 청구는 국유잡종재산에 대한 시효취득주장이어서 전소와는 법률적 구성을 달리하고 있고, 또 전소에서는 국유재산은 시효취득의 대상이 되지 아니한다는 국유재산법 제5조 제2항 중 잡종재산에 대하여 1991. 5. 13. 자 헌법재판소의 위헌결정이 있기 전이어서 국유재산법이 시행된 1977. 4. 1.이후의 점유기간에 대하여 시효취득의 주장을 할 수가 없었던 것인데, 만약 이 사건 소가 전소판결의 기판력에 저촉된다고 판단하게 된다면 위헌결정 이후에 원고가 현재까지 이 사건 부동산을 자주점유하고 있음에도 불구하고 취득시효의 완성을 주장할 수 없게 되어 헌법재판소의 위헌결정에 부합하는 법적보호를 받지 못하는 불합리한 결과에 이르게 된다는 것이나. 동일한 부동산에 관하여 전소에서 귀속재산으로서의 점유를 주장하다가 후소에서 국유재산으로서의 점유를 주장하였다고 하더라도 이는 공격방법인 점유권원에 관한 주장을 달리한 것에 불과하고, 또 판결확정 후에 그 판결의 전제가 된 법률에 관하여 헌법재판소의 위헌결정이 있었다고 하여 전소확정판결의 효력을 다툴 수 있게 되는 것은 아니라고 할 것이므로 이 사건 소가 전소 청구에 관한 확정판결의 기판력에 저촉된다는 원심의 판단은 정당하다.
10) 석호철, "취득시효와 기판력", 재판과 판례, 대구판례연구회(제6집), p.78 이하 참조.

29 한정승인, 상속포기와 기판력

1.

상속은 피상속인의 적극재산뿐만 아니라 소극재산(채무)도 함께 포괄승계하는 것이 원칙이다. 여기서 상속인을 보호하기 위하여 민법은 상속인이 상속개시 있음을 안 날로부터 3월(고려기간 또는 숙려기간)내에 단순승인이나 한정승인 또는 상속포기를 할 수 있도록 하였다(제1019조 제1항). 그리고 상속인이 상속채무가 상속재산을 초과하는 사실을 중대한 과실 없이 위 기간 내에 알지 못하고 단순승인을 한 경우에는 그 사실을 안 날부터 3월내에 한정승인을 할 수 있다(제1019조 제3항, '특별한정승인').

상속포기를 하게 되면 처음부터 상속인이 아닌 것으로 취급되어 피상속인의 채무를 승계하지 않게 되나, 상속을 승인하게 되면 상속개시에 의하여 피상속인에게 속하였던 모든 재산상의 권리의무가 상속인에게 승계된다. 승인에는 피상속인의 권리의무를 제한 없이 승인하는 **단순승인**과 피상속인의 채무와 유증에 의한 채무는 상속재산의 한도에서 변제하고 상속인 고유재산으로는 책임을 지지 않는 **한정승인**이 있다. 한정승인을 하더라도 상속인은 피상속인의 채무를 포괄승계하지만 상속받은 재산의 한도에서만 상속채무의 변제책임을 지게 된다.

한정승인은 기본적으로 상속인을 보호하면서 부수적으로는 상속채권자 및 상속인의 채권자의 이익도 보호하는 기능을 한다. 공동상속인이 있는 경우 공동상속인 전원이 한정승인을 할 필요는 없고 그 중 1인이 한정승인을 하고 나머지 상속인은 상속 포기를 하는 방법도 이용된다. 한정승인을 함으로써 상속채무가 후(차)순위상속인으로 계속 파급되는 것을 막을 수 있다.

〈사례 29-1〉 甲은 2015. 2. 1. 乙에게 금 1억 원을 이자 월 1%, 변제기 2016. 1. 31.로 정하여 대여하였다. 乙이 2020. 2. 1. 사망하여 乙의 유일한 상속인으로 丙이 있다. 甲이 2020. 10. 1. 丙을 상대로 1억 원 및 이에 대한 2015. 2. 1.부터 다 갚는 날까지 연 12%의 비율에 의한 돈의 지급을 구하는 소를 제기하였다. 丙은 乙이 사망한 후 2020. 11. 1. 한정승인심판신고를 하였으나, 신고기간이 지났다는 이유로 심판청구가 각하되었다. 丙이 항고를 하여 항고심에서 丙은 이 사건 소장을 송달받은 2020년 10월 초경 상속채무 초과사실을 알았다고 봄이 타당하다는 이유로 한정승인심판신고가 수리되었고, 위 결정은 그 무렵 확정되었다.
丙이 이를 근거로 한정승인항변을 한 경우 甲의 丙에 대한 청구는 인용될 것인가?

(1) 2002년 민법 제1019조 제3항의 특별한정승인 규정이 신설된 후에는, 상속인이 상속채무 초

과사실을 중대한 과실 없이 상속개시 있음을 안 날부터 3월(이하 '신고기간'이라고 한다) 내에 알지 못하고 ① 신고기간 내에 적극적으로 단순승인을 하거나, ② 신고기간이 지나도록 한정승인이나 포기를 하지 않아 민법 제1026조 제2호에 따라 단순승인한 것으로 간주되거나, ③ 신고기간이 지나기 전이라도 상속재산을 처분하여 민법 제1026조 제1호에 따라 단순승인한 것으로 간주된 경우에, 상속인은 상속채무 초과사실을 안 날부터 3월 내에 특별한정승인을 함으로써 상속채무에 대한 책임을 제한할 수 있게 되었다.

(2) 가정법원의 한정승인신고 수리의 심판은 일응 한정승인의 요건을 구비한 것으로 인정한다는 것일 뿐 그 효력을 확정하는 것이 아니고, 한정승인의 효력이 있는지 여부에 대한 최종적인 판단은 실체법에 따라 민사소송에서 결정될 문제이다.[1]

(3) 가사소송규칙 제75조 제3항은 가정법원의 한정승인신고 수리 심판서에 신고 일자와 대리인에 관한 사항을 기재하도록 정할 뿐 민법 제1019조 제1항의 한정승인과 같은 조 제3항의 특별한정승인을 구분하여 사건명이나 근거조문 등을 기재하도록 정하고 있지 않고, 재판실무상으로도 이를 특별히 구분하여 기재하지 않고 있다. 따라서 민법 제1019조 제3항이 신설된 후 상속인이 단순승인을 하거나 단순승인한 것으로 간주된 후에 한정승인신고를 하고 가정법원이 특별한정승인의 요건을 갖추었다는 취지에서 수리심판을 하였다면 상속인이 특별한정승인을 한 것으로 보아야 한다. 그렇다면 민법 제1019조 제3항이 적용되는 사건에서 상속인이 단순승인을 하거나 민법 제1026조 제1호, 제2호에 따라 단순승인한 것으로 간주된 다음 한정승인 신고를 하여 이를 수리하는 심판을 받았다면, 상속채권에 관한 청구를 심리하는 법원은 위 한정승인이 민법 제1019조 제3항에서 정한 요건을 갖춘 특별한정승인으로서 유효한지 여부를 심리·판단하여야 한다.[2]

(4) 망 乙의 상속인인 丙은 2020. 2. 1. 망인의 사망 사실을 알았다고 볼 것이고, 그때부터 3월 내에 한정승인이나 포기를 하지 않았으므로 피고들은 2020. 5. 1. 민법 제1026조 제2호에 따라 단순승인을 한 것으로 간주된다. 한편 丙은 단순승인 간주 후인 2020. 11. 1. 한정승인신고를 하여 이를 수리하는 심판을 받았으므로, 법원은 위 한정승인이 민법 제1019조 제3항의 요건을 갖춘 특별한정승인으로서 유효한지 여부를 심리·판단하여야 한다.

2.

상속채무이행소송에서 채무자의 한정승인 항변이 있는 경우 책임의 범위도 소송물에 포함되는지에 관하여 논란이 있다.

〈소송물 긍정설〉에 견해에 의하면 책임은 채무의 속성이므로 채무의 존재 및 범위뿐만 아니라 책임의 범위도 채무이행소송의 소송물에 포함되고 채무의 존재 및 범위를 심판할 때에는 책임의 범위도 함께 심판하여야 한다고 한다. 채무의 이행을 명하는 판결에 책임이 제한되는 채무의 이행을 명하는 경우에는 이행판결 주문에 책임제한 문구를 붙여야 하고, 책임제한부 이행판결은 무한책임을 전제로 한 채무이행청구에 대한 일부인용판결이기 때문에 나머지 청구를 기각하여야 한다고 한다.

---

[1] 대법원 2002. 11. 8. 선고 2002다21882 판결 등 참조.
[2] 대법원 2021. 2. 25. 선고 2017다289651 판결.

<소송물 부정설>에 견해에 의하면 책임은 채무의 속성이 아니라 채무와는 별개의 개념이므로 채무이행소송의 소송물은 채무의 존재 및 범위이고, 채무이행소송에서 책임의 범위에 대해서는 심판할 필요가 없다고 한다. 책임은 강제집행의 단계에서 비로소 문제되는 것이므로 판결절차에서 문제 삼을 수 없다는 것이다. 실무에서 상속채무이행판결의 주문에 책임제한 문구를 붙이는 것은 강제집행상의 편의를 위해 부가적으로 붙인 것에 불과하므로 이 경우에도 채무를 전부 인용하는 이상 나머지 청구를 기각하여서는 아니 된다고 한다.

일반적으로 채무자의 재산이 채권의 집행력(공취력)에 복종하는 상태를 채무 그 자체와 구별하여 책임이라고 부른다. 이러한 의미의 책임은 채무에 일반적으로 수반되는 것이기는 하지만 이를 채무의 본질적인 속성이라고 할 수 없다. 상속의 한정승인과 같이 채무자의 특정한 재산(상속재산)에만 책임이 한정되는 경우를 **물적 유한책임**이라고 한다. 상속채무 이행소송의 소송물은 **상속채무의 존부**이고, 한정승인에 의한 책임제한은 집행대상을 제한하는 것으로서 채무의 존재 및 범위의 확정과는 직접적인 관계가 없다. 그렇다고 하여 소송물부정설이 주장하는 바와 같이 책임의 범위가 심판대상이 아니라고 할 수는 없다. 판결주문에 책임제한문구가 없으면 집행기관으로서는 형식주의에 따라 상속인의 고유재산까지 집행이 가능하게 되므로 집행의 편의와 상속인 보호를 위하여 판결주문에 책임제한 문구를 붙여주어야 한다. 실무상으로도 책임제한의 취지가 붙어있는 유보부 판결에 기하여 상속채권자가 상속인의 고유재산에 대하여 강제집행을 시도하는 예는 흔치 않다.

<사견> 채무와 책임의 분리가 인정되는 현행 제도 하에서 소송물은 당사자처분권주의 하에서 원고가 특정하는 것이 원칙이다. 한정승인에 의한 책임제한이 소송물이 아닌 것은 일반 채무이행소송에서 채무자가 동시이행의 항변을 한다고 하여 동시이행항변으로 주장된 반대채권이 소송물이 되는 것이 아닌 것과 같다. 그렇다고 금전채무이행소송에서 책임의 범위가 소송물이 아니라고 하여 한정승인항변이 제출되었을 때 주문에서 판단할 필요가 없다거나 판결절차에서 심판대상으로 삼을 수 없다는 것은 아니다. 법원이 한정승인 항변에 의한 책임의 범위를 심리하고 판결주문에 책임제한의 취지가 기재되었다면 책임의 범위가 소송물은 아니더라도 확정판결의 증명효의 법리에 따라 '책임제한'에 대한 강력한 증명력이 인정된다고 볼 것이다.[3] 소송물 부정설에 의하면 법원이 상속인의 한정승인의 항변을 받아들여 상속재산의 한도에서 지급을 명하는 책임유보부 판결을 확정하였다고 하더라도, 채권자가 무유보의 판결을 얻기 위하여 위 확정판결의 사실심 변론종결 전에 존재한 '한정승인과 모순되는 사실'을 주장하면서 새로이 소를 제기할 수 있다는 불합리한 결과가 초래될 수 있다는 견해가 있으나, 확정판결의 증명효에 따라 이 문제를 해결할 수 있다.

최근의 대법원판례는 아래에서 보는 바와 같이 상속채무이행소송의 소송물은 직접적으로는 채권(상속채무)의 존재 및 그 범위이지만 한정승인의 존재 및 효력도 이에 준하는 것으로 심리·판단

---

[3] 민사재판에 있어서는 다른 민사사건 등의 판결에서 인정된 사실에 구속받는 것이 아니라 할지라도 이미 확정된 관련 민사사건에서 인정된 사실은 특별한 사정이 없는 한 유력한 증거가 되므로, 합리적인 이유설시 없이 이를 배척할 수 없고, 특히 전후 두개의 민사소송이 당사자가 같고 분쟁의 기초가 된 사실도 같으나 다만 소송물이 달라 기판력에 저촉되지 아니한 결과 새로운 청구를 할 수 있는 경우에 있어서는 더욱 그러하다(대법원 2003. 8. 19. 선고 2001다47467 판결).

되었다고 판시하고 있어 한정승인에 의한 책임의 범위를 '소송물에 준하는 것'으로 성격 규명을 하고 있다.

3.

그러면 여기서 기판력과 차단효에 관하여 살펴보기로 한다.

〈기판력 긍정설〉에 의하면 무유보판결의 기판력을 인정하는 이상 기판력에 의한 차단대상은 법적 안정성을 위하여 획일적으로 정해지고 변론종결 전에 주장할 수 있었던 책임범위에 관한 사유는 한정승인 사유이든 특약을 원인으로 하는 것이든 가리지 않고 모두 차단된다고 한다. 따라서 상속인이 변론종결 전의 한정승인을 강제집행단계에서 뒤늦게 주장하여 청구이의의 소의 방법으로 고유재산에 대한 강제집행을 거부할 수 없다고 한다.

이 설에 대하여는 판결절차의 변론종결시까지 주장하지 아니하였던 유한책임의 항변을 집행단계에 와서 뒤늦게 내세우는 것은 민소법의 적시제출주의의 정신이나 실기한 공격방어방법의 각하 규정과의 균형상으로도 맞지 아니하며, 절차의 집중, 법적 안정성, 신의칙의 견지에서 허용할 수 없다는 비판이 있다. 유한책임의 항변은 표준시 이후에 자기의 독자적인 반대채권의 희생을 전제로 한 출혈적 상계권 행사의 상계항변과는 비교될 수 없는 것으로 기판력 부정설에 의한다면 유한책임의 항변이 집행절차를 지연시키는 도구가 되어 절차적 정의를 희생시킬 것이라고 한다.

〈기판력 부정설〉에 의하면 상속인에 대한 채무이행소송에서 상속인이 한정승인 항변을 하지 않으면 책임의 범위는 현실적인 심판의 대상으로 등장하지 않고 주문에서는 물론 이유에서 판단되지 않으므로 책임의 범위에 대하여는 기판력을 인정할 수 없다고 한다. 한정승인에 의한 책임제한은 집행대상을 제한하는 것으로서 채무의 존재범위의 확정에는 관계가 없고 집행단계에서 비로소 문제가 되므로 이를 판결절차에서 항변으로 주장하지 않고 사후에 강제집행의 단계에서 청구이의의 소의 형태로 집행을 배제할 수 있다는 것이다.

우리나라의 다수설로 판결절차에서 유한책임의 항변을 제출하지 아니하였다고 하여도 집행단계에서 이를 주장할 수 있도록 하는 것이 우리의 법감정에 맞으며 또 상계항변이 집행단계에서 제출될 수 있는 것과의 균형상으로도 타당하다는 견해, 소송물은 청구권의 존부 및 범위이고, 한정승인의 존부 즉 책임의 범위는 소송물에 포함되지 않고 기판력 부정설이 옳다는 견해, 채무자의 한정승인 주장이 소구단계인 소송과정에 있거나 없더라도 이는 소송단계에서 다룰 문제는 아니어서 기판력과 무관한 것이고 집행단계에서 문제 삼아야 하는 것이므로 판결 주문에서의 표시 여부를 불문하고 기판력이 미치지 아니한다는 견해 등이 있다.

〈판례〉는 채무자가 한정승인사실을 주장하지 않으면 현실의 심판대상으로 등장하지 아니하여 주문에서는 물론 이유에서도 판단되지 않으므로 그에 관하여 기판력이 미치지 않는다고 하면서 〈사례 11-1〉, 상속포기의 경우에는 한정승인과는 달리 채무의 존재 자체가 문제된다고 하여 전소의 기판력에 의해 차단되어 청구이의의 사유가 안 된다는 입장이다〈사례 11-2〉. 한편, 한정승인항변에 의한 집행제한판결(유보부판결)이 확정되면 사실심의 변론종결시 이전에 존재한 법정단순승인 등 한정승인과 양립할 수 없는 사실을 주장하여 위 채권에 대해 책임의 범위에 관한 유보가 없는 판결을 구하는 것은 허용되지 아니한다고 하여〈사례 11-3〉일관되지 않은 입장을 보여주고 있다.

> 〈사례 29-2〉 甲(신용보증기금)은 1999. 9. 29. A 회사와 사이에 신용보증약정을 체결하였고, A 회사의 대표이사인 B는 A 회사의 甲에 대한 채무를 연대보증하였다. 甲은 A 회사가 K은행으로부터 대출을 받음에 있어 위 신용보증계약에 기한 신용보증을 하였다. 2001. 3. 8. B가 사망하였고, 2001. 5. 29. B의 상속인인 乙은 한정승인수리심판을 받았다. 甲은 A 회사의 부도로 인한 신용보증사고발생 및 보증채무 이행통지를 받고 2001. 8. 22. A회사의 채무를 대위변제하였다. 甲은 2002. 5. 7. 乙을 상대로 구상금청구의 소를 제기하였는데, 위 소송에서 乙이 아무런 항변도 하지 아니함으로써 2003. 3. 8. 무유보의 청구인용판결을 받고 그 판결이 확정되었다.
> 甲이 위 판결정본을 집행권원으로 하여 乙 소유의 아파트에 대하여 강제경매를 신청하여 경매절차를 진행하자, 乙은 甲을 상대로 청구이의의 소를 제기하였다.

〈**원심**〉은 위 구상금청구소송의 소송물은 '피고(甲)의 원고(乙)에 대한 구상금청구채권의 존부'이며, 판결이 확정됨으로써 '원고가 피고에 대하여 상속구상금채무가 존재한다'는 것이 확정된 것이므로 B의 상속인인 원고의 상속채무에만 기판력을 갖는 것이지 그 책임범위에 관하여는 기판력을 갖는 것이 아니고, 한정승인에 의한 책임제한은 집행단계에서 문제가 되는 것이므로, 이를 변론과정에서 주장하지 아니하였다고 하여 그 후 확정판결에 의한 집행단계에서는 이를 주장하지 못한다고는 할 수 없는 것이므로, 원고가 위 판결확정 후 강제집행 단계에서 한정승인을 주장하더라도 위 확정판결의 기판력에 저촉되는 것이라고 볼 수 없다. 채무와 책임을 분리시키는 효력을 지닌 한정승인에 따른 책임제한의 범위에 관한 판단은 실체법상의 문제로서 청구이의의 소에서 주장할 수 있는 사유 중 하나이고, 급부청구권의 전부 또는 일부가 소멸 내지 변동되었다는 것뿐만 아니라 집행력의 범위를 제한하는 사유가 있을 때에도 집행력의 배제를 구하는 청구이의의 소를 제기할 수 있다고 판시하여 원고의 청구를 인용하였고, 〈**대법원**〉은 피고의 상고를 기각하였다.

"채권자가 피상속인의 금전채무를 상속한 상속인을 상대로 그 상속채무의 이행을 구하여 제기한 소송에서 채무자가 한정승인 사실을 주장하지 않으면 책임의 범위는 현실적인 심판대상으로 등장하지 아니하여 주문에서는 물론 이유에서도 판단되지 않으므로 그에 관하여 기판력이 미치지 않는다. 그러므로 채무자가 한정승인을 하고도 채권자가 제기한 소송의 사실심 변론종결시까지 그 사실을 주장하지 아니하여 책임의 범위에 관한 유보가 없는 판결이 선고되어 확정되었다고 하더라도, 채무자는 그 후 위 한정승인 사실을 내세워 청구에 관한 이의의 소를 제기할 수 있다."[4]

---

4) 대법원 2006. 10. 13. 선고 2006다23138 판결.

<사례 29-3> 소외 망 A의 상속인인 원고는 2004. 3. 10. A의 재산상속포기신고를 수리한다는 심판을 받았다. 2006. 12. 12. 망 A에 대하여 임대차보증금반환채권을 가지고 있던 피고가 상속을 원인으로 하여 원고를 상대로 제기한 임대차보증금반환청구의 소에서 승소판결을 받고 그 판결은 그 무렵 확정되었다. 피고가 위 확정판결을 집행권원으로 하여 강제집행에 이르자 원고는 위 확정판결의 변론종결 이전의 상속포기수리심판을 이의사유로 하여 청구이의의 소를 제기하였다.

<원심>은 채무자가 판결에 따라 확정된 청구에 대하여 이의하려면 그 이유가 변론이 종결된 뒤에 생긴 것이어야 하는데, 원고가 주장하는 청구이의의 사유인 상속포기는 위 확정판결의 변론이 종결되기 이전에 생긴 것이므로 원고의 주장은 이유 없다고 판시하여 원고의 청구를 기각하였고, <대법원>은 원고의 상고를 기각하였다.

"채무자가 한정승인을 하였으나 채권자가 제기한 소송의 사실심 변론종결시까지 이를 주장하지 아니하는 바람에 책임의 범위에 관하여 아무런 유보 없는 판결이 선고·확정된 경우라 하더라도 채무자가 그 후 위 한정승인 사실을 내세워 청구에 관한 이의의 소를 제기하는 것이 허용되는 것은, 한정승인에 의한 책임의 제한은 상속채무의 존재 및 범위의 확정과는 관계없이 다만 판결의 집행 대상을 상속재산의 한도로 한정함으로써 판결의 집행력을 제한할 뿐으로, 채권자가 피상속인의 금전채무를 상속한 상속인을 상대로 그 상속채무의 이행을 구하여 제기한 소송에서 채무자가 한정승인 사실을 주장하지 않으면 책임의 범위는 현실적인 심판대상으로 등장하지 아니하여 주문에서는 물론 이유에서도 판단되지 않는 관계로 그에 관하여는 기판력이 미치지 않기 때문이다. 위와 같은 기판력에 의한 실권효 제한의 법리는 채무의 상속에 따른 책임의 제한 여부만이 문제되는 한정승인과 달리 상속에 의한 채무의 존재 자체가 문제되어 그에 관한 확정판결의 주문에 당연히 기판력이 미치게 되는 상속포기의 경우에는 적용될 수 없다.[5]

<사례 29-4> 망 A가 1997년경 신용카드거래약정 후 카드대금 2,200여만 원 연체하였다. 망 A가 2006. 7. 20. 사망, A의 상속인(피고 : 남편과 자녀들)의 한정인 신고가 2008. 12. 4. 수리되었다. 원고(채권양수인)는 2010. 3. 10. 상속인들에 대하여 양수금소송 제기하였고, 2010. 7. 23. 피고들의 한정승인 취지에 따라 청구취지 감축하고, 2010. 11. 5. 판결이 선고되었다.
원고는 2010. 12. 22. 양수금 전액을 구하는 취지의 소를 새로 제기(전소에서 일부 청구임을 명시하였으므로 그 기판력은 신소에는 미치지 않는다고 주장)하였으나, 원심은 전소에서 일부청구임을 명시하였다고 볼 수 없

---

[5] 대법원 2009. 5. 28. 선고 2008다79876 판결. 확정판결의 내용이 실체적 권리관계에 배치되는 경우, 그 판결에 의하여 집행할 수 있는 것으로 확정된 권리의 성질과 내용, 판결의 성립 경위, 판결 성립 후 집행에 이르기까지의 사정, 그 집행이 당사자에게 미치는 영향 등 여러 사정을 종합하여 볼 때, 그 확정판결에 기한 집행이 현저히 부당하고 상대방에게 그 집행을 수인하도록 하는 것이 정의에 반함이 명백하여 사회생활상 용인할 수 없다고 인정되는 경우에 그 집행은 권리남용으로서 허용되지 않고, 그러한 경우 집행채무자는 청구이의의 소에 의하여 그 집행의 배제를 구할 수 있다. 피고로서는 원고가 상속포기를 한 사정을 알면서도 위 확정판결을 받았다고 보기 어려운 이상 채권자가 제기한 소송의 사실심 변론종결시까지 채무자가 상속포기를 주장하지 아니하는 바람에 그대로 판결이 선고·확정되어 그 확정판결에 기하여 이루어지는 집행이 현저히 부당하고 상대방으로 하여금 그 집행을 수인하도록 하는 것이 정의에 반함이 명백하여 사회생활상 용인할 수 없는 경우에 해당한다고는 볼 수 없다.

> 어 확정판결의 기판력에 저촉된다는 이유로 원고의 소를 각하하였다. 원고는 채권자가 상속인이 한정승인을 하였음을 전제로 상속재산의 범위 내에서 상속채무의 변제를 구한 전소의 소송물과 상속인이 단순승인하였음을 전제로 고유재산 및 상속재산으로 상속채무의 변제를 구하는 소송의 소송물은 서로 다르다는 이유로 상고하였다.

〈대법원〉은 원심이 전제로 삼은 법리는 위에서 본 기판력에 관한 법리와 다른 것이어서 잘못이라고 할 것이지만 그 결론에 있어서는 정당하므로, 거기에 상고이유에서 주장하는 바와 같이 판결에 영향을 미친 법리오해 등의 위법이 있다고 할 수는 없다고 판시하여 원고의 상고를 기각하였다.

"피상속인에 대한 채권에 관하여 채권자와 상속인 사이의 전소에서 상속인의 한정승인이 인정되어 상속재산의 한도에서 지급을 명하는 판결이 확정된 때에는 그 채권자가 상속인에 대하여 새로운 소에 의해 위 판결의 기초가 된 전소 사실심의 변론종결시 이전에 존재한 법정단순승인 등 한정승인과 양립할 수 없는 사실을 주장하여 위 채권에 대해 책임의 범위에 관한 유보가 없는 판결을 구하는 것은 허용되지 아니한다. 왜냐하면 전소의 소송물은 직접적으로는 채권(상속채무)의 존재 및 그 범위이지만 한정승인의 존재 및 효력도 이에 준하는 것으로서 심리·판단되었을 뿐만 아니라 한정승인이 인정된 때에는 주문에 책임의 범위에 관한 유보가 명시되므로 한정승인의 존재 및 효력에 대한 전소의 판단에 기판력에 준하는 효력이 있다고 해야 하기 때문이다. 그리고 이러한 법리는 채권자의 급부청구에 대하여 상속인으로부터의 한정승인의 주장이 받아들여져 상속재산의 한도 내에서 지급을 명하는 판결이 확정된 경우와 채권자 스스로 위와 같은 판결을 구하여 그에 따라 판결이 확정된 경우 모두에 마찬가지로 적용된다."[6]

4.

상속채권자가 상속인을 상대로 상속채무의 이행을 구하는 소를 제기하였을 때 상속인이 한정승인의 항변을 한 경우 법원은 한정승인에 관한 실체적 요건을 심리하여 이 요건이 갖추어진 것으로 판단하면 그 책임제한의 취지를 주문에 기재하고, 한정승인의 요건을 갖추지 못한 것으로 판단하면 통상의 이행판결과 같은 무유보부판결을 하게 된다. 책임제한의 취지가 기재된 유보부판결에 기하여 상속인의 고유재산에 대하여 강제집행을 할 수 없고, 한정승인 항변이 배척되어 무유보부판결이 선고되어 확정된 경우 상속인은 더 이상 한정승인을 이유로 한 책임제한을 주장할 수는 없다.[7]

그런데 상속채무 이행소송에서 상속인이 한정승인 항변을 할 수 있었음에도 불구하고 이 항변을 하지 않아 책임제한이 없는 무유보판결이 선고되고 확정된 후에 상속인의 고유재산에 대한 강제집행 단계에서 상속인이 유효한 한정승인이 있었음을 이유로 강제집행을 배제할 수 있는가에

---

[6] 대법원 2012. 5. 9. 선고 2012다3197 판결.
[7] 상속인의 한정승인 항변에 의하여 책임의 범위를 현실적인 심판대상으로 등장시키고, 책임제한 여부에 대하여 현실적으로 심리한 다음, 당해 상속채무가 무한책임이라고 판단한 것이므로 그 판결이 확정된 후에는 상속채권자는 상속재산뿐만 아니라 상속인의 고유재산에 대하여도 강제집행할 수 있고, 상속인은 고유재산에 대한 강제집행을 배제하기 위하여 강제집행의 단계에서 한정승인을 주장할 수 없다.

관하여 소송물과 기판력에 의한 차단효의 문제를 중심으로 다툼이 있다.[8]

기판력 긍정설은 강제집행 단계에서 유효한 한정승인이 있었음을 주장하여 청구이의의 소를 제기할 수 없다는 견해이고, 기판력 부정설은 한정승인에 의한 책임제한은 집행대상을 제한하는 것으로서 채무의 존재범위의 확정과는 관계가 없고 집행단계에서 문제되는 것이므로 강제집행 단계에서 유효한 한정승인이 있었음을 주장하여 청구이의의 소를 제기할 수 있다는 견해이다.[9]

판례는 결론만 본다면 상속포기의 경우에는 기판력 긍정설의 입장이고〈사례 13-2〉, 한정승인의 경우에는 기판력 부정설의 입장에 있는 것〈사례 13-1〉과 기판력 긍정설의 입장에 있는 것〈사례 13-2〉으로 나뉘어져 있다.

민사소송법 제216조 제1항이 확정판결은 '주문에 포함된 것'에 한하여 기판력을 가진다는 뜻은 본안판결의 경우에는 소송물인 권리관계의 존부에 관한 판단에 대해서만 기판력이 미친다는 뜻이고, 기판력이 발생한 경우 당사자는 전소 변론종결 전에 존재하였으나 그때까지 제출하지 않은 공격방어방법은 후소에서 제출하지 못한다(차단효, 실권효). 소송물이론과 기판력이론을 엄격히 적용하는 경우 한정승인에 의한 책임의 제한은 상속채무의 존재 및 범위와는 직접 관련이 없는 것이어서 소송물 부정설과 기판력 부정설을 따르는 것이 논리적 일관성이 있으나, 소송물이나 기판력의 개념 자체의 논리적 일관성 보다는 상속채무의 이행소송에서 한정승인이라고 하는 물적 책임제한의 실체법적 속성을 고려할 필요가 있다.

판례는 한정승인에 의한 책임의 제한은 상속채무의 존재 및 범위의 확정과는 관계없이 다만 판결의 집행 대상을 상속재산의 한도로 한정함으로써 판결의 집행력을 제한할 뿐으로, 상속채권자가 상속인을 상대로 그 상속채무의 이행을 구한 소송에서 채무자가 한정승인 사실을 주장하지 않으면 책임의 범위는 현실적인 심판대상으로 등장하지 아니하여 주문에서는 물론 이유에서도 판단되지 않는 관계로 그에 관하여는 기판력이 미치지 않기 때문에 상속인은 변론종결 전의 한정승인 사유를 들어 청구이의의 소를 제기할 수 있다고 하면서〈사례 13-1〉 채무의 상속에 따른 책임의 제한 여부만이 문제되는 한정승인과 달리 상속포기의 경우에는 상속에 의한 채무의 존재 자체가 문제되어 그에 관한 확정판결의 주문에 당연히 기판력이 미치게 되므로 변론종결 전의 상속포기 사유를 들어 청구이의의 소를 제기할 수 없다는 입장이다.

그러나 상속포기나 한정승인이나 변론종결 전에 주장할 수 있었던 사유를 가지고 변론종결 후에 청구이의의 사유로 삼을 수 없다고 보는 것이 타당한 점에서 〈사례 13-2〉의 판결은 타당하고 〈사례 13-1〉의 판결은 부당하다.

---

8) 상속채무 이행판결에 한정승인에 따른 책임제한의 취지를 기재할 필요가 없고 상속인은 강제집행단계에서 유효한 한정승인이 있음을 주장·입증함으로써 고유재산에 대한 강제집행을 배제할 수 있다고 보는 입장에서는 처음부터 위와 같은 문제가 발생하지 않는다.

9) 앞서 본 대법원 2003. 11. 14. 선고 2003다30968 판결은 기판력 긍정설의 입장이고, 〈판례 1〉은 기판력 부정설의 입장으로 양자는 서로 모순된다는 견해가 있다. 그러나 위 대법원 2003다30968 판결은 상속인의 고유재산에 대한 집행력을 제한하기 위하여는 이행판결의 주문에 상속재산의 한도에서만 집행할 수 잇다는 취지를 명시하여야 한다는 것이고(상속인이 한정승인 항변을 한 사안), 〈판례 1〉은 상속인이 변론종결 전에 한정승인을 하였음에도 불구하고 한정승인 항변을 하지 않은 사안에 관한 것이므로 양자가 모순된다고 할 수 없다.

대법원이 〈사례 13-3〉의 판결과 같이 채권자와 상속인 사이의 전소에서 상속인의 한정승인이 인정되어 상속재산의 한도에서 지급을 명하는 판결이 확정된 때에는 그 채권자가 상속인에 대하여 새로운 소에 의해 위 판결의 기초가 된 전소 사실심의 변론종결시 이전에 존재한 법정단순승인 등 한정승인과 양립할 수 없는 사실을 주장하여 위 채권에 대해 책임의 범위에 관한 유보가 없는 판결을 구하는 것은 허용되지 아니하는 점에 비추어 상속인이 한정승인항변을 할 수 있었으나 하지 않은 경우에는 기판력의 시적 범위에 저촉되어 실권된다고 보아야 할 것이다.

〈사례 13-1〉의 판결과 같이 채무자가 한정승인 사실을 주장하지 않으면 책임의 범위는 현실적인 심판대상으로 등장하지 아니하여 주문에서는 물론 이유에서도 판단되지 않는 관계로 그에 관하여는 기판력이 미치지 않는다는 논리를 일관하게 되면, 금전채무의 이행소송에서 피고가 사실심 변론종결시까지 변제항변이나 소멸시효항변을 할 수 있었음에도 하지 않은 경우 그에 대하여 기판력이 미치지 않아야 할 것인데 이는 기판력의 본질 및 민사집행법 제44조 제2항에 반하는 것으로 허용될 수 없다.

〈사례 13-3〉의 판결은 한정승인에 의한 책임제한에 대하여 명시적으로 기판력을 인정하는 것도 아니고 인정하지 않는 것도 아닌 기판력에 '준하는' 효력이 있다고 판시하고 있으나, '준소송물이'나 '준기판력'이라는 애매모호한 성격규정보다는 한정승인과 같은 책임제한 항변은 채무자의 일종의 방어방법이므로 변론종결 전에 제출하지 아니하였으면 기판력의 시적 범위에 관한 일반 법리에 따라 뒤의 주장이 차단 실권된다고 보는 것이 옳다고 생각한다. 종전 소송에서 한정승인 주장이 없어서 이에 관한 심리, 판단이 전혀 이루어지지 않은 경우 상속인은 사실심 변론종결 이전에 한정승인을 하였더라도 한정승인을 주장하여 청구이의 소를 제기할 수 있다고 보는 것은 소송절차와 집행절차의 안정성을 해하는 것이다.

따라서 상속채무 이행소송에서 청구채권이 상속채권인 경우 재판장으로서는 상속인인 피고들에게 상속포기 또는 한정승인 사실이 있는지 석명할 필요가 있고, 원고도 피고의 한정승인 주장이 있는 경우 한정승인에 무효사유가 있는지, 법정단순승인 사유가 있는지 확인할 필요가 있다.

30 기판력과 재심

1.

기판력은 형식적 확정력을 전제로 하므로 형식적 확정력을 배제하기 위한 제도인 재심이나 상소의 추후보완은 기판력을 배제하기 위한 수단이다.[1] 원래 판결이 확정되면 기판력이 생기고 법적 평화와 안정을 위하여 이 확정판결이 쉽게 바뀌어서는 안 될 것이다. 그럼에도 불구하고 재심사건이 많다는 것은 그만큼 부실한 재판을 많이 하고 있다는 방증이다. 재심은 확정판결에 대해 재심사유가 있음을 들어 원판결의 취소와 종결된 소송의 재심판을 구하는 소송이다. 그러나 당사자의 권리구제라는 구체적 정의를 위하여 재심의 긍정적인 면도 없지 않다.

재심의 소를 제기하기 위하여는 확정판결의 기판력에 의해 불이익을 받은 사람이 이익을 받은 사람을 상대로 정해진 재심기간 내에 확정된 종국판결에 재심사유가 있음을 들어 취소대상판결을 한 법원에 재심소장을 제출하여야 한다. 따라서 재심의 문을 두드리기 위하여는 법정재심사유가 있어야 한다.

민사소송법 제451조는 재심사유를 다음과 같이 11가지로 한정하여 규정하고 있다.

> ☞ 제451조(재심사유)
> ① 다음 각호 가운데 어느 하나에 해당하면 확정된 종국판결에 대하여 재심의 소를 제기할 수 있다. 다만, 당사자가 상소에 의하여 그 사유를 주장하였거나, 이를 알고도 주장하지 아니한 때에는 그러하지 아니하다.
> 1. 법률에 따라 판결법원을 구성하지 아니한 때
> 2. 법률상 그 재판에 관여할 수 없는 법관이 관여한 때
> 3. 법정대리권·소송대리권 또는 대리인이 소송행위를 하는 데에 필요한 권한의 수여에 흠이 있는 때. 다만, 제60조 또는 제97조의 규정에 따라 추인한 때에는 그러하지 아니하다.
> 4. 재판에 관여한 법관이 그 사건에 관하여 직무에 관한 죄를 범한 때
> 5. 형사상 처벌을 받을 다른 사람의 행위로 말미암아 자백을 하였거나 판결에 영향을 미칠 공격 또는 방어방법의 제출에 방해를 받은 때
> 6. 판결의 증거가 된 문서, 그 밖의 물건이 위조되거나 변조된 것인 때

---

[1] 추완항소, 재심의 소는 제기기간이 정해져 있다. 추완항소는 그 사유가 없어진 날부터 2주 이내(민소법 제173조), 재심은 재심사유를 안 날부터 30일(불변기간) 이내에 제기하여야 하고, 판결이 확정된 뒤 5년(제척기간)이 지난 때에는 재심의 소를 제기하지 못한다(민소법 제456조 제1항, 제3항). 재심의 사유가 판결의 확정된 뒤에 생긴 때에는 위 5년의 제척기간은 그 사유가 발생한 날부터 계산한다(제456조 제4항). 다만 대리권의 흠 또는 재심을 제기할 판결 전에 선고한 확정판결에 어긋나는 때에는 위 재심기간의 규정을 적용하지 아니한다(민소법 제457조).

> 7. 증인·감정인·통역인의 거짓 진술 또는 당사자신문에 따른 당사자나 법정대리인의 거짓 진술이 판결의 증거가 된 때
> 8. 판결의 기초가 된 민사나 형사의 판결, 그 밖의 재판 또는 행정처분이 다른 재판이나 행정처분에 따라 바뀐 때
> 9. 판결에 영향을 미칠 중요한 사항에 관하여 판단을 누락한 때
> 10. 재심을 제기할 판결이 전에 선고한 확정판결에 어긋나는 때
> 11. 당사자가 상대방의 주소 또는 거소를 알고 있었음에도 있는 곳을 잘 모른다고 하거나 주소나 거소를 거짓으로 하여 소를 제기한 때
>
> ② 제1항 제4호 내지 제7호의 경우에는 처벌받을 행위에 대하여 유죄의 판결이나 과태료부과의 재판이 확정된 때 또는 증거부족 외의 이유로 유죄의 확정판결이나 과태료부과의 확정재판을 할 수 없을 때에만 재심의 소를 제기할 수 있다.
>
> ③ 항소심에서 사건에 대하여 본안판결을 하였을 때에는 제1심 판결에 대하여 재심의 소를 제기하지 못한다.

우선 상소와 재심의 관계가 문제된다. 미확정판결에 대한 불복절차를 상소라 하고, 확정판결에 대한 불복절차를 재심이라고 하는데 상소와 재심은 일정한 관계가 있다. 당사자가 상소에 의해 재심사유를 주장하였거나 이를 알고도 주장하지 않은 때에는 재심이 허용되지 않는다. 이를 '재심의 소의 보충성'이라고 한다.

위 재심사유 중 제1호 내지 제3호, 제11호는 중대한 절차위반으로 절대적 상고이유가 되는 것이므로 판결내용에 영향을 미쳤는지 여부가 문제되지 않으나, 제4호 내지 제10호는 판결주문에 영향을 미칠 가능성이 있어야 한다. 제4호 내지 제7호는 처벌받을 행위에 관한 것으로 재심사유 외에 처벌받을 행위에 대한 유죄의 확정판결이 있는 때만 재심이 가능하다. 범인의 사망, 공소시효완성, 기소유예 등 증거부족 이외의 이유로 인하여 유죄의 확정판결을 할 수 없는 경우에는 재심이 가능하나, 무혐의불기소처분, 기소중지의 경우에는 재심이 불가하다.

2.

실무상 많이 거론되는 재심사유가 제3호, 제5호, 제6호, 제7호, 제9호, 제11호이다. 대법원이 판례변경을 하면서 전원합의체에서 하지 않고 소부에서 재판하면 제1호의 재심사유가 될 수 있다.

〈제3호〉 대리권 흠결이 재심사유가 되는 경우로 전형적인 절차권 침해의 유형이다. 본인의 의사와 관계없이 선임된 대리인에 의한 대리행위는 물론 재판청구권이나 변론권이 침해되는 상황에서 이루어지는 소송행위에 대하여 재심사유로 삼을 때 제3호를 원용할 수 있다. 본인이나 정당한 대리인이 아닌 엉뚱한 자가 소송절차에 관여한 경우의 절차권 보장을 위한 재심사유이다. 성명모용소송의 확정판결에 대하여 피모용자가 재심의 소를 제기할 수 있는 근거가 제3호이다. 소송계속 중 당사자가 사망한 것을 간과하여 망인을 당사자로 한 판결이 선고된 경우 상속인의 변론권이 침해된 것이므로 이 판결이 확정된 경우에는 제3호의 재심사유가 된다.[2]

---

2) 소송계속 중 어느 일방 당사자의 사망에 의한 소송절차 중단을 간과하고 판결이 선고된 경우에는 그 판결은 소송에 관여

판례는 원고가 피고회사의 **참칭대표자**에게 소송서류가 송달되도록 하여 자백간주에 의한 승소 판결을 받은 경우도 제3호의 재심사유가 있는 것으로 보나, 원고가 피고의 주소를 허위로 적어 제소하여 **참칭피고**로 하여금 소송서류가 송달된 경우에는 송달 자체를 무효로 보고 재심이 아닌 항소의 대상으로 본다.

〈제5호〉 타인의 범죄행위로 변론권과 증명권을 침해당한 경우이다. 타인의 협박 등 범죄행위로 인해 어쩔 수 없이 재판상 자백을 하였거나 자신에게 유리한 공격방어방법을 제출하는데 방해를 받았다면 제5호의 재심사유가 된다. 자백간주에 의한 판결편취든 공시송달에 의한 판결편취든 피기망자는 법원이고, 피해자는 피고가 되는 소송사기죄가 되는데 원고가 사기죄로 처벌된 경우 판례는 공시송달에 의한 판결편취는 제5호와 제11호의 재심사유가 병존하는 것으로 보고 있으나, 자백간주에 의한 판결편취는 재심사유로 보지 않고 항소의 대상으로 본다.3)

〈제6호〉 판결의 증거가 된 문서의 위조·변조가 재심사유가 되는 경우이다. 위·변조에는 허위공문서작성이나 공정증서원본부실기재가 포함되나, 죄가 되지 않은 사문서의 무형위조는 여기에 포함되지 않는다. 구로동 농지사건의 첫 재심은 바로 이 제6호를 재심사유로 삼은 것이다.

〈제7호〉 증인 등의 허위진술이 재심사유가 되는 경우이다. 실제로 당해 사건에서 증언한 증인을 위증죄로 고소하여 위증죄로 처벌받게 한 후 재심을 청구하는 예가 많다. 여기서 '허위 진술이 판결의 증거가 된 때'라 함은 그 허위 진술이 판결 주문에 영향을 미치는 사실인정의 직접적 또는 간접적인 자료로 제공되어 그 허위 진술이 없었더라면 판결 주문이 달라질 수도 있었을 것이라는 개연성이 있는 경우를 말하고 위증을 했다고 해서 무조건 재심사유가 되는 것은 아니다.

〈제9호〉 중요사항의 판단누락이 재심사유가 되는 경우이다. 하급심의 판단누락은 상소이유로 삼을 수 있기 때문에 대법원의 상고심판결에 대하여 판단누락을 재심사유로 삼는 경우가 많다. 판결이유의 기재가 필요 없는 소각하판결이나 소액사건, 심리불속행판결에 대하여는 판단누락이 문제되지 않는다. 대법원은 실제로 판단을 하지 아니하였다고 하더라도 판결결과에 영향이 없다면 판단누락의 위법이 있다고 할 수 없다고 함으로써 재심사유가 되는 '판단누락에서의 도피'의 출로

할 수 있는 적법한 수계인의 권한을 배제한 결과가 되는 절차상 위법은 있지만 그 판결이 당연무효라 할 수는 없고, 다만 그 판결은 대리인에 의하여 적법하게 대리되지 않았던 경우와 마찬가지로 보아 대리권흠결을 이유로 상소 또는 재심에 의하여 그 취소를 구할 수 있을 뿐이다. 대법원 1995. 5. 23. 선고 94다28444 전원합의체 판결; 대법원 2013. 4. 11. 선고 2012재두497 판결.

3) 민사소송법 제451조 제1항 제5호는 '형사상 처벌을 받을 다른 사람의 행위로 말미암아 자백을 한 경우'를 재심사유로 인정하고 있는데, 이는 다른 사람의 범죄행위를 직접적 원인으로 하여 이루어진 소송행위와 그에 기초한 확정판결은 법질서의 이념인 정의의 관념상 그 효력을 용인할 수 없다는 취지에서 재심이라는 비상수단을 통해 확정판결의 취소를 허용하고자 한 것이므로, 형사상 처벌을 받을 다른 사람의 행위로 말미암아 상소 취하를 하여 그 원심판결이 확정된 경우에도 위 자백에 준하여 재심사유가 된다고 봄이 상당하다. 그리고 위 '형사상 처벌을 받을 다른 사람의 행위'에는 당사자의 대리인이 범한 배임죄도 포함될 수 있으나, 이를 재심사유로 인정하기 위해서는 단순히 대리인이 문제된 소송행위와 관련하여 배임죄로 유죄판결을 받았다는 것만으로는 충분하지 않고, 위 대리인의 배임행위에 소송의 상대방 또는 그 대리인이 통모하여 가담한 경우와 같이 대리인이 한 소송행위의 효과를 당사자 본인에게 귀속시키는 것이 절차적 정의에 반하여 도저히 수긍할 수 없다고 볼 정도로 대리권에 실질적인 흠이 발생한 경우라야 한다(대법원 2012. 6. 14. 선고 2010다86112 판결).

를 열어놓고 있는데 의문이다.4)

〈제11호〉 허위주소 송달로 인한 판결편취가 재심사유가 되는 경우이다. 제11호 전단은 공시송달에 의한 판결편취의 경우이고, 후단은 자백간주에 의한 판결편취의 경우를 상정한 것으로 보이나 판례는 제11호는 공시송달에 의한 판결편취의 경우에만 적용되고, 자백간주에 의한 판결편취의 경우에는 재심이 아닌 항소로 구제받아야 한다는 입장이다.

민사재심은 형사재심과 달리 판결확정 후 중요한 증거의 발견은 재심사유가 아니고 이는 기판력에 의해 차단되는 것으로 보고 있다.

〈사례 31〉 **구로동 농지사건5)과 재재심사건**
1961년 정부는 구로공단 조성을 위해 구로동 일대의 농지를 강제수용하였다. 구 농지개혁법에 따라 이 일대의 농지를 분배받은 사람들(수분배자)의 후손(원고)들이 피고(대한민국)를 상대로 상환완료를 원인으로 한 소유권이전등기절차이행청구의 소를 제기하여 원고들의 청구를 인용하는 내용의 **민사판결이 확정**되었다. 그런데 피고 소속 수사기관 공무원들의 위법한 수사 등을 통해 수집한 증거를 바탕으로 이 소송을 제기한 원고들과 그들의 주장에 부합하는 증언을 한 공무원들에 대한 폭행과 협박 등으로 원고들에게 소취하와 권리포기를 강요하여 결국 원고들과 공무원들을 포함하여 40여명이 기소되었고 그 중 일부는 소송사기죄 등으로 **유죄판결이 확정**되었다.
피고는 형사유죄판결 등을 기초로 피고가 패소한 민사확정판결에 대한 재심을 청구하였다. 재심법원은 민사확정판결을 취소하고 원고들의 청구를 기각하는 판결을 선고하였고, 이 **재심판결이 확정**되었다.
형사유죄판결을 받은 피고인들 중 수분배자들이 과거사정리위원회에 진실규명과 명예회복을 신청하여 형사소송법상 재심사유에 해당한다는 취지의 진실규명결정을 받고, 이 결정을 토대로 형사유죄확정판결에 대한 재심을 청구하였고, 이들에게 무죄를 선고하는 **형사재심판결**이 선고되고 이 판결이 확정되었다.
원고들은 형사재산판결이 선고되자 **민사재심판결에 대하여 재재심청구**를 하였다. 즉, 민사확정판결에 대하여 피고가 재심으로 뒤집었는데, 그 재심사건에 형사재심판결을 근거로 재심사유가 있다는 이유로 재재심을 청구한 것이다.
재재심법원은 원고들에 대한 부분을 취소하고 피고의 종전 재심청구를 기각하는 판결을 선고하였고, 이 **재재심판결**은 그대로 확정되었다.
원고들이 피고를 상대로 피고가 일련의 불법행위로 인하여 원고들 관련 수분배자들이 분배농지에 관한 소유권을 취득할 수 없게 되었음을 이유로 **손해배상을 구하는 소**를 제기하였다.
원고들의 이 사건 손해배상청구는 농지분배처분을 원인으로 한 수분배자들의 소유권이전등기를 배척한 민사확정판결의 기판력에 저촉되는가?

---

4) 판결서의 이유에는 주문이 정당하다는 것을 인정할 수 있을 정도로 당사자의 주장, 그 밖의 공격·방어방법에 관한 판단을 표시하면 되므로(민사소송법 제208조) 당사자의 모든 주장이나 공격·방어방법을 판단할 필요는 없다. 한편 당사자가 주장한 사항에 대한 구체적·직접적인 판단이 판결 이유에 표시되어 있지 않았더라도 판결이유의 전반적인 취지에 비추어 그 주장을 인용하거나 배척하였음을 알 수 있는 정도라면 판단누락이라고 할 수 없고, 설령 실제로 판단을 하지 아니하였다고 하더라도 판결결과에 영향이 없다면 판단누락의 위법이 있다고 할 수 없다(대법원 2012. 8. 23. 선고 2011다40373 판결).
5) 구로동 농지사건의 顚末에 관하여는 오창수, 민사소송법 이야기 2, p.339 이하 참조.

구로동 농지사건은 1964년에 소가 제기되어 대법원판결과 재심에 재심을 거듭하며 현재의 손해배상청구사건까지 후속재판이 이어지고 있는 대한민국 사법사상 전대미문(前代未聞)의 사건이다. 대법원 초유의 재재심판결의 상고심에서 대법원의 판지는 다음과 같다.[6]

"민사소송법 제451조 제1항은 '확정된 종국판결'에 대하여 재심의 소를 제기할 수 있다고 규정하고 있는바, 재심의 소에서 확정된 종국판결도 위 조항에서 말하는 '확정된 종국판결'에 해당하므로 확정된 재심판결에 위 조항에서 정한 재심사유가 있을 때에는 확정된 재심판결에 대하여 재심의 소를 제기할 수 있다.

한편 민사소송법 제454조 제1항은 "재심의 소가 적법한지 여부와 재심사유가 있는지 여부에 관한 심리 및 재판을 본안에 관한 심리 및 재판과 분리하여 먼저 시행할 수 있다."고 규정하고, 민사소송법 제459조 제1항은 "본안의 변론과 재판은 재심청구이유의 범위 안에서 하여야 한다."고 규정하고 있는바, 확정된 재심판결에 대한 재심의 소에서 그 재심판결에 재심사유가 있다고 인정하여 본안에 관하여 심리한다는 것은 그 재심판결 이전의 상태로 돌아가 전 소송인 종전 재심청구에 관한 변론을 재개하여 속행하는 것을 말한다. 따라서 원래의 확정판결을 취소한 재심판결에 대한 재심의 소에서 원래의 확정판결에 대하여 재심사유를 인정한 종전 재심법원의 판단에 재심사유가 있어 종전 재심청구에 관하여 다시 심리한 결과 원래의 확정판결에 재심사유가 인정되지 않을 경우에는 재심판결을 취소하고 종전 재심청구를 기각하여야 하며, 그 경우 재심사유가 없는 원래의 확정판결 사건의 본안에 관하여 다시 심리와 재판을 할 수는 없다고 보아야 한다."

원고들의 피고를 상대로 한 손해배상청구사건에서 원심은 원고들과 피고 사이의 '이 사건 민사확정판결'의 기판력은 피고가 수분배자들에 대하여 한 농지분배처분이 무효라는 점에 관해서까지는 미치지 아니하고, 수분배자들로서는 위 확정판결의 변론종결일 이후에 피고에게 상환곡 납부를 완료함으로써 이 사건 각 분배농지에 관한 소유권이전등기절차의 이행을 받을 수 있었음에도, 피고의 이 사건 불법행위로 말미암아 위 분배농지에 관한 수분배권을 상실하는 손해를 입게 되었다고 판단하였다.

대법원은 이 사건 민사확정판결은 농지분배처분을 원인으로 한 수분배자들의 피고에 대한 소유권이전등기청구를 배척한 것이고, 확정판결의 기판력은 소송물로 주장된 법률관계의 존부에 관한 판단의 결론에만 미치고 그 전제가 되는 법률관계의 존부에까지 미치는 것이 아니므로, 위 확정판결의 기판력이 미치는 법률관계는 망인들의 피고에 대한 소유권이전등기청구권의 존부에 한정되고 이 사건에서 문제되는 농지분배처분 무효 내지 수분배자들의 이 사건 각 분배토지에 관한 수분배권 존부는 그 전제가 되는 법률관계에 불과하여 위 확정판결의 기판력이 미치지 아니한다고 판단하여 원심의 결론을 수긍하고 피고의 상고를 기각하였다.[7]

---

[6] 대법원 2015. 12. 23. 선고 2013다17124 판결.
[7] 대법원 2021. 4. 8. 선고 2020다219690 판결.

31 기판력과 확정판결의 증명효

1.

확정판결의 기판력은 소송물로 주장된 법률관계의 존부에 관한 판단의 결론 그 자체에만 미치고, 판결이유에서 설시된 그 전제가 되는 법률관계의 존부에 관한 판단에까지는 미치지 않는 것으로 본다. 그러나 법원의 확정판결을 통하여 분쟁의 일회적이고도 실효성 있는 해결을 도모할 수 있도록 판결이유에 나타난 주요 쟁점사실에 대한 판단의 후소 법원에 대한 구속력을 인정할 필요가 있다는 전제 하에 쟁점효 내지 쟁점배제효 등의 이론이 제시되고 있다.

판례는 "확정판결의 기판력은 그 판결의 주문에 포함된 것, 즉 소송물로 주장된 법률관계의 존부에 관한 민사재판에 있어서 이와 관련된 다른 민·형사사건 등의 확정판결에서 인정된 사실은 특별한 사정이 없는 한 유력한 증거자료가 되는 것이나, 당해 민사재판에서 제출된 다른 증거내용에 비추어 관련 민·형사사건의 확정판결에서의 사실판단을 그대로 채용하기 어렵다고 인정될 경우에는 이를 배척할 수 있고, 이 경우에 그 배척하는 구체적인 이유를 일일이 설시할 필요는 없다."고 하여[1] 이른바 확정판결의 증명효를 인정하고 있다. 동일 쟁점사실을 기초로 하고 소송물을 서로 달리하여 전·후소로 나뉘어 제기된 경우 전소판결에서 한 쟁점사실에 대한 판단은 후소에서 그 증거로 제출되면 유력한 증거로서의 효력을 가진다.

〈사례 31-1〉 甲은 乙로부터 X 부동산을 매수하였다고 주장하면서 乙을 상대로 X 부동산에 관한 소유권이전등기청구의 소('전소')를 제기하였으나 법원은 위 부동산에 관한 매매계약 체결사실을 인정할 증거가 없고 오히려 증거에 의하면 乙은 甲이 위 매매계약상의 계약금 및 잔금이라고 주장하는 합계 1,300만원을 그 주장일시에 차용하였다가 모두 변제한 사실이 인정된다는 이유로 甲의 청구를 기각하는 판결이 선고하고 이 판결이 확정되었다.
그 후 甲은 후소를 제기하면서 전소에서와 똑같은 매매계약의 체결 및 그 대금의 지급사실을 주장한 다음, 위 매매계약은 전소에서 甲 패소로 확정됨으로써 사실상 그 목적을 달성할 수 없게 되었음을 이유로 甲이 지급한 계약금 및 잔금, 甲이 乙을 대위하여 변제한 연체임료 등을 합한 2,300만원의 부당이득반환을 구하는 소를 제기하였다.
후소 법원은 어떻게 판단할 것인가?

---

[1] 대법원 2000. 2. 25. 선고 99다55472 판결. 그리고 이와 같은 법리는, '주의의무 위반'과 같은 불확정개념이 당사자가 주장하는 법률효과 발생에 관한 요건사실에 해당할 때, 관련 민사사건의 확정판결에서 이를 인정할 증거가 없거나 부족하다는 이유로 당사자의 주장을 받아들이지 않았음에도 이와 달리 후소 법원에서 위와 같은 요건사실을 인정하는 경우에도 마찬가지로 적용된다(대법원 2018. 8. 30. 선고 2016다46338, 46345 판결).

☞ 민사재판에 있어서는 다른 민사사건 등의 판결에서 인정된 사실에 구속받는 것은 아니라 할지라도 이미 확정된 관련 민사사건에서 인정된 사실은 특별한 사정이 없는 한 유력한 증거가 된다 할 것이므로, 합리적인 이유설시 없이 이를 배척할 수 없다는 것이 대법원의 확립된 견해이고, 특히 전후 두개의 민사소송이 당사자가 같고 분쟁의 기초가 된 사실도 같으나 다만 소송물이 달라 기판력에 저촉되지 아니한 결과 새로운 청구를 할 수 있는 경우에 있어서는 더욱 그러하다.[2] 대법원은 이 사건 소송은 종전사건과 당사자가 같고 분쟁의 기초가 된 사실도 같은 경우에 해당하고, 종전사건에서 인정한 사실과 다른 사실인정을 할 만한 사정이 있는 경우에 해당한다고 보기 어렵다고 판시하였다. 결국 甲의 후소 청구는 기각될 것이다.

<사례 31-2> A가 B와 함께 대한민국으로부터 이 사건 제1토지를 매수하고 1993. 9. 6. 자기 명의로 소유권이전등기를 마쳤는데, 위 매매대금을 조달하는 과정에서 1993. 8. 16. 乙로부터 3,000만 원을 차용한 다음, 만일 위 차용원리금을 변제하지 못하는 경우 그 변제에 갈음하여 乙에게 이 사건 제1토지 중 1/2 지분에 관한 소유권을 이전해 주기로 하는 약정('이 사건 약정')을 하였고, 乙이 소유권이전청구권을 피보전권리로 하는 처분금지가처분결정을 받아 1993. 10. 2.과 1994. 4. 22.의 두 차례에 걸쳐 가처분 등기가 마쳐졌다. 그 후 甲이 A로부터 이 사건 제1토지에서 분할된 이 사건 제2토지를 매수한 다음 1996. 3. 8. 이 사건 제2토지에 관하여 자기 명의로 소유권이전등기를 마쳤다.
그런데 乙이 A를 상대로 하여 1993. 9. 20.자 매매를 원인으로, 이 사건 제2토지에 관한 소유권이전등기절차의 이행을 구하는 소송('종전 소송')을 제기하여 1996. 5. 9. 승소판결을 선고받고 위 판결이 확정됨으로써 乙 명의의 소유권이전등기를 마쳤고 위 처분금지가처분의 효력에 의하여 甲 명의의 위 소유권이전등기는 말소되었다.
이 사건 제2토지에서 다시 분할된 이 사건 제4, 5토지 중 제4토지에 관하여 丙 조합 명의의 각 근저당권설정등기가, 제5토지에 관하여 丁 명의의 소유권이전등기가 각각 乙 명의의 등기에 터잡아 마쳐졌다.
甲은 乙이 A로부터 이 사건 제1토지나 제2토지를 매수한 사실이 전혀 없음에도 종전 소송에서 이 사건 제2토지에 관한 허위의 매매계약서를 증거로 제출하고 증인으로 하여금 마치 위 매매계약을 목격한 것처럼 위증하게 하여 승소판결을 받아내고 또 A와 통정하여 위 판결이 확정되게 만든 후 그 확정판결에 기하여 위 소유권이전등기를 마친 것이어서 乙 등 명의의 각 등기는 원인무효라는 청구원인을 내세워, 그 말소등기절차의 이행을 구하는 이 사건 소를 제기하였다.

<원심>은 ① 乙이 주장하는 매매계약 당시 그 목적물의 시가 및 매매대금 액수, 근저당권 설정사실, 관련 형사사건에서 乙 스스로 가처분등기가 담보조로 마쳐진 것이라고 진술한 점 등에 비추어 보면 이 사건 약정은 매매계약으로 보기 어렵고, ② 종전 소송에서 이해관계인인 B가 A의 위 乙에 대한 채무원리금을 이미 변제하였고, ③ 종전 소송에서 매매계약의 체결에 관하여 증언한 C는 위증죄로, 乙은 위증교사죄로 유죄판결이 확정되었으므로, 乙 명의의 이전등기는, 乙이 이 사건 약정에 기한 소유권이전등기청구권이 소멸된 후, 마치 이 사건 약정이 진정한 매매계약인 것처럼 허위로 주장하여 경료한 원인무효의 등기이고, 따라서 이에 터잡은 丙, 丁 명의의 등기도 역시 원인무효의 등기라고 판단하였다.
그러나 <대법원>은 다음과 같이 판시하고 원심을 파기환송하였다.[3]

---

[2] 대법원 1995. 6. 29. 선고 94다47292 판결.

"등기원인의 존부에 관하여 분쟁이 발생하여 그 당사자 사이에 소송이 벌어짐에 따라 법원이 위 등기원인의 존재를 인정하면서 이에 기한 등기절차의 이행을 명하는 판결을 선고하고 그 판결이 확정됨에 따라 이에 기한 소유권이전등기가 마쳐진 경우, 그 등기원인에 기한 등기청구권은 법원의 판단에 의하여 당사자 사이에서 확정된 것임이 분명하고, 법원이나 제3자도 위 당사자 사이에 그러한 기판력이 발생하였다는 사실 자체는 부정할 수 없는 것이므로, 위 기판력이 미치지 아니하는 타인(이 사건의 원고)이 위 등기원인의 부존재를 이유로 확정판결에 기한 등기의 추정력을 번복하기 위해서는 일반적으로 등기의 추정력을 번복함에 있어서 요구되는 입증의 정도를 넘는 명백한 증거나 자료를 제출하여야 하고, 법원도 그러한 정도의 입증이 없는 한 확정판결에 기한 등기가 원인무효라고 단정하여서는 아니 될 것이다."4)

대법원은 판결의 증명효를 판결의 당사자가 아닌 자에게도 미칠 수 있음을 판시하고, 등기의 추정력을 부정하고 그 등기의 원인무효를 이유로 말소를 구하는 후소에서는 통상의 등기말소청구소송에 비하여 더욱 강력한 증명력 있는 증거를 요구하고 있다. 이는 바로 후소와 동일한 쟁점(매매계약 체결사실)에 관한 전소 확정판결의 증명력 때문이다.

확정판결에 기한 등기가 원인무효가 되는 경우로는 사위판결이나 망인에 대한 판결 또는 확정판결이 재심에 의하여 취소된 경우 등 명백한 흠이 있는 경우 그 판결에 의한 등기는 원인무효가 될 것이다. 제2매수인이 매도인의 배임행위에 적극 가담하는 반사회질서 법률행위를 하고 그에 기한 등기를 함에 있어서 확정판결을 이용한 경우 판례는 그 등기를 원인무효(다만 무효주장이 기판력에 저촉되지 않는 범위에서)로 본다.

위 사례에서 당사자 사이에 등기청구권의 원인으로 주장된 매매 등 법률행위의 존재 자체가 소송상 다투어진 결과, 매매 등 법률행위의 존재 및 그에 기한 등기청구권의 존재가 증명되어 법원이 "매매를 원인으로 한 소유권이전등기절차를 이행하라"는 판결을 선고하고 위 판결이 확정되었는데, 이 경우에는 법원의 공권적 판단으로 당사자 사이의 분쟁이 해결됨으로써 적어도 그 당사자 사이에서는 매매 등 법률행위에 기한 등기청구권의 존재가 확정된 것임이 분명하고, 제3자도 위 당사자 사이에 그러한 기판력이 발생하였다는 사실 자체는 부정할 수 없는 것이다.5)

---

3) 대법원 2002. 9. 24. 선고 2002다26252 판결.
4) 원심이 내세우고 있는 위 ①, ②의 사실관계는 종전 소송의 법원이 충분히 심리하여 판단한 사정에 불과하고, 종전 소송에서 나타나지 아니한 새로운 증거나 자료로서는 원심이 내세운 위 ③의 위증 및 위증교사 사실이 있지만, 기록에 의하면, 그 내용은 위 매매계약서를 작성하여 준 법무사 사무소 직원이 乙과 A 사이의 법률관계를 제대로 알지도 못하면서 그 기억에 반하여 위 법률관계를 다 알고 있는 것처럼 증언을 하고 乙이 이를 교사하였다는 정도의 내용에 불과하며, 달리 위 등기의 추정력을 번복할 만한 증거나 자료가 기록상 나타나지 아니하므로, 결국 이 사건에 있어서 甲 은 확정판결에 기한 乙 명의 등기의 추정력을 번복하기 위하여 요구되는 입증을 다하지 못하였다고 봄이 상당하다.
5) 황병하, "확정판결 등에 기한 등기의 원인무효와 그 등기의 추정력을 복멸하기 위한 입증의 정도", 대대법원판례해설 202년 하반기(통권 제42호), p.401 참조. 이 사건에서 甲이 진정한 권리자임이 틀림없다면 甲으로서는 위 확정판결의 당사자인 A를 보조참가하는 형식으로 위 확정판결에 대한 재심의 소를 제기하여 위 확정판결을 취소함으로서 구제를 받는 것이 순리일 것이다.

2.

확정판결의 증명효에 관한 판례의 입장은 다음과 같이 요약할 수 있다.[6]

(1) 동일 분쟁사실을 기초로 하여 민사사건이 전·후소로 나뉘어 각각 따로 제기되고 그 소송에서 다투어지는 쟁점이 서로 동일한 경우에 전소 확정판결에서 한 그 쟁점 사실에 대한 판단은 후소법원에 대하여 증명효를 가진다.

(2) 전소판결은 후소에서 당사자가 제출하는 다른 증거와 함께 법관의 자유심증에 의하여 동일 쟁점사실에 대한 판단을 함에 있어서 그 자료로 제공된다.

(3) 후소법원은 자유심증주의 원칙에 따라 동일 쟁점에 관하여 전소법원과 다른 사실판단을 할 수 있으나, 이러한 경우에는 전소법원과 달리 판단하게 된 합리적 이유를 제시하여야 한다.

(4) 특히 전·후소가 당사자가 서로 동일하고 분쟁사실도 동일하지만 그 소송물만 서로 다른 경우에는 전소법원과 다른 판단을 함에 있어서는 특히 신중하여야 한다.

참고로 기판력과 증명효, 쟁점효 3가지를 상호비교하면 다음과 같다.[7]

	기판력	증명효	쟁점효
발생대상	판결주문	판결의 모든 기재내용	판결이유
인적 범위	당사자+승계인	당사자+이해관계 있는 제3자+일반 제3자(인적 범위에서 무제한)	당사자+승계인(동일분쟁사실에 대한 이해관계 있는 제3자에의 확장
효력	동일소송물에 대한 전소판결과의 모순금지효 또는 반복금지효	서증으로서의 효력 법원의 자유심증 대상 후소법원이 전소법원의 판단을 배척할 경우 그 이유설시	전소법원의 판결 전체가 되는 주요 쟁점에 대한 당사자의 후소에서의 재론 금지효
원용의 필요	직권조사사항	당사자가 전소법원 판결을 증거로서 제출	당사자의 원용 필요
인정근거	민소법 명문규정 법적 안정성 및 당사자에 대한 절차보장결과로서의 자기책임	당사자의 증거제출권 (증거에 있어서의 당사자권)	신의칙 민소법 제216조와의 관계에서 조화필요
적용요건	확정필요	확정 불필요	확정필요
상소이익	인정됨	독자적 상소이익 불인정	쟁점효 법리를 인정한다면 독자적 상소이익 인정 필요

---

6) 권혁재, "확정판결의 효력범위에 관한 몇 가지 문제점 고찰", 민사소송 제10권 제1호, 한국사법행정학회(2006), p.86 참조.
7) 권혁재, 앞의 논문, p.104 참조.

민사소송과 기판력 - 사례와 판례로 본 기판력의 이해

제**4**편

특수소송과 기판력

32. 채권집행과 기판력
33. 보전처분과 기판력
34. 민사소송의 기판력과 형사소송의 기판력
35. 가사재판과 기판력

32 채권집행과 기판력

1.

　채권집행 중 금전채권에 대한 집행은 채무자의 재산 중 채무자가 제3채무자에 대하여 금전의 급여를 구할 수 있는 각종의 청구권에 대하여 하는 강제집행이다. 채권자를 甲, 채무자를 乙, 제3채무자를 丙으로 한다면 甲은 우선 집행보전조치로서 乙의 丙에 대한 채권을 **가압류**한 후, 乙에 대한 지급명령이나 확정판결 등 **집행권원을 취득**하여 위 **가압류를 본압류로 이전**하면서 **채권압류 및 추심명령**이나 **전부명령**을 신청한다. 집행채권의 만족을 얻기 위한 현금화절차가 추심명령이나 전부명령이다. 추심명령이나 전부명령을 얻기 위하여는 채권자의 채무자에 대한 확정된 집행권원과 피압류채권에 대한 압류명령을 전제로 한다.

　추심명령은 채무자의 채권자들을 대표하여 추심권능을 부여받은 것이어서 배당절차가 예정되어 있고, 추심채권자의 우선변제가 보장되지 않으나, 전부명령과 달리 제3채무자의 무자력의 위험을 감수하지 않는다. 그러나 전부명령의 경우 전부명령에 따른 채권의 이전만으로 즉 실제로 전부채권자가 제3채무자로부터 피전부채권을 현실적으로 추심하였는지 여부와 상관없이 채권자의 집행채권이 소멸하므로 제3채무자의 무자력의 경우 채권자가 현실적인 만족을 얻지 못할 위험이 있다. 반면에 전부명령의 경우 추심명령과 달리 경합하는 다른 채권자를 배제하고 전부채권자만이 독점적 만족을 얻을 수 있는 이점이 있다. 전부명령은 실질적으로 채권자평등주의 원칙의 예외를 이루는 집행방법이다.[1] 전부명령은 (가)압류의 경합이나 배당요구가 없을 것을 전제로 한다. 이 점에서 전부명령은 채권양도와 유사하나, 채권양도는 '채무변제를 위한 담보'로 양도되는 것인 반면, 전부명령은 '채무의 변제를 갈음하여' 이루어진다.

　제3채무자에게 추심명령이나 전부명령이 송달되었음에도 불구하고 제3채무자가 이행을 하지 않으면 추심명령이나 전부명령이 제3채무자에 대한 집행권원이 되는 것은 아니므로 채권자가 제3채무자에 대한 집행권원을 얻기 위한 소송절차가 바로 추심금 소송과 전부금 소송이다. 추심금 소송과 전부금 소송에서 제3채무자는 집행채권의 부존재나 소멸을 항변사유로 할 수 없고 이는 채무자의 청구이의의 소의 대상이 된다. 채권압류명령은 비록 강제집행절차에 나아간 것이기는 하나 채권추심명령이나 채권전부명령과는 달리 집행채권의 현금화나 만족적 단계에 이르지 아니하는 보전적 처분으로서 집행채권을 압류한 채권자를 해하는 것이 아니기 때문에 집행채권에 대한 압

---

[1] 대법원 2016. 3. 24. 선고 2014다13280,13297 판결.

류의 효력에 반하는 것은 아니라고 할 것이므로, 집행채권에 대한 압류는 집행채권자가 그 채무자를 상대로 한 채권압류명령에는 집행장애사유가 될 수 없다.[2]

2.

추심소송은 채권자대위소송과 비슷한 구조를 갖고 있다. 다음 각 사례를 중심으로 채권자대위소송과 채권집행이 경합하는 경우를 검토하고[3] 기판력이 관점에서 문제되는 것도 살펴보기로 한다.

> 〈사례 32-1〉 A는 B에 대하여 1억 원의 대여금채권이 있고, B는 C에 대하여 1억 원의 물품대금채권이 있다. A는 B에 대한 대여금채권을 피보전채권으로 하여 B를 대위하여 C를 상대로 1억 원의 물품대금지급을 구하는 소를 제기하였다.
> 법원은 C는 A에게 1억 원 및 이에 대한 지연이자의 지급을 명하는 판결(이하 '이 사건 판결')을 선고하였고 이 판결은 확정되었다.

〈문1〉 B의 채권자 甲이 B에 대한 집행력 있는 공정증서정본에 기하여 B의 C에 대한 물품대금채권에 대하여 채권압류 및 전부명령을 받았고, 위 명령은 확정되었다. 甲의 위 압류 및 전부명령은 유효한가?

가. 채권자대위권의 행사가 채무자에게 미치는 효력

(1) 채권자대위권 행사의 효과는 <u>채무자에게 귀속</u>되어 모든 채권자의 공동담보로 된다. 즉 대위채권자가 목적물에 대하여 우선변제권을 취득하는 것은 아니고 다른 채권자와 평등비율로 배당을 받을 수 있음에 불과하다.

(2) 채권자가 자기의 금전채권을 보전하기 위하여 채무자의 금전채권을 대위행사하는 경우 제3채무자로 하여금 채무자에게 지급의무를 이행하도록 청구할 수도 있지만, <u>직접 대위채권자 자신에게</u> 이행하도록 청구할 수도 있다.

나. 대위소송판결의 효력

(1) 민사소송법 제218조 제3항은 '다른 사람을 위하여 원고나 피고가 된 사람에 대한 확정판결은 그 다른 사람에 대하여도 효력이 미친다.'고 규정하고 있으므로, 채권자가 채권자대위권을 행사하는 방법으로 제3채무자를 상대로 소송을 제기하고 판결을 받은 경우 채권자가 채무자에 대하여 민법 제405조 제1항에 의한 보존행위 이외의 권리행사의 통지, 또는 민사소송법 제84조에 의한 소송고지 혹은 비송사건절차법 제49조 제1항에 의한 법원에 의한 재판상 대위의 허가를 고지하는 방법 등 <u>어떠한 사유로 인하였든 적어도 채권자대위권에 의한 소송이 제기된 사실을 채무자가 알았을 때에는 그 판결의 효력이 채무자에게 미친다</u>고 보아야 한다.

---

[2] 대법원 2016. 9. 28. 선고 2016다205915 판결.
[3] 상세는 오창수, "채권자대위소송과 채권집행의 경합과 해소", 민사집행법연구(제15권), 한국사법항정학회(2019), p.43 이하 참조.

(2) 이때 채무자에게도 기판력이 미친다는 의미는 채권자대위소송의 소송물인 피대위채권의 존부에 관하여 채무자에게도 기판력이 인정된다는 것이고, 채권자대위소송의 소송요건인 피보전채권의 존부에 관하여 당해 소송의 당사자가 아닌 채무자에게 기판력이 인정된다는 것은 아니다.[4] 채권자대위소송에서 본안판결이 확정된 경우에도 피보전채권의 존재 및 범위에 대한 판단에 기판력이 발생한 것으로 볼 수는 없다.

다. 피대위채권이 변제 등으로 소멸하기 전에 마쳐진 (가)압류의 효력

(1) 강제집행의 대상인 금전채권이 집행적격(압류적격)을 가지려면 채권이 집행채무자의 책임재산에 속하여야 하고, 독립된 재산으로서의 재산적 가치가 있어야 하며, 양도할 수 있어야 하고, 법률상 양도금지채권이 아니어야 한다(민집 제246조). 채무자의 책임재산에 속하지 않는 재산에 대한 (가)압류명령은 무효이다.

(2) 채권자대위소송에서 제3채무자로 하여금 직접 대위채권자에게 금전의 지급을 명하는 판결이 확정되더라도, 대위의 목적인 권리, 즉 채무자의 제3채무자에 대한 피대위채권이 판결의 집행채권으로서 존재하는 것이고 대위채권자는 채무자를 대위하여 피대위채권에 대한 변제를 수령하게 될 뿐 자신의 채권에 대한 변제로서 수령하게 되는 것이 아니므로, 피대위채권이 변제 등으로 소멸하기 전이라면 채무자의 다른 채권자는 이에 대하여 압류 또는 가압류, 처분금지가처분을 할 수 있다. 그리고 이러한 경우에는 집행채권자의 채권자가 집행권원에 표시된 집행채권을 압류 또는 가압류, 처분금지가처분을 한 경우에 관한 법리가 그대로 적용된다.[5]

라. 민법 제405조 제2항에 위반한 채무자의 처분행위의 효력

(1) 민법 제405조 제2항은 '채무자가 채권자대위권행사의 통지를 받은 후에는 그 권리를 처분하여도 이로써 채권자에게 대항하지 못한다'고 규정하고 있다. 위 조항의 취지는 채권자가 채무자에게 대위권 행사사실을 통지하거나 채무자가 채권자의 대위권 행사사실을 안 후에 채무자에게 대위의 목적인 권리의 양도나 포기 등 처분행위를 허용할 경우 채권자에 의한 대위권행사를 방해하는 것이 되므로 이를 금지하는 데에 있다.

(2) 채권자가 채권자대위권에 기하여 채무자의 권리를 행사하고 있는 경우 그 사실을 채무자에게 통지하였거나 채무자가 그 사실을 알고 있었던 때에는 채무자가 그 권리를 처분하여도 채권자에게 대항하지 못한다.[6]

(3) 채무자의 처분행위는 금지되나, 관리·보존행위까지 금지되는 것은 아니다. 따라서 채무자는 변제수령을 할 수 있고, 채무자 명의로 소유권이전등기를 할 수 있다.[7] 판례가 채무자의 '제한

---

4) 따라서 채권자가 채권자대위권을 행사하는 방법으로 제3채무자를 상대로 소송을 제기하였다가 채무자를 대위할 피보전채권이 인정되지 않는다는 이유로 소각하 판결을 받아 확정된 경우 그 판결의 기판력이 채권자가 채무자를 상대로 피보전채권의 이행을 구하는 소송에 미치는 것은 아니다(대법원 2014. 1. 23. 선고 2011다108095 판결).
5) 대법원 2016. 9. 28. 선고 2016다205915 판결.
6) 대법원 2007. 9. 6. 선고 2007다34135 판결.
7) 채권자가 채무자를 대위하여 채무자의 제3채무자에 대한 권리를 행사하고 채무자에게 통지를 하거나 채무자가 채권자의 대위권 행사사실을 안 후에는 채무자는 그 권리에 대한 처분권을 상실하여 그 권리의 양도나 포기 등 처분행위를 할 수 없고 채무자의 처분행위에 기하여 취득한 권리로서는 채권자에게 대항할 수 없으나, 채무자의 변제수령은 처분행위라 할 수 없고 같은 이치에서 채무자가 그 명의로 소유권이전등기를 경료하는 것 역시 처분행위라고 할 수 없으므로 소유권

되는 처분행위'에 해당하지 않는 경우로 본 사례로 지급명령에 대하여 이의를 제기하지 않고 그 후속절차까지 이루어지게 한 행위, 채무자가 자신의 채무를 불이행함으로써 제3채무자로 하여금 해제권을 행사할 수 있도록 한 경우 등이 있다.[8]

마. 피대위채권에 대한 (가)압류명령이 민법 제405조 제2항에 의하여 제한되는지 여부

(1) 제한되는 처분행위란 처분권자의 의사에 기초하여 법률관계의 변동을 가져오는 법률행위로 채권자의 대위권 행사와 저촉되는 범위의 채무자의 행위 또는 채무자의 처분행위와 동일시할 수 있는 제3자의 처분행위가 된다. 채무자의 채무불이행 그 자체는 처분행위로 볼 수 없다.

(2) 피대위채권에 대한 압류명령이 제3채무자에게 송달되어 효력이 발생하면 채무자와 제3채무자에 대하여 처분금지 및 지급금지의 효력이 발생할 뿐, 채무자의 제3채무자에 대한 권리변동의 효력은 발생하지 아니한다(피대위채권에 대한 가압류명령이 제3채무자에게 지급금지명령만을 한다는 점에서 본압류와 차이가 있으나 채권확보 목적에서 보면 그 효력에 차이가 없다). 따라서 피대위채권에 대한 (가)압류명령은 민법 제405조 제2항에 의해 제한되는 처분행위에 해당하지 않는다.

바. 피대위채권에 대한 전부명령이 민법 제405조 제2항에 의하여 제한되는지 여부

(1) 채권자대위소송이 제기되고 대위채권자가 채무자에게 대위권 행사사실을 통지하거나 채무자가 이를 알게 되면 민법 제405조 제2항에 따라 채무자는 피대위채권을 양도하거나 포기하는 등 채권자의 대위권 행사를 방해하는 처분행위를 할 수 없게 되고 이러한 효력은 제3채무자에게도 그대로 미치는데, 그럼에도 그 이후 대위채권자와 평등한 지위를 가지는 채무자의 다른 채권자가 피대위채권에 대하여 전부명령을 받는 것도 가능하다고 하면, 채권자대위소송의 제기가 채권자의 적법한 권리행사방법 중 하나이고 채무자에게 속한 채권을 추심한다는 점에서 추심소송과 공통점도 있음에도 그것이 무익한 절차에 불과하게 될 뿐만 아니라, 대위채권자가 압류·가압류나 배당요구의 방법을 통하여 채권배당절차에 참여할 기회조차 가지지 못하게 한 채 전부명령을 받은 채권자가 대위채권자를 배제하고 전속적인 만족을 얻는 결과가 되어, 채권자대위권의 실질적 효과를

이전등기청구권의 대위행사 후에도 채무자는 그 명의로 소유권이전등기를 경료하는 데 아무런 지장이 없다(대법원 1991. 4. 12. 선고 90다9407 판결).

[8] 민법 제405조 제2항은 '채무자가 채권자대위권행사의 통지를 받은 후에는 그 권리를 처분하여도 이로써 채권자에게 대항하지 못한다'고 규정하고 있다. 위 조항의 취지는 채권자가 채무자에게 대위권 행사사실을 통지하거나 채무자가 채권자의 대위권 행사사실을 안 후에 채무자에게 대위의 목적인 권리의 양도나 포기 등 처분행위를 허용할 경우 채권자에 의한 대위권행사를 방해하는 것이 되므로 이를 금지하는 데에 있다. 그런데 채무자의 채무불이행 사실 자체만으로는 권리변동의 효력이 발생하지 않아 이를 채무자가 제3채무자에 대하여 가지는 채권을 소멸시키는 적극적인 행위로 파악할 수 없는 점, 더구나 법정해제는 채무자의 객관적 채무불이행에 대한 제3채무자의 정당한 법적 대응인 점, 채권이 압류·가압류된 경우에도 압류 또는 가압류된 채권의 발생원인이 된 기본계약의 해제가 인정되는 것과 균형을 이룰 필요가 있는 점 등을 고려할 때 채무자가 자신의 채무불이행을 이유로 매매계약이 해제되도록 한 것을 두고 민법 제405조 제2항에서 말하는 '처분'에 해당한다고 할 수 없다. 따라서 채무자가 채권자대위권행사의 통지를 받은 후에 채무를 불이행함으로써 통지 전에 체결된 약정에 따라 매매계약이 자동적으로 해제되거나, 채권자대위권행사의 통지를 받은 후에 채무자의 채무불이행을 이유로 제3채무자가 매매계약을 해제한 경우 제3채무자는 계약해제로써 대위권을 행사하는 채권자에게 대항할 수 있다. 다만 형식적으로는 채무자의 채무불이행을 이유로 한 계약해제인 것처럼 보이지만 실질적으로는 채무자와 제3채무자 사이의 합의에 따라 계약을 해제한 것으로 볼 수 있거나, 채무자와 제3채무자가 단지 대위채권자에게 대항할 수 있도록 채무자의 채무불이행을 이유로 하는 계약해제인 것처럼 외관을 갖춘 것이라는 등의 특별한 사정이 있는 경우에는 채무자가 피대위채권을 처분한 것으로 보아 제3채무자는 계약해제로써 대위권을 행사하는 채권자에게 대항할 수 없다(대법원 2012. 5. 17. 선고 2011다87235 전원합의체 판결).

확보하고자 하는 민법 제405조 제2항의 취지에 반하게 된다.

(2) 따라서 판례는 채권자대위소송이 제기되고 대위채권자가 채무자에게 대위권 행사사실을 통지하거나 채무자가 이를 알게 된 이후에는 민사집행법 제229조 제5항이 유추적용되어 피대위채권에 대한 전부명령은, 우선권 있는 채권에 기초한 것이라는 등의 특별한 사정이 없는 한 무효라고 본다(피전부적격 상실설).9) 판례에 대하여는 대위채권자의 지위를 압류·추심명령을 받은 채권자와 같이 볼 수 없고 채권자가 전부명령을 얻은 것을 채무자의 처분행위로 볼 수 없다는 이유 등으로 비판적인 견해(피전부적격 유지설)가 많다.

사. 결어

(1) 채권자대위소송에서 제3채무자로 하여금 직접 대위채권자에게 금전의 지급을 명하는 판결이 확정되었더라도 피대위채권이 변제 등으로 소멸하기 전이라면 채무자의 다른 채권자는 피대위채권을 (가)압류할 수 있고 추심명령을 받을 수도 있다. 압류·추심명령은 피압류채권이 소멸하지 않은 이상 다른 채권자가 압류·가압류·배당요구를 하였는지 여부와 관계없이 유효하나(배당절차 속행), 전부명령은 제3채무자 송달시까지 그 피압류채권에 관하여 다른 채권자가 압류·가압류·배당요구를 하면 무효가 되는 점(민집 제229조 제5항)(배당절차가 없고 전부채권자에게 전속적 만족)에서 차이가 있다.

(2) 판례에 따르면 전부명령의 효력 발생 시점 이전에 피압류채권에 대하여 다른 채권자가 이미 채권자대위권을 행사하였다면 (가)압류채권자 또는 배당요구채권자와 마찬가지로 피압류채권에 관하여 권리행사를 한 것으로 볼 수 있고 결국 甲의 전부명령은 무효라고 보게 된다. 다만 甲의 채권이 우선권 있는 채권에 기하여 전부명령을 받은 경우에는 형식상 압류가 경합하더라도 그 전부명령은 유효하다.

아. 보론

(1) 전부명령이 무효라도 압류명령은 유효하고 따라서 그 압류가 해제되지 않는 이상 압류명령에 의하여 제3채무자의 채무자에 대한 변제가 금지되므로 대위소송판결이 확정되더라도 대위채권자가 대위소송판결에 기한 채권추심은 불가능하다.10) 결국 판례의 입장에 따르는 경우에도 대위채권자는 대위소송판결에 의한 채권회수를 할 수 없다.

(2) 甲은 위 압류명령을 기초로 다시 추심명령을 받은 다음 추심신고에 나아갈 수 있고, 대위채권자는 배당요구의 종기(공탁사유신고나 추심신고시)까지 압류·가압류·배당요구를 하여 배당절차에 참가할 수 있다.

(3) 전부명령이 제3채무자에 대한 송달로서 효력을 발생하는 것과 달리 대위권행사에 따른 처분제한효는 채무자에 대한 통지 등으로 발생하므로 제3채무자로서는 처분제한효 발생사실을 알지 못한 채 전부명령을 받은 채권자에게 변제한 경우 채권의 준점유자에 의한 변제로 해결하고 전부명령을 받은 채권자와 대위채권자 사이의 문제는 부당이득으로 해결한다.

---

9) 대법원 2016. 8. 29. 선고 2015다236547 판결.
10) 압류경합이나 배당요구로 인하여 전부명령이 무효가 되더라도 무효인 전부명령과 결합한 압류명령까지 무효가 되는 것은 아니므로(대법원 1976. 9. 28. 선고 76다1145,1146 판결), 압류채권자에 의한 추심명령에 따른 채권집행절차에서 압류권자, 배당요구권자, 무효인 전부명령을 얻은 자는 모두 배당에 참가할 수 있다.

〈문2〉 A의 채권자 乙이 A에 대한 집행력 있는 지급명령정본에 기초하여 이 사건 판결에 따라 A가 C로부터 지급받을 채권에 대하여 채권압류 및 전부명령을 받았고, 위 명령은 확정되었다. 乙의 위 압류 및 전부명령은 유효한가? 乙이 압류 및 추심명령을 받은 경우는 어떠한가? 乙이 위 전부명령이나 추심명령을 근거로 대위소송판결에 대하여 승계집행문을 부여받고 이에 기하여 C의 재산에 대하여 가압류를 하거나 강제집행을 할 수 있는가?

가. 집행적격

(1) 전부명령은 압류채권(집행채권)의 집행을 갈음하여 피전부채권이 압류채권자에게 이전하는 효력을 갖는 것이므로 전부명령의 전제가 되는 압류 자체가 무효라면 이에 기한 전부명령도 역시 무효이다. 여기서 집행의 대상이 되는 금전채권은 집행채무자가 제3채무자에 대하여 가지는 금전의 지급을 목적으로 하는 채권을 말하고, 금전채권이 재산적 가치가 있더라도 독립성이 없어 그 자체로 처분하여 현금화할 수 없는 권리는 집행의 목적이 될 수 없다.

(2) 추심명령은 압류한 채권을 제3채무자부터 추심하는 권능을 집행채권자에게 수여하는 집행법원의 결정이므로 추심명령의 전제가 되는 압류가 무효인 경우 그 압류에 기한 추심명령은 절차법상으로는 당연무효라고 할 수 없다 하더라도 실체법상으로는 그 효력을 발생하지 아니하는 의미의 무효라고 할 것이고, 따라서 제3채무자는 압류채권자의 추심금 지급청구에 대하여 위와 같은 실체법상의 무효를 들어 항변할 수 있다.11)

나. 추심권능에 대한 (가)압류의 효력

(1) 금전채권에 대하여 압류 및 추심명령이 있었다고 하더라도 이는 강제집행절차에서 압류채권자에게 채무자의 제3채무자에 대한 채권을 추심할 권능만을 부여하는 것으로서 강제집행절차상의 환가처분의 실현행위에 지나지 아니한 것이며, 이로 인하여 채무자가 제3채무자에 대하여 가지는 채권이 압류채권자에게 이전되거나 귀속되는 것이 아니므로, 이와 같은 추심권능은 그 자체로서 독립적으로 처분하여 환가(현금화)할 수 있는 것이 아니어서 압류할 수 없는 성질의 것이고, 따라서 이러한 추심권능에 대한 (가)압류결정은 무효이고, 이러한 추심권능에 대한 압류 및 추심명령은 역시 무효라고 보아야 한다.12)

(2) 추심권능을 소송상 행사하여 승소확정판결을 받았다 하더라도 그 판결에 기하여 금원을 지급받는 것 역시 추심권능에 속하는 것이므로, 이러한 판결에 기하여 지급받을 채권에 대한 (가)압류결정도 무효라고 보아야 한다.13)

다. 대위소송판결에 기한 채권을 피압류채권으로 한 채권압류 및 전부명령·추심명령의 효력

(1) 채권자대위소송에서 제3채무자로 하여금 직접 대위채권자에게 금전의 지급을 명하는 판결이 확정되었더라도 대위권행사로 인하여 피대위채권이 대위채권자에게 이전되거나 귀속되는 것은 아니고, 이 판결에 기초하여 금전을 지급받는 것 역시 대위채권자의 제3채무자에 대한 추심권능

---

11) 대법원 2008. 6. 12. 선고 2008다11702 판결.
12) 대법원 1988. 12. 13. 선고 88다카3465 판결.
13) 대법원 1997. 3. 14. 선고 96다54300 판결; 대법원 2016. 8. 29. 선고 2015다236547 판결.

내지 변제수령권능에 속한다(거기에 대위소송판결의 집행력이 부여된 것이다). 대위소송판결에 기한 집행완료시까지 대위채권자의 채무자에 대한 피보전채권과 채무자의 제3채무자에 대한 피대위채권이 여전히 존재하는 것이지, 피대위채권이 대위채권자에게 이전·귀속되거나 대위채권자가 제3채무자에 대하여 어떠한 독자적 권리를 취득하는 것은 아니다. <u>대위채권자는 피대위채권에 대하여 집행력이 부여된 추심권능 내지 변제수령권능을 가질 뿐이다.</u> 따라서 채권자대위소송에서 확정된 판결에 따라 대위채권자가 제3채무자로부터 지급받을 채권에 대한 압류명령을 받고 나아가 전부명령이나 추심명령을 받았더라도 이는 모두 무효이다. 결국 <u>乙의 전부명령이나 추심명령은 무효이</u>다.14)

(2) 이 경우 제3채무자는 위 압류 및 전부명령이나 추심명령에 대하여 즉시항고를 제기하여 이를 취소할 수 있고, 설사 즉시항고기간이 도과하여 압류명령 등이 형식상 확정된 경우에도 제3채무자는 그것이 실체상 효력이 없는 무효라는 이유를 들어 대위채권자의 채권자(乙)의 전부금청구나 추심금청구에 대항할 수 있다.

(3) 참고로 압류 및 전부명령이 효력을 발생한 이후에 채권자대위소송이 제기된 경우에는 피대위채권이 전부채권자에게 이전된 것이므로 채권자대위소송은 기각될 것이다. 채권자대위소송 판결확정 후 채권자가 압류 및 추심명령을 받아 추심금소송을 제기한 경우 채권자대위소송 및 추심금소송을 법정소송담당으로 보는 이상 위 추심금소송은 기판력에 의해 각하 또는 기각될 것이다.

라. 대위소송판결의 승계집행의 가부

(1) 위와 같은 전부명령이나 추심명령에 근거하여 대위소송판결에 대위채권자의 채권자를 승계인으로 하여 승계집행문이 부여되고 나아가 그 대위소송판결 및 승계집행문에 기초하여 제3채무자의 재산에 강제집행이 개시된 경우 전부명령이나 추심명령이 무효인 이상 이에 근거한 승계집행문 부여나 그 승계집행문에 기초한 강제집행은 모두 위법하다. 제3채무자로서는 <u>승계집행문 부여에 대한 이의신청이나 이의의 소</u>를 제기하여 인용 결정이나 판결을 받은 후 이를 집행법원에 민사집행법 제49조 제1호의 집행취소서류로 제출하여 그 강제집행을 취소할 수 있다.

(2) 대위채권자의 채권자(乙)로서는 대위채권자(A)의 채무자(B)에 대한 피보전채권을 압류·전부받은 다음(이로써 채무자에 대한 채권자의 지위가 대위채권자로부터 대위채권자의 채권자로 이전된다) 대위소송판결에 승계집행문을 부여받아 제3채무자(C)의 재산에 대하여 강제집행을 실시할 수 있다.

〈문3〉 A가 이 사건 채권자대위소송을 제기한 후 B의 채권자 丙이 B에 대한 집행력 있는 확정판결정본에 기하여 B의 C에 대한 물품대금채권에 관하여 압류 및 추심명령을 받고 C를 상대로 추심금청구의 소를 제기하였다. 丙의 추심금청구는 인용될 수 있는가? 추심금청구소송이 먼저 제기되고 채권자대위소송이 나중에 제기된 경우는 어떠한가?

---

14) 채권자대위권 행사에 의한 처분제한효를 사유로 피대위채권에 대한 전부명령을 무효라고 하더라도, 그 전부명령과 함께 발령된 압류명령은 유효하고, <u>그 압류명령에 의하여 제3채무자의 채무자에 대한 변제가 금지된다면</u>, 대위채권자 역시 변제수령권능에 기한 채권추심을 할 수 없어서 결국 채권자도 채권회수를 할 수 없고 따라서 채권자대위권 행사에 대하여 민사집행법 제229조 제5항을 유추적용하는 것은 타당하지 않다는 비판이 있다.

가. 제3채무자의 지위

(1) 채권자대위소송이나 추심소송이나 권리의무 귀속자인 채무자의 의사와 상관없이 법률의 규정에 의해 대위채권자와 수심채권자에게 소송수행권을 부여하는 법정소송담당으로 본다(법정소송담당설).

(2) 채권자대위권은 채무자의 제3채무자에 대한 권리를 행사하는 것이므로 제3채무자는 대위권 행사의 통지가 있기 전에 채무자에 대하여 가지는 항변사유로 대위채권자에게 대항할 수 있다.

(3) 금전채권에 대한 가압류, 압류 및 추심명령, 전부명령의 경우에 제3채무자도 (가)압류 당시 채무자에게 대항할 수 있는 사유로 (가)압류채권자에게 대항할 수 있다. 다만 채권자의 피보전권리 내지 집행채권이 부존재 내지 소멸한 경우 채권집행에서 그러한 사유는 채무자가 가압류이의나 청구이의 등으로 주장하여야 하고 제3채무자는 그러한 사유를 주장할 수 없다.

나. 채권자대위권 행사에 의한 채무자의 처분권의 제한과 (가)압류의 처분금지효

(1) <u>채권자에 의한 대위권 행사 후</u> 채무자가 제3채무자를 상대로 피대위채권에 관한 이행의 소를 제기하는 것은 중복제소에 해당되어 부적법하게 될 수 있으나, <u>채무자는 제3채무자에 대하여 피대위채권의 이행을 청구할 수 있고</u>,15) 제3채무자가 피대위채권을 변제하는 것도 허용된다. 채무자의 적극적인 처분행위가 아니라 그의 다른 채권자의 신청에 의한 피대위채권에 대한 전부명령은 채무자의 처분행위인 채권양도와 동일한 효력이 발생하지만 채무자가 아닌 제3자의 행위에 의한 것으로 민법 제405조 제2항에 의한 금지되는 행위라 할 수 없다.16)

(2) 피압류채권에 대한 (가)<u>압류집행 후</u>에 채무자는 제3채무자를 상대로 압류채권에 관한 이행의 소를 제기할 수 있으나 추심명령이나 전부명령이 있으면 그 권리를 행사할 수 없다.

(3) 채권자에 의한 대위권 행사 후 제3채무자는 채무자에 대한 <u>피대위채권의 변제로써 채권자에게 대항할 수 있으나</u>, 채권에 대한 (가)압류 집행 후에 제3채무자는 채무자에게 <u>피압류채권에 대한 변제로서 (가)압류채권자에게 대항할 수 없다.</u> 채무자는 채권의 추심뿐만 아니라 채권양도, 포기, 면제, 상계, 질권설정, 기한유예 등 채권자를 해하는 일체의 처분이 금지되고 이러한 행위를 하였다고 하더라도 (가)압류채권자에게 대항할 수 없다.17)

(4) 판례는 합의해제와 관련하여 제3채무자는 집행채권자에게 대항할 수 있으나, 대위채권자에

---

15) 채무자의 권리행사까지 금지하는 것으로 해석하는 견해가 있으나, 채무자의 권리행사는 허용된다고 볼 것이다. 채무자의 소제기가 금지되는 것은 실체법상의 문제가 아니라 소송법상의 문제 즉 민사소송법 제259조의 중복제소에 해당하기 때문이고, 따라서 채무자의 소제기가 중복제소에 해당하지 않는 경우에는 채무자의 소제기 자체는 허용된다. 예컨대, 양도인(丙)이 양수인(乙)에게, 乙이 전득자(甲)에게 부동산을 순차매도하였는데 현재 丙 명의로 소유권이전등기가 되어 있는 상황에서 甲이 丙을 상대로 대위에 의한 처분금지가처분을 한 후 乙이 丙을 상대로 소유권이전등기청구의 소를 제기하는 것은 중복제소가 아니므로 허용된다.
16) 채무자에 대한 처분제한효가 채권자대위권에 수반하여 본질적으로 인정되는 효과는 아니다. 프랑스나 일본에는 민법 제405조와 같은 규정이 없다.
17) 채권에 대한 가압류는 제3채무자에 대하여 채무자에게의 지급 금지를 명하는 것이므로 채권을 소멸 또는 감소시키는 등의 행위는 할 수 없고 그와 같은 행위로 채권자에게 대항할 수 없는 것이지만, <u>채권의 발생원인인 법률관계에 대한 채무자의 처분까지도 구속하는 효력은 없다</u> 할 것이므로 채무자와 제3채무자가 아무런 합리적 이유 없이 채권의 소멸만을 목적으로 계약관계를 합의해제한다는 등의 특별한 경우를 제외하고는, 제3채무자는 채권에 대한 가압류가 있은 후라고 하더라도 채권의 발생원인인 법률관계를 합의해제하고 이로 인하여 가압류채권이 소멸되었다는 사유를 들어 가압류채권자에 대항할 수 있다(대법원 2001. 6. 1. 선고 98다17930 판결).

게는 대항할 수 없다고 한다.18) 판례는 채권자대위권을 행사한 경우 채무자와 제3채무자는 그 목적이 되는 권리의 발생원인인 계약을 합의해제할 수 없으나, 채권에 대한 강제집행인 가압류나 압류의 경우에는 채무자와 제3채무자는 위 계약을 해제할 수 있다고 하여 서로 다르게 취급하고 있다.

다. 채권자대위소송과 추심명령의 경합
(1) 채권에 대한 (가)압류 집행 후에 채무자가 제3채무자를 상대로 이행의 소를 제기할 수 있고, 법원은 (가)압류가 되어 있음을 이유로 이를 배척할 수 없다. 동일한 채권에 대하여 제기한 채권자대위소송은 다른 채권자의 (가)압류명령에 영향을 받지 않는다. 대위소송에서 제3채무자로 하여금 채무자나 대위채권자에게 금전의 지급을 명하는 판결이 확정되더라도 (가)압류명령에 의해 지급이 금지되어 있으므로 집행이 허용되지 않는다.
(2) 채권에 대한 압류 및 추심 또는 전부명령이 집행된 후 그 채권자가 제기한 채권자대위소송은 부적법하지만, 대위소송 계속 중에 다른 채권자가 피대위채권에 대하여 압류 및 추심 또는 전부명령을 받았더라도 대위소송이 압류명령 등에 영향을 받는지에 관하여는 논란이 있다.

라. 채권자대위소송이 먼저 제기되고 추심소송이 제기된 경우
(1) 대법원판결은 없으나, 일본 최소재판소는 채권자대위소송이 제기된 후에도 다른 일반채권자가 피대위채권을 압류하고 추심소송을 제기하는 것을 허용하고 채권자대위소송도 유지된다는 입장이다(일본 민사집행법 제155조 제1항은 압류명령의 송달일로부터 1주일이 경과하면 압류명령을 받은 채권자가 피압류채권을 자신의 이름으로 추심할 수 있다고 규정하고 있어 우리와 달리 압류명령과 별도로 추심명령을 받을 필요가 없다).
(2) 학설은 대위채권자와 추심채권자가 경합적으로 당사자적격을 가진다는 견해(소권경합설)와 추심소송이 우선한다는 견해(추심소송우선설)가 있다.
(3) 채무자에 대한 채권자로서 집행권원 없이 채권자대위권을 행사하는 채권자와 채무자에 대한 집행권원을 획득하고 추심권능을 얻은 압류채권자는 법적 지위가 동일하지 않으므로 추심금소송이 채권자대위소송에 우선한다고 보는 것이 옳다(사견).19)
(4) 대위소송판결이 확정된 후 추심금소송이 제기된 경우 대위소송의 기판력은 채무자가 이를 통지받았거나 안 경우에만 미친다고 하고 있으므로 이 경우에 추심금소송은 기판력에 저촉된다.

---

18) 채권자가 채권자대위권에 기하여 채무자의 권리를 행사하고 있다는 사실을 채무자가 알게 된 후에는 채무자가 그 권리를 처분하여도 이로써 채권자에게 대항하지 못하는 것인바, 채권자가 채무자와 제3채무자 사이에 체결된 부동산매매계약에 기한 소유권이전등기청구권을 보전하기 위해 채무자를 대위하여 제3채무자의 부동산에 대한 처분금지가처분을 신청하여 가처분결정을 받은 경우에는 피보전권리인 소유권이전등기청구권을 행사한 것과 같이 볼 수 있으므로, 채무자가 그러한 채권자대위권 행사 사실을 알게 된 후에 그 매매계약을 합의해제함으로써 채권자대위권의 객체인 부동산 소유권이전등기청구권을 소멸시켰다 하더라도 이로써 채권자에게 대항할 수 없고, 그 결과 제3채무자 또한 그 계약해제로써 채권자에게 대항할 수 없다(대법원 2007. 6. 28. 선고 2006다85921 판결).
19) 선행 채권자대위소송과 후행 추심소송을 병합하여 공동소송참가 형태로 심리할 수 있도록 함이 타당하다는 견해(이재찬, p.173)가 있으나, 채권자대위소송과 추심소송의 경합을 인정하더라도 압류명령이 해제되지 않는 한 대위채권자가 대위소송판결에 기초하여 피대위채권을 추심할 수 없고, 제3채무자는 추심채권자에게 피대위채권을 변제한 후 대위소송판결에 대하여 청구이의의 소를 제기하여 그 집행력을 배제할 수 있으므로 대위소송의 유지를 인정할 실익도 크지 않다.

마. 추심금소송이 먼저 제기되고 채권자대위소송이 제기된 경우

(1) 추심명령이 효력을 발생하면 추심채권자만이 제3채무자를 상대로 이행의 소를 제기할 수 있고, 채무자는 그 이행소송을 제기할 당사자적격을 상실한다.

(2) 추심명령으로 소송수행권을 상실한 채무자를 대위하여 제기한 채권자대위소송도 역시 당사자적격이 없어 부적법하다. 추심소송 제기 후 다른 채권자들이 제기한 대위소송이 중복소송에 해당되어 부적법 각하사유가 중첩된다. 이 경우 일반요건인 당사자적격 흠결로 각하하면 된다.

(3) 추심소송 판결확정 후에는 기판력에 저촉되어 채권자대위소송은 각하 내지 기각된다.

〈문4〉 B의 채권자 丙이 C를 상대로 제기한 추심금소송 계속 중에 채무자 B의 다른 채권자는 어떠한 방법으로 위 소송에 관여할 수 있는가?

가. 집행권원이 있는 채무자의 수단

(1) 공동소송참가 또는 압류경합/배당요구 : 집행권원이 있는 채권자는 민집 제249조 제2항에 의하여 추심소송에 공동소송인으로 원고 쪽에 참가할 수 있고, 이는 공동소송참가에 해당하고 <u>유사필수적 공동소송</u>이다. 추심금소송의 추심채권자 및 공동소송참가한 채권자들의 채권액이 피압류채권액을 초과하는 경우에는 민사집행법 제248조 제3항의 적용 또는 유추적용을 통하여 제3채무자에 대한 공탁을 명하는 취지의 판결을 하고, 채권자들의 채권액이 피압류채권을 초과하지 않는 경우에는 각 채권자들별로 청구하는 금액의 지급을 명하는 판결을 한다.

선행 압류채권자가 추심명령을 얻어 추심을 마쳤거나 제3채무자가 공탁을 한 때, 또는 선행 전부명령이 발령된 때까지 이중압류를 하여 배당에 참가할 수 있고 제3채무자의 공탁신고, 채권자의 추심신고시까지 배당요구를 할 수 있다.

(2) 선행 추심금소송 계속 중에 집행권원이 있는 채권자가 채권자대위소송을 제기한 경우에는 이는 당사자적격이 없거나 중복제소에 해당하여 각하되어야 할 것이다.

나. 집행권원이 없는 채무자의 수단

(1) 가압류명령 신청 또는 공동소송적 보조참가 : 집행권원이 없는 채권자는 피압류채권에 대하여 가압류를 신청하여 이중압류 상태로 만들어 놓고 배당에 참가할 수 있다.

(2) 집행권원이 없는 채권자들은 추심명령에 의해 그 당사자적격을 상실할 것이므로 공동소송적 보조참가를 할 수밖에 없다. 다만 공동소송적 보조참가를 한 것만으로 배당절차에 참여할 수 있을지 의문이므로 집행권원이 없는 채권자로서는 가압류명령을 받은 후 채무자에 대한 본안소송을 통해 집행권원을 얻어 배당에 참가하여야 할 것이다.

(3) 선행 추심금소송 계속 중에 집행권원이 없는 채권자가 채권자대위소송을 제기한 경우에도 이는 당사자적격이 없거나 중복제소에 해당하여 각하되어야 할 것이다.

〈문5〉 A가 이 사건 채권자대위소송을 제기하기 전에 B가 C를 상대로 물품대금청구의 소를 제기하여 이 소가 계속 중이다. B의 채권자 丁이 C를 상대로 추심금청구의 소를 제기하였다. 채무자 B의 이행소송과 丁의 추심금청구소송은 어떻게 처리되는가?

가. 추심명령과 채무자의 소송수행권 상실

판례는 채권에 대한 압류 및 추심명령이 있으면 제3채무자에 대한 이행의 소는 추심채권자만이 제기할 수 있고 채무자는 피압류채권에 대한 이행소송을 제기할 당사자적격을 상실한다는 입장이다(소송수행권 상실설).[20] 따라서 압류 및 추심명령이 있는 채권에 대하여 채무자가 제기한 이행의 소는 부적법한 소로서 본안에 관하여 심리·판단할 필요 없이 각하하여야 한다. 그리고 이와 같은 당사자적격에 관한 사항은 소송요건에 관한 것으로서 사실심의 변론종결시를 기준으로 법원이 이를 직권으로 조사하여 판단하여야 하고, 비록 당사자가 사실심 변론종결시까지 이에 관하여 주장하지 아니하였다고 하더라도 상고심에서 새로이 이를 주장·증명할 수 있다고 한다.[21]

이에 대하여 채권의 추심명령은 채무자 외의 추심채권자에게 새로 추심권능을 부여하는 것일 뿐, 채무자가 원래 채권자인 지위에서 가지고 있던 추심권능 특히 소송수행권을 박탈하는 것은 아니라는 견해와 추심명령 전후를 불문하고 집행채무자는 제3채무자를 상대로 피압류채권에 대한 소제기를 할 수 있고, 이것은 압류채권의 시효중단을 위하여 필요한 것이라는 견해가 있다(소송수행권 유지설).

그러나 채권에 대한 압류명령만 있는 상태에서는 채무자가 제3채무자를 이행의 소를 제기하여 승소판결을 받을 수 있음은 다툼이 없으나 채권자가 현금화절차인 추심명령을 받은 경우라면 단지 압류명령만을 받은 경우와는 이익상황이 다르고, 이 경우에는 추심권능을 부여받은 추심채권자만이 제3채무자를 상대로 이행소송을 제기할 수 있다고 보는 판례의 입장이 타당하다고 생각한다.

나. 채무자의 이행소송 제기 후 제기된 추심금소송이 중복제소에 해당하는지 여부

판례는 채무자가 제3채무자를 상대로 제기한 이행의 소가 법원에 계속되어 있는 경우에도 압류채권자는 제3채무자를 상대로 압류된 채권의 이행을 청구하는 추심의 소를 제기할 수 있고, 제3채무자를 상대로 압류채권자가 제기한 추심의 소는 채무자가 제기한 이행의 소에 대한 관계에서 민사소송법 제259조가 금지하는 중복된 소제기에 해당하지 않는다는 입장이다.[22] 이에 대하여 중복된 소제기의 금지는 소송의 계속으로 인하여 당연히 발생하는 소제기의 효과이므로 설령 이미 법원에 계속되어 있는 소(전소)가 소송요건을 갖추지 못한 부적법한 소라고 하더라도 취하·각하 등에 의하여 소송 계속이 소멸하지 않는 한 그 소송 계속 중에 다시 제기된 소(후소)는 중복된 소제기의 금지에 저촉되는 부적법한 소로서 각하를 면할 수 없고, 채무자가 제3채무자를 상대로 먼저 제기한 이행의 소와 압류채권자가 제3채무자를 상대로 나중에 제기한 추심의 소는 비록 당사자는 다를지라도 실질적으로 동일한 사건으로서 후소는 중복된 소에 해당한다는 반대의견이 있다.

---

20) 대법원 2015. 5. 28. 선고 2013다1587 판결; 대법원 2000. 4. 11. 선고 99다23888 판결. 그러나 채무자의 이행소송 계속 중에 추심채권자가 압류 및 추심명령 신청의 취하 등에 따라 추심권능을 상실하게 되면 채무자는 당사자적격을 회복한다(대법원 2010. 11. 25. 선고 2010다64877 판결).
21) 대법원 2010. 2. 25. 선고 2009다85717 판결.
22) 대법원 2013. 12. 18. 선고 2013다202120 전원합의체 판결의 다수의견은 압류채권자가 제3채무자를 상대로 제기한 추심의 소를 중복된 소제기에 해당한다는 이유로 각하한 다음 당사자적격이 없는 채무자의 이행의 소가 각하 확정되기를 기다려 다시 압류채권자로 하여금 추심의 소를 제기하도록 하는 것이 소송경제에 반할 뿐 아니라, 이는 압류 및 추심명령이 있는 때에 민사집행법 제238조, 제249조 제1항과 앞서 본 대법원판례에 의하여 압류채권자에게 보장되는 추심의 소를 제기할 수 있는 권리의 행사와 그에 관한 실체 판단을 바로 그 압류 및 추심명령에 의하여 금지되는 채무자의 이행의 소를 이유로 거부하는 셈이어서 부당하다고 하지 않을 수 없다고 한다.

그러나 압류채권자가 제3채무자를 상대로 제기한 추심금소송을 중복된 소제기에 해당한다는 이유로 각하한 다음 어차피 당사자적격이 없는 채무자의 이행의 소가 각하 확정되기를 기다려 다시 압류채권자로 하여금 추심금소송을 제기하도록 하는 것은 불필요한 우회로이고 소송경제에 반하므로 압류채권자의 추심금소송을 중복제소로 볼 것은 아니라고 할 것이다. 따라서 사례에서 법원은 B의 물품대금청구의 소를 각하하고 甲의 추심금청구소송에 대하여만 본안판단을 하면 된다.

〈문6〉 이 사건 판결확정 후 B의 다른 채권자 戊가 피대위채권을 압류하였다. 이 상태에서 A가 대위소송판결에 기하여 C의 채무자 D에 대한 금전채권에 대하여 압류 및 추심명령이나 전부명령을 받았다. 이 압류 및 추심명령이나 전부명령은 유효한가? D는 어떠한 방법으로 면책될 수 있는가?

(1) 대위채권자에게 직접 지급할 것을 명하는 대위소송판결이 확정되었더라도 변제 등으로 피대위채권이 소멸하기 전에 다른 채권자가 피대위채권을 압류할 수 있다. 따라서 그 압류 등이 해제되지 않는 한 대위채권자가 대위소송판결에 기하여 피대위채권을 추심할 수 없고 제3채무자도 대위채권자나 채무자에게 변제할 수도 없다. 이러한 상태에서 대위채권자가 대위소송판결에 기하여 제3채무자의 채무자(D)에 대한 금전채권에 대하여 추심명령이나 전부명령을 발령받았다고 하더라도 이는 무효이다.

(2) 다만 피대위채권이 다른 채권자에 의해 압류된 경우에도 대위채권자는 대위소송판결에 기하여 제3채무자의 채무자(D)에 대한 금전채권을 압류할 수 있고, 그 압류명령은 유효하다.

(3) 이 경우 D는 제3채무자(C)에게 직접 변제할 수는 없으나, 민사집행법 제248조 제1항에 따른 집행공탁을 함으로써 면책될 수 있다. 다만 이 공탁은 가압류를 원인으로 한 공탁과 같은 효력만이 인정되므로 공탁사유신고나 채권배당절차가 실시될 수는 없다.[23]

3.

추심명령의 경합과 기판력에 관하여 최근의 판례는 동일한 채권에 대해 복수의 채권자들이 압류 및 추심명령을 받은 경우 어느 한 채권자가 제기한 추심금소송에서 확정된 판결의 기판력이 그 소송의 변론종결일 이전에 압류 및 추심명령을 받았던 다른 추심채권자에게 미치지 않음을 선언하였다.

〈사례 32-2〉
(1) 원고는 2012. 3. 19. 채무자 A, 제3채무자 피고들, 청구금액 1억 원으로 하여 A의 피고들에 대한 사우나 동업자금 반환채권에 관하여 채권압류 및 추심명령을 받았고(이하 '제1 채권압류 및 추심명령'), 그 무렵 위 결정 정본이 피고들에게 송달되었다.
(2) A는 2012. 6. 22. 피고들을 상대로 사우나 동업 탈퇴를 이유로 5억 원의 지급을 구하는 소를 제기하

---

[23] 대법원 2016. 9. 28. 선고 2016다205915 판결.

였다. 법원은 2013. 6. 21. 피고들이 A의 동업 탈퇴에 따라 환급해야 할 지분가치는 5,000만 원인데, A가 제1 채권압류 및 추심명령의 피압류채권인 1억 원의 범위에서는 이행소송의 당사자적격을 상실하였다는 이유로 'A의 소 중 1억 원과 이에 대한 지연손해금 지급 청구 부분을 각하하고 A의 나머지 청구는 기각'하는 판결을 선고하였고, 그 무렵 위 판결이 확정되었다.
(3) A의 이모부인 B는 2014. 5. 22. 채무자 A, 제3채무자 피고들, 청구금액 10억 원으로 하여 A의 피고들에 대한 사우나 동업 탈퇴로 인한 반환채권에 관하여 채권압류 및 추심명령(이하 '제2 채권압류 및 추심명령')을 받았고, 그 무렵 위 결정정본이 피고들에게 송달되었다.
(4) B는 2015. 3. 4. 피고들을 상대로 제2 채권압류 및 추심명령에 기초하여 '피고들은 공동하여 B에게 5,000만 원과 이에 대한 지연손해금을 지급하라.'는 추심금 청구의 소(이하 '선행 추심금소송')를 제기하였다. 위 소송에서 '피고들은 공동하여 B에게 추심금으로 4,000만 원을 2015. 7. 31.까지 지급하고, B는 피고들에 대한 나머지 청구를 포기한다.'는 내용의 화해권고결정(이하 '이 사건 화해권고결정')이 2015. 7. 15. 확정되었다. 피고들은 위 화해권고결정에 따라 2015. 7. 24. 4,000만 원을 집행공탁하였다.
(5) 원고는 B가 추심한 위 4,000만 원에 대해 안분배당을 받은 뒤 제1 채권압류 및 추심명령에 기초하여 피고들을 상대로 이 사건 추심금 청구의 소를 제기하였다. 원고는 A의 피고들에 대한 반환채권은 5,000만 원인데 피고들이 4,000만 원만을 공탁하였으므로 피고들은 원고에게 나머지 1,000만 원과 그 지연손해금을 지급해야 한다고 주장하였다.

〈이 사건의 주된 쟁점〉은 추심금 청구소송에서 청구의 일부를 포기하는 내용의 화해권고결정이 확정된 경우 화해권고결정의 효력이 그 전에 압류·추심명령을 받았던 다른 추심채권자에게 미치는지 여부이다.

〈원심〉은 채권자대위소송 판결의 기판력에 관한 대법원 1994. 8. 12. 선고 93다52808 판결의 법리는 추심금소송에서 청구 일부를 포기하는 내용의 화해권고결정이 확정된 이 사건에도 그대로 적용된다고 전제하고, 채무자 A가 선행 추심금소송이 제기된 사실을 안 이상 원고에게 이 사건 화해권고결정의 기판력이 미치고, 원고는 위 화해권고결정의 기판력에 반하여 의 A의 피고들에 대한 채권 중 9,000만 원을 초과하는 나머지 부분을 청구할 수 없다고 판단하였다. 그러나 〈대법원〉은 다음과 같은 이유로 원심판결을 파기하였다.[24]

1. 추심금소송에서 청구의 일부를 포기하는 내용의 화해권고결정이 확정된 경우 화해권고결정의 효력이 그 전에 압류·추심명령을 받았던 다른 추심채권자에게 미치는지 여부

가. 금전채권에 대해 압류·추심명령이 이루어지면 채권자는 민사집행법 제229조 제 2항에 따라 대위절차 없이 압류채권을 직접 추심할 수 있는 권능을 취득한다. 추심채권자는 추심권을 포기할 수 있으나(민사집행법 제240조 제1항), 그 경우 집행채권이나 피압류채권에는 아무런 영향이 없다. 한편 추심채권자는 추심목적을 넘는 행위, 예를 들어 피압류채권의 면제, 포기, 기한 유예, 채권양도 등의 행위는 할 수 없다. 추심금소송에서 추심채권자가 제3채무자와 '피압류채권 중 일부 금액을 지급하고 나머지 청구를 포기한다'는 내용의 재판상 화해를 한 경우 '나머지 청구 포기 부분'은 추심채권자가 적법하게 포기할 수 있는 자신의 '추심권'에 관한 것으로서 제3채무자에게 더 이상 추심권을 행사하지 않고 소송을 종료하겠다는 의미로 보아야 한다. 이와 달리 추심채권자가 나머

---

24) 대법원 2020. 10. 29. 선고 2016다35390 판결.

지 청구를 포기한다는 표현을 사용하였다고 하더라도 이를 애초에 자신에게 처분 권한이 없는 '피압류채권' 자체를 포기한 것으로 볼 수는 없다. 따라서 위와 같은 재판상 화해의 효력은 별도의 추심명령을 기초로 추심권을 행사하는 다른 채권자에게 미치지 않는다.

나. 동일한 채권에 대해 복수의 채권자들이 압류·추심명령을 받은 경우 어느 한 채권자가 제기한 추심금소송에서 확정된 판결의 기판력은 그 소송의 변론종결일 이전에 압류·추심명령을 받았던 다른 추심채권자에게 미치지 않는다. 그 이유는 다음과 같다.

(1) 확정판결의 기판력이 미치는 주관적 범위는 신분관계소송이나 회사관계소송과 같이 법률에 특별한 규정이 있는 경우를 제외하고는 원칙적으로 당사자, 변론을 종결 한 뒤의 승계인 또는 그를 위하여 청구의 목적물을 소지한 사람과 다른 사람을 위하여 원고나 피고가 된 사람이 확정판결을 받은 경우의 그 다른 사람에 국한되고(민사소송 법 제218조 제1항, 제3항) 그 밖의 제3자에게는 미치지 않는다(대법원 2010. 12. 23. 선고 2010다58889 판결 참조). 따라서 추심채권자들이 제기하는 추심금소송의 소송물 이 채무자의 제3채무자에 대한 피압류채권의 존부로서 서로 같더라도 소송 당사자가 다른 이상 그 확정판결의 기판력이 서로에게 미친다고 할 수 없다.

(2) 민사집행법 제249조 제3항, 제4항은 추심의 소에서 소를 제기당한 제3채무자는 집행력 있는 정본을 가진 채권자를 공동소송인으로 원고 쪽에 참가하도록 명할 것을 첫 변론기일까지 신청할 수 있고, 그러한 참가명령을 받은 채권자가 소송에 참가하지 않더라도 그 소에 대한 재판의 효력이 미친다고 정한다. 위 규정 역시 참가명령을 받지 않은 채권자에게는 추심금소송의 확정판결의 효력이 미치지 않음을 전제로 참가명령을 통해 판결의 효력이 미치는 범위를 확장할 수 있도록 한 것이다.

(3) 제3채무자는 추심의 소에서 다른 압류채권자에게 위와 같이 참가명령신청을 하거나 패소한 부분에 대해 변제 또는 집행공탁을 함으로써, 다른 채권자가 계속 자신을 상대로 소를 제기하는 것을 피할 수 있다. 따라서 어느 한 채권자가 제기한 추심금소 송에서 확정된 판결의 효력이 다른 채권자에게 미치지 않는다고 해도 제3채무자에게 부당하지 않다.

다. 확정된 화해권고결정에는 재판상 화해와 같은 효력이 있다(민사소송법 제231조). 위에서 본 추심금소송의 확정판결에 관한 법리는 추심채권자가 제3채무자를 상대로 제 기한 추심금소송에서 화해권고결정이 확정된 경우에도 마찬가지로 적용된다. 따라서 어느 한 채권자가 제기한 추심금소송에서 화해권고결정이 확정되었더라도 그 화해권고 결정의 기판력은 화해권고결정 확정일 전에 압류·추심명령을 받았던 다른 추심채권자 에게 미치지 않는다.

2. 이 사건에 대한 판단

원심의 판단은 이 사건 화해권고결정 중 청구 포기 부분이 A의 피 고들에 대한 피압류채권 자체에 관한 것임을 전제로 한 것으로 보인다. 그러나 B와 피고들 사이의 선행 추심금소송에서 4,000만 원을 지급하고 나머지 청구를 포기하는 내용의 이 사건 화해권고결정이 확정되었더라도, 나머지 청구 포기 부분은 B가 피고들에 대하여 제2 채권압류 및 추심명령에 기초한 추심권을 더 이상 행사하지 않겠다는 뜻이고 B가 A의 피고들에 대한 채권 자체를 포기한 것으로 볼 수 없다. B의 추심권 포기는 별도의 제1 채권압류 및 추심명령을 기초로 이 사건 추심의 소를 제기한 원고에게 는 그 효력이 미치지 않는다.

설령 원심과 같이 B가 선행 추심금소송에서 피압류채권 자체를 포기한 것으로 보더라도 이 사건 화해권고결정 확정일 전에 위 채권에 대하여 제1 채권압류 및 추심명령을 받은 원고에게 화해권고결정의 기판력이 미치지 않는다. 따라서 피고들이 공탁하여 변제한 4,000만 원 외 나머지 채권이 존재한다면, 원고는 피고들을 상대로 그 지급을 구할 수 있다.

원심이 원용한 위 대법원 93다52808 판결은 채권자대위소송에서 채권자 패소 판결이 확정되었던 사안에 관한 것으로서, 추심금소송에서 청구 일부를 포기하는 내용의 화해권고결정이 확정된 경우 그 포기의 의미가 문제된 이 사건과는 사안이 다르다.

나아가 채권자대위소송과 추심금소송은 소송물이 채무자의 제3채무자에 대한 채권의 존부로서 같다고 볼 수 있지만 그 근거 규정과 당사자적격의 요건이 달라 채권자대위소송의 기판력과 추심금소송의 기판력을 반드시 같이 보아야 하는 것은 아니다. 따라서 위 판결을 이 사건에 적용하는 것은 적절하지 않다. 이와 같이 원심판결에는 추심금소송에서 확정된 화해권고결정의 효력에 관한 법리를 오해하여 판결에 영향을 미친 잘못이 있다. 이를 지적하는 상고이유 주장은 정당하다.

위 대법원판결은 압류가 경합된 추심명령의 기판력의 범위에 관하여 의미 있는 시각을 제공하고 있다. 추심명령에 기한 추심권이란 독립한 채권이 아니라 피압류채권을 제3채무자에게 직접 '추심할 수 있는 권능'에 불과하다. 추심채권자는 추심권을 포기할 수 있지만(민사집행법 제240조 제1항) 이는 '추심권능의 포기'일 뿐이고 '피압류채권의 포기'는 아니다. 애초부터 자신에게 처분권한이 없는 '피압류채권' 자체를 포기할 수는 없는 법이다. 또한 추심채권자는 추심 목적을 넘는 행위, 가령 피압류채권의 면제·포기·기한유예·양도 등도 할 수 없다.

판례에 의하면 추심명령에 의하여 원고적격이 채무자로부터 추심채권자에게로 이전되므로 추심금 청구의 소는 채권의 귀속자와 소송수행권자가 분리되는 이른바 제3자 소송담당의 경우이다. 만약 동일한 채권에 대해 복수의 채권자들이 압류 및 추심명령을 받았는데, 그 중 1인의 추심채권자가 추심금청구를 하여 승소판결을 받았다면 그의 승소판결은 자신이 피압류채권을 행사함을 전제로 한 것이다. 따라서 이 경우에는 그 추심금판결의 기판력이 다른 추심채권자에게 미치는가가 문제될 수 있다.[25]

대법원이 앞에서 본 것과 같은 이유를 들어서 추심금 청구소송의 기판력의 주관적 범위를 제한하여 그 소송의 변론종결일 이전에 압류·추심명령을 받았던 다른 추심채권자에게 미치지 않는다고 본 것은 옳다고 생각된다.

---

25) 전원열, "2020년 분야별 중요판례분석 5. 민사소송법", 법률신문 입력 : 2021-02-18 오전 9:16:09

33 보전처분과 기판력

1.

가압류·가처분 등 보전처분은 법원의 피보전권리에 대한 잠정적·가정적인 판단이므로 그 본안소송과의 관계에서 기판력 등의 구속력이 생길 수 없다. 가압류·가처분명령에는 피보전권리의 존부에 대하여는 기판력이 생기지 않는다고 보는 것이 일반적이다. 보전법원이 피보전권리의 존부인 본안에 관하여 판단한 것이 아니라 피보전권리와 보전의 필요성의 소명에 기한 보전요구에 관하여 판단한 것이기 때문이다. 다라서 피보전권리와 보전의 필요성이 없다는 이유로 보전명령신청을 배척하는 재판이 확정된 경우에도 그 소명을 보완하여 다시 신청하는 경우 종전 재판의 기판력이 미치지 않는다.

따라서 가압류나 가처분소송에서 패소하였다고 하여도 채권자가 제기한 본안소송이 부적법해지는 것은 아니다. 그러나 뒤의 보전처분에서 동일한 사항에 대하여 달리 판단할 수 없다는 기판력 유사의 구속력은 인정된다(한정적 기판력).[1]

보전소송의 소송물에 관하여는 대체로 피보전권리와 보전의 필요성이 함께 소송물이 된다고 보고 있다. 판례는 보전소송의 소송물이 무엇인지 명시적으로 판단한 적은 없으나, 보전소송의 소송물과 본안소송의 소송물은 구별되는 것임을 밝히고 있다.

보전소송의 소송물에 관한 조정·화해가 가능함은 물론이고 가압류이의 등 보전소송에서 본안의 소송물에 관한 조정·화해도 가능하다. 다만 조정·화해는 쌍방의 양보를 전제로 분쟁을 해결하는 것이므로 그 대상은 당사자가 자유로이 처분할 수 있는 권리에 관한 것이어야 하고, 법원에만 그 권한이 주어진 사항, 즉 기존의 보전명령 자체를 인가 또는 취소하는 것과 같은 내용의 조정·화해는 허용될 수 없다.[2]

조정절차는 조정에 회부하는 결정에 의해 개시되므로 보전소송에서도 조정을 하려면 조정회부결정이 필요하다. 화해의 경우 보전소송에서의 본안의 소송물에 관한 화해를 제소전 화해의 성질을 갖는 것으로 보아 서면 또는 구술로라도 본안의 소송물에 관한 신청을 하고 인지를 붙이도록

---

[1] 이시윤, 신민사집행법(제8개정판), 박영사(2020), p.705 참조. 기판력 유사의 구속을 한정적 기판력으로 묘사했을 뿐 보전처분재판에 기판력이 인정된다는 뜻은 아니다.
[2] 이원, "보전소송에서 확정된 화해권고결정과 관련한 실무상의 쟁점-부작위가처분 사건에서의 화해권고결정을 중심으로", 사법 49호, 사법발전재단(2019. 9). p.101

하는 것이 실무이다. 보전소송물 자체에 관하여 조정·화해가 성립한 경우 보전명령신청을 취하한 것으로 보아 보전소송절차는 당연히 종료되고 기존에 발령되었던 보전명령이 있다면 이는 당연히 실효한다고 보아야 한다.

그러나 본안의 소송물까지 조정·화해의 대상으로 하였고 채권자가 본안소송의 소를 취하하기로 하는 내용으로 조정·화해조서가 작성되었더라도 그것만으로 보전소송과 별도의 절차인 본안소송이 당연히 종료되는 것은 아니고, 만약 채권자가 별도로 본안의 소를 취하하지 않는다면 채무자가 위 조정·화해사실을 주장·증명함으로써 원고에게는 그 권리보호의 이익이 없음을 이유로 소각하판결을 하게 될 것이다.[3]

> 〈사례 33-1〉 乙은 A회사로부터 1997. 1. 18. 이 사건 임야를 매수하였다. 이 사건 매매계약 당시 위 부동산에 관하여 B, C 명의의 각 처분금지가처분등기가 마쳐져 있었는데, 이와 관련하여 A회사는 위 각 가처분등기가 말소되는 것과 동시에 乙에게 소유권이전등기절차를 이행하기로 하였고, 그 후 乙은 1997. 3. 31. 이 사건 매매계약에 기한 소유권이전등기청구권을 피보전권리로 하여 이 사건 임야에 관하여 처분금지가처분 결정(이하 '이 사건 가처분결정')을 받았다.
> A회사는 1998. 11. 18. 乙과 사이에, 이 사건 매매계약을 무효로 하되, B, C명의의 위 각 처분금지가처분등기와 관련한 소송에서 A회사가 승소 완료하였을 때 乙에게 2억 2,000만 원을 지급하고 이 사건 가처분을 해제하기로 하는 내용의 약정(이하 '이 사건 약정')을 하였다. 그런데 A회사가 위 각 처분금지가처분등기와 관련한 소송에서 승소하였음에도 이 사건 약정에 기한 약정금을 지급하지 아니하므로, 乙이 A회사를 상대로 이 사건 매매계약을 원인으로 하여 이 사건 임야에 대한 소유권이전등기청구 소송을 제기하였으나, 법원은 2003. 1. 16. 이 사건 약정에 따라 이 사건 매매계약이 무효로 되어 그에 기한 소유권이전등기청구권이 소멸하였다는 이유를 들어 乙의 청구를 기각하는 판결(이하 '이 사건 본안판결')을 선고하였고, 이에 대한 乙의 항소 및 상고가 모두 기각되어 2004. 4. 20. 위 판결이 확정되었다.
> A회사는 그 후 이 사건 가처분결정에 대한 취소신청을 하였는데, 법원은 2004. 8. 30. 위와 같이 본안판결이 확정되었음에도 불구하고 이 사건 약정에 의한 2억 2,000만 원의 지급과 이 사건 가처분결정의 취소 사이에 이행상의 견련관계가 있다는 이유를 들어 "A회사가 乙에게 2억 2,000만 원을 지급하는 것을 조건으로 이 사건 가처분결정을 취소한다"는 판결(이하 '이 사건 가처분취소판결')을 선고하였고, 위 판결은 2004. 9. 21. 확정되었다.
> 이 사건 임야에 관하여 이 사건 가처분결정의 기입등기가 남아있는 상태에서 위 임야에 관한 강제경매절차가 진행되었고, 甲은 위 경매절차에서 이 사건 임야를 매수하여 2005. 12. 19. 매각대금을 완납하고 위 임야를 취득하였다.
> 甲이 乙을 상대로 이 사건 가처분결정의 취소를 구하였다.

〈원심〉은 개정 전의 민사집행법(2005. 1. 27. 법률 제7358호로 개정되기 전의 것)상의 가처분취소판결도 확정이 되면 보전소송의 성질에 따른 특유의 기판력 내지 구속력이 인정되고, 특히 확정판결의 주문에 동시이행 등의 조건이 붙어 있는 경우 반대의무의 존부나 수액에 기판력이 미치는 것은 아니지만 동시이행 등의 조건이 붙어 있다는 점에 대하여는 기판력이 미치며, 나아가 그 판시와 같이 가처분취소판결이 있은 후에 제3자가 가처분의 목적물을 양수한 경우 그 목적물 양수인에게

---
[3] 이상은 이원, 앞의 논문, p.101~104 참조.

도 가처분취소판결의 기판력이 미치는 것으로 보아야 한다고 전제한 다음, 신청인은 이 사건 가처분취소판결이 확정된 후 가처분 목적물인 이 사건 부동산을 양수한 자이므로 위 취소판결의 효력이 신청인에 미친다 할 것인데, 신청인이 이 사건 신청으로 무조건적인 취소를 구하고 있으므로 권리보호의 이익은 있다 할 것이지만, 위 가처분취소판결에서 조건부로 위 가처분결정의 취소를 명한 이상 신청인이 무조건적인 취소를 주장하는 것은 위 가처분취소판결의 기판력에 저촉되어 허용될 수 없다고 판단하여, 피신청인의 항소를 받아들여 제1심결정을 취소하고 신청인의 이 사건 가처분취소신청을 기각하였다.

그러나 〈대법원〉은 이 사건 가처분취소판결의 기판력이 신청인에게 미친다고 판단한 원심판결에는 가처분취소판결의 기판력 내지 구속력에 관한 법리를 오해하여 판결에 영향을 미친 위법이 있다고 판시하고 원심을 파기환송하였다.4)

"보전소송절차는 피보전권리를 종국적으로 확정하는 것을 목적으로 하는 것이 아니므로 보전소송에서 피보전권리가 소명되어 보전신청이 판결에 의하여 인용되고, 위 판결이 확정되었다고 하더라도 그로써 피보전권리에 관하여 기판력이 생기는 것은 아닌 점(대법원 1977. 12. 27. 선고 77다1698 판결 등 참조), 금전채권을 보전하기 위한 가처분절차는 허용되지 않는데다가, 보전처분의 피보전권리가 소멸되었거나 또는 존재하지 아니함이 본안소송에서 확정된 경우에는 민사집행법상 사정변경에 따른 보전처분 취소사유가 되는 것이고, 이 경우 그 보전처분을 그 피보전권리와 다른 권리의 보전을 위하여 유용할 수는 없는 점 (대법원 2004. 12. 24. 선고 2004다53715 판결 등 참조), 보전처분의 피보전권리의 존재가 본안 소송에서 확정판결에 의하여 부정적으로 확정된 경우에는 그 보전처분은 의당 취소당하게 되고 그 보전처분 후에 그에 반해서 행하여진 행위라고 하더라도 그의 효력은 위 보전처분에 의해서 무시당하게 되는 것이 아니므로(대법원 1976. 4. 27. 선고 74다2151 판결 참조), 이 사건 가처분등기의 피보전권리가 이 사건 본안판결에 의하여 부정적으로 확정된 이상 이 사건 가처분은 아무런 효력이 없는 것이어서 위 가처분 후에 이 사건 부동산을 경락받은 신청인은 가처분권리자인 피신청인에 대하여도 유효하게 소유권을 취득하였다고 주장할 수 있는 점, 강제경매를 통해 이 사건 부동산을 취득한 신청인은 이 사건 가처분취소판결의 소송물 자체를 양수한 것은 아니고, 단지 자신의 권리로서 이 사건 가처분의 취소를 구하고 있는 점 등에 비추어 보면, A회사의 금전지급을 조건으로 한 이 사건 가처분취소판결의 기판력 내지 구속력이 위 판결의 변론종결 후 이 사건 부동산을 경락받아 그 소유권을 취득한 신청인에게 미친다고 볼 수는 없다."

2.

민사실무에서 본안소송에 대비한 가처분이 중요한 기능을 한다. 다툼의 대상(계쟁물, 특정물)에 관한 현상이 변경되면 채권자의 권리가 실행 불가능할 염려가 있을 때, 그 계쟁물에 대한 급부청구권이 집행 가능하도록 그 계쟁물의 현상을 유지하거나 보전하는 재판으로 다툼의 대상에 관한

---

4) 대법원 2008. 10. 27. 자 2007마944 결정.

가처분을 많이 활용된다. 이는 계쟁물 자체에 대한 청구권 보전을 위해 그 현상변경을 금지하는 것이고, 금전채권으로서는 가처분이 허용되지 않는다. → 현상유지를 명하는 가처분

계쟁물의 현상변경을 금지하는 방법은 다양하고 가처분의 형식도 일정하지 않다. 특정물의 점유상태나 권리상태의 현상을 유지시킴으로써 점유이전이나 공시방법을 보전함으로써 당사자항정주의가 아닌 소송승계주의 하에서 중요한 기능을 한다. 예컨대, 건물인도청구소송에서 채무자가 건물을 개조하거나 점유를 제3자에게 이전하지 못하도록 점유이전금지가처분을 함으로써 건물인도청구권의 집행을 보전하기도 하고, 매매를 원인으로 한 소유권이전등기청구권을 보전하기 위하여 처분금지가처분을 하기도 한다. 후에 확정판결이 있게 되면 가처분된 상태에서 따로 청구권 실현을 위한 강제집행을 하게 된다(본집행으로의 이전).

기판력과는 직접 관계가 없으나 점유이전금지가처분과 처분금지가처분의 기본적 효력만 살펴보기로 한다.

〈사례 33-2〉 甲이 乙에 대한 건물인도청구소송을 본안으로 하여 X 건물의 점유이전을 금지하는 점유이전금지가처분을 해두었다. 그런데 乙의 X 건물의 점유를 丙에게 이전하였다. 甲이 丙을 내쫓기 위하여는 어떠한 방법이 있는가?

☞ 점유이전금지가처분은 그 목적물의 점유이전을 금지하는 것으로서, 그럼에도 불구하고 점유가 이전되었을 때에는 가처분채무자는 가처분채권자에 대한 관계에 있어서 여전히 그 점유자의 지위에 있다는 의미로서의 당사자항정의 효력이 인정될 뿐이므로, 가처분 이후에 매매나 임대차 등에 기하여 가처분채무자로부터 점유를 이전받은 제3자에 대하여 가처분채권자가 가처분 자체의 효력으로 직접 퇴거를 강제할 수는 없고, 가처분채권자로서는 본안판결의 집행단계에서 승계집행문을 부여받아서 그 제3자의 점유를 배제할 수 있을 뿐이다.5) → 가처분채권자는 가처분채무자를 피고로 한 본안소송 계속.

다만, 어떤 부동산에 대하여 점유이전금지가처분이 집행된 이후에 제3자가 가처분채무자의 점유를 침탈하는 등의 방법으로 가처분채무자를 통하지 아니하고 부동산에 대한 점유를 취득한 것이라면, 설령 점유를 취득할 당시에 점유이전금지가처분이 집행된 사실을 알고 있었다고 하더라도, 실제로는 가처분채무자로부터 점유를 승계받고도 점유이전금지가처분의 효력이 미치는 것을 회피하기 위하여 채무자와 통모하여 점유를 침탈한 것처럼 가장하였다는 등의 특별한 사정이 없는 한 제3자를 민사집행법 제31조 제1항에서 정한 '채무자의 승계인'이라고 할 수는 없다.6) 이 경우에는 점유이전금지가처분의 효력이 미치지 않게 되어 무단으로 점유하는 제3자에 대하여 퇴거를 명하는 새로운 가처분명령을 얻어야 한다.

---

5) 대법원 1999. 3. 23. 선고 98다59118 판결.
6) 대법원 2015. 1. 29. 선고 2012다111630 판결.

〈사례 33-3〉 甲이 乙에 대한 소유권이전등기청구권을 보전하기 위하여 乙 명의의 X 토지에 관하여 처분금지가처분을 해두었다. 위 가처분집행 후에 乙이 X 토지를 丙에게 매도하고 丙 명의의 소유권이전등기를 마쳤다. 甲이 丙 명의의 소유권이전등기의 말소를 구할 수 있는가?

☞ 처분금지가처분 위반의 처분행위는 절대적으로 무효가 되는 것은 아니고 가처분이 존속하는 한 가처분채권자에게 대항할 수 없음에 그친다. 따라서 가처분이 있어도 가처분채무자 乙은 제3자 丙에게 소유권이전등기를 할 수 있다. 다만 가처분채권자가 본안소송에서 승소판결을 받게 되면 가처분 후의 등기는 가처분에 위반하는 한도에서 말소되게 된다.

위 사례에서 甲이 가처분의 효력으로 丙 명의의 등기를 말소할 수는 없고, 甲이 乙을 상대로 제기한 매매를 원인으로 한 소유권이전등기를 구하는 본안소송에서 승소확정판결을 받게 되면 乙과 丙 사이의 이전등기는 가처분의 효력에 저촉되어 말소되게 된다.[7]

---

[7] 부동산처분금지가처분등기가 유효하게 기입된 이후에도 가처분채권자의 지위만으로는 가처분 이후에 경료된 처분등기의 말소청구권은 없으며, 나중에 가처분채권자가 본안 승소판결에 의한 등기의 기재를 청구할 수 있게 되면서 가처분등기 후에 경료된 가처분 내용에 위반된 위 등기의 말소를 청구 할 수 있는 것이고, 또 등기공무원도 가처분 이후에 이루어진 가처분 위반등기를 직권으로 말소할 수도 없으므로 가처분 위반의 등기가 소유권이전등기시에 말소되지 아니한 채 남아 있다면 이는 말소하여야 할 등기상의 부담이라고 보아야 할 것이다(대법원 1992. 2. 14. 선고 91다12349 판결) → 등기관은 이러한 신청이 있는 경우 가처분등기 이후에 이루어진 위반등기를 직권으로 말소

34 민사소송의 기판력과 형사소송의 기판력

1.

　민사소송이나 형사소송이나 판결이 확정되면 형식적 확정력과, 집행력과 함께 기판력이 생긴다. 그러나 당사자처분권주의와 변론주의에 따라 분쟁의 상대적 해결에 만족하는 민사소송에서 사용하는 기판력과 실체적 진실발견과 피고인의 인권보장을 주안으로 하는 형사소송에서 사용하는 기판력의 의미가 동일할 수가 없다.

　민사소송에서 기판력은 확정판결에 저촉되는 주장이나 판단을 할 수 없는 구속력을 의미하고, 형사소송에서 기판력은 유·무죄 실체판결이 확정된 경우 동일한 사건에서 다시 심리·판단하는 것이 허용되지 않는 효력으로 이해할 수 있다. 그러나 확정된 유죄판결의 경우에는 새로운 증거가 발견되면 피고인의 인권보장을 위해 광범위하게 재심이 허용되나, 확정된 무죄판결의 경우 이후 새로운 증거가 발견된 경우에도 다시 기소할 수가 없는 노릇이다.

　세상을 놀라게 했던 고유정의 의붓아들 살해사건은 증거부족으로 대법원에서 무죄가 확정됐다. 고유정이 의붓아들 살인사건에서 무죄라는 의미는 고유정에게 유죄를 인정할만한 합리적 의심을 배제할 정도의 확신이 없어 유죄로 할 수 없어 무죄라는 판결이다. 만일 민사 사건에서 요구되는 개연성의 증명의 정도라면 고유정에게 유죄가 선고됐을 것이다.

　일반 형사사건에서 무죄가 나오는 사건의 대부분은 공소사실이 합리적 의심의 여지없이 증명됐다고 보기 어려운 경우들이다. 그렇다면 고유정에게 의붓아들 살해에 관한 결정적인 직접증거가 새로 나온 경우 재심을 청구하여 고유정을 다시 살인죄로 기소할 수 있는가? 형사소송법 420조는 재심은 '유죄 확정판결에 대하여 그 선고를 받은 자의 이익을 위하여 청구할 수 있다'고 규정하고 있다. 즉 현행법상 재심을 통해 유죄를 받은 이를 무죄로 할 수 있어도 무죄를 유죄로 돌릴 수 없다. 고유정의 의붓아들 살인사건은 무죄확정판결로 재심이 불가능하고 영원히 무죄라는 이야기이다.

　실체재판이 아닌 형식재판의 경우 사정변경이 있으면 새로운 재판을 받을 수 있다. 예컨대 친고죄를 고소 없이 기소하여 공소기각판결이 확정되어도 고소를 보완하여(고소기간 내) 다시 기소하면 유죄판결을 할 수도 있다. 물론 친고죄에서 고소가 취소되고 공소기각판결이 선고되면 이후에는 다시 처벌할 수 없게 되어 기판력과 유사한 결과가 되지만 이는 '고소를 취소한 자는 다시 고소할 수 없다'는 형사소송법 제232조 제2항 때문이지 기판력 때문이 아니다.

2.

기판력의 범위와 관련하여 민사소송에서는 기판력이 판결주문에 나타난 소송물(실체법상의 권리의무)의 판단에만 생기나(객관적 범위), 형사소송의 경우 공소사실 자체뿐만 아니라 그와 동일성이 인정되는 범위 전부에 미친다.

민사소송의 소송물은 기본적으로 법률관계이지만 형사소송의 공소사실은 기본적으로 사실관계이다. 민사소송의 경우 원칙적으로 소송물이 동일한 경우에만 기판력이 생기므로 기판력이 미치는 범위가 너무 좁아 분쟁의 일회적 해결에 장애를 초래하고, 반면에 형사소송의 경우에는 공소사실의 동일성, 즉 전소의 공소사실과 후소의 공소사실이 완전히 일치하지 않아도 기본적 사실관계만 동일하면 기판력이 미치게 되어 기판력이 미치는 범위가 너무 넓어 형사사법정의의 실현에 장애를 초래한다. 이에 따라 민사소송에서는 기판력의 범위를 넓히려는 경향이 있고, 형사소송에서는 역으로 기판력의 범위를 축소하려는 경향이 있다.

판례는 공소사실이나 범죄사실의 동일성은 형사소송법상의 개념이므로 이것이 형사소송절차에서 가지는 의의나 소송법적 기능을 고려하여야 할 것이고, 따라서 두 죄의 기본적 사실관계가 동일한가의 여부는 그 규범적 요소를 전적으로 배제한 채 순수하게 사회적, 전법률적인 관점에서만 파악할 수는 없고, 그 자연적, 사회적 사실관계나 피고인의 행위가 동일한 것인가 외에 그 규범적 요소도 기본적 사실관계 동일성의 실질적 내용의 일부를 이루는 것이라고 보는 것이 상당하다고 한다.[1)]

민사소송에서는 기판력이 당사자뿐만 아니라 변론종결 뒤의 승계인, 청구목적물의 소지자, 제3자 소송담당의 권리귀속주체 등에게까지 기판력이 미치는 범위가 확장될 수 있으나(주관적 범위), 형사소송에서는 자기책임의 원칙상 철저하게 피고인에게만 미친다. 따라서 형사판결의 경우 기판력의 주관적 범위는 크게 문제되지 않는다.

3.

민사소송에서는 기판력이 생기면 사실심 변론종결시를 표준시로 하여 후소에서 표준시 이전에 제출할 수 있었던 자료의 제출이 차단되나(실권효 내지 차단효), 형사소송에서는 일죄의 시간적 일부에 대하여만 판결이 확정된 경우 사실심 판결선고시를 표준시로 하여 후소에서는 표준시 이전 부분에 대하여만 기판력이 미친다.

형사판결문에는 민사판결문에는 있는 '변론종결일'이라는 것이 아예 없다. 사실심의 민사판결서에는 변론종결일자와 판결선고일자가 기재되나(대법원판결의 경우에는 변론종결일이 없고 판결선고일만 있다), 형사판결서에는 판결선고일자만 기재된다.

---

1) 대법원 1994. 3. 22. 선고 93도2080 전원합의체 판결.

민사재판은 시간의 흐름에 따라 계속적으로 변동해가는 법률관계 중 일정 시점의 법률관계를 법원이 판단하는 작업이다. 당사자의 법률관계는 소송절차가 진행되는 중에도 시간의 경과와 더불어 계속 변화하게 된다. 예컨대 甲이 2020. 1. 1. 乙에게 돈 1,000만 원을 이자 월 1%, 변제기 1년으로 정하여 빌려주었다고 하더라도 시간이 흐르는 동안 乙이 甲에게 채무원리금의 전부 또는 일부를 변제할 수도 있고, 시효로 소멸할 수도 있고, 乙이 甲에게 가지는 다른 채권으로 상계할 수도 있고, 甲이 乙에 대한 대여금채권을 丙에게 양도할 수도 있고, 甲이나 乙이 사망할 수도 있다.

법원이 이 모든 시점을 포착하여 그 시점의 권리관계를 모두 판단하는 것은 현실적으로 쉽지 않으므로 민사판결은 변론종결시라고 하는 표준시의 법률관계의 존부만을 확정하고 이 시점 당시의 법률관계에만 기판력이 발생하도록 하고, 표준시 이전의 법률관계나 표준시 이후의 법률관계는 기판력이 미치지 않도록 하고 있는 것이다. 제1심만으로 사건의 종결된 경우에는 제1심 변론종결시가 표준시가 될 것이고, 항소심 이후의 경우에는 최종 사실심인 항소심의 변론 종결시이다. 따라서 사실심 변론종결 후에 법률관계에 변화가 있거나 예상치 못한 사정변경이 있는 경우에는 기판력에 저촉되지 않고 새로 소를 제기하여 법원의 판단을 받을 수 있다.

그러나 형사소송은 과거의 특정시점에 존재하였던 사건(공소사실)의 실체를 규명하여 피고인에게 유무죄의 판단을 하고 적절한 형벌을 부과하는 재판이기 때문에 시간이 흐르더라도 판단대상 시점이 고정되어 있다. 따라서 형사판결의 경우 기판력의 시적 범위라는 것은 계속범이나 상습범의 경우와 같이 주로 범죄행위가 일정한 시간의 흐름을 요하는 예외적인 경우에만 문제된다.[2] 형사소송에서는 포괄일죄로 공소사실의 동일성의 범위에서 기판력이 미치더라도 시적으로는 사실심 판결선고 전의 범죄부분에만 기판력이 미치고 사실심 판결선고 후의 범죄부분에는 기판력이 미치지 않는다.

형사소송에서 판례는 기판력의 표준시는 사실심의 변론종결일이 아니고 사실심의 판결선고시로 본다. "판결의 확정력은 <u>사실심리의 가능성이 있는 최후의 시점인 판결선고시</u>를 기준으로 하여 그 때까지 행하여진 행위에 대하여만 미치는 것으로서, 제1심 판결에 대하여 항소가 된 경우 판결의 확정력이 미치는 시간적 한계는 현행 형사항소심의 구조와 운용실태에 비추어 볼 때 <u>항소심 판결선고시</u>라고 보는 것이 상당한데 항소이유서를 제출하지 아니하여 결정으로 항소가 기각된 경우에도 형사소송법 제361조의4 제1항에 의하면 피고인이 항소한 때에는 법정기간 내에 항소이유서를 제출하지 아니하였다 하더라도 판결에 영향을 미친 사실오인이 있는 등 직권조사사유가 있으면 항소법원이 직권으로 심판하여 제1심 판결을 파기하고 다시 판결할 수도 있으므로 사실심리의 가

---

[2] 예컨대 甲이 乙의 물건을 10개 훔쳤다고 할 때 절도죄로 처벌받은 법률효과는 시간의 경과나 물건의 반환에 의하여 변하지 않는다(다만 친고죄나 반의사불벌죄인 경우 처벌 가부가 달라질 수 있고 일반 범죄에서도 변제나 합의 등이 양형에 큰 영향을 미친다). 그러나 민사사건에서는 피고가 원고에게 반환하는 물건의 수량에 따라 원고가 구하는 법률효과가 달라진다(청구 전부인용이나 일부인용). 과거의 어떤 범죄사실은 시간의 경과에 따라 변하지 않으나, 법률효과 즉 사법상의 권리 또는 법률관계는 시간의 경과로 변동되므로 그 존부를 확정하려면 어느 시점에서의 권리관계가 문제되는가를 정하지 않으면 안되기 때문이다. 이것이 기판력의 시적 범위의 문제이다. 강현중, "기판력에 관한 일고", 법학논총 제19집, 국민대학교 출판부(2007), p.110 참조.

능성이 있는 최후시점은 항소기각 결정시라고 보는 것이 옳다."3)

형사판결은 과거의 특정시점의 공소사실에 대한 판단이므로 시간의 경과에 따른 법률관계의 변동이 크게 없고, 변론재개를 하지 않고 고소취소장이나 합의서, 참고자료 등을 변론종결 후에 제출하더라도 판결선고시를 기준으로 판결에 반영할 수 있다. 민사와 형사의 기판력의 차이에 따라 재심의 운용도 다를 수밖에 없다.4)

참고로 형사항소심이 사후심인 것과 달리 민사항소심은 속심이다. 형사항소심에서는 항소이유서를 제출하지 않으면 항소기각결정을 하게 되나, 민사항소심에서의 심리는 1심과 2심이 계속 이어지는 '계속심리'의 속심이다. 따라서 민사항소심에서는 항소이유서라는 것이 없고, 민사항소심에서 제출하는 첫 번째의 서면은 준비서면이다. 민사상고심은 사후심이므로 정해진 기일 내에 상고이유서를 제출하지 않으면 상고기각판결이 송달된다.

---

3) 대법원 1993. 5. 25. 선고 93도836 판결. 형사소송에서도 변론종결시를 따라야 한다는 견해가 있다. 김정한, "민사소송법과 형사소송법을 비교해서 검토해 본 기판력의 발현형태와 효력 범위", 형사소송의 이론과 실무 제18권 제1호, 한국형사소송법학회(2016), p.163 이하 참조.
4) 본서 01. 기판력의 근거와 본질 참조.

35 가사재판과 기판력

1.

가사소송법은 가정법원의 관장 사항으로 가사소송사건을 가류, 나류, 다류 사건으로 나누고, 가사비송사건을 라류, 마류 사건으로 나누고 있다.1)

☞ **가사소송법 제2조(가정법원의 관장 사항)**
① 다음 각 호의 사항(이하 "가사사건"이라 한다)에 대한 심리와 재판은 가정법원의 전속관할로 한다.2)
  1. 가사소송사건
    가. 가류(類) 사건3)
      1) 혼인의 무효 2) 이혼의 무효 3) 인지의 무효
      4) 친생자관계 존부 확인 5) 입양의 무효 6) 파양의 무효
    나. 나류(類) 사건
      1) 사실상 혼인관계 존부 확인 2) 혼인의 취소 3) 이혼의 취소 4) 재판상 이혼 5) 아버지의 결정 6) 친생부인 7) 인지의 취소 8) 인지에 대한 이의 9) 인지청구 10) 입양의 취소 11) 파양의 취소 12) 재판상 파양 13) 친양자 입양의 취소
      14) 친양자의 파양
    다. 다류(類) 사건4)
      1) 약혼 해제 또는 사실혼관계 부당 파기로 인한 손해배상청구(제3자에 대한 청구를 포함한다) 및 원상회복의 청구
      2) 혼인의 무효·취소, 이혼의 무효·취소 또는 이혼을 원인으로 하는 손해배상청구(제3자에 대한 청구를 포함한다) 및 원상회복의 청구
      3) 입양의 무효·취소, 파양의 무효·취소 또는 파양을 원인으로 하는 손해배상청구(제3자에 대한 청구를 포함한다) 및 원상회복의 청구
      4) 민법 제839조의3에 따른 재산분할청구권 보전을 위한 사해행위 취소 및 원상회복의 청구
  2. 가사비송사건5)
    가. 라류(類) 사건(생략)
    나. 마류(類) 사건(생략)
② 가정법원은 다른 법률이나 대법원규칙에서 가정법원의 권한으로 정한 사항에 대하여도 심리·재판한다.
③ 제2항의 사건에 관한 절차는 법률이나 대법원규칙으로 따로 정하는 경우를 제외하고는 라류 가사비송사건의 절차에 따른다.6)

---

1) 가사소송사건이란 가사소송절차에 의해 처리되는 가사사건으로 가사소송법에 의한 특별절차로 가정법원에서 처리되는 사건이다. 상속회복청구소송, 유언무효확인소송, 유류분반환청구소송, 상속인의 순위 및 상속분에 관한 청구 등 상속사건은 가정법원에서 관할하는 가사소송사건이 아니라 지방법원에서 관할하는 일반 민사소송사건이다.

2.

가사소송법은 판결의 기판력의 주관적 범위에 관하여 특칙(제21조)을 두고 있으나,[7] 그밖에는 판결의 효력에 관한 특별규정이 없고, 가사소송법 제12조는 가사소송 절차에 관하여는 이 법에 특별한 규정이 있는 경우를 제외하고는 민사소송법에 따르도록 하고 있으므로 가사소송사건 판결의 효력은 기판력의 주관적 범위가 확장되는 외에는 일반 민사소송사건의 판결의 효력과 다르지 않다.[8]

가사소송법 제21조에 따라 혼인무효, 친생자관계부존재확인 등 가류 사건과 재판상 이혼, 친생부인, 인지청구 등 나류 사건의 청구인용판결은 제3자에게도 효력이 있는 대세효가 있다. 이는 신분관계의 획일적 확정을 통한 신분관계의 안정을 도모할 필요가 있기 때문이다. 그러나 청구기각 판결은 대세효가 부인된다.[9] 다만, 사실심 변론종결 전까지 보조참가, 당사자참가, 공동소송참가 등의 방식으로 소송에 참가할 수 있었던 제소권자에게는 다시 동일한 소송을 제기할 수 없게 하였다. 여기서 정당한 사유 없는 제소권자에 대한 효력을 기판력으로 볼 수는 없고 법률의 규정에 의

---

2) 현행 가사소송법상의 '가/나/다/라/마류 가사사건' 분류방식은 법률전문가조차 그 내용을 알기 어려워 가사소송법 개정안은 국민들이 직관적으로 사건의 내용을 추론할 수 있도록 가사사건을 분류하고 그 특징을 다음과 같이 명칭에 반영하였다.
   가/나류 가사소송사건 ⇨ **가족관계**(혼인관계/부모와 자녀 관계) 가사소송사건
   다류 가사소송사건 ⇨ **재산관계** 가사소송사건
   라/마류 가사비송사건 ⇨ **상대방이 없는/상대방이 있는** 가사비송사건
3) 친생자관계의 존부 확인과 같이 현행 가사소송법상의 가류 가사소송사건에 해당하는 청구는 성질상 당사자가 임의로 처분할 수 없는 사항을 대상으로 하는 것으로, 이에 관하여 조정이나 재판상 화해가 성립하더라도 효력이 없다(대법원 2007. 7. 26. 선고 2006므2757,2764 판결).
4) 순수한 재산상의 청구로서 본질상 민사사건이나 가류 또는 나류 가사소송사건에 속하는 분쟁이 청구의 기초를 이루고 있는 사건들. 배우자의 부정행위를 원인으로 그 배우자 또는 상간자를 상대로 하는 손해배상청구소송은 다류 가사소송사건이나, 배우자의 부정행위를 원인으로 자녀들이 그 부정행위의 상대방인 제3자를 상대로 하는 손해배상청구소송은 불법행위에 의한 손해배상청구소송으로 가사사건이 아니고 민사사건이다.
5) 재판상 이혼에 따른 재산분할, 자녀 양육에 관한 처분, 면접교섭권의 제한 또는 배제, 기여분결정, 상속재산의 분할에 관한 처분은 마류 비송사건이다. 상속재산분할청구는 가사소송법 제2조 제1항 제2호 나목 10)에서 정한 마류 가사비송사건으로서 **가정법원의 전속관할**에 속한다. 한편 공동상속인은 상속재산의 분할에 관하여 공동상속인 사이에 협의가 성립되지 아니하거나 협의할 수 없는 경우에 가사소송법이 정하는 바에 따라 가정법원에 상속재산분할심판을 청구할 수 있을 뿐이고, 그 상속재산에 속하는 개별 재산에 관하여 민법 제268조의 규정에 의한 공유물분할청구의 소를 제기하는 것은 허용되지 않는다(대법원 2015. 8. 13. 선고 2015다18367 판결).
6) 가사소송규칙 제2조는 제1항 제2호는 상속사건 중 민법 제1014조의 규정에 의한 피인지자 등의 상속분에 상당한 가액의 지급청구를 가정법원의 관장사항으로 규정하고 있으므로 현재 상속사건 중 유일한 소송사건은 바로 피인지자 등의 상속분에 상당한 가액지급청구사건 뿐이고, 가사비송사건 중 상속재산분할심판사건이 가정법원의 전속관할이다. 상속재산분할청구는 비송사건으로 가정법원이 관장하고 유류분반환청구소송은 민사소송으로 일반 민사법원이 관장하고 있어 실무상의 혼란이 초래되고 있다. 상속재산분할청구는 제소기간의 제한이 없으나, 유류분반환청구는 소멸시효의 적용이 있다(민법 제1117조).
7) 가사소송법 제21조(기판력의 주관적 범위에 관한 특칙)
   ① 가류 또는 나류 가사소송사건의 청구를 인용한 확정판결은 제3자에게도 효력이 있다.
   ② 제1항의 청구를 배척한 판결이 확정된 경우에는 다른 제소권자는 사실심의 변론종결 전에 참가하지 못한 데 대하여 정당한 사유가 있지 아니하면 다시 소를 제기할 수 없다.
8) 이하 주로 김선혜, "가사재판의 기판력", 가족법연구 제23권 제3호, 한국가족법학회(2009), p.279 이하를 참조하였음.
9) 동일사건에 대해 내려진 판결의 효력을 원고의 승패여부에 따라 정하는 것은 납득하기 어렵고, 우리 민법 및 가사소송법과 같이 직권탐지주의와 제소권자의 범위를 넓게 인정하는 법제에서는 그 확정판결에 완전한 대세효를 인정하는 것이 바람직하다는 견해로는 현소혜, "가사소송과 기판력의 주관적 범위", 사법 27호, 사법발전재단(2014.3), p.104 이하 참조.

해 제소만이 금지되는 것으로 본다. 가사소송법 제21조의 반대해석으로 다류 소송사건의 판결에는 위 특칙의 적용이 없고 일반 민사소송의 판결과 같은 효력이 인정된다.

3.

가사소송에서의 기판력의 객관적 범위는 민사소송법에 따른다.

이혼소송의 경우 재판상 이혼사유에 관한 민법 제840조는 동조가 규정하고 있는 각 호 사유마다 각 별개의 독립된 이혼사유(소송물)를 구성하는 것이고, 원고가 이혼청구를 구하면서 위 각 호 소정의 수개의 사유를 주장하는 경우 법원은 그 중 어느 하나를 받아들여 원고의 청구를 인용할 수 있는 것이라고 한다.10)

원고가 먼저 우리나라에서 피고를 상대로 이혼청구를 하였다가 청구기각판결이 확정된 후 다시 외국에서 피고를 상대로 이혼소송을 제기하여 승소 확정판결을 받은 경우 그 외국판결이 우리나라의 판결의 기판력에 저촉되는 것인지 문제된다. 판례는 동일 당사자 간의 동일 사건에 관하여 대한민국에서 판결이 확정된 후에 다시 외국에서 판결이 선고되어 확정되었다면 그 외국판결은 대한민국판결의 기판력에 저촉되는 것으로서 대한민국의 선량한 풍속 기타 사회질서에 위반되어 민사소송법 제217조 제1항 제3호에 정해진 외국판결의 승인요건을 흠결한 경우에 해당하므로 대한민국에서는 효력이 없다고 한다.11)

혼인취소소송에서 민법이 정한 혼인취소사유(민법 제807조 내지 제810조, 제815조)마다 별개의 소송물이 된다. 이혼의 취소, 인지의 취소, 입양의 취소, 파양의 취소, 재판상 파양, 친양자 파양의 경우 각 사유마다 별개의 소송물이 되나, 친생부인, 인지청구, 친양자 입양 취소의 경우는 소의 성질상 1개의 소송물로 볼 것이다.

사실상혼인관계존부확인소송을 판례와 같이 확인소송으로 볼 경우 확인의 대상이 된 현재의 신분관계 자체 또는 경우에 따라서는 과거의 신분관계12) 자체를 소송물로 볼 것이고, 기판력의 객관적 범위는 확인의 대상이 된 현재 또는 과거의 신분관계가 될 것이다. 혼인무효소송의 경우에도 민법 제815조가 정한 개개의 혼인무효사유별로 별개의 소송물을 구성하는 것은 아니라고 볼 것이다.

생부의 인지 없이 생모에 의해 임의로 생부의 친생자로 출생신고되었다는 것을 이유로 한 **인지무효확인**의 확정심판은 생부 스스로 자(子)를 그의 친생자로 인정하여 출생신고를 한 바 없는데도 생모에 의해 그러한 행위를 한 것처럼 호적상 기재가 되어 있으니 그 출생신고에 의한 임의인지가

---

10) 대법원 2000. 9. 5. 선고 99므1886 판결.
11) 대법원 1994. 5. 10. 선고 93므1051,1068 판결.
12) 일반적으로 과거의 법률관계는 확인의 소 대상이 될 수 없으나, 혼인, 입양과 같은 신분관계나 회사의 설립, 주주총회의 결의무효, 취소와 같은 사단적 관계, 행정처분과 같은 행정관계와 같이 그것을 전제로 하여 수많은 법률관계가 발생하고 그에 관하여 일일이 개별적으로 확인을 구하는 번잡한 절차를 반복하는 것보다 과거의 법률관계 그 자체의 확인을 구하는 편이 관련된 분쟁을 일거에 해결하는 유효적절한 수단일 수 있는 경우에는 예외적으로 확인의 이익이 인정된다(대법원 1995. 3. 28. 선고 94므1447 판결).

무효임을 확인한다는 것이 심판대상임이 명백하고, 따라서 그 기판력 역시 생부의 출생신고에 의한 임의인지가 무효라는 점에 한하여 발생할 뿐이며, 나아가 생부와 자(子) 사이에 친생자관계가 존재하는지의 여부에 대해서까지 그 확정심판의 효력이 미치는 것은 아니므로, 그 확정심판의 효력은 자(子)와 생부 사이에 친생자관계가 존재함을 전제로 하여 재판상 인지를 구하는 청구에는 미치지 아니한다.13)

민법 제844조의 친생추정을 받는 자녀는 친생부인의 소에 의하여 친생추정을 깨뜨리지 않고는 다른 사람을 상대로 인지청구를 할 수 없다. 민법 제844조 제1항의 친생추정은 반증을 허용하지 않는 강한 추정이므로, 처가 혼인 중에 포태한 이상 그 부부의 한쪽이 장기간에 걸쳐 해외에 나가 있거나, 사실상의 이혼으로 부부가 별거하고 있는 경우 등 동거의 결여로 처가 부(夫)의 자를 포태할 수 없는 것이 외관상 명백한 사정이 있는 경우에만 그 추정이 미치지 않을 뿐이고, 이러한 예외적인 사유가 없는 한 누구라도 그 자가 부의 친생자가 아님을 주장할 수 없는 것이어서, 이와 같은 추정을 번복하기 위하여는 부가 민법 제846조, 제847조에서 규정하는 친생부인의 소를 제기하여 그 확정판결을 받아야 하고, 이러한 친생부인의 소가 아닌 민법 제865조 소정의 친생자관계 부존재확인의 소에 의하여 그 친생자관계의 부존재확인을 구하는 것은 부적법하다.14)

<사례 35> 원고(남편)는 A(아내)와 혼인신고를 마친 법률상 부부로서 무정자증으로 자녀가 생기지 않자 제3자로부터 정자를 제공받아 자녀를 갖기로 하였다. 이에 따라 A는 1993년경 제3자의 정자를 사용한 인공수정(AID)을 통하여 피고 1.을 출산하였고, 원고는 자신과 A의 자녀로 피고 1.의 출생신고를 마쳤다. 이후 A는 1997년경 혼외 관계를 통해 피고 2.를 출산하였고, 원고는 자신과 A의 자녀로 피고 2.의 출생신고를 마쳤다.
원고와 A는 2013년경 부부갈등으로 협의이혼신청을 하였다가 취하하였으나, 그 후 이혼소송을 하면서 상호간 이혼조정이 성립되었다. 피고들은 위 과정에서 원고와 A가 다투면서 자신들이 친자가 아니라고 말하는 것을 듣고 비로소 사정을 알게 되었다.
원고는 2013년경 피고들을 상대로 친생자관계 부존재확인을 구하는 이 사건 소를 제기하였다. 제1심 소송과정에서 유전자 검사를 실시한 결과, 원고와 피고들 사이에는 혈연관계가 없다는 점이 확인되었다.

친생자관계를 부정할 수 있는 방법으로 '친생부인의 소'와 '친생자관계부존재확인의 소' 2가지가 있다. 친생부인의 소는 친생자로 추정되는 자녀에 대한 것으로서 2년의 제소기간 제한이 있으나, 반면 친생자관계부존재확인의 소는 친생자로 추정되지 않는 자녀에 대한 것으로서 제소기간의 제한이 없다. 따라서 아버지가 자녀와의 친생자관계를 부정하고자 하는 경우, 그 자녀가 친생자로 추정되는 자녀인지 아닌지에 따라 아래와 같은 차이가 있다.

친생자로 추정되는 자녀에 대하여는 '친생부인의 소'에 의해서만 친생자관계를 부정할 수 있다 ('친생자관계부존재확인의 소' 불가). → 이 경우 친생부인의 소는 제소기간 2년의 제한이 있으므로, 반드시 '친생자가 아님을 안 날로부터 2년' 내에 소를 제기해야 한다. 만일 2년의 제소기간이 경과

---

13) 대법원 1999. 10. 8. 선고 98므1698 판결.
14) 대법원 2000. 8. 22. 선고 2000므292 판결.

하였다면, 제소기간을 규정한 취지상 더 이상 친생부인의 소를 제기하는 것은 불가능하므로, (그 반사적 효과로) 설령 친생자가 아님이 명백하다 하더라도 친생자관계는 그대로 확정되게 된다.

<u>친생자로 추정되지 않는 자녀에 대하여는 '친생자관계부존재확인의 소'에 의하여 친생자관계를 부정할 수 있다.</u> → 친생자관계부존재확인의 소는 제소기간의 제한이 없으므로, '친생자가 아님을 안 날로부터 2년'이 경과하였더라도 얼마든지 소를 제기할 수 있다.

결국 친생추정의 예외를 인정한다는 것은, 위와 같은 경우 아버지가 '친생자가 아님을 안 날로부터 2년'이 경과한 후에도 (친생부인의 소가 아닌 친생자관계부존재확인의 소를 제기함으로써) 친생자관계를 부정할 수 있게 된다는 것을 의미한다.

위 사례에서 대법원 전원합의체 판결의 다수의견은 (1) 아내가 혼인 중 남편의 동의에 따라 제3자의 정자를 제공받아 인공수정으로 자녀를 출산한 경우에도 친생추정 규정이 적용되어 출생한 자녀가 남편의 자녀로 추정되고, (2) 혼인 중 아내가 임신하여 출산한 자녀가 유전자 검사 등을 통하여 남편과 혈연관계가 없다는 점이 밝혀졌더라도 친생추정이 미친다고 판시하여 원고의 소를 각하한 원심을 확정하였다.15) 대법원은 이 판결을 통하여 ① 인공수정 자녀의 신분관계 역시 다른 친생자와 마찬가지로 조속히 확정되도록 함으로써 새로운 임신·출산의 모습을 둘러싼 친자관계 및 가족관계의 법적 안정을 확보하고, ② 오랜 기간 유지된 가족관계에 대한 신뢰보호 필요성, 혼인과 가족생활에 대한 자율적 결정권 보장, 사생활 보호의 필요성 등을 감안할 때 혈연관계만을 기준으로 친생추정 규정의 적용범위를 정할 수는 없다는 점을 분명히 하였다.

한편, 대법원 전원합의체 판결은 친생자관계존부확인의 소를 제기할 수 있는 자는 민법 제865조 제1항에서 정한 제소권자로 한정된다고 판시하여 민법 제777조에서 정한 친족은 특별한 사정이 없는 한 그와 같은 신분관계에 있다는 사실만으로 친생자관계존부확인의 소를 제기할 소송상 이익이 있다고 판단한 종전 판례를 변경하였다.16)

"친생자관계에 관하여 민법은 임신과 출산이라는 자연적인 사실에 의하여 그 관계가 명확히 결정되는 모자관계와 달리 부자관계의 성립과 해소에 대하여는 그 관계 확정을 위한 여러 규정을 두고 있다. 아내가 혼인 중에 임신한 자녀를 남편의 자녀로 추정하는 친생추정 규정(제844조 제1항)과 이에 대한 번복방법인 친생부인의 소에 관한 규정(제846조 내지 제851조), 재혼한 여자가 해산한 경우 법원에 의한 부의 결정에 관한 규정(제845조), 혼인 외 출생자의 인지에 관한 규정(제855조 제1항, 제863조), 인지의 취소 및 인지에 대한 이의의 소에 관한 규정(제861조 및 제862조)이 이에 해당한다. 따라서 법적 친생자관계의 성립과 해소를 구하는 소송절차에서는 위 각 규정에 명시된 제소권자가 해당 규정이 정한 요건을 갖춰 소를 제기하는 것이 원칙이다.

민법 제865조 제1항은 "제845조, 제846조, 제848조, 제850조, 제851조, 제862조, 제863조의 규정에 의하여 소를 제기할 수 있는 자는 다른 사유를 원인으로 하여 친생자관계존부확인의 소를 제기할 수 있다."라고 정한다. 이는 법적 친자관계와 가족관계등록부에 표시된 친자관계가 일치하

---

15) 대법원 2019. 10. 23. 선고 2016므2510 전원합의체 판결.
16) 대법원 2020. 6. 18. 선고 2015므8351 전원합의체 판결.

지 않을 때 이를 바로잡기 위하여 친생자관계존부확인의 소를 제기할 수 있도록 한 것이다. 민법 제865조 제1항이 친생자관계존부확인의 소를 제기할 수 있는 자를 구체적으로 특정하여 직접 규정하는 대신 소송목적이 유사한 다른 소송절차에 관한 규정들을 인용하면서 각 소의 제기권자에게 원고적격을 부여하고 그 사유만을 달리하게 한 점에 비추어 보면, 민법 제865조 제1항이 정한 친생자관계존부확인의 소는 법적 친생자관계의 성립과 해소에 관한 다른 소송절차에 대하여 보충성을 가진다.

이처럼 민법 제865조 제1항의 규정 형식과 문언 및 체계, 위 각 규정들이 정한 소송절차의 특성, 친생자관계존부확인의 소의 보충성 등을 고려하면, <u>친생자관계존부확인의 소를 제기할 수 있는 자는 민법 제865조 제1항에서 정한 제소권자로 한정된다고 봄이 타당하다.</u>

① <u>친생자관계의 당사자인 부, 모, 자녀</u>는 민법 제845조, 제846조, 제862조, 제863조에 의하여 소를 제기할 수 있는 자로서 다른 사유를 원인으로 하는 경우에는 친생자관계존부확인의 소를 제기할 수 있다.

② <u>친생자관계의 당사자인 자녀의 직계비속과 그 법정대리인</u>은 민법 제863조에 의하여 소를 제기할 수 있는 자로서 다른 사유를 원인으로 하는 경우에는 친생자관계존부확인의 소를 제기할 수 있다.

③ <u>민법 제848조, 제850조, 제851조의 제소권자인 성년후견인, 유언집행자, 부 또는 처의 직계존속이나 직계비속</u>은 위 규정들에 의하여 소를 제기할 수 있는 요건을 갖춘 경우에 한하여 원고적격이 있다. 즉, 성년후견인은 남편이나 아내가 성년후견을 받게 되었을 때(제848조), 유언집행자는 부 또는 처가 유언으로 친생자관계를 부정하는 의사를 표시한 때(제850조), 부 또는 처의 직계존속이나 직계비속은 부(夫)가 자녀의 출생 전에 사망하거나 부 또는 처가 친생부인의 소의 제기기간 내에 사망한 때(제851조) 비로소 다른 사유를 원인으로 하여 친생자관계존부확인의 소를 제기할 수 있다.

④ <u>이해관계인</u>은 민법 제862조에 따라 다른 사유를 원인으로 하여 친생자관계존부확인의 소를 제기할 수 있다. 여기서 이해관계인은 다른 사람들 사이의 친생자관계가 존재하거나 존재하지 않는다는 내용의 판결이 확정됨으로써 일정한 권리를 얻거나 의무를 면하는 등 <u>법률상 이해관계가 있는 제3자</u>를 뜻한다. 이러한 이해관계인에 해당하는지 여부는 원고의 주장 내용과 변론에 나타난 제반 사정을 토대로 상속이나 부양 등에 관한 원고의 권리나 의무, 법적 지위에 미치는 구체적인 영향이 무엇인지를 개별적으로 심리하여 판단해야 한다."

4.

가사소송에서의 기판력의 시적 범위는 민사소송법에 따라 사실심의 변론종결시가 표준시가 된다. 이혼소송에서 패소확정판결을 받은 당사자가 다시 이혼청구를 하는 경우 전소 사실심 변론종결시에 민법 제840조 제6호의 이혼사유를 충족시키기에는 미달되었으나, 같은 상황이 장기간에 걸침으로써 또는 변론종결시 이후의 새로운 사유가 그 이전의 사유에 더하여짐으로써 혼인을 계속하기 어려운 중대한 사유가 완성되었다고 볼 경우가 있으므로 법원으로서는 경우에 따라 전소 변론종결시 이후의 사정뿐 아니라 전소 변론종결시 이전으로부터의 사정도 더하여 이혼사유 해당 여부를 판단할 수 있다.17)

가사비송사건 중 형식적 확정력이 있는 가사심판에 대하여는 기판력을 부정하는 것이 일반적이다. 가사비송사건을 판결의 형식으로 한 경우(이혼소송에 부대하여 재산분할청구를 한 경우) 판결이 확정되더라도 보통 판결에서 인정되는 기판력은 인정되지 않는다. 재산분할재판에서 분할대상인지 여부가 전혀 심리되지 않았던 재산이 재판확정 후 새로이 발견된 경우에는 이에 대하여 추가로 재산분할청구를 할 수 있다.[18] 민법 제839조의2 제3항, 제843조에 따르면 재산분할청구권은 협의상 또는 재판상 이혼한 날부터 2년이 지나면 소멸한다. 2년 제척기간 내에 재산의 일부에 대해서만 재산분할을 청구한 경우 청구 목적물로 하지 않은 나머지 재산에 대해서는 제척기간을 준수한 것으로 볼 수 없으므로, 재산분할청구 후 제척기간이 지나면 그때까지 청구 목적물로 하지 않은 재산에 대해서는 청구권이 소멸한다. 재산분할재판에서 분할대상인지 여부가 전혀 심리된 바 없는 재산이 재판확정 후 추가로 발견된 경우에는 이에 대하여 추가로 재산분할청구를 할 수 있다. 다만 추가 재산분할청구 역시 이혼한 날부터 2년 이내라는 제척기간을 준수하여야 한다.[19]

---

17) 김선혜, 앞의 논문, p.293 참조.
18) 대법원 2017. 9. 28. 자 2017카기248 결정.
19) 대법원 2018. 6. 22. 자 2018스18 결정.

민사소송과 기판력 - 사례와 판례로 본 기판력의 이해

부록

기판력 사례연습

부록 기판력 사례연습

[문제 1] 다음의 각 사례에서 후소는 전소 확정판결의 기판력에 저촉되는가? 판례에 따라 그 결론과 근거를 밝히시오.

〈기초사실〉 甲이 乙에 대한 X 토지의 취득시효완성을 원인으로 한 소유권이전등기청구권을 보전하기 위하여 乙을 대위하여 丙에 대하여 제기한 소유권이전등기말소청구 사건에서 乙을 대위할 피보전채권의 부존재를 이유로 소 각하판결이 선고되고 이 판결이 확정되었다.

1. 丙이 甲을 상대로 제기한 X 토지인도소송에서 甲은 乙에게 X 토지의 취득시효완성을 원인으로 한 소유권이전등기청구권의 존재를 항변사유로 주장하였다.

    ☞ **결론** : 저촉.
    ☞ **근거** : 기판력이라 함은 기판력 있는 전소판결의 소송물과 동일한 후소를 허용하지 않는 것임은 물론, 후소의 소송물이 전소의 소송물과 동일하지 않다고 하더라도 전소의 소송물에 관한 판단이 후소의 선결문제가 되거나 모순관계에 있을 때에는 후소에서 전소판결의 판단과 다른 주장을 하는 것을 허용하지 않는 작용을 하는 것인데, 전소 판결은 소송판결로서 그 기판력은 소송요건의 존부에 관하여만 미친다 할 것이나, 그 소송요건에 관련하여 甲의 乙에 대한 피보전채권이 없음이 확정된 이상 이 사건에서 甲이 乙에 대하여 피보전채권이 있음을 전제로 다시 위와 같은 주장을 하는 것은 전소의 사실심 변론종결 전에 주장하였던 사유임이 명백할 뿐만 아니라, 甲의 이러한 주장을 허용한다면 甲에게 乙에 대한 피보전채권의 존재를 인정하는 것이 되어 전소판결의 판단과 서로 모순관계에 있다고 하지 않을 수 없으므로 이 사건에서 甲이 이러한 주장을 하는 것은 전소판결의 기판력에 저촉되어 허용될 수 없다.[1]

2. 甲이 乙을 상대로 취득시효완성을 원으로 한 소유권이전등기절차이행청구의 소를 제기하였다.

    ☞ **결론** : 저촉되지 않는다.
    ☞ **근거** : 채권자대위소송의 판결의 기판력이 채무자에게도 미친다는 의미는 <u>채권자대위소송의 소송물인 피대위채권의 존부에 관하여 채무자에게도 기판력이 인정된다</u>는 것이고, 채권자대위소송의 소송요건인 피보전채권의 존부에 관하여 당해 소송의 당사자가 아닌 채무자

---
[1] 대법원 2001. 1. 16. 선고 2000다41349 판결.

에게 기판력이 인정된다는 것은 아니다. 따라서 채권자가 채권자대위권을 행사하는 방법으로 제3채무자를 상대로 소송을 제기하였다가 채무자를 대위할 피보전채권이 인정되지 않는다는 이유로 소 각하 판결을 받아 확정된 경우 그 판결의 기판력이 채권자가 채무자를 상대로 피보전채권의 이행을 구하는 소송에 미치는 것은 아니다.2)

[문제 2] 다음의 각 사례에서 후소는 전소 확정판결의 기판력에 저촉되는가? 판례에 따라 그 결론과 근거를 밝히시오.

> 〈기초사실〉 甲은 乙로부터 X 토지를 매수하였다고 주장하며 乙을 상대로 매매를 원인으로 한 소유권이전등기절차이행청구의 소를 제기하여 승소판결을 받아 그 판결이 확정되었고, 甲은 이 확정판결에 따라 소유권이전등기를 마쳤다.

3. 乙은 甲을 상대로 甲에게 X 토지를 매도한 사실이 없기 때문에 그 이전등기는 원인무효라고 주장하여 그 등기의 말소를 구하는 소를 제기하였다.

  ☞ **결론** : 저촉.
  ☞ **근거** : 전소의 소송물은 소유권이전등기청구권이고, 후소의 소송물은 소유권이전등기말소청구권이므로 전소와 후소의 소송물이 다르다. 그렇다고 이 경우 전소판결의 기판력이 후소에 미치지 않는다고 하면 후소는 적법해지고 심리결과에 따라서는 을의 청구가 인용될 수도 있다. 이와 같이 전소와 후소의 소송물이 정면으로 모순된 반대관계인 경우에는 판결의 안정성을 위해 후소는 전소 확정판결의 기판력에 저촉된다고 본다.

4. 위 소송 전에 乙로부터 X 토지를 매수한 바 있는 丙은 그 후 乙을 대위하여 甲을 상대로 X 토지를 매도한 사실이 없으므로 甲 명의의 소유권이전등기는 원인무효라고 주장하면서 위 소유권이전등기말소청구의 소를 제기하였다.

  ☞ **결론** : 저촉.
  ☞ **근거** : 부동산의 소유자에 대하여 소유권이전등기를 청구할 지위에 있기는 하지만 아직 그 소유권이전등기를 경료하지 않은 상태에서, 제3자가 부동산의 소유자를 상대로 그 부동산에 관한 소유권이전등기절차 이행의 확정판결을 받아 소유권이전등기를 경료한 경우, 그 확정판결이 당연무효이거나 재심의 소에 의하여 취소되지 않는 한, 종전의 소유권이전등기청구권을 가지는 자가 부동산의 소유자에 대한 소유권이전등기청구권을 보전하기 위하여 부동산의 소유자를 대위하여 제3자 명의의 소유권이전등기가 원인무효임을 내세워 그 등기의 말소를 구하는 것은 확정판결의 기판력에 저촉되므로 허용될 수 없다.3)

---

2) 대법원 2014. 1. 23. 선고 2011다108095 판결.
3) 대법원 1999. 2. 24. 선고 97다46955 판결. 〈참고〉 제3자가 명의수탁자 등을 상대로 한 승소확정판결에 의하여 소유권

5. (甲의 위 소유권이전등기청구소송이 가등기에 기한 소유권이전등기청구라고 가정할 경우) 위 확정판결이 있은 후 乙은 甲을 상대로 가등기가 원인무효라는 이유로 가등기만의 말소를 구하는 소를 제기하였다.

- ☞ **결론** : 저촉되지 않는다.
- ☞ **근거** : 확정판결의 기판력은 소송물로 주장된 법률관계의 존부에 관한 판단의 결론 자체에만 미치고 그 전제가 되는 법률관계의 존부에까지 미치는 것은 아니어서, 가등기에 기한 소유권이전등기절차의 이행을 명한 전소 판결의 기판력은 소송물인 소유권이전등기청구권의 존부에만 미치고 그 등기청구권의 원인이 되는 채권계약의 존부나 판결이유 중에 설시되었을 뿐인 가등기의 효력 유무에 관한 판단에는 미치지 아니하고, 따라서 만일 후소로써 위 가등기에 기한 소유권이전등기의 말소를 청구한다면 이는 1물1권주의의 원칙에 비추어 볼 때 전소에서 확정된 소유권이전등기청구권을 부인하고 그와 모순되는 정반대의 사항을 소송물로 삼은 경우에 해당하여 전소 판결의 기판력에 저촉된다고 할 것이지만, 이와 달리 위 가등기만의 말소를 청구하는 것은, 전소에서 판단의 전제가 되었을 뿐이고 그로써 아직 확정되지는 아니한 법률관계를 다투는 것에 불과하여 전소 판결의 기판력에 저촉된다고 볼 수 없다.[4]

[문제 3] 다음의 각 사례에서 후소 또는 후소에서의 항변이 전소 확정판결의 기판력에 저촉되는가? 판례에 따라 그 결론과 근거를 밝히시오.

> 〈기초사실〉 甲은 乙로부터 X 토지를 매수하였다고 주장하며 乙을 상대로 매매를 원인으로 한 소유권이전등기절차이행청구의 소를 제기하였으나, 청구기각판결을 받고 그 판결이 확정되었다.

6. 그 후 甲이 전소 사실심 변론종결 전에 乙로부터 X 토지를 증여받았다는 이유로 乙을 상대로 소유권이전등기절차이행청구의 소를 제기하였다.

- ☞ **결론** : 저촉되지 않는다.
- ☞ **근거** : 소유권이전등기청구사건에 있어서 등기원인을 달리하는 경우에는 그것이 단순히 공격방어방법의 차이에 불과한 것이 아니고 등기원인별로 별개의 소송물로 인정되므로 매매를 원인으로 한 소유권이전등기청구소송에서의 패소판결의 기판력은 그와 별개의 소송물인 증여를 원인으로 한 소유권이전등기청구의 소에 미치지 않는다.

이전등기를 마친 경우, 다른 소유권이전등기청구권자가 명의수탁자나 기타 종전의 소유자를 대위하여 제3자 명의의 소유권이전등기가 원인무효임을 내세워 그 등기 및 그에 기초한 또 다른 등기의 말소를 구하는 것은 확정판결의 기판력에 저촉된다(대법원 2014. 3. 27. 선고 2013다91146 판결).
[4] 대법원 1995. 3. 24. 선고 93다52488 판결.

7. 그 후 乙이 甲을 상대로 X 토지상의 甲 소유 건물의 철거를 구하는 소를 제기하자, 甲은 X 토지에 대한 취득시효가 완성되었으므로 乙의 청구에 응할 수 없다는 항변을 하였다.

　☞ **결론** : 저촉되지 않는다.
　☞ **근거** : 매매를 원인으로 한 소유권이전등기청구소송과 취득시효완성을 원인으로 한 소유권이전등기 청구소송은 이전등기청구권의 발생원인을 달리하는 별개의 소송물이므로 전소의 기판력은 후소에 미치지 아니한다.5) <u>전소에서 부존재한 것으로 확정된 바 있는 매매를 원인으로 한 소유권이전등기청구권이 후소 항변사유인 취득시효완성을 원인으로 하는 소유권이전등기청구권의 존재와 모순된다거나 선결적 법률관계에 있다고 볼 수 없다.</u>6)

8. 전소에서 乙에게 소유권이전등기의무가 없다는 이유로 甲 청구기각판결이 확정된 뒤에 甲이 乙에게 소유권이전등기의무의 이행불능을 원인으로 손해배상청구의 소를 제기하였다.

　☞ **결론** : 저촉.
　☞ **근거** : 선결관계효에 따라 甲이 乙에게 그와 같은 의무가 있음을 전제로 그 이행불능을 원인으로 乙에게 손해배상청구를 하는 것은 허용되지 아니한다.

<추가된 사실관계 1> 甲은 전소에서 X 토지에 관한 등기명의가 乙로부터 丙으로 이전되었기 때문에 乙의 甲에 대한 소유권이전등기의무가 이행불능이라는 이유로 패소확정판결을 받았다.

9. 그 후 乙이 丙을 상대로 소유권이전등기말소청구의 소를 제기하여 승소판결을 받아 등기부상의 소유명의를 회복하자, 甲이 다시 乙을 상대로 소유권이전등기청구의 소를 제기하였다.

　☞ **결론** : 저촉되지 않는다.
　☞ **근거** : 기판력은 사실심 변론종결 당시에 있어서 권리관계의 존부에 관하여 생기기 때문에 후소 법원은 위 표준시에서의 기판력 있는 판단에 반하는 판결을 할 수 없고, 후소에서 전소의 표준시 이전에 존재하였던 사실 및 증거자료를 제출하여 전소에서 확정된 권리관계를 뒤엎을 수 없는 작용을 하는 것이지만, <u>표준시 이후에 생긴 법률관계에 관하여서까지 후소에서 주장할 수 없다는 것은 아니다.</u>7) 전소판결이 확정된 후, 乙이 丙을 상대로 소유권이전등기 말소청구 소송을 제기하여 승소판결을 받아 등기부상 소유권을 회복한 경우, 乙은 甲에 대하여 소유권이전등기 의무를 부담한다고 봄이 신의성실의 원칙상 당연하므로, 후소는 전소판결의 기판력에 저촉된다고 볼 수 없다.

---

5) 대법원 1981. 1. 13. 선고 80다204,205 판결.
6) 대법원 1995. 9. 29. 선고 94다46817 판결.
7) 대법원 1995. 9. 29. 선고 94다46817 판결.

<추가된 사실관계 2> 甲이 乙과 토지거래허가구역 내 X 토지를 매수하는 계약을 체결한 후 乙을 상대로 소유권이전등기청구 등의 소를 제기하여 토지거래허가신청절차 이행청구는 인용하고 소유권이전등기절차 이행청구는 기각한 판결이 확정되었는데, 변론종결 전에 X 토지가 토지거래허가구역에서 해제되었음에도 甲이 이를 주장하지 아니하여 전소 법원은 X 토지가 허가구역 내에 위치함을 전제로 판결하였다.

10. 그 후 甲이 X 토지가 토지거래허가구역에서 해제되었음을 들어 乙을 상대로 소유권이전등기 절차의 이행을 구하는 소를 제기하였다.

- ☞ **결론** : 저촉.
- ☞ **근거** : 확정판결의 기판력은 소송물로 주장된 법률관계의 존부에 관한 판단에 미치는 것이므로 동일한 당사자 사이에서 전소와 동일한 소송물에 대한 후소에서 전소 변론종결 이전에 존재하고 있던 공격방어방법을 주장하여 전소 확정판결에서 판단된 법률관계의 존부와 모순되는 판단을 구하는 것은 확정판결의 기판력에 반하는 것이고, 전소에서 당사자가 그 공격방어방법을 알고서 주장하지 못하였는지 또는 알지 못한 데에 과실이 있는지 여부는 묻지 아니한다.[8]

이 사건 전소는 이 사건 X 토지가 토지거래허가구역 내에 위치하고 있음을 전제로 하는 장래이행 청구인 반면 후소는 X 토지에 대한 토지거래허가구역 지정이 해제되었음을 전제로 하는 청구라고 하더라도 후소의 소송물과 전소 중 소유권이전등기청구의 소송물은 모두 이 사건 매매계약을 원인으로 하는 소유권이전등기청구권으로서 동일하다고 할 것이다. 또한 이 사건 X 토지가 토지거래허가구역에서 해제되어 이 사건 매매계약이 확정적으로 유효하게 되었다는 사정은 이 사건 전소의 변론종결 전에 존재하던 사유이므로, 甲이 그러한 사정을 알지 못하여 전소에서 주장하지 못하였다고 하더라도 이를 후소에서 새로이 주장하여 전소에서의 법률관계의 존부에 관한 판단, 즉 이 사건 매매계약에 기한 甲의 乙에 대한 소유권이전등기청구권의 존부에 대한 판단과 모순되는 판단을 구하는 것은 이 사건 전소 확정판결의 기판력에 반하는 것이다.

[문제 4] 다음의 각 사례에서 후소는 전소 확정판결의 기판력에 저촉되는가? 판례에 따라 그 결론과 근거를 밝히시오.

<전소> X 토지에 관한 등기명의가 매매를 원인으로 甲으로부터 乙로 이전되었다. 甲은 乙 명의의 소유권이전등기가 원인무효라는 이유로 그 등기의 말소를 구하는 소를 제기하여, 승소판결을 받고 그 판결이 확정되었다.

---

[8] 대법원 2014. 3. 27. 선고 2011다79968 판결.

11. 乙은 그 후 '20년 이상 X 토지를 점유하여 전 소송의 변론종결 전에 이미 그 취득시효가 완성되었다'고 주장하며 甲을 상대로 취득시효완성을 원인으로 한 소유권이전등기청구의 소를 제기하였다. 乙은 전소에서 말소를 구하는 소유권이전등기가 취득시효 완성으로 인하여 실체관계에 부합하는 등기가 되었다는 항변을 하지 않았다.

 ☞ **결론** : 저촉되지 않는다.
 ☞ **근거** : 甲이 주장하는 전소인 위 소송의 소송물은 乙 명의로 경료된 소유권이전등기가 원인무효임을 이유로 하는 소유권이전등기의 말소청구권의 존부이고, 후소의 소송물이 같은 부동산에 관한 청구이기는 하지만 취득시효 완성을 원인으로 한 소유권이전등기청구권의 존부라면, <u>전소와 후소는 청구취지와 청구원인을 전혀 달리하는 소송으로서 그 소송물이 다르고</u>, 전소에서 말소를 구하는 소유권이전등기가 취득시효 완성으로 인하여 실체관계에 부합하는 등기가 되었다는 항변을 하지 않았다고 하여 바로 그 소송물에 관한 사유도 아닌 전연 별개의 사실관계에 근거한 취득시효 완성을 원인으로 한 소유권이전등기청구권이 실권되는 것이 아니므로, 이러한 관점에서 볼 때 전소의 소송물과 후소의 소송물은 모순관계에 있다거나 전소의 소송물이 후소의 선결문제에 해당하는 것도 아니라고 할 것이어서 전소 판결의 기판력이 후소에 미친다고 볼 수 없다.9)

12. 乙은 甲을 상대로 전소송의 변론종결 전에 X 토지를 매수하였음을 원인으로 한 소유권이전등기절차이행청구의 소를 제기하였다.

 ☞ **결론** : 저촉되지 않는다.
 ☞ **근거** : 확정판결의 기판력은 소송물로 주장된 법률관계의 존부에 관한 판단 그 자체에만 미치는 것이고 전소와 후소가 그 소송물이 동일한 경우에 작용하는 것이므로, 부동산에 관한 소유권이전등기가 원인무효라는 이유로 그 등기의 말소를 명하는 판결이 확정되었다고 하더라도 그 확정판결의 기판력은 그 소송물이었던 말소등기청구권의 존부에만 미치는 것이므로, 그 소송에서 패소한 당사자도 전소에서 문제된 것과는 전혀 다른 청구원인에 기하여 상대방에 대하여 소유권이전등기청구를 할 수 있다.10) 따라서 소유권이전등기말소 청구소송에서 패소한 乙이 그 후 甲에 대하여 전소송의 변론종결 전에 X 토지를 매수하였음을 원인으로 한 소유권이전등기 청구소송을 제기하는 것이 전소판결의 기판력에 저촉되지 않는다.

> 〈추가된 사실관계〉 甲은 위 확정판결에 따라 乙 명의의 소유권이전등기를 말소한 후 丙에게 소유권이전등기를 마쳐주었는데, 丙은 丁 앞으로 근저당권을 설정하였다.

13. 그 후 乙이 丙을 상대로 진정명의회복을 위한 소유권이전등기절차이행청구의 소와 丁을 상대

---

9) 대법원 1995. 12. 8. 선고 94다39628 판결.
10) 대법원 1995. 6. 13. 선고 93다43491 판결.

로 그 근저당권설정등기 등의 말소등기청구의 소를 제기하였다.

- ☞ **결론** : 저촉
- ☞ **근거** : 전소의 소송물인 말소등기청구권은 물권적 청구권이므로 甲으로부터 소유권이전등기를 넘겨받은 丙은 전소 사실심 변론종결 후의 승계인에 해당한다. 소유권이전등기말소소송의 승소 확정판결에 기하여 소유권이전등기가 말소된 후 순차 제3자 명의로 소유권이전등기 및 근저당권설정등기 등이 마쳐졌는데 위 말소된 등기의 명의자가 현재의 등기명의인을 상대로 진정한 등기명의의 회복을 위한 소유권이전등기청구와 근저당권자 등을 상대로 그 근저당권설정등기 등의 말소등기청구 등을 하는 경우 현재의 등기명의인 및 근저당권자 등은 모두 위 확정된 전 소송의 사실심 변론종결 후의 승계인으로서 위 확정판결의 기판력은 그와 실질적으로 동일한 소송물인 진정한 등기명의의 회복을 위한 소유권이전등기청구 및 위 확정된 전소의 말소등기청구권의 존재여부를 선결문제로 하는 근저당권설정등기 등의 말소등기청구에 모두 미친다.11)

[문제 5] 다음의 각 사례에서 후소는 전소 확정판결의 기판력에 저촉되는가? 판례에 따라 그 결론과 근거를 밝히시오.

> 〈기초사실〉 X 토지에 관한 등기명의가 매매를 원인으로 甲으로부터 乙로 이전되었다. 甲은 乙 명의의 소유권이전등기가 원인무효라는 이유로 그 등기의 말소를 구하는 소를 제기하였으나, 청구기각판결을 받고 그 판결이 확정되었다.

14. 甲은 전소에서 등기원인인 매매계약이 사기에 의한 의사표시이므로 이를 취소한다고 주장하였다가 패소하였는데, 그 후 애당초 乙과의 매매계약 자체가 체결된 사실이 없다고 주장하며 乙을 상대로 위 소유권이전등기의 말소를 구하는 소를 다시 제기하였다.

- ☞ **결론** : 저촉.
- ☞ **근거** : 말소등기청구사건의 소송물은 당해 등기의 말소등기청구권이고, 그 동일성 식별의 표준이 되는 청구원인, 즉 말소등기청구권의 발생원인은 당해 '등기원인의 무효'라고 할 것이며, 등기원인의 무효를 뒷받침하는 개개의 사유는 독립된 공격방어방법에 불과하여 별개의 청구원인을 구성하는 것으로 볼 수 없고, 모두 전소의 변론종결 전에 발생한 사유라면 전소와 후소는 그 소송물이 동일하여 후소에서의 주장사유들은 전소의 확정판결의 기판력에 저촉되어 허용될 수 없다.12)
전소에서 한 사기에 의한 매매의 취소 주장과 후소에서 한 매매의 부존재 또는 불성립의 주

---

11) 대법원 2003. 3. 28. 선고 2000다24856 판결.
12) 대법원 2009. 1. 15. 선고 2007다51703 판결 ; 대법원 1993. 6. 29. 선고 93다11050 판결 ; 대법원 1999. 9. 17. 선고 97다54024 판결 등 참조.

장은 다 같이 청구원인인 등기원인의 무효를 뒷받침하는, 독립된 공격방어방법에 불과하고, 후소에서의 주장사실은 전소의 변론종결 이전에 발생한 사유이므로 전소와 후소의 소송물은 동일하다.13) 따라서 후소에서의 위 주장은 전소의 변론종결 이전에 발생한 사유로서 전소의 기판력에 저촉된다.

15. 그 후 甲은 乙을 상대로 X 토지에 관하여, 소유권에 기한 진정명의회복을 위한 소유권이전등기청구의 소를 제기하였다.

- ☞ **결론** : 저촉.
- ☞ **근거** : 진정한 등기명의의 회복을 위한 소유권이전등기청구는 이미 자기 앞으로 소유권을 표상하는 등기가 되어 있었거나 법률에 의하여 소유권을 취득한 자가 진정한 등기명의를 회복하기 위한 방법으로 현재의 등기명의인을 상대로 그 등기의 말소를 구하는 것에 갈음하여 허용되는 것인데, 말소등기에 갈음하여 허용되는 진정명의회복을 원인으로 한 소유권이전등기청구권과 무효등기의 말소청구권은 어느 것이나 진정한 소유자의 등기명의를 회복하기 위한 것으로서 실질적으로 그 목적이 동일하고, 두 청구권 모두 소유권에 기한 방해배제청구권으로서 그 법적 근거와 성질이 동일하므로, 비록 전자는 이전등기, 후자는 말소등기의 형식을 취하고 있다고 하더라도 그 소송물은 실질상 동일한 것으로 보아야 하고, 따라서 소유권이전등기의 말소등기청구소송에서 패소확정판결을 받았다면 그 기판력은 그 후 제기된 진정명의회복을 원인으로 한 소유권이전등기청구소송에도 미친다.14)

16. 乙이 X 토지상에 있는 甲 소유 건물의 철거와 위 토지의 인도를 요구하자, 甲은 乙을 상대로 위 토지의 소유권확인을 구하는 소를 제기하였다.

- ☞ **결론** : 저촉되지 않는다.
- ☞ **근거** : 확정판결의 기판력은 소송물로 주장된 법률관계의 존부에 관한 판단의 결론에만 미치고 그 전제가 되는 법률관계의 존부에까지 미치는 것은 아니므로, 계쟁 부동산에 관한 피고 명의의 소유권이전등기가 원인무효라는 이유로 원고가 피고를 상대로 그 등기의 말소를 구하는 소송을 제기하였다가 청구기각의 판결을 선고받아 확정되었다고 하더라도, 그 확정판결의 기판력은 소송물로 주장된 말소등기청구권이나 이전등기청구권의 존부에만 미치는 것이지 그 기본이 된 소유권 자체의 존부에는 미치지 아니하고, 따라서 원고가 비록 위 확정판결의 기판력으로 인하여 계쟁 부동산에 관한 등기부상의 소유명의를 회복할 방법은 없게 되었다고 하더라도 그 소유권이 원고에게 없음이 확정된 것은 아닐 뿐만 아니라, 등기부상 소유자로 등기되어 있지 않다고 하여 소유권을 행사하는 것이 전혀 불가능한 것도 아닌 이상, 원고로서는 그의 소유권을 부인하는 피고에 대하여 계쟁 부동산이 원고의 소유라는

---

13) 대법원 1981. 12. 22. 선고 80다1548 판결.
14) 대법원 2009. 1. 15. 선고 2007다51703 판결 ; 대법원 2001. 9. 20. 선고 99다37894 전원합의체 판결 ; 대법원 2002. 12. 6. 선고 2002다44014 판결 등 참조.

확인을 구할 법률상 이익이 있으며, 이러한 법률상의 이익이 있는 이상에는 특별한 사정이 없는 한 소유권확인 청구의 소제기 자체가 신의칙에 반하는 것이라고 단정할 수 없는 것이다.15)

[문제 6] 다음의 각 사례에서 후소 또는 후소의 항변은 전소 확정판결의 기판력에 저촉되는가? 판례에 따라 그 결론과 근거를 밝히시오.

<기초사실 1> 甲이 乙을 상대로 X 토지가 甲의 소유라고 주장하며 소유권확인청구의 소를 제기하였다가 청구기각판결을 받고 그 판결이 확정되었다.

17. 甲이 다시 X 토지가 甲의 소유임을 전제로 乙에 대하여 그 지상에 세워져 있는 乙 소유 건물의 철거를 구하는 소를 제기하였다.

☞ **결론** : 저촉
☞ **근거** : 확정된 전소의 기판력 있는 법률관계가 후소의 소송물 자체가 되지 아니하여도 후소의 선결문제가 되는 때에는 전소의 확정판결의 판단은 후소의 선결문제로서 기판력이 작용한다고 할 것이므로, 소유권확인청구에 대한 판결이 확정된 후 다시 동일 피고를 상대로 소유권에 기한 물권적 청구권을 청구원인으로 하는 소송을 제기한 경우에는 전소의 확정판결에서의 소유권의 존부에 관한 판단에 구속되어 당사자로서는 이와 다른 주장을 할 수 없을 뿐만 아니라, 법원으로서도 이와 다른 판단을 할 수 없는 것이다.16)

18. 甲은 X 토지에 대한 취득시효완성을 들어 乙에 대하여 소유권확인청구의 소를 제기하였다.

☞ **결론** : 저촉.
☞ **근거** : 특정 토지에 대한 소유권확인의 본안판결이 확정되면 그에 대한 권리 또는 법률관계가 그대로 확정되는 것이므로 그 사건의 변론종결 전에 그 확인원인이 되는 다른 사실이 있었다 하더라도 그 확정판결의 기판력은 거기까지도 미치는 것이다.17)

<기초사실 2> 甲이 乙을 상대로 X 토지가 甲의 소유라고 주장하며 소유권확인청구의 소를 제기하였다가 청구인용판결을 받고 그 판결이 확정되었다.

19. 甲이 X 토지의 소유권에 기하여 X 토지의 인도를 구하자 乙은 甲이 X 토지의 소유자가 아니

---

15) 대법원 2002. 9. 24. 선고 2002다11847 판결.
16) 대법원 1994. 12. 27. 선고 94다4684 판결.
17) 대법원 1987. 3. 10. 선고 84다카2132 판결.

라고 주장하였다.

- ☞ **결론** : 저촉.
- ☞ **근거** : 확정된 전소의 기판력 있는 법률관계가 후소의 소송물 자체가 되지 아니하여도 후소의 선결문제가 되는 때에는 전소의 확정판결의 판단은 후소의 선결문제로서 기판력이 작용한다고 할 것이므로, 소유권확인청구에 대한 판결이 확정된 후 다시 동일 피고를 상대로 소유권에 기한 물권적 청구권을 청구원인으로 하는 소송을 제기한 경우에는 전소의 확정판결에서의 소유권의 존부에 관한 판단에 구속되어 당사자로서는 이와 다른 주장을 할 수 없을 뿐만 아니라, 법원으로서도 이와 다른 판단을 할 수 없는 것이다.[18]

20. 甲이 乙을 상대로 소유권에 기한 건물철거 및 토지인도청구를 하자, 乙이 비로소 이 사건 변론종결 이전에 취득시효완성으로 소유권을 취득하였다고 주장하였다.

- ☞ **결론** : 저촉.
- ☞ **근거** : (문17 同旨) 특정 토지에 대한 소유권확인의 본안판결이 확정되면 그에 대한 권리 또는 법률관계가 그대로 확정되는 것이므로 그 사건의 변론종결 전에 그 확인원인이 되는 다른 사실이 있었다 하더라도 그 확정판결의 기판력은 거기까지도 미치는 것이다.[19] 법원은 전소의 변론종결 전의 사유로 확정판결의 기판력에 저촉되는 판단을 할 수 없다.

21. 乙이 甲을 상대로 X 토지의 소유권확인청구의 소를 제기하였다.

- ☞ **결론** : 저촉.
- ☞ **근거** : 원고의 소유권확인판결이 확정된 뒤에 동일 물건에 대한 피고의 소유권확인청구는 전소 기판력에 저촉된다. 후소를 인용하면 일물일권주의에도 반하는 것이 된다.

[문제 7] 다음의 〈기초사실〉을 전제로 하여 다음 각 문제에 대하여 판례에 따라 그 결론과 근거를 밝히시오.

> 〈기초사실〉 乙은 선친 소유의 임야 1,000㎡에 관하여 상속재산분할협의에 의한 상속등기를 마친 후 丙에게 이를 매각하고 丙 명의로 소유권이전등기를 마쳐주었다. 그런데 위 임야 중 동쪽 500㎡에서 농장을 하고 있던 乙의 동생 甲은 '乙이 일단 위 임야 전부에 관하여 단독상속등기를 한 후 위 농장 부지 1,000㎡을 분할하여 甲에게 이전하여주기로 구두로 약정하였는데, 乙이 이를 이행하지 않을 생각으로 자신의 처남인 丙에게 위 임야를 가장매매하였다'고 주장하고 있다.

---

18) 대법원 1994. 12. 27. 선고 94다4684 판결.
19) 대법원 1987. 3. 10. 선고 84다카2132 판결.

<추가된 사실관계 1> 甲은 丙에 대하여는 乙을 대위하여 위 임야 전부에 관한 丙 명의의 소유권이전등기의 말소를, 乙에 대하여는 위 임야 중 농장 부지로 특정된 500㎡에 관하여 위 약정을 원인으로 한 소유권이전등기를 각 구하는 소를 제기하였다.
법원은 심리결과 甲 주장의 약정사실이 인정되지 않는다는 이유로 乙에 대하여는 청구기각판결을, 丙에 대하여는 피보전채권 즉 이전등기청구권의 흠결을 이유로 소각하판결을 선고하였고, 그 판결은 그대로 확정되었다.

22. 그 후 甲은 乙이 상속등기 후 위 임야 중 특정된 500㎡이 아닌 1/2지분을 이전하여 주기로 약정하였다고 주장하며 乙을 상대로 위 지분에 관한 소유권이전등기청구를 구하는 소송을 제기하였다. 甲의 위 소송은 전소 확정판결의 기판력에 저촉되는가?

☞ **결론** : 저촉되지 않는다.
☞ **근거** : 전소와 후소는 청구취지를 달리하여 소송물이 동일하다고 볼 수 없으므로 전소의 기판력은 후소에 미칠 수 없다.[20]

<추가된 사실관계 2> 甲은 丙에 대하여는 乙을 대위하여 위 임야 전부에 관한 丙 명의의 소유권이전등기의 말소를 구하였는데, 법원은 심리결과 甲 주장의 피보전채권이 인정되지 않는다는 이유로 甲의 丙에 대한 소를 각하하는 판결을 선고하였고, 그 판결은 그대로 확정되었다.

23. 그 후 甲은 乙을 상대로 약정에 의한 임야 500평 특정부분에 대한 소유권이전등기절차이행청구의 소를 제기하였다. 甲의 위 소송은 전소 확정판결의 기판력에 저촉되는가?

☞ **결론** : 저촉되지 않는다.
☞ **근거** : 민사소송법 제218조 제3항은 '다른 사람을 위하여 원고나 피고가 된 사람에 대한 확정판결은 그 다른 사람에 대하여도 효력이 미친다.'고 규정하고 있으므로, 채권자가 채권자대위권을 행사하는 방법으로 제3채무자를 상대로 소송을 제기하고 판결을 받은 경우 채권자가 채무자에 대하여 민법 제405조 제1항에 의한 보존행위 이외의 권리행사의 통지, 또는 민사소송법 제84조에 의한 소송고지 혹은 비송사건절차법 제49조 제1항에 의한 법원에 의한 재판상 대위의 허가를 고지하는 방법 등 어떠한 사유로 인하였든 적어도 채권자대위권에 의한 소송이 제기된 사실을 채무자가 알았을 때에는 그 판결의 효력이 채무자에게 미친다고 보아야 한다. 이때 채무자에게도 기판력이 미친다는 의미는 채권자대위소송의 소송물인 피대위채권의 존부에 관하여 채무자에게도 기판력이 인정된다는 것이고, 채권자대위소송의 소송요건인 피보전채권의 존부에 관하여 당해 소송의 당사자가 아닌 채무자에게 기판력이 인정된다는 것은 아니다. 따라서 채권자가 채권자대위권을 행사하는 방법으로 제3채

---

[20] 대법원 전원합의체 1995. 4. 25. 선고 94다17956 판결.

무자를 상대로 소송을 제기하였다가 채무자를 대위할 피보전채권이 인정되지 않는다는 이유로 소각하 판결을 받아 확정된 경우 그 판결의 기판력이 채권자가 채무자를 상대로 피보전채권의 이행을 구하는 소송에 미치는 것은 아니다.21) 따라서 甲이 채권자대위권을 행사하는 방법으로 제3채무자인 丙을 상대로 소유권이전등기말소를 청구하였다가 채무자인 乙을 대위할 피보전채권이 인정되지 않는다는 이유로 소각하판결을 받아 확정되었더라도 그 판결의 기판력이 甲이 乙을 상대로 약정에 의한 소유권이전등기의 청구를 구하는 이 사건 청구에까지 미치는 것은 아니다.

〈추가된 사실관계 3〉 丁은 甲으로부터 위 농장을 양수하여 운영하여 오다가 '위 농장 부지 1,000㎡은 甲이 20년 이상 점유하여 시효취득한 것인데 丁이 甲으로부터 이를 매수하였다'고 주장하며 丙을 상대로 乙을 대위하여 위 농장 부지에 관하여 시효취득을 원인으로 한 소유권이전등기청구의 소를 제기하였다. 법원은 丁이 甲으로부터 위 농장 부지를 매수한 사실이 인정되지 않는다는 이유로 피보전채권의 흠결을 이유로 소각하판결을 선고하였고 그 판결은 확정되었다.

24. 그 후 丙이 丁을 상대로 농장 부지의 인도를 구하는 소를 제기하자 丁이 '甲으로부터 그가 시효취득한 위 농장 부지를 매수하였다'고 항변한 경우 그 항변은 허용되는가?

☞ **결론 : 허용되지 않는다.**
☞ **근거** : 전소 확정판결은 소송판결로서 그 기판력은 소송요건의 존부에 관하여만 미친다 할 것이나, 그 소송요건에 관련하여 丁의 甲에 대한 피보전채권이 없음이 확정된 이상 이 사건에서 丁이 甲에 대하여 피보전채권이 있음을 전제로 다시 위와 같은 주장을 하는 것은 전소의 사실심 변론종결 전에 주장하였던 사유임이 명백할 뿐만 아니라, 丁의 이러한 주장을 허용한다면 丁에게 甲에 대한 피보전채권의 존재를 인정하는 것이 되어 전소판결의 판단과 서로 모순관계에 있다고 하지 않을 수 없으므로 이 사건에서 丁이 이러한 주장을 하는 것은 전소판결의 기판력에 저촉되어 허용될 수 없다.22)

[문제 8] 다음의 〈기초사실〉을 전제로 하여 다음 각 문제에 대하여 판례에 따라 그 결론과 근거를 밝히시오.

〈기초사실〉 甲 종중은 乙에게 X 임야를 명의신탁하였는데, 乙의 단독상속인인 丙을 상대로 X 임야에 관하여 소장부본의 송달로써 명의신탁을 해지하였음을 이유로 하여 X 임야에 관한 소유권확인의 소를 제기하였다.

---

21) 대법원 2014. 1. 23. 선고 2011다108095 판결.
22) 대법원 2001. 1. 16. 선고 2000다41349 판결.

25. 甲이 소를 제기할 당시 甲 종중의 대표자인 A에게 대표권이 없어 소가 부적법하다는 이유로 소각하판결이 선고되고 이 판결은 그대로 확정되었다. 그 후 적법한 종중총회를 거쳐 새로 대표자로 선출된 B가 甲 종중을 대표하여 다시 乙을 상대로 명의신탁해지를 원인으로 한 소유권이전등기청구의 소를 제기하였다. 후소는 전소의 기판력에 저촉되는가?

- ☞ **결론** : 저촉되지 않는다.
- ☞ **근거** : 소송판결의 기판력은 그 판결에서 확정한 소송요건의 흠결에 관하여 미치는 것이지만, 당사자가 그러한 소송요건의 흠결을 보완하여 다시 소를 제기한 경우에는 그 기판력의 제한을 받지 않는다.23)

26. 전소 판결에서 甲 종중이 실재하는 종중이라고 판단하였다면, 후소에서 甲 종중이 실재하지 아니한 종종으로서 당사자능력이 없다는 이유로 소각하판결을 할 수 있는가?

- ☞ **결론** : 할 수 있다.
- ☞ **근거** : 소송판결의 기판력은 <u>각하의 이유로 된 소송요건에 관하여만 발생하고</u> 다른 소송요건에 관하여는 발생하지 아니하므로 전소에서 대표권 흠결에 대하여 판단하면서 그 전제로 甲 종중이 실재하는 종중이라고 판단하였다고 하더라도 그 판단에는 기판력이 미치지 아니한다.24)

27. 전소에서 법원은 무변론판결로 甲 종중의 丙에 대한 청구를 인용하였고, 그 판결은 확정되었다. 甲 종중이 X 임야를 점유하고 있는 丙을 상대로 X 임야 소유권에 기하여 X 임야의 인도를 구하는 소를 제기한 경우 법원은 甲 종중이 X 임야를 A에게 명의신탁하였다고 인정할 증거가 없다는 이유로 甲 종중의 청구를 기각할 수 있는가?

- ☞ **결론** : 기각할 수 없다.
- ☞ **근거** : 확정된 전소의 기판력 있는 법률관계가 후소의 소송물 자체가 되지 아니하여도 후소의 선결문제가 되는 때에는 전소의 확정판결의 판단은 후소의 선결문제로서 기판력이 작용한다고 할 것이므로, 소유권확인청구에 대한 판결이 확정된 후 다시 동일 피고를 상대로 소유권에 기한 물권적 청구권을 청구원인으로 하는 소송을 제기한 경우에는 전소의 확정판결에서의 소유권의 존부에 관한 판단에 구속되어 당사자로서는 이와 다른 주장을 할 수 없을 뿐만 아니라(즉, 乙은 甲이 그 소유권자가 아니라고 주장할 수 없다) 법원으로서도 이와 다른 판단은 할 수 없다.

---

23) 대법원 2003. 4. 8. 선고 2002다70181 판결.
24) 대법원 2006. 11. 24. 선고 2004다46229 판결.

[문제 9] 다음의 〈기초사실〉을 전제로 하여 다음 각 문제에 대하여 판례에 따라 그 결론과 근거를 밝히시오.

> 〈기초사실〉 乙 명의로 소유권보존등기가 된 X 토지에 관하여 매매를 원인으로 丙 명의의 소유권이전등기가 마쳐졌는데, X 토지의 점유자인 甲이 乙에 대하여는 X 토지를 乙로부터 매수하였다고 주장하며 소유권이전등기를 구하고, 丙에 대하여는 乙, 丙 간의 매매가 가장매매라는 이유로 乙을 대위하여 소유권이전등기의 말소를 구하는 소를 제기하였다.
> 법원은 심리결과, 乙에 대한 청구는 甲과 乙 사이에 매매계약이 체결되었음을 인정할 증거가 없다는 이유로 기각하고, 丙에 대한 소는 피보전채권인 甲의 乙에 대한 이전등기청구권이 인정되지 않는다는 이유로 각하하는 판결을 선고하였고 그 판결은 그대로 확정되었다.

28. 그 후 丙이 甲을 상대로 위 토지의 인도를 구하는 소를 제기하였다면 甲은 丙의 소유권이전등기가 가장매매에 기한 것으로서 무효라고 주장하며 丙의 소유권을 부인할 수 있는가?

 ☞ **결론** : 부인할 수 있다.
 ☞ **근거** : 종전 확정판결의 기판력은 乙과의 약정에 기한 소유권이전등기청구권의 존부와 甲에 대한 소송요건의 흠결에 관하여만 미치고 甲의 소유권 자체의 존부에까지 미치는 것은 아니므로, 丙이 甲을 상대로 제기한 토지인도 등 소송에서 甲은 丙 명의의 소유권이전등기가 가장매매에 기한 원인무효의 것임을 내세워 丙의 소유권을 부인할 수 있다.25)

[문제 10] 다음의 각 사례에서 후소 또는 후소에서의 항변이 전소 확정판결의 기판력에 저촉되는가? 판례에 따라 그 결론과 근거를 밝히시오.

> 〈기초사실〉 甲은, A가 1990. 6. 30.부터, B가 1996. 7. 31.부터 X 토지를 각 점유하여 왔는데 甲이 B로부터 X 토지를 대물변제받아 점유하기 시작하여 취득시효가 완성되었다는 이유로 등기명의인 乙을 상대로 '乙은 A, B의 점유를 순차로 승계한 甲에게 2010. 6. 30. 자 취득시효완성을 원인으로 한 소유권이전등기절차를 이행하라'는 내용의 소를 제기하였다가, 기각판결을 받고 이 판결은 확정되었다.

29. 그 후 乙이 甲을 상대로 X 토지상의 甲 소유 건물의 철거를 구하는 소를 제기하자, 甲은 B로부터 토지를 증여받아 점유하기 시작하여 취득시효가 완성되었다는 취지로 항변한 경우 甲의 항변은 전소의 기판력에 저촉되는가?

 ☞ **결론** : 저촉.
 ☞ **근거** : 甲이 乙에 대하여 전소에서 토지를 대물변제 받아 점유하기 시작하여 취득시효가 완성되었다는 사실을 그 이유로 하여 소유권이전등기절차이행을 구하였다가 배척되었음에도 불구하고 후소에서는 이를 증여받아 점유하기 시작하여 취득시효가 완성되었다고 주장하는

---

25) 대법원 1996. 11. 15. 선고 96다31406 판결.

것은 전소의 소송물인 취득시효완성을 원인으로 한 소유권이전등기청구권의 존부에 관한 공격방법의 하나에 불과한 사실을 후소에서 다시 주장하는 것으로 이는 전소의 사실심 변론종결 전에 주장할 수 있었던 사유임이 명백할 뿐만 아니라, 후소에서 甲이 이러한 주장을 하는 것을 허용한다면 위 토지에 관한 취득시효완성을 이유로 하여 乙의 위 토지상의 건물 철거청구를 거부할 수 있게 된다는 결론에 도달하게 되는 것이니, 甲의 위와 같은 주장은 전소판결의 소송물과 서로 모순관계에 있다고 하지 않을 수 없고, 따라서 전소판결의 기판력에 저촉되어 허용될 수 없다.26)

<추가된 사실관계> 전소에서 법원은 '甲의 주장에 의할지라도 취득시효완성시기인 2010. 6. 30. 당시의 점유자는 B이므로 그로부터 토지를 매수한 甲이 직접 乙에 대하여 시효취득을 원인으로 한 소유권이전등기청구를 구할 수 없다'는 이유로 청구기각판결이 선고되고, 위 판결은 확정되었다.

30. 그 후 甲은 B의 점유를 승계하였음으로 이유로 2016. 7. 31. X 토지에 관한 점유취득시효가 완성되었다고 하면서 다시 乙에 대하여 취득시효완성을 원인으로 한 소유권이전등기청구의 소를 제기하였다. 후소는 전소의 기판력에 저촉되는가?

☞ **결론** : 저촉되지 않는다.
☞ **근거** : 후소는 위 확정판결의 사안과는 취득시효의 기초가 되는 점유의 주체와 시효완성시기 및 시효취득으로 인한 효과의 귀속자를 달리하는 것으로서 양자를 동일한 소송이라 할 수 없고, 따라서 위 확정판결의 기판력에 저촉되는 것이라 할 수 없다.27)

[문제 11] 다음의 각 사례에서 후소 또는 후소에서의 항변이 전소 확정판결의 기판력에 저촉되는가? 판례에 따라 그 결론과 근거를 밝히시오.

<기초사실> 甲 소유이던 X 부동산에 관하여 乙 명의로 근저당권설정등기가 마쳐졌는데, 甲이 乙을 상대로 위 근저당권설정등기가 A의 서류위조행위에 의하여 이루어진 것으로서 무효라는 이유로 그 말소등기청구의 소를 제기하였으나, 甲 패소판결을 선고받고 그 판결은 확정되었다. 이후 甲이 A를 사문서위조죄 등으로 고소하여 A로 하여금 유죄확정판결을 받게 한 다음, 위 패소판결에 대하여 재심의 소를 제기하였으나, 이 또한 재심기간이 도과되었다는 이유로 각하되어 확정되었다.

31. 그 후 甲은 이 사건 근저당권 피담보채무의 불특정으로 인한 이 사건 근저당권의 불성립 등의 사유를 들어 이 사건 근저당권 피담보채무가 부존재한다는 확인을 구하는 채무부존재확인의 소를 제기하였다. 이 소는 전소 확정판결의 기판력에 저촉되는가?

---

26) 대법원 1995. 3. 24. 선고 94다46114 판결.
27) 대법원 1994. 2. 8. 선고 93다41303 판결.

☞ **결론** : 저촉되지 않는다.
☞ **근거** : 확정판결의 기판력은 소송물로 주장된 법률관계의 존부에 관한 판단의 결론 자체에만 미치고 그 전제가 되는 법률관계의 존부에까지 미치는 것은 아니어서 채권, 채무의 존부와 그 채권, 채무 관계를 원인으로 한 등기의 말소청구권의 존부는 별개의 소송물이므로 채권·채무 존부에 관한 확인청구 사건과 말소등기청구 사건은 서로 기판력이 미치지 아니하는 관계에 있다고 봄이 타당하다.28) 나아가 민사집행법 제266조 제1항은 '1. 담보권의 등기가 말소된 등기사항증명서, 2. 담보권 등기를 말소하도록 명한 확정판결의 정본, 3. 담보권이 없거나 소멸되었다는 취지의 확정판결의 정본' 가운데 어느 하나에 해당하는 문서가 경매법원에 제출되면 경매절차를 정지하여야 한다고 규정하고 있다.

비록 전소에서 甲에게 이 사건 근저당권에 관한 말소등기청구권이 존재하지 아니한다는 점에 관하여 甲과 乙 사이에 기판력이 발생하였으나, 전소 기판력의 객관적 범위에 이 사건 근저당권 피담보채무의 존부에 관한 판단은 포함되지 아니하고, 甲은 전소에서 이 사건 근저당권설정계약 A의 서류위조행위에 의하여 이루어진 것으로 무효이므로 이 사건 근저당권설정등기를 말소하여야 한다고 주장하였으나 이 후소에서는 그와 달리 이 사건 근저당권 피담보채무의 불특정으로 인한 이 사건 근저당권의 불성립 등의 사유를 들어 이 사건 근저당권 피담보채무가 부존재한다는 확인을 구하고 있으며, 전소 확정판결의 기판력에 따라 이 사건 근저당권에 관한 말소등기청구 소송을 다시 제기할 수 없게 된 원고로서는 민사소송법 제266조 제1항 제3호에 따라 이 사건 근저당권 피담보채무가 존재하지 아니한다는 확정판결(이러한 확정판결도 '담보권이 없거나 소멸되었다는 취지의 확정판결'에 포함된다) 등을 받아야만 이 사건 건물에 대한 경매절차를 정지시킬 수 있다.

따라서 甲이 이 사건 근저당권 피담보채무에 관한 부존재 확인을 구하는 것은 甲의 권리 또는 법적 지위에 현존하는 위험, 불안을 제거하기 위한 가장 유효하고 적절한 수단이라 할 수 있으므로 甲은 그 부존재 확인을 구할 법률상 이익이 있어 이 사건 소는 적법하다.29)

<추가된 사실관계 1> 한편, 乙의 근저당권에 기하여 개시된 경매절차(매각절차)에서 丙이 위 근저당권설정등기말소청구소송의 사실심 변론종결일 **후**에 X 부동산을 매수하여 소유권이전등기를 마쳤다.

32. 그 후 甲이 丙을 상대로 위 근저당권설정등기가 무효이어서 丙 명의의 소유권이전등기도 무효라는 이유로 소유권이전등기의 말소를 구하는 소를 제기하였다. 이 소는 전소 확정판결의 기판력에 저촉되는가?

☞ **결론** : 저촉
☞ **근거** : 丙이 이 사건 부동산에 대한 근저당권설정등기말소청구사건의 사실심 변론종결일 **후**에 이 사건 부동산의 소유권을 매각절차를 통하여 취득하였으므로, 丙은 위 확정판결의 효

---
28) 대법원 1980. 9. 9. 선고 80다1020 판결 참조.
29) 서울고등법원 2016. 4. 21. 선고 2015나2073928 판결.

력이 미치는 변론종결 후의 승계인이다. 또한, 전소와 후소의 소송물이 동일하지 아니하여도 전소의 기판력 있는 법률관계가 후소의 선결적 법률관계로 되는 때에는 분쟁의 1회적 해결의 측면에서 전소의 판결의 기판력이 후소에 미쳐 후소의 법원은 전에 한 판단과 모순되는 판단을 할 수 없는 것인바, 이 사건에 있어서는 전소의 판결의 내용인 근저당권설정등기의 무효 여부가 이 사건 소유권이전등기의 원인무효 여부를 판단하는 전제가 되어 선결적 법률관계를 이루고 있다 할 것이므로, 법원은 변론종결 후의 승계인인 丙과의 관계에 있어서는 전소의 판결의 기판력에 기속되어 전소의 판결에서 한 판단내용과 배치되는 판단은 할 수 없다.30)

〈추가된 사실관계 2〉 한편, 乙의 근저당권에 기하여 개시된 경매절차(매각절차)에서 丙이 위 근저당권설정등기말소청구소송의 사실심 변론종결일 **전**에 X 부동산을 매수하여 소유권이전등기를 마쳤다.

33. 甲은 丙을 상대로 근저당권의 피담보채무부존재확인의 소를 제기할 수 있는가?

 ☞ **결론** : 제기할 수 없다.
 ☞ **근거** : 확인의 소에 있어서 확인의 대상은 현재의 권리 또는 법률관계일 것을 요하므로 특별한 사정이 없는 한 과거의 권리 또는 법률관계의 존부확인은 인정되지 아니하는바, 근저당권의 피담보채무에 관한 부존재확인의 소는 근저당권이 말소되면 과거의 권리 또는 법률관계의 존부에 관한 것으로서 확인의 이익이 없게 된다.31)

[문제 12] 다음의 〈기초사실〉을 전제로 하여 다음 각 문제에 대하여 판례에 따라 그 결론과 근거를 밝히시오.

〈기초사실〉 甲은 乙에게 甲 소유의 X 토지를 대금 1억 원에 매도하면서 잔금 지급시까지 X 토지상에 건립되어 있던 A 소유의 건물을 철거해주기로 약정하고, 乙로부터 계약금 1,000만원 및 중도금 4,000만원을 지급받았고 잔금지급기일에 잔금의 이행제공을 받았으나, 甲은 잔금 지급시까지 위 철거약정을 이행하지 아니하였다.

〈추가된 사실관계 1〉 乙은 위 매매계약이 착오에 의하여 체결된 것이라고 주장하며 甲에 대하여 위 매매계약을 취소하고 계약금 및 중도금 합계 5,000만원의 반환을 구하는 소송을 제기하였으나, 법원은 乙의 착오사실을 인정할 증거가 없다는 이유로 乙의 청구를 기각하는 판결을 선고하였고 이 판결은 그대로 확정되었다.

---

30) 대법원 1994. 12. 27. 선고 93다34183 판결.
31) 대법원 2013. 8. 23. 선고 2012다17585 판결.

34. 그 후 乙은 甲을 상대로 위 건물철거 약정불이행을 이유로 위 매매계약을 해제한다고 주장하면서 해제에 의한 원상회복으로 위 계약금 및 중도금의 반환을 구하는 소를 제기하였다. 후소는 전소의 기판력에 저촉되는가?

- ☞ **결론** : 저촉
- ☞ **근거** : 전소와 후소의 소송물은 모두 계약금 및 중도금 반환청구권의 존부로서 동일하고, 취소와 해제의 주장은 독립된 공격방어방법에 불과하다. 기판력은 후소와 동일한 내용의 전소의 변론종결 전에 주장할 수 있었던 모든 공격방어방법에 미치고 형성권의 행사도 여기에 포함되므로, 해제권을 행사할 수 있는 요건이 변론종결 전에 갖추어졌다면 그 변론종결 후에 해제의 의사표시를 하였다고 하여도 이는 기판력에 저촉된다.[32]

〈추가적 사실관계 2〉乙이 위 계약금 및 중도금 반환청구를 하였을 당시 甲은 다른 법원에 乙을 상대로 대여금 3,000만원의 반환을 구하는 소송을 제기하고 있었다. 乙은 위 계약금 및 중도금의 반환청구소송을 계속 유지하는 한편, 甲의 위 대여금반환청구소송에서는 위 계약금 및 중도금 반환채권을 자동채권으로 삼아 위 대여금채권과의 상계를 주장하여, 다음 각 경우와 같이 대여금반환청구소송의 판결이 확정되었다면 乙의 계약금 및 중도금 반환청구소송에 어떠한 영향을 미치는가?

35. 법원은 乙의 상계항변을 받아들여 甲의 대여금반환청구를 기각하였고, 그 판결은 확정되었다.

- ☞ **결론** : 乙의 위 소송에서는 乙이 甲의 소송에서 상계항변으로 대항한 3,000만원을 제외한 나머지 2,000만원의 한도 내에서만 乙의 위 계약금 및 중도금 반환채권의 존부를 심리, 판단할 수 있고, 위 3,000만원 부분에 대하여는 청구기각판결을 선고하여야 한다.
- ☞ **근거** : 민사소송법 제216조는, 제1항에서 확정판결은 주문에 포함된 것에 한하여 기판력을 가진다고 규정함으로써 판결 이유 중의 판단 예컨대 사실인정, 법규의 해석·적용, 항변, 선결적 법률관계 등에 대한 판단에는 원칙적으로 기판력이 미치지 않는다고 하는 한편 그 유일한 예외로서 제2항에서 상계를 주장한 청구가 성립되는지 아닌지의 판단은 상계하고자 대항한 액수에 한하여 기판력을 가진다고 규정하고 있다. 위와 같이 판결 이유 중의 판단임에도 불구하고 상계 주장에 관한 법원의 판단에 기판력을 인정한 취지는, 만일 이에 대하여 기판력을 인정하지 않는다면, 원고의 청구권의 존부에 대한 분쟁이 나중에 다른 소송으로 제기되는 반대채권의 존부에 대한 분쟁으로 변형됨으로써 상계 주장의 상대방은 상계를 주장한 자가 그 반대채권을 이중으로 행사하는 것에 의하여 불이익을 입을 수 있게 될 뿐만 아니라 상계 주장에 대한 판단을 전제로 이루어진 원고의 청구권의 존부에 대한 전소의 판결이 결과적으로 무의미하게 될 우려가 있게 되므로, 이를 막기 위함이라고 보인다.[33]

---

32) 대법원 1981. 7. 7. 선고 80다2751 판결 : 기판력은 후소와 동일한 내용의 전소의 변론종결 전에 있어서 주장할 수 있었던 모든 공격 방어방법에 미치므로 해제사유가 전소의 변론종결 전에 존재하였다면 그 변론종결 후에 해제의 의사표시를 하였다고 하여도 이는 기판력에 저촉된다.
33) 대법원 2005. 7. 22. 선고 2004다17207 판결.

36. 법원은 乙이 주장하는 매매계약 해제사실이 인정되지 않는다는 이유로 상계항변을 배척하며 甲의 대여금청구를 전부 인용하였고, 그 판결은 확정되었다.

  ☞ **결론** : 위 34항과 같다.
  ☞ **근거** : 상계항변이 배척되더라도 상계로써 대항한 액수 한도 내에서 자동채권의 부존재에 관하여 기판력이 생긴다.34)

37. 법원은 乙이 주장하는 매매계약 해제사실은 인정되나 乙의 자동채권은 乙이 매매계약에 따라 인도받았던 X 토지의 인도(반환)의무와 동시이행관계에 있어 상계가 허용되지 않는다는 이유로 상계항변을 배척하며 甲의 대여금청구를 전부 인용하였고, 그 판결은 확정되었다.

  ☞ **결론** : 아무런 영향이 없다.
  ☞ **근거** : 자동채권의 성립은 인정되나 성질상 상계를 허용할 수 없다고 하여 상계항변을 배척하는 것은 상계항변에서 들고 나온 자동채권을 부정하여 그 항변을 배척하는 것과 형식면에서는 같지만, 후자의 경우 기판력이 있는 것과는 달리 전자의 경우에는 자동채권의 존부에 관하여 기판력이 없기 때문이다.

> **〈추가적 사실관계 2〉** 乙이 위 계약금 및 중도금 반환청구를 하였을 당시 甲은 다른 법원에 乙을 상대로 대여금 3,000만원의 반환을 구하는 소송을 제기하고 있었다. 乙은 위 계약금 및 중도금의 반환청구소송을 계속 유지하는 한편, 甲의 위 대여금반환청구소송에서는 위 계약금 및 중도금 반환채권을 자동채권으로 삼아 위 대여금채권과의 상계를 주장하여, 다음 각 경우와 같이 대여금반환청구소송의 판결이 확정되었다면 乙의 계약금 및 중도금 반환청구소송에 어떠한 영향을 미치는가?

38. 그 후 甲이 乙을 상대로 위 대여금 3,000만원의 지급을 구하는 소를 제기한 경우 위 소송은 위 확정판결의 기판력에 저촉되는가?

  ☞ **결론** : 저촉되지 않는다.
  ☞ **근거** : 상계 주장에 관한 판단에 기판력이 인정되는 경우는, 상계 주장의 대상이 된 수동채권이 소송물로서 심판되는 소구채권이거나 그와 실질적으로 동일하다고 보이는 경우(가령 원고가 상계를 주장하면서 청구이의의 소송을 제기하는 경우 등)로서 상계를 주장한 반대채권과 그 수동채권을 기판력의 관점에서 동일하게 취급하여야 할 필요성이 인정되는 경우를 말한다고 봄이 상당하므로 만일 상계 주장의 대상이 된 수동채권이 동시이행항변에 행사된 채

---

34) 대법원 1975. 10. 21. 선고 75다48 판결 : 항변권이 부착되어 있는 채권을 자동채권으로 하여 타의 채무와의 상계는 일방의 의사표시에 의하여 상대방의 항변권 행사의 기회를 상실케 하는 결과가 되므로 성질상 허용할 수 없는 것이나 상계항변에서 들고 나온 자동채권을 부정하여 그 항변을 배척하는 것과 자동채권의 성립은 인정되나 성질상 상계를 허용할 수 없다 하여 상계항변을 배척하는 것과는 그 형식면에서는 같을지라도 전자의 경우엔 기판력이 있다 할 것이므로 양자는 판결의 효력이 다른 것이다.

권일 경우에는 그러한 상계 주장에 대한 판단에는 기판력이 발생하지 않는다고 보아야 할 것이다. 위와 같이 해석하지 않을 경우 동시이행항변이 상대방의 상계의 재항변에 의하여 배척된 경우에 그 동시이행항변에 행사된 채권을 나중에 소송상 행사할 수 없게 되어 민사소송법 제216조가 예정하고 있는 것과 달리 동시이행항변에 행사된 채권의 존부나 범위에 관한 판결 이유 중의 판단에 기판력이 미치는 결과에 이르기 때문이다.35)

[문제 13] 다음의 〈기초사실〉을 전제로 하여 다음 각 문제에 대하여 판례에 따라 그 결론과 근거를 밝히시오.

〈기초사실〉 甲은 그 소유의 다가구주택 중 1층을 乙에게, 2층을 丙에게 각 임대하였다. 乙은 그 임대차기간이 만료되자 甲을 상대로 1억 원의 임대차보증금의 반환을 구하는 소를 제기하였고, 법원은 乙은 甲에게 위 다가구주택 1층의 인도와 동시에 임대차보증금 1억 원의 지급을 명하는 판결을 선고하였고 그 판결은 그대로 확정되었다.

〈추가적 사실관계 1〉 그 후 乙은 甲에게 위 1층 부분을 인도하였음에도 불구하고 甲이 임대차보증금을 지급하지 않는다는 이유로 위 확정판결에 기해 위 다가구주택에 대한 강제경매를 신청하여 강제경매절차가 개시되었다.

39. 이에 甲은 乙을 상대로 확정판결에 대한 청구이의의 소를 제기하여 전소에서 임대차보증금에서 공제되지 아니한 연체차임의 공제를 주장하였다. 甲의 이러한 주장은 전소 확정판결의 기판력에 저촉되는가?

☞ **결론** : 저촉되지 않는다.
☞ **근거** : 확정판결은 주문에 포함한 것에 한하여 기판력이 있는 것이므로, 확정판결의 기판력은 소송물로 주장된 법률관계의 존부에 관한 판단의 결론 자체에만 미치고 그 전제가 되는 법률관계의 존부에까지 미치는 것은 아니라고 할 것인바, 임대차보증금은 임대차 종료 후에 임차인이 임차목적물을 임대인에게 반환할 때 연체차임 등 모든 피담보채무를 공제한 잔액이 있을 것을 조건으로 하여 그 잔액에 대하여서만 임차인의 반환청구권이 발생하고, 또 임대차보증금의 지급을 명하는 판결이 확정되면 변론종결 전의 사유를 들어 당사자 사이에 수수된 임대차보증금의 수액 자체를 다투는 것은 허용되지 아니한다 하더라도, 임대차보증금 반환청구권 행사의 전제가 되는 연체차임 등 피담보채무의 부존재에 대하여 기판력이 작용하는 것은 아니다.36)

---

35) 대법원 2005. 7. 22. 선고 2004다17207 판결.
36) 대법원 2001. 2. 9. 선고 2000다61398 판결 : 임대차보증금의 지급을 명하는 판결이 확정됨으로써 당사자 사이에 수수된 임대차보증금의 수액 자체를 다툴 수는 없게 되었다 하더라도, 임대인은 별소로 그 임대차보증금에서 아직 공제되지 아니한 연체차임 등의 지급을 구하거나 위 연체차임 등의 채권으로 임차인이 임대인에 대하여 가지고 있는 다른 채권과 상계를 할 수도 있음은 물론, 위와 같은 임대차보증금에 관한 확정판결이 있다 하여 그 임대차보증금의 성질이 달라진다고 볼 것은 아니므로, 아직 반환하지 아니한 임대차보증금에서 위 연체차임 등을 공제하고 이를 반환할 수도 있다고

<추가적 사실관계 2> 위 강제경매절차는 정지되지 않은 채 계속 진행되어 매각절차에서 매수인인 丁이 위 다가구주택의 소유권을 취득하였다. 이에 丙은 丁을 상대로 임대차보증금 1억 원의 반환을 구하는 소를 제기하였으나, 법원은 丙이 丁에게 대항할 수 있는 임차인이 아니라는 이유로 청구기각판결을 선고하여 그 판결이 확정되었다. 丁은 丙이 위 확정판결에도 불구하고 계속 임대차보증금의 반환을 요구하며, 위 다가구주택 2층에서 퇴거하지 않자 丙을 상대로 위 다가구주택 2층의 인도를 구하는 소를 제기하였다.

40. 丙이 이 소송에서 丁으로부터 임대차보증금 1억 원의 반환을 받을 때까지는 인도청구에 응할 수 없다는 동시이행의 항변을 한 경우 법원은 이 항변을 어떻게 취급할 것인가?

  ☞ **결론** : 전소 확정판결의 기판력에 저촉된다는 이유로 동시이행의 항변을 배척하여야 한다.
  ☞ **근거** : 丙이 丁을 상대로 하여 이 사건 건물에 대한 임대차보금반환청구의 소를 제기하였다가 丁에게 대항할 임대차보증금반환청구권을 인정할 수 없다는 이유로 청구기각의 판결을 받고 이것이 확정되었으므로 위 확정판결의 기판력은 丙, 丁간의 위 임대차보증금반환청구권의 존부에 미치는 것이다. 그런데 丙이 이 사건에서 위 확정판결에서 부정된 바로 그 임대보증금반환청구권을 내세워 동시이행의 항변을 한다면 이는 위 확정판결의 기판력에 저촉되는 주장이어서 허용될 수 없다.37)

<추가적 사실관계 3> 위 강제경매절차에서 법원이 근저당권자인 戊에게 매각대금 중 3,000만원을 배당하자, 甲은 戊의 근저당권은 피담보채무가 이미 전액 변제되어 소멸하였다고 주장하며 戊를 상대로 배당이의의 소를 제기하였다.

41. 법원은 심리결과 변제사실이 인정되지 않는다는 이유로 甲 패소판결을 선고하여 그 판결이 그대로 확정되었고, 이에 甲은 戊를 상대로 그의 배당금이 부당이득이라는 이유로 그 반환을 구하는 소를 제기하였다. 법원은 근저당권의 소멸여부에 대하여 다시 심리하여 戊의 배당금이 부당이득이라고 판단할 수 있는가?

  ☞ **결론** : 할 수 없다.
  ☞ **근거** : 채권자가 제기한 배당이의의 소의 본안판결이 확정된 때에는 <u>의의가 있었던 배당액에 관한 실체적 배당수령권의 존부의 판단에 기판력이 생긴다</u>고 할 것이고, 위 배당이의의 소에서 패소의 본안판결을 받은 당사자가 그 판결이 확정된 후 상대방에 대하여 위 본안판결에 의하여 확정된 배당액이 부당이득이라는 이유로 그 반환을 구하는 소송을 제기한 경우에는, 전소인 배당이의의 소의 본안판결에서 판단된 배당수령권의 존부가 부당이득반환청구권의 성립 여부를 판단하는 데에 있어서 선결문제가 된다고 할 것이므로, 당사자는 그

할 것이다.
37) 대법원 1987.6.9. 선고 86다카2756 판결.

배당수령권의 존부에 관하여 위 배당이의의 소의 본안판결의 판단과 다른 주장을 할 수 없고, 법원도 이와 다른 판단을 할 수 없다.38)

[문제 14] 다음의 〈기초사실〉을 전제로 하여 다음 각 문제에 대하여 판례에 따라 그 결론과 근거를 밝히시오.

> 〈기초사실〉 甲은 乙로부터 甲이 소유하고 있는 X 토지상에 가건물을 지어 식당을 할 테니 X 토지를 임대하여 달라는 부탁을 받고 2011. 10. 1. 乙에게 X 토지를 임대차보증금 3,000만원, 차임 월 50만원, 임대차기간 2011. 10. 1.부터 5년으로 정하여 임대하였고, 乙은 그 무렵 甲으로부터 X 토지를 인도받아 2012. 1. 1. 그 지상에 단층건물 1동을 완공하였다.
> 甲은 乙이 2012. 6.경부터 위 건물에서 야간에 '호빠'를 개설하는 등 주민의 원성을 사게 되자 2012. 12. 1. '乙이 당초 약속과 달리 호빠로 사용함으로써 乙과의 임대차계약을 더 이상 유지할 수 없을 만큼 신뢰관계가 훼손되었다'고 주장하며 위 임대차계약 해지로 인한 원상회복으로 위 건물의 철거와 X 토지의 인도를 구하는 소를 제기하였다.
> 법원은 2013. 5. 1. 甲이 주장한 임대차계약의 해지가 인정되지 않는다는 이유로 甲 패소판결을 선고하여 그 판결이 확정되었다.

42. 그 후 甲은 '乙이 X 토지상에 식당용 건물을 짓겠다고 甲을 기망하여 위 임대차계약을 체결하게 된 것이므로 乙과의 임대차계약은 사기에 의한 의사표시로서 이를 취소한다'고 주장하며 乙을 상대로 X 토지 소유권에 기하여 그 지상에 있는 위 건물의 철거와 X 토지의 인도를 구하는 소송을 다시 제기하였다. 甲의 후소는 전소의 기판력에 저촉되는가?

- ☞ **결론** : 저촉되지 않는다.
- ☞ **근거** : 전소는 임대차계약의 해지를 이유로 한 원상회복청구이고 후소는 소유권에 기한 방해배제청구이어서 전소와 후소의 소송물이 다르므로 전소 확정판결의 기판력은 후소에 미치지 않는다. 甲이 주장하는 취소권이 전소 변론종결 전에 주장할 수 있었던 것이라도 마찬가지다.

> 〈추가적 사실관계 1〉 甲은 2016. 10. 1. 임대차기간이 만료되자 乙을 상대로 위 건물의 철거와 X 토지의 인도를 구하는 소송을 제기하였고, 법원은 乙에 대하여 위 건물의 철거와 위 토지의 인도를 명하는 판결을 선고하여 그 판결이 그대로 확정되었다.

43. 그런데 乙은 위 임대차가 신축건물의 소유를 목적으로 한 것이므로 위 건물에 대한 매수청구권을 행사한다고 주장하며 甲을 상대로 그 대금 2억 원의 지급을 구하는 소송을 제기하였다. 乙은 위 확정판결에도 불구하고 위 건물에 대한 매수청구권을 행사할 수 있는가?

---

38) 대법원 2000. 1. 21. 선고 99다3501 판결.

☞ **결론** : 건물철거가 집행되지 아니한 이상 행사할 수 있다.
☞ **근거** : 건물의 소유를 목적으로 하는 토지 임대차에 있어서, 임대차가 종료함에 따라 토지의 임차인이 임대인에 대하여 건물매수청구권을 행사할 수 있음에도 불구하고 이를 행사하지 아니한 채, 토지의 임대인이 임차인에 대하여 제기한 토지인도 및 건물철거청구 소송에서 패소하여 그 패소판결이 확정되었다고 하더라도, <u>그 확정판결에 의하여 건물철거가 집행되지 아니한 이상 토지의 임차인으로서는 건물매수청구권을 행사하여 별소로 임대인에 대하여 건물매매대금의 지급을 구할 수 있다.</u>[39]

> 〈추가적 사실관계 2〉 乙이 제기한 위 소송이 진행되던 중 甲과 乙은 乙이 소송을 취하하면 甲이 乙에게 위 건물에 대한 매수대금으로 1억 원을 지급하기로 약정하였고, 이에 따라 乙은 위 약정을 이유로 甲에 대하여 1억 원의 지급을 구하는 내용으로 소변경을 하였다. 그런데 법원은 乙이 소를 취하하지 않았다는 이유로 乙의 패소판결을 선고하였고, 그 즉시 乙은 소를 취하하였으나, 甲이 소취하에 동의하지 않아 위 판결은 그대로 확정되었다.

44. 그 후 乙은 위 약정에서 정한 대로 소를 취하하였다고 주장하며 甲을 상대로 약정 매수대금 1억 원의 지급을 구하는 소를 제기하였다. 乙의 위 소송은 전소 확정판결의 기판력에 저촉되는가?

☞ **결론** : 저촉되지 않는다.
☞ **근거** : 일반적으로 판결이 확정되면 법원이나 당사자는 확정판결에 반하는 판단이나 주장을 할 수 없는 것이나, 이러한 확정판결의 효력은 그 표준시인 사실심 변론종결시를 기준으로 하여 발생하는 것이므로, 그 이후에 새로운 사유가 발생한 경우까지 전소의 확정판결의 기판력이 미치는 것은 아니므로, <u>전소에서 정지조건 미성취를 이유로 청구가 기각되었다 하더라도 변론종결 후에 그 조건이 성취되었다면, 이는 변론종결 후의 취소권이나 해제권과 같은 형성권 행사의 경우와는 달리 동일한 청구에 대하여 다시 소를 제기할 수 있다.</u>[40]

[문제 15] 다음의 각 〈기초사실〉을 전제로 하여 다음 각 문제에 대하여 판례에 따라 그 결론과 근거를 밝히시오.

> 〈기초사실 1〉 甲이 乙과 丙을 상대로 '乙과 丙은 연대하여 甲에게 1,000만원을 지급하라'는 청구취지로 대여금청구소송을 제기하였으나, 법원은 '乙과 丙은 甲에게 1,000만원을 지급하라. 甲의 乙과 丙에 대한 나머지 청구를 기각한다.'는 판결을 선고하였고, 그 판결이 확정되었다.

---

39) 대법원 1995. 12. 26. 선고 95다42195 판결.
40) 대법원 2002. 5. 10. 선고 2000다50909 판결.

45. 그 후 甲은 동일한 사실관계에 기초하여 乙을 상대로 '乙은 甲에게 1,000만원을 지급하라'는 청구취지로 다시 이 사건 소를 제기하였다. 법원은 이 사건 소에 대하여 어떻게 판결해야 하는가?

- ☞ **결론** : 500만원 부분은 소각하, 나머지 500만원은 청구기각
- ☞ **근거** : 판례는 모순금지설의 입장이다. 소송물에 승소확정판결이 있는 경우에는 권리보호요건을 갖추지 못한 부적법한 소로서 이를 각하하여야 하고, 패소확정판결이 있는 경우에는 확정판결과 모순 없는 판단을 하여야 한다는 이유로 그 청구를 기각하여야 한다.[41]

<기초사실 2> 甲은 2014. 3. 1. 乙에게 1억 원을, 이자 월 2%, 변제기 1년으로 정하여 대여하였다고 주장하면서, 2016. 4. 10. 乙을 상대로 위 대여금 원금의 지급을 구하는 소송을 제기하였다. 2016. 10. 5. 위 소송의 변론이 종결되었고, 2016. 10. 15. 대여사실을 인정할 증거가 없다는 이유로 甲의 청구를 기각하는 판결이 선고되어 그 무렵 확정되었다.

46. 甲은 2017. 2. 1. 乙을 상대로 위 대여금 1억 원 및 이에 대하여 대여일인 2014. 3. 1.부터 다 갚는 날까지 연 24%의 비율에 의한 이자 및 지연손해금의 지급을 구하는 소송을 다시 제기하였다. 후소의 청구 중 전소의 확정판결의 기판력에 저촉되는 부분과 그렇지 않은 부분을 특정하시오.

- ☞ **결론** : 원금 1억 원 및 이에 대한 전소의 변론종결일 다음날인 2016. 10. 6.부터의 지연손해금청구 부분은 전소의 기판력에 저촉되나, 원금에 대한 대여일부터 전소의 변론종결일까지의 이자 및 지연손해금청구 부분은 기판력에 저촉되지 않는다.
- ☞ **근거** : 확정판결의 기판력은 사실심의 최종변론종결 당시의 권리관계를 확정하는 것이므로, 원고의 청구 중 확정판결의 사실심 변론종결시 후의 이행지체로 인한 손해배상(이자) 청구 부분은 그 선결문제로서 확정판결에 저촉되는 금원에 대한 피고의 지급의무의 존재를 주장하게 되어 논리상 확정판결의 기판력의 효과를 받게 되는 것이라고 할 것이나 <u>그 외의 부분(변론종결당시까지의 분)의 청구는 확정판결의 기판력의 효과를 받지 않는다</u>.[42]

<기초사실 3> 甲은 乙이 발행한 액면금 1억 원의 약속어음을 소지하고 있다가 지급기일에 지급제시하였으나 지급되지 아니하자, 乙을 상대로 약속어음금 청구소송을 제기하여 '乙은 甲에게 1억 원 및 이에 대한 지연손해금을 지급하라'는 판결이 선고되고 그 판결이 2008. 5. 31. 확정되었다.

---

41) 대법원 1979. 9. 11. 선고 79다1275 판결.
42) 대법원 1976. 12. 14. 선고 76다1488 판결.

47. 甲이 2017. 5. 15. 乙을 상대로 위 판결에 기한 채권의 소멸시효중단을 위하여 위 확정판결과 같은 청구취지와 청구원인으로 약속어음금청구의 소를 제기한 경우 후소는 전소 확정판결의 기판력에 저촉되는가?

- ☞ **결론** : 저촉되지 않는다.
- ☞ **근거** : 확정된 승소판결에는 기판력이 있으므로 당사자는 그 확정된 판결과 동일한 소송물에 기하여 신소를 제기할 수 없는 것이 원칙이나 다만 시효중단 등 특별한 사정이 있는 경우에는 예외적으로 신소가 허용된다.[43]

48. 위 사례에서 甲이 전소 후에 위 약속어음을 분실하였다면 후소에서 승소할 수 있는가?

- ☞ **결론** : 승소할 수 있다.
- ☞ **근거** : 시효중단 등 특별한 사정이 있어 예외적으로 신소가 허용되는 경우라고 하더라도, 신소의 판결은 전소의 승소확정판결의 내용에 저촉되어서는 아니 되므로, 후소 법원으로서는 그 확정된 권리를 주장할 수 있는 모든 요건이 구비되어 있는지 여부에 관하여 다시 심리할 수는 없다고 보아야 할 것인바, 전소인 약속어음금 청구소송에서 원고의 피고에 대한 약속어음채권이 확정된 이상 그 확정된 채권의 소멸시효의 중단을 위하여 제기한 소송에서 원고의 약속어음의 소지 여부를 다시 심리할 수는 없다고 할 것이고, 이러한 법리는 약속어음에 제시증권성 및 상환증권성이 있다고 하여 달리 취급할 것은 아니다.[44]

49. 약속어음의 소지인인 甲이 어음요건의 일부를 흠결한 이른바 백지어음에 기하여 어음금 청구소송('전소')을 제기하였다가 위 어음요건의 흠결을 이유로 청구기각의 판결을 받고 위 판결이 확정된 후 위 백지 부분을 보충하여 완성한 어음에 기하여 다시 전소의 피고(乙)에 대하여 어음금 청구소송('후소')을 제기할 수 있는가?

- ☞ **결론** : 제기할 수 없다.
- ☞ **근거** : 약속어음의 소지인이 어음요건의 일부를 흠결한 이른바 백지어음에 기하여 어음금 청구소송(이하 '전소'라고 한다)을 제기하였다가 위 어음요건의 흠결을 이유로 청구기각의 판결을 받고 위 판결이 확정된 후 위 백지 부분을 보충하여 완성한 어음에 기하여 다시 전소의 피고에 대하여 어음금 청구소송(이하 '후소'라고 한다)을 제기한 경우에는, 원고가 전소에서 어음요건의 일부를 오해하거나 그 흠결을 알지 못했다고 하더라도, 전소와 후소는 동일한 권리 또는 법률관계의 존부를 목적으로 하는 것이어서 그 소송물은 동일한 것이라고 보아야 한다. 그리고 확정판결의 기판력은 동일한 당사자 사이의 소송에 있어서 변론종결 전에 당사자가 주장하였거나 주장할 수 있었던 모든 공격 및 방어방법에 미치는 것이므로, 약속어음의 소지인이 전소의 사실심 변론종결일까지 백지보충권을 행사하여 어음금의 지급을

---

[43] 대법원 1998. 6. 12. 선고 98다1645 판결.
[44] 대법원 1998. 6. 12. 선고 98다1645 판결.

청구할 수 있었음에도 위 변론종결일까지 백지 부분을 보충하지 않아 이를 이유로 패소판결을 받고 그 판결이 확정된 후에 백지보충권을 행사하여 어음이 완성된 것을 이유로 전소 피고를 상대로 다시 동일한 어음금을 청구하는 경우에는, 위 백지보충권 행사의 주장은 특별한 사정이 없는 한 전소판결의 기판력에 의하여 차단되어 허용되지 않는다.45)

[문제 16] 다음의 각 〈기초사실〉을 전제로 하여 다음 각 문제에 대하여 판례에 따라 그 결론과 근거를 밝히시오.

〈기초사실〉 망 A의 채권자인 甲이 망 A의 상속인인 乙을 상대로 상속채무의 이행을 구하는 소를 제기하여 甲의 청구를 전부 인용하는 판결이 선고되고 이 판결이 확정되었다.

50. 전 소송에서 乙이 한정승인을 하고도 甲이 제기한 소송의 사실심 변론종결시까지 그 사실을 주장하지 아니하여 책임의 범위에 관한 유보가 없는 판결이 선고되어 확정되었다. 그 후에 乙이 위 한정승인 사실을 내세워 청구에 관한 이의의 소를 제기할 수 있는가?

- ☞ **결론** : 제기할 수 있다.
- ☞ **근거** : 한정승인에 의한 책임의 제한은 상속채무의 존재 및 범위의 확정과는 관계가 없고 다만 판결의 집행대상을 상속재산의 한도로 한정함으로써 판결의 집행력을 제한할 뿐이다. 특히 채권자가 피상속인의 금전채무를 상속한 상속인을 상대로 그 상속채무의 이행을 구하여 제기한 소송에서 채무자가 한정승인 사실을 주장하지 않으면, 책임의 범위는 현실적인 심판대상으로 등장하지 아니하여 주문에서는 물론 이유에서도 판단되지 않는 것이므로 그에 관하여는 기판력이 미치지 않는다. 그러므로 채무자가 한정승인을 하고도 채권자가 제기한 소송의 사실심 변론종결시까지 그 사실을 주장하지 아니하는 바람에 책임의 범위에 관하여 아무런 유보가 없는 판결이 선고되어 확정되었다고 하더라도, 채무자는 그 후 위 한정승인 사실을 내세워 청구에 관한 이의의 소를 제기하는 것이 허용된다.46)

51. 전 소송에서 乙이 상속포기심판을 받았음에도 불구하고 甲이 제기한 소송의 사실심 변론종결시까지 그 사실을 주장하지 아니하여 甲 승소의 판결이 선고되고 확정되었다. 그 후에 乙이 위 상속포기 사실을 내세워 청구에 관한 이의의 소를 제기할 수 있는가?

- ☞ **결론** : 제기할 수 없다.
- ☞ **근거** : 채무자가 한정승인을 하였으나 채권자가 제기한 소송의 사실심 변론종결시까지 이를 주장하지 아니하는 바람에 책임의 범위에 관하여 아무런 유보 없는 판결이 선고·확정된 경우라 하더라도 채무자가 그 후 위 한정승인 사실을 내세워 청구에 관한 이의의 소를 제기

---

45) 대법원 2008. 11. 27. 선고 2008다59230 판결.
46) 대법원 2006. 10. 13. 선고 2006다23138 판결.

하는 것이 허용되는 것은, 한정승인에 의한 책임의 제한은 상속채무의 존재 및 범위의 확정과는 관계없이 다만 판결의 집행대상을 상속재산의 한도로 한정함으로써 판결의 집행력을 제한할 뿐으로, 채권자가 피상속인의 금전채무를 상속한 상속인을 상대로 그 상속채무의 이행을 구하여 제기한 소송에서 채무자가 한정승인 사실을 주장하지 않으면 책임의 범위는 현실적인 심판대상으로 등장하지 아니하여 주문에서는 물론 이유에서도 판단되지 않는 관계로 그에 관하여는 기판력이 미치지 않기 때문이라 할 것인바, 위와 같은 기판력에 의한 실권효 제한의 법리는 채무의 상속에 따른 책임의 제한 여부만이 문제되는 한정승인과 달리 상속에 의한 채무의 존재 자체가 문제되어 그에 관한 확정판결의 주문에 당연히 기판력이 미치게 되는 상속포기의 경우에는 적용될 수 없다.[47]

> **〈추가된 사실관계〉** 망 A의 채권자인 甲이 망 A의 상속인인 乙을 상대로 상속채무의 이행을 구하는 소를 제기하자, 乙의 한정승인이 인정되어 상속재산의 한도에서 지급을 명하는 판결이 선고되고 이 판결이 확정되었다. 甲이 乙의 예금채권에 대하여 압류 및 추심명령을 하자 乙은 乙의 고유재산에 대한 집행의 불허를 구하는 제3자이의의 소를 제기하였다.

52. 甲은 乙이 상속재산을 고의로 재산목록에 기입하지 아니하였으므로(누락하였으므로) 민법 제1026조 제3호에 따라 법정단순승인이 있는 것으로 보아 책임의 제한 없이 망인의 채무 전부를 변제할 책임이 있다고 주장할 수 있는가?

- ☞ **결론** : 주장할 수 없다.
- ☞ **근거** : 피상속인에 대한 채권에 관하여 채권자와 상속인 사이의 전소에서 <u>상속인의 한정승인이 인정되어 상속재산의 한도에서 지급을 명하는 판결이 확정된 때에는 그 채권자가 상속인에 대하여 새로운 소에 의해 위 판결의 기초가 된 전소 사실심의 변론종결시 이전에 존재한 법정단순승인 등 한정승인과 양립할 수 없는 사실을 주장하여 위 채권에 대해 책임의 범위에 관한 유보가 없는 판결을 구하는 것은 허용되지 아니한다.</u> 왜냐하면 전소의 소송물은 직접적으로는 채권(상속채무)의 존재 및 그 범위이지만 한정승인의 존재 및 효력도 이에 준하는 것으로서 심리·판단되었을 뿐만 아니라 한정승인이 인정된 때에는 주문에 책임의 범위에 관한 유보가 명시되므로 한정승인의 존재 및 효력에 대한 전소의 판단에 기판력에 준하는 효력이 있다고 해야 하기 때문이다. 그리고 이러한 법리는 채권자의 급부청구에 대하여 상속인으로부터의 한정승인의 주장이 받아들여져 상속재산의 한도 내에서 지급을 명하는 판결이 확정된 경우와 채권자 스스로 위와 같은 판결을 구하여 그에 따라 판결이 확정된 경우 모두에 마찬가지로 적용된다.[48]

---

47) 대법원 2009. 5. 28. 선고 2008다79876 판결.
48) 대법원 2012. 5. 9. 선고 2012다3197 판결.

[문제 17] 다음의 각 〈기초사실〉을 전제로 하여 다음 문제에 대하여 판례에 따라 그 결론과 근거를 밝히시오.

> 〈기초사실〉 甲은 乙을 상대로 X 토지에 관한 소유권이전등기의 말소등기절차 이행을 구하는 소를 제기하여 승소확정판결을 받았는데(전소), 위 판결의 변론종결 후에 乙로부터 X 토지의 소유권을 이전받은 丙이 甲을 상대로 X 토지의 인도 및 차임 상당 부당이득의 반환을 구하는 소(후소)를 제기하였다.

53. 후소는 전소판결의 기판력에 저촉되는가?

☞ **결론** : 저촉되지 않는다.
☞ **근거** : 확정판결의 기판력은 그 판결의 주문에 포함된 것, 즉 소송물로 주장된 법률관계의 존부에 관한 판단의 결론 그 자체에만 생기는 것이고, 판결이유에 설시된 그 전제가 되는 법률관계의 존부에까지 미치는 것은 아니므로, 원인이 무효라는 이유로 소유권이전등기의 말소등기청구를 인용하는 판결이 확정되었어도 그 확정판결의 기판력은 소송물인 말소등기청구권의 존부에만 미치는 것이고 그 전제가 되는 소유권 자체의 존부 등 판결이유 중의 부동산 권리귀속에 관한 판단 부분에까지 미치지는 아니한다. 그리고 기판력은 기판력 있는 전소 판결의 소송물과 동일한 후소를 허용하지 않음과 동시에, 후소의 소송물이 전소의 소송물과 동일하지는 않다고 하더라도 전소의 소송물에 관한 판단이 후소의 선결문제가 되거나 모순관계에 있을 때에는 후소에서 전소 판결의 판단과 다른 주장을 하는 것을 허용하지 않는 작용을 하는 것이므로(대법원 2002. 12. 27. 선고 2000다47361 판결 등 참조), 이와 같이 소송물이 동일하거나 선결문제 또는 모순관계에 의하여 기판력이 미치는 객관적 범위에 해당하지 아니하는 경우에는 전소 판결의 변론종결 후에 당사자로부터 계쟁물 등을 승계한 자가 후소를 제기하더라도 그 후소에 전소 판결의 기판력이 미치지 아니한다.[49]
대법원은 위 사례에서 丙이 변론종결 후의 승계인이어서 전소 확정판결의 기판력이 미치므로 건물 등의 소유권을 취득할 수 없다고 본 원심판결에 법리오해 등의 위법이 있다고 판시하였다.

[문제 18] 다음의 각 〈기초사실〉을 전제로 하여 다음 각 문제에 대하여 답하시오.

> 〈기초사실〉 甲은 乙을 상대로 물품대금 5,000만 원의 지급을 구하는 소를 제기하였다. 乙은 甲에 대한 대여금 3,000만 원으로 상계항변을 하였다.

> 〈추가적 사실관계 1〉 법원은 甲과 乙의 주장을 모두 인정하여 乙은 甲에게 2,000만원을 지급하라는 판결을 선고하였고, 이 판결은 확정되었다.

---

[49] 대법원 2014. 10. 30. 선고 2013다53939 판결.

54. 그 후 乙이 甲을 상대로 전소에서 주장한 3,000만 원의 대여금청구의 소를 제기하였다. 乙의 후소는 전소판결의 기판력에 저촉되는가?

  ☞ **결론** : 乙의 후소는 기판력에 저촉된다.
  ☞ **근거** : 전소 판결의 주문에는 乙의 상계항변이 이유 있다고 한 판단도 없고 甲이 乙에게 3,000만원을 지급하라고 명한 부분도 없다. 다만 판결이유에서 乙의 3,000만 원 상계항변이 이유 있다고 하여 판단하여 이를 근거로 甲의 청구액 5,000만 원에서 3,000만 원을 뺀 2,000만 원을 지급하라고 판결하였을 뿐이다. 乙의 상계항변에 기판력을 인정하지 않으면 乙이 후소에서 승소할 수도 있고 乙이 이중의 만족을 얻게 된다. 따라서 민소법 제216조 제2항은 상계를 주장한 청구가 성립되는지 아닌지의 판단은 상계하고자 대항한 액수에 한하여 기판력을 가진다고 규정하고 있다.

55. 그 후 甲이 乙의 상계항변은 잘못된 것이라고 주장하여 乙을 상대로 3,000만 원의 부당이득반환청구의 소를 제기하였다. 甲의 후소는 전소판결의 기판력에 저촉되는가?

  ☞ **결론** : 甲의 후소는 기판력에 저촉된다.
  ☞ **근거** : 상계항변에 기판력이 없다고 하면 甲의 소는 적법하고 심리결과에 따라서는 후소 법원이 甲의 청구를 인용하여 전소판결이 유명무실해질 우려가 있다.

56. 법원이 乙의 자동채권의 존재는 인정하지만 甲의 청구는 이유 없다고 판단할 경우 어떠한 판결을 하는가?

  ☞ **결론** : 甲의 청구를 기각한다.
  ☞ **근거** : 법원이 甲이 乙에게 3,000만 원을 지급하라고 판결하는 것은 불가능하다. 법원은 乙의 상계항변에 대하여는 판단하지 않고 甲의 청구를 기각하게 된다. 이 경우 乙의 상계항변에 대하여는 기판력이 생기지 않는다.

<추가적 사실관계 2> 법원은 甲의 청구는 일부만 이유 있고 乙의 甲에 대한 자동채권의 부존재를 인정하여 乙은 甲에게 2,000만 원을 지급하라는 판결을 선고하였고, 이 판결은 확정되었다.

57. 그 후 乙은 甲을 상대로 전소에서 주장하였던 3,000만 원의 대여금청구의 소를 제기하였다. 乙의 후소는 전소판결의 기판력에 저촉되는가?

  ☞ **결론** : 乙의 후소는 기판력에 저촉된다.
  ☞ **근거** : 乙이 甲에게 지급해야 하는 2,000만 원은 乙의 甲에 대한 채권을 상계한 결과가 아니므로 乙의 3,000만 원 자동채권이 존재하지 아니한다고 판단한 것이 주문에 나타나 있지

않다. 그렇다고 이 판단에 기판력이 인정되지 않으면 乙이 다시 제소하는 것이 허용되고 결국 전소에서의 판단이 무의미하게 되고 분쟁이 반복될 소지가 있다. 이를 방지하기 위해 상계를 주장한 청구의 '불성립'의 판단에도 기판력이 생기도록 한 것이다.

> **〈추가적 사실관계 3〉** 법원은 甲의 청구는 2,000만 원만 있고 乙의 상계항변한 3,000만 원의 대여금채권은 배척되어 乙이 甲에게 2,000만원을 지급하라는 판결을 선고하였고, 이 판결은 확정되었다.

58. 그 후 乙은 甲을 상대로 전소에서 주장하였던 3,000만 원의 대여금청구의 소를 제기하였다. 乙의 후소는 전소판결의 기판력에 저촉되는가?

- ☞ **결론** : 乙의 후소는 기판력에 저촉된다.
- ☞ **근거** : 乙이 甲에게 지급해야 하는 2,000만 원은 乙의 甲에 대한 채권을 상계한 결과가 아니므로 乙의 3,000만 원 자동채권이 존재하지 아니한다고 판단한 것이 주문에 나타나 있지 않다. 그렇다고 이 판단에 기판력이 인정되지 않으면 乙이 다시 제소하는 것이 허용되고 결국 전소에서의 판단이 무의미하게 되고 분쟁이 반복될 소지가 있다. 이를 방지하기 위해 상계를 주장한 청구의 '불성립'의 판단에도 기판력이 생기도록 한 것이다.

[문제 19] 다음의 각 문제에 대하여 답하시오.

59. 甲이 乙을 상대로 A 승용차의 소유권확인을 구하는 소를 제기하여 승소판결을 받고 이 판결이 확정되었다. 그 뒤 丙이 甲을 상대로 소유권에 기하여 A승용차의 인도를 구하는 소를 제기하였다. 후소 법원은 丙의 청구를 인용할 수 있는가?

- ☞ **결론** : 丙의 청구를 인용할 수 없다.
- ☞ **근거** : 甲과 乙 사이의 전소 확정판결의 기판력은 甲과 丙 사이의 후소에는 미치지 않는다. 후소법원은 전소판결에서 甲이 소유자라고 확정한 것에 구속됨이 없이 재판할 수 있고, 심리결과에 따라서는 전소판결과 달리 丙이 소유자라고 판단하여 이를 전제로 丙의 청구를 인용할 수 있다. 전소판결에서 甲을 소유자라고 확정하였으므로 후소법원이 丙에 대한 관계에서도 甲이 소유자라고 판단할 구속을 받는다고 하면 丙은 甲과 소유권을 다툴 기회(절차보장)가 전혀 없었는데도 불구하고 소유권 주장을 못하게 되는 결과가 되고 이는 丙의 재판청구권을 침해하는 것이 된다. 이런 이유로 기판력은 당사자에게만 미치도록 한 것이다. 그런데 예외적으로 당사자가 아닌 사람에게 기판력이 미치도록 기판력이 확장되는 경우가 있다.

60. 甲이 乙에게 X 토지를 매도하고 소유권이전등기를 넘겨주었는데 乙이 잔금을 지급하지 않는다는 이유로 매매계약을 해제하고 이전등기의 말소를 구하는 소를 제기하였다. 법원은 甲의 청구가 이유 없다는 이유로 원고청구기각 판결을 선고하였고, 그 판결이 확정되었다. 그 후 乙이 X 토지를 丙에게 매도하고 丙 앞으로 소유권이전등기가 마쳐졌다. 甲이 丙을 상대로 乙로의 이전등기가 원인무효임을 이유로 丙으로의 이전등기의 말소를 구하는 소를 제기하였다. 丙에게 전소판결의 기판력이 미치는가?

   ☞ **결론** : 기판력이 미친다.
   ☞ **근거** : 丙은 전소확정판결의 변론종결 후의 승계인에 해당하여 丙에게도 기판력이 미친다. 丙에게 기판력을 미치도록 하지 않으면 전소확정판결이 무용지물이 되고 만다.

61. 甲이 乙이 점유하고 있는 승용차가 자기 소유라고 주장하며 그 인도를 구하는 소를 제기하여 승소확정판결을 받았다. 그러나 乙은 甲에게 위 승용차를 인도하지 아니하고 이러한 사정을 아는 丙에게 팔았다. 甲이 위 판결에 기한 강제집행으로 위 승용차를 인도받았다. 丙이 위 승용차가 자기 소유임을 이유로 甲을 상대로 위 승용차의 인도를 구하는 소를 제기하였다. 丙의 후소는 전소판결의 기판력에 저촉되는가?

   ☞ **결론** : 기판력에 저촉된다.
   ☞ **근거** : 丙의 후소가 기판력에 저촉되지 않는다고 하면 후소법원이 丙의 청구를 인용할 수 있고, 그렇게 되면 전소확정판결은 무용지물이 되고 만다. 이것이 변론종결 후의 승계인에게 기판력을 미치게 하는 이유이다. 변론종결 전의 승계인에게는 기판력이 미치지 않도록 하는 이유는 무엇인가? 변론종결 전에 승계가 있는 경우에는 소송 중에 당사자가 당연히 변경되든가, 승계참가나 인수참가를 통해 승계인을 당사자로 변경할 수 있기 때문에 이 경우에는 굳이 기판력을 미치도록 할 필요가 없기 때문이다. 甲이 양도사실을 알면서도 피고를 바꾸지 않으면 그 불이익은 甲에게 돌아간다. 사례에서 乙이 승용차의 양도사실을 진술하지 않아 甲이 양도사실을 몰라서 당사자를 변경하지 못한 경우에는 어떻게 되는가? 이에 대비하여 추정승계인 규정을 두고 있는 것이다. 이 경우 반증이 없는 한 변론종결 후의 승계인으로 보아 기판력과 집행력을 미치게 하고 있다.

62. 甲이 乙로부터 X 토지를 매수하고 매매대금을 전액 지급하였는데도 이전등기를 넘겨주지 않아 乙을 상대로 매매를 원인으로 한 소유권이전등기절차이행청구의 소를 제기하여 승소확정판결을 받았다. 그런데 甲 앞으로 이전등기를 마치기 전에 乙은 丙에게 X 토지를 매도하고 丙 앞으로 소유권이전등기가 마쳐주고 말았다. 甲이 丙을 상대로 소유권이전등기의 말소를 구하는 소를 제기하였다. 丙에게 전소판결의 기판력이 미치는가?

   ☞ **결론** : 기판력이 미치지 않는다.
   ☞ **근거** : 전소 소송물이 채권적 청구권인 경우에는 변론종결 후의 승계인 丙은 전소확정판결

의 기판력을 받지 않는다. 甲이 乙을 대위하여 말소등기를 청구해도 전소확정판결과 관계없이 후소법원이 심리할 수 있다. 변론종결 전·후의 구별은 소유권이전등기시점을 기준으로 한다. 여기서 주의할 것은 판례는 전소 소송물이 물권적 청구권인 경우에도 건물철거청구나 소유권이전등기말소와 달리 토지나 건물의 인도(명도)청구의 경우에는 변론종결 후의 승계인으로 보지 않는다는 점이다.50)

63. X 토지는 원래 망 A의 소유였는데 그가 1952년 사망하여 甲이 상속받았으나 그 등기부가 소실되어 그 상속등기를 하지 아니하고 있던 중 甲이 X 토지가 자기의 소유임을 주장하여 乙을 상대로 X토지의 인도청구 소송을 제기하였다가 그 소송에서 위 토지가 甲의 소유라고 인정할 수 없다는 이유로 패소판결을 받고 그 판결이 확정되었다. 그 후 甲은 위 토지에 관하여 그 이름으로 소유권보존등기를 한 후 이를 丙에게 매도하여 丙 명의의 소유권이전등기가 마쳐졌다. 丙이 X 토지의 소유권에 기하여 乙을 상대로 위 토지의 인도청구를 하였다. 丙에게 전소 판결의 기판력이 미치는가?

☞ **결론** : 기판력이 미치지 않는다.
☞ **근거** : 토지소유권에 기한 물권적 청구권을 원인으로 하는 토지인도소송의 소송물은 토지소유권이 아니라 그 물권적 청구권인 토지인도청구권이므로 그 소송에서 청구기각된 확정판결의 기판력은 토지인도청구권의 존부 그 자체에만 미치는 것이고 소송물이 되지 아니한 토지소유권의 존부에 관하여는 미치지 않는다. 그러므로 그 토지인도 소송의 사실심 변론종결 후에 그 패소자인 토지소유자로부터 토지를 매수하고 소유권이전등기를 마침으로써 그 소유권을 승계한 제3자의 토지소유권의 존부에 관하여는 위 확정판결의 기판력이 미치지 않는다. 이 경우 위 제3자가 가지게 되는 물권적 청구권인 토지인도청구권은 적법하게 승계한 토지소유권의 일반적 효력으로서 발생된 것이고 위 토지인도소송의 소송물인 패소자의 토지인도청구권을 승계함으로써 가지게 된 것이라고는 할 수 없으므로 위 제3자를 위 확정판결의 변론종결후의 승계인에 해당한다고도 할 수 없을 것이다.51) 사례에서 전소 확정판결의 기판력은 甲이 乙에 대하여 X토지의 인도청구권이 없다는데 미칠 뿐이고 甲의 위 토지소유권이나 甲으로부터 그 소유권을 양도받은 丙의 X 토지 소유권 및 그 소유권에서 발생된 이 사건 토지인도청구권의 존부에 관하여는 미치지 않는다 할 것이므로 丙이 X토지의 소유권에 기한 물권적 청구권에 의하여 乙에 대하여 위 토지의 인도를 구하는 이 사건 청구는 위 확정판결의 기판력에 저촉되는 것이라 할 수 없다.

---

50) 대법원 1984. 9. 25. 선고 84다카148 판결; 대법원 1999. 10. 22. 선고 98다6855 판결 참조.
51) 대법원 1984. 9. 25. 선고 84다카148 판결.

오창수

[학 력]
경희대학교 법과대학 및 동 대학원 졸업(법학석사)
경희대학교 대학원 박사과정 수료

[주요경력]
제25회 사법시험 합격, 제16기 사법연수원 수료
서울지방변호사회 소속 변호사(동아합동법률사무소)
대한변호사협회 법제위원, 서울지방경찰청 행정심판위원
경희대학교 법과대학 및 숙명여대, 한국금융연수원 강사
변호사시험 및 모의시험 출제 및 채점위원
제주특별자치도 및 제주특별자치도교육청 행정심판위원 및 소청심사위원
한국법학교수회 부회장
현재 제주대학교 법학전문대학원 교수

[저 서]
『민사실무 핵심 요건사실』(도서출판 학연, 2020)
『민사집행법 요해(제2판)』(도서출판 학연, 2020)
『민사소송법 이야기 ① ②』(행인출판사, 2019)
『민사소송법 요해(2018 개정판)』(도서출판 학연, 2018)
『민사실무 요건사실과 증명책임(2018 개정판)』(제주대학교출판부, 2017)
『상속과 유언』(도서출판 학연, 2015)
『민사실무의 주요 쟁점』(한국학술정보, 2012)
『로스쿨 민사소송법 -사례와 판례-』(한국학술정보, 2011)
『로스쿨 민사집행법 -이론과 실무-』(한국학술정보, 2011) 외

[개인홈페이지] http://cafe.naver.com/homoviator

민사소송과 기판력

2021년 07월 01일 발행

저　　자 : 오 창 수
발 행 인 : 이 인 규
발 행 처 : 행인출판사
주　　소 : 서울시 관악구 신림로29길 8, 112동 405호
전　　화 : 02-887-4203
팩　　스 : 02-6008-1800
출판등록 : 2018.02.22. 제2018-6호
홈페이지 : www.baracademy.co.kr / e-mail : baracademy@hanmail.net

정가 : 27,000원　　　　ISBN : 979-11-91804-00-3(03360)

저자와 협의하여
인지를 생략함

* 파본은 구입하신 서점에서 바꿔드립니다
* 본 서는 저작권법에 의하여 보호를 받는 저작물이므로 무단 전재와 복제를 금합니다.

ⓒ 오창수, 2021, Printed in Seoul, Korea.